FISCHER

ANDREW SOLOMON

Weit und weg

REISEN DURCH SIEBEN KONTINENTE

Aus dem Englischen von
Gabriele Gockel, Bernhard Jendricke,
Gerlinde Schermer-Rauwolf
und Barbara Steckhan,
Kollektiv Druck-Reif

FISCHER

Erschienen bei FISCHER Taschenbuch
Frankfurt am Main, Dezember 2018

Die amerikanische Originalausgabe erschien 2016 unter dem Titel
»FAR & AWAY. How Travel Can Change The World«
im Verlag Scribner, an Imprint of Simon & Schuster, Inc., New York
© 2016 Andrew Solomon

Für die deutschsprachige Ausgabe:
© 2018 S. Fischer Verlag GmbH, Hedderichstr. 114,
D-60596 Frankfurt am Main

Satz: Dörlemann Satz, Lemförde
Druck und Bindung: GGP Media GmbH, Pößneck
Printed in Germany
ISBN 978-3-596-70322-7

Für Oliver, Lucy, Blaine und George,
die mir einen Grund gegeben haben,
zu Hause zu bleiben.

Denke an die lange Fahrt nach Hause.
Hätten wir zuhause bleiben, an hier denken sollen?
Wo würden wir heute sein?
...
Kontinent, Land, Stadt, Gesellschaft:
Die Auswahl ist niemals groß oder frei.
Und hier oder dort ... Nein.
Hätten wir zuhause bleiben sollen, wo immer es sei?

aus: Elizabeth Bishop, *Alles Meer ein gleitender Marmor*
Gedichte zweisprachig (Hg. und Ü.: Klaus Martens),
S. 31 und 33, Heidelberg 2011

INHALT

	Berichte aus der ganzen Welt	11
UDSSR	Das Spektrum des Winters	67
UDSSR	Drei Tage im August	84
RUSSLAND	Die kühne Dekadenz des jungen Russland	97
CHINA	Der Sinn für Ironie und Humor (und Kunst) der Chinesen kann ihr Land retten	137
SÜDAFRIKA	Die Künstler Südafrikas: Gleichgestellt, aber getrennt	183
USA	Wladimirs Eroberungen	228
TAIWAN	»Hände weg von unserem Kulturerbe!«	231
TAIWAN	Auf jeder Palette eine Auswahl politischer Farben	260
TÜRKEI	Segeltörn nach Byzanz	268
SAMBIA	Bezauberndes Sambia	276
KAMBODSCHA	Phaly Nuons drei Stufen	287
MONGOLEI	Die offenen Räume der Mongolei	296
GRÖNLAND	Die Entdeckung des Gesprächs	309
SENEGAL	Nackt, mit Schafsblut bedeckt, colatrinkend und mit einem wahnsinnig guten Gefühl	322
AFGHANISTAN	Ein Erwachen nach den Taliban	331
JAPAN	Museum ohne Mauern	351
SALOMON-INSELN	Der Song der Salomonen	357
RUANDA	Die Kinder der schlechten Erinnerungen	370
LIBYEN	Der Feuerkreis: Brief aus Libyen	389

CHINA	All die Köstlichkeiten Chinas	435
CHINA	Äußere Pracht für inneren Frieden: Qianlongs Ruhesitz	451
ANTARKTIS	Abenteuer in der Antarktis	465
INDONESIEN	Wenn alle die Gebärdensprache beherrschen	480
BRASILIEN	Rio, Stadt der Hoffnung	491
GHANA	Im Bett mit dem Präsidenten von Ghana?	518
RUMÄNIEN	Schwul, jüdisch, psychisch krank und Förderer der Roma in Rumänien	524
MYANMAR	Myanmars Augenblick	533
AUSTRALIEN	Mutterseelenallein in der Weite des Meeres	583
	Danksagung	595
	Anmerkungen	600
	Bibliographie	632

EINLEITUNG

Berichte aus der ganzen Welt

Als ich ungefähr sieben Jahre alt war, erzählte mir mein Vater vom Holocaust. Wir fuhren in einem gelben Buick auf dem Highway 9A durch den Bundesstaat New York, und ich hatte ihn gefragt, ob der Ort Pleasantville tatsächlich so angenehm war, wie es sein Name nahelegte. Wie wir einen oder zwei Kilometer später auf die Nazis kamen, weiß ich nicht mehr, doch ich erinnere mich noch gut, dass er dachte, ich wüsste bereits Bescheid über die »Endlösung«. Deshalb hatte er auch keine einstudierte Strategie, mir die Lager zu schildern. Er sagte, es sei den Leuten angetan worden, weil sie Juden waren. Ich wusste, dass wir Juden waren, und ich schlussfolgerte, dass uns dasselbe zugestoßen wäre, hätten wir damals dort gelebt. Auf mein Drängen hin musste es mir mein Vater mindestens viermal erklären, denn ich dachte die ganze Zeit, dass mir etwas Entscheidendes entgangen war, weil ich es einfach nicht verstehen konnte. Schließlich meinte er derart resolut, dass das Gespräch beinahe damit geendet hätte, es sei das »Böse schlechthin« gewesen. Ich aber hatte noch eine Frage: »Warum sind diese Juden nicht einfach fortgegangen, als es schlimm für sie wurde?«

»Es gab keinen Ort, wo sie hätten hingehen können«, sagte mein Vater.

In diesem Augenblick beschloss ich, dass es für mich immer einen Ort geben würde, wo ich hingehen konnte. Ich würde nicht hilflos, abhängig oder vertrauensselig sein, ich würde niemals glauben, dass es, nur weil bislang alles gut gewesen war, immer so bleiben würde. In diesem Augenblick brach meine Vorstellung, zu Hause absolut sicher zu sein, wie ein Kartenhaus in sich zusammen. Ich würde fortgehen, ehe sich die Mauern um das Ghetto schlossen, ehe die Gleise für die Züge fertiggestellt waren, ehe man die Grenzen sperrte. Wenn uns im Zentrum Manhattans der Genozid drohte, würde ich bereit sein, meinen Pass zu nehmen und in ein Land aufzubrechen, in dem man mich mit offenen Armen willkommen hieß. Mein Vater hatte erzählt, einigen Juden sei von nichtjüdischen Freunden geholfen worden, so nahm ich mir vor, immer Freunde im Ausland zu haben, die mich hineinlassen oder herausholen konnten. In dem ersten Gespräch mit meinem Vater ging es natürlich hauptsächlich um das Leid, aber es war unter diesem Aspekt auch ein Gespräch über Liebe, und im Lauf der Zeit verstand ich immer besser, dass ein großer, auf Zuneigung beruhender Bekanntenkreis die eigene Rettung sein kann. Menschen hatten sterben müssen, weil ihr Bezugssystem zu sehr räumlich begrenzt war. Mir sollte das nicht geschehen.

Als ich einige Monate später mit meiner Mutter in einem Schuhgeschäft saß, bemerkte der Verkäufer, ich hätte Plattfüße. Ich würde später einmal unter Rückenproblemen leiden (was leider eintraf), vielleicht aber würde ich deshalb auch nicht zum Militär eingezogen werden.[1] Beherrschendes Thema in den Medien war damals der Vietnamkrieg, und ich bereitete mich allmählich darauf vor, nach Abschluss der Highschool in den Kampf ziehen zu müssen. Dabei hatte ich nicht einmal bei Raufereien im Sandkasten geglänzt, und die Vorstellung, mit einem Gewehr im Dschungel abgesetzt zu werden, versetzte mich in Angst und Schrecken. Für meine Mutter bedeutete der Vietnamkrieg die Vergeudung junger Menschenleben. Im Zweiten Weltkrieg sei es richtig gewesen zu kämpfen, und jeder gute amerikanische Junge hatte seinen Beitrag geleistet – Plattfüße oder nicht. Ich stand vor der Frage, nach welchen Kriterien meine Mutter manche Kriege als berechtigt einstufte, so dass sie sogar bereit war, meinen Tod in Kauf zu nehmen, während uns andere irgendwie nichts angingen. Kriege wurden nicht in Amerika ausgefochten, aber Amerika konnte einen in einen – gerechten oder ungerechten – Krieg an jedem x-beliebigen Ort der Welt schicken. Trotz meiner Plattfüße wollte ich diese Orte kennenlernen, um mir ein eigenes Urteil über sie zu bilden.

Die Welt machte mir Angst. Obwohl mir die Einberufung erspart blieb und unter Päsident Nixon in den USA auch der Faschismus nicht Fuß fasste, mussten wir stets auf einen Atomangriff gefasst sein. Dass die Sowjets über Manhattan eine Bombe abwerfen könnten, bereitete mir Albträume. Ohne die Sage vom »ewigen Juden« zu kennen, schmiedete ich unentwegt Fluchtpläne und stellte mir vor, dass ich mein Leben lang von Hafen zu Hafen ziehen würde. Ich fürchtete, entführt zu werden, und wenn mich meine Eltern besonders aufgeregt hatten, malte ich mir aus, ich sei bereits Opfer einer Entführung – sei netten Leuten in einem freundlicheren Land geraubt und in diesen amerikanischen Hort des Wahnsinns verschleppt worden. So bereitete ich schon früh den Boden für jene Angststörung, unter der ich als junger Erwachsener leiden sollte. Als Gegenpol zu meinen Gedankenspielen mit der Vernichtung entwickelte ich eine immer größere Liebe zu England, einem Land, das ich nie gesehen hatte. Meine Anglophilie begann etwa zu der Zeit, als mir mein Vater *Pu der Bär* vorlas, also im Alter von ungefähr zwei Jahren. Später waren es *Alice im Wunderland*, *Fünf Kinder und zehn Wünsche* und *Die Chroniken von Narnia*. In meinen Augen bezogen diese Geschichten ihren Zauber nicht nur aus Höheflügen der Phantasie ihrer Autoren, sondern ebenso stark aus dem Land selbst. Ich entwickelte eine Vorliebe für Marmelade und die viel längere geschichtliche Vergangenheit. Wenn ich wieder einmal über die Stränge geschlagen hatte und meine Eltern mich zurechtwiesen, erinnerten sie mich daran, dass ich nicht der britische Thronfolger sei. Doch irgendwie hatte ich die vage Vorstellung, ich bräuchte nur nach England zu gelangen, um bestimmte Anrechte zu erwerben (unter anderem auf einen Bediensteten, der meine Spielsachen aufräumte, oder auf das teuerste Gericht auf der Speisekarte), die für mich weniger mit dem Zufall der Geburt als mit dem Land verbunden waren. Wie alle Fluchtphantasien bezog sich auch meine nicht nur auf den Bestimmungsort, sondern außerdem auf das, was ich zurückließ. In jener Phase vor meinem Comingout hatte ich noch keine Vorstellung, was mein Anderssein für Folgen haben würde, und deshalb auch kein Vokabular, es zu analysieren. Selbst zu Hause fühlte ich mich fremd, und obwohl ich es nicht hätte in Worte fassen können, wusste ich, dass ich meine Umgebung von der intimeren

Seite meines Andersseins ablenken könnte, indem ich an einen Ort reiste, wo ich tatsächlich ein Fremder war.

Unterstützt wurde meine einsetzende Anglophilie durch eine Kinderfrau. Weil ich als Kleinkind oft unter Koliken litt, hatte meine Mutter eine Hilfe eingestellt, um an einem Tag der Woche ein bisschen entlastet zu werden. Sie hatte für diese Stelle eine Anzeige aufgegeben und mit Bewerberinnen gesprochen. Eines Tages klingelte es an der Tür, obwohl niemand erwartet wurde. Überrascht sah sich meine Mutter einer Schottin in mittleren Jahren gegenüber, die ebenso breit wie hoch war und die verkündete: »Ich bin das Kindermädchen! Ich bin gekommen, um den Kleinen zu hüten.« Meine Mutter, die davon ausging, sie habe einen Termin vergessen, führte Bebe in mein Zimmer. Innerhalb von Sekunden hatte ich mich beruhigt, und ich aß besser denn je. Damit war Bebe eingestellt. Erst später fand man heraus, dass sie im falschen Stockwerk aus dem Fahrstuhl gestiegen war und anstatt zu uns in 11 E eigentlich zu einer Familie in der Wohnung 14 E hatte gehen sollen. Aber da war es schon zu spät. In den folgenden zehn Jahren kam Bebe jeden Donnerstag, kochte uns Sherry-Trifle-Pudding und erzählte uns Geschichten über ihre Kindheit auf der Isle of Mull. Als kleines Mädchen hatte sie eine Tasche mit drei Aufklebern besessen, auf denen *Paris, London* und *New York* stand. Bebe hatte ihrer Großmutter erklärt, später würde sie in all diese Städte reisen. Ihre Großmutter hatte sie zwar ausgelacht – aber Bebe fuhr tatsächlich hin und hatte sogar in allen drei irgendwann einmal ihren Wohnsitz.

Wie die Figuren in meinen geliebten Büchern war Bebe exzentrisch und von Zauber umgeben – von kindlichem Charakter und unfähig zu Ärger, Enttäuschung oder Wut. Sie brachte mir bei, wie im schottischen Dialekt das r zu rollen. Ihr schlimmster Tadel lautete: »Nun mal langsam, meine Herren!«, wenn mein Bruder und ich es zu wüst trieben. So entwickelte ich die Vorstellung, in Großbritannien würden alle und fast ständig ebenso begeistert sein von mir wie sie, und Kinder bekämen bei jeder Mahlzeit eine zweite Schale vom Nachtisch, auch wenn sie ihr Gemüse nicht aufgegessen und ihre Hausaufgaben noch nicht gemacht hatten.

Außerdem bewegte mich die Geschichte eines anderen Englands, eines Landes, das mir Zuversicht gab, wenn ich an jene dachte, die ums Leben gekommen waren, weil es keinen Ort gab, wo sie hätten hingehen können. Unsere direkten Wohnungsnachbarn, Erika Urbach und ihre Mutter, Mrs Offenbacher, waren tschechische Juden, die sich ein Einreisevisum nach England besorgt hatten, als die Nazis die Grenzen schlossen. Sie mussten jedoch so lange auf ihre Transitvisa für die Reise durch Europa warten, dass ihre Papiere für England bereits wieder ungültig waren, als sie eintrafen. Trotzdem bestiegen sie in Prag den Zug. In den Niederlanden versuchte ein Staatsdiener sie mit der Begründung, man würde sie nicht nach England hineinlassen, wieder zurückzuschicken, doch Mrs Offenbacher erklärte, dass man sie dazu nicht zwingen könne, weil sie gültige Transitvisa besaß. Als ihre Fähre in Dover anlegte, stiegen sie aus, und Mrs Offenbacher beobachtete eine Stunde lang die Abfertigung der Passagiere bei der Passkontrolle, um herauszufinden, welcher der Grenzbeamten am freundlichsten war. Schließlich entschied sich Mrs Offenbacher (eine schöne Frau, die mit Erika eine ebenso schöne Tochter hatte)[2] für eine der Schlangen. »Ihr Einreisevisum für Großbritannien ist abgelaufen«, stellte der Beamte fest. »Ja«, antwortete Mrs Offenbacher, »aber wenn Sie uns zurückschicken, werden wir umgebracht.« Es entstand eine lange Pause, in der sie sich in die Augen schauten. Schließlich stempelte der Mann die beiden Pässe ab und sagte: »Willkommen in England!«

Zu meiner zwanghaften Suche nach einem Zufluchtsort im Ausland gesellte sich jedoch auch eine ungeheure Neugier auf ebenjene Welt, die ich so bedrohlich fand. England spielte zwar die Hauptrolle in meinen Phantasiereisen, aber mich interessierte auch, was die Chinesen zum Frühstück aßen, wie man sich in Afrika die Haare frisierte und warum man in Argentinien so viel Polo spielte. Ich verschlang Bücher, tauchte in die Welt der indischen Märchen und russischen Sagen und in die *Tales of a Korean Grandmother* ein.[3] Meine Mutter hatte mir eine Kleenex-Schachtel mitgebracht, auf der Menschen in ihren Volkstrachten abgebildet waren. Daraufhin stapften für mich die Holländer allesamt mit Holzschuhen durch die Gegend, und jeder

Peruaner trug einen lustigen Bowlerhut. Ich stellte mir vor, wie ich ihnen begegnete, und bewahrte die Schachtel auch dann noch auf, als die Taschentücher schon längst aufgebraucht waren. Ich wollte wenigstens einmal in jedes Land der Welt reisen – als würden für einen Besuch Chinas oder Indiens dieselben Parameter gelten wie für den Gambias und Monacos oder den der einzelnen Inseln der Bahamas.

Zum Glück reiste meine Mutter für ihr Leben gern. Sie fuhr mit zweiundzwanzig Jahren zum ersten Mal nach Europa, unmittelbar nach dem Zweiten Weltkrieg, als ein Besuch des zerstörten Kontinents noch etwas derart Außergewöhnliches war, dass die Zeitung ihres Heimatorts darüber berichtete. Als ich elf war, trat meine Familie ihre erste größere Auslandsreise an – nach England, Frankreich und in die Schweiz –, und in den darauffolgenden Jahren begleiteten wir meinen Vater oft auf seinen Geschäftsreisen nach Europa. Es interessierte ihn zwar nicht sonderlich, Neues kennenzulernen, doch in meiner Mutter brachte der Tourismus die besten Seiten hervor. Ehe wir irgendwo hinfuhren, erzählte sie uns alles, was sie über unser Reiseziel wusste. Wir lasen entsprechende Bücher, befassten uns mit der jeweiligen Ortsgeschichte, informierten uns, was es dort zu essen gab und welche Sehenswürdigkeiten wir uns anschauen würden. Meine Mutter traf stets gründliche Vorbereitungen, und so erstellte sie für jeden Tag einen Stundenplan, in dem sie sogar festhielt, wann wir aufstehen und wann wir ins Hotel zurückkehren würden. Ihre Detailversessenheit mag zwar besorgniserregend klingen, aber ich empfand sie tatsächlich als beruhigend, denn so konnte uns nichts anderes überraschen als die Orte selbst. Nie waren wir in Eile. Meine Mutter vertrat die Ansicht, dass man stets so reisen sollte, als ob man eines Tages wiederkommen würde, denn sobald man glaubte, man befinde sich zum einzigen Mal an einem Ort, versuche man alles zu sehen und hätte deshalb letztlich gar nichts gesehen. »Spare dir immer etwas fürs nächste Mal auf, was dich zum Wiederkommen reizt«, meinte sie.

Erst in der Highschool begann ich, diese geographischen Abenteuer zu einer umfassenden Erzählung zu verbinden. Mr Donadio, mein

Geschichtslehrer in der neunten Klasse, liebte geschwollene Phrasen; für ihn hatten verschiedene herausragende Persönlichkeiten (Ramses II., Pontius Pilatus, Katharina die Große, Napoleon, Thomas Jefferson) an einem »historischen Scheideweg« gestanden. In meiner Vorstellung wurden sie zu tapferen Männern und Frauen, die Verkehrsampeln ignorierten und scharf nach links oder rechts abbogen, wo jeder andere schnurstracks geradeaus marschiert wäre. Diese Männer und Frauen, so wurde mir klar, hatten zwar mit ihren Entscheidungen die Welt verändert, hatten diese Entscheidungen aber aufgrund bestimmter Umstände getroffen. Ein anderer Lehrer meinte, es lasse sich unmöglich entscheiden, ob diese Leitfiguren die Geschichte bewusst gestaltet oder einfach nur deren Anforderungen gehorcht hätten. In der neunten Klasse hoffte ich, solche historischen Scheidewege einmal selbst vor mir zu haben, und hegte die grandiose pubertäre Hoffnung, sofern ich erkannte, was sich auf der Kreuzung abspielte, einmal den Lauf der Geschichte beeinflussen zu können.

1980, als ich in der elften Klasse der Highschool war, sollte unser Schulchor in der UdSSR auftreten. Da die Sowjets jedoch einige Monate zuvor in Afghanistan einmarschiert waren, dirigierte man uns nach Bulgarien und Rumänien um. (Meinen ersten Soloauftritt – und angesichts meines lauten, aber grellen Baritons beinahe auch meinen Schwanengesang – hatte ich mit dem spanischen Volkslied *Ríu Ríu Chíu* in einem Pflegeheim vor den Toren von Plewen, in der Beliebtheitsskala rumänischer Städte etwa auf Rang sieben.) Ich hatte noch nie gehört, dass jemand in diese Länder fuhr. Vor unserer Abreise erklärten mir mehrere Lehrer und andere kluge Erwachsene, dass Bulgarien ein Marionettenstaat der Sowjets und ganz schrecklich sei, Rumänien mit Nicolae Ceaușescu hingegen einen tapferen unabhängigen Staatschef habe, der sich von Moskau keine Befehle erteilen lasse. Als wir nach Bulgarien kamen, wurden wir mit ungekünstelter Wärme empfangen. Selbst als unsere Solosopranistin Louise Elton und ich uns kurzzeitig von einer Gruppe Zigeuner mitreißen ließen, tat es der fröhlichen Atmosphäre keinen Abbruch. In Rumänien hingegen sahen wir tagtäglich Szenen der Unterdrückung, die den Beteuerungen unserer Gastgeber, in ihrem Land herrschten Freiheit und Toleranz, offensichtlich widersprachen. Als uns eine Patientin aus dem Fenster ihres Pflegeheims zuwinken wollte, wurde sie von einer Krankenschwester in militärischer Kluft barsch fortgerissen, und man ließ rasch die Rollos herunter. Verängstigt sprachen uns Rumänen in den Straßen an und baten uns, für sie Briefe außer Landes zu schmuggeln, aber wir waren viel zu eingeschüchtert, um uns auf ein Gespräch mit ihnen einzulassen. An jeder Straßenecke sah man finster blickende Soldaten. Mit der Begründung: »Hier in Rumänien gibt es kein heiteres Nachtleben« – eine Bemerkung, die beim Rest der Reise zum Running Gag wurde –, untersagte man uns, Bukarest auf eigene Faust zu erkunden.

Nach unserer Heimkehr berichtete ich, Bulgarien sei zauberhaft und Rumänien ein gruseliger Polizeistaat. Alle, die es besser wussten, wollten mir erlären, dass ich mich irrte. Später, nach dem Regimewechsel, stellte sich heraus, dass die Ceaușescus keineswegs so bewundernswert gewesen waren, wie man sie uns dargestellt hatte, und Rumänien höchstwahrscheinlich der repressivste Staat Osteuropas gewesen war. Das war eine gute Lektion in Sachen Intuition. Orte, die auf den ersten Blick reizend wirken, können tatsächlich recht finster sein, während sich Orte, die finster erscheinen, nur selten als reizend erweisen.

Fast drei Jahrzehnte später interviewte ich Saif al-Islam Gaddafi, den Sohn des libyschen Staatschefs Muammar Gaddafi. In gewisser Weise war er überzeugend: schick gekleidet in einem Maßanzug aus London, wortgewandt im Englischen, gesellschaftlich gut vernetzt und geschmeidig in seiner Großspurigkeit. Er war außerdem äußerst ichbezogen und ein geübter Lügner; seine detaillierten Schilderungen des Alltags in Libyen standen in derart krassem Widerspruch zu dem, was ich selbst gesehen und gehört hatte, dass ich mir schon fast wie in einem Theaterstück vorkam. Einige Jahre nach meinem Besuch des Landes wurde ich von einer angesehenen außenpolitischen Organisation zu einem für Saif al-Islam Gaddafi veranstalteten Brunch eingeladen. Nachdem er zwanzig Minuten geredet hatte, durfte jeder von uns eine Frage stellen. Ich staunte über die ehrerbietige Haltung der Fragenden, unter denen sich auch viele erfahrene Diplomaten befanden. Als ich an der Reihe war, sagte ich: »Alles, was Sie heute an Maßnahmen in Aussicht stellen, haben Sie auch schon vor fünf Jahren versprochen, und nichts davon ist bis jetzt umgesetzt worden. Auf welcher Grundlage können wir davon ausgehen, dass diese Versprechen nun mehr Gültigkeit haben?« Hinterher rügte man mich wegen meiner Unhöflichkeit gegenüber einem »begnadeten Staatsmann«, mit dem sich »unsere größten Hoffnungen für Nordafrika« verbanden. Heute befindet sich Saif al-Islam Gaddafi in Haft; der Internationale Strafgerichtshof wartet auf seine Auslieferung, um ihn wegen Verbrechen gegen die Menschlichkeit und seiner schrecklichen Taten während der libyschen Revolution anzuklagen, während der er angekündigt hatte, wenn der Volksaufstand anhalte, werde »Blut in Strömen« fließen. Ein persönliches Zeugnis kann von höherem Wert sein als eine politische Analyse. Und ein unbeteiligter, von ideologischen Vorurteilen freier Zeuge sieht gelegentlich die Wahrheit ziemlich ungeschminkt. Man sollte sich nie von gutgeschneiderten Anzügen in die Irre führen lassen.

Im Sommer nach meinem Collegeabschluss besuchte ich meine Freundin Pamela Crimmins, die einen Job als persönliche Fotografin des amerikanischen Botschafters in Marokko an Land gezogen hatte. Damals gab es noch keine Mobiltelefone und in Marokko nur wenige Festnetzleitungen. Deshalb hatten wir verabredet, dass mich Pamela am Flughafen in der Hauptstadt Rabat abholen würde. Es war das erste Mal, dass ich allein an einen Ort mit völlig anderen Lebensumständen als den mir bekannten reiste. Als nach meiner Landung in der Nacht niemand da war, um mich in Empfang zu nehmen, geriet ich in Panik. Ein Mann machte mir das Angebot, mich in seinem klapprigen Auto zu Pamelas Adresse zu fahren. Dort lief ich die Treppen hinauf und rief in jedem Stockwerk »Pamela!«, bis ich sie schließlich verschlafen »Andrew?« antworten hörte. Rückblickend betrachtet war dieser Vorfall nichts Besonderes, doch ich erinnere mich noch gut an die Angst, die in mir aufstieg, als mir klarwurde, dass ich in einem fremden Land war, ohne zu wissen, wie ich allein zurechtkommen sollte. Dabei ängstigte mich nicht nur die reale Gefahr, sondern auch meine Unbedarftheit.

Am nächsten Morgen freute ich mich nach dem Aufwachen darauf, wie geplant mit Pamela das Land zu erkunden, musste jedoch erfahren, dass sie einen dringenden Auftrag hatte. Sie erzählte mir, dass Ahmed el Houmaidi, ein bei der Botschaft angestellter Fahrer, seine Tante in Marrakesch besuchen wollte, und schlug mir vor, ihn zu begleiten. Am darauffolgenden Tag bestiegen wir den Bus. Ahmeds Tante wohnte in den Außenbezirken der Stadt in einem Haus aus Schalbeton, das um einen Innenhof mit einem Granatapfelbaum angelegt war. Der Besuch eines Ausländers war für sie ein großes Ereignis, und sie räumte ihr Zimmer, um mich dort unterzubringen.

Die Männer des Haushalts gingen in dieser Woche jeden Abend auf den Djemaa el Fna, den zentralen Platz in Marrakesch, auf dem es tagsüber von Touristen wimmelte und abends das Gesellschaftsleben tobte. Weil einige von Ahmeds Cousins dort arbeiteten, setzten wir uns in der Abenddämmerung zu den Zauberern, Geschichtenerzählern und Tänzerinnen. Nach unserer Rückkehr erwartete uns im Haus ein Tajinegericht. Die stets verhüllten Frauen waren den ganzen Tag mit Saubermachen und Kochen beschäftigt. Wenn wir heimkamen, gossen sie den Männern zum Waschen Wasser über die Hände und zogen sich zurück, um später zu verspeisen, was die Männer übriggelassen hatten. Im Haus gab es weder fließendes Wasser noch Elektrizität, aber Ahmeds Tante war stolze Besitzerin eines Batterieradios. Am letzten Tag unseres Besuchs bat sie Ahmed, ihr die Zeilen ihres Lieblingssongs zu übersetzen. Da sein Englisch nicht ausreichte, zog er mich zurate. »Deine Tante wird das Lied wohl kaum verstehen«, sagte ich. »Es heißt darin nämlich, dass Mädchen einfach nur Spaß haben wollen – *Girls Just Want to Have Fun*.«

Da mein Bruder Evolutionsbiologie studierte, plante unsere Familie zwei Jahre später eine Reise zu den Galapagosinseln. Im Preis für die Schiffspassage war eine Rundreise durch Ecuador inbegriffen. Meine Eltern wollten darauf verzichten – ebenso wie die anderen Gäste der Kreuzfahrt. Mein Bruder und ich hatten also den Führer für uns allein. Nach der Besichtigung Quitos fuhren wir weiter Richtung Cuenca, um uns die Ruinen von Ingapirca anzusehen.[4] Unser Führer warnte uns, in der Gegend gebe es Unruhen, er sei aber bereit, uns zu begleiten, wenn wir uns dafür entschieden. Die Straße war nahezu verlassen, und abgesehen von dem einen oder anderen Lama waren wir die einzigen Besucher der Stätte. Auf dem Rückweg mussten wir jedoch plötzlich mit quietschenden Bremsen anhalten, weil die steile Straße durch einen großen Felsen blockiert war. Im nächsten Augenblick sprang ein Haufen aufgeregt schnatternder Menschen hinter einem Busch hervor und umstellte unser Auto. Einer schlitzte die Reifen auf, ein anderer schlug die Windschutzscheibe ein, ein dritter drohte uns mit einer Waffe. Unser Führer riet uns, so schnell wie möglich auszusteigen. Man sperrte uns und den Führer in einen Verschlag, während der Fahrer mit den Aufständischen verhandelte. Sie hatten sich vom Staat losgesagt, weil sie keine Steuern zahlen wollten. Über den Fahrer ließen wir ihnen mitteilen, dass wir zufälligerweise auch nicht gern Steuern zahlten. Der Mann aber erklärte ihnen offenbar, das US-Militär könnte ihre Dörfer bombardieren und ihre Ernte vergiften, und nach etwa zwei Stunden ließ man uns wieder frei. Wir machten uns auf den mühseligen Weg bergab, bis uns ein Auto mitnahm und zurück nach Cuenca brachte. Da ich mich seit meinem Besuch in Marokko sehr verändert hatte, brachte mich dieser viel gefährlichere Zwischenfall weit weniger aus der Ruhe.

In einem fremden Land zu leben ist etwas völlig anderes, als es zu bereisen. Mein Hochschulstudium führte mich nach England, und selbst in England empfand ich Sitten und Gebräuche verstörend fremd – trotz meiner Phantasien von einer spirituellen Heimkehr. Das Erlernen des Akzents und einer Handvoll neuer Begriffe bedeutete noch längst nicht, dass ich mich auch in der Kultur des Landes sicher bewegen konnte. Vielmehr musste ich mir neue Regeln von Distanz und Nähe und der Konversation, der Art, sich zu kleiden, des Benehmens, des Humors und der Respekterweisung aneignen.

Man hatte mir einen Platz in einem universitätseigenen Haus zugewiesen, das ich mir mit anderen Amerikanern und ein paar Australiern teilen sollte. Der für die Verteilung der Zimmer zuständige Tutor hatte mir erklärt, dass ich mich mit meinesgleichen »sicherlich wohler fühlen« werde. Ich hatte jedoch nicht den Atlantik überquert, um mit meinen Landsleuten zusammen zu sein. Mein Wunsch umzuziehen wurde höflich, aber entschieden abgelehnt; als ich ihn wiederholte, erhielt ich eine weniger höfliche, aber noch entschiedenere Ablehnung. Zwei Wochen nach Semesterbeginn bekam ich eine hässliche Erkältung und suchte Schwester George auf, die Krankenschwester des College, die vermutete, dass der frisch verlegte synthetische Teppichboden in meinem Wohnhaus voller Toxine war. »Kann es sein, dass Sie eine Allergie gegen Ihr Zimmer haben?«, fragte sie. Ich ergriff die Gelegenheit und bat sie, dem Tutor von dieser unwahrscheinlichen Möglichkeit zu berichten. Am nächsten Tag rief er mich in sein Büro und erklärte mit einem entnervten Seufzer: »Nun gut, Mr Solomon, Sie haben gewonnen. Ich gebe Ihnen ein Zimmer im College.«

Es dauerte eine Weile, bis mir klarwurde, dass in England eine Ausbildung eher als angenehmer Luxus galt denn als Notwendigkeit für jeden, der etwas im Leben erreichen wollte. Ich hatte noch nicht verstanden, wie prekär die Lage der Meritokratie in einer gespaltenen Gesellschaft war. Warum so viele der Lebensmittel so lange gekocht wurden, ging über meinen Horizont. Gleiches galt für das Selbstvertrauen von Angehörigen jener Familien, die seit Jahrhunderten auf demselben Land lebten und arbeiteten, für den aparten Gebrauch von Humor, mit dem dringend gebotene Aufrichtigkeit nur angedeutet wurde, für die vertrauenerweckende Beständigkeit des gesamten Landes. Ich fand es erstaunlich, dass meine englischen Bekannten viele der von mir bevorzugten Autoren nicht gelesen hatten, während ich viele ihrer Lieblingsschriftsteller überhaupt nicht kannte. Es war, als sprächen wir trotz des Englischen, das wir gemeinsam hatten, zwei verschiedene Sprachen. Mir gefiel der konstante Unterton von Glanz und Gloria und die mir neue Einstellung, dass Spaß ebenso zählte wie Erfolg. Ich liebte die Bank Holidays und die Teepausen, und mir gefiel das Hochgeistige und Feierliche der Religion in diesem Land im Gegensatz zu der moralisierenden und sich ständig neu erfindenden Religion, die ich kannte. Mich erstaunte, wie unerschütterlich Engländer beim Reisen waren; und ihre Art, tief in fremde Welten einzutauchen, trug dazu bei, dass meine Reisen so verliefen, wie es dieses Buch dokumentiert. Meine Liebe zu England hatte also eine andere Grundlage bekommen als die, die mich als Kind und Jugendlicher zum Anglophilen gemacht hatte.

Nach meinem ersten Hochschulabschluss bechloss ich, noch eine Zeitlang in England zu bleiben, und schickte Bewerbungsschreiben an Verlagshäuser und Zeitschriften. Als mich meine Eltern in jenem Frühjahr besuchten, erklärte ich ihnen ungerührt, ich würde mir eine Stelle in London suchen. Das machte meinen Vater so wütend, dass er in dem Pub in Grantchester, in dem wir zusammensaßen, mit der Faust auf den Tisch schlug, so dass alle anderen Gäste verstummten. Das werde er mir verbieten, sagte er; ich aber hielt ihm entgegen, er könne mir nichts mehr verbieten. Wir alle lehnen uns gegen unsere Eltern auf; rückblickend finde ich es erstaunlich, dass es in meinem Fall der Anlass und nicht die Frage war, wie mein weiteres Leben verlaufen würde, sondern wo.

Zum einen wollte ich bleiben, um die Bande zu meiner neuen Heimat zu stärken, zum anderen, um mir zu bestätigen, dass ich in der Lage war, fern von meinem Mutterland zu überleben. Ich war dreiundzwanzig und stand kurz vor meinem Comingout (obwohl mir das damals noch nicht richtig bewusst war), einem Schritt, der mir in New York, wo mich stets ein Strudel von Erwartungen und Annahmen mit sich gerissen hatte, nicht möglich gewesen wäre. Ich brauchte Abstand zu Amerika, um frei atmen zu können – nicht um ich selbst zu sein, sondern um zu erforschen, zu welcher Art von Mensch ich werden könnte. Wie viele junge Leute verwechselte ich meine schillernde Außenseiterrolle mit der Freiheit, zu sagen und zu denken, was mir gerade in den Sinn kam. Es genügte nicht, das neu Entdeckte anzunehmen, ich würde ein neues Ich kreieren und berühmt werden für die radikalen Bilder, denen ich dabei folgte. Aus diesem Grunde legte ich mir ausgefallene Kleidung zu, in der sich, wie ich meinte, die Eleganz einer vergangenen Epoche spiegelte, gewöhnte mir eine geschraubte Redeweise an, pflegte eine gewisse gesellschaftliche Promiskuität und nahm jede Einladung an. Mein Projekt der Selbstfindung, das mir letztlich weiterhalf wie jede Jugendsünde, aus der man lernt, war für andere oft ermüdend. Was mir als originell erschien, wirkte auf sie meist affektiert. Die Art und Weise, wie ich mein neues englisches Selbst ausdrückte, war anmaßend und zugleich verlogen, weil ich an meinem alten Wertesystem festhielt. Ich leugnete meine Privilegien und meine aus ihnen erwachsene Autonomie und ignorierte die Stürme, die in mir tobten. Meine ambigue Nationalität war das Ventil, in dem meine verwirrte Sexualität Ausdruck fand.

Wie viele Homosexuelle meiner Zeit fand ich Halt in einem selbstgewählten Wohnort und in Freundschaften. Doch im Lauf der Zeit wurde mir klar, dass ich in meinen englischen Freundschaften eine amateurhafte Arroganz an den Tag legte und nicht verstanden hatte, dass ich mich, um von meinen Freunden angenommen zu werden, ansatzweise ändern musste. Mich bezauberte die englische Art meiner englischen Freunde, und ich nahm umgekehrt an, dass sie ebenso entzückt darüber waren, wie amerikanisch ich blieb – aber im Gegensatz zu ihnen hatte ich mich entschieden, mein Land zu verlassen. Einige, die ich liebte, verletzte ich zutiefst. Vielleicht wären diese Freundschaften so oder so gescheitert; ich war jung, in psychischer Hinsicht leichtsinnig und gefangen im Solipsismus einer aufkeimenden Depression. Außerdem blieb ich ledig, während viele meiner alten Freunde heirateten, ein Erfahrungsvorsprung, der das unangenehme Gefühl erzeugte, ein Außenseiter zu sein. Heute sind viele meiner engsten Freunde in New York lebende Engländer oder Amerikaner mit Wohnitz in London. Aus der Fremde wird eine nachsichtige Heimat, etwas, was uns mit anderen verbindet.

Wenn mein Umzug nach England der Beginn meines glücklichen Exils war, so wurde meine Entsendung nach Moskau zu seiner Apotheose. Meine Fahrt mit dem Schulchor nach Moskau war wegen der russischen Invasion in Afghanistan abgesagt worden. Die geplante Familienreise in die Sowjetunion einige Jahre später wurde in letzter Minute wegen des Unfalls im Atomkraftwerk von Tschernobyl storniert.[5] Ein großer Teil meiner Lieblingslektüre, wie etwa Tschechows berühmtes Schauspiel über die drei Schwestern, war russisch.[6] Damals fragte ich mich bereits, nicht ohne eine gewisse Wehmut, ob ich überhaupt jemals nach Moskau kommen würde. 1988 arbeitete ich als Kunstkorrespondent für die britische Monatszeitung *Harpers & Queen*, und Sotheby's plante seine erste Auktion zeitgenössischer sowjetischer Kunst.[7] Beim Studium der Vorschau kam ich zu dem Ergebnis, dass schlechte Kunst hochgepusht werden sollte, um sie an reiche Sammler verhökern zu können, was letztlich auf zynische Instrumentalisierung hinauslief. Daher schlug ich einen Artikel vor, der die ganze leidige Angelegenheit als eitlen Zirkus des Jetset entlarven sollte.

So fuhr ich nach Moskau. Für meinen dritten Tag hatte ich ein Interview mit einer Künstlergruppe geplant, die sich mit ihren Ateliers in einem besetzten Haus in der Furmanni-Gasse eingerichtet hatte, wurde jedoch von meiner Dolmetscherin versetzt. Um nicht unhöflich zu sein, fuhr ich allein zu den Ateliers. Sie gaben mir zu verstehen, dass ich mich eine Weile umsehen dürfe. Anfangs hatten wir kaum Kontakt, denn ich sprach nicht Russisch und sie nicht Englisch. Ein paar Stunden später kam jemand, der Französisch konnte, und mit meinen wenigen Brocken in dieser Sprache kamen wir schon ein bisschen weiter, bis schließlich jemand erschien, der des Englischen mächtig war. Aber obwohl ich es damals noch nicht wusste, waren das wahre Geschenk die Stunden ohne Gespräche. Sie gaben mir die Möglichkeit, die Künstler im Umgang miteinander zu beobachten. Während sie sich gegenseitig ihre Arbeiten zeigten, tauschten sie sich offenbar über etwas aus, das mir verschlossen blieb. Später hörte ich, dass sie ihre Werke absichtlich trivial erscheinen ließen, um nicht die unwillkommene Aufmerksamkeit des KGB auf sich zu ziehen, während die Arbeiten in Wirklichkeit verborgene Botschaften enthielten. Der Schlüssel zu ihrem Verständnis lag in der persönlichen Beziehung der Künstler untereinander. Keiner von ihnen ging davon aus, vor einem größeren Publikum ausstellen zu können. Ihre Arbeiten waren voller Insiderwitze, vor allem aber durchdrungen von einem tiefen Mystizismus: Diese Künstler glaubten, angesichts eines Regimes, das es darauf anlegte, die Wahrheit auszuhöhlen, ihre Integrität wahren zu können.

Wenn meine Dolmetscherin am Morgen gekommen wäre, hätte ich

all das niemals erfahren. Der Westen war neugierig auf diese Künstler, und wie sich bald herausstellte, waren sie neugierig auf den Westen, hatten jedoch keinen Ansatzpunkt, da ihnen jegliche Kommunikation mit dem nichtsozialistischen Ausland verboten war. Ich wusste damals bereits ein wenig über die Kunstszene des Westens, weshalb ich ihnen eine gewisse Orientierungshilfe geben konnte. Zu meinem eigenen Entsetzen wusste ich jedoch so wenig über ihre Welt, dass ich kaum etwas von dem verstand, was sie bewegte. Doch während sich zwischen uns allmählich ein Zusammenhalt entwickelte, waren sie ausgesprochen nett zu mir.

Im nächsten Sommer kehrte ich zu Recherchen für einen Monat nach Moskau zurück. Ich weiß noch, wie ich voller Panik im Flughafen Heathrow saß. Ich wollte meine russischen Freunde treffen, da ich bereits beschlossen hatte, mein erstes Buch über sie zu schreiben; zugleich aber verspürte ich jene drohende Fremdheit aufkommen, die mich vier Jahre zuvor in Marokko überkommen hatte. Mein Selbstwertgefühl war noch immer sehr fragil und brauchte die ständige Bestätigung, die allein in der Vertrautheit entsteht. In Moskau aber war alles anders: Wo ich schlief, was ich aß, worüber ich mit den Menschen sprach.

Anfangs wohnte ich in einer Datscha bei einer Gruppe deutscher Künstler, zog aber schließlich etwas widerstrebend in das besetzte Haus in der Furmanni-Gasse. Ich sah mich als Beobachter, begriff aber mit der Zeit, dass mich meine Künstlerfreunde bei allem als Beteiligten betrachteten – weil sich das Leben verändert, wenn es beobachtet wird, und weil Anwesenheit eines Eindringlings niemals folgenlos ist. Damals wohnten über hundert Künstler in dem Gebäude. Zwar gab es an verschiedenen Orten Toiletten, aber nur ein voll funktionsfähiges Badezimmer auf der gegenüberliegenden Seite des Hofes. Im Gegensatz zu den Künstlern duschte ich täglich. Ich lieh mir von der Malerin Larisa Resun-Swesdotschetowa einen fuchsiafarbenen Frotteebademantel. Da Larisa nur knapp einsfünfzig groß ist, sah er an meinem Körper reichlich komisch aus. Ein ein paar Jahre später erschienener russischer Dokumentarfilm über die Kunstszene in der Endphase des Sowjetregimes enthält die von oben gefilmten Aufnahmen meines täglichen Marschs über den Hof in Larisas Bademantel als Symbol für das Verstreichen der Tage.

Bei meiner Abreise nach Moskau war ich mir der Schattenseiten des Sowjetsystems bewusst gewesen, hatte jedoch weder mit den heroischen Ausmaßen des Widerstands gerechnet noch mit der Geselligkeit, die ein anhaltender ideologischer Notstand herbeiführen kann. Die Fähigkeit dieser Russen zu Nähe stand im umgekehrten Verhältnis zum Zerfall ihrer Gesellschaft. In meinen Tagträumen hatte Kunst stets die Macht gehabt, die Welt zu verändern, zugleich war mir jedoch klar, dass Kunst in Wirklichkeit nur Unterhaltung war. Diese Russen aber waren vorrangig deshalb Kunstschaffende geworden, weil sie die Welt verändern wollten. »Weißt du«, sagte mir der Künstler Nikita Alexejew, »wir streben nicht danach, große Künstler zu sein, sondern Engel.«[8] Konfrontiert mit der westlichen Marktwirtschaft, in der von ihnen erwartet wurde, kommerziellen Anforderungen zu entsprechen, schufen einige von ihnen Werke, die Sammlern und Museen gefielen, während andere durch Arbeiten mit geringem Marktpotential an ihrem ursprünglichen moralischen Anspruch festhielten und wieder andere die Kunst sogar ganz aufgaben.

Ihre beste Waffe war seit Stalins Zeiten die Ironie, und die Ironie war auch das Schutzschild, mit dem sie der neuen Weltordnung gegenübertraten. Der Künstler Kostia Swesdotschetow war zu Beginn der achtziger Jahre wie viele Sowjetbürger, die anfangs von der Einberufung befreit worden waren, zu militärischem Strafdienst verurteilt worden, ein Vorgang, der im Westen weniger Aufmerksamkeit erregte als eine Verurteilung zum Gulag, jedoch dem gleichen Zweck diente. Kostia fand sich unvermittelt in einem Kreis von Dieben und Mördern auf der Halbinsel Kamtschatka östlich von Sibirien und nördlich von Japan wieder. Sein Bataillon hatte die Aufgabe, die Fundamente eines auf schmelzendem Eis errichteten Gebäudes auszuheben. Kostia, ein zierlicher Mann, wurde wiederholt krank, und da seine Vorgesetzten schließlich erkannten, welche Talente er besaß, ließen sie ihn Propagandaplakate zeichnen. Bei seiner ersten Ausstellung im Westen viele Jahre später sprach er davon, dass man ihn einst weiter nach Osten geschickt hatte, als er je hatte fahren wollen, dass man ihn in einen Raum mit Farben und Material gesteckt und ihm gesagt hatte, er solle Kunst fabrizieren, und dass er, weil es ihn von der harten körperlichen Arbeit befreite, der Anweisung gefolgt sei, obwohl er mit Ziel und Zweck nicht einverstanden gewesen sei. Jetzt, so meinte er, befinde er sich weiter im Westen, als er es sich je erträumt hatte, und man habe ihn erneut in einen Raum mit Farben und Material gesteckt und auch hier erklärt, er solle Kunst machen. Und wieder habe er die Vermutung, dass er mit seiner Arbeit eine Ideologie unterstütze, die nicht die seine sei – aber auch jetzt würde er es machen, wenn es ihn von harter körperlicher Arbeit befreie.

Nach Erscheinen meines Buchs *The Irony Tower: Soviet Artists in Time of Glasnost* im Juni 1991 fragten mich Leser, ob es eine russische Übersetzung geben werde. Ich antwortete, dass die Sowjets kaum auf einen Ausländer angewiesen seien, der ihnen sagte, was in ihrem eigenen Land geschehe. 2013 wurde dann allerdings eine russische Ausgabe mit einem Vorwort von Kostia herausgebracht.[9] Inzwischen hatte sich die politische und künstlerische Landschaft grundlegend geändert, und das Leben, das wir damals geführt hatten, war eher von historischem Interesse. Ich kam mir dabei zwar alt vor, aber ich hielt mir auch vor Augen, dass mein Traum als Jugendlicher, zu Veränderungen beizutragen, womöglich wahr geworden war – dass ich mich als Chronist des Wandels in ihn eingeschrieben hatte.

Im November 2015 aß ich mit einem Künstler dieser Gruppe, mit meinem Freund Andrei Roiter, zu Abend. Ich erzählte ihm von diesem Buch, und wir sprachen über gemeinsame Erinnerungen, die ich darin einfließen lassen wollte. »Weißt du noch, wie viel Hoffnung wir hatten?«, fragte er. Und ich fragte ihn, ob er die Träumereien von damals, die sich ja nicht verwirklicht hätten, bedauere. Er antwortete: »Selbst wenn sie letztlich ergebnislos blieben, hat mein Gefühl der Hoffnung in jenem Augenblick all das beeinflusst, was ich seitdem gedacht und was ich seitdem gemalt habe, und alles, was ich geworden bin.« Wir beklagten die Unrechtsherrschaft in Putins Russland, und er sagte: »Selbst diese Gewalt ist etwas anderes, weil sie auf Hoffnung folgt.« Während des Gesprächs wurde mir klar, dass Hoffnung so etwas wie eine glückliche Kindheit ist: Sie stattet den Menschen mit der

Fähigkeit aus, die Traumata zu bewältigen, zu denen es zwangsläufig kommen wird. Es ist die Urerfahrung der Liebe. Mein bis zu meiner Moskaureise relativ unpolitisches Dasein wurde durch meinen dortigen Aufenthalt vom Kampf um diese unverzichtbare Redlichkeit geprägt. Ich war noch nicht in der Lage, es *Lebenssinn* zu nennen, doch alle meine in diesem Buch beschriebenen Reisen erfolgten auf der Basis dieses Hochgefühls. Der Optimismus jener sowjetischen Künstler gründete sich auf etwas, was sich später im Wesentlichen als Fiktion erwies – doch obwohl es sich auf eine eingebildete Wirklichkeit bezog, war das Gefühl echt. Eine enttäuschte Hoffnung ist durchdrungen von etwas Edlem, zu dem die Hoffnungslosigkeit nie Zugang hat.

Als meine Mutter unheilbar erkrankte, kehrte ich aus London und Moskau nach Hause zurück, um in den letzten Monaten ihres Lebens in ihrer Nähe zu sein. Durch meine Distanz zu New York hatte ich Unabhängigkeit gewonnen, doch der Tod meiner Mutter vernichtete meine selbstgeschaffene Identität wieder. Meine Unabhängigkeit war nur möglich, wenn es etwas gab, wovon ich unabhängig war, und dieses Etwas waren zum einen die Vereinigten Staaten und zum anderen meine familiären Wurzeln gewesen. Als ich mich mit der Erkrankung meiner Mutter auseinandersetzte, kam ich zu dem Ergebnis, dass der Abgrenzung übertriebene Bedeutung zugeschrieben wurde. Wegen meiner Mutter war ich nach Hause gekommen, aber ich blieb, weil ich endlich akzeptieren konnte, mehr oder weniger amerikanisch zu sein. Niemand hatte mich jedoch vorgewarnt, dass das Gefühl von *Heimat* nach einem längeren Auslandsaufenthalt für alle Zeiten brüchig ist. Man wird sich immer nach einem anderen Ort sehnen, und keine nationale Logik wird einem jemals wirklich plausibel erscheinen.

Ein Jahr nach meiner Rückkehr nach New York rief mich mein Londoner Rechtsbeistand an und teilte mir mit, da ich seit sechs Jahren im Besitz eines britischen Arbeitsvisums sei, könne ich mich um die britische Staatsbürgerschaft bewerben. Dazu müsste ich lediglich ein paar Bedingungen erfüllen. Ich hatte stets meine Steuern gezahlt und war nie wegen einer Straftat festgenommen worden. Die letzte

Bedingung allerdings lautete, dass ich mich in den vergangenen sechs Jahren niemals länger als zwei Monate außerhalb Großbritanniens aufgehalten hatte, und die erfüllte ich leider nicht. Es würde also schwierig werden. Aus einer Laune heraus schrieb ich einen Brief und erklärte, ich sei wegen der Recherchen für mein Buch in Russland gewesen und in die Vereinigten Staaten gereist, um mich um meine Mutter zu kümmern, dass ich im Herzen aber treu zur Königin stehen würde. Als mein Schreiben im Herbst 1993 in dem Amt eintraf, hatte offenbar ein gelangweilter Angestellter Dienst, denn meine Einbürgerung erfolgte postwendend.

Mit der britischen Staatsbürgerschaft wurde etwas legalisiert, was mir vorher in gewissem Sinne wie ein Hintertürchen erschienen war. Nun konnte ich nicht nur zwei Länder als die meinen betrachten, sondern auch zwei Persönlichkeiten haben. Es war meine Befreiung von der Bürde, eine singuläre Identität auszubilden, von den anstrengenden Bemühungen, meine widersprüchliche Natur in ein einziges Narrativ zu zwängen. Mein Experiment mit der Fremdheit war also gelungen. Ich hatte die Möglichkeit zu wählen. Und ich musste mit dem Blick auf meinen Reisepass nicht mehr befürchten zu erleben, was mein Vater geschildert hatte: »Es gab kein Land, wo sie hätten hingehen können.« Ich hatte ein solches Land.

Die Einbürgerungspapiere bestätigten meinen Anspruch, ein Weltbürger zu sein. Obwohl ich meine Reisen in jedem Fall fortgesetzt hätte, fühlte ich mich nun doppelt berechtigt, die nahe und die weite Ferne zu erkunden. Zu Hause gehen die Tage oft übergangslos ineinander über; durch einen Aufenthalt in der Fremde wird das Leben intensiver. Tennysons Ulysses sagte: »Mein Wandern kennt kein Rasten. Trinken will ich vom Kelch des Lebens bis zum letzten Schluck.« Ich liebte das Reisen, weil es die Zeit anhielt und mich zwang, in der Gegenwart zu leben. Von Augustinus stammt der berühmte Satz: »Die Welt ist ein Buch. Wer nicht reist, sieht nur eine Seite davon.«[10] Ich wollte es von vorn bis hinten lesen. Und hoffentlich erleben, wie die Welt durch mich eine andere wurde.

Mein Freund Christian Caryl, ein angesehener politischer Journalist und Essayist, zog 1992 nach Kasachstan, um die Leitung des dortigen Wirtschaftsinstituts zu übernehmen.[11] Ein Jahr später stattete ich ihm einen Besuch ab. Als ich ihm erklärte, in die Steppe fahren zu wollen, um die Nomaden zu sehen, fragte er mich lachend, was ich ihnen sagen wolle. Bei einer Wanderung auf einen Berg in der Umgebung der Hauptstadt Alma-Ata (die mittlerweile in Almaty umbenannt ist) wurden wir von einem Schneesturm überrascht. Nachdem wir uns eine Stunde lang zusammengekauert hatten, hörten wir ein Fahrzeug näher kommen und gaben verzweifelt Zeichen, es möge anhalten. Der Fahrer, der uns mitnahm, trank regelmäßig einen Schluck aus seinem Flachmann, doch wir waren kaum in der Position, uns zu beschweren. Als er den Flachmann an mich weitergab, trank ich einen Schluck von dem, wie ich erwartete, Wodka. Es war jedoch *Spirt* – reiner Kornschnaps. Von dem einen Schluck wurde mir schwindelig, und vorübergehend verschwamm mir alles vor den Augen. Ich gab den Schnaps weiter an Christian, und singend und trinkend fuhren wir den Berg hinunter. Als mich unser Retter fragte, was ich in seinem Teil der Welt tat, platzte ich heraus, dass ich die Nomaden in der Steppe sehen wollte. Daraufhin bot er an, uns am nächsten Morgen in die Wildnis zu fahren. Und wir erklärten uns bereit, für diesen Tag den *Spirt* zu besorgen.

Die Nomaden (die durch Stalins Zwangskollektivierungen etwas sesshafter geworden waren) hätten uns nicht freundlicher empfangen können. Wir hockten in ihrer Jurte und bombardierten sie mit Fragen. Einer erklärte, sein Bild vom Iran beruhe vor allem darauf, dass das Land Straßen und Krankenhäuser in der Gegend gebaut habe, während seine Eindrücke von den Vereinigten Staaten im Wesentlichen aus *Baywatch* stammten, einer der am häufigsten ausgestrahlten ausländischen Sendungen in Kasachstan. Vor diesem Hintergrund sei er zu dem Urteil gelangt, der Iran sei gut und Amerika dekadent und schlecht. Da das damals seit kurzem unabhängige Kasachstan ein großes und ölreiches Land war, hielt ich diese Information für recht bedeutsam. Wieder in der Stadt schrieb ich zu diesem Thema einen Artikel und schickte ihn an einen mir bekannten Redakteur bei der Zeitschrift *New Republic*. Er rief mich fast unverzüglich an und sagte: »Seltsamerweise ist das jetzt schon das zweite Angebot in dieser Woche für einen Artikel über die Voreingenommenheit der Kasachen für den Iran. Irgendwas muss dort vorgehen.« Als ich daraufhin kleinlaut Christian anrief, gab er zu, ebenfalls einen Bericht über unseren Ausflug verfasst zu haben.

Als Jugendlicher hatte ich mir während der Reisen mit meinen Eltern die Haltung zu eigen gemacht, ein Tourist und Besucher solle eine Gesellschaft beobachten, sich aber nicht auf sie einlassen. Als Journalist wurde mir rasch klar, wie sehr mich diese Herangehensweise einengte. Wenn ich an einen fremden Ort kam, profitierte ich gewöhnlich von der ungeheuren Großzügigkeit der Menschen, die ich dort traf, etwas, für das es sich mit allen Mitteln zu revanchieren galt. 1992 hatten ein Freund und ich einen Autounfall in Simbabwe. Auf einer unbefestigten Straße war unser Vorderreifen geplatzt, worauf unser Wagen umkippte und in einen dichten Dschungel stürzte. Es geschah auf dem Rückweg nach Südafrika. Wir hatten gezeltet und Verpflegung für zehn Tage mitgenommen, aber auch viele Tüten »Mealie Meal« dabei, ein aus Mais hergestellter Bestandteil des alltäglichen Speiseplans in diesem Land, damit wir für den Fall, dass wir einmal bei Einheimischen übernachten mussten, etwas zum Haushalt beitragen konnten. Es hatte keinen Sinn, alles wieder mit zurückzunehmen. Nach Sonnenaufgang bogen wir bei einer Ansammlung besonders schäbiger Rundhütten von der Straße ab, und ich kletterte einen steilen Abhang hoch. Mehrere Leute rieben sich an einem ärmlichen Feuer zum Wärmen die Hände. Ich gab ihnen zehn Tüten mit Lebensmitteln und badete mich einen Moment lang in ihrem Staunen. Beim Reisen kann man Hilfe bekommen, aber auch geben.

Die Frage des Sicheinlassens und der Gegenseitigkeit beschäftigte mich immer mehr. Jede neue Bekanntschaft reißt beide Seiten aus dem Gewohnten heraus. Anstatt derartige Unterbrechungen zu vermeiden oder in Grenzen zu halten, begann ich, mich diesen Erfahrungen stärker zu öffnen. Manchmal fesselten sie mich regelrecht, oft beruhten sie auf Zufall. Obwohl ich mich unter außergewöhnlichen Umständen gut anpassen konnte, musste ich mein Anderssein zeigen und hinnehmen, dass auch mein Gegenüber es registrierte. Man kann sich nicht anpassen, indem man vorgibt, zu sein wie die anderen, sondern nur, indem man sich auf einen Dialog über die Unterschiede einlässt und die Vorstellung aufgibt, dass die eigene Lebensweise der der anderen auf irgendeine Weise überlegen sein könnte.

Da Fidel Castro jahrelang jede Religion in Kuba verboten hatte und dann die strikte Säkularität abmilderte, ehe er schließlich 1996 mit dem Papst zusammentraf, feierte man Weihnachten noch etwas zurückhaltend, als ich 1997 nach Havanna kam.[12] In den vergangenen Jahrzehnten hatte man sich in der Frage familiärer Feiern mit Silvester beholfen, nun gewöhnten sich die Menschen allmählich wieder an die Vorstellung von überschäumenderen Festen, und ich beschloss, auf diesen Zug aufzuspringen. Gemeinsam mit Freunden mietete ich eine Wohnung in einem recht verfallenen Viertel in der Altstadt Havannas, jedoch ausgestattet mit sechs Meter hohen Decken, dekorativen Säulen, filigranem Deckenstuck und einem Balkon mit Ausblick auf das alte Haus gegenüber. Wenn man ein fremdes Land schnell und gut kennenlernen möchte, gibt es nichts Besseres, als ein Fest zu veranstalten. In Kuba beginnt eine Party dann, wenn man zu tanzen anfängt. Eine atemberaubende schwarze lesbische Ballerina mit Namen Marleni führte mich in die Mitte des Raums. »Musik ist das Wichtigste in meinem Leben«, erklärte sie mir. »Ich fühle mehr dabei.« Aber wir hatten ohnehin gute Gefühle: sechs Briten, zwei Amerikaner und ungefähr dreißig Kubaner (Diplomaten, Ärzte, Künstler, Prominente aus dem Fernsehen, Stiftungsvorstände, Musiker, Stricher, Studenten), alle bereit, unsere verschiedenen Vorstellungen von einem Neuanfang zu feiern. Unterstützt von Mojitos, verloren wir bald jegliche Befangenheit, und zu Mitternacht lehnten wir uns über die Balkonbrüstung und gossen Eimer Wasser auf die Straße, um das alte Jahr fortzuspülen und das neue zu begrüßen. Die Leute in den umliegenden Häusern machten dasselbe, obwohl einige nur Sherrygläser hatten und andere Fässer mit Regenwasser. Wieder ein anderer vergoss sogar einen Mojito. Dann füllten wir einen Teller bis zum Rand mit Speisen und stellten ihn gemeinsam mit einem Drink für die Santeria-Götter nach draußen. Anschließend aßen wir noch einmal, dann tanzten wir bis zum Morgengrauen, und während wir bei Sonnenaufgang nach Hause taumelten, schienen in den Straßen alle zu tanzen. Die Kubaner waren begeistert von unserer Party, weil sie so amerikanisch gewesen war, und wir, weil wir sie so kubanisch fanden.[13]

1993 fuhr ich nach Südafrika, um über die enstehende Kunstszene des Landes zu berichten. Vor der Abfahrt hatte ich mir einen Mietwagen bestellt und einen Straßenatlas gekauft. Als man uns nach der späten Landung zur Passkontrolle fuhr, war der Flughafen schon so gut wie ausgestorben. Ich war der einzige Kunde im Büro der Leihwagenfirma und erinnerte den verschlafenen Angestellten daran, dass ich im Voraus einen Wagen mit Automatikgetriebe reserviert hatte. Selbst unter den besten Bedingungen kann ich nicht gut mit einer Schaltung umgehen; in Südafrika herrscht Linksverkehr, und damit tue ich mich noch schwerer. Darüber hinaus würde ich beim Fahren durch den Atlas blättern müssen. Außerdem war zu dieser Zeit Carjacking weit verbreitet, und man musste bei jedem Stopp auf der Hut und bereit sein, sobald es bedrohlich wurde, mit Höchstgeschwindigkeit davonzurauschen und notfalls auch bei Rot über eine Kreuzung zu fahren. Der Angestellte der Autovermietung verschwand für zwanzig Minuten. »Okay, Boss«, sagte er, als er zurückkam, »wir haben einen mit Automatik für Sie.« Ich unterschrieb die Papiere, und wir gingen nach draußen. Dort erwartete mich der größte weiße Mercedes, der mir je unter die Augen gekommen war. So viel zum Thema Anpassung.

Das Betreten der schwarzen Townships war Weißen damals noch verboten. Tat man es dennoch, ließ man sich gewöhnlich von einer Person mit schwarzer Hautfarbe begleiten, die sich auskannte, da es von diesen Gebieten keine Karten gab. Einmal fuhr ich nach Soweto, um einen Maler zu interviewen. Er erwartete mich am Eingang der Township und lotste mich dann zu seinem Atelier. Als wir fertig waren, meinte er, der Rückweg sei so einfach, dass ich allein fahren könne. Ich brach in der von ihm vorgegebenen Richtung auf und kam auch ganz gut voran, als ich hinter mir eine Sirene hörte und einen Polizisten sah, der mich an die Seite winkte. Er kam an mein Fenster und sagte: »Sie sind zu schnell gefahren.« Ich entschuldigte mich und sagte, dass ich auf meinem Weg kein Schild mit einer Geschwindigkeitsbegrenzung gesehen hätte. Weiße Südafrikaner haben den Ruf, schwarze Polizisten mit Herablassung zu behandeln, ich aber war respektvoll und voller Reue. »Warten Sie hier«, sagte der Polizist. »Ich hole meinen Vorgesetzten.«

Zehn Minuten später kam ein weiterer Streifenwagen. Der Vorgesetzte stieg aus und kam an mein Fenster. »Sie sind zu schnell gefahren«, sagte er. Ich entschuldigte mich erneut. »Sie sind nicht von hier, nicht wahr?«, meinte er. »Ich hole meinen Chef.«

Nach weiteren zehn Minuten traf der dritte Streifenwagen ein. »Sie sind zu schnell gefahren«, sagte der Chef.

Ich entschuldigte mich zum dritten Mal.

»Warum diese Eile?«

»Ich wusste nichts von einer Geschwindigkeitsbegrenzung. Offensichtlich ist sie nicht angezeigt. Außerdem bin ich ein weißer Ausländer und fahre mutterseelenallein in einem riesigen weißen Mercedes durch Soweto. Kein Wunder, dass einem da die Nerven flattern.«

Bei diesen Worten musste der Chef laut lachen. »Keine Sorge, Mann. Wir bringen Sie raus.«

Ich verließ die Township in einer Eskorte, mit zwei Streifenwagen vorneweg und einem hinter mir.

Das Reisen führt sowohl zu einer Erweiterung des Horizonts als auch zur Bewusstwerdung der eigenen Grenzen. Es reduziert einen auf ein Dasein ohne Kontext. Niemals hat man einen unverfälschteren Blick auf sich selbst als an einem Ort, der einem völlig fremd ist. Zum Teil liegt es daran, dass die Menschen einen anders wahrnehmen, da sie ihre Erwartungen eher von der Nationalität ableiten als von Nuancen in der Sprechweise, vom Schnitt der Kleidung oder von Hinweisen auf eine politische Haltung. Ebenso maskiert einen das Reisen aber auch. Wenn man der skizzenhaften vorgefertigten Meinung anderer begegnet, kommt es vor, dass man sich seltsam camoufliert und anonym fühlt. Ich liebe das Alleinsein, sofern es auf meine eigene Entscheidung zurückgeht. Fremde Orte und schwierige Umstände kann ich genießen, sofern ich zu Hause vermisst werde.

Gesellschaftliche Einschränkungen sind mir ein Gräuel, und das Reisen hat mir geholfen, mich davon zu befreien.

Zugleich aber fühlte ich mich in dieser gesellschaftlichen Anonymität auch äußerst unwohl, wie ich in der Sowjetunion erfahren musste. Solche Ängste sind Ausdruck meiner Unfähigkeit, in Menschen anderer Kulturen zu lesen, und der Tatsache, dass auch sie mich nicht ohne weiteres deuten können. Wenn ich mir kein Bild von ihnen machen kann, dann können sie sich womöglich auch keins von mir machen. Muss man die unvertrauten Regeln eines unbekannten Ortes erlernen, wird man plötzlich wieder zum Grünschnabel. Das Reisen macht einen bescheiden; was einem zu Hause teuer ist, kann woanders unwichtig oder albern erscheinen. In einem Land mit völlig anderen Standards wird die Richtigkeit der eigenen Ansichten in Frage gestellt. Oft kann man nicht verstehen, warum dort etwas als komisch angesehen wird, und manchmal versteht man nicht, was die anderen dort als bedrückend empfinden. Man zweifelt am eigenen Sinn für Humor, an der eigenen Ernsthaftigkeit und selbst an den eigenen moralischen Werten. Vertraute Landschaften schützen uns vor der Selbsterkenntnis, weil die Grenze zwischen dem, wer man ist, und dem, wo man ist, durchlässig ist. An einem fremden Ort jedoch tritt das Ich klar hervor: Das, was man wirklich ist, ist das, was auch in der Fremde Bestand hat.

Kulturelle Divergenzen führen oft zu unfreiwilliger sprachlicher Komik. In einem Hotel an den norwegischen Fjorden stieß ich in der Speisekarte auf die Ankündigung: »Frühstück ist erhältlich von 7:30 bis 8:00 Uhr täglich; Mittagessen ist erhältlich von 12:00 bis 12:30 Uhr täglich; Abendessen ist erhältlich von 19:00 bis 19:30 täglich; Mitternachtsimbiss bis 22:00 Uhr. Eine derartige Effizienz kann man nur bewundern. Die Karte für den Roomservice in einem Hotel im französischsprachigen Westafrika hat mich hingegen begeistert. Als Vorspeise bot man »Gerollte Crêpes mit Räucherlachs und geklumptem Ei« an oder »Kleine Taschen von Auberginen-Tomaten-Mozzarella« und als Hauptgang »Gratin von Schimmel, Brotkrumen und Parmesan« oder »Gerösteter Kapitän mit Olivenölsoße«

und, für Vegetarier, »Indische Hüpfer auf Linsen«. Unter den Nachspeisen war einzig und allein das »Dessert Oper auf Pudding« angeführt. In Xi'an stellte man uns einen Pianisten vor, der uns beim Mittagessen berichtete, dass er nur selten Konzerte gebe und allein dadurch über die Runden komme, dass er abends in einer Bar spiele. Obwohl er uns davon abzubringen versuchte, beschlossen wir, ihm dort zuzuhören. Mit dem chinesischen Talent für lyrische Umschreibungen nannte sich das Lokal auf dem Schild über der Tür SONNENSCHEIN-CLUB-ZUM-FREUNDE-TAUSCH-NACH-ZWANZIG-UHR. War also ein Bordell. Wann immer einer meiner Freunde einen Tausch nötig hat, gehe ich in Gedanken auf die Reise nach Nordwestchina und sehe wieder die jungen Frauen ländlicher Herkunft vor mir, von denen einige trotzig, die meisten in ihren dünnen Negligés aber eher traurig wirkten.

Selbst wenn man gut aufpasst, kann man in einer fremden Umgebung ohne Bezugspunkte leicht die Orientierung verlieren. 1985 in Prag beschlossen meine Freundin Cornelia Pearsall und ich nach dem Studium der einzig erhältlichen Touristenkarte, das jüdische Viertel zu besuchen, Nummer sechzehn auf dem Plan. Da wir Ärmlichkeit erwartet hatten, waren wir angenehm überrascht, als wir einen Komplex mit prächtigen Wohnungen vorfanden, die zudem teilweise eine atemberaubende Aussicht hatten. Da die Schilder in Tschechisch waren, mussten wir uns die Erklärungen selbst zurechtlegen. Als Cornelia über die Anzahl der vorhandenen Tasteninstrumente staunte, erklärte ich, dass die jüdische Gemeinde Prags kulturell und künstlerisch äußerst gebildet gewesen sei. Zwei Tage später erfuhren wir, dass das jüdische Viertel eigentlich unter Nummer siebzehn zu finden war und wir den Nachmittag tatsächlich in der Mozartvilla verbracht hatten.

Manchmal kann man das, was man zu sehen bekommt, auch einfach nicht verstehen. Als ich den früheren US-amerikanischen Verteidigungsminister Robert McNamara kennenlernte, war er Mitte achtzig. Der Mann hinter den Einberufungsbefehlen, die mich in meiner Kindheit so erschreckt hatten, war verantwortlich für die Zerstörung eines Landes und den sinnlosen Tod von Millionen Menschen, ohne etwas erreicht zu haben.[14] Mittlerweile war er ein angenehmer älterer Herr, der die Richtung, die er am Scheideweg eingeschlagen hatte, zutiefst bedauerte. Er erzählte mir, dass er nach Vietnam zurückgefahren sei und einige seiner einstigen militärischen Gegenspieler getroffen habe. Dabei ergab sich, wie er mir schilderte, ein Gespräch, bei dem der Vietnamese fragte:»Warum haben Sie das und das getan?« Worauf McNamara antwortete:»Nun, weil Sie das und das gemacht haben und das für uns das und das bedeutete.« Der Vietnamese entgegnete darauf:»Nein, nein, damit haben wir genau das Gegenteil bezweckt. Und als Sie dann das und das gemacht haben, war es für uns ein eindeutiger Schritt in die Eskalation.« McNamara aber meinte:»Nein, damit wollten wir erreichen, dass sich die Dinge beruhigen, denn wir dachten ...« Und so weiter. McNamara traf seine Fehleinschätzungen, weil er seine Gegner nicht kannte, ein Problem, das sich durch die Entlassung der Asienexperten aus Stellen in der US-Regierung und in Universitäten während der Säuberungen McCarthys noch ungeheuer verschärft hatte. Wie Cornelia und ich in der Mozartvilla stützte sich McNamara auf spontane Annahmen über ein Land, das er völlig missverstand. Hätte der Vietnamkrieg nicht Millionen von Todesopfern gefordert, hätte sein Dialog mit seinem ehemaligen Feind das Zeug für eine Farce im Stil Molières gehabt. Sich mit einem Ort vertraut zu machen ist nicht anders als das Kennenlernen eines anderen Menschen: eine Übung in Tiefenpsychologie. Man muss jene, mit denen man kommuniziert, verstehen, um den Inhalt des von ihnen Kommunizierten deuten zu können. Und um zu erkennen, dass die eigene Kohärenz die Inkohärenz des Gegenübers ist und umgekehrt, braucht man Bescheidenheit. »Für unsere Auseinandersetzung benutzten wir die Sprache des Krieges«, sagte mir McNamara in unserem Gespräch,»die ich fälschlicherweise für allgemeingültig gehalten hatte.«

Allgemein legt man großen Wert auf die Unterscheidung zwischen Tourismus und Reisen. Touristen, so heißt es, treten in Scharen auf und wollen sich nur selbst bestätigen, indem sie Vergleiche zwischen dem besuchten Land und ihrer Heimat anstellen, wobei diese stets besser abschneidet. Reisende wagen sich hinaus, weil sie die Orte nicht nur sehen, sondern auch erleben wollen. Als Flemming Nicolaisen, ein Inuit aus Grönland und ein Freund, auf seiner ersten Auslandsreise zu mir nach New York kam, interessierte er sich kaum für die Freiheitsstatue, das Metropolitan Museum und die Broadway-Shows. Viel lieber machte er mit meinem Hund lange Spaziergänge in den Straßen. »Als du in Grönland warst«, sagte er, »wolltest du da unser Kriegerdenkmal sehen? Oder das Museum in Nuuk?« Ich musste zugeben, dass ich am liebsten durch die buntglitzernde Eislandschaft gewandert war. Mein Freund wies mich darauf hin, dass die gesamte Bevölkerung Grönlands in einen der (damals noch stehenden) Zwillingstürme des World Trade Centers passen würde, und er wolle einmal spüren, wie es sei, unter so vielen Menschen zu sein. Er war ein Reisender, und ich hatte ihm das Touristenprogramm angeboten.

Der Gral des Reisenden ist Authentizität. Man kann danach suchen, aber man kann nicht damit rechnen, ihn auch wirklich zu finden. Im Alter von achtundzwanzig Jahren durchquerte ich mit meinem Freund Talcott Camp Botswana auf der einzigen Hauptstraße des Landes. Wir mussten regelmäßig anhalten, weil eine Kuhherde die Seite wechselte. Einmal sahen wir eine solche Herde schon aus weiter Ferne, aber weit und breit keinen Hirten. Als wir näher kamen, entdeckten wir, dass es Elefanten waren. Elefanten hatten wir bereits in ihrem »natürlichen Habitat« in den riesigen Schutzgebieten gesehen. Doch in den Nationalparks mit ihren gesetzlich festgelegten Grenzen, innerhalb deren Touristen gegen Geld Wildtiere beobachten können, kamen uns die Begegnungen mit ihnen irgendwie unecht vor. Das zufällige Zusammentreffen mit den Tieren außerhalb der offiziellen Einhegungen war unendlich viel aufregender. Eins der mächtigen Tiere blockierte die Straße, und wir mussten anhalten. Wir saßen dort ungefähr eine Stunde lang fest. Die Sonne stand schon tief und tauchte die Dickhäuter in rosa schimmerndes Licht. Ich hatte bereits in einem Dutzend afrikanischer und asiatischer Länder Elefanten gesehen, aber noch nie eine solche Ehrfurcht empfunden.

Zwei Jahre später fuhr ich mit meinem Vater ins Baltikum. In Litauen besuchten wir ein kleines Museum, das der ausgelöschten jüdischen Bevölkerung von Vilnius gewidmet war.[15] Außer uns befanden sich in seinen vier Räumen nur noch zwei an Babuschkas erinnernde Damen mit Kopftuch, die halb schlafend auf Plastikstühlen saßen und entweder Wärterinnen oder Reinigungskräfte waren. Da die Nazis in ihrer Propaganda den Juden die Schuld an der Annexion Litauens durch die Sowjets zugeschoben hatten, war die jüdische Bevölkerung der Stadt mit der tatkräftigen Hilfe lokaler Amtsträger zu neunzig Prozent umgebracht worden. Auch litauische Bürger, die ihren jüdischen Nachbarn helfen wollten, wurden umgebracht. Relativ wenige litauische Juden endeten in den Arbeitslagern, doch auf den Schautafeln des Museums wurden die Lebensbedingungen in einem solchen Lager geschildert. Es wurde auch ein Lied erwähnt, das die ausgemergelten Menschen während der Arbeit gesungen hatten, um sich aufzumuntern. Mein musikbegeisterter Vater machte dazu Bemerkungen, und ich fragte mich laut, was für eine Melodie das Lied wohl gehabt hatte. Da erklang aus der Ecke eine dünne Stimme. Uns war nicht in den Sinn gekommen, dass die dort sitzende Frau Englisch verstehen oder Jüdin sein könnte. Jedenfalls sang sie das Lied aus dem Lager, und uns wurde klar, dass sie nicht nur die Wärterin, sondern auch das Thema dieses Raums war. Als sie geendet hatte, versuchten wir mit ihr zu sprechen, aber sie zog sich wieder in scheinbare Einsprachigkeit zurück und gab vor, unsere Fragen nicht zu verstehen. Sie war eine derjenigen, die keinen Ort gehabt hatten, wo sie hatten hingehen können, aber überlebt hatten.

Es ist leicht, schlicht zu leben, ohne authentisch zu sein, doch schier unmöglich, authentisch zu sein, wenn man sich vor dem Einfachen fürchtet. Der große britische Essayist der viktorianischen Zeit John Ruskin beklagte, dass einen die Effizienz der Eisenbahn der Freude am Reisen beraube. »Das ist einfach an einen anderen Ort geschickt werden«, schrieb er, »wie ein Paket.«[16] Es dauerte eine Weile, bis ich auch an beschwerlichen Reisen Gefallen fand. Anfangs freute ich mich nur, wenn ich sie hinter mir hatte, während ich beim Reisen selbst nach wie vor unter den Strapazen litt, doch im Lauf der Zeit wurde mir klar, dass man eine Reise entweder einfach genießt oder davon erzählen will. Letztlich blieb ich offen für beides. Die Reisen, die ich als Kind erlebt hatte, waren recht luxuriös gewesen. Als ich älter wurde, lernte ich, auch mit wenig auszukommen, und entdeckte, dass Luxus relativ ist. Als ich in Guatemala-City war, um über das Leben der Banden zu schreiben, fand ich mich eines Tages in dem armen Stadtviertel La Limonada wieder. Irgendwann kam uns ein alter Mann mit einer Herde Ziegen entgegen. Der halbwüchsige Junge, der mein Führer war, fragte mich, ob ich Durst habe. Als ich es bejahte, molk der Ziegenhirte die Milch eins der Tiere direkt in einen großen Pappbecher und reichte ihn mir. Nie habe ich ein Getränk mehr genossen.

Wer sich nicht damit auseinandersetzen will, warum der Rest der Welt uns Amerikaner mag und zugleich hasst, bleibt besser zu Hause. Auch wenn ich ins Ausland reise, bleibe ich ein amerikanischer Patriot, aber ich erkenne auch, dass es meinem Land in den Punkten Würde, Mitgefühl und Klugheit mangelt. Die Invektiven gegen die Einwanderung kann man nicht wirklich einordnen, ehe man nicht auch Auswanderungszentren und Flüchtlingslager besucht hat. Man begreift nicht, wie absurd das Verhalten der amerikanischen Waffenlobby ist, ehe man Länder besucht hat, in denen Gewaltverbrechen durch vernünftige Waffengesetze eingedämmt wurden (was eigentlich auf die meisten zutrifft). Wie weit die USA in der Frage der sozialen Mobilität zurückgefallen ist, lässt sich nicht ermessen, ehe man nicht eine Gesellschaft kennengelernt hat, die ökonomische Gerechtigkeit anstrebt. Reisen schärft den Blick auf die Welt und reißt den Schleier weg, der ihr wahres Gesicht verbirgt. Als E. M. Forster gefragt wurde, wie lange er für seinen Roman *Auf der Suche nach Indien* gebraucht habe, antwortete er, das sei weniger eine Frage der Zeit als des Ortes gewesen. Während seines Aufenthalts in Indien hätte er ihn unmöglich fertigstellen können. »Erst als ich abgereist war, kam ich damit voran.«[17]

Manchmal sind neue Perspektiven ernüchternd, aber fast immer sind sie von Nutzen. »Alles Reisen hat seine Vorteile«, schrieb Samuel Johnson. »Fährt der Passagier in ein fortschrittlicheres Land, kann er lernen, in seinem eigenen Verbesserungen durchzuführen. Und führen ihn die Geschicke in schlechtere, kann er lernen, sich seines eigenen zu freuen.«[18] Ich hatte das Reisen aus Neugier begonnen, doch mittlerweile glaube ich, dass es eine politische Bedeutung hat und die Menschen zum Reisen zu bewegen genauso wichtig ist, wie Kinder in die Schule zu schicken, Umweltbewusstsein zu wecken oder zu Sparsamkeit zu erziehen. Ich dachte an meine Chorreise in der Highschoolzeit nach Rumänien und Bulgarien, wo ich mit eigenen Augen Dinge sah, die im Widerspruch zu den meisten Berichten standen. Man kann das Fremde nicht wirklich begreifen, wenn man es nicht erlebt hat. Würde man alle jungen Erwachsenen verpflichten, zwei Wochen im Ausland zu verbringen, ließen sich zwei Drittel der diplomatischen Konflikte der Welt bald lösen. Es käme gar nicht darauf an, welches Land sie besuchen und was sie während des Aufenthalts unternehmen würden. Sie müssten sich nur einfinden in das Fremde und akzeptieren, dass die Menschen dort anders leben – dass manche Phänomene überall auf der Welt gleich sind und andere durch die jeweilige Kultur einzigartig.

Eine relativ durchlässige Einwanderungsgesetzgebung kann Ähnliches bewirken. Wie soll man sein eigenes Land kennenlernen, wenn man nicht beobachtet wird? Menschen von anderswo tragen dazu bei, dass wir unsere Probleme aus einem neuen Blickwinkel sehen – eine der Grundbedingungen für ihre Lösung. Wir gewinnen nicht nur durch Reisen einen anderen Blick auf unsere Probleme, sondern auch, indem wir Reisende bei uns aufnehmen. Fremden die Freiheit zu geben, aus ihrer Heimat zu uns zu kommen, ist ebenso viel wert wie unsere Freiheit, in andere Länder zu fahren. Liebe, Arbeit, gute Chancen reichen dabei nicht aus – wirklich ausgeglichen ist das Verhältnis erst, wenn wir auch unser Glück mit ihnen teilen. Wir erkennen unsere Grenzen sowohl durch die Begegnung mit dem Anderen als auch dadurch, dass wir das Andere sind. Identität entsteht durch beides: durch Gemeinsamkeit und Spiegelung.

Meine Vorfahren litten unter dem Antisemitismus, aber im Gegensatz zu den Opfern des Holocaust hatten sie einen Ort, wo sie hingehen konnten: die Vereinigten Staaten. Die Eltern meiner Großmutter väterlicherseits waren in Russland geboren und kamen noch vor der Geburt meiner Großmutter nach New York. Mein aus Rumänien stammender Großvater väterlicherseits hatte es schwer und musste viele Hindernisse überwinden, um nach Amerika zu gelangen. Meine Großmutter mütterlicherseits kam aus Polen, die Eltern meines Großvaters mütterlicherseits aus Wien und aus der Ukraine. Ohne die liberale Einwanderungspraxis in jenen Zeiten würde ich nicht existieren. Meine Vorfahren haben aber auch dazu beigetragen, die amerikanische Kultur lebendig zu halten. Sie überquerten den Atlantik auf der Suche nach Freiheit, und Freiheit ist der am stärksten von der Regierung geförderte Exportartikel der Vereinigten Staaten. Durch die Erforschung von Orten, die scheinbar weniger frei waren als mein Geburtsland, lernte ich nicht nur, die Freiheit in den USA mehr zu schätzen, ich erkannte auch, dass mein Leben nicht so frei war, wie ich gedacht hatte. Freiheit ist ein uneindeutiger Begriff und umfasst auch die Möglichkeit, sich an eine rigide Ideologie zu klammern; ein Großteil dessen, für das ich eingetreten bin, war eher Liberalismus als Freiheit. In repressiven Gesellschaften gibt es Freiheiten, die wir bei uns nicht kennen, Freiheiten, die sich aus den mangelnden Wahlmöglichkeiten und dem Ringen um Würde angesichts der Entmündigung ergeben. Als mir chinesische Intellektuelle erklärten, was sich aus dem Massaker am Tiananmen-Platz alles Gutes ergeben habe, als pakistanische Frauen von dem Stolz sprachen, mit dem sie den Hidschab trugen, als Kubaner für ihre Autokraten schwärmten, war ich gezwungen, meine reflexartige Verteidigung der Selbstbestimmung zu hinterfragen. In einer freien Gesellschaft haben wir die Möglichkeit, unsere Ambitionen zu verwirklichen. Bei mangelnden Wahlmöglichkeiten hingegen sind die Menschen oft auf visionäre Ambitionen angewiesen. In Moskau lernte ich in den achtziger Jahren eine Gruppe kennen, die sich »Papierarchitekten« nannte. Da es, wie sie wussten, nicht das Material gab, um ihre Vorstellungen umzusetzen – selbst wenn ihnen die sowjetischen Behörden die Gelegenheit dazu gegeben hätten –, nutzten sie für ihre architektonischen Übungen ihre Vorstellungskraft und entwarfen beispielsweise den Turm von Babel, ganze Städte oder auch die Konstruktion einer Theaterbühne, die auf dem

Wasser schwamm. Sie ließen ihre Kreativität fließen, blieben aber immer Architekten, und ihr Diskurs – auch wenn er neu und konzeptuell war – folgte der Grammatik der Architektur.[19] Kein westlicher Architekt, der unter der Herrschaft seines Materials steht, hat je so frei gedacht.

Freiheit geht selten mit Stillstand einher; sie verwirklicht sich innerhalb kurzer Eruptionen in Zeiten grundlegenden Wandels. Eine ihrer Begleiterscheinungen ist Optimismus, also der Glaube, dass die Dinge zukünftig besser sein werden als in der Gegenwart. Solch ein Wandel vollzieht sich oft impulsiv, geht häufig schrecklich schief, zündet einen Funken, nur um dann ohne reale Umsetzung zu verpuffen. Demokratisierung setzt voraus, dass jedes Bevölkerungsmitglied bereit ist, seinen Anteil zur Entscheidungsfindung beizutragen. Viele empfinden diese Aufgabe als verlockend, solange sie theoretisch bleibt, und beängstigend, wenn eine Entscheidung bevorsteht. Achtzehn Monate nachdem ich sie in Myanmar interviewt hatte, kam die burmesische Autorin und Aktivistin Dr. Ma Thida nach New York. Zu ihrer Bestürzung habe sie erkannt, sagte sie, dass sich nicht nur die Regierung ändern müsse – was schnell geschehen könne –, sondern auch die Geisteshaltung der durch Unterdrückung konditionierten Menschen, was sich wahrscheinlich über eine ganze Generation hinziehen würde. Ich selbst habe erlebt, wie herrlich und wie schwer diese Aufgabe für ein Volk sein kann. Denn nachdem die Freiheit gewonnen ist, muss man lernen, frei zu sein und, wie Toni Morrison es formuliert hat, »sein freies Ich behaupten«. Im Westen gehen viele davon aus, die bevorzugte Gesellschaftsform sei grundsätzlich die Demokratie, die sich einfach etablieren werde, sobald die jeweiligen Hindernisse aus dem Weg geräumt seien (dies war offenbar die Voraussetzung für Tony Blairs und George W. Bushs Vorgehen im Irak). Die Realität spricht gegen diese Annahme.

Freiheit muss gelernt und in eine konkrete Praxis umgesetzt werden. Während meiner Reise nach Afghanistan im Februar 2002 arrangierte meine Freundin Marla Rusicka für mich ein Treffen mit drei gebildeten, liberal eingestellten Frauen. Sie kamen in Burkas. Als sie dieses total verhüllende Gewand jedoch sogleich ablegten, fragte ich, warum sie es überhaupt getragen hätten. Die Taliban waren geschlagen und sie nicht mehr durch entsprechende Gesetze gebunden. Die Erste sagte: »Ich war immer davon ausgegangen, dass ich dieses Ding ablege, wenn sich die Zeiten ändern. Aber nun fürchte ich, dass die Veränderungen nicht von Dauer sind. Wenn ich ohne Burka unterwegs bin und die Taliban wieder an die Macht kommen, könnten sie mich steinigen.« Die Zweite meinte: »Ich würde sie ja gerne ablegen, aber wir haben hier noch die alten gesellschaftlichen Normen. Wenn ich ohne Burka unterwegs bin und vergewaltigt werde, wird man sagen, ich sei selbst schuld.« Die dritte Frau erklärte: »Ich hasse dieses Kleidungsstück und habe immer gedacht, ich würde es aufgeben, wenn die Taliban fort sind. Aber ich habe mich im Lauf der Zeit daran gewöhnt, unsichtbar zu sein. Es ist das, was mich ausmacht. Die Möglichkeit, wieder sichtbar zu sein, erscheint mir äußerst anstrengend.« Es muss sich also zunächst einiges bei den Menschen verändern, ehe sich die Gesellschaft verändert.

Historisch gibt es unzählige Beispiele für Umwälzungen, die voller Hoffnung eingeleitet wurden, denen dann jedoch ein Abstieg in die Hölle folgte. Welches Verhältnis eine Kultur zu ihrer Geschichte hat, zeigt sich oft darin, in welchem Maße die Bürger an die eigenen Handlungsmöglichkeiten glauben. Einige verstehen Geschichte vorwiegend als etwas, was ihnen zugefügt wurde, andere stellen eher den Aspekt des Handelns in den Vordergrund – wer hat was getan. Die zeitliche Abfolge von Ereignissen ist oft nicht so wichtig wie das Verständnis der Menschen vom Verhältnis zwischen Vergangenheit und Gegenwart; eine Revolution kann einerseits aus der uneingeschränkten Anerkennung einer langen Tradition resultieren, sich andererseits aber auch von Letzterer lossagen. Der Eintritt in die Demokratie wird häufig mit einer Stimmung ausgelassener Festlichkeit gefeiert, mit einer Vorfreude auf das, was Demokratie bedeutet, zum anderen aber auch einfach nur auf ihre Ankunft. So war es beim Arabischen Frühling, der nicht nur die Bevölkerungen der betroffenen Länder begeisterte, sondern auch die Menschen im Ausland, von denen viele fälschlicherweise annahmen, dass die Zukunft, wie immer sie sich gestalten würde, besser sein würde als die Vergangenheit, die man hinter sich ließ.

Während die Furcht vor radikalen Veränderungen auf individueller Ebene nahezu universell ist, löst bei denselben Menschen die Aussicht auf Veränderungen geradezu rauschhafte Zustände aus. Mich bewegt jener kurze Moment der Selbstverliebtheit einer Gesellschaft, die vor grundlegenden Veränderungen steht. Dieselben Menschen, die mir erzählten, wie groß ihre Hoffnungen gewesen seien, als Stalin an die Macht kam, erzählten mir auch, welche Hoffnungen später sein Tod in ihnen weckte, oder, in China, von ihrer Hoffnung beim Ausrufen der Kulturrevolution und von ihren Hoffnungen bei deren Ende. Das Beharren darauf, dass Wandel möglich ist, ist ein Ausdruck von Hoffnung. Viele Gesellschaften haben nach Verbesserungen gestrebt, und in manchen konnten die Bedingungen tatsächlich verbessert werden, aber das gilt keineswegs für alle. In Russland ist das Leben im 21. Jahrhundert für den Durchschnittsbürger besser als zur Zeit der Aufhebung der Leibeigenschaft, aber längst noch nicht gut genug. In Afghanistan herrscht nach wie vor Chaos. Irak und Syrien fielen nach der angeblichen Befreiung in ein furchtbares Chaos. Die Zustände in Libyen waren unter Gaddafi weit schlimmer, als man sich vorstellen konnte, wenn man es nicht selbst gesehen hatte, doch die gegenwärtigen Verhältnisse kann man nur als verheerend bezeichnen, alles andere wäre eine Untertreibung.

Gelegentlich kann jedoch auch eine schreckliche Gewaltherrschaft beendet werden. Trotz aller im Anschluss begangenen Fehler hat die Abschaffung der Apartheid in Südafrika unseren Glauben an das Anständige im Menschen wiederhergestellt. Auch in China ist das Leben besser als vor der Ära Deng Xiaoping, obwohl es noch viel zu tun gibt. Politik ist stets vom Prinzip Hoffnung begleitet, wie sich alle vier Jahre in den Vereinigten Staaten zeigt, wenn manch einer in seinem einminütigen Akt der Selbstbestimmung glaubt, den Lauf der Geschichte beeinflussen zu können. Nach Ansicht Walter Paters besteht das Ziel des Lebens eher darin, Erfahrungen zu machen, als die Früchte der Erfahrung zu genießen.[20] Zhou Enlai soll angeblich gesagt haben, es sei zu früh, um zu beurteilen, ob die Französische Revolution erfolgreich gewesen sei.²¹ Doch die Französische Revolution führte nicht nur in eine neue Ordnung, sondern war auch ein Ereignis an sich. Momente des Wandels können kostbar sein, selbst wenn sich die Verheißungen nicht erfüllen. Mein lebenslanges Interesse an der Resilienz hat mich oft an Orte geführt, die sich in Umwälzungen befanden. Im Lauf der Zeit sah ich das Ganze skeptischer als zu Beginn; an einem Scheideweg der Geschichte können Veränderungen hin zum Besseren in ihr Gegenteil umschlagen, und beachtliche Fortschritte sind oft von Tragödien begleitet. Trotzdem ist das Gefühl von Erneuerung und Wiedergeburt wichtig, selbst in einer Gesellschaft, die in ständiger Ungewissheit lebt. Außerdem kommen Veränderungen oft nicht durch allmähliche Erosion des Alten zustande, sondern durch die Anhäufung von Fehlschlägen. Eine Umwandlung gelingt nur dann, wenn zwei, drei oder zehn Ansätze in einen Durchbruch münden.

Auf der anderen Seite wecken Veränderungen unverzüglich die Sehnsucht nach Vergangenem. Eine bessere Gegenwart löscht eine fehlerhafte Vergangenheit nicht aus, und in jeder Vergangenheit gab es Elemente von großer Schönheit. Es bedarf echter Tapferkeit, sich an eine abgelaufene Identität zu erinnern und trotzdem in der Gegenwart zu leben. 1993 besuchte eine Moskauer Freundin mit mir eine alte Dame, die sie kannte. Zu ihrer dunklen, vollgestopften Wohnung mussten wir in einem engen Treppenschacht sieben Stockwerke hinaufsteigen. Sie erzählte mir von ihrer Kindheit in einem Palast in St. Petersburg. Fast alle Menschen, die sie damals gekannt hatte, waren 1917 in der Revolution ums Leben gekommen. Später starb ihr Ehemann in einem Arbeitslager im Gulag. Sie hatte nur ein Objekt aus ihrer adligen Familie in die Gegenwart retten können: eine fast durchsichtige Teetasse der Kaiserlichen Porzellanmanufaktur, die mit einer bäuerlichen Szene bemalt war. Um mich als Ehrengast zu würdigen, schenkte sie mir darin den Tee ein. Ich bin schon zu normalen Zeiten leicht zittrig, doch in diesem Augenblick hatte ich die größten Bedenken meines Lebens, das zerbrechliche Symbol einer untergegangenen Vergangenheit in die Hand zu nehmen. »Wer weiß?«, spekulierte meine Freundin, die die Geschichten ihrer alten Freundin bereits gut kannte. »Vielleicht leben wir mit Glasnost wieder genauso.« Die alte Dame lachte nur. »Niemand wird wieder so leben«, sagte sie und drängte uns ein weiteres Stück von dem Kuchen auf, den sie nach einem Rezept des Zarenhofs gebacken und für dessen Zutaten sie vier Tage lang angestanden hatte. Kuchen und Teetasse: Welche Tapferkeit bewies sie in ihrem Überleben, und welche Leidenschaft zeigte sie in ihrem Festhalten an den Bindegliedern zu der Person, die sie einst gewesen war. Es war die Wehmut des Alters, unter der die meisten leiden, die sich nach ihrer Jugend zurücksehnen.

Die Berichte in diesem Buch stammen aus der Vergangenheit. Ich habe keine Zukunftsprognosen gestellt, als ich sie schrieb. Einige der darin ausgedrückten Träume wurden umgesetzt, andere scheiterten. Es sind absichtslose Zeugnisse von besonderen Ereignissen zu besonderen Zeiten. Selbst die detailliertesten Reportagen sind nicht das Ergebnis von Expertenwissen über den Ort. Ich war längere Zeit in Russland und oft in China, verbrachte in Afghanistan jedoch nicht einmal zwei Wochen und in Libyen sechs. Vor, während und nach Abschluss meiner Reisen habe ich ausführlich recherchiert und bin mit vielen der Menschen, die ich kennengelernt hatte, in Kontakt geblieben, doch meine Beobachtungen stützen sich eher auf ein relativ breites Allgemeinwissen als auf vertiefte Kenntnisse in einem bestimmten Bereich. Ich kann es weder mit Sinologen noch mit Kremlspezialisten noch mit Afrikakennern aufnehmen. Meine Kunstartikel befassen sich eher mit den Künstlern als mit ihren Werken. Komplexe Geschichten lässt man sich am besten von jenen erzählen, die komplexe Geschichten lieben, und Kunst zwingt die Kunstschaffenden, sich mit gesellschaftlichen Mehrdeutigkeiten und Spannungen auseinanderzusetzen. Meine Berichte sind in vielerlei Hinsicht eher psychologische Studien als politische, eher Dokumente eines vorbeiziehenden Zeitgeists als Grundsatzartikel. Ich verfüge lediglich über eine Allgemeinbildung, sammle Erfahrungen und pflege darüber hinaus meine Exzentrik.

Sich durch das Gesamtwerk eines Autors zu arbeiten ist eine demütigende, gelegentlich schmerzliche Erfahrung. Meine Geschichten berichten von einer Welt in Bewegung und Weiterentwicklung, sie spiegeln aber auch Bewegung und Weiterentwicklung in mir, und ich habe dem Impuls widerstanden, sie zu überarbeiten und an meine heutigen Meinungen und Ansichten anzupassen. Sie zeigen also, was ich damals geschrieben habe, und nicht, was ich heute schreiben würde. So frustrierend das Älterwerden ist, so peinlich kann einem die eigene Jugend sein. Oft wundert man sich über das, was man damals gemacht hat, heute aber nicht mehr tun würde. Während ich in der Vergangenheit von der ziemlich überheblichen Perspektive an die Dinge herangegangen bin, die Probleme von Nationen, aber auch von Menschen, ließen sich lösen, glaube ich heute, dass es oft klüger ist, Probleme zu akzeptieren, als sie zu beheben. Bei den wenigen Dingen, die sich änderten – Grenzen, allgemeine Fortschritte in Bürger- und Behindertenrechten –, und bei den vielen, die es nicht taten – kein Mehr an Gerechtigkeit durch Wahlen, die Neigung der Mächtigen zu Korruption –, habe ich stets nach Mustern gesucht. Mein Anliegen wurde es, weniger normativ zu sein, bessere Fragen zu stellen und keine voreiligen Antworten zu geben. Während ich früher von der transformativen Kraft von Revolutionen überzeugt war, glaube ich heute an die Besserung der Umstände durch Evolution. Aber so naiv meine Ansichten von damals auch erscheinen mögen, so waren sie doch immerhin der Anlass für manche Studie einer fremden Kultur.

Einen Teil der Artikel habe ich leicht und einige wenige gründlich überarbeitet. Andere blieben unverändert. Bei der kleinen Zahl von Texten, die für ihre Veröffentlichung gekürzt worden waren, habe ich mich für die längere Version entschieden. Als ich für Reiseberichte nach Brasilien und Myanmar geschickt wurde, hatte ich dieses Buch bereits im Kopf und verfasste deshalb längere Artikel, als von meinen Auftraggebern gewünscht. Alle eventuell in den Texten enthaltenen Reiseempfehlungen habe ich jedoch, da sie überholt waren, herausgestrichen. Die Artikel sind weitgehend chronologisch geordnet, wobei ich allerdings der Chronologie der Ereignisse Vorrang gegeben habe vor der Chronologie ihres Erscheinens. Einige Geschichten habe ich verschoben, weil ich nach ihrer Veröffentlichung über weitere Entwicklungen berichten konnte und die neueren Informationen mit aufnehmen wollte. (Meine Schilderungen des Qianlong-Parks sind meinem damaligen Besuch gemäß eingeordnet, obwohl ich in den darauffolgenden Jahren mehr darüber erfahren habe.) Zu jedem Artikel habe ich neue Absätze verfasst, um ihn sowohl mit meinen persönlichen Erfahrungen als auch im Licht der weiteren Ereignisse in einen größeren Zusammenhang zu stellen. Bereits veröffentlichte Artikel wurden von mir nicht mit Anmerkungen versehen, Fakten waren bereits vor ihrem Erscheinen überprüft worden. Die neuen Informationen habe ich jedoch mit Fußnoten ergänzt, die Aufschluss über deren Herkunft geben und die allen, die tiefer in die Materie eindringen möchten, Quellenmaterial bieten.

Ich strebe nicht nur nach Wahrheit, sondern auch nach Schönheit. Als ich 1996 für die Zeitschrift *Travel + Leisure* zu schreiben begann, merkte ich rasch, dass es harte Arbeit ist, regelmäßig Reiseartikel zu verfassen, ein Artikel pro Jahr jedoch auf einen bezahlten Urlaub hinausläuft. Außerdem stellte ich fest, dass die meisten Journalisten der Zeitschrift am liebsten über ein Wellness-Hotel in Positano oder eine Ferienanlage auf Nevis Island in der Karibik berichten wollten, dazu jedoch lediglich ein Besuch von ein, zwei Tagen nötig war. Für Artikel über eher unbekannte Reiseziele muss man sich länger vor Ort aufhalten und ausführlicher recherchieren. Gelegentlich verliebte ich mich in solche Länder und schilderte voller Freude, warum; tatsächlich trug das Warum oft dazu bei, mich in solche Länder zu verlieben. Heute kommt es mir seltsam vor, in Urlaub zu fahren, ohne darüber zu schreiben; es fehlt mir der Grund, Fragen zu stellen. Ich empfand es häufig als verwirrend, zunächst über Krieg und Zerstörung zu berichten und gleich darauf Restaurants und Sehenswürdigkeiten vorzustellen, aber beides gehört zu dem übergreifenden Projekt, sich von der Welt vereinnahmen zu lassen, und beides mündet letztlich in eine einzige Wahrheit.

Meine zwei jüngsten Bücher, *Saturns Schatten: Die dunklen Welten der Depression* und *Weit vom Stamm: Wenn Kinder ganz anders als ihre Eltern sind*[22] enthalten ebenfalls Berichte über entlegene Orte: Ich wollte studieren, wie sich in einem veränderten Kontext auch das Narrativ verändert. Allerdings waren jene Texte zurechtgeschnitten auf das Buch, das sie aufnehmen sollte; hier finden sich nun leicht geänderte Versionen dieser Schilderungen. Als ich auf Lesereise war, um mein Buch über Depressionen vorzustellen, sah ich erstaunt, wie unterschiedlich es aufgenommen wurde. In Spanien begann fast jeder Journalist, der mit mir sprach, mit den Worten: »Ich selbst bin ja noch nie depressiv gewesen, aber ...« Leise stellte ich mir die Frage, warum diese vermeintlich so ausgeglichenen Leute dann ein ausführliches Interview über diese psychische Störung mit mir führen wollten. In Japan schilderte mir jeder Interviewer ihre oder seine Depression, bat mich aber, mit anderen nicht darüber zu sprechen. Und in der bekanntesten Sendung des Frühstücksfernsehens in Finnland beugte sich eine prächtige Blondine vor und fragte mich ein wenig indigniert: »Also, Mr Solomon, was können Sie als Amerikaner uns Finnen über Depressionen erzählen?« Ich kam mir vor, als hätte ich über scharfe Paprika geschrieben und würde dann in Sichuan für mein Produkt werben.

Dieses Buch steht in engem Zusammenhang mit meinen Arbeiten über Psychologie und Familiendynamik. Zwar beschäftigen sich meine beiden letzten Bücher mit den inneren Determinanten von Identität und Abgrenzung, doch die äußeren interessieren mich genauso. In der Familie, in der ich aufwuchs, gab es für alles eine bevorzugte Herangehensweise – und deshalb suchte ich eher nach der Kraft, zwischen meinen Kindheitsprinzipien wählen zu können, anstatt ihnen verpflichtet zu sein. Durch das Reisen habe ich gelernt, mich mit den verschiedensten Menschen und den unterschiedlichsten Wertvorstellungen zu arrangieren, und dies lehrte mich auch, die eigene Widersprüchlichkeit zu akzeptieren. Wenn es mich dazu brachte, anschließend über psychische Erkrankungen, Behinderung und Charakterbildung zu schreiben, war das nur eine Ausweitung des Projekts, mich von der Vorstellung eines einzigen guten Wegs des Daseins zu verabschieden. Ich reise auch weiterhin zwischen der inneren und der äußeren Fremde hin und her. Und eine jede festigt meine Beziehung zur anderen.

Das Ergebnis meiner Zusammenstellung ist eine Art Bildungsroman, in dem meine Abenteuer ebenso ihren Platz haben wie die Orte, an denen sie sich abspielten. Er wäre nie zustande gekommen, wenn ich nicht derart vom Konzept des »Anderswo« gefesselt gewesen wäre, eine Faszination, die bis zu jener ersten Kleenex-Schachtel zurückreicht. Bislang habe ich 83 der 196 anerkannten Staaten der Erde bereist. Zur Ergänzung dieses Buchs über Orte plane ich ein weiteres, das sich mit den Profilen von Menschen befasst. Doch wenn man es bis in die letzte Konsequenz zurückdenkt, sind Menschen Orte, und Orte sind Menschen. Ich habe nie über das eine ohne das andere geschrieben.

In den fast fünfundzwanzig Jahren, die mein Buch abdeckt, hat sich die Situation der Homosexuellen in erstaunlich vielen Ländern von Grund auf verändert. Während ich dies schreibe, sind in zwanzig Staaten Eheschließungen unter Gleichgeschlechtlichen gesetzlich anerkannt.[23] Weitere Länder gewähren schwulen Männern und lesbischen Frauen Schutz in anderer Form.[24] In vielen Gesellschaften aber ist homosexuelles Leben nach wie vor nur im Bereich der Subkultur möglich; wie die Kunst ist sie ein Fenster, durch das man viel über ein Land erfährt.

Anfänglich habe ich meine sexuelle Orientierung während meiner Reisen verborgen; doch in dem Maße, wie nicht nur ich erwachsener wurde, sondern auch die Welt, habe ich mich immer offener dazu bekannt. Gelegentlich kam es vor, dass meine sexuelle Identität deutlicher sichtbar war, als ich glaubte: In Ulan-Bator führte ein junger Hirte seine Herde dickschwänziger Teppichwollschafe die Straße vor meinem Hotel entlang. Als ich stehen blieb, um das Schauspiel zu beobachten, kam er zu meinem Erstaunen zu mir herüber und fragte in annehmbarem Englisch: »Bist du ein Gayboy? Ich bin auch ein Gayboy.« Und dann fügte er fast schon kokett hinzu: »Soll ich die Schafe auf dem Hotelparkplatz lassen und mit dir reinkommen?« In Ilulissat seufzte mein Führer, es sei nicht leicht, der einzige schwule Hundeschlittenlenker in ganz Westgrönland zu sein (eine Feststellung, an die ich denke, wenn mich das existentielle Einsamkeitsgefühl packt). Als ich mich bei einem offiziellen Abendempfang in Delhi erkundigte, ob es in der Stadt eine Schwulenkultur gebe, da die Homosexualität von der Mehrheit der Inder doch als »Import aus dem Westen« abgelehnt werde, sah mich mein Gastgeber an, als käme ich vom Mond, und fragte: »Was glauben Sie, wo Sie hier sind?« Und im kolumbianischen Cartagena de Indias erklärte eine elegant gekleidete Dame in der Fragerunde nach meinem Vortrag, ihrem Hörensagen nach seien Kinder homosexueller Eltern gewöhnlich ausgeglichener als Kinder mit heterosexuellen Eltern. »Wahrscheinlich, weil Männer und Frauen so oft miteinander streiten«, spekulierte sie. Die Vorstellung, dass schwule Paare über so etwas erhaben sind, gefällt mir. Die sexuelle Identität ist ein Thema, das gegenwärtig in vielen Gesellschaften diskutiert wird und dem nicht mehr ausgewichen werden kann.

Mein Ehemann John und ich schlossen 2007 in England einen Bund, der damals »eingetragene Lebenspartnerschaft« genannt wurde, uns jedoch alle Vorzüge eines verheirateten Paars gewährte. John bekam dadurch das Recht zur Einwanderung – ich wollte, dass auch er einen Ort hatte, wohin er gehen konnte. Eine Heirat in Massachusetts (der einzige US-Bundesstaat, in dem es damals möglich war) war eigentlich nicht mehr als ein Etikett, das uns jedoch keinen rechtlichen Schutz gewährt hätte. Obwohl die liberalen Gesellschaften in den Küstenstaaten der USA toleranter waren als ihr britisches Äquivalent, machte die Gesetzgebung im Vereinigten Königreich raschere Fortschritte, was wohl daran lag, dass die Kirche dort in der Politik weniger Mitspracherecht hatte. Zwei Jahre später, als das kostbare Wort »Ehe« schließlich greifbar wurde, heirateten wir in Connecticut, wo uns das Gesetz inzwischen eine ganze Reihe neuer Rechte zugestand.[25]

Fortschritte in der rechtlichen Stellung von Schwulen und Lesben sind keineswegs überall zu verzeichnen. Im August 2015 befasste sich der UN-Sicherheitsrat zum ersten Mal mit dem Thema LGTB, um sich mit den durch ISIS (»Islamischer Staat in Irak und in Syrien«, auch »Daesh« genannt) begangenen Verbrechen an diesen Minderheiten zu befassen.[26] Die terroristische Vereinigung hatte Videos von zumeist in Syrien und Irak durchgeführten Hinrichtungen Homosexueller verbreitet.[27] Ein Film, den Daesh im Juni 2015 ins Netz stellte, zeigt, wie ein Homosexueller in Nordirak vor einer Schar Schaulustiger von einem Hochhaus herabgehängt und dann fallen gelassen wird. Im Iran droht praktizierenden Homosexuellen die Todesstrafe; Makwan Maloudzadeh, dem man vorwarf, im Alter von dreizehn Jahren mit einem Jungen Analverkehr gehabt zu haben, wurde mit einundzwanzig hingerichtet, obwohl sein vermeintliches Opfer die Vorwürfe zurückgenommen hatte.[28] In Ägypten kam es zu einer vom Fernsehen gefilmten Razzia in einem Badehaus mit sechsundzwanzig Festnahmen,[29] in einem anderen Fall wurden mehrere ägyptische Männer zu Gefängnisstrafen verurteilt, weil sie eine Schwulenhochzeit besucht hatten.[30] In Saudi-Arabien steht auf Homosexualität ebenfalls die Todesstrafe; zwei Männer, die man 2007 beim Sex erwischt hatte, wurden zu jeweils siebentausend Peitschenhieben verurteilt, durch die sie bleibende Schäden davontrugen.[31]

Die russischen Gesetze gegen »schwule Propaganda« hatten zur Folge, dass homosexuelle Männer und Frauen in den Straßen verprügelt wurden, woraufhin viele das Land verließen.[32] In Kirgistan stellt die Polizei Schwulen auf ihren Dating-Seiten eine Falle, um sie anschließend zu erpressen; werden sie der »Propagierung unkonventioneller sexueller Beziehungen« für schuldig befunden, müssen sie mit einem Jahr Gefängnis rechnen.[33] Ende 2013 bestätigte der Oberste Gerichtshof Indiens ein aus den Kolonialzeiten stammendes Gesetz, das Homosexualität unter Strafe stellt.[34] Siebenundzwanzig afrikanische Staaten haben Gesetze erlassen, die den Analverkehr verbieten.[35] In Nigeria sind Steinigungen von Schwulen und Lesben legal, und es kommt regelmäßig zu Lynchjustiz an Homosexuellen.[36] In Kamerun wurde 2011 ein Mann zu drei Jahren Gefängnis verurteilt, nachdem er eine liebevolle SMS an einen anderen Mann geschickt hatte. Überhaupt verurteilt Kamerun mehr Menschen wegen homosexueller Handlungen zu Haftstrafen als sonst ein Land auf der Erde.[37] Die sexuelle Ausrichtung angeblich Schwuler wird dabei durch gerichtlich angeordnete medizinische Untersuchungen »bewiesen«, bei denen man die Elastizität des Anus überprüft, obwohl diese Prozedur nach internationalem Recht untersagt und von fragwürdiger wissenschaftlicher Aussagekraft ist. Der Präsident Simbabwes bezeichnete Schwule als »Dreck« und drohte, sie enthaupten zu lassen.[38] Uganda stufte homosexuelle Handlungen 2014 als Kapitalverbrechen ein; allerdings wurde das Gesetz inzwischen wieder abgeschafft.[39]

Ich bekam einen Brief von Hasan Agili, einem Studenten, den ich auf meiner Reise nach Libyen kennengelernt hatte. Ein Freund hatte sich sein Notebook geliehen, den Browserverlauf aufgerufen und Hasan an der medizinischen Fakultät geoutet. Er wurde so gnadenlos schikaniert, dass er sein Studium aufgab und in eine andere Stadt zog. Doch damit war er den Drohungen noch längst nicht entkommen. »Ich sah öffentliche Videos, in denen Freunde wegen ihrer Homosexualität enthauptet wurden!«, schrieb er mir. »Ich bin fertig mit dem Land. Ich kann nicht zurück. Man kennt mich und würde mich verfolgen. Meine Angehörigen dürfen nicht erfahren, was geschehen ist und warum ich fortgegangen bin.« Er versteckt sich nun in einem Nachbarstaat, in dem homosexuelle Handlungen verboten sind, hat keine Papiere, die ihm die Aufnahme einer regulären Arbeit ermöglichen würden. Hasan lebt in der ständigen Angst, entdeckt, schikaniert und in ein Land deportiert zu werden, in dem sein Leben in Gefahr ist.

In vielen Fällen riet man mir, meine sexuelle Orientierung zu verbergen. 2002 begleitete mich mein damals noch zukünftiger Ehemann zum ersten Mal auf einer Auftragsreise, und zwar zu den Salomon-Inseln. Ich war überrascht, wie schlecht John mit der Situation umgehen konnte, doch sein Comingout war mit einem langjährigen großen psychischen Kraftaufwand verbunden gewesen, weshalb er die Aussicht, sich wieder im Kämmerchen verstecken zu müssen, nicht unbedingt reizvoll fand. Uns drohte auf den Salomon-Inseln zwar keine Hinrichtung, doch wiederholt machte man uns Schwierigkeiten, wenn wir ein Zimmer mit einem Doppelbett buchen wollten oder wenn wir uns Zuneigungsbeweise gaben, die man »falsch« – oder eigentlich »richtig« – interpretieren konnte. Anfangs ärgerte ich mich über Johns Empörung. War es denn wirklich so schwer, sich an die lokalen Gebräuche anzupassen? Im Lauf der Jahre neigte ich jedoch immer mehr zu der Ansicht, dass es zwar angemessen ist, die jeweiligen Maßstäbe der Schicklichkeit zu respektieren, dies jedoch nicht auf einen Rückzug in die Unehrlichkeit hinauslaufen sollte. Was sich nicht immer klar voneinander abgrenzen lässt. Mit zunehmendem Alter wuchs auch mein Ärger über Einreiseformulare, die mich nach dem Ehestand fragen, so dass ich zwischen der Tatsache, zu Hause verheiratet zu sein und in dem Land, das ich kennenlernen möchte, nicht, eine Abwägung treffen muss. Dabei fühle ich mich, als hätte ich eine multiple Persönlichkeitsstörung. Als mein Buch über Depression ins Chinesische übersetzt wurde, strich man ohne meine Einwilligung die Erwähnung meiner Sexualität einfach heraus.[40] Natürlich bin ich froh, chinesischen Menschen mit Depressionen als Anwalt für psychische Gesundheit helfen zu können, doch dass mein Text »gesäubert« wurde, fand ich doch recht beunruhigend. Eine Offenlegung hätte es zwar vielen Chinesen unmöglich gemacht, zu lesen, was ich zu sagen hatte, doch durch die Zensur wurden andere, denen ich womöglich hätte helfen können, im Stich gelassen.

Zensur beschränkt sich nicht nur auf das Thema der sexuellen Ausrichtung. 2015 wurde ich Präsident des PEN-Zentrums Amerika, einer Organisation, die sich der Literatur der Vereinigten Staaten und der ganzen Welt sowie der freien Ausdrucksmöglichkeit im In- und Ausland verpflichtet fühlt.[41] PEN unterstützt Autoren, die mittels Zensur oder Unterdrückung zum Schweigen gebracht werden sollen, darunter auch viele, die für ihre offene Darlegung von Ansichten, die denen der Machthaber zuwiderlaufen, inhaftiert sind. Seit ich diese Funktion innehabe, bekomme ich täglich Berichte von Übergriffen auf ausländische Autoren, die eine lethargische Gesellschaft wachrütteln wollen, um Veränderungen anzustoßen. PEN beobachtet außerdem Fälle in den Vereinigten Staaten, in denen sich Autoren durch Überwachung, Rassismus oder andere Arten von Vorurteilen, durch die Angst vor dem Verlust von Wohnung und Arbeit oder durch Einschränkungen von Meinungsäußerungen im Namen eines vermeintlich höheren Ideals unterdrückt fühlen. »Obgleich das Wort noch keine Tat«, lässt Shakespeare Heinrich VIII. sagen.[42] Ich bin anderer Ansicht. Hassreden sind gefährlich. Den Holocaust oder den Ku-Klux-Klan zu leugnen legt den Keim für finstere Zeiten, und während meines Aufenthalts in Ruanda habe ich gesehen, wie leicht Propaganda ganz normale Menschen zu entsetzlichen Taten veranlassen kann. Umgekehrt führt die Unterdrückung provokativer Gedanken nicht zu sozialer Gerechtigkeit; sie ist auch kein Element der Freiheit. Was im Gegensatz zu – möglicherweise gutgemeintem – Zwang und Kontrolle viel eher zu Gerechtigkeit führt, ist ein offener Diskurs. Man braucht Mut, um sich gegen ein Redeverbot aufzulehnen, und wahres Heldentum, wenn man das Verbotene ausspricht, um es sagbar zu machen.

Anderen dieselben Vorteile zu ermöglichen, die man selbst genießt, ist ein allgemein akzeptierter Wert, doch dem Einsatz für Redefreiheit auf der ganzen Welt liegt mehr als eine edle Haltung zugrunde. »Ehe wir nicht alle frei sind«, schrieb die amerikanische Lyrikerin Emma Lazarus, »ist keiner von uns frei.«[43] Die Feier der menschlichen Verschiedenartigkeit, die sich darin ausdrückt, ist auch mein Anliegen, wie dieses Buch beweist. Jede Stimme, die zum Schweigen gebracht wird, fehlt jenen, die sie vielleicht hätten hören können, und mindert die kollektive Intelligenz, von der jeder von uns profitiert. 1997 bat die burmesische Friedensnobelpreisträgerin Aung San Suu Kyi das amerikanische Volk: »Bitte verwendet eure Freiheit, um euch für unsere einzusetzen.«[44] Unsere Freiheit ist abhängig von der der anderen. Der Kampf des amerikanischen PEN um die größtmögliche Ausdrucksfreiheit in den USA ist nicht zu trennen von dem Kampf um die Meinungsfreiheit in anderen Ländern, sondern eine einzige Kampagne für den offenen Austausch von Ideen.

Meine ersten Reisen unternahm ich, um sicherzustellen, dass ich stets einen Ort hatte, wo ich würde hingehen können. Im Lauf der Zeit wurde mir klar, dass ich ebendiesen Ort auch anderen geben musste. Als die erste meiner russischen Bekanntschaften nach New York kam und in meinem Elternhaus wohnte (ich lebte damals in England, war aber zu einem Besuch heimgekehrt), kam es mir vor wie ein Bruch. Die Welt der Moskauer Avantgarde hatte für mich mit meiner bürgerlichen New Yorker Existenz so wenig zu tun gehabt, dass es mir wie eine Szene in einem Film von Buñuel erschien, als die radikale Performance-Künstlerin, Dichterin und Malerin Dima Prigow bei einem Drink mit meinen Eltern im Wohnzimmer saß.[45]

Ich brauchte eine Weile, bis ich begriff, dass man die Welt mit Schubladendenken nicht verstehen kann. Heute wohnen ständig Freunde aus dem Ausland bei uns zu Hause; es ist ein ständig fortlaufendes Projekt des kulturellen Austauschs.

Als ich an meinem ersten Tag in Kabul Farouq Samim kennenlernte, erwartete ich, in ihm meinen Dolmetscher und Verbindungsmann zu finden, doch rasch wurde mir klar, dass wir auch Freunde sein konnten. Während meines Besuchs in seinem Land verbrachten wir täglich vierzehn Stunden zusammen. Es war nicht gerade eine günstige Zeit für einen Aufenthalt in jenem Teil der Welt. Als ich auf meinem Weg zur Grenze Islamabad und Peschawar durchquerte, war es in Pakistan zur Entführung des Journalisten Daniel Pearl gekommen, die mit seiner Enthauptung endete.[46] Zu meiner Überraschung aber liebe ich Afghanistan, wohl auch deshalb, weil Farouq sein Land liebte und es mir mit großer Leidenschaft nahebrachte. Unter den Taliban hatte er in Kabul Medizin studiert, was damals viele Stunden religiöser Unterweisung und nur wenige mit medizinischer Wissensvermittlung bedeutet hatte. Da er sich dafür interessierte, wie die Ärzte in den Industrienationen arbeiteten, sprach ich nach meiner Rückkehr mit der Verwaltung des New York Hospital, das bereit war, ihn für eine zweimonatige Hospitanz aufzunehmen.

Daraufhin füllte er seinen Visumsantrag aus, bei dem ich ihm zu helfen versuchte. Wiederholt wurde uns gesagt, dass es für einen unverheirateten jungen Mann aus Afghanistan im Jahr 2002 kaum eine Chance gab, eine Einreiseerlaubnis für die Vereinigten Staaten zu erhalten. Da Farouq keine Möglichkeit hatte, seine unzureichende Ausbildung in Kabul weiterzuverfolgen, gab er die Medizin schließlich auf. Stattdessen hatte er zunehmend Freude an seiner Arbeit für ausländische Journalisten. Er bekam schließlich ein Stipendium für ein Studium der Medienwissenschaften in Kanada. Nahezu ein Jahrzehnt nach meinem Besuch Afghanistans durfte er schließlich in die Vereinigten Staaten einreisen.

Die amerikanische Politik legt den Schwerpunkt auf Sicherheit, und die amerikanischen Behörden hatten den Attentätern des 11. September, die Muslime waren, Visa erteilt, womöglich zu leichtfertig.

Ich wusste, weshalb die Konsularbeamten angesichts von Farouqs Profil Bedenken hatten. Aber ich wusste auch, dass Farouq in seiner Heimat vielen Amerikanern geholfen hatte und ein Besuch der USA im Jahr 2002 seinen positiven Eindruck von unserem Land verstärkt hätte. Mit diesem Eindruck wäre er nach Hause zurückgekehrt. Er wollte nicht bei uns einwandern, und er wollte kein Haus in die Luft sprengen. Ihm ging es lediglich um die Teilnahme an dem kulturellen Austausch, durch den sich Völker gegenseitig kennenlernen. In letzter Zeit habe ich versucht, für meinen schwulen libyschen Freund Hasan Agili ein Visum zu bekommen, damit er in den Vereinigten Staaten sein Medizinstudium beenden und Kranken helfen kann, anstatt verschleppt und an die mörderische Bande ausgeliefert zu werden, die in seiner Heimat schon auf ihn wartet. Dieser Prozess ist nicht leichter geworden. Bei meinem Besuch in Libyen hatten alle jene, die den Vereinigten Staaten eher positiv gegenüberstanden, dort ein Studium absolviert, was auf Menschen mit einer starken antiamerikanischen Haltung nicht zutraf. Dies soll nicht heißen, dass man mit einer Vielzahl von Studentenvisa für die Universitäten in Iowa oder Kalifornien die Welt ändern könnte, doch es bedeutet, dass man ein Land, das man noch nicht gesehen hat, nicht lieben kann. Eine Politik der pauschalen Abschottung gegen Besucher aus »verdächtigen« Staaten könnte letztlich sogar unserer Sicherheit schaden, denn so kann niemand berichten, dass es an uns mehr zu bewundern gibt als *Baywatch*.

Nach den Anschlägen in Paris im November 2015 wurde das Konzept der kulturellen Exklusion als beste Abwehrstrategie hingestellt. Ihren Tiefpunkt erreichten derartige Bestrebungen, als die Vereinigten Staaten und Europa versuchten, Flüchtlinge aus Irak und Syrien abzuweisen. Donald Trump, der zu dieser Zeit noch Kandidat der Republikaner für die Präsidentschaftswahlen war, regte an, allen Muslimen aus dem Ausland die Einreise in die Vereinigten Staaten zu verweigern und amerikanischen Muslimen das Tragen gesonderter Ausweise zu verordnen.[47] Eine grausame Demagogie wie diese widerspricht unseren Interessen. Wenn wir uns von allen anderen abschirmen, ziehen wir die Abneigung der Menschen auf uns, die wir ausschließen, und geben ihnen Anlass, sich zu radikalisieren. Da sie uns nicht kennenlernen können, entsteht in ihnen Hass, der rasch gefährlich werden kann. Und das weckt einen gleichermaßen gefährlichen Hass auch in uns. Schließlich lautet die zentrale Aussage dieses Buchs, dass eine Wagenburgmentalität in einer globalisierten Welt nicht nur unmöglich, sondern letztlich sogar gefährlich ist. »Suchet und ihr werdet finden«, heißt es in der Bibel, doch das Suchen wird allzu oft ein Opfer der Fremdenfeindlichkeit. Wenn wir uns absondern, leben wir nicht in dem gut geschützten, herrschaftlichen Palast, den die amerikanischen Isolationisten herbeiphantasieren, sondern in einem stinkenden Gefängnis.

Mein letztes Buch *Weit vom Stamm* handelt vom Umgang mit Unterschieden in Familien: Wie Familien lernen, ein Kind zu schätzen, das sich anders entwickelt, als es sich die Eltern bei der Familienplanung vorgestellt hatten. Das hier vorliegende Buch beschreibt in gewisser Hinsicht einen ähnlichen Prozess: fremde Haltungen und Verhaltensweisen schätzen zu lernen. Das ist nicht so leicht, wie oft angenommen, und weit schwerer, als ein Kind zu akzeptieren, das anders ist als man selbst. Den Eltern helfen natürliche Impulse, sich dem Kind anzunähern; doch gegenüber Fremden mahnen uns die natürlichen Impulse, Distanz zu wahren. Das bedeutet jedoch nicht, dass wir uns im Mäuseloch verstecken sollten, also nur noch Versammlungen von Gleichgesinnten an geschützten Orten aufsuchen, wo wir auf Menschen stoßen, die unsere Ansichten bereits teilen und die sich gegenseitig vor dem Eindringen anderer Ansichten abschirmen. Wenn wir uns der weiten und erstaunlichen Welt verweigern, schneiden wir uns ins eigene Fleisch, auch wenn unsere Macht noch so groß ist.

Diplomatie beruht in der Regel mehr auf Technik als auf Instinkt. Im Umgang mit anderen Ländern brauchen wir beides, weil sie unsere Verbündeten sind oder wir sie durch unser Engagement zu unseren Verbündeten machen. In kapitalistischen Gesellschaften läuft dieses Engagement oft über Finanzen und auf militärischer Ebene, doch all das reicht nicht. Auch der Internationalismus muss auf der Begegnung von Menschen gründen. Sicherlich war der Import japanischer Technologie und italienischer Mode erfreulich; der Siegeszug von Coca-Cola spricht für uns, und unsere Bodentruppen haben in manchen in Bedrängnis geratenen Staaten den Einfluss Amerikas gestärkt. Aber die Fremdheit aufheben können wir letztlich nur in staatsübergreifenden zivilbürgerlichen Begegnungen. Carl Gustav Jung schrieb in *Mysterium Coniunctionis*, wenn man einen Menschen nicht versteht, neigt man dazu, ihn als töricht anzusehen.[48] In einem solchen Szenario stehen beide Seiten schlecht da. Spannungen, ob unter Staaten oder unter Personen, lassen sich grundsätzlich leichter lösen, wenn man herausfindet, was der andere denkt. Kunst, Kultur, ja, auch Kulinarik oder Gedenkstätten anderer Länder können dazu beitragen, doch der wichtigste Beitrag kommt von den Menschen dort. Die Vereinigten Staaten nutzen diese »sanfte Macht«, um im Ausland durch Überzeugungskraft zu wirken, doch wir selbst leisten uns oft nicht den Luxus, uns von anderen überzeugen zu lassen. Das Reisen ist nicht nur ein angenehmer Zeitvertreib für finanziell Bessergestellte, sondern in diesen gefährlichen Zeiten der Angst auch eine notwendige Arznei. Wenn diese Angst von vielen Politikern geschürt wird und es bereits als gefährlich gilt, auch nur das Haus zu verlassen, ist es wieder dringend an der Zeit, dass wir hinausgehen und feststellen, dass wir alle im gleichen Boot sitzen. Die Notwendigkeit internationaler Kontakte findet ihren Ausdruck in der Suche nach Freiheit und Abenteuer.

Dies soll nicht heißen, dass wir Grenzen abschaffen können oder sollen, dass wir eines Tages zu einer einzigen allumfassenden Bürgerschaft zuammenwachsen oder durch einen Rosettastein kultureller Werte uns angeborene Antipathien überwinden können. Unsere Feinde kommen oft aus dem Ausland, und Berichte über Plünderungen und Eroberungen ziehen sich durch die alte wie die jüngere Geschichte. Streitlust ist in uns eingepflanzt, und idyllische Utopien von Gewaltlosigkeit haben nie zu anhaltender Harmonie in größerem Maßstab geführt. Es entspricht nicht unserer Natur, Gleichmut zu pflegen und uns lediglich im Ernstfall aus der Fassung bringen zu lassen. Nachdem ich einige Zeit bei im Ausland stationierten Angehörigen der US-Streitkräfte verbracht habe, bin ich dankbar, dass Menschen Waffen entwickelt haben und andere damit umgehen können. Darüber hinaus habe ich gesehen, dass Gewalt Mitgefühl wecken kann. In den meisten Fällen wird Frieden nicht durch die noble Haltung des passiven Beobachters hergestellt, sondern durch Intervention. Eintracht kann auch dort herrschen, wo sie Aggression gegenübersteht, doch nur selten kann sie sie überflüssig machen.

Wie können wir die widersprüchlichen Anforderungen in uns vereinbaren, wenn es gilt, sich ein Bild vom anderen zu machen, die Bedrohung zu erkennen, die von ihm oder ihr ausgeht, so viel über ihn oder sie zu erfahren wie nur möglich, um ihn oder sie dann so herzlich willkommen zu heißen, ohne uns in Gefahr zu bringen? Menschen flüchten, wenn sie keinen Ort haben, wohin sie gehen können. Justin Trudeau in Kanada und Angela Merkel in Deutschland, die Flüchtlingen freundschaftlich die Hand reichen, führen uns vor Augen, wie dumm die Annahme ist, dass jene, die aus einem Land voller Feinde kommen, notwendigerweise auch selbst Feinde sein müssen. Wenn man keinen Ort hat, wohin man gehen kann, bedeutet es unter Umständen den Tod. Einen solchen Ort zu haben ist die Grundvoraussetzung für Menschenwürde, und jemandem diesen Ort zu geben ist oft ein kluger Akt des Großmuts, der beiden Seiten dient.

Seinen Nachbarn zu lieben ist schwer, seinen Feind zu lieben noch schwerer, wobei wir manchmal zu einer falschen Einschätzung gelangen, wenn es darum geht, unseren Feind zu erkennen. Vom Instinkt her streben wir dem zu, was uns ähnlich ist. Die Vielfalt zu schätzen mag vielleicht ökologisch erforderlich sein, der sozialen Verantwortlichkeit genügen und in einer Welt, die immer weiter zusammenrückt, den Notwendigkeiten entsprechen, doch wenn wir die Unterschiede zwischen Menschen und Kulturen ignorieren, kann das negativ auf uns zurückfallen. Entgegen der Ansicht vieler Liberaler ergaben überzeugende wissenschaftliche Studien, dass Kinder, mit denen nie über Hautfarbe gesprochen wurde, dazu neigen, sich zu ihresgleichen zu gesellen, während andere, deren Bewusstsein für die Unterschiede geschärft worden war, sich bereitwilliger mit anderen zusammentaten.[49] Wir sind Essentialisten und finden unsere Identität vorwiegend durch Abgrenzung gegenüber den uns nicht vertrauten Eigenschaften der anderen. Ohne Ausland gäbe es kein Amerika; wenn man das

Ausland voll und ganz entmystifizieren könnte, wäre das Amerika, wie wir es kennen, ausgelöscht. Aber wir können uns anhand unserer Pässe voneinander abgrenzen und trotzdem Freundschaft unter den Nationen anstreben, wir können einsehen, dass der Marshallplan mindestens ebenso gute Resultate brachte wie die Brandbomben auf Dresden, wir können jene, die nicht so gesegnet sind wie wir, als unseresgleichen unterstützen. Und wir können, was wichtig ist, unsere bereits existierenden Feinde erkennen, ohne in die Dummheit zu verfallen, uns neue zu machen

Als mein Mann und ich Kinder bekamen, nahmen wir sie auf unseren Reisen mit, sobald sie laufen konnten, denn sie sollten die Welt als großen und bunten Ort voll der verschiedensten Möglichkeiten kennenlernen. Kinder sind nur kurze Zeit formbar, und alle Grenzen, die wir ihnen setzen, werden für sie bald zur Norm. Wir wollten ihnen einprägen, wie überraschend, bezaubernd, unbequem, prächtig, irreführend, aufregend und verrückt das Reisen ist. Als Erwachsene können sie sich dann immer noch entscheiden, in der Stube hocken zu bleiben, aber wenigstens wissen sie dann, was ihnen entgeht.

Meine Tochter ist acht und mein Sohn sechseinhalb, und beide sind bereits versierte Reisende. Als sie klein waren, wurde uns oft gesagt: »Sie sind noch zu jung. Sie werden sich nicht an Spanien erinnern.« Doch wir suchen keine Erfahrungen allein um zukünftiger Erinnerungen willen; Abenteuer haben ihren Wert auch dann, wenn sie nur Teil der Gegenwart bleiben. Vielleicht werden sich George und Blaine nicht mehr an konkrete Orte erinnern können, doch ich glaube, sie werden wissen, dass wir mit ihnen dorthin gefahren sind und dass sie zum frühestmöglichen Zeitpunkt ein Verständnis für die Verschiedenartigkeit von Sitten und Überzeugungen entwickeln konnten.

Als Blaine drei war, ging ich mit ihr vor die Tür eines Restaurants, um den Sonnenuntergang über der Place de la Concorde anzusehen, und erzählte ihr, dass meine Mutter mit mir das Gleiche gemacht hatte. »O Daddy«, sagte Blaine. »Ich bin jetzt gerade ganz glücklich.« Ein Jahr später, als wir auf dem Fußboden mit ihren Puppen spielten, erklärte sie: »Emma hat Hunger. Sie muss etwas zu essen besorgen.«

»Nun«, sagte ich, »wo will Emma denn hingehen? Vielleicht zum Central Market?«

»Nein, das glaube ich nicht.«

»Wohin dann?«

»Nach Paris.«

Mein Sohn George beschäftigt sich besonders gern mit Landkarten. Stundenlang sitzt er da und studiert sie, zeichnet mit dem Finger nach, wo ein Staat an den anderen grenzt. Ein New Yorker Taxifahrer, der uns erzählt hatte, er komme aus dem Senegal, sah den fünfjährigen George im Rückspiegel an und meinte: »Du weißt bestimmt nicht, wo das liegt, mein Kleiner!«

George antwortete: »Südlich von Mauretanien, neben Mali und Guinea.«

Der Fahrer hätte beinahe einen Unfall gebaut.

Einen Monat später fragten wir George, wohin er fahren würde, wenn er sich sein Reiseziel aussuchen könnte. Er dachte einen Moment lang nach und sagte dann: »Nach Syrien.«

John und ich waren alarmiert. »Syrien! Warum denn nach Syrien?«, fragten wir.

Geduldig wiederholte George eine Wendung, die bei uns zu Hause öfter zu hören ist: »Jemand muss den Leuten dort doch sagen, wie unvernünftig sie handeln.«

An drei Dingen habe ich eine tiefe Freude, wenn ich mit meinen Kindern reise. Erstens wird durch die Begeisterung, mit der sie Neues erleben, auch meine Begeisterung für eine Fahrt mit der Gondel, ein Panorama der Rocky Mountains oder den Wachwechsel vor dem Buckingham Palast wieder geweckt. Viele der einzigartigen und atemberaubenden touristischen Ziele sind abgenutzt. Doch die Kinder bieten mir einen Vorwand, mich erneut daran zu ergötzen. Zweitens sind Reisen ein kostbares Vermächtnis: Ich hatte das Glück, die Welt bereits in jungen Jahren kennenzulernen. Indem ich nun auch meinen Kindern dieses Geschenk mache und sie an ferne Orte bringe, bin ich meiner Mutter wieder ganz nahe und ehre ihr Andenken. Und drittens haben meine Kinder meinen Reisen wieder einen Sinn gegeben. Ich bin an so viele Orte gefahren und habe so viel gesehen, dass sich

Sonnenuntergänge, Kirchen und Denkmäler in mir oft überlagern. Mein Geist ist durch die Vielfältigkeit der Welt bis an seine Grenzen strapaziert und mag kurz vor dem Ende seiner Aufnahmefähigkeit stehen. Wenn ich jedoch den Geist meiner Kinder anspreche, haben meine Reisen einen neuen Zweck. Ich gehe nicht davon aus, dass George die Auseinandersetzung mit Daesh beenden wird, aber ich glaube, das Wissen, das sich er und Blaine und ihre Halbgeschwister Oliver und Lucy aneignen können, wird ihre natürliche Freundlichkeit stärken und dadurch das ausgeschöpfte Reservoir des Mitgefühls auf diesem Planeten auffüllen.

Früher hatte ich gedacht, dass ich mit einer ungewohnt hohen Sensitivität auf die dünne Luft in der Druckkabine eines Flugzeugs reagiere: Ich weine im Flugzeug – bei dem Film, den ich mir ansehe, bei dem Buch, das ich lese, bei den Briefen und E-Mails, die ich zu beantworten versuche. Die Emotionen überkommen mich mit einer unerwarteten Heftigkeit, die allgemein nur dem Substanzenmissbrauch zugeschrieben wird. Manchmal gehe ich auf einen guten Trip, manchmal auf einen schlechten, manchmal sind die Gefühle mitreißend, manchmal zutiefst verstörend. Jahrelang machte ich äußere physiologische Einflüsse für diese Überempfindlichkeit verantwortlich wie die Flughöhe, durch die man auch oft einen Teil seines Geschmackssinns verliert (was bei den meisten Fluglinien eher ein Segen ist). Ich las mich durch die wissenschaftliche Literatur, um herauszufinden, ob bestimmte Hirnareale weniger gut durchblutet sind, ob meine Lungentätigkeit durch den Aufstiegswinkel beim Abheben vermindert worden war.

Inzwischen glaube ich, dass der Abflug – ob er mich nun an einen Ort führt, den ich schon immer hatte sehen wollen, oder nach meinem herbeigesehnten Zuhause – mich einfach nur traurig macht. Zwar hat man beim Reisen oft den Eindruck, intensiver zu leben, doch man fühlt sich immer auch ein Stück dem Tode näher. Es ist eine Loslösung. Die Angst, die ich bei einem Abflug habe, entzündet sich nicht am Luftdruck oder an einem möglichen Absturz, sondern an dem Gefühl, mich aufzulösen. Man hat mir als Kind beigebracht,

Sicherheit höher zu schätzen als Bequemlichkeit und Bequemlichkeit höher als Mut – eine Hierarchie, die ich als Erwachsener seither umzukehren versuche. »Wir haben, wo wir lieben, ja nur dies: einander lassen«, schrieb Rainer Maria Rilke, »denn dass wir uns halten, fällt uns leicht und ist nicht erst zu lernen.«[50] Wenn wir über die Wolken steigen, übe ich mich darin und lasse den Ort hinter mir, von dem ich komme oder an den ich gereist bin. Obwohl mich bei diesen Abschieden bereits die Aussicht auf meine Ankunft bewegt, weckt die Loslösung in mir, zumindest zeitweise, auch Bedauern. Doch selbst in diesem Kummer weiß ich stets, dass ich die Heimat nicht richtig lieben konnte, ehe ich nicht wiederholt ins Ausland gefahren war, und dass ich das Ausland nicht richtig zu schätzen wusste, ehe ich nicht wieder und wieder heimkehren konnte. Abschiednehmen ist, zumindest für mich, die Grundvoraussetzung für Nähe.

UDSSR

Das Spektrum des Winters
Harpers & Queen, 1988

Schon oft hatte mich gewundert, dass manche Menschen nach einem Besuch in Russland ganz vernarrt in dieses Land schienen. Warum das so war, wurde mir klar, als mich das britische Monatsmagazin *Harpers & Queen* für meine erste Auslandsreportage 1988 in die UdSSR schickte, von wo ich über Sotheby's bahnbrechende Auktion zeitgenössischer sowjetischer Kunst berichten sollte. Drei Jahre danach veröffentlichte ich einen erweiterten Bericht über dieses Ereignis in der Zeitschrift *Connoisseur*. Der folgende Beitrag ist ein Konglomerat dieser beiden Artikel über jene aufregenden Entdeckungen, aufregend nicht nur für mich, sondern, als unsere persönlichen und politischen Welten aufeinandertrafen, auch für die beteiligten Künstler. Die hier geschilderten Begegnungen inspirierten mich zu meinem ersten Buch, *The Irony Tower: Soviet Artists in a Time of Glasnost*.

»Auf Breschnew!«, rief einer der Künstler. Da es kurz vor Sonnenaufgang und ich müde war, hob ich mein Teeglas, ohne auf den Namen zu achten. »Auf Breschnew!«, riefen wir alle im Chor und kippten unseren Tee hinunter. Erst in diesem Moment kam es mir seltsam vor, dass wir hier und jetzt, im Sommer 1988, auf das Wohl Breschnews und nicht auf das von Gorbatschow tranken. Es muss vier Uhr früh gewesen sein oder vielleicht auch fünf, und die Gespräche waren ausgeufert. Baudrillard hatten wir durch, ebenso den Dekonstruktivismus und die Postmoderne. Jetzt machten wir uns über japanische Touristen lustig. Zu siebt saßen wir um einen kleinen Tisch in einem kleinen Zimmer, alle redeten durcheinander und stürzten sich gierig auf das Essen, das einer der Künstler zubereitet hatte. Wir wechselten uns mit den Tellern ab, weil es nicht genügend für alle Anwesenden gab. Dann kam dieser Trinkspruch, nach dem jemand anmerkte, es sei ein guter Abend mit guten Gesprächen gewesen, »ganz wie zu Breschnews Zeiten«. Ich war so verdattert, dass ich nicht einmal nachfragte.

Um halb sieben in der Früh verließen wir die Ateliers in der Furmanni-Gasse, die in unfreiwilliger Ironie über einer Blindenschule lagen. Der Morgen dämmerte über Moskau, und die Straße schien unglaublich. Ich war seit elf am vorangegangenen Vormittag dort gewesen, und sie hatte sich in jene alleinige Realität verwandelt, die sich als zwangsläufige Konsequenz von endlosen Debatten und totaler Erschöpfung einstellt. Wir verabschiedeten uns noch einmal mit den Worten: »Auf Breschnew!« Zum Schluss erinnerte mich einer der Künstler: »Sei heute Mittag am Bahnhof. Bis dann.«

Ich kehrte in die zweifelhafte Opulenz meines Best-Western-Hotels zurück. Um elf klingelte mein Wecker wie ein schlechter Scherz, ich hievte mich mürrisch aus dem Bett und machte mich auf den Weg zum Bahnhof, wobei ich die ganze Zeit überlegte, was in mich gefahren sei, dass ich diese Verabredung getroffen hatte. Dort angekommen, entdeckte ich einige mir vertraute Avantgardisten, und als ich merkte, dass ich mich über das Wiedersehen freute, hörte ich auf, den verpassten Schlaf zu verfluchen. Und dann fiel mir auch wieder ein, warum ich überhaupt so lange aufgeblieben war.

Gemeinsam fuhren wir zu einem Ort in ländlicher Idylle, rund zwei Stunden von Moskau entfernt. Nur einer von uns – wir waren insgesamt an die vierzig – kannte unser Ziel, aber selbst er wusste nicht, was wir dort vorfinden würden. Wir waren auf dem Weg zu einer Aktion der Kollektiven Aktionsgruppe (K/D), und diese offene Frage war Teil der Performance. Als wir aus dem Zug stiegen, standen wir am Rand eines schmalen Waldstreifens. Im Gänsemarsch und uns leise unterhaltend, manchmal unterbrochen durch Lachen, zogen wir in gespannter Erwartung los. Hinter dem ersten Waldstück lagen wogende Getreidefelder, jenseits davon standen vereinzelte baufällige Häuser, dann folgte ein Birkenwald, danach ein von gerade verblühtem Schilf gesäumter See, anschließend ein Kiefernwald mit mächtigen Stämmen, die aus dem weichen Boden ragten. Das muss man sich vorstellen: Die gesamte Moskauer Avantgarde in all den Ausprägungen ihrer Genialität wandert zusammen mit ihren erwartungsvollen Akolythen durch einen Wald, der so still ist wie am ersten Tag der Schöpfung.

Wir kamen zu einer Ebene, durch die sich ein Fluss zog. Fischer in Schlauchbooten warfen ihre Leinen aus und beobachteten – mit gewissem Erstaunen, aber ohne großes Interesse – die Prozession der Künstler. Schließlich erreichten wir eine Anhöhe, auf der wir uns nebeneinander hinstellten und den Fluss betrachteten. Kurz darauf sahen wir Georgi Kiesewalter, einen der Künstler, am Ufer stehen. Er sprang in den Fluss, schwamm auf die andere Seite und verschwand. Alle Blicke richteten sich auf die Stelle, wo er verschwunden war. Schließlich tauchte er mit einem großen, flachen Paket wieder auf, sprang erneut in den Fluss und schwamm zurück. Dann kletterte er auf einen Hügel, der unserem gegenüberlag. Der Leiter von K/D, Andrei Monastirski, und ein weiterer Künstler gesellten sich zu ihm. Als sie die leuchtend bunte Verpackung von dem Paket entfernten, kam ein in Schwarzweiß gehaltenes Gemälde zum Vorschein. Vorsichtig lösten sie die Nägel, mit denen die Leinwand auf dem Rahmen befestigt war, und breiteten die Leinwand auf dem Boden aus. Dann zerlegten sie den aufwendig gestalteten Rahmen in seine hölzernen Einzelteile. Sie wickelten sie in die schwarzweiße Leinwand und diese wiederum in das Packpapier. Zum Schluss verteilte Monastirski Fotokopien des Gemäldes an die Zuschauer.

Die ganze Zeit über läutete auf einer Anhöhe hinter uns in einer blauen Schachtel eine Glocke, und niemand hörte sie.

Das war die ganze Aktion. Zwei Stunden, um hinzukommen, zwei Stunden zurück (ganz zu schweigen von dem zeitlichen Aufwand für den Weg zum Bahnhof und retour) sowie zehn Minuten für etwas, das mir als schwerfällig-wichtigtuerische Performance erschien. Im Anschluss daran gab es am Fluss ein Picknick, das fröhlich hätte sein können, wenn ich mich nicht so geärgert hätte. Der Ausflug in den Wald hatte mir zwar gefallen, und Brot und Käse waren prima, aber alles Übrige erschien mir wie reiner Schwachsinn. Sergei Anufriew, einer der Führer der Bewegung Medical Hermeneutics, nahm mich beiseite und erklärte mir die Aktion im Detail, erläuterte mir die zahlreichen Bezüge zu früheren Performances, sprach über das Verhältnis von Kunst und Natur, von alten und überholten sowjetästhetischen Ideen und von den Episoden aus dem Leben verschiedener Leute. Als er fertig war, hatte ich einen Moment lang das Gefühl, verstanden zu haben. Damals war ich jedoch zu müde, um darüber weiter nachzudenken.

Erst später wurde mir klar, dass ich nichts verstanden hatte und dass genau dies der entscheidende Punkt gewesen war. Denn ich begann zu begreifen, warum wir auf Breschnew, den Unterdrücker, getrunken hatten, und nicht auf Gorbatschow, den Befreier. Unter Breschnew konnten die sowjetischen Avantgardisten ebenso wenig wie unter Chruschtschow ihre Arbeiten öffentlich zeigen, weshalb sie sie in ihren Wohnungen oder Ateliers ausstellten und dazu Bekannte einluden. Die Einzigen, die ihre Arbeiten je zu Gesicht bekamen, waren andere Avantgardisten. Diese Künstler verhielten sich, nach eigenen Worten, »wie die frühen Christen oder die Freimaurer«. Sie erkannten einander auf den ersten Blick, gingen miteinander durch dick und dünn und ließen niemals Mitglieder ihres Zirkels im Stich. Sie glaubten sich im Besitz einer höheren Wahrheit als jene, die dem übrigen Sowjetvolk unterbreitet wurde, aber sie wussten, dass die Zeit für diese Wahrheit noch nicht gekommen war. Aufgrund der schwierigen Umstände, in denen sie lebten, lernten sie Integrität und schufen sich eine Welt des gegenseitigen Beistands. Auch wenn diese Lebenskraft von intensiven Sticheleien und kleinlichen Konflikten begleitet war, verlieh sie ihrer Arbeit einen Sinn in diesem Land, in dem für so viele Menschen jeglicher Einsatz bedeutungslos geworden war. Trotz des Elends bewahrten sie sich eine intensiv geteilte Freude, und die konstante Überraschung einer solch tiefgehenden Zielstrebigkeit lehrte sie den Wert ihres Talents.

Und dieses Talent war beeindruckend. Ihre Freude mag beträchtlich gewesen sein, aber der Weg dorthin war zu steinig, um irgend jemanden anzuziehen, der nicht zu Transzendenz fähig war. Darüber hinaus war der Versuch, das allumfassende Sowjetsystem mit einem unzureichenden Intellekt bekämpfen zu wollen, viel zu frustrierend und schlug rasch alle Narren aus dem Feld. Die Moskauer Künstlergemeinschaft hatte keinen Platz für passive Beobachter, das Engagement ihrer Mitglieder war enorm. Da die Erfahrung ihrer Arbeit stets von ihren eigenen Erfahrungen als Menschen abhing – da die etwa hundert Avantgardisten sowohl die Schöpfer der sowjetischen Kunst als auch deren Publikum waren – lag der Schlüssel zu dem, was sie erschufen, in der Persönlichkeit des jeweiligen Künstlers. Ihre starken Charaktere definieren sich zum Teil durch den Ort, den sie innerhalb der Kunstwelt besetzen, und zum Teil durch die Neigungen, durch die sie zur Avantgarde kamen, aber ihr Genie ist notwendigerweise das des Malers, des Poeten und des Schauspielers. Diese eigentümliche Verknüpfung macht sie überzeugend, bestechend, unversöhnlich und letztlich unergründlich. Aus diesem Grund kombinieren sie oft ihre unerbittliche Integrität mit listiger Undefinierbarkeit, die sich oftmals hinter der Maske der Unaufrichtigkeit versteckt. Ihre Arbeit ist voller Wahrheit, aber präsentiert in verstellter Sprache.

Anufriews Deutung der Aktion war eine witzige Lüge. Er wollte mir weismachen, dass diese Performance verständlich, kohärent und geradlinig gewesen sei. Tatsächlich war sie ein faszinierender Kommentar zu den Problemen der zeitgenössischen Sowjetkunst, und auf einem recht prosaischen Niveau war sie erklärbar. Aber sie war auch eine Bestätigung der Künstlergemeinschaft, die aus der Unterdrückung entstanden war, eine vom Geist der Freiheit getragene Gemeinschaft. Der Clou dieser Aktion bestand in der enormen Vielzahl von Anspielungen, die niemand vollständig erfassen konnte. Für die Künstler, die bei der Aktion zugegen waren, bedeutete dies, dass sie durch Anspielungen, die sie verstanden, sich ihrer Funktion innerhalb der Avantgarde versichern konnten. Zugleich waren ihnen die nicht verstandenen Anspielungen eine Bestätigung, in welch hohem Maße diese Avantgarde im Verborgenen wirkte. Da der Kreis der Avantgarde plötzlich von jenen bedroht ist, denen das Dasein als Künstler als leichter Weg zu Ruhm und Vermögen erscheint, veranstaltet er solche Events, um in Zeiten, in der gelockerte Restriktionen und ausländische Märkte die psychische Zitadelle seiner Mitglieder bedrohen, seine erschreckende neue Fragilität zu schützen.

Ich war nach Moskau gekommen, um über die Sotheby's-Auktion zeitgenössischer Sowjetkunst zu berichten. Der Wirbel, der darum veranstaltet wurde, war maßlos. Sotheby's organisierte die ultimative Moskau-Besichtigungstour, ein ganzes Programm aus diskreten Vergnügungen, singenden Zigeunern, endlosen Schauen selten gezeigter Ikonen, Treffen mit wichtigen Persönlichkeiten, Kisten importierten Champagners und Beluga-Kaviars, Köstlichkeiten, die früher Zaren und Kommissaren vorbehalten waren. Wir nahmen nicht bloß an einer Auktion teil, sondern an einem bedeutenden Ereignis in der Geschichte von Ost und West. Auf einer todschicken Broschüre prangte in leuchtendem Rot der Schriftzug *Sotheby's* sowohl in lateinischen als auch kyrillischen Lettern, darunter befand sich eine alte, in Siennatönen gehaltene Landkarte mit unentzifferbarer Beschriftung. Obwohl von der Aussicht auf Kaviar und Ikonen entzückt, waren viele der Gäste verblüfft, als sie entdeckten, dass diese Karte – das Logo der Auktion, ein ums andere Mal in der internationalen Presse abgedruckt – in Wirklichkeit eine historische Landkarte von Bermuda war. »Fiel uns halt gerade in die Hände«, erklärte mir einer der Direktoren von Sotheby's.

Als gewinnorientiertes Unternehmen hatte Sotheby's guten Grund, die Auktion nicht bloß als Interessensbekundung am Werk der sowjetischen Avantgarde zu inszenieren. Es war die Gelegenheit, vor dem Aufkommen der Perestroika gute Beziehungen zur Sowjetregierung herzustellen, um von eventuellen Exklusivverträgen und anderen künftigen Segnungen profitieren zu können. Die zeitgenössische Kunst und deren Schöpfer wurden anfänglich nur als Mittel zum Zweck angesehen. Zwar war die Sowjetkunst im Jahrzehnt vor der Sotheby's-Auktion in Etappen, als einige sowjetische Künstler erstmals in Westeuropa und New York ausstellen durften, schon vom Westen entdeckt worden, aber die großen Figuren im Spiel hatten ihr bisher wenig Beachtung geschenkt.

Als Sotheby's für seine Auktion die Werbetrommel rührte, gab es bereits Ausstellungen in westlichen Galerien. Von sich reden machte vor allem eine Installation von Ilja Kabakow, die bei Ronald Feldman Fine Arts in New York gezeigt wurde. Er hatte eine Moskauer Kommunalwohnung entworfen, in der jedes Zimmer durch seine beengende Atmosphäre die Obsessionen des jeweiligen fiktiven Bewohners widerspiegelte. In einem lebte der »Mann, der nie etwas wegwarf«. Das Zimmer war angefüllt mit Karten, auf denen kleine beschriftete Gegenstände angebracht waren: »Fluse aus meiner Hosentasche«, »Staub aus der Ecke«, »eine Büroklammer«, »ein Insekt«. In einem anderen Zimmer hatte der »Mann, der aus seiner Wohnung in den Weltraum flog«, an vier großen, zu den vier Ecken der Decke führenden Federn mitten in der Luft einen Sitz befestigt, mit dem er sich in die Freiheit der Stratosphäre katapultieren wollte. In einem weiteren Zimmer lebte der »Mann (vielleicht Kabakow selbst), der sein Leben durch verschiedene Rollen beschrieb«. Ausstellungen wie diese hatten einige wenige ernsthafte Sammler von Sowjetkunst in Bann geschlagen, und auch wenn ihr Geschmack nicht mehr als exzentrisch galt, wurde er doch nach wie vor als kultiviert und obskur angesehen.

Bevor Simon de Pury die Stelle als Direktor des europäischen Zweigs von Sotheby's antrat, war er als Privatkurator von Baron Thyssen-Bornemisza tätig. Bei einer Reise mit dem Baron durch die Sowjetunion wurde de Pury auf die dortige zeitgenössische Kunstszene aufmerksam. Außerdem erfuhr er, dass ein großer Teil bedeutender Arbeiten der Avantgarde der zwanziger Jahre in der Sowjetunion in privater Hand geblieben war, desgleichen wertvolle Möbel und Objekte des 18. und 19. Jahrhunderts. Daraufhin beeilte sich de Pury, sich mit Gorbatschows neuer Regierung als Repräsentanten der Politik der Glasnost – der Öffnung – gutzustellen, damit Sotheby's in einer vorteilhaften Lage wäre, falls die Sowjets als Besitzer diese Schätze aufgrund finanzieller Engpässe verkaufen wollten. Lenin hatte einige der besten Werke der Eremitage veräußert, um seine neue Regierung zu finanzieren; vielleicht würde Gorbatschow ähnlich vorgehen. Die neue Kunst war ein wertvolles Druckmittel bei Verhandlungen. Die Auktion »zeitgenössischer« Kunst, deren Zeuge ich werden sollte, umfasste eine Anzahl bedeutender Arbeiten aus den zwanziger Jahren – darunter Meisterwerke von Alexander Rodtschenko, Warwara Stepanowa und Alexander Drewin. »Mal sehen, wie lange es dauert, bis wir in diesem Land ein Büro haben, über dessen Tür ›Sotheby's Moskau‹ steht«, meinte ein Kollege de Purys. Dieser erkannte aber rasch, dass die aktuelle zeitgenössische Kunst ebenfalls wertvoll sein konnte. »Das alles ist ein wunderbares, gigantisches Risiko«, sagte er zu mir. »Wir wissen kaum etwas über diese Arbeiten, die wir kaufen – außer dass sie den Kauf wert sind.«

Zur Auktion am Abend des 7. Juli 1988 fand sich ein Publikum ein, das zu keinem sonstigen Anlass zusammengefunden hätte. Um sechs Uhr dreißig begann die Reisegruppe von Sotheby's in den großen Konferenzraum des Mesdunarodnaja-Hotels zu strömen. Nach einem Zwischenstopp an der Rezeption, wo die Bieterkarten ausgehändigt wurden, schlenderten die Gäste zu ihren reservierten Plätzen an der Vorderseite des Raums. Elton Johns Manager tauschte Artigkeiten mit der Schwester des Königs von Jordanien aus. Ein Baseballspieler im Ruhestand eskortierte eine kleine Schar adliger skandinavischer Damen. Eine Gruppe wohlhabender deutscher Damen, zu Ehren des Landes in Rot gewandet, schäkerte fröhlich mit einem Mitarbeiter des amerikanischen Außenministeriums. »Wollen Sie wirklich *das da* kaufen?«, fragte jemand.

»Zu jedem Preis«, kam kichernd die Antwort.

Eine dünne Frau mit Diamantcollier und übergroßer Handtasche aus Krokodilleder huschte zwischen zwei verschiedenen Bildern von zwei verschiedenen Künstlern hin und her. »Ich kann mich nicht entscheiden, ich kann mich einfach nicht entscheiden«, jammerte sie, um sodann einen Nachbarn zu fragen: »Welches der beiden gefällt Ihnen besser?«

Nach der Entourage von Sotheby's kamen in Moskau lebende Westler und mächtige, protzig gekleidete Sowjets, die zwischen den amerikanischen Expatriates und den urlaubenden Westeuropäern fett und unbeschwert wirkten. Der amerikanische Botschafter Jack F. Matlock gab sich mit Frau, Sohn und der russischen Verlobten seines Sprösslings die Ehre. Söhne und Töchter wohlhabender ausländischer Geschäftsleute, die in der UdSSR tätig waren, fanden sich ein. Viele vermissten die Gepflogenheiten westlicher Gesellschaftsereignisse und nutzten die Gelegenheit, um ihren Adolfo Dominguez oder Valentino zur Schau zu stellen. Ausgerüstet mit Laptops, Kameras und TV-Equipment hatte sich reichlich Presse eingefunden – nicht eine für dieses Ereignis eigens eingeflogene Kunstpresse, sondern die politische Presse, die für ihre Moskauer Büros diesen historischen Moment festhalten wollte.

Das hintere Drittel des Saals war nicht bestuhlt. In diesem mit Samtkordeln abgetrennten Bereich versammelten sich die übrigen eingeladenen Moskauer, Menschen mit Eintrittskarten, für die sie angeblich horrende Preise bezahlt und – wie man uns glauben machen wollte – für die sogar manches Gemälde und ganze Wohnungen den Besitzer gewechselt hatten. Die Künstler in diesem Publikum, darunter viele, die an der Aktion am Fluss teilgenommen hatten, standen flüsternd in Pulks zusammen, gleichsam als Nebendarsteller dessen, was im Grunde genommen ihr eigenes, bahnbrechendes globales Event war. Hinter den Kordeln waren außerdem die Kuratoren des Puschkin-Museums, die Freunde der sowjetischen Künstler und die übrigen Mitglieder der Avantgarde versammelt. Auch aus Leningrad waren einige Künstler eingetroffen; der Cousin eines Künstlers war eigens aus dem rund zweitausend Kilometer entfernten Tiflis angereist. Menschen versuchten sich nach vorne zu drängen, wurden aber von den Wellen dicht an dicht stehender Leiber zurückgeschoben, nahezu erdrückt. Zumindest wurden sie jetzt, Mitte Juli, durch die segensvolle Klimaanlage gekühlt, ein nicht gerade typischer Bestandteil des sowjetischen Lebens.

Um neunzehn Uhr begann das Bieten. De Pury, schwitzend trotz Klimaanlage, leitete von seinem Platz hinter dem Stehpult die Auktion, als wäre er der Zeremonienmeister der größten Show auf Erden. Die frühen sowjetischen Arbeiten übertrafen die erwarteten Preise bei weitem. Ein Gemälde von Rodtschenko, *Linie*, mit einem Schätzwert von 165 000 bis 220 000 Dollar, wurde für 561 000 Dollar verkauft.

Mit Los neunzehn begann der Verkauf der zeitgenössischen Sowjetkunst. Die Arbeiten wurden in alphabetischer Reihenfolge der Nachnamen der Künstler aufgerufen – entsprechend dem lateinischen

Alphabet. So war als Erster Grischa Bruskin an der Reihe, ein kleiner, knorriger Mann, der jahrlang nur an der Peripherie gestanden hatte und von seinen Kollegen als gefällig und technisch versiert, aber relativ unbedeutend erachtet wurde. Alle seine Gemälde erzielten den doppelten, dreifachen und sogar vierfachen Preis des Ausrufs; eins, mit 32 000 Dollar taxiert, kam für 415 700 Dollar unter den Hammer.

Die Künstler begannen einander verdutzte Blick zuzuwerfen. Endlich konnten sie sehen, wie Leute aus dem Westen ihr Geld ausgaben. Mit lässiger, fast schon müder Geste reckten die Mitglieder der Sotheby's-Entourage die Bieterkarten aus gebleichtem Holz in die Höhe, um sechsstellige Summen zu offerieren. Ein Unterschied von 1000 Dollar schien sie nicht im mindesten zu kümmern. Vermögen, von denen viele dieser Künstler nie zu träumen gewagt hätten, wurden beiläufig für ein einziges Gemälde gezahlt – für ein sowjetisches Gemälde. Den Künstlern dämmerte, dass der Wandel der Regierungspolitik sie am Ende unvorstellbar reich machen könnte.

Auf Bruskin folgte Iwan Tschuikow, ein hochangesehener Veteran der inoffiziellen Kunst. Wenn jemand für ein Gemälde von Bruskin über 400 000 Dollar ausgeben wollte, würde das Werk Tschuikows sicherlich Millionen erzielen. Aber sein *Fragment eines Zauns* erreichte nicht einmal den unteren Schätzpreis von 15 000 Dollar, und *Nullen und Kreuze* nicht den unteren Schätzpreis von 20 000 Dollar; sie kamen kaum über das festgesetzte Limit hinaus. So ging es weiter, mit hohen Preisen, die die Sowjets bestürzten, und niedrigen Preisen, die sie beschämten. Dann wurde ein bemerkenswert hübsches, im Grunde aber dekoratives Gemälde von Swetlana Kopistijanskaja aufgerufen. Sie war eine ernsthafte und gute Malerin, aber kein fesselndes Original, trotzdem stiegen die Gebote für ihr Werk höher und höher. Wie konnte das sein? Wären die Avantgardisten nicht hinter die Kordel verbannt gewesen und hätten sie die Ego-Riten der Auktionswelt durchschaut, wäre ihnen vielleicht aufgefallen, dass ein Luftkampf der Bieterkarten tobte. Denn bei dem noblen offiziellen Dinner am Abend zuvor hätten sie, wären sie dabei gewesen, vielleicht mitbekommen, dass Elton John seinen Manager instruiert hatte, für dasselbe Gemälde zu bieten, das auch eine glamouröse Schweizer

Dame um jeden Preis haben wollte, wie sie ankündigte. Nachdem dieses Bild 75 000 Dollar erzielt hatte, fragten sich die Künstler erneut verständnislos: »Bedeutet das, dass die Leute aus dem Westen Sweta Kopistijanskaja für eine bessere Malerin halten als Tschuikow? Oder als Kabakow?«

Fast jedes Gemälde fand einen Käufer. Die hübschesten Bilder oder manchmal auch die offensichtlich ungewöhnlichsten Arbeiten erzielten die höchsten Preise, was die Moskauer Avantgarde völlig vor den Kopf stieß und in ihnen die Befürchtung weckte, dass der Westen nach Maßstäben, die mit ihren eigenen überhaupt nichts zu tun hatten, womöglich einen neuen Kanon schaffen könnte. Sie waren zutiefst bestürzt über die Abneigung mancher Bieter, die sie trafen, sich mit dem sowjetischen Kontext zu beschäftigen, mussten sie doch fürchten, dass sie nicht fähig waren zu erkennen, dass es überhaupt einen Kontext gab. Nachdem ein höchst theorieorientierter Maler in einem Atelier dreißig Minuten lang sein Werk erklärt hatte, fragte ihn eine Frau, die später bei der Auktion eins der höchsten Gebote abgeben sollte: »Malen Sie in Schwarz und Weiß und Grau, weil man in diesem Land nur schwer an bunte Farben kommt?«

Auch wenn manche der besten Arbeiten an Menschen verkauft wurden, die sie auch verstanden, gingen doch die meisten an Käufer, die sich ein paar Souvenirs zulegen wollten. Die Auktion erbrachte 3,5 Millionen Dollar, fast das Doppelte der optimistischen Schätzung von 1,8 Millionen. Simon de Pury umarmte Sergei Popow, den stellvertretenden Kulturminister.

Beim Verlassen des Auktionssaals deutete eine Frau auf ihren Katalog und rief einer anderen zu: »Ich habe das hier gekauft.« Dann runzelte sie leicht die Stirn. »Oder vielleicht war es das da. Ich weiß nicht mehr welches.«

»Ist doch egal«, meinte die andere. »Hauptsache, Sie haben etwas, das Sie an den heutigen Abend erinnert. War er nicht aufregend?«

So wurden die Künstler ins Scheinwerferlicht der Öffentlichkeit gerückt, ein unangenehmer Ort, wenn die eigene Arbeit auf der äußersten Form von Privatheit basiert. Eine Arbeit, die darauf angelegt ist, in den Augen des KGB bedeutungslos oder sogar langweilig zu sein und die nach derart geheimen Standards geschaffen wurde, dass sie dem Westen paradoxerweise noch lange unverständlich bleiben sollte, selbst nachdem sie dort schon berühmt geworden war. Ist ein Kunstwerk von seinen Ursprüngen abgeschnitten, kann man leicht seine Ironie aus dem Blick verlieren. Auf einer Vielzahl von Wahrheiten zu beharren ist in der sowjetischen Kunst ebenso politisch wie das Malen selbst, denn es entspricht einer alten stalinistischen Gepflogenheit, eine einzige Wahrheit als gegeben hinzunehmen. Die Undefinierbarkeit und weniger das Undefinierbare sollte von der Kritik ins Auge gefasst werden. Deshalb ist die soziologische Betrachtung die rationalste Herangehensweise. Kurz gesagt, es ist zulässig, der Brillanz der Tarnung zu applaudieren; doch es ist lächerlich, der Tarnung selbst zu applaudieren. Die Sotheby's-Auktion katapultierte die Künstler in ein ambivalentes Verhältnis zu Berühmtheit und Vermögen, das ihr gesamtes Wertesystem untergraben sollte.

An der Ignoranz der Bieter hatte nicht das Auktionshaus Schuld, doch hätte man die Auktion weniger dramatisch inszeniert, wäre manch ein Souvenirjäger zu Hause geblieben. Natürlich hätten dann die Gemälde nicht derart enorme Summen erzielt. Und wäre die Auktion nicht ein solcher Verkaufsschlager gewesen, hätte das Kulturministerium wohl weitaus seltener in den Folgemonaten ähnliche Events veranstaltet, die vielen weiteren sowjetischen Künstlern halfen. Das Ministerium, dem ein beträchtlicher Teil der Einnahmen zufloss, begann plötzlich, die einst verachteten Künstler mit eigennütziger Freundlichkeit zu betrachten, jetzt, da sie zu einer sprudelnden Quelle für harte Währung geworden waren.

Das Auktionshaus wusste um all diese Aspekte. Sotheby's erkannte, dass es eine neue Profitquelle angezapft hatte, zugleich aber transzendierte es seinen üblichen prosaischen Handelsgeist. Beim Abschiedsdinner am folgenden Abend schienen selbst die zynischsten Mitarbeiter von Sotheby's – und die skeptischsten Funktionäre des Kulturministeriums – den Tränen nahe. Beide Seiten hatten sich lange in sinnbildlicher Ablehnung gegenübergestanden, und wenn man davon ausgeht, dass die Funktion von Kunst letztlich Kommunikation ist, dann war diese Auktion selbst ein Kunstwerk, ein wundertätiges

Wirken. In den folgenden Jahren wurde es dem Autionshaus von Kritikern, Kuratoren, Sammlern und Künstlern verschiedentlich angerechnet, eine Bewegung entdeckt, erfunden oder zerstört zu haben. Bis zu einem gewissen Maße hatten sie alle recht.

Die Künstler beurteilten die Auktion mit gemischten Gefühlen und waren vielleicht nicht in der Lage, sämtliche Motivationen und Hintergründe zu erkennen. Einen Tag nach der Veranstaltung organisierten sie eine Fahrt auf einem großen Boot, um gegen den westlichen Kommerzialismus zu protestieren. Die Avantgardisten waren allesamt gekommen, und während wir zu einem Erholungsgebiet fuhren, debattierten sie leidenschaftlich über die voraussichtlichen Folgen des westlichen Kommerzes. Am Ziel angekommen, stiegen alle aus, um im Wald spazieren zu gehen, sich in den Sand zu setzen oder ein Ruderboot oder ein kleines Paddelboot zu mieten. Ich saß schließlich in einem Ruderboot mit Viktor Misiano, dem Kurator für zeitgenössische Kunst des Puschkin-Museums, und Georgi Lititschewski, einem Maler von unglaublicher Durchhaltekraft beim Rudern. Auf spielerische Art bestätigte sich noch einmal die Stärke der Avantgarde-Gemeinde. Während andere versuchten, uns mit den Paddelbooten zu rammen und uns lachend mit Wasser bespritzten, nickte Misiano immer wieder dem einen oder anderen zu und sagte: »Das da ist ein bedeutender Konzeptualist aus Leningrad. Das da ist ein wahrhaft kommunistischer Maler. Das da ist ein sowjetischer Formalist.« Wie bei der Aktion in den Wäldern bot sich hier die Gelegenheit, diese versponnene Gemeinschaft beim Spielen zu beobachten, was mir half, Zugang zum Verständnis ihres kodierten Werks zu gewinnen.

Erst nach der Auktion schilderte mir einer ihrer Organisatoren das erste Treffen, bei dem Sotheby's mit dem Kulturministerium über bestimmte Künstler diskutiert hatte. In jenen Tagen war es äußerst schwierig gewesen, Informationen über Künstler zu erhalten, und Sotheby's präsentierte eine Liste mit den Namen von Untergrundkünstlern, die das Auktionshaus von in der UdSSR lebenden westlichen Kontaktleuten erhalten hatte. Die Kulturkommissare erklärten daraufhin ziemlich mürrisch, dass jeder Westler, der bei ihnen vorstellig geworden war, genau dieselbe Liste vorgelegt habe – und dass es *exakt* dieselbe Liste gewesen sei, weil einer der Namen darauf nicht der eines Malers, sondern eines Pianisten sei.

Die Auktion stellte einen Wendepunkt in der Geschichte der Sowjetkunst dar. In den beiden Folgejahren gerieten einige Künstler, die in der Avantgarde dominante Gestalten gewesen waren, in Vergessenheit. Andere gewöhnten sich an das Leben im Jetset. Man lud sie in die Penthäuser und Palazzi von Sammlern ein und veranstaltete ihnen zu Ehren Abendempfänge in Wohnungen im New Yorker Trump Tower. Ihre Werke wurden regelmäßig in der Presse gewürdigt, und auch wenn ihre Arbeiten keinen großen Anklang fanden, waren sie als Person oft sehr gefragt. Man sah sie im Frühstücksfernsehen, und Hochglanzmagazine veröffentlichten Artikel über sie. In ihren besten Arbeiten sollte sich die Gewissheit widerspiegeln, dass der Westen zwar nicht ihre besondere Art der Kommunikation verstehen konnte, wohl aber ihren Willen zur Kommunikation. Dass sie sich mit vorsichtigem Überschwang auf einen gewissen Ruhm freuten, bedeutete jedoch nicht, dass sie jemals ihre bitteren Erinnerungen an die Ereignisse in der Vergangenheit überwunden hätten.

Die Poetik der Bedeutung liegt für diese sowjetischen Künstler zum Teil in ihrer Nostalgie, und das ist vielleicht eine größere Gnade als erkennen zu müssen, dass die Neigung zum Heimweh zu ihren kulturellen Charakteristiken gehört. Wenn sie in ihrem Werk erkennen, dass ein verwirklichter Traum auch ein verlorener Traum ist, beleben sie sowohl die Reinheit ihrer Absichten wieder als auch den Sinn für Humor, was wir im Westen so verführerisch finden. Die Zeit und die unvermeidliche Erfahrung des Scheiterns haben bei diesen Künstlern allmählich das subtile Talent der Selbstreferenz wiedererweckt, das sie in den Jahren vor der Auktion so effizient zu nutzen verstanden hatten. Durch die aus heilsamer Distanz vollzogene Wiederentdeckung ihres Landes und ihres früheren Lebens der Unterdrückung haben sie die ursprünglichen Gründe dafür wiedergefunden, warum sie, insgeheim oder wie auch immer, das aussprechen sollen, was sie als unabdingbare Wahrheit empfinden. Die Stärke ihrer Gesinnung überzeugt uns. Das Aussprechen der Wahrheit verleiht diesem Werk seinen hohen moralischen und ästhetischen Rang – das ultimative Geschenk, das die Künstler nicht nur den Museen und Sammlern, sondern der ganzen Welt zuteilwerden lassen. Da diese sowjetischen Künstler und ihr Werk den Westen bewegten, wird jede Veränderung, die sie vollziehen, unser Denken über die Kunst verändern.

Zwar wurden die Werke vieler Künstler der späten sowjetischen Avantgarde vom Westen kommerzialisiert, aber auch im eigenen Land erreichten sie schon bald einen hohen Bekanntheitsgrad.[51] Die russische Hauptstadt verfügt inzwischen über das Moskauer Museum der modernen Kunst, das Multimedia-Kunstmuseum und das Garage-Museum zeitgenössischer Kunst. Letzteres ist in einem aufwendig gestalteten, fünftausenddreihundert Quadratmeter großen ehemaligen Ausflugsrestaurant im Gorki-Park untergebracht und verfügt über ein Atrium mit zwei zehn Meter hohen Wandgemälden von Erik Bulatow. In einem ehemaligen Moskauer Kraftwerk und in der früheren Smolinski-Brotfabrik in St. Petersburg sind heute Künstlerateliers untergebracht. Zu den unabhängigen Kunstschulen in Russland gehören heute unter anderen die British Higher School of Art and Design (gegründet 2003), die Rodtschenko-Kunstschule (2006), das Baza-Institut (2011) und die Open School Manege/Media Art Lab (2013). Die Eremitage war Gastgeber der letzten Manifesta, einer bedeutenden paneuropäischen Ausstellung, und die Moskauer Biennale findet ebenso regen Zulauf wie kommerzielle Kunstmessen, beispielsweise die Cosmoscow.[52]

Doch Wladimir Putins Regierung hat keine hohe Meinung von freier Meinungsäußerung, so dass die russischen Behörden häufig Ausstellungen verbieten oder schließen lassen, an denen Konservative Anstoß nehmen. Nach einem provokanten Auftritt in der Moskauer Christ-Erlöser-Kathedrale im Jahr 2012 wurden die Musikerinnen der feministischen Rockband Pussy Riot zu Haftstrafen verurteilt. Ihre Geschichte machte international Schlagzeilen, ist aber nur einer von einer Vielzahl ähnlicher Vorfälle. Die »Kunst-Anarcho-Punk-Gang« Woina – »Krieg« – versucht »überholte repressiv-patriarchalische Symbole und Ideologien« zu zerstören.

Zeitgleich mit den russischen Präsidentschaftswahlen 2008 veranstaltete Woina im Biologischen Museum in Moskau eine Orgie. 2010 malten fünf Mitglieder der Gruppe einen fünfundsechzig Meter hohen Phallus auf die Liteini-Zugbrücke in St. Petersburg, der beim Öffnen der Brücke von den Büros des Inlandsgeheimdienstes aus sichtbar wurde. Viele Mitglieder von Woina sitzen zurzeit im Gefängnis. Alexei Plutser-Sarno, der in Freiheit blieb, sagte, der eigentliche Versammlungsort der Gruppe befinde sich hinter »einer hohen, unüberwindlichen Mauer des Gefängnisses von St. Petersburg«, wo die Künstler Oleg Worotnikow und Leonid Nikolajew »langsam dahindämmern«.[53]

Zu den Ausstellungen, die in den letzten rund zehn Jahren verboten wurden, gehören *Forbidden Art* im Moskauer Sacharow-Zentrum (2006), die den Direktor seine Stellung kostete; *Spiritual Invective* in der Moskauer Marat-Gelman-Galerie (2012), nach deren Abschluss die Organisatoren polizeilich verhört wurden; und die in Perm gezeigte Schau *Welcome to Sochi* (2013), über die der Putin-treue Politiker Andrei Klimow schrieb: »Die dort gezeigten Werke erinnerten mich an die Art und Weise, wie Russland von Hitlers Propagandisten dargestellt wurde, und davor von Napoleons Lakaien. Goebbels, da bin ich sicher, wäre hocherfreut gewesen.«[54] In jüngster Zeit ließ der Moskauer Verein der Ausstellungshallen die Schauen *Sei glücklich* in der Moskauer Bogorodskoe-Galerie (2015) und *Man selbst sein: Geschichten von LGBT-Teenagern* in der Galerie am Roten Platz in Moskau (2015) schließen. Als die Organisatoren daraufhin versuchten, ihre Fotos im Freien zu zeigen, wurden die Bilder zerstört und der Fotograf Denis Stjaschkin, ein Vorkämpfer für die Rechte von Homo-, Bi- und Transsexuellen, sowie ein sechzehnjähriger Zuschauer festgenommen. Die bereits zugesagten Gelder zur Finanzierung des Moskauer Premiere-Filmfestivals wurden kurzerhand umgeleitet zu einem neuen »Jugendfestival des lebensbejahenden Films«, veranstaltet von einem Gefolgsmann Putins. Die russischen Behörden versuchten sogar, Ausstellungen im Ausland zu verhindern: Der Kulturminister untersagte die öffentliche Schau von Werken, die für die Pariser Ausstellung *Sots Art: Art politique en Russie de 1972 à aujourdhui* vorgesehen waren, und verfügte, dass sie nicht außer Landes gebracht werden durften.[55]

Selbst für Künstler, deren Ausstellungen nicht verboten werden, ist der Markt nicht einfach. Dem Zuwachs von Museen in Moskau zum Trotz bevorzugen die begüterten, glamourvernarrten Russen im Allgemeinen protzigere, prestigeträchtigere zeitgenössische Kunst des Westens anstatt das, was ihre Landsleute erschaffen. Obwohl sich die Preise für russische zeitgenössische Kunst weltweit einigermaßen stabilisiert haben, erlebte der heimische Kunstmarkt eine schwere Depression. Die drei am besten eingeführten Moskauer Galerien – die Ayden-Galerie, die Marat-Gelman-Galerie und die XL-Galerie – mussten sich als nichtkommerzielle Unternehmen neu gründen.[56] Wladimir Owtscharenko, Direktor der Regina-Galerie, sagte: »Die meisten Künstler arbeiten wie zu Sowjetzeiten in ihrer Küche.«[57] Nicht klar ist, ob sie wie zu Sowjetzeiten dabei von einem moralischen Impuls angetrieben werden.

UDSSR

Drei Tage im August

New York Times Magazine, 29. September 1991

Mein erstes Buch handelte von Künstlern in der Sowjetunion. Sie waren mein Thema, aber sie wurden auch Freunde, deshalb lag mir sehr daran, nach der Veröffentlichung meines Werkes nach Moskau zurückzukehren, um mich mit ihnen zu treffen, ohne sie interviewen zu müssen. Ich hatte mir ausgemalt, dort entspannte Tage zu verbringen, Freunde in ihren Datschen zu besuchen und bis in die Nacht zu palavern und zu trinken. Deshalb brachen die nachfolgend geschilderten dramatischen Ereignisse wie ein Blitz aus heiterem Himmel über mich herein. Ich hatte immer die Hoffnung gehegt – wenngleich ich nicht ganz davon überzeugt war –, dass Kunst und Literatur zweckvoll seien und die Verfeinerung der Fähigkeit, schwierige Wahrheiten zu äußern, die unablässige Aufgabe erleichtern könne, eine kaputte Welt zu heilen, kurz gesagt, dass Feder oder Pinsel mächtiger seien als das Schwert. Im Laufe jener drei Tage in Moskau kam ich zu der Überzeugung, dass sich zu bestimmten Zeiten und an bestimmten Orten meine Hoffnung erfüllen könnte.

Montag, 19. August: Um acht Uhr morgens weckt mich der Anruf der Fotografin Viktoria Iwlewa. »Tut mir leid, dass ich so früh anklingle«, sagt sie, »aber ich glaube, ich muss das Essen heute Abend absagen. Gorbatschow ist gerade zurückgetreten, und ich glaube nicht, dass ich es auf den Markt schaffe, und ich habe kein Gemüse im Haus.«

Ich bin noch ganz schlaftrunken. »Gorbatschow ist zurückgetreten?«, wiederhole ich unbestimmt.

»Scheint so. Mehr weiß ich auch nicht.«

Ich spüre noch die Nachwehen einer Feier, die bis in die frühen Morgenstunden dauerte, eine typische Zusammenkunft Moskauer Avantgardekünstler. »Na gut, Vika, ich rufe dich später an«, sage ich und lege mich wieder schlafen. Die Stimmung in Moskau Mitte August ist so durchdringend positiv, die Haltung gegenüber Gorbatschow so offen ablehnend, dass sein Rücktritt meinem trüben Geist als lediglich weiterer bedeutungsloser Schritt in der Umgestaltung der sowjetischen Politik erscheint. Seit mehr als zwei Jahren sagen die Leute, Gorbatschows Zeit sei abgelaufen, er müsse energischeren Reformern Platz machen. Dass er sich endlich dazu entschlossen hat, ist keines großen Aufhebens wert.

Als ich schließlich aufstehe, schalte ich CNN ein, einer der Vorzüge der wenigen Spitzenhotels in Moskau. Die Nachrichten über sein Verschwinden sind verwirrend. Von *Putsch* ist die Rede. Ich schaue aus dem Fenster. Entlang der Roschdestwenka-Straße reihen sich die üblichen Verkaufsstände aneinander, und aus dem U-Bahnhof Kusnezky Most strömen wie üblich Menschen, die zum Einkauf gehen.

Ich rufe in dem Haus in der Furmanni-Gasse an, das die Moskauer Avantgardekünstler in Ateliers umgewandelt haben. Seit mehr als drei Jahren arbeite und lebe ich schon mit diesen Künstlern zusammen, wir verständigen uns auf Englisch, Französisch und mit meinen paar Brocken Russisch, und ich habe gerade ein Buch über unsere gemeinsamen Abenteuer veröffentlicht. Larisa Resun-Swesdotschetowa, eine Konzeptkünstlerin, ist am Apparat. »Hast du schon gehört, was passiert ist?«, frage ich.

»Also stimmt es doch? Heute Morgen um acht hat mich Anton Olschwang mit dieser schrecklichen Nachricht überfallen, und ich habe zu ihm gesagt: ›Anton, deine Art von Humor geht mir gewaltig auf die Nerven.‹ Danach habe ich weitergeschlafen.« Um elf hatte Larisa einen weiteren Anruf erhalten; ein Freund hatte Panzer in Richtung russisches Parlament fahren sehen. Larisa gab sich mit dem Gedanken zufrieden, dass dies einfach nur ein Manöver sei, und schlief weiter. »Aber als ich dann aufstand und den Fernseher anschaltete, zeigte man auf sämtlichen Kanälen ein Tschaikowsky-Ballett. Da bekam ich es mit der Angst.« Bei Stalins Tod hatten sämtliche Sender Ballettmusik von Tschaikowsky gespielt – das war das sicherste Zeichen, dass etwas so Außergewöhnliches geschehen war, dass man nichts anderes mehr senden konnte.

Ich mache mich auf den Weg zu dem baufälligen Gebäude, in dem die Ateliers untergebracht sind. Acht Künstler haben sich in dem kleinen Zimmer im obersten Stock versammelt, wo wir immer spät abends trinken und diskutieren. Vor zwei Wochen hatte Larisas Mann Kostia Swesdotschetow, ebenfalls Künstler, Geburtstag. Zu diesem Anlass nähte ihm Andrei Filippow, mit dem er gelegentlich zusammenarbeitet, »die größte russische Fahne der Welt«, da ihre Arbeiten von der Spannung zwischen dem russischen Geist und der Sowjetbürokratie handeln. Dieses drei Meter lange dreifarbige Tuch hing tagelang in einer Ecke des Zimmers, und jetzt wickelt Kostia es um seine Schultern wie einen Schal.

Es ist ihm gelungen, Radio Liberty reinzukriegen, den amerikanischen Propaganda- und Informationssender, aber das Empfangssignal wird immer wieder unterbrochen. Wir hören nur mit halbem Ohr zu. Jetzt ist, wie zu Zeiten Chruschtschows und Breschnews, Ironie die einzige Möglichkeit, mit der Angst und der Krise fertig zu werden, deshalb sind unsere Gespräche hastig, unsere Witzeleien so beißend und spröde wie die Nachrichten. Die Künstler wissen schon lange, dass die einzige Möglichkeit der Gegenwehr gegen eine Regierung, die Lügen präsentiert, als wären sie die Wahrheit, darin besteht, die Wahrheit so auszusprechen, als wäre sie ein Witz. Der Humor wurde zu einem Mittel der verschlüsselten Kommunikation, und solange sie Witze machten, konnten sie sich äußern und waren unangreifbar. Aber heute sammeln die Künstler hinter den Scherzen all den Mut, den sie für das, was kommt, brauchen werden, was immer das auch sein mag. Bald werden sie ihre notorische Versponnenheit ablegen müssen. Dieses Desaster verlangt wirkliches und greifbares Handeln.

Gierig nach Informationen, machen wir uns auf den Weg zum Kreml und stellen verblüfft fest, dass der Rote Platz abgeriegelt ist, die riesige Fläche menschenleer, Panzer und Soldaten die Zugänge bewachen. Wir mischen uns unter die Menge, und man drückt uns

Flugblätter mit den Stellungnahmen der Widerstandsbewegung in die Hand.

Am Manege-Platz, direkt hinter dem Roten Platz, formiert sich eine Kundgebung. Auch hier ist der Platz für Zivilisten gesperrt. Leute halten spontan Reden, umringt von Zuhörern. »Wir wissen genauso wenig wie Sie«, sagt einer der Soldaten zu uns. »Heute Morgen sind wir einfach hierhergeschickt worden. Weitere Befehle gab es keine.« Wladimir Mironenko, ein Maler, erwidert: »Toll, dass ihr den Kreml umstellt habt, aber eure Geschütze zeigen in die falsche Richtung. Ihr müsst sie nur umdrehen, damit sie auf den Kreml gerichtet sind und nicht auf uns, dann ist alles in Ordnung.« Die Soldaten lachen.

Ein Redner sagt, um das russische Parlament herum formiere sich eine Widerstandsbewegung und Boris Jelzin führe den Kampf gegen die neue Junta an. »Gewählt!«, ruft der Redner immer wieder. »Wir haben Jelzin gewählt!«

Die Künstler schütteln die Köpfe. »Jelzin ist ein Krawallmacher, ein Machtmensch, und niemand aus der Intelligenzija mag ihn besonders«, erklärt einer. »Aber in diesem Moment der Krise müssen wir uns wohl alle hinter ihn stellen.«

Auf dem zentralen Twerskaja-Boulevard fotografieren wir einander neben Panzern und reden mit Soldaten. Die Straßen, für Autos gesperrt, aber voller Menschenmassen, wirken fast so, als hätte man sie für eine Parade vorbereitet.

Wir treffen zufällig einen Freund, der erzählt, dass vor dem Parlament etwas im Gange sei. Daraufhin nehmen wir die Metro zur U-Bahn-Station Barrikadnaja, benannt nach dem Platz, wo während der ersten Russischen Revolution Barrikaden errichtet wurden – eine Symbolik, die allen gefällt. Die in der Regel mürrische Alte, die den Bahnhof sauberhält, hat es sich zur Aufgabe gemacht, jeden anzusprechen, der auch nur eine Sekunde stehen zu bleiben scheint: »Geht!«, sagt sie. »Geht sofort zu der Demonstration!« Dann wendet sie sich der nächsten Gruppe zu. »Los! Beeilt euch!«

Wir reihen uns in die Massen ein, die Richtung Parlament strömen. Es kommt uns nicht in den Sinn, dass wir, wenn wir uns die auf dem Balkon gehaltenen Reden anhören, den Gruppen zugeordnet werden, die die Presse als Protestbewegung bezeichnet. Wir alle sind entsetzt von dem sich abzeichnenden Bild des Putsches und den bedrohlich aussehenden Profilen der Juntamitglieder, aber wir sind nicht zum Parlament gekommen, um zu protestieren. Wir sind gekommen, um etwas zu erfahren.

Die Redner warnen, dass der Platz um vier Uhr morgens gestürmt werden soll, und fordern uns auf, zur Abwehr menschliche Barrikaden zu bilden. »Wollt ihr das?«, frage ich meine Freunde.

»Wenn es nötig sein sollte, müssen wir«, lautet die Antwort.

Wir gehen Richtung Fluss, wo noch mehr Panzer stehen, und sprechen mit Soldaten. Die Künstler verstehen es, sie in Gespräche zu verwickeln. »Du bist also«, fragt einer, »schon lange in der Armee? Woher kommst du? Ach, meine Großmutter stammt aus einem Ort nicht weit weg davon. Bist du früher schon mal in Moskau gewesen?« Am Ende einer solchen freundlichen Plauderei – oft verbunden mit der Überreichung eines Geschenks, sei es eine Wurst, eine Tafel Schokolade oder ein Brot aus einem Laden in der Nähe – lenken sie plötzlich das Gespräch auf ein anderes Thema. »Hör zu, du weißt nicht, wie heute Abend deine Befehle aussehen«, sagt einer der Künstler, »und ich weiß es bestimmt auch nicht, aber ich will dir sagen, dass ich und alle meine Freunde dieses Gebäude verteidigen werden. Wir werden uns davorsetzen. Dann schieß nicht auf uns.«

Meistens antworten die Soldaten ausweichend, nervös, wie sie sind: »Hoffentlich nicht.«

»Nein, das reicht nicht. Schieß nicht auf uns. Wenn du Probleme hast, wenn du dich vor deinen Generälen verstecken musst, dann verstecken wir dich.« Hastig werden Namen und Telefonnummern ausgetauscht, oft auf die Rückseite der Erklärungen Jelzins gekritzelt, die aus dem Parlamentsgebäude kommen.

1988, als ich über sowjetische Künstler zu schreiben begann, baten mich die Leute, die ich kennenlernte, sie nicht von meinem Hotel aus anzurufen, um nicht den Verdacht des KGB zu erregen, und bei der Schilderung bestimmter Aktivitäten ihren Namen nicht zu nennen. Aber jetzt ist die Anonymität keine Notwendigkeit mehr. Ich sage, dass ich vielleicht etwas über den Widerstand schreibe, und frage, ob ich die Identität meiner Gesprächspartner verschleiern soll. »Du musst allen im Westen, aller Welt sagen, dass ich mich auf diesen Kampf eingelassen habe«, antwortet mir der Künstler Juri Leidermann. »Du solltest unsere Namen von allen Dächern rufen.«

Am Ende des Nachmittags helfen wir dabei, Barrikaden zu errichten.

»Die ewigen Baustellen in Moskau sind normalerweise ein einziges Ärgernis«, sagt Kostia. »Aber jetzt sind sie unsere Rettung: Welcher Volksbewegung standen schon jemals derart gute Materialien so griffbereit zur Verfügung? Heute, an diesem Ort, werden wir ein echtes gemeinschaftliches Kunstwerk erschaffen.«

Es hat zu regnen begonnen, und eine Frau in Stöckelschuhen fragt uns der Reihe nach: »Entschuldigung, aber weißt du, wie man einen Schaufelbagger oder einen Bulldozer bedient?« Jemand hat es geschafft, die Baumaschinen in Gang zu setzen, und schließlich werden sie von Menschen bewegt, die eindeutig noch nie etwas Schwierigeres als ein Auto gesteuert haben. Die Maschinen schieben und ziehen, wir reihen uns auf und schieben und ziehen ebenfalls, und die Barrikaden nehmen langsam Gestalt an. Die selbsternannte Anführerin ist eine andere Frau mit schriller Kommandostimme. Dreckbespritzt, durchnässt, fröstelnd steht sie da, die Hände in die Hüften gestemmt, und ruft gellend Anweisungen ins Gewühl. T-Shirt mit westlichen Aufdrucken – egal, wie sie lauten – sind in Moskau in Mode. Auf der ausladenden Brust der Frau prangen die Worte ›'d Rather Be Playing Tennis‹ – Ich würde lieber Tennis spielen.

Wir vereinbaren, uns später am Abend in den Ateliers zu treffen. Um neun Uhr dreißig sind die meisten der mir am besten bekannten Künstler dort versammelt, insgesamt ungefähr vierzig. Die Volksfeststimmung ist etwas Zielstrebigerem gewichen. Andrei greift sich die ironisch gemeinte Fahne, die er für Kostia angefertigt hat, und schlägt vor, sie als Treffpunkt zu nehmen für den Fall, dass wir getrennt werden. Auf dem Weg zum Parlament sind wir optimistisch gestimmt. »Das ist das Ende der Ungewissheit«, sagt der Kritiker Josif Bahkstein zu mir. »Wenn wir jetzt gewinnen, ist das der Triumph der Reform. Und wenn wir jetzt verlieren, haben wir ganz und gar verloren.«

Wir diskutieren über den Sinn eines Generalstreiks. »Wenn ich mich weigere, in die philosophische Fakultät der Universität zu gehen«, meint Viktor Zagarew, »wird das die Junta wohl kaum beeindrucken. Heute wünsche ich mir zum ersten Mal, ein Arbeiter in der Autoindustrie zu sein.« Jemand anderer sagt: »Wenn ich meine Kunstgalerie zumache, passiert nichts, außer dass vier Leute arbeitslos werden.«

Als kurz vor Mitternacht Geräusche zu hören sind, die darauf schließen lassen, dass man unsere Barrikade zerstört, wird uns bange. Wir laufen hin und sehen Dutzende Leute, die sich abmühen, einen Durchlass durch die Barrikade zu öffnen. »Helft mit«, rufen sie. »Soldaten, die treu zu Jelzin stehen!« Schließlich wird uns klar, dass ein ganzes Bataillon zu uns übergelaufen ist, und wir helfen dabei, es rasch durchzulassen.

Es sind nur eine Handvoll Panzer, aber wir klettern auf ihren Bug und fahren zum Parlament. Andrei schwenkt dabei Kostias Fahne, und der Maler Serioja Mironenko, Wladimirs Zwillingsbruder, hält alles mit seiner Videokamera fest. Die Soldaten in den Panzern sagen: »Wir wollen uns euch anschließen.« Dass sie überlaufen, steigert noch unsere Besorgnis: Das könnte der Beginn eines Bürgerkriegs sein. Dennoch herrscht große Freude, als sie auf unsere Seite wechseln. Die Demonstrationen schienen bis jetzt weitgehend symbolisch zu sein, eine bloße Geste, nicht wirkungsvoller als ein politisches Kunstwerk. Doch mit einem Mal verfügen wir über physische Stärke.

Es ist kalt, und Regen setzt ein. Die Gruppe, in der ich mich befinde, zieht sich auf den überdachten Platz vor dem Parlament zurück. Einige wurden von uns getrennt, und wir sammeln uns wieder unter Andreis Fahne. An die hundert Leute, die lose mit der Intelligenzija verbunden sind, müssen hier sein, darunter etliche, die ich nicht kenne. »Die Leute beklagen sich, dass es in dieser Stadt kein Nachtleben gebe«, sagt einer der Künstler. »Aber heute Nacht ist jeder interessante Mensch in Moskau hier, und wahrscheinlich werden wir alle stundenlang hierbleiben.« Die Kritikerin Lena Kurljandzewa kommt zu uns gelaufen: »Andrew, du kennst Artjom Troitski nicht. Artjom, du kennst Andrew nicht. Aber ihr beide habt jeweils das

Buch des anderen gelesen, und ich denke, dass ihr eine Menge Fragen aneinander habt.« Wir stehen im Regen und plaudern. »Im sowjetischen Underground-Rock verschmelzen private und öffentliche Energie miteinander, und das verstehen westliche Leser nicht so leicht«, meint Artjom. »Sie sind eher bereit, eine solche Gleichzeitigkeit in den Arbeiten visueller Künstler zu akzeptieren.« Wir hätten ebenso gut auf einer Cocktailparty sein können.

Olga Swiblowa filmt seit fast vier Jahren in der Moskauer Kunstszene und ist mit ihrer semifunktionellen Kamera und ihren semikompetenten Technikern fester Bestandteil jeder Party und jeder Ausstellung. Am späten Montagabend taucht sie plötzlich auf, aufwendig geschminkt und in einem schwarzseidenen Minirock. Sie borgt sich Seriojas Videokamera und filmt jeden einzelnen Künstler. Da es fast kein Licht gibt, bittet sie uns, rund um die Köpfe der Leute, die sie aufnimmt, Feuerzeuge zu halten. »Vor zwei Jahren«, sagt sie, »habe ich alle, die hier sind, gefragt, ob sie meinen, dass Glasnost scheitern würde. Und was sie in diesem Fall tun würden. Heute Nacht will ich nur festhalten, dass sie hier sind und was sich auf ihren Gesichtern zeigt. Das wird das perfekte Ende meines Films – natürlich nur, wenn die neuen Machthaber ihn nicht vernichten.«

Um zwei Uhr nachts ist uns kalt, wir sind müde und gelangweilt, weshalb einige von uns beschließen, nach Hause zu gehen, um am nächsten Morgen ausgeruht wiederzukommen. »Wir können nicht alle die nächsten sechs Monate hier verbringen«, meint Larisa. Als wir in Richtung Barrikade gehen, wo wir vier Stunden zuvor geparkt haben, spricht uns eine auffällige Frau mit blondem Haar und hellgrauem Mantel an. Sie wirke dabei mit, sagt sie, einen Heliumballon über dem Parlament aufsteigen zu lassen, an dem die Fahnen des Widerstands befestigt sind. »Ihr habt doch die größte russische Fahne, die ich je gesehen habe«, sagt sie. »Wenn ihr sie mir überlasst, kann das ganze russische Volk sie sehen und daraus Hoffnung schöpfen.«

Andrei lächelt. »Natürlich kannst du sie haben.« Er reicht sie ihr. »Lang lebe Russland.«

Was zwischen Andrei und Kostia ganz ironisch gemeint gewesen war, dann halbironisch als Banner der Avantgarde diente, hat in diesem Moment alle Ironie verloren. »Und wie finden wir einander morgen wieder?«, fragt Larisa. »Wir müssen es wohl so machen wie die japanischen Touristen und einen grünen Regenschirm aufspannen.«

Dienstag, 20. August: Am Nachmittag ruft Viktoria, die Fotografin, mich an und erzählt, sie sei letzte Nacht mit ihrem für eine Ausreise gültigen Visum nach Deutschland gefahren, um dort den Film vom Montag aufzubewahren. »Ich wollte sicherstellen, dass die Fotos dort wirklich ankommen. Und jetzt bin ich zurück, um mein Land zu verteidigen. Wer weiß schon, ob ich noch einmal ausreisen kann?«

Kostia kommt zu mir ins Hotel, um eine halbe Stunde lang CNN zu schauen. »Da ist meine Fahne«, sagt er, als das Parlamentsgebäude mit dem Ballon und der daran hängenden Fahne kurz im Bild erscheint. Als wir ein wenig später dort eintreffen, hören wir gerade noch, wie Jelzin davon spricht, unter der russischen Flagge zu demonstrieren. Kostia und Andrei werfen sich Blicke zu. »Er meint unsere Fahne«, sagen sie.

Abends treffe ich mich mit Kostia, Larisa, Serioja und Kostias Mutter, die die Zwangsarbeit im Gulag überlebt hat, zum Essen. Wir erheben immer wieder die Gläser zum Anstoßen: auf Kostias Mutter, auf Kostia und Larisa, auf mich, auf die Freiheit, auf Gorbatschow, auf Jelzin. Kostia möchte nicht, dass seine Mutter erfährt, dass er zum Parlament gehen wird. Wir beratschlagen uns flüsternd und wenden eine List an.

Meine Besorgnis wächst. Es wurde eine Ausgangssperre verhängt. Auf der Fahrt zurück ins Hotel sehe ich, dass die Straßen fast leer sind. In der Lobby stehen Militärpolizisten.

Um ungefähr ein Uhr am Morgen ruft mich Tanja Didenko an, eine Musikwissenschaftlerin. Ihre Wohnung gegenüber dem Parlament ist für viele Mitglieder der Intelligenzija zu einer Operationsbasis geworden, und die ganze Nacht über erkundige ich mich nach Freunden, die dorthin gegangen sind, um sich aufzuwärmen, Tee zu trinken oder zu telefonieren. »Wer hätte das gedacht«, sagt Tanja. »Meine Wohnung ist zur öffentlichen Toilette der Avantgarde geworden.« Sie organisiert die Frauenfront, die hinter den Männern in der menschlichen Barrikade steht, und sie sorgt auch für den Kontakt mit der Außenwelt. »Bitte halte mich auf dem Laufenden, wenn du etwas über dein CNN erfährst«, sagt sie. CNN verweist immer wieder darauf, dass die Informationen des Senders die Menge vor dem russischen Parlament noch nicht erreicht hätten. Aber da ich alles an Tanja weitergebe, schickt sie Leute zu den Menschen auf der Straße. Ich höre, dass es einen Toten gegeben habe; sie hört, dass es sieben Tote seien. Die meiste Zeit lässt sich nicht sagen, wer die genaueren Informationen hat.

Es gibt Störungen in der Leitung. Die Telefone spielen verrückt; plötzlich kommt es zu Unterbrechungen, aber auf einmal ist die Verbindung wieder da. In der Leitung ist ein ständiges Klicken zu hören. Einmal bittet mich Tanja, ihr genau zu wiederholen, was CNN meldet. Ich sage ihr, dass CNN die Berichte über den Moskauer Putsch abgebrochen hat und jetzt über einen Hurrikan berichtet, der über Neuengland tobt. Hurrikan Bob habe an der Ostküste verheerende Schäden angerichtet. Eine halbe Stunde später macht rund um das Parlament das Gerücht die Runde, Hurrikan Bob tobe aus Sibirien heran, zerstöre alles auf seinem Weg und werde schon bald über Moskau wüten.

Um zwei Uhr dreißig ruft Kostia an: Er, Larisa und Serioja versuchen vergeblich, Benzin aufzutreiben. Die Metro fährt nicht mehr, und es gibt auch keine Taxis. Also sind sie alle nach Hause gegangen. Ich unternehme einen halbherzigen Versuch, zum Parlament zu kommen, werde aber von der Militärpolizei aufgehalten. Also gehe ich eine Weile vor dem Hotel auf und ab – ein symbolischer Verstoß gegen die Ausgangssperre – und lege mich anschließend schlafen.

Um vier Uhr erwacht, wie ich später erfahre, der Kritiker Josif Bakhstein aus einem bösen Traum, steigt in sein Auto und fährt zum Parlament, um sich der Menge vor dem Gebäude anzuschließen. »Ich habe viele äußerst attraktive Mädchen getroffen«, sagt er danach, »und eines davon werde ich in ein paar Tagen wiedersehen.«

Mittwoch, 21. August. Der Tag beginnt kalt und nass. Kostia, Larisa und ich gehen zum Parlament, wo wir eine entmutigte Version der Versammlung tags zuvor vorfinden. Wir wollen die Stelle sehen, wo letzte Nacht die Menschen starben – die drei Demonstranten, offenbar bisher die einzigen Opfer, kamen um ein Uhr nachts in einem Tunnel zu Tode, als sie versuchten, die Sichtluke eines heranrollenden Schützenpanzers zu versperren –, daher machen wir uns gegen Mittag gemeinsam auf den Weg zur Smolenskaja-Straße. An der Stelle, wo man die Leichname nach den Schüssen hingeschleppt hatte, sind Blumen verstreut. Etwa hundert Leute haben sich dort eingefunden und unterhalten sich über diese Tragödie.

Ein junger Mann, der wie ein früher Bolschewik aussieht oder wie der Student in einem Tschechow-Stück – unrasiert, Drahtgestellbrille, eine zerknautschte Mütze in der zur Faust geballten bleichen Hand –, kommt von der Barrikade hergelaufen. Per Megaphon verkündet er, dass Panzer heranrollen, und fragt nach Freiwilligen, die helfen sollen, sie aufzuhalten. Ohne ein Wort zu verlieren, folgen wir ihm alle zum äußeren Rand des vielfach gestaffelten Verteidigungssystems, das wir errichtet haben, und verteilen uns dort. Wir sind auf alles gefasst, obwohl es schon so viele Gerüchte über Panzer gab, dass niemand wirklich erwartet, dass einer auftaucht.

Aber innerhalb von Minuten sind sie da. Ich bin wie versteinert – Panzern entgegenzutreten war bisher kein Teil meiner Stellenbeschreibung. Aber ich bin auch beschwingt durch die intensive Entschlossenheit unseres Auftretens. Noch nie musste ich meine Ideale auf eine solche Weise verteidigen, und auch wenn mir dies momentan Angst macht, fühlt es sich doch wie ein Privileg an. Es ist etwas sonderbar Romantisches an unserer Begegnung mit der Brutalität. Der Soldat im ersten Panzer erklärt, dass sie die Barrikade abräumen werden, und fordert uns auf, uns zu entfernen, wobei er hinzufügt, dass sie uns überrollen müssen, falls wir nicht freiwillig gehen. Darauf erwidert der Mann mit dem Megaphon, wir würden gewaltfrei bleiben, aber nicht von der Stelle weichen, um die Rechte des Volkes zu verteidigen. »Wir hier sind nur ein paar wenige, aber beim Parlament und überall im Land sind es Zehntausende«, sagt er. Er spricht von

Demokratie und erinnert die jungen Männer in den Panzern an die Schrecken der Vergangenheit. Andere schließen sich ihm an; Kostia und Larisa reden ebenfalls auf die Panzerführer ein. Wir betonen, dass ihnen niemand Befehle aufzwingen kann. »Wenn ihr das tut, dann deshalb, weil ihr euch selbst dafür entschieden habt«, sagt der Mann mit dem Megaphon.

Die Soldaten sehen erst einander und dann uns an. Wir sind so durchnässt, so zittrig, so ohnmächtig in allem außer in dem Mut zu unseren Überzeugungen – so ganz und gar überzeugt, dass wir im Namen der Rechtschaffenheit sprechen, aber offensichtlich verfügen wir über keinerlei Mittel zu unserer Verteidigung –, dass uns die Soldaten einfach auslachen könnten. Doch nachdem uns der Führer des vordersten Panzers eine volle Minute lang eindringlich angestarrt hat, zuckt er mit den Schultern, als könne er sich in diesem Augenblick nur noch dem unabänderlichen Lauf des Schicksals fügen. »Wir müssen uns dem Willen des Volkes beugen«, sagt er und fordert uns auf, beiseitezutreten, damit die Panzer wenden können. Ein Panzer benötigt eine Menge Platz und eine gewisse Zeit zum Wenden.

»Warum glaubst du, dass sie wirklich abrücken?«, frage ich Kostia.

»Wegen uns«, antwortet er. »Weil wir hier sind und wegen dem, was wir gesagt haben.«

Wir alle – Freunde wie Fremde – umarmen uns und jubeln, bis wir heiser sind.

Erst als es vorbei ist, spüren wir die besondere, packende Mischung aus unserer schwindenden Angst und dem Bewusstsein, eine Heldentat vollbracht zu haben. Dann beschließen wir, für den Augenblick genug heldenhaften Mut aufgebracht zu haben, und so gesellen wir uns zu Freunden, denen wir begeistert von unserem Abenteuer erzählen, und gehen zu meinem Hotel, wo wir stolz ein gutes Essen zu uns nehmen. Mein Visum läuft heute ab, deshalb fahre ich nach dem Essen zum Flughafen. Die anderen gehen nach Hause, um zu schlafen und sich zu erholen, zu telefonieren und sich auf die nächtliche Wache vorzubereiten.

Aber diese Wache wird nicht mehr nötig sein. Als ich einchecke, ist der Putsch gescheitert, teilweise aufgrund internen Streits und teilweise aufgrund von Soldaten, die angesichts menschlicher Barrikaden die Waffen streckten.

Den Künstlern war dies eine neue Art der Befreiung. Freiheit war schon immer ihre Leidenschaft. In diesen drei Tagen hatten sie den Luxus, sie mit ihrem Körper zu verteidigen. »Wir haben den Krieg gewonnen«, sagt Kostia, als ich später mit ihm telefoniere. »Du, ich und alle unsere Freunde.« Er zögert kurz. »Aber es war *meine* Fahne.«

RUSSLAND

Die kühne Dekadenz des jungen Russland

New York Times Magazine, 18. Juli 1993

Als ich zwei Jahre nach dem Untergang der Sowjetunion erneut nach Russland reiste, durchlebte das Land aufgrund des plötzlichen dramatischen Zugewinns an persönlicher Freiheit und neuem Wohlstand gerade einen faszinierenden Wandel. Ich war Ende zwanzig und fand meine Altersgenossen höchst interessant, weil sie es verstanden, den neuen Verhältnissen Rechnung zu tragen. Das alte sowjetische Empfinden war größtenteils von seinem überkommenen giftigen System geprägt gewesen. Diese jungen Leute hingegen schienen – mehr noch als die meisten Menschen ihres Alters – selbst darüber zu bestimmen, was werden sollte. Doch seitdem hat Wladimir Putin Russland in eine andere Richtung gelenkt. Besonders traurig stimmt es mich heute, wenn ich die damalige Prognose von Experten lese, wonach Schwule und Lesben praktisch unweigerlich mehr Rechte bekommen würden – eine optimistische Einschätzung, die voll und ganz enttäuscht wurde. Die hier folgenden Charakterskizzen stammen allerdings aus den Jelzin-Jahren, als Zynismus und Autonomie noch innig Hand in Hand gingen.

Als ich kürzlich als Autor Russland bereiste, kam ich mir schon bald wie ein Spitzel vor – nicht wie ein amerikanischer Geheimagent, sondern wie einer, der die im Entstehen begriffenen sozialen Klassen gegeneinander ausspioniert. Angehörige der russischen Mafia – des organisierten Verbrechens – nehmen fasziniert zur Kenntnis, dass die Intellektuellen der Ansicht sind, die Klasse der Kriminellen verfüge über gesellschaftlichen Einfluss. Die Intelligenzija wiederum ist empört über die Gier der neureichen Geschäftsleute, denen sie den Untergang des Idealismus anlastet. Das Wiedererstarken der orthodoxen Kirche schürt bei den Homosexuellen die Angst vor einem repressiven Neokonservativismus. Nachtclubbetreiber fragen sich, ob die Künstler, die im Untergrund Erfolge feierten, im neuen Tageslicht überlebensfähig sind. Politiker machen sich Gedanken, ob diesen chaotischen Elementen Macht zufallen wird. Und in all diesen Sphären werden die Veränderungen bei der jüngeren Generation am deutlichsten sichtbar.

Insgesamt gesehen sind ihre Perspektiven düster. Laut einem Artikel in der Mainstream-Zeitung *Argumenty i Fakty* vom April erwägen »junge unzufriedene Russen unablässig den Suizid«. Ein Drittel möchte das Land verlassen. Seit 1989 ist die Geburtenrate um dreißig Prozent gesunken, weil die frustrierten jungen Leute beschlossen haben, keine Kinder zu bekommen.

Allerdings streben manche junge Russen, die nicht in diesen deprimierenden Statistiken auftauchen, mit oft dekadenter Hingabe nach Freiheit, Wohlstand und Macht und setzen sich sowohl über die Ängstlichkeit als auch den Idealismus der älteren Generation hinweg. Sie sind aufgesplittert in Hunderte verschiedener *tusowki*, eine umgangssprachliche Bezeichnung für eine Mischung aus »Clique«, »Szene« und »gesellschaftliches Umfeld«. Die in dieser Welt herrschende amerikanische Wild-West-Mentalität des neunzehnten Jahrhunderts ist mit Anklängen an die Dekadenz des Berlins der zwanziger Jahre durchsetzt. Nur jemand von außen kann sich problemlos von einer dieser Gruppen zu einer anderen bewegen und der einen berichten, was in der anderen vor sich geht. Es ist eine Schande, dass dies einem Russen nicht so einfach möglich ist, denn die wesentlichen Wahrheiten über das neue Russland liegen eben nicht im Verhalten oder in den Überzeugungen einer einzelnen Gruppe, sondern in der Mannigfaltigkeit der Visionen, Meinungen und Zielsetzungen, die sich jetzt aus den Trümmern des Kommunismus herausschälen.

Raves, Partys und Nachtclubs

Wir gehen zu einer Raveparty namens Kristall II in der großen Eislaufhalle von St. Petersburg. Zuvor aber besuchen wir Viktor Frolow, einen charmanten Szenekenner, der mit den Organisatoren der Veranstaltung locker verbunden ist. Anwesend sind auch ein Popsänger, ein paar Künstler, einige Models, eine Filmschauspielerin und andere Leute ohne eindeutig definierte Jobs. Die Frauen sind samt und sonders attraktiv und tragen Make-up im westlichen Stil sowie Kleider im Retrochic. Die Männer haben Lederjacken an. Frolow ist ein überaus höflicher Gastgeber. Alle müssen etliche Getränke zu sich nehmen und high werden, bevor es an den Aufbruch geht: Haschisch, jetzt nur mehr gegen harte Währung erhältlich, ist zwar teuer, aber während es früher schwierig zu beschaffen war, kann es heute jeder jederzeit bekommen, der über genügend Geld verfügt. Manche nehmen halluzinogene Pilze zu sich, die man in den Wäldern um St. Petersburg leicht finden kann. Andere präparieren sich mit Kokain für eine lange Nacht. Vor ein paar Monaten entdeckte der Zoll eine Ladung dieser Droge in St. Petersburg, die als Reinigungsmittel getarnt war. Im Fernsehen wurde gezeigt, wie Beamte die Ladung konfiszierten; drei Tage später hatte jeder Dealer Kokain im Angebot.

Gegen zwei Uhr morgens fahren wir zur Eissporthalle. An die zweitausendfünfhundert Besucher sind da. Eine holländische Band spielt Livemusik, daneben läuft unablässig Techno vom Band, und es gibt eine aufwendige Lasershow. Die Hälfte der Eisbahn wurde mit einem ausgelegten Boden zur Tanzfläche umfunktioniert. Auf der anderen Hälfte laufen die Menschen Schlittschuh. Die Leute auf der Tribüne rauchen Haschisch oder schlafen im Sitzen. In der Ecke befindet sich eine Bar, wo man große Becher Wodka kaufen kann. Wir befinden uns auf der falschen Seite der Newa, und nachts gehen die Zugbrücken hoch; wir können also erst nach Hause, wenn sie um sechs Uhr morgens wieder heruntergelassen werden. Alle sind sich einig, dass Raves nicht mehr »in« sind – kein Trend kann länger als ein Jahr dauern –, aber dennoch sind Mitglieder jeder angesagten *tu-*

sowka diese Nacht hierhergekommen. »Das Fieber hat sich gelegt«, erklärt Georgi Gurjanow, ein Maler. »Aber es gibt sonst nichts zu tun.«

Etwa zehn bis zwanzig Prozent des Publikums gehören zur Mafia. Jeder hier weiß, wer von den Anwesenden dazu zählt. Die Mafia erhält vom Gewinn aus dieser Party einen Anteil. Jeder Club, jede Bar und jede Party in Russland zahlt zwischen zwanzig und sechzig Prozent der Einnahmen an sie. »In deinem Land gibt es Steuern«, erklärt mir jemand. »Und wir haben dieses System.«

Die Raveszene in Russland nahm ihren Anfang mit der ersten Gagarin-Party am 14. Dezember 1991, organisiert von Jewgeni Birman und Alexei Haas. Sie fand im Kosmos-Pavillon der WDNCh (Ausstellung der Errungenschaften der Volkswirtschaft) statt, dem ultimativen stalinistischen Tempel des sozialistischen Staates, und lockte über viertausend Leute an. »Der Erste Gagarin war erstaunlich, weil jeder so scharf darauf war«, erklärt Birman, der seither noch andere große Events veranstaltete. »Wir versuchen, die Semiotik in dieser postmodernen Welt zu vermischen und die verschiedenen *tusowki* zusammenzubringen. Es geht um Autoerotik und um ein absolutes Schönheitsideal, was wir in der Sowjetzeit niemals hatten.«

Birman ist jungenhaft, überschwänglich und bestens gelaunt. Haas hingegen strahlt kosmopolitischen Professionalismus aus und wirkt äußerst selbstsicher. Ich plaudere mit ihm in seiner Moskauer Wohnung nahe dem Roten Platz, während seine amerikanische Frau das Essen zubereitet. »Das Budget für den Ersten Gagarin betrug 12 000 Dollar«, erzählt er. »Das musste für Security, Musik, DJs, Miete und Feuerwehr reichen. Und die Mafia hat zwanzig Prozent bekommen« – ein geringer Betrag, erzielt durch harte Verhandlungen. »Wir haben keinen Gewinn gemacht. Aber ich habe mir selbst bewiesen, dass es diese Leute in Moskau tatsächlich gibt. In den Wochen vor der Party bin ich mit meinem Auto herumgefahren, und wenn ich passende Leute gesehen habe, habe ich sie eingeladen. Tausend Freunde sind gratis reingekommen. Am Tag der Party haben wir im Fernsehen Werbung laufen lassen, auf Englisch, um das richtige Publikum zu kriegen.« So etwas wie den Ersten Gagarin hatte es bis dahin in Moskau noch nicht gegeben: Laserprojektionen auf den Monumentalbauten und westliche Discjockeys, die die neueste Musik auflegten.

Haas plant, im Herbst einen Club zu eröffnen. »Du kommst aus der Provinz nach Moskau«, erklärt er. »Du bist ehrgeizig; du bist jung. Und was siehst du? Der Erfolg liegt in den Händen dieser großen Mafiosi, die teure Autos fahren und von hübschen Mädchen umringt sind. Das ist dunkle Energie, das Böse. Ich will einen Club für helle Energie eröffnen, einen Ort für saubere Leute mit schönen Körpern und klugen Köpfen. Man kann keine Leute für die helle Energie gewinnen, wenn man ein Hippie ist: Ich will einen Club für ehrgeizige Leute, denen der Erfolg ins Gesicht geschrieben steht. Ich will dort keinen Alkohol haben: Der sorgt nur dafür, dass sich die Leute in den Nebel zurückziehen, und unser Leben ist schon nebelig genug. Ich will das beste Soundsystem und die beste Musik und umwerfende DJs. Und der Eintrittspreis wird wirklich niedrig sein. Das ist Demokratie: Es ist für jeden, für das neue Russland.«

Mich interessieren die Moskauer Clubs. Deshalb nenne ich Wladik Mamischew-Monroe, einem Marilyn-Imitator und Helden des russischen Piratenfernsehens, fünf Clubnamen. »Mafia, Prostituierte und ein paar Geschäftsleute«, erwidert er. Ich frage ihn nach Diskoteka Lise, dem größten Club Moskaus. »O nein«, sagt er. »Sogar ihr in Amerika habt wahrscheinlich solche Läden, voll mit übergewichtigen mittelalten Frauen aus Georgien mit gebleichtem Haar, blauem Lidschatten und Tanktops aus Lurex, die sich zu alten Debbie-Harry-Songs tranceähnlich über die Tanzfläche schieben.«

Nachdem ich ein paar furchtbare Clubs getestet habe – in einem kosteten drei Bananen und drei Drinks 95 Dollar –, bin ich der Verzweiflung nahe.

Aber Mitte April gehe ich in den neuen, billigen Club der Malerin Sweta Wicker im Eremitage-Theater, wo ich auf Mitglieder der Künstler-*tusowka* treffe: Leute vom Fernsehen, einige Schauspieler, Maler, Konzeptkünstler und Intellektuelle. In einem großen Raum im vorderen Bereich stehen Tische und Stühle, man kann dort etwas trinken und miteinander reden. Die Tanzfläche befindet sich in dem eigentlichen Theater. Schon nach einer halben Stunde in Swetas Club habe ich mehr als hundert Bekannte getroffen; hier sind keine Fremden.

»Am liebsten wäre ich jeden Abend hier«, sagt Tanja Didenko, Musikkritikerin und Moderatorin der angesagten Latenight-Musik- und Talkshow *Silence Number Nine*. Arischa Grantsewa, eine Künstlerin, hält an einem Tisch in der Ecke Hof. Maler kommen vorbei, um hallo zu sagen, und MC Pawlow, ein Rapper, vertreibt sich die Zeit, indem er auf seiner Stuhllehne trommelt. Ich treffe einen bulgarisch-schweizerischen Performancekünstler und einen griechischen Architekten. Auf der anderen Seite des Raums erspähe ich sogar Alexei Haas. Der Club hat noch nie Werbung für sich gemacht; alle haben nur durch Mundpropaganda von ihm erfahren.

Sweta, im Mittelpunkt allen Geschehens, lacht. »Weißt du«, sagt sie, »ich habe gegenüber den anderen Clubbetreibern zwei große Vorteile. Erstens ist keiner von denen jüdisch! Und zweitens ist keiner von ihnen Mutter!«

Das, was Swetas Club so angenehm macht, liegt an etwas Russischem, das ich noch in keinem Club im Westen angetroffen habe – einer visionären, überschwänglichen Liebe, die man überall hier spürt, so greifbar wie die Dekoration oder die Musik. »Wir wissen, wie man sich amüsiert«, sagt ein junger Maler zu mir. »Wir sind mit dem Bild aufgewachsen, wie unsere Eltern leiden. Das Erbe dieser gemeinsamen Pein der Künstlerwelt verblasst nicht, und das macht unsere Freude greifbar.«

Ich breche mit einigen Freunden zu meinem ersten Besuch bei Petljura auf. In der Nähe der Puschkinskaja-Straße kommen wir auf dem Petrowski-Boulevard zu einer Art Baustelle. Einer aus unserer Gruppe stemmt mit der Schulter eine versteckte Tür auf, so gelangen wir in einen großen Innenhof, der von einer fast zehn Meter hohen Kopie von Wladimir Tatlins konstruktivistischem *Monument der Dritten Internationale* dominiert wird. »Das ist es«, flüstert mir jemand zu. Dieses Gebäude, einst Wohnsitz eines Adligen, später in kommunale Wohnungen aufgeteilt, hat jetzt Petljura besetzt. Es ist ein schönes Beispiel für die russische Architektur des neunzehnten Jahrhunderts, ein blassgelbes neoklassizistisches Gebäude, erschreckend baufällig.

Wir treten durch einen Eingang und gehen einen schwarzgestrichenen Korridor mit silberfarbenen Graffiti entlang. Als wir an eine Tür klopfen, geht sie sofort auf, und heraus dringt der Klang tibetanischer Mönchsgesänge sowie ein schwerer, süßlich-beißender Geruch nach Verfall, Wodka und Ethylalkohol. Sechs Leute sitzen an einem Tisch und trinken. »Wir wollen Petljura besuchen«, sagen wir.

Einer aus der Gruppe, der Performancekünstler Garik Winogradow, erklärt sich bereit, uns den Weg zu zeigen. Wir durchqueren einen großen, jetzt leeren Tanzsaal und kommen zu einer Bar. Die Wände sind mit riesigen Collagen geschmückt, auf denen unter anderem ehemalige sowjetische Mannequins, Barbara Bush, Männer in Trenchcoats, die obskure Zigarettenmarken rauchen, Audrey Hepburn und die Sixtinische Madonna zu entdecken sind. An dem einen Ende stehen auf einer Tafel Preise. Entlang der Wände reihen sich anstelle von Sitzbänken kaputte Fernsehgeräte und kleine Tische aneinander. Auf einem der Fernseher flätzt ein etwa eins fünfzig großer Mann mit leninartigem Ziegenbart, knallroter Hose und einer unförmigen purpurfarbenen Jacke; um ihn hat sich eine Schar junger Männer und Frauen versammelt.

»Kommt, setzt euch«, sagt Petljura.

Petljuras Haus ist zu einem Hort der verlorenen Seelen geworden. Leute, die von zu Hause ausgerissen sind, die Probleme mit Drogen hatten, die orientierungslos durch diese neue Post-Glasnost-Welt wandern, kommen zu Petljura und finden dort eine Gemeinschaft und eine Lebenseinstellung. »Jeder zieht über Glasnost her«, sagt Petljura verächtlich. »Davor waren wir die Sklaven der Kommunisten und des KGB. Und heute sind wir die der Demokraten und Kapitalisten. Es ist immer noch ein fauler Schwindel. Mein Haus ist eine Zuflucht vor alldem.«

Derzeit wohnen vierunddreißig Menschen bei Petljura. Er wuchs in einem Waisenheim auf, und diese Erfahrung ist ihm heute von Nutzen: Jeder Bewohner hat entsprechend einem wechselnden Plan bestimmte Pflichten zu erledigen, jeder muss sich am Putzen, Kochen und an sonstigen Arbeiten beteiligen. »Wie beim Militär«, sagen Moskauer Kritiker. »Eher wie in einem Kibbuz«, erwidert Petljura. Wer wie lange bleiben darf, entscheidet er allein. »Die Regeln bestimme ich«, sagt er, »und wem das nicht passt, dem steht es frei, anderswohin zu gehen.« Seine getreue Anhängerin in diesem Haus ist eine etwa fünfundsechzigjährige gebürtige Polin namens Pani Bronja, die omnipräsent scheint. Ihr Mann, der sich für Lenin hält, steht draußen Wache.

Als ich Petljura zum zweiten Mal besuche, wandert Lenin in Uniform im Hof umher. Drinnen sammeln sich die Leute: Rund ein Dutzend sitzt trinkend an der Bar. Ein Raum nebenan wurde zu einer »Boutique« umgewandelt, wo alte sowjetische Kleidungsstücke, die ganze Regale füllen, zum Schnäppchenpreis feilgeboten werden. Die Leute, die in den Laden strömen, tragen Secondhandklamotten und geben sich leicht punkig.

Ich gehe in den von Winogradow besetzten Teil des Hauses, wo ich von viel Gesang, Schwarzlicht und Weihrauch untermalter »experimenteller« Musik lausche. Anschließend sehe ich mir die Ausstellung einer Bewohnerin des besetzten Hauses an, die unter dem Titel *Unerzählte Märchen* eine Serie von Gemälden angefertigt hat, auf denen Zebras und Giraffen auf Eisbergen durch eine arktische Landschaft segeln. »Ich habe eigentlich nie über Kunst nachgedacht«, sagt sie, »bis ich vor etwa zwei Monaten hierhergekommen bin.«

Petljuras Domizil ist das beste und interessanteste der verschiedenen besetzten Häuser mit *tusowki*, Bars und Tanzsälen – aber es gibt in der Stadt viele davon. Jeden Mittwoch findet im Dritten Weg, auf der anderen Seite des Flusses, eine Tanzveranstaltung statt. Eines Abends mache ich mich dorthin auf, erfahre aber, dass für ein paar Wochen nichts stattfindet, weil »die Gewalt überhandgenommen hat«. Gewalt? »Mafiaschläger«, sagt der Mann an der Tür zu mir. Ich schaue mich um und sehe die Verwüstungen. »Es gibt hier nichts zu stehlen«, sagt er. »Wir haben nichts.« Und schließt die Tür.

Geistesleben

Jedermann in Russland scheint gerade eine Zeitschrift zu gründen. Unter den buchstäblich Tausenden neuen Magazinen, zumeist per Fotokopierer (Geräte, zu denen der Zugang unter dem Kommunismus beschränkt war) hergestellt, sind manche kommerziell ausgerichtet, die meisten aber nicht. Sie behandeln jeweils spezielle Themen – Mikrobiologie, Unternehmensberatung, Mode, Kunst. Die meisten haben eine Auflage von fünfzig bis fünfhundert Exemplaren.

Die aktuell vielleicht beeindruckendste Zeitschrift ist *Kabinet*, das Projekt einer Gruppe Petersburger Intellektueller. Jede der vierteljährlich erscheinenden Ausgaben besteht aus mehreren hundert Seiten hochphilosophischer Texte, Übersetzungen westlicher Kritiken, satirischer Essays und scharfer kultureller Kommentare. Jede Ausgabe wird von einem anderen Petersburger Künstler gestaltet.

Ich besuche eine Redaktionssitzung, abgehalten im Arabischen Salon eines Palasts aus dem 18. Jahrhundert, wo der Künstler Timur Nowikow zurzeit textile Arbeiten präsentiert. Bei gedämpftem Licht spielt im Hintergrund orientalische Musik. Die Herausgeber von *Kabinet* – Viktor Mazin und Olesja Turkina – lesen einen brillant provokativen Dialog »im Stil Platons« über Timurs Arbeiten vor. Zu den fünfundzwanzig hier Versammelten gehören neben Timur auch die als Künstlerin, Schauspielerin und *Vogue*-Model bekannte Irina Kuksinaite, die kürzlich in einem Palast unweit von hier eine Ausstellung eröffnet hat, sowie der Maler Georgi Gurjanow, der Raveveranstalter Jewgeni Birman und weitere intellektuelle und gesellschaftliche Trendsetter.

Nach der Lesung raucht die ganze Gesellschaft Haschisch und trinkt Sherry von der Krim, während sie über Mazins verdienstvolle Übersetzung von Paul de Mans Text über das hegelsche Erhabene diskutiert. Mazin erklärt mir, er habe kürzlich mehrere Bücher zur kritischen Theorie übersetzt, ohne eine Veröffentlichung zu planen, sondern nur, weil er sie mit seinen Freunden teilen will. Irina Kuksinaite spricht über die semiotische Unterscheidung zwischen dem deutschen Begriff des Vaterlandes und dem russischen des Mutterlandes. Andere fragen mich nach dem lacanschen Revisionismus in Amerika und diskutieren über die Stichhaltigkeit des Stalin-Apologeten Maurice Merleau-Ponty, den sie für die nächste Ausgabe übersetzen. Dann kommen wir auf das Thema des Rave heute Abend, wer hingehen wird, was man dazu anziehen soll und welche Musik wohl zu hören sein wird.

Am Schluss einer Moskauer Dinnerparty rezitiert ein junger Philologe griechische futuristische Gedichte aus den dreißiger Jahren. Ein anderer Gast antwortet darauf mit Majakowski. Ich sage, dass dies nach amerikanischen Maßstäben ein ungewöhnliches Verhalten auf Dinnerpartys sei. »Aber wie erhaltet ihr dann eine mündliche poetische Tradition am Leben?«, fragt mich leise ein Architekt.

Rock, Pop und Rap

Während der siebziger und frühen achtziger Jahre handelten die Texte von Akwarium, Kino und Boris Grebenschtschikow von einem besseren Leben für die Menschen in der Sowjetunion. Rockmusik war heroisch, ihre Interpreten waren eng mit der Intelligenzija verbunden. Popmusiker repräsentierten die offizielle Kultur; ihre Musik lief oft im Radio, aber ihre Beliebtheit war verdächtig und in der Regel künstlich erzeugt.

Ich treffe mich mit Boris Grebenschtschikow, der demnächst ein neues Album veröffentlichen wird. Seine Platten verkauften sich einst millionenfach. Heutzutage erwartet er einen Absatz von fünfzehntausend bis zwanzigtausend Stück. »Es ist jetzt an der Zeit für russischen Pop«, sagt Irina Kuksinaite, »weil die Leute nichts anderes wollen als Dollars und Muskeln.«

In Moskau verbringe ich einen Abend mit Artjom Troitski, dem Leiter des Musikprogramms im staatlichen russischen Fernsehen. »Als ich noch jünger war«, sagt er (er ist achtunddreißig), »war die Lage unglaublich einfach. Sie waren schwarz, und wir waren weiß. Wir standen für Vitalität und das Gute in einer Gesellschaft, die erschlafft war und böse. Junge Menschen wählen das Einfachste. Für uns war es das Einfachste, moralisch zu sein; heute ist es das Einfachste, gut zu leben. Zu meiner Zeit war man randständig, weil einem das System keine andere Wahl ließ, und man drückte seine politische Haltung mit Rockmusik aus. Wenn man sich heute in die Politik einmischen will, hält einen niemand davon ab. Es ist nicht verboten; es macht einen einfach nur krank. Aber man kann nicht gut darüber singen.«

Sein Kommentar erklärt teilweise die Schalheit des neuen russischen Pop. Einer der beliebtesten Songs dieses Jahres hat folgenden Text: »Du bist die Stewardess Zhanna. Du bist umwerfend und begehrenswert. Du bist meine Lieblingsstewardess.«[58] Bogdan Titomir – männliches Sexsymbol des Landes und Held der Teenybopper – hat einen Videoclip gedreht, in dem eine Tanzriege von russischen Jungen mit American-Football-Trikots und Helmen wie Michael Jackson zu tanzen versucht. Die russische Plattenindustrie wurde durch die wirtschaftliche Liberalisierung zerstört. Nur die wenigen Begüterten können sich Platten leisten, und Sänger wie Titomir verdienen ihr Geld mit endlosen Konzerttourneen.

Die Manager der großen Popstars haben allesamt Verbindungen zur Mafia. »Ständig versucht man mich zu bestechen«, sagt Troitski. »Man bietet mir Hunderte Dollar, damit ich einmal ein Video zeige. Der Mann, der die gleiche Arbeit wie ich gemacht hat, aber für die Privatsender tätig war, wurde vor ein paar Wochen ermordet. Ich nehme keine Bestechungsgelder an – das gehört zu meiner altmodisch heroischen Mentalität –, und so hat man mir nur einmal mit dem Tod gedroht. Die Manager sterben wie die Fliegen.«

Ich verabrede mich zum Essen mit dem Rapper MC Pawlow, den ich noch aus seiner Zeit in der Rockband Swuki Mu kenne. Pawlow hält sich von der ernsthaften Popszene fern, aber seine neue Band produziert Videos, seine Platten finden sich in den Läden, und seine Konzerte haben immer mehr Zulauf. Selbst Titomir räumte ein, Pawlow sei der einzig echte Rap-Künstler des Landes. »Ich hätte nichts dagegen, landesweit berühmt zu sein«, sagt Pawlow, »aber ich will mich nicht mit Kriminellen einlassen. Sponsoren aus der Wirtschaft – das wäre gut.« Pawlow steht für die kulturelle Elite, er gehört zu den Supercoolen; und er spielte auf der Ersten Gagarin-Party.

»Heroischer russischer Rock«, sagt Pawlow, »war nicht zum Tanzen gedacht. Wir wollten etwas Spaß in dieses Land bringen. Also machen wir ein bisschen Rap, ein bisschen House und R'n'B und ein bisschen Jazz.« MC Pawlow ist Teil einer auf westlichen Konzepten basierenden russischen Musikmixtur, die sich aber anders anhört als alles, was je im Westen gespielt wurde. Pawlow ist von großer Statur, hat blaue Augen und einen rasierten Schädel, er trägt eine kleine eckige Kappe und schlabbrige Rapper-Klamotten, ein paar Ringe und einige folkloristische Halsbänder. »Wir kommen nicht aus dem Ghetto, das ist klar. Mit politischer Wirkung haben wir nichts am Hut, anders als der amerikanische Rap oder der russische Rock; wir wollen nicht davon singen, dass es in den Läden keine Würste gibt. Und wir rappen hauptsächlich auf Englisch, weil gerapptes Russisch blöd klingt. Ich habe dafür eine Art eigene Sprache erfunden, englische Wörter mit russischer Grammatik.«

Mit ihren starken Rhythmen und dem guten Mix ist Pawlows Musik tanzbar. Sie hat eine Art plausible Flippigkeit, die man in Russland nicht oft findet. »Wenn wir so etwas wie ein Anliegen haben, ist es wohl eher spiritueller als politischer Natur. Wir sind Vegetarier, gegen Gewalt, gegen Drogen, gegen Alkohol, für die reine Seele. Wir folgen den Lehren Buddhas. Die Leute aus dem Westen machen sich Sorgen wegen der russischen Politik, aber uns kümmert sie erst mal noch nicht. Zuerst muss man den Menschen beibringen, menschlich zu sein, dann kann man vielleicht anfangen, sich mit Politik zu beschäftigen.«

Am folgenden Abend treffe ich mich mit dem Moskauer Maler Sergei Wolkow zum Essen. »Dass diese jungen Leute versuchen, amerikanische Rapper zu imitieren«, sagt er, »ist für mich so unglaublich, wie es für dich wäre, wenn du eines Tages in Harlem sehen würdest, dass dort alle wie ukrainische Tänzer angezogen sind und auf Balalaikas herumklampfen.«

Die schwulen Neunziger

Für Schwule in Russland hat sich das Leben ein wenig gebessert. Obwohl Homosexualität nicht gesetzlich verboten ist, »laufen diese gruseligen Aktivisten herum und quasseln überall über ihre Sexualität«, sagt ein schwuler Freund zu mir. »Und das machen sie nur, um vom Westen Aufmerksamkeit zu bekommen; diesen Aktivismus gibt es hier nur, weil Westler Russen dazu anstiften.«

Das scheint allgemeine Ansicht zu sein. Selbst offenkundig schwule Promis bekennen sich nicht öffentlich zu ihrer sexuellen Orientierung. Der Petersburger Künstler Timur Nowikow arbeitet schon seit Jahren über schwule Themen. Im privaten Gespräch sagt er, die Heimlichkeit sei Teil des Vergnügens an der Homosexualität; wird er im Fernsehen interviewt, weist er jede Andeutung, er sei schwul, zurück. Der Popsänger Sergei Penkin, der manchmal als der russische Boy George bezeichnet wird, ist schon oft in dem einzigen Moskauer Schwulenclub aufgetreten; aber auch er behauptet im Fernsehen, hetero zu sein.

»Ich will mich nicht einer Subkultur zuordnen«, erklärt Walera Katsuba, Künstler und Fotograf aus St. Petersburg. »Ich weiß, dass das im Westen jetzt Mode ist, aber auch wenn ich zumeist mit Schwulen schlafe, bedeutet das nicht, dass ich vorzugsweise mit ihnen Umgang haben will.«

In diesem Jahr wurde James Baldwins Roman *Giovannis Zimmer* in Russland veröffentlicht. Und das Fernsehen zeigte dank eines privaten Sponsors *Longtime Companion*. »Ich war gerade zu Besuch bei meiner Familie in der weißrussischen Kleinstadt, in der ich aufgewachsen bin«, erzählt Katsuba. »Wir sahen fern, und plötzlich kam dieser Film. ›Schau mal‹, sagte meine Mutter, ›da geht es um Homosexuelle.‹ Ich war allein schon erstaunt, dass sie dieses Wort kannte. Als ich sie fragte, was sie darüber denke, sagte sie: ›Wenn sie damit glücklich sind, habe ich nichts dagegen.‹ Zehn Jahre früher hätte kein Mensch so etwas gesagt.«

Die meisten Leute hier – darin sind sich meine Freunde einig, ob heterosexuell oder schwul – haben größere Sorgen. »Sie fragen sich, ob die Russische Föderation bald auseinanderbrechen wird«, meinte einer.«Oder ob die Mafia noch das ganze Land unter ihre Kontrolle bringt«, sagte ein anderer.»Sie fürchten, im nächsten Monat kein Geld fürs Essen zu haben«, fügte ein Hetero hinzu.»Ob irgendein Mann mit einem anderen Mann schläft – wirklich, das ist allen vollkommen egal.«

Ich verbringe einen Nachmittag mit Kevin Gardner, einem amerikanischen Aidsaktivisten in Moskau.»Es gibt hier viele Schwulengruppen«, erklärt er,»eine spezielle Vereinigung von schwulen Hörgeschädigten, verschiedene schwule Partnerschaftsbörsen und eine Menge schwuler Zeitungen. Kontaktanzeigen von Schwulen findet man sogar in den normalen Tageszeitungen. Es gibt auch eine schwule Theatergruppe und sogar etwas, das sich Regenbogen-Stiftung zur sozialen Rehabilitation von Schwulen und Lesben nennt. Pamjat« – eine neofaschistische Gruppierung –»ist immer noch sehr schwulenfeindlich, aber die Tendenz geht eindeutig Richtung Liberalisierung, zumindest in den Großstädten. Und tatsächlich strömen die Schwulen geradezu nach Moskau. Aber es gibt auch immer noch viel Selbsthass, Depressionen und zahlreiche Selbstmorde.«

»Ich beziehe mein Gemeinschaftsgefühl von anderswoher«, erklärt mir ein Freund.»Russen sind sehr romantisch veranlagt, aber wir sind nur wenig auf Sex fixiert. Intoleranz treibt die Leute in den Suizid, aber Toleranz wird uns nicht zu dieser westlichen Vorstellung von schwuler Subkultur und schwulem Lifestyle führen.«

Den Glauben bewahren

Ich besuche die Petersburger Dreifaltigkeitskathedrale, die von der Sowjetregierung als Lagerraum zweckentfremdet worden war. Sie wurde instand gesetzt und restauriert, und es finden wieder Gottesdienste darin statt. Unter den Gläubigen, die sich hier versammelt haben, sind auch etliche junge Leute.»Ich komme aus ästhetischen Gründen«, erklärt mir einer.»Unsere orthodoxe Religion ist meiner Meinung nach sehr schön, aber natürlich glaube ich nicht daran.«

Andere glauben jedoch sehr wohl. In Moskau verbringe ich einen

Nachmittag mit Mascha Owtschinnikowa, einer Künstlerin Ende zwanzig, deren Arbeiten starke religiöse Bezüge aufweisen. »Die Kirche ist mein Leben«, sagt sie. »Das einzig Wichtige. Vor Glanost musste man leiden, wenn man der Kirche angehörte; nur die wahren Gläubigen kamen. Jetzt kommen die Leute in großer Zahl. Ein paar wenige sind wirklich vom Glauben erfüllt, aber die meisten kommen, weil sie die Philosophie der Kirche mit Ideologie verwechseln. Als Kinder haben sie Ideologie erwartet, wie sie es von ihren Eltern her kannten. Aber sie kommen ohne Verständnis und hoffen nur, dass man ihnen absolute Befehle erteilt. Das ist die Tragödie unserer Kirche. Diese Leute haben die Glaubenslehre mit Totalitarismus verwechselt.« Solche Menschen waren auch die ersten, die sich von den Scharen amerikanischer Evangelisten einfangen ließen, die seit kurzem in ganz Russland ausschwärmen, mit großen, vulgären Werbekampagnen und dem Versprechen, auf die Fragen einer kranken Gesellschaft Antworten parat zu haben.

In kommunistischer Zeit hielt sich die orthodoxe Kirche von der Politik und dem Leben in Russland fern. »Ich wurde mit neunzehn getauft«, erklärt Owtschinnikowa. »Ich habe mich immer als Außenseiterin gesehen: Es war eine Art Autismus. Die Menschen innerhalb der Kirche haben sich nie ans gesellschaftliche Leben angepasst. Die Leute, die heute neu in die Kirche kommen, sind meist unzufrieden mit ihrer wirtschaftlichen Lage oder führen ein freundloses Privatleben. Sie kommen in die Kirche, weil die Kirche solche Dinge nicht wertet, aber sie verstehen nicht, was die Kirche wertschätzt.«

Manche Kirchenmitglieder machen die Religion zu einem Eckpfeiler des rechtsgerichteten Nationalismus. »Die Kirche darf sich nicht in weltliche Fragen einmischen«, sagt Owtschinnikowa. »Sie ist keine politische Institution.« Die Kirche fördert die russische Neigung zur Passivität. »Ein gutes Leben ist ein Geschenk Gottes«, sagt Owtschinnikowa. »Ein Narr, wer das aus eigenen Stücken erreichen will.« Die Kirche hat auch Intoleranz und Bigotterie Vorschub geleistet. »Sie werden nicht gerettet werden«, erklärt mir Owtschinnikowa voller Mitleid, »weil Sie nicht unserer Kirche angehören.«

Die jungen Geschäftsleute

Die Neuen Kapitalisten, die jungen Geschäftsleute, Banker und Börsenmakler sieht man überall. Man erkennt sie an Anzug, Krawatte und schicker Frisur, sie sehen respektabel aus, aber nicht wie Bürokraten. In Moskau ist das ein neuer Look. Nur wenige dieser Yuppies sind in der produktiven Wirtschaft tätig, die nach wie vor staatlich dominiert und von Bürokratie gehemmt wird. »Wir beschäftigen uns nur mit Handel und Investment«, sagt der fünfundzwanzigjährige Jaroslaw Patschugin, Finanzberater der privaten, gewinnorientierten Stiftung zur Privatisierung der staatlichen Industrie mittels internationaler Investitionen, »und bewegen, was bereits vorhanden ist, von der einen Hand in eine andere.«

»Ich verdiene viel mehr als meine Eltern«, fügt er hinzu. »Das ist mir peinlich. Beide haben eine fundierte Berufsausbildung. Aber die Angehörigen dieser Generation schaffen es nicht, das zu erlernen, was nötig ist, um unter kapitalistischen Bedingungen zu funktionieren. Wir hingegen haben die Grundstrukturen begriffen.« Er hält kurz inne. »Was wir aber natürlich nach wie vor nicht verstehen, ist die Demokratie.« Ich spreche mit Igor Gerasimow, der mit seinen vierundzwanzig Jahren Generaldirektor von Inkomtrust ist, einer Abteilung der großen Inkombank. Er ist verantwortlich für die Investitionen privater Fonds, die er in Immobilien und Devisen tätigt. »In der Regel soll ich das Geld für einen bis drei Monate investieren«, sagt er. »Niemand traut der Wirtschaft genug, um das Geld längerfristig anzulegen. Somit sind Investitionen in Industrie und Bauwesen unmöglich. Auch lähmt uns die Inflation.

Was ich tue, ist wichtig. Ich habe die moralische Pflicht, als Geschäftsmann am Ball zu bleiben und mitzuhelfen, dass Russland wächst. Ich könnte heute keinen anderen Weg wählen. Natürlich mache ich es auch für mich selbst. Ich habe gern eine schöne Wohnung, eine Datscha, ein Auto, vielleicht sogar ein Lincoln Town Car. Aber je mehr ich für mich selbst nehme, desto mehr helfe ich Russland.«

Russlands Reiche unterscheiden sich

Während diese Geschäftsleute eine Yuppie-Klasse bilden, bilden andere eine Finanzaristokratie aus Dollar-Millionären und Neureichen. Am einen Ende der Skala liegen die reinen Geschäfte, zur Mitte hin werden die Geschäfte von der Mafia dominiert, und am anderen Ende gibt es nur noch reine Mafiaaktivität. Viele der Superreichen agieren am Mafia-Ende des Spektrums, aber nicht alle. Um am ehrbaren Ende des Spektrums erfolgreich zu sein, bedarf es jedoch der Fähigkeit, mit den Bedrohungen durch die Mafia zurechtzukommen, denn sie lassen sich nicht vermeiden.

Ich mache mich auf den Weg zu Juri Begalow, dem zusammen mit zwei Partnern Kwant International gehört, ein Unternehmen, das – wie ich erfuhr – im vergangenen Jahr einen Umsatz von einer Milliarde Dollar machte. Begalow ist dreißig Jahre alt. Er gilt als ehrlich und kultiviert. In seinem Büro in der Profsojusnaja-Straße, einem recht bescheidenen Firmensitz, trägt er einen Kaschmirblazer, Flanellhose, eine Krawatte von Hermès und eine Armbanduhr von Patek Philippe. Sein Porsche parkt auf der Straße. Zu Beginn unseres Gesprächs sitzen wir in einem beengten, sowjetisch wirkenden Büro. Dann ziehen wir, den Gang entlang, in einen Konferenzraum um, wo wir an einem großen, mit gestärkter Tischwäsche, feinem Porzellan und schwerem Silberbesteck eingedeckten Tisch Platz nehmen. Es wird ein Fünfgangmenü der gehobenen georgischen Küche mit passender Weinbegleitung serviert. Begalow ist Armenier, wuchs aber in Georgien auf. Er hat eine komplette georgische Küche in den Bürokomplex einbauen lassen.

»Um in diesem Land ein Unternehmen aufzubauen, benötigt man mehr als alles andere Beziehungen«, sagt Begalow. »Weil meine Partner beide Physiker sind, haben wir eine Firma gegründet, die sich auf die wirtschaftliche Verwertung wissenschaftlicher Forschung spezialisiert. Wir haben alles gemacht, was uns unsere Beziehungen ermöglichten; jede Arbeit war in Ordnung, sofern sie Gewinn abwarf.« Als die Moskauer Börse eröffnet wurde, sah Begalow darin die nächsten Geschäftschancen auf sich zukommen. Er beschaffte sich umgehend ein Bankdarlehen (was damals etwas sehr Neues war) und kaufte sich einen Maklerplatz. Die Moskauer Börse arbeitet nach undurchsichtigen und bizarren Regeln. »Es war ein unglaublich hohes Risiko«, sagt Begalow, »und mein einziger wirklicher Vorteil lag darin, dass ich mir die Zeit genommen hatte, die russischen Geschäftspraktiken und das russische Recht und Gesetz zu studieren, worum sich sonst so gut wie niemand gekümmert hat.«

Ein mir bekannter Soziologe sagt: »Die geschäftlichen Möglichkeiten in diesem Land gehen vollkommen an den Russen vorbei.« Diesen Satz werde ich immer wieder hören. Begalow folgte der Privatisierungswelle in Sibirien, und als er erfuhr, dass in Tjumen eine Rohstoffbörse eröffnen sollte, besorgte er sich auch dort einen Platz. Die staatlich gelenkte Ölindustrie war höchst ineffizient: Staatlich geführte Bohrfirmen versorgten staatlich geführte Raffinerien mit Öl, die es an staatlich geführte Fabriken verkauften. Begalow ging zum Direktor einer Moskauer Fabrik und erhielt die Lizenz zum Kauf von Öl. Am Eröffnungstag der Börse kaufte er das dort angebotene Öl sowie auch alles andere Öl auf, das irgendwo in der Stadt zu kriegen war. Dadurch verschaffte er sich eine marktbeherrschende Stellung.

Begalow wurde zu einer dominanten Figur im sibirischen Ölgeschäft und trug dazu bei, dass es schließlich auf dem Weltmarkt gehandelt wurde. Ursprünglich unterlag sein Unternehmen nicht der Steuerpflicht, und alles, was er tat, verlief vollkommen unreguliert. Das Unternehmensrecht in Russland ist so neu, so wirr und so schlecht konstruiert, dass ein schlauer Mensch es nach wie vor umgehen kann. »Ich denke nicht darüber nach, ob ich dieser Gesellschaft etwas Gutes tue«, sagt Begalow. »Es war für mich relativ leicht, in diesem Bereich erfolgreich zu sein. Es gibt überraschend wenig Wettbewerb.«

Aidan Salachowa ist Besitzerin und Leiterin der Aidan-Galerie. In mancher Hinsicht ist sie das Beste, was das neue Russland zu bieten hat: intelligent, schön, kultiviert, kenntnisreich, mit guten Kontakten im Osten wie im Westen. Dazu ist sie eine talentierte Malerin, und ihre Galerie hat eine für Moskau ungewöhnlich gepflegte, vollendete Qualität. Hier sind viele der besten Künstler der Stadt vertreten, sachkundige russische und ausländische Sammler kaufen hier ein. »Ich betrachte mich als jemand, der hilft, diese Leute zu bilden«, sagt sie. »Sie haben Geld, aber oft wissen sie nicht, was sie damit anfangen sollen. Sie legen sich Autos und Wohnungen zu. Sie veranstalten protzige Partys mit Zigeunermusik. Und danach brauchen sie jemand, der ihnen zeigt, was schön ist und wie man gut lebt. Es ist wie in deinem Land, nur schneller. Zuerst bekommst du das Geld, dann willst du Macht, und dann suchst du nach etwas Geschmackvollem. Jemand muss unsere kulturellen Reichtümer mit diesen neuerdings wohlhabenden und mächtigen Leuten zusammenführen. Das ist eine soziale Verantwortung.«

Ich besuche eine Ausstellung im Moskauer Zentralen Haus der Künstler. Zu sehen sind Werke der Sammlung des Unternehmens Rinaco. Junge Banker und Künstler gehen nickend aneinander vorbei. »Diese Leute brauchen einander«, sagt die Kuratorin Olga Swiblowa. »Zu Sowjetzeiten hat jeder Geld und Kultur vom Staat erhalten, es war eine Art kulturelle Zwangskur, aber jetzt ist Kultur teuer und begehrenswert. Die Leute müssen miteinander Umgang pflegen, um diese Dinge zu bekommen.«

»Ja«, sagt Sergei Wolkow. »Die ›kultivierten‹ Geschäftsleute bringen heute den Künstlern den Stil bei, den die unkultivierten den Tanzmädchen beibringen.«

Verbrecherleben

Man kann sich in Russland der Mafia nicht entziehen. Nichts geschieht ohne ihr Wissen und ohne ihre Beteiligung. Sie ist aufs engste mit der Regierung, der Geschäftswelt, dem Militär und selbst mit der Kunstwelt verbunden. Dabei sind die Mafiosi so sichtbar, wie es die Bürokraten im Sowjetsystem waren: Man sieht ihre Autos – westliche Spitzenmodelle ohne Kennzeichen. Die meisten geben sich ein aalglattes, aber anrüchiges Image, das total typisch ist für sie. Die Männer haben breite Schultern und stellen sich gern breitbeinig und mit nach vorne gerecktem Hals in Positur, was die Russen als »Bullenpose«

bezeichnen. Ihre Frauen sind in der Regel hübsch, teuer gekleidet und vollkommen schweigsam. Die russische Mafia wächst in unglaublichem Tempo, und immer mehr junge Leute schließen sich ihr an. »Früher war es in Leningrad Mode, einen Künstler zum Freund zu haben oder einen Rocksänger oder einen Journalisten«, sagt Irina Kuksinaite. »Heute will ein attraktives Mädchen einen Mafioso zum Freund.«

Einer meiner Mafiakontakte, ein zweiunddreißigjähriger Moskowiter, sagt: »Wissen Sie, in unserem Land bietet die Regierung weder Struktur noch Kontrolle. Aber ohne das fällt ein Land auseinander. Die Mafia ist das Einzige, was dieses Land zusammenhält. Wir stellen Strukturen her, und wenn wir eine Firma übernehmen, funktioniert sie auch. Das ist ehrenwert. Ein junger Mensch mit Ambitionen, jemand, der in dieser Gesellschaft etwas bewirken will, wäre ein Idiot zu glauben, er könnte das, wenn er ins Parlament ginge. Wenn er klug ist, schließt er sich der Mafia an.«

Mein Kontakt ist äußerst charmant und hilfsbereit. Er erklärt mir, welche ethnischen Mafiaorganisationen (es gibt sieben große) welche Regionen dominieren und eine Art ideologische Struktur schaffen, innerhalb deren sämtliche Mafiaaktivitäten Platz haben. Er selbst »übernimmt« Firmen, steckt Geld in sie und überträgt dann »guten Leuten« die Verantwortung. »Natürlich haben wir alle als Kleinkriminelle angefangen«, sagt er. »Aber mit der Zeit wächst man darüber hinaus. Der Mafia gehören die fähigsten Köpfe dieses Landes an.« Er ist zu einem Kunstmäzen geworden. »Manchmal weiß man gar nicht mehr, wohin mit all dem Geld. Und mir macht es großes Vergnügen, mich in anderen Kreisen zu bewegen. Viele Mafiaangehörige sind die Gesellschaft ihresgleichen leid, und in andere *tusowki* zu wechseln ist unser Ideal.« Die Kunstszene ist über diese Förderung sehr erfreut.

»Wir haben viel Spaß in der Mafia-*tusowka*«, sagt er, »und wir lachen viel. Wenn ich in Schwierigkeiten gerate, hilft mir die Familie; ich war in Finnland im Gefängnis, und sie haben mich herausgeholt. Aber es hat auch seine Schattenseiten.« Später erfuhr ich, dass sein Partner vor ein paar Wochen wegen eines Streits mit einem Mafioso einer anderen Ethnie brutal ermordet worden war, ausgelöst durch die beleidigenden Bemerkungen der Frau des Partners, die sie betrunken in einem Restaurant gemacht hatte.

Ein anderer meiner Mafiakontakte war eng in den internationalen Drogenschmuggel involviert. Er ist fünfundzwanzig, gutaussehend, enorm beredt und amüsant. Im Geldausgeben ist er Experte: Er organisiert Partys, kauft für andere Mafiosi Kunst und stellt nützliche Verbindungen her. Er spricht ausgezeichnet Englisch und hat überraschend viele Bücher gelesen. »Den großen Jungs in der Mafia gefällt das an mir«, sagt er. »Als das organisierte Verbrechen vor ein paar Jahren gerade erst dabei war, voll in Schwung zu kommen, waren sie ein Haufen vulgärer Prols. Aber dann haben sie all diese Hollywoodfilme über die italienische Mafia gesehen. *Der Pate* und so. Und haben beschlossen, dass ihnen dieses Superverfeinerte und Superhöfliche gefällt. Aber natürlich gibt es nach wie vor dieses ordinäre Element, hauptsächlich wenn es um die Drecksarbeit geht.«

»Leute umbringen?«, frage ich.

»Sie haben offenbar auch eine Menge Filme gesehen. Natürlich laufen Killer herum, aber in kultivierten Kreisen ist das ziemlich aus der Mode. Dieselben Typen, die sich vor ein paar Jahren noch gegenseitig umgebracht hätten, sind jetzt mit Finanzmanipulationen beschäftigt, was angenehmer und profitabler ist und wo man sich nicht die Hände schmutzig macht. Auf der mörderischen Seite des Spiels – diese Leute sind wirklich sehr unattraktiv.«

Ich treffe mich mehrmals mit einem weiteren Kontakt, der zur aserbaidschanischen Mafia gehört. Unsere erste Zusammenkunft findet in dem teuren Restaurant eines Hotels statt, das zu einer bekannten westlichen Kette gehört. Wir setzen uns, zusammen mit einigen Schlägertypen, an den besten Tisch. Einer holt einen Klumpen Haschisch von der Größe eines Baseballs aus der Tasche und beginnt, einen Joint zu drehen. Ich bin etwas konsterniert. »Halten Sie es für eine gute Idee, mitten in diesem Restaurant Haschisch zu rauchen?«, frage ich. »Immerhin ist das ein westliches Hotel.«

Er lacht. »Mein Freund macht sich Sorgen, ob es dich stört, wenn wir hier rauchen«, sagt er zu dem Restaurantleiter und deutet dabei lässig auf den Klumpen Haschisch.

»Nur zu«, sagt der Restaurantleiter, der ziemlich unbedarft wirkt. »Viel Vergnügen. Macht, was euch gefällt.« Er lächelt uns verlegen an.

Auf einer Party ein paar Tage später bietet mir einer der jungen Mafiosi an, mich seinem Boss vorzustellen, einem fülligen Mann mit blondem Haar und ungepflegtem Bart. Wir plaudern über Autos. Er hofft, dass das, was ich hier erfahre, interessant sei für mich. »Unsere Mafia ist die beste«, sagt er.

»Und was genau machen Sie?«, frage ich ungeniert.

Seine Augen werden zu Schlitzen. »Wissen Sie, Sie scheinen ein sehr netter Kerl zu sein, und ich weiß von Ihrem Projekt hier, und wenn manche Leute mit Ihnen reden wollen, dann ist das ihre Sache. Aber ich denke, Sie sollten vorsichtig sein, damit Ihnen nichts Unangenehmes zustößt.« Er lächelt vielsagend.

Kürzlich hörte ich von einem lettischen Journalisten, der für eine Story über die Mafia recherchierte und plötzlich verschwand. Man fand ihn tot in einer Gasse, mit sieben Kugeln im Körper. Der Gedanke daran ist nicht sehr beruhigend.

»Jetzt habe ich aber eine Frage an Sie. Und ich hoffe, Sie wissen die richtige Antwort.« Der Boss senkt verschwörerisch die Stimme. »Ich habe ein Problem, bei dem mir jemand aus dem Westen helfen könnte.« Mir fährt der Schrecken in die Glieder; auf diese Weise wird man in Verbrechen hineingezogen. »Ich habe schreckliche Probleme mit Schuppen«, sagt er, »und ich wüsste gern, ob das Shampoo Head and Shoulders aus Amerika wirklich hilft oder ob Sie mir etwas anderes aus Ihrem Land schicken können.«

Kurz bevor ich aus Moskau abreise, treffe ich mich mit ihm zum Essen. Dank meiner Tipps mit den Shampoos hat er beschlossen, dass ich in Ordnung sei. Wir reden über Politik, Restaurants und Mode. »Hatten Sie hier einen guten Aufenthalt?«, fragt er. Das hatte ich.

»Hatten Sie Probleme mit Menschen in Moskau?«

»Nichts, was der Rede wert wäre.«

»Wissen Sie«, sagt er breit lächelnd, »ein Killer in unserem Land kostet nur zwanzig Dollar. Ich kann das für Sie arrangieren, wenn Sie möchten.«

Ich versichere ihm, solche Dienste nicht zu benötigen.
»Na gut« – er gibt mir seine Karte –, »hier sind meine Nummern. Wenn Sie in Amerika Probleme haben, können Sie mich ebenfalls anrufen. Ein Killer in New York kostet zwanzig Dollar, plus Flugticket und die Kosten für eine Hotelübernachtung.«

Die Politik des Wandels?

Das streng hierarchische kommunistische System führte dazu, dass wichtige Posten in der sowjetischen Politik nur von Menschen fortgeschrittenen Alters besetzt werden konnten. Jüngere Politiker, mit welchen Ambitionen auch immer, operierten in der unterwürfigen Sprache der Bürokratie, vermieden Vergehen und übten die wenige Macht, die sie hatten, unter den Bedingungen aus, die ihnen von den Oberen vorgesetzt wurden.

Die Vorstellung, dass Angehörige der jüngeren Generation bedeutsame Positionen in der russischen Politik einnehmen können, ist immer noch ein Novum. »Selbst den eingefleischten Demokraten, die behaupten, sie wollten einen Wandel«, erklärt der dreißigjährige Romuald Krilow, Leiter der Abteilung für Kunst und Kultur im Zentraldistrikt Moskau, »wird unbehaglich, wenn sie mich auf einem hochrangigen Verwaltungsposten sehen. Es wäre ihnen lieber, sie hätten an meiner Statt einen Sechzigjährigen ohne Interesse an Kunst und Kultur vor sich. Daran wären sie gewöhnt.«

Noch hundertmal mehr gilt dies für die Staatsregierung. Jegor Gaidars kurze Amtszeit als Ministerpräsident demonstrierte dem russischen Volk, dass junge Leute eine neue Politik einführen könnten. Gaidar wollte mit seiner Politik bewusst schockieren. Die jüngere Generation in der russischen Politik zeigt eine enorme Vielfalt in ihrer Sprache und Politik, scheint aber aller utopischen Vorstellungen überdrüssig zu sein. Im Westen reden jüngere Politiker von Radikalismus, während die älteren versöhnlicher sind. In Russland ist es genau andersherum. Zugleich komisch und verstörend ist jedoch, dass diese Tendenz zur Mäßigung nicht aus einem Geist der Kooperation herzurühren scheint, sondern aus der allgemeinen Überzeugung, dass die Rhetorik des Kompromisses der beste Weg zur Macht sei.

Man kann unmöglich vorhersagen, wer in drei Jahren am Ruder sein wird. Aber es ist durchaus möglich, sich den Charakter dieser Generation als Ganzes anzuschauen und der Frage nachzugehen, was das für junge Menschen sind, die beschlossen haben, in den politischen Ring zu steigen, und auch wie und warum. An die fünfundzwanzig Personen, die noch keine vierzig Jahre alt sind, versuchen, in der russischen Politik den Jüngeren eine Stimme zu geben, und mehrere hundert andere treten in ihre Fußstapfen. Die Bandbreite ihrer Ansichten und Fähigkeiten lässt sich vielleicht am besten am Beispiel der folgenden drei Politiker erfassen: Andrei L. Golowin, Volksabgeordneter und Vorsitzender der Fraktion Smena-Neue Politik, Alexander A. Kiselew, Präsident des Exekutivkomitees der Russischen Bewegung für demokratische Reformen, und Sergei B. Stankewitsch, Berater des russischen Präsidenten in politischen Angelegenheiten.

Andrei Golowin verfolgt einen, wie er es nennt, Kurs der Mitte. Die russische Politik neigt zu extremen Ausprägungen, daher bin ich fasziniert von der Vorstellung einer Partei der Mitte. »Jene, die sich selbst als Demokraten bezeichnen«, sagt er, »sind Radikale, linke Radikale. Die Regierung Ihres Landes unterstützt sie, weil ihr meint, dass andernfalls die Rechten ans Ruder kommen. Aber in Wirklichkeit sind wir euch und euren nationalen Interessen näher als diese Radikalen. Als Clinton gewählt wurde, habe ich angenommen, er würde das erkennen und verstehen. Wir sind sehr enttäuscht, dass er die paranoide Außenpolitik von Präsident Bush fortführt. Sieht er denn nicht, dass die russischen, amerikanischen und internationalen Interessen alle in der Mitte liegen, bei etwas, das gemäßigt und kontrolliert ist? Die Gefahr kommt nicht durch die Roten oder die Blauen, sondern durch die Tatsache, dass sich die Extremisten gegenseitig bekriegen.«

Golowin, Mitte 30, hat eine Arroganz, die manchmal an Herablassung grenzt, aber seine Argumente sind schlagend. Vor fünf Jahren noch war er Physiker in einem Forschungsinstitut. Als die Perestroika Einzug hielt, wechselte er in den Staatsdienst. Er erarbeitet Entwürfe für die Militär-, Wirtschafts- und Innenpolitik. Seine Position der

Mitte erinnert mich vor allem an den schwedischen Sozialismus. »Sie sprechen in Ihrem Land von einer stabilen Regierung, die die Mittelschicht repräsentiert«, sagt er. »Wir von Smena sind die Regierung der Mittelschicht.«

»Aber gibt es denn wirklich eine Mittelschicht in Russland?«, frage ich. »Wollen die Menschen in diesem Land denn Kompromisse? Wer sind Ihre Wähler?«

»Wären wir an der Macht, gäbe es eine Mittelschicht, und sie würde Kompromisse anstreben. Wenn wir an die Macht kommen, werden wir überall unterstützt werden. Und wir werden uns der meisten dieser ruinösen wirtschaftlichen Reformen entledigen, was den Wiederaufstieg einer Mittelschicht erlaubt.«

Ich weise darauf hin, dass dies in demokratischen Systemen nicht die übliche Abfolge sei, sondern dass man zuerst Unterstützung haben muss, um überhaupt gewählt zu werden.

»Nun ja«, sagt er, »es gibt in diesem Land keine Pressefreiheit. Die linke Presse wird von unserer Regierung gefördert, und ebenso die rechte Presse, denn die Angst vor den Rechten treibt den Linken Unterstützer zu. Wir sind an dieser Art Medienspiel nicht beteiligt. Es ist schwer, spektakulär für eine Politik der Mitte zu werben, da springt nichts ins Auge. Die Radikalen, die Kommunisten und Faschisten, waren früher in ein und derselben Partei, und sie alle haben eine bolschewistische Mentalität. Wir hingegen sind sauber. Wir waren nie Teil der Sowjetbürokratie. Mir macht diese Bewegung hier Angst, die auf eine Art lateinamerikanische Situation abzielt, bei der die Macht vom Mob kommt und die Regierung gesetzwidrigen Sonderinteressen verpflichtet ist.«

Dann entspannt sich seine Miene. »Das ist ein großartiges Land«, sagt er und deutet aus dem Fenster. »Wir können auf zivilisierte Art miteinander umgehen. Warum sollen die Leute uns wählen? Weil wir intelligent und ehrenhaft sind. Legen Sie mein Foto und meine Biographie neben das Foto und die Biographie von Jelzin und fragen Sie sich, wer von uns beiden ein anständiges Leben geführt hat, mit Engagement für die Gesellschaft, und wer ein alter Kommunist ist, tief verstrickt in einer fehlgeleiteten Ideologie und in Korruption. Wir wollen vernünftige Gesetze erlassen. In fünfzehn Jahren, wenn ich Präsident bin, werden Bolschewismus und Extremismus tot sein.«

Golowin ist eloquent und mitreißend, aber er legt eine seltsame Geringschätzung der Realitäten in seinem Land an den Tag. Er scheint nicht zu verstehen, dass man nicht einer ganzen Gesellschaft Anstand aufzwingen kann. Er redet viel davon, dass der Pragmatismus die Ideologie ersetzen werde, erkennt jedoch nicht die erforderliche ideologische Basis seines Pragmatismus, mit dem eine pragmatische Gesellschaft dort geschaffen werden soll, wo sie jetzt noch nicht existiert. »Es wird lange dauern, diese Gesellschaft zu entideologisieren«, sagt er, offensichtlich ohne sich bewusst zu sein, dass ein Programm zur Entideologisierung einer Gesellschaft letztlich selbst höchst ideologisch ist.

Noch mit Golowins Qualifizierung der »Radikalen« als »Bolschewisten« im Ohr, treffe ich mich mit Alexander A. Kiselew, dessen inständiger Glaube an die Demokratie aufrichtig wirkt. Wäre Kiselew jedoch vor dreißig Jahren aktiv gewesen, hätte er zweifellos die Sache des Kommunismus ebenso überzeugt verfochten. Tatsächlich war er als Heranwachsender in Wolgograd eine große Nummer im Komsomol (der Jugendorganisation der Kommunistischen Partei), als die Kommunistische Partei noch durch und durch kommunistisch war. Bei unserem Treffen trägt Kiselew einen taubenblauen Anzug, der – elf Nummern größer – Breschnew gehört haben könnte; er sieht aus wie »ein typischer Bürokrat«. Unablässig antwortet er auf konkrete Fragen mit: »Wir müssen Demokratie haben, damit das Volk stark sein kann«, oder: »Wir müssen das Volk fragen, in welcher Art von Staat es leben will, und diesen dementsprechend schaffen.«

Die Bewegung für demokratische Reformen, die er anführt, ist das Überbleibsel der politischen Maschinerie, die Jelzin zur Macht verholfen hat, und sie ist einer politischen Partei so ähnlich, wie irgendetwas in Russland nur sein kann. Kiselews Antworten auf meine Fragen klingen, vor allem nach Golowins leidenschaftlicher Klarheit, unauthentisch und banal. Er bombardiert mich mit Statistiken. Ich frage ihn, ob die Mehrheit des russischen Volkes überhaupt eine Demokratie welcher Art auch immer will. Darauf blickt er verwirrt drein und stürzt sich in Details der Parlamentsdebatte in der Woche zuvor. Er hat keinen Sinn für abstraktes Denken oder tiefer gehende Recherchen.

Kiselew gehört zu den Fürsprechern einer neuen Verfassung; genau genommen ist eine neue Verfassung der Daseinszweck seiner Bewegung. »Wir werden diese demokratische Verfassung dem Parlament und dem Volk auferlegen«, erklärt er. »Und dann wird Jelzin sie dem Volk erklären, und wenn es das hört, wird es verstehen, dass sie gut ist.« Ich merke an, dass dieser Plan nicht in Einklang mit den bestehenden Gesetzen steht. »Nun ja«, sagt Kiselew, »kritisieren Sie Jelzin ruhig, dass er die Gesetze bricht, aber Tatsache ist, dass jeder sie bricht. Die gegenwärtige Verfassung ist so schlecht, dass fast niemand sie beachtet.«

Ich verbringe den Nachmittag mit Sergei B. Stankewitsch, Jelzins Berater für politische Angelegenheiten. Die russische Politik ist unberechenbar, aber der menschliche Charakter ist eindeutig. Von diesen drei Männern ist er der Einzige, der ein Land regieren könnte. Er ist momentan unpopulär und hat seine Verbindungen zu verschiedenen Bewegungen, die ihm womöglich zu größerem Erfolg verholfen hätten, abgebrochen, aber in Russland kann Unbeliebtheit innerhalb von Stunden in Beliebtheit umschlagen, und für Stankewitsch gab es durchaus schon Zeiten großer Popularität. Kürzlich hat er sich von Jelzin distanziert, sein Büro im Kreml und seine offizielle Position aber behalten. In der Vergangenheit, wenn Jelzin sich seltsam und unberechenbar verhielt, war es Stankewitsch, der dies zu erklären hatte.

Stankewitsch verfügt weder über Golowins pragmatischen Idealismus noch über dessen makellose Bilanz, und er ist auch nicht frei von der kommunistisch geprägten Sprache. Man warf ihm oft vor, schmutzige Politik zu betreiben, und vergangenes Jahr stand er im Zentrum eines kleinen Skandals, als ein beträchtlicher Teil staatlicher Gelder an ein fast nichtexistentes Musikfestival floss. Es heißt, er habe seinen Einfluss dazu benutzt, Angehörigen seiner Familie Wohnungen und andere Vergünstigungen zu beschaffen. »Du triffst dich mit Stankewitsch?«, fragte ein Freund aus dem alten Untergrund. »Dann vergiss nicht, anschließend ein Bad zu nehmen.« Stankewitsch hat jedoch die Qualität enormer Kompetenz; wenn man in seinem stattlichen Büro im Kreml sitzt, wird man in der Sicherheit gewiegt, Politik sei geradlinig. Er verfolgt seine politische Vision mit dem klaren Wissen, dass seine Art der Demokratie nicht nur Russland zugutekommt, sondern auch ihm selbst.

»Die Reformen in diesem Land haben in Wellen stattgefunden«, erklärt er. »Die erste war Gorbatschows Welle, die 1985 begann und ihren Gipfel in der Perestroika hatte. Mit der Wahl Boris Jelzins zum Präsidenten der Russischen Föderation begann sie abzuklingen. Die Ziele dieser ersten Welle waren die Einführung kontrollierter Wahlen und der kontrollierten Rede- und Meinungsfreiheit bei gleichzeitiger Erhaltung des Systems und der Vormachtstellung der Kommunistischen Partei. Diese Ziele wurden erreicht. Aber die Anführer der ersten Welle schafften es nicht, ein neues politisches oder intellektuelles Paradigma einzuführen, deshalb mussten sie scheitern.

Die zweite Welle war Jelzins Welle, zu der auch Leute wie Andrei Sacharow gehörten. Das Ziel dabei war, der kommunistischen Ideologie ihre Vormachtstellung zu nehmen und die grundlegenden Freiheiten zu garantieren: Redefreiheit, Pressefreiheit und ein parlamentarisches System. Diese Ziele wurden erreicht. Die Welle hatte ihren Höhepunkt während des Putsches 1991. 1992 brach die zweite Welle, als die Wirtschaft zu einem großen Teil der staatlichen Kontrolle entzogen wurde. Die zweite Welle schaffte es nicht, ein neues Russland zu erfinden, ein Gleichgewicht in der ethnischen und religiösen Gemengelage dieses Landes herzustellen und die entscheidenden gemeinsamen Ziele zu erreichen, nämlich zugleich marktorientiert und sozial verantwortlich zu sein.

Jetzt ist es an der Zeit für eine dritte Welle, deren Grundlage bereits vorhanden ist. Richtig beginnen wird sie mit den Wahlen und der Annahme einer Verfassungsreform. Das erste Ziel der dritten Welle wird die Schaffung einer Verfassung und eines Herrschaftssystems sein, das die Kooperation anstelle der Konkurrenz zwischen Exekutive, Legislative und Judikative ermöglicht. Wir werden eine repräsentative Regierung schaffen, so dass die bis jetzt halbautonom handelnden Republiken sehen, dass ihre Repräsentanten bei der Formulierung der nationalen Gesetze beteiligt und daher an diese Gesetze gebunden sind. Wir werden sozial verantwortlich bleiben, aber auch vernünftige Schritte hin zu einer Wirtschaftsreform unternehmen. Ich denke, wir werden diese Ziele auf moderate, schonende Weise erreichen und ein einiges, starkes, vereintes Russland erschaffen. Wir haben die Zeit hinter uns, als man dieses Land regieren konnte, indem man sich auf einen Panzer stellte.«

Das scheint mir eine erstaunliche Aussage von jemandem zu sein, der nach wie vor Berater des Präsidenten ist – immerhin war es Jelzin, der auf einem Panzer stand –, deshalb frage ich nach. Er deutet an, dass Jelzin unzuverlässig sei – ein Volksheld, aber kein Profi. »Es wäre vorstellbar, dass Jelzin an der Spitze der dritten Welle steht, wenn er deren Bedingungen akzeptiert«, sagt Stankewitsch. »Aber die dritte Welle muss in großen Teilen meiner Generation vorbehalten sein.« Die neue russische Politik ist die Politik der Jüngeren. Aber anders als viele der jüngeren Politiker ist Stankewitsch seine Karriere langsam angegangen. Er war ein großer Favorit Gorbatschows und später Leiter des strategischen Stabs der politischen Kampagnen Jelzins. Als der Putsch stattfand, flog er aus dem Urlaub umgehend nach Hause, fuhr ins russische Weiße Haus und blieb dort die ganzen drei Tage an Jelzins Seite.

Gegenwärtig steuert Stankewitsch auf die rechtsgerichtete Russische Patriotische Bewegung zu, was vielleicht nicht sehr klug ist. Er trägt einen nichtrussischen Nachnamen und ist von einem extremen intellektuellen Habitus, was bei dieser Bewegung nicht gut ankommen wird. »Er war schon immer undurchschaubar«, sagt ein Moskauer Politkommentator zu mir. »Man kann unmöglich herausfinden, wie viel Macht er hinter den Kulissen ausübt.« Stankewitsch sagt: »In diesem Moment gibt es in Russland überhaupt nichts, was demokratisch wäre. Das kann auch nicht sein, solange die dritte Welle noch nicht in Gang ist und keine Verfassungsreform stattfindet.« Was bedeutet es, wenn ein Spitzenberater des Präsidenten auf diese Weise vom »demokratischen« Präsidenten redet? »Es ist an der Zeit, die politische Klasse zu erneuern«, fährt Stankewitsch fort. Die Radikalen, die dazu beitrugen, den Kommunismus zu beenden, würden nicht mehr gebraucht, erklärt er. »Wir stecken im schrecklichsten Catch-22« – es ist komisch, diesen Ausdruck in einem Kreml-Büro zu hören –, »in dem das Land nur funktionieren kann, wenn wir eine neue Verfassung haben, die die Rolle und die Definition des Parlaments ändert. Doch eine solche Verfassung kann nur von ebendiesem Parlament verabschiedet werden, die es zerstören wird.« Also was tun? »Vielleicht wird es nötig sein, außerhalb der bestehenden Gesetze zu operieren. Hätten die Anführer der Amerikanischen Revolution gesiegt, wenn sie sich an Recht und Gesetz der Kolonien gehalten hätten?«

Verfügte Golowin über die ermutigende Rhetorik dessen, was richtig ist, so bedient sich Stankewitsch der Sprache dessen, was nötig ist. »Wie stark«, frage ich ihn schließlich, »können Sie den Kurs der Ereignisse in Russland ändern, und wie sehr haben diese eine eigene Schwungkraft entwickelt, die kein gewählter oder ernannter Funktionsträger kontrollieren kann?«

»Die Regierung in diesem Land«, sagt Stankewitsch, »ist heute und in absehbarer Zukunft ohne Macht. Alles, was wir haben, ist Einfluss. Unser Ziel muss sein, dies zu erkennen, aufzuhören, so zu tun, als hätten wir absolute Macht, und unseren Einfluss ordentlich zu nutzen. Und es muss unser Ziel sein, die Macht wieder zu erhalten. Dieses Ziel werden wir erreichen.«

Mitten in unserem Gespräch klingelt das Telefon. Auf einem Schreibtisch in der hintersten Ecke von Stankewitschs Büro steht ein Dutzend Telefone in unterschiedlichen Farben und Formen, jedes ist mit einer anderen Leitung verbunden. Stankewitsch geht an den Apparat und spricht rund fünf Minuten lang in dem für ihn typischen Tonfall gelassener Autorität. Schritt für Schritt instruiert er jemanden – ich glaube, es ist ein Verwandter –, wie er sein Auto reparieren soll. Wieder hat seine Stimme diesen einschläfernden Klang. Versuch dies. Wenn es nicht funktioniert, versuch das. Es ist der Tag vor dem nationalen Referendum über Jelzins Präsidentschaft, und Stankewitsch ist nicht – wie manch andere im Kreml – hysterisch. Sein Auftreten verdeutlicht, dass das, was in sechzehn Stunden an den Wahlurnen passieren wird, ihm nichts anhaben kann.

Die wichtigste neue Fertigkeit, über die diese jüngeren Frauen und Männer verfügen, ist ihre Anpassungsfähigkeit: Sie finden schneller und besser als sonst jemand heraus, wie sie erreichen können, was sie anstreben. Was ihnen fehlt, ist ein Rahmen, in dem sie sich selbst oder ihre Erfolge verorten können, sowie ein klares Gespür für die Verantwortlichkeit, die ihr Erfolg mit sich bringen könnte. Die Sowjetunion wurde von der Rhetorik der Ideologie dominiert, bis schließlich die Ideologie ihre Bedeutung verlor. Wenn man mit den an die Macht gelangten Mitgliedern der jüngeren Generation über Demokratie diskutiert, scheinen sie diese als einen Euphemismus für Kapitalismus zu verstehen, und Kapitalismus ist für sie ein System, in dem jeder für sich nach dem greift, was ihm am nützlichsten ist. Vor fünfzehn Jahren hätten vielleicht viele dieser Leute gegen ein Establishment gekämpft, das sie als Übel angesehen hätten. »Diese heroischen Zeiten sind vorbei«, sagt Artjom Troitski ziemlich verbittert zu mir. »Würde ich heute zur jüngeren Generation gehören, würde ich auch nicht heldenhaft leben.«

Meinen letzten Nachmittag in Moskau verbringe ich mit Wasili N. Istrazow, Direktor für parlamentarische Beziehungen im Außenministerium. Ein kluger Mann Mitte dreißig – er wurde von seiner Stellung als Professor an der Moskauer Universität in dieses hohe Amt berufen. Mit seiner ironischen, witzigen und charmanten Art hat er mehr vom weltläufigen Auftreten der Diplomaten bei Tolstoi als die für sich selbst werbenden Frauen und Männer, mit denen ich bisher gesprochen habe. Wir unterhalten uns über die Politiker, die ich interviewt habe und von denen er viele kennt. »Wissen Sie«, sagt er, »die traditionelle Struktur der russischen Politik ist wie ein Football-Match. Jeder gehört einer der beiden Mannschaften an, und sie wollen gewinnen, indem sie einander angreifen. Das Einzige, was sich ändert, ist das Streitobjekt: Diese Woche geht es um Pro-Jelzin gegen Contra-Jelzin, letzte Woche aber war es etwas anderes, und nächste Woche wird es wieder etwas anderes sein. Ich bin Staatsdiener, jemand, der dieses Spiel aus nächster Nähe verfolgt. Ich beobachte, wie sich die Streitparteien bilden und neu ausrichten, so wie sich Teams neu orientieren, wie sie sich in diesem Land jahrelang immer wieder neu orientiert haben. Diese Angehörigen der jüngeren Generation, die Leute, mit denen Sie gesprochen haben – das sind keine Zuschauer. Sie sind draußen auf dem Spielfeld, mitten im Match. Aber sie tragen keine Trikots. Sie fragen sich: ›Spielen sie für die Schwarzen oder für die Weißen?‹ Und sehr bald erkennen Sie, dass sie weder für die Schwarzen noch für die Weißen spielen, sondern nur den Ball für sich haben wollen.«

Die wirkliche Ursache für das Chaos im neuen Russland ist nicht die Schwäche der Politik, die Dominanz der Mafia, die Schwierigkeiten einer Verfassungsreform, die Unberechenbarkeit Jelzins, die galoppierende Inflation, die naive Politik der westlichen Regierungen bei ihren Hilfsmaßnahmen, die Lebensmittelknappheit oder die Ineffizienz der staatlichen Unternehmen. Das Problem ist das Streben nach einer Vormachtstellung in einer Gesellschaft, in der einst jeder aufgefordert war, für das gemeinsame Wohl zu arbeiten, das Problem ist ein Wertesystem, innerhalb dessen jeder nur noch an seinem eigenen Vorankommen interessiert ist. Dem wohnt die Unmöglichkeit des Zusammenhalts inne in einem Land, dessen Kurs heute von den zufälligen Übereinstimmungen und Unvereinbarkeiten Hunderttausender unterschiedlicher, singulärer und individueller Zielsetzungen bestimmt wird.

Ein Blick auf das heutige Russland

Timur Nowikow starb 2002 im Alter von dreiundvierzig Jahren an Aids; Georgi Gurjanow starb im Juli 2013 im Alter von zweiundfünfzig Jahren an einem von Aids verursachten Leberversagen. Im selben Jahr ertrank Wladik Mamischew-Monroe im Alter von dreiundvierzig Jahren in einem flachen Pool auf Bali – vielleicht weil er zu betrunken war, um sich nach dem Sturz in den Pool auf den Rücken zu rollen, oder vielleicht – wie manche behaupteten – durch einen inszenierten Mord, da er ein wortgewaltiger Kritiker Wladimir Putins gewesen war.

Petljuras Versuch, eine »freie Akademie« aufzubauen, scheiterte an der unzulänglichen Organisation, aber er erwarb sich internationales Ansehen und kam in den Genuss einer Förderung durch den avantgardistischen Theaterkünstler Robert Wilson in den Vereinigten Staaten. Im Jahr 2000 veranstaltete Petljura eine Retrospektive über das Verschwinden des sozialistischen Traums im neuen Russland. Pani Bronja errang 1998 den Titel der Alternative Miss World, während Garik Winogradow 2009 vom mächtigen Moskauer Bürgermeister Juri Luschkow ins Visier genommen wurde, nachdem Winogradow aus dem Namen des Bürgermeisters ein Anagram gemacht hatte, das übersetzt *raffinierter Dieb* lautet.[59] Walera Katsuba schuf sich im Westen eine Anhängerschaft und kreiert gegenwärtig eine Porträtserie über Väter und Söhne. Olga Swiblowa wurde zu einer internationalen Berühmtheit; ein Künstler sagte kürzlich zu mir, sie habe »eine Persönlichkeit wie ein Propeller – stets in Schwung«.

Boris Grebenschtschikow wurde von *Newsweek* als der »sowjetische Bob Dylan« gefeiert. Nachdem ihm in der amerikanischen Popszene kein großer Erfolg beschieden war, kehrte er nach Russland zurück, wo man ihn inzwischen als den »Großvater des russischen Rock« bezeichnet.[60] MC Pawlow betrauert den Verlust seiner Popularität an eine neue Generation von Rappern nach westlichem Stil.[61] Artjom Troitski protestierte gegen Putin und berief sich dabei auf Artikel 20 der russischen Verfassung, der Zensur verbietet. Putin verglich das Protestsymbol, ein weißes Band, verächtlich mit einem Kondom; 2011 verkleidete sich Troitski für einen Protestmarsch als Kondom, um auf diese Weise Putin zu verspotten.[62]

Juri Begalow wurde Partner eines großen Unternehmens der Mineral- und Ölindustrie und heiratete eine berühmte Fernsehmoderatorin, von der er aber inzwischen geschieden wurde.[63]

2009 wurde Alexander Kiselew zum Direktor der russischen Post ernannt. 2013 trat er von seinem Amt zurück und erhielt eine Abfindung von mehr als drei Millionen Rubel.[64] Sergei Stankewitsch wurde 1996 der Korruption beschuldigt und setzte sich daraufhin nach Polen ab; inzwischen lebt er wieder in Russland und ist Berater der Anatoli-Sobtschak-Stiftung.[65]

Russland mangelt es nicht an frecher Dekadenz. Die *Prawda*, seit jeher ein Regierungsorgan, verbreitet Nachtclub-Propaganda: »Laut *Forbes* hat Moskau mehr Milliardäre als jede andere Stadt weltweit, somit kann man sich vorstellen, welche Opulenz einen in manchen Nachtclubs erwartet. Sie sind ein toller Ort für jeden Feierwütigen und die perfekte Location für unvergessliche Junggesellenabende.«[66] Die Verachtung sozialer Normen verstärkt sich nur noch dadurch, dass diese Normen immer strenger werden. Mit vierundzwanzig Jahren gründete Awdotja Alexandrowa eine Modelagentur namens Lumpen, die Frauen mit zerkratztem Gesicht, ungekämmtem Haar und verquollenen Augen vermittelt, da ein »emotional ausdrucksloses Gesicht, ganz gleich wie regelmäßig oder symmetrisch die Gesichtszüge sein mögen, nicht schön sein kann«.[67] Sergei Kostromin, der ein Magazin namens *Utopia* gründete, sagte: »Jeder sucht nach seinem eigenen privaten Utopia: befriedigende Empfindungen, die mit Hilfe einer konsumistischen Gesellschaft vorgetäuscht werden können.«[68] Ein weiteres Magazin, *Russia Without Us*, wurde von Andrei Urodow als »Magazin für Teenager, die die Zeiten vermissen, in denen zu leben sie nie die Möglichkeit hatten«, gegründet. Eine Gazette für die Jelzin-Nostalgie. Ein Moskauer Restaurantkritiker antwortete auf die Frage, wie die Szene in Moskau zu charakterisieren sei: »Jedes Restaurant in Moskau ist ein Themenrestaurant. Das Thema lautet ›Du bist nicht in Moskau‹.«[69]

Die Popmusik wird weiterhin zensiert. Andrei Makarewitsch, genannt »der russische Paul McCartney«, durfte keine Konzerte mehr geben, nachdem er vor Kindern in der Ostukraine aufgetreten war. Moskaus bekanntester Rapper, Noize MC, ließ sich bei einem Konzert in der Ukraine von einem Fan eine Fahne überreichen. »Ich sang auf Ukrainisch, und jemand gab mir eine ukrainische Fahne«, sagte Noize. »Und in der Ukraine war das total okay.« Wochen später wurden seine Auftritte immer wieder verhindert; manchmal erschienen Entschärfungskommandos aufgrund angeblicher Bombendrohungen. Während einer Tour durch Sibirien wurden ihm fast sämtliche Auftritte unmöglich gemacht. Beamte kamen in seine Hotels und hielten ihn mit körperlicher Gewalt davon ab, an alternativen Veranstaltungsorten zu spielen.[70]

Die Gesetze gegen »homosexuelle Propaganda« haben zu zahllosen Angriffen selbsternannter Tugendwächter gegen Homosexuelle geführt. In Gruppen lauert man schwulen Männern und Teenagern auf, indem man vorgibt, an einem Date interessiert zu sein, schlägt sie dann zusammen und zwingt sie zu erniedrigenden Handlungen, beispielsweise den Urin der Angreifer zu trinken. Solche Vorfälle sind dokumentiert und wurden medial verbreitet; Hunderte davon erschienen 2015 online. Viele Opfer erleiden Knochenbrüche und Gesichtsverletzungen, manche entwickeln Angstneurosen und Depressionen. Andere sind so verängstigt, dass sie sich kaum mehr aus ihrer Wohnung trauen. Homosexuelle werden auf der Straße attackiert, in der U-Bahn, in Nachtclubs und selbst bei Vorstellungsgesprächen. Die russische Regierung hat es abgelehnt, solche Handlungen als Hasskriminalität strafrechtlich zu verfolgen.[71]

Jelena Klimowa wurde zu hohen Geldstrafen verurteilt, als sie versuchte, eine Internetplattform für schwule Teenager einzurichten. Im Frühjahr 2015 veröffentlichte sie ein Album mit dem Titel *Schöne Menschen und was sie zu mir sagen*, in dem sie Profilfotos von Menschen zeigt, die sie in den sozialen Medien bedroht haben. Eine lächelnde Frau mit einem Blumenstrauß in den Händen schrieb: »Bring dich verdammt nochmal selbst um, bevor sie dich holen kommen«; ein Mann, auf dessen sympathischem Profilbild er zusammen mit einem Ziegenkitz abgebildet ist, schrieb: »Dich abzuknallen, du kleine Hure, ist nur der Anfang dessen, was du verdienst.«[72] Der Schwulenaktivist und Dichter Dmitri Kusmin schrieb: »Russland fehlt jegliche Vorstellung von Respekt gegenüber einer anderen Person allein nur aus dem Grund, weil er oder sie eine andere Person ist, ein einzigartiges, unabhängiges Individuum. Es ist daher sinnlos, hierzulande zu sagen: ›Ich bin schwul und ich habe Rechte‹.« Kusmins Ansicht nach macht die zunehmende Homophobie Homosexuelle ungewollt zu Radikalen. »Solange die Schwulen als das Feindbild per se herhalten müssen, muss ich all meine öffentlichen Äußerungen explizit als schwuler Mann tätigen, auf dem Schlachtfeld in diesem Krieg, der uns gegen unseren Willen aufgezwungen wurde.«[73]

Der gegenkulturelle Status, den die orthodoxe Kirche zu Sowjetzeiten innehatte (auch wenn die Kirche selbst damals mit dem KGB kungelte), hat sich gänzlich verflüchtigt. Sie unterstützt nun offen Putins Politik. 1991 bezeichnete sich nur ein Drittel der russischen Bevölkerung als Kirchenmitglieder; 2015 waren es mehr als drei Viertel. Gleichzeitig ist fast ein Viertel der Ansicht, dass die Religion mehr Schaden anrichtet als Gutes tut, und ein Drittel der Kirchenmitglieder bekundet, nicht an Gott zu glauben. Nur wenige besuchen die Gottesdienste. Der oberste Kirchenfürst, Patriarch Kirill, bezeichnete Putins Führerschaft als »ein Wunder« und sagte über die Opposition, der Liberalismus werde zum Untergang von Recht und Gesetz und schließlich in die Apokalypse führen. Gerüchten zufolge besitzt Patriarch Kirill ein Privatvermögen von rund vier Milliarden Dollar, protzt gern mit seiner Armbanduhr im Wert von 30 000 Dollar und nennt ein Penthouse in Moskau sein Eigen. Die Christ-Erlöser-Kathedrale vermietet er für kommerzielle Zwecke.

Putin ließ sich wiederholt mit den Nachtwölfen fotografieren, einer orthodoxen Bikergang. Iwan Ostrakowski, der Anführer der Gang, sagte: »Die Feinde des heiligen Russland sind überall. Wir müssen heilige Orte vor den Liberalen und ihrer satanischen Ideologie schützen. Die Polizei wird der Angriffe nicht mehr Herr. Als ich von meinem Einsatz im Tschetschenienkrieg zurückkam, fand ich mein Land voller Schmutz vor. Prostitution, Drogen, Satanisten. Aber jetzt ist die Religion auf dem Vormarsch.« Eine andere orthodoxe Skinhead-Gang verletzte einen Demonstranten schwer, der gegen die harte, gegen Pussy Riot verhängte Strafe protestiert hatte – die radikale Frauenband, die verhaftet worden war, nachdem sie in der Moskauer Kathedrale ein Anti-Putin-Gebet aufgeführt hatte. »Sie haben unsere geweihten, heiligen Dinge beleidigt«, erklärten die Skinheads.[74]

Georgi Mitrofanow, der einzige russische Geistliche, der gefordert hat, dass sich die Kirche zu ihren früheren Verbindungen mit den Sowjetbehörden bekennen soll, sagte: »Wir haben im zwanzigsten Jahrhundert so viele aufrichtige Menschen verloren, dass wir eine Gesellschaft bekommen haben, in der Imitation und Rollenspiel die Norm sind. Früher gab es Leute, die herumschrien, sie würden den

Kommunismus aufbauen, aber sie benutzten einfach nur Slogans, die ihnen Chancen eröffneten. Jetzt schreien zahllose neue Leute und auch manche der alten ›heiliges Russland‹. Diese Worte haben keine Bedeutung.«

Die kriminellen Banden Russlands sind weltweit in Erpressungen, Menschenhandel und Drogenschmuggel, Prostitution, Waffenhandel, Kidnapping und Cyberkriminalität verwickelt. Sowohl der englische Staatsanwalt, der die Untersuchung des Mordes an dem Whistleblower und ehemaligen Offizier des russischen Geheimdienstes Alexander Litwinenko in London leitet, als auch spanische Beamte, die in Fällen von Geldwäsche ermitteln, sind zu dem Schluss gekommen, dass ein Großteil des russischen organisierten Verbrechens vom Kreml aus koordiniert wird.[75] Den spanischen Untersuchungen zufolge stehen Alexander Bastrikin, Chef des russischen Untersuchungskomitees, das die großen kriminellen Ermittlungen beaufsichtigt, und Viktor Iwanow, Chef der russischen Drogenfahndung, mit Kriminellen in Verbindung. WikiLeaks bezeichnet Russland als »virtuellen Mafia-Staat«, der eine ganze Palette krimineller Organisationen unterhält: größere wie Solnzewskaja Bratwa (geschätzter jährlicher Gewinn: 8,5 Milliarden Dollar), Bratskii Krug, Tambowskaja Prestupnaja Grupirowka und die tschetschenische Mafia sowie zahllose kleinere. Viele werden von ehemaligen Hochschulabsolventen geführt, die ihre Geschäfte auf höchst ausgeklügelte Weise betreiben.

Die Korruption kostet die russische Wirtschaft jährlich an die 500 Milliarden Dollar. Freedom House stufte das Land auf einer Korruptionsskala mit dem Höchstwert 7 bei 6,75 ein.[76] Putin hat Kriminelle mit Vermögenswerten im Ausland aufgefordert, diese zurückzutransferieren. 2015 unterzeichnete er ein Gesetz, dass diesen Leuten Amnestie gewährt und sie vor Strafverfolgung, Steuern und zivilrechtlichen Anklagen schützt. Dennoch flossen in jenem Jahr geschätzte 150 Milliarden Dollar aus dem Land. »Wir alle wissen, dass die Vermögenswerte auf vielfältige Weise verdient oder erworben wurden«, sagte Andrei Makarow, Vorsitzender des Haushaltsausschusses der Duma. »Ich bin aber zuversichtlich, dass wir die ›Offshore-Seite‹ in der Geschichte unserer Wirtschaft und unseres Landes schließlich umblättern werden. Es ist sehr wichtig und nötig, das zu tun.«[77]

Für die Bevölkerung finden symbolische Darbietungen der rechtlichen Geradlinigkeit statt. Zur Vergeltung der gegen Russland verhängten Sanktionen verbot Moskau den Import europäischen Käses und anderer Nahrungsmittel. Dieser Boykott hatte viel weniger Wirkung gegenüber seinen ausländischen Zielen als auf das russische Volk. Zur Demonstration des Durchsetzungswillens zeigte das staatliche Fernsehen, wie mit riesigen Maschinen mehr als sechshundert Tonnen ins Land geschmuggelter Nahrungsmittel zerstört wurden.[78] Solche Showveranstaltungen sind vielleicht patriotisch, aber in einem Land, in dem Menschen verhungern, empfanden viele Russen das als demonstrativ grausam.

Die russische Wirtschaft hat zu einer Ungleichheit geführt wie fast sonst nirgends auf der Welt – lediglich hundertzehn Personen verfügen über mehr als ein Drittel des Reichtums des Landes.[79] Zwischen 2011 und 2015 stieg die Armutsrate um ein Drittel. Im selben Zeitraum verließ eine halbe Million Menschen auf der Suche nach besseren wirtschaftlichen Möglichkeiten das Land. Die russische Wirtschaft leidet unter einem Mangel an Diversifizierung, einer übermäßigen Abhängigkeit von den Ölmärkten, internationalen Sanktionen, einer minimalen Arbeitsproduktivität, Korruption und fehlenden Anreizen zum Wandel. Moskau hat Großunternehmen unter staatlicher Kontrolle gefördert, aber keine unabhängigen kleinen und mittleren Unternehmen (KMU). In der EU produzieren KMU vierzig Prozent des Bruttoinlandsprodukts, in Russland sind es circa fünfzehn Prozent. Diese Tendenz weg von Privatunternehmen ist wirtschaftlich nicht vielversprechend. Öl und Gas machen mehr als zwei Drittel des Exports aus, was bedeutet, dass Russland bei jedem Rückgang des Ölpreises um einen Dollar pro Barrel zwei Milliarden Dollar verliert. Die anhaltenden Sanktionen lassen die Wirtschaft des Landes um fast zehn Prozent schrumpfen. Und die russischen Arbeiter sind nach wie vor beispiellos ineffizient. In *Time* schrieb Ian Bremmer, ein amerikanischer Arbeiter erwirtschafte pro Arbeitsstunde einen Wert von 67,40 Dollar, ein russischer Arbeiter hingegen nur 25,90 Dollar. Die finanztechnische Ausbildung jedoch beginnt schon sehr früh. Im VDNKh (dem Freizeitpark mit der Ausstellung der Errungenschaften der Volkswirtschaft) bringt eine »Schule der jungen Investoren« Kindern im Alter von acht Jahren das finanzielle Einmaleins bei.[80]

Obwohl mehr als zwei Drittel der Russen angeben, unter der wirtschaftlichen Misere des Landes zu leiden, erklären ebenso viele, dass sie Putins wirtschaftliche Führerschaft gutheißen. Die meisten Russen beziehen ihre Nachrichten aus den staatseigenen Medien, in denen die Invasion in der Ukraine und andere Vorgänge als Teil eines Szenarios »Russland gegen den Westen« dargestellt werden. »Putin weiß, was sein Volk hören will«, schreibt Bremmer. »Nur ist nicht klar, ob er weiß, wie er seiner notleidenden Wirtschaft auf die Beine helfen kann.«[81]

Die Politik ist zunehmend zynischer geworden. 2012 wurde der siebenundzwanzigjährige Max Katz, ein zeitweiliger Pokerchampion, in ein Moskauer Stadtteilparlament gewählt. Sein Wahlslogan lautete: »Der Stadtrat [das Stadtteilparlament von Schukino] ist eine komplett sinnlose Behörde, die über keinerlei Befugnisse verfügt.« Er sei, sagt er, deshalb gewählt worden, weil er »sich entschieden hat, ehrlich zu sein«. Die vierundzwanzigjährige Isabelle Magkoewa ist sowohl Boxchampion als auch unerschrockene Kommunistin – eine bekannte Vertreterin der neuen russischen Linken, die Lenin öffentlich als »großen Revolutionär« bezeichnet. Der neunundzwanzigjährige Roman Dobrochotow, der in seiner Twitter-Bio »Die Revolution bin ich« schreibt, wurde bereits mehr als hundert Mal verhaftet. In einem Brief an Edward Snowden erklärte er, seit jedermann wisse, dass jedes Gespräch in Russland abgehört werde, würde er in seinem neuen Domizil nichts finden, das es aufzudecken gebe.[82]

Gegner Putins protestierten nach den Wahlen von 2011 und 2012. Angeführt wurden sie von dem früheren Schachweltmeister Garry Kasparow, dem Aktivisten Ilja Jaschin, dem Führer der Linken Front Sergei Udaltsow, dem Korruptionsbekämpfer Alexei Nawalny und Boris Nemzow, Abgeordneter eines Regionalparlaments. 2015 wurden Nawalny und Udaltsow unter Hausarrest gestellt. Nemzow wurde auf einer Moskauer Brücke in den Rücken geschossen, nachdem er wenige Stunden zuvor auf Twitter seine Follower gebeten hatte, gegen Putins Vorgehen in der Ukraine zu protestieren.

Georgi Tschischow vom Moskauer Zentrum für Politische Technologien sagte: »Die Russen sind heute gespalten in ›wir‹ und ›Vaterlandsverräter‹. Liberale können nicht protestieren; sie würden sich gegen den Großteil der Gesellschaft stellen.« Der dreiunddreißigjährige Nikita Denisow, ehemals aktiver Demonstrant, erklärte: »Wir haben begriffen, dass die Teilnahme an diesen Märschen tatsächlich nutzlos war, ja sogar unmodern.« Die neunundzwanzigjährige Jelena Bobrowa sagte: »Wir gingen auf die Straße, weil wir glaubten, etwas bewirken zu können, stießen aber nur auf Gleichgültigkeit, nicht allein bei jenen, die an der Macht waren, sondern auch bei unseren Freunden und Verwandten.«[83] So ist die Apathie zum nationalen Zeitvertreib geworden.

CHINA

Der Sinn für Ironie und Humor (und Kunst) der Chinesen kann ihr Land retten

New York Times Magazine, 19. Dezember 1993

Manch einer erinnert sich vielleicht nicht mehr daran, dass bis in die neunziger Jahre hinein allgemein galt, außerhalb des Westens entstehe keine ernstzunehmende Kunst. Nachdem ich einen Artikel über die neue Generation in Russland geschrieben hatte, fragten mich meine Redakteure bei der *New York Times*, was ich als Nächstes machen wolle, und ich schlug ihnen das Thema »Künstler in China« vor, ohne zu wissen, ob es dort überhaupt welche gab. Allerdings nahm ich an, wenn in Moskau und Petersburg so viel passierte, würden ähnliche Entwicklungen auch in Peking und Schanghai stattfinden. Die Kunst aus der damaligen UdSSR war für die Menschen im Westen unverständlich gewesen, zur chinesischen Kunst aber hatte man nicht einmal Zugang. Da man in Ländern außerhalb Chinas lediglich staatlich gebilligte Werke zu sehen bekam, gingen die meisten Kritiker davon aus, dass dort alle Künstler den Vorschriften der Partei folgten. Nachdem ich den Auftrag für meinen Artikel erhalten hatte, überfiel mich Panik, doch mit der Zeit kam ich in Kontakt zu wichtigen Künstlern, zunächst über einen deutschen Konzeptualisten, den ich in Moskau kennengelernt hatte. Heute scheint die Hälfte der modernen Kunst aus der Volksrepublik zu stammen, und Ausstellungen von Cai Guo-Qiang und Ai Weiwei im Westen gehören weltweit zu den meistbesuchten.

Ich habe für dieses Kapitel auch Material verwendet, das in der ursprünglich veröffentlichten Fassung nicht enthalten war.

Am 21. August 1993 sollte die Ausstellung *Country Life Plan* im Pekinger Meishugan (Nationales Kunstmuseum) eröffnet werden. Trotz der Neutralität der Bilder und obwohl sie für das Auge des Laien keine Hinweise von politischer Bedeutung enthielten, fanden die Behörden, dass viele nicht die positive Seite des Lebens in der Volksrepublik zeigten und daher nicht annehmbar seien: Nur etwa zwanzig Prozent wurden für die Hängung zugelassen. In seinem Zorn darüber, dass die Ausstellung zensiert worden war, teilte der Hauptinitiator von *Country Life Plan*, der Künstler Song Shuangsong, Freunden mit, er werde sich am 25. August im Museum die langen Haare abschneiden lassen, das Symbol seiner individualistischen Lebensweise.

An jenem Tag zur Mittagszeit versammelten sich Song, seine Freunde, ein Frisör in einem sauberen weißen Kittel, ein Reporter des Fernsehsenders Shanxi und ich im Ausstellungsraum. Feierlich legte Song Zeitungen auf dem Boden aus und stellte einen Stuhl darauf. Zufällig vorbeikommende Museumsbesucher schauten neugierig zu. Wir standen fasziniert und schweigend um Song herum, während seine Haare Strähne für Strähne zu Boden schwebten. Song blickte zunächst in eine Richtung, dann in eine andere, blieb eine ganze Weile ernst, dann grinste er und posierte. Nach ungefähr zwanzig Minuten ließ Song den Stuhl wegtragen und legte sich wie tot auf den Boden. Der Frisör seifte sein Gesicht ein, holte ein Rasiermesser hervor und begann, seinen Bart zu entfernen. Dann setzte sich Song für den letzten Angriff auf seine Haarpracht auf. Doch als der Frisör sein Werk fortsetzen wollte, betrat der Leiter der Sicherheitskräfte des Museums den Raum und sah all die Leute und die Fernsehkameras. »Wer hat das Ganze veranlasst?«, fragte er mit vor Wut verzerrtem Gesicht.

»Das ist meine Ausstellung«, erwiderte Song, »und ich übernehme die volle Verantwortung.«

Nach einer kurzen Auseinandersetzung stürmte der Sicherheitsmann hinaus und kehrte mit bedrohlich aussehenden Untergebenen zurück. Man hätte meinen können, Song Shuangsong sei mit einer Bombe erwischt worden und nicht nur während eines Haar- und

Bartschnitts. Alle mussten den Raum verlassen, und man sicherte die Türen mit schweren Ketten und Schlössern. Die Ausstellung wurde sofort geschlossen und nicht wieder eröffnet. Song wurde von zwei Wächtern fortgezerrt.

Einer der westlichen Museumsbesucher, der das Geschehen zufällig mitbekam, wandte sich achselzuckend zu mir und meinte, es sei traurig, dass solche Versuche, offen für Demokratie in China zu kämpfen, stets scheiterten. Er war zu der im Westen üblichen Schlussfolgerung gelangt, dass sich ein Künstler, der gegen den Staat anrenne, direkt oder indirekt für freie Wahlen und eine Verfassung einsetzen müsse. Diese Logik aber beruht auf einem falschen Verständnis von China und den Chinesen und ging hier völlig an der Sache vorbei: Die Aktion war nämlich erfolgreich. Die chinesischen Intellektuellen – auch die Avantgarde der »Untergrundkünstler«, von denen viele aktiv an Demonstrationen für Demokratie teilnehmen oder teilgenommen haben – sind sich einig in der festen Überzeugung, dass die Übertragung der westlichen Demokratie auf China nicht nur ein Fehler, sondern auch unmöglich wäre. Die Chinesen lieben ihr Land, und obwohl sie begierig sind auf westliches Geld, Informationen und Macht, lehnen sie westliche Lösungen für chinesische Probleme ab, und wenn sie für Demokratie demonstrieren, ist das eine verdeckte Methode, auf spezifisch chinesische Lösungen zu drängen. Im Osten, so versicherten mir mehrere Künstler, sei es üblich, zu fordern, was man nicht wolle, um das zu bekommen, was man wolle.

Schon als Individuum zu handeln ist in China ein radikaler Akt. Er wendet sich gegen eine fünftausendjährige Geschichte, deren sich die Chinesen höchst bewusst und auf die sie enorm stolz sind, einer Geschichte, die sie häufig (und manchmal auch mit Gewalt) in Frage stellen, aber von der sie sich nie ganz abwenden. Die Mitglieder der chinesischen Künstleravantgarde sind allesamt Individualisten, aber ein zu weit gehender Individualismus ist nach chinesischem Verständnis lächerlich. Kunst liegt nicht in dem, was die Chinesen als grobes Eigeninteresse nach westlichem Muster betrachten, sondern in der Ausgewogenheit. Was uns als Ablehnung der chinesischen Tradition der Uniformität erscheint, ist in Wirklichkeit eher ein Mittel, aus ihr herauszutreten, um ihre Weiterentwicklung anzustoßen. China ist trotz seiner Probleme und Grausamkeiten ein äußerst gut funktionierendes Land, und das ist den Chinesen, auch der chinesischen Intelligenz, weitaus wichtiger als die westlichen Vorstellungen von Demokratie. Selbst bilderstürmerische Künstler, die sich über Deng Xiaopings Regierung vielleicht die Haare raufen, sind im Großen und Ganzen überraschend zufrieden mit ihrem System. Die Akte des Widerstands der chinesischen Avantgarde haben ihre Berechtigung innerhalb des chinesischen Systems. Sie sind nicht dazu gedacht, aus unserer Sicht interpretiert zu werden.

Was radikal wirkt, ist häufig tatsächlich radikal, jedoch nicht immer in dem Sinne, wie wir es verstehen. Im Nanjing-Dialekt bedeuten die Silben *ei lav juu* »Möchtest du etwas Gewürzöl?«. »Der Westen denkt bei der Betrachtung unserer Kunst«, sagt der Künstler Ni Haifeng, »wir würden sagen, wir mögen dich, während wir nur ein privates Gespräch über das Kochen führen.«

Die Seele der Avantgarde

Die chinesische Gesellschaft ist immer hierarchisch; auch die informellste Gruppierung hat eine Pyramidenstruktur. Der »Anführer« der chinesischen Avantgarde ist Li Xianting, genannt Lao Li (»Alter Li«, ein Ausdruck der Ehrerbietung, des Respekts und der Zuneigung). »Manchmal ist es leichter, statt ›chinesische Avantgarde‹ ›Lao Li‹ zu sagen«, meinte der Maler Pan Dehai. »Beides bedeutet dasselbe.« Der sechsundvierzigjährige Lao Li ist ein relativ kleiner Mann mit einem exzentrischen Bart, einer klugen, sanften Art und einer bedachten Freundlichkeit, die manchmal regelrecht strahlend wirkt. Er ist Wissenschaftler, sehr belesen, bewandert in der Geschichte der chinesischen Kunst und kennt auch die westliche Kunst.

Lao Li lebt in einem kleinen Atriumhaus, wie es typisch ist für das alte Peking. Es ist das Herz der chinesischen Avantgardekultur. Der Morgen ist für einen Besuch tabu, da Lao Li bis zum Mittagessen schläft, aber am Nachmittag oder Abend trifft man hier stets Künstler, manchmal zwei oder drei, häufig auch zwanzig oder dreißig. Sie trinken zusammen Tee und abends gelegentlich chinesischen Schnaps. Die Gespräche können hochtönend und idealistisch sein, aber meist geht es um einfache Dinge oder sogar Klatsch: etwa, welche Ausstellungen gut waren oder ob jemand seine Frau verlassen wird. Oder man tauscht neue Witze aus.

Lao Lis Haus hat nur drei kleine Räume und wie die meisten dieser alten Wohngebäude keine Innentoilette und kein warmes Wasser. Hat man sich aber einmal an diesem gemütlichen und einladenden Ort auf eine der Bänke gequetscht, bleibt man oft für Stunden. Wenn die Gespräche bis spät am Abend dauern, kann man dort sogar übernachten. Einmal in diesem Sommer unterhielten wir uns – wir waren acht Leute – bis um fünf Uhr morgens. Wundersamerweise gab es Platz für uns alle, und irgendwann waren wir so müde, dass wir tief und fest schliefen. Wären wir zwanzig Leute gewesen – Lao Li hätte auch dann alle untergebracht. So ist das in Lao Lis Haus.

Man kann nur schwer erklären, was Lao Li eigentlich macht. Er ist ein guter Schriftsteller und Kurator, aber seine Hauptaufgabe besteht darin, Künstler auf freundliche Weise zu einer Sprache zu verhelfen, in der sie ihr eigenes Werk verstehen und diskutieren können. Wo ich in China auch hinkam, irgenwann kam immer die Rede auf Lao Li: seine neuesten Essays, ob es richtig war, dass ein Mann so viel Macht innehatte, ob er sich selbst für wichtiger hielt als die Künstler und Dokumente, die er aufspürte, welche Art von Frauen er mochte, ob er sich seit seiner Reise in den Westen im vergangenen Jahr verändert hatte. »Die Künstler zeigen ihm ihre neuen Bilder wie Kinder ihrem Lehrer die Hausaufgaben«, sagte ein Mitglied des Kunstzirkels in Peking. »Er lobt oder kritisiert die Werke und fordert die Künstler dann auf, ihr nächstes Projekt in Angriff zu nehmen.« Künstler aus allen Provinzen schicken ihm Fotos von ihren Arbeiten und bitten ihn um Hilfe. Er reist mit Büchern und Dokumenten im Gepäck zu ihnen. »Es ist wie in der Landwirtschaft«, meinte mein Gesprächspartner. »Er bringt dieses Material in die Provinzen, um die Kultur zu befruchten.« Und wo immer er hinfährt, macht er Aufnahmen. In seinen Archiven finden sich Dokumente zu jedem bedeutsamen künstlerischen Unternehmen. Wenn er auf interessante Künstler stößt, lädt er sie nach Peking ein. Durch Lao Li wird die Kunstwelt ständig mit frischem Blut versorgt.

Trotz all seiner wissenschaftlichen Leistungen wahrt Lao Li nicht die objektive Distanz eines Kritikers, was ihm seine Gegner zum Vorwurf machen. Seine Stellungnahmen sind ebenso von Empathie wie von einem kritischen Blick geprägt, und die Freude an der Arbeit beruht größtenteils auf seinem moralischen Verantwortungsgefühl. Lao Li will ein Denken fördern, das seine Gesellschaft stärkt. Damit hat er sich eine höhere Aufgabe gestellt, als lediglich Kunstwerke zu interpretieren.

Die Künstler in seinem Kreis definieren sich als Mitglieder der Avantgarde. So gab mir einer von ihnen einmal seine Visitenkarte, auf der unter seinem Namen *Avantgardekünstler* stand. Anfangs empfand ich diese Bezeichnung als irritierend, denn viele dieser Künstler waren nach westlichen Maßstäben keineswegs avantgardistisch. Doch als ich mit Lao Li darüber sprach, begriff ich, dass das Radikale an diesen Arbeiten ihre Originalität war, dass jeder, der einer eigenen Vision folgte und sie zum Ausdruck brachte, in der chinesischen Gesellschaft an vorderster Front stand. Lao Li ist ein großer Streiter für Individualität. Das Charakteristische seines einzigartigen Humanismus besteht darin, dass er in einer Gesellschaft, die aufgrund ihrer gesetzlichen Einschränkungen und inneren Mechanismen kein originäres Denken zulässt, den Weg für Geistes- und Ausdrucksfreiheit bereitet. »Idealismus?«, fragte Lao Li einmal. »Ich hoffe, dass sich in China eine neue Kunst entwickelt und ich dazu beitragen kann. Vor '89 dachten wir, dass wir mit dieser neuen Kunst die Gesellschaft verändern und befreien könnten. Jetzt denke ich, dass sie nur die Künstler befreien kann. Aber Freiheit ist für den, der sie hat, ein großer Gewinn.«

Ein wenig Geschichte

»Die chinesische Kunst ruht auf drei Beinen wie ein traditioneller Kochtopf«, erklärte Lao Li. »Eins ist die traditionelle Technik mit Pinsel und Tusche. Eins ist der Realismus, ein Konzept, das zu Beginn des 20. Jahrhunderts aus dem Westen importiert wurde. Und eins ist die internationale Sprache der zeitgenössischen westlichen Kunst.«

In der Zeit von 1919 bis 1942 kam es zu einer allgemeinen Ernüchterung hinsichtlich der traditionellen Tuschemalerei der chinesischen Literaten oder Gelehrtenmaler. Als Mao Tse-tung die Macht übernahm, wurde ein heroischer Stil nach sowjetischem Vorbild zur offiziellen Sprache der Revolution. Erst 1979 entstand mit der Künstlergruppe »Sterne« die erste Avantgarde innerhalb der Demokratiebewegung, in der soziale, kulturelle und politische Impulse für einen Wandel zusammenflossen. »Jeder Künstler ist ein Stern«, sagte Ma Desheng, einer der Gründer der Gruppe. »Wir haben unsere Gruppe so genannt, um unsere Individualität in den Vordergrund zu stellen. Sie richtete sich gegen die eintönige Uniformität der Kulturrevolution.« Die Mitglieder der Gruppe, die keine Ausbildung an einer staatlichen Akademie genossen hatten, konnten ihre Werke nicht zeigen und hängten deshalb 1979 ihre Bilder an den Zaun vor dem Nationalmuseum. Als die Polizei ihre Freilichtausstellung beendete, demonstrierten sie für individuelle Rechte.

Im Jahr 1977 wurden die Kunstakademien, die während der Kulturrevolution geschlossen worden waren, wieder eröffnet, junge Künstler unterzogen sich dem unvorstellbar zermürbenden Bewerbungsverfahren und legten wieder und wieder die Prüfung ab, um einen der wenigen Plätze an der Zhejiang-Akademie in Hangzhou und an der Zentralakademie in Peking zu bekommen. Zwischen 1979 und 1989, als die chinesische Regierung Liberalisierungen vornahm, fanden im Nationalen Kunstmuseum Ausstellungen westlicher Werke statt, und die Studenten verbrachten oft Tage dort. Selbst diejenigen, die eine andere Gesellschaft wollten, strebten eine formelle Ausbildung an, denn sie meinten damit das Recht zu erwerben, sich mit ihren Ansichten öffentlich äußern zu können. Die »Sterne« hatten einen Radikalismus der Inhalte vertreten, die Künstler der »Neuen Welle« von 1985 führten den Radikalismus der Form ein. In jenem Jahr gründeten fünf Kritiker, unter ihnen auch Lao Li, privat eine Zeitschrift mit dem Namen »Schöne Kunst in China« (Zhongguo Meishu Bao), die zur Stimme neuer Kunstbewegungen wurde, bis sie

1989 verboten wurde. Die anderen Kritiker, ebenso bedeutend wie Lao Li, gingen entweder ins Ausland oder verfielen mehr oder weniger in Schweigen.

In dieser Zeit zeigten viele Künstler ihre Verachtung für gesellschaftliche Normen, indem sie sich nicht mehr die Haare schneiden ließen (eine radikale Maßnahme, auf die Song mit seiner Performance im Nationalen Kunstmuseum angespielt hatte). Ohne Rücksicht auf die lüsterne Gehemmtheit der chinesischen Gesellschaft sprachen sie offen über Frauen und ihr Privatleben und erzählten dreckige Witze. Abends diskutierten sie bis in die Nacht über westliche Philosophen, Künstler und Dichter. Plötzlich wurde ein Großteil der zuvor unzugänglichen Literatur veröffentlicht, und die Studenten stürzten sich begierig darauf. So cool sie sich allgemein gaben, hatten doch die meisten einen Arbeitsplatz und kamen gewissenhaft ihren Pflichten nach. Die Kunst schufen sie für sich selbst, es war schwer, eine Möglichkeit zur Ausstellung zu finden, und nur gelegentlich verkauften sie etwas an »internationale Freunde« (dieser bei Künstlern sehr beliebte Ausdruck war Maos Euphemismus für ausländische Sympathisanten gewesen).

Die Künstler, die sich in den achtziger Jahren gegen die gesellschaftlichen Werte auflehnten, bedienten sich meist der westlichen Bildsprache. Im Westen wurden ihre Werke mehrfach als plagiativ abgelehnt. Aber die westliche Bildsprache war in China schlichtweg deshalb so einflussreich, weil sie verboten war, und sie wurde in diesem Sinne gezielt eingesetzt. Wenn die Künstler der chinesischen Avantgarde westliche Stile kopierten, taten sie nichts anderes als Roy Lichtenstein, wenn er Comiczeichnungen, oder Michelangelo, wenn er klassische Skulpturen kopierte. Die Form scheint dieselbe, die Bildsprache ist übernommen, die Bedeutung aber eine andere.

Ihren letzten Atemzug tat die lebendige chinesische Kunstbewegung ein paar Monate vor dem Massaker auf dem Tiananmen-Platz am 4. Juni. Im Februar 1989 wurde in einem Klima naiver Ekstase die Ausstellung *China/Avant-Garde* im Nationalen Kunstmuseum eröffnet, deren Symbol das chinesische Verkehrszeichen für das Wendeverbot auf der Straße war. Zehn Jahre zuvor hatten die »Sterne«

darum kämpfen müssen, ihre Arbeiten vor dem Museum aufhängen zu können, und nun hatten sich die Kritiker der Zeitschrift *Schöne Kunst in China* mit anderen zusammengetan, um eine monumentale Ausstellung der radikalsten Arbeiten aller neuen Künstler der chinesischen Avantgarde zu veranstalten. Viele Künstler dachten, diese Schau würde ihren Werken das offizielle Signum geben, das nötig war, um die breitere Bevölkerung zu erreichen. Doch bei der Eröffnung feuerten zwei Künstler Schüsse in ihre Installation, woraufhin entsetzte Regierungsvertreter die Ausstellung umgehend schlossen und so die Träume der Avantgarde zerstörten. Mittlerweile haben manche Künstler Einblick in »vertrauliche« Memos aus Regierungsakten nehmen können, aus denen hervorgeht, dass keine Maßnahmen als zu drastisch galten, um weitere Veranstaltungen wie die '89er Schau zu verhindern.

Die Schließung der Ausstellung paralysierte die chinesischen Künstler. Doch nach dem Massaker vom 4. Juni diskutierten sie über nächste Schritte. Künstler und Gesellschaftskritiker stellten fest, dass sie keinen Einfluss auf die Zukunft ihres Landes nehmen konnten. Die Kritikerin Liao Wen, Lao Lis Freundin, schrieb: »Heute haben die Menschen inmitten der Ruinen eines bankrotten Idealismus endlich eine unvermeidliche Erkenntnis gewonnen: Extremer Widerstand zeigt nur, wie mächtig der Gegner und wie verletzlich man selbst ist. Humor und Ironie könnten ein effektiveres Mittel der Zersetzung sein. Nach 1989 trat eine ironische Verspieltheit an die Stelle des Idealismus. Das allgemeine Klima ist einer ernsthaften Debatte über Kunst, Kultur und die menschliche Existenz wenig förderlich. Heute halten die Menschen all das Zeug für unbedeutend.«

Einige Künstler emigrierten vor '89, viele andere unmittelbar danach. Die meisten Größen der alten Avantgarde haben das Land verlassen. Nur ein Mitglied der »Sterne«-Gruppe lebt noch in Peking. Doch der Gedanke, dass es keine Umkehr gibt, lebt weiter. Und auch der Geist, der sie bewegt hatte, lebte weiter. Dutzende treffen sich hartnäckig jeden Abend in Lao Lis Haus.

Absichtliche Absichtslosigkeit

Lao Li hat sechs Kategorien für die zeitgenössische chinesische Kunst aufgestellt, von denen einige eine breitere Akzeptanz finden als andere. Künstler beklagen, dass diese Kategorien konstruiert seien, aber die Neigung der Chinesen, die Dinge zu ordnen, ist nach wie vor stark, und es ist schwierig, ohne eine Kategorisierung an die Vielfalt der chinesischen Kunst heranzugehen. Lao Lis Vorliebe gilt eher der Malerei als der Performance, der Konzeptkunst oder der Installation. Die beiden am meisten diskutierten, umstrittenen und letztlich akzeptierten Richtungen der Malerei, die Lao Li benannt hat, sind der Zynische Realismus und der Politische Pop.

Der Zynische Realismus ist weitgehend eine Kunstrichtung der Zeit nach '89. Seine wichtigsten Vertreter Fang Lijun und Liu Wei und seine anderen Anhänger, zu denen auch Wang Jinsong und Zhao Bandi gehören (obwohl sich Letzterer nicht gern als Zynischer Realist bezeichnen lässt), haben alle eine umfassende akademische Ausbildung genossen und sind technisch höchst versiert in der fotografisch genauen figurativen Malerei. Die detailreichen Arbeiten in leuchtenden Farben zeigen Menschen, die einander seltsam entfremdet sind. Fang Lijun zeichnet haarlose Männer in kontextloser Nähe, zum Beispiel offen gähnend, scheinbar grundlos grinsend oder als schwarzweiße Schwimmer in einem leeren Meer. Die Charaktere wirken meist träge, sitzen, schwimmen oder gehen absichtslos umher. In seinen ausgefeilten, technisch herausragenden Kompositionen zeigt Fang die Abwesenheit von Aktivität, die kaum der Darstellung wert scheint. Folglich wirken seine Bilder oft lustig, lyrisch oder traurig – eine erschütternde Vorführung dessen, was er als »absurde, banale und bedeutungslose Ereignisse des Alltagslebens« bezeichnet.

Liu Wei und Fang Lijun werden stets künstlerisch und gesellschaftlich auf eine Ebene gestellt. Sie haben dieselbe Akademie besucht und waren jahrelang miteinander befreundet. Gemeinsam ist ihnen auch ein konfrontatives Auftreten: Bei Fang Lijun wirkt es wie eine Fassade, während Liu Weis rowdyhafte Haltung authentisch scheint. Liu Wei ist der Sohn eines hochrangigen Generals der Roten Armee und malt hauptsächlich seine Eltern. In den Augen der meisten Chinesen führen hochstehende Armeeangehörige ein angenehmes, glückliches Leben, doch Liu Wei zeigt »die Hilflosigkeit und das Unbehagen meiner Familie und aller Chinesen« in urkomischen und grotesken Bildern. »1989 war ich Student«, erzählte er. »Ich habe mich wie alle der Demokratiebewegung angeschlossen, aber keine wichtige Rolle darin gespielt. Nach dem 4. Juni war ich verzweifelt. Inzwischen habe ich akzeptiert, dass ich die Gesellschaft nicht verändern kann. Ich kann nur unsere Situation deutlich machen. Da ich in China nicht ausstellen darf, kann ich mit meiner Arbeit hier niemanden anregen, aber das Malen hilft mir, meine eigene Hilflosigkeit und mein Unbehagen zu lindern.«

Wang Jinsong vermittelt diese schmerzliche Botschaft mit geradezu künstlicher Glätte. Zhao Bandi malt subtile und leicht verzerrte Bilder – eine Reihe akribisch genauer monumentaler Gemälde von inhaftierten, einsamen Menschen in schönen Farben. Die Bewegung der Zynischen Realisten ist nicht nur zynisch: Der Idealismus dieser Künstler liegt in der Darstellung eines Zynismus, den ihre Gesellschaft leugnen würde. Die Werke erscheinen wie Hilfeschreie, aber sie sind auch spielerisch und schalkhaft, zeugen von Humor und Erkenntnis als kraftverleihende Selbstverteidigung. »Ich möchte, dass meine Gemälde wie ein Gewitter wirken«, erklärte mir Fang Lijun, »sie sollen einen so starken Eindruck hinterlassen, dass man sich hinterher fragt, wie und warum.«

Der Politische Pop genießt Beliebtheit im Westen. Seine führende Figur, Wang Guangyi, strebt nach Geld und Ruhm, und seine Gemälde erreichen Preise über 20 000 Dollar. Kürzlich mietete er ein 200 Dollar teures Hotelzimmer, einfach um »das Gefühl kennenzulernen, wie es ist, wenn man wie ein Superstar der Kunst lebt«. Wang trägt auch in Innenräumen eine dunkle Brille, hat die Haare zu einem langen Pferdeschwanz zusammengebunden und wird stets von anderen Künstlern als Verkörperung westlicher Werte in China genannt. Er arbeitet an einer Serie mit dem Namen »Die Große Kritik«, in der er spielerisch auf die komischen Parallelen zwischen Maos einstiger Propaganda für seine revolutionäre Politik und den Werbekampagnen florierender westlicher Unternehmen anspielt. Den Namen Band-Aid, Marlboro oder Benetton stellt er idealisiert dargestellte junge Soldaten und Bauern, die Mao-Mützen tragen, gegenüber. »Seit '89 sind die Menschen so gefährdet«, sagte er. »Ich mache mir Sorgen, dass der Kommerz ihren Ideen und ihrer grundsätzlichen Fähigkeit zur Entwicklung von Ideen schadet, so wie Aids die Liebesbeziehungen der Menschen oder ihre Fähigkeit, Liebesbeziehungen einzugehen, zerstören kann. Natürlich genieße ich, dass ich Geld habe und berühmt bin. Ich kritisiere Coca-Cola, trinke es aber jeden Tag. Solche Widersprüche stören die Chinesen nicht.«

Yu Youhan, der in Schanghai lebt, malt immer wieder Mao, meist überlagert von den grellbunten Blumenmustern der »Bauernkunst«, die der Große Vorsitzende liebte. Mao mischt sich unter gewöhnliche Menschen oder sitzt bequem auf einem Klappstuhl; manchmal ist sein Gesicht deutlich zu erkennen, manchmal verdeckt eine Blume ein Auge oder die Nase. Eins der neueren Gemälde von Yu ist ein sehr poppiges Doppelporträt: Links sieht man den Vorsitzenden Mao, der einer seiner eigenen Richtlinien Beifall bekundet, und rechts Whitney Houston, die ihrer eigenen Musik applaudiert. Beide sind von bereits vorhandenen Fotografien kopiert, und die Ähnlichkeit ist frappierend.

Individualismus nach Schema F

Traditionelle chinesische Maler erlernten ihre Kunst, indem sie ihre Lehrer kopierten; Originalität war dem Alter vorbehalten, und wenn man Veränderungen vornahm, dann so geringfügige, dass der Betrachter sie kaum erkennen konnte. Die Geschichte der traditionellen chinesischen Kunst ist reich, verlief aber langsam. Die Avantgarde hingegen geht mit halsbrecherischer Geschwindigkeit vor.

Die Künstler, die sich mit ganzer Kraft der Frage der Individualität widmen, sind gegenwärtig vielleicht in China die interessantesten. Paradoxerweise experimentiert die »Gruppe der Neuen Analysten« aus Peking, zu der Wang Luyan, Gu Dexin und Chen Shaoping gehören, mit der Unterdrückung des Individuellen in der Kunst. Nach der '89-Avantgarde-Schau verfassten sie eine Resolution, nach der die Mitglieder der Gruppe auf das Signieren ihrer Bilder verzichteten. Kurz darauf stellten sie Regeln für die Arbeit auf. Die Künstler dieser Gruppe tun dies gemeinsam, stimmen nach dem Mehrheitsprinzip darüber ab und vereinbaren, sich strikt daran zu halten. »Den Regeln nach sind wir alle gleich«, erklärte mir Wang Luyan. »Da wir die Regeln für wichtiger halten als die Künstler, drücken wir uns in einer formalisierten Sprache aus. Symbole und Zahlen vermitteln unser Ideen am besten.«

Die »Neuen Analysten« haben daher komplexe Formeln entwickelt, um ihre Wechselbeziehung zum Ausdruck zu bringen; ihre Mitglieder schaffen damit Graphiken und Tabellen. So beginnt ein jüngeres Werk folgendermaßen: »A1, A2 und A3 sind Individuen, bevor sie die vorgegebene Menge erreichen, und stehen zugleich für die Handlungsfolge, nachdem sie die vorgegebene Menge erreicht haben. A1, A2 und A3 setzen willkürlich ihre jeweiligen Diagramme für die Messung, das heißt die Diagramme A1, A2 und A3. A1, A2 und A3 haben eine bestimmte Menge gemeinsam, das heißt Tafel A.« Diese Art von bewusst unzugänglichem Absolutismus wird zu einer spielerischen Kritik am chinesischen Prinzip der Konformität, die stets in möglichst ernster Weise präsentiert wird. Die Arbeit, so formalisiert sie auch sei mag, gehört zu den originellsten, die ich in China gesehen habe. »Originalität ist das Nebenprodukt unserer Zusammenarbeit nach den Regeln, auf die wir uns geeinigt haben«, sagte Wang Luyan.

Sie bilden ein seltsames Triumvirat. Chen Shaoping wurde während der Kulturrevolution ins Bergwerk geschickt und verbrachte dort zwölf Jahre; heute ist er Layouter für eine Fachzeitschrift zum Kohleabbau. Wang Luyan wurde in der Kulturrevolution zur Umerziehung aufs Land geschickt und ist heute Designer bei einer Fachzeitschrift für das Transportwesen. Gu Dexin ist jünger als die anderen beiden; er war Arbeiter in einer Chemiefabrik, bis er sich entschloss, nur noch als Künstler zu arbeiten.

Erwähnt man Song Shuangsong und seine Performance, bei der

er sich die Haare abschneiden ließ, schütteln diese Künstler nur den Kopf. »Stellen Sie sich vor, Sie lassen sich die Haare lang wachsen«, sagt Gu Dexin und lacht, »damit die Leute auf dem Markt oder an der Busstation sagen können, Sie seien ein Künstler!« Ihre Individualität ist unendlich viel stärker, weil sie sich tarnt. Nach einer kürzlichen Ausstellung im Westen, in der auch Gu Dexin vertreten war, verwechselten die Verpacker seine Arbeit mit ihrem Verpackungsmaterial mit der Folge, dass seine Kunst versehentlich entsorgt wurde. »Es gefällt mir, wenn meine Arbeit weggeworfen wird«, sagte er anschließend. »Es gibt so viel Kunst auf der Welt, die bewahrt und analysiert werden muss, und ich möchte die Kunstgeschichte nicht noch weiter zumüllen.« Die beiden anderen nicken zustimmend: Abkehr von der Individualität ist hier ein nahezu unbewusster Impuls und steht im Gegensatz zu dem, was chinesische Künstler als erschreckende Selbstgefälligkeit und Egoismus westlicher Künstler ansehen.

Zhang Peili und Geng Jianyi aus Hangzhou spielen ebenfalls mit diesen Fragen. Hangzhou, eine ehemalige Hauptstadt Chinas am Rande des berühmten Westsees, ist schön. Für Künstler ist das Leben dort entspannter als in Peking oder Schanghai, weil sie weniger häufig durch Freunde aus dem Ausland oder dramatische Ereignisse vor Ort bei ihrer Arbeit gestört werden. Die meisten Hangzhouer Künstler sind Absolventen der Zhejiang-Akademie, und wie die Ivy-League-Studenten, die in Cambridge oder New Haven bleiben, haben sie ein ambivalentes, aber liebevolles Verhältnis zu ihren Lieblingsplätzen aus der Studienzeit. Sie behalten die emphatische Bindung an abstrakte Prinzipien von damals, füllen sie nun aber mit ihren Erfahrungen und ihrem Scharfsinn. Sie denken mehr nach als Künstler anderswo – und produzieren vielleicht weniger. Bei meinem Aufenthalt in Hangzhou wohnte ich in der Akademie inmitten von Studenten und ihren Arbeiten. Als ich in Ruhe mit Zhang und Geng reden wollte, mieteten wir ein Boot und fuhren am Nachmittag über den Westsee, aßen Mondkuchen, tranken Bier und betrachteten die Berge in der Ferne. Am Abend aßen wir in kleinen Marktstraßen an Tischen im Freien Meeresfrüchte und Teigtaschen. Ein oder zwei Mal gesellten sich die alten Lehrer der Künstler von der Akademie zu uns. In Hangzhou herrschte eine Atmosphäre reiner Freude an der Kunst, ganz anders als in Peking oder Schanghai.

Vor der '89er-Ausstellung schickte Geng Jianyi an eine lange Liste von Avantgardekünstlern einen Fragebogen in offiziell wirkenden Umschlägen mit der Nationalgalerie als Rücksendeadresse, so dass der Anschein erweckt wurde, es handle sich um eins der vielen amtlichen Formulare, die unvermeidlicher Bestandteil des chinesischen Alltags sind. Die ersten Fragen waren standardmäßig die nach Namen, Geburtsdatum und so fort – doch dann hieß es: »Welche Ausstellungen haben Sie zuvor gesehen«, vielleicht gefolgt von: »Welche Art von Essen mögen Sie?«, oder sogar: »Welche Art von Menschen mögen Sie?« Manche Empfänger begriffen gleich, dass es sich dabei um das Projekt eines Künstlers handelte, und antworteten kreativ mit lustigen Bildern, während andere, ewig paranoid, wenn sie mit der Bürokratie konfrontiert werden, das Ganze ernst nahmen und jede Frage (gewissenhaft) beantworteten. Geng reichte die ausgefüllten Fragebögen für die '89er-Ausstellung ein.

Der 4. Juni veränderte Zhang und Geng. »Vor dem Massaker gab es so viel Lärm«, sagte Zhang, »ein ohrenbetäuber tosender Protest. Dann kamen die Panzer, und alle verstummten. Dieses Verstummen war beängstigender als die Panzer.« Zhang und Geng malten ein riesiges Bild von einem Opfer des Massakers und hängten es bei Nacht an eine Fußgängerbrücke. »Wenn man sieht, wie jemand auf der anderen Straßenseite getötet wird«, sagte Zhang, »läuft man vielleicht, ohne zu zögern, hinüber, um die Mörder aufzuhalten. So ungefähr war das.« Aus Angst versteckten sie sich danach auf dem Land und rechneten ständig damit, verhaftet zu werden.

Zhang empfand besonderen Abscheu vor der emotionslosen Art, in der Chinas führende Nachrichtensprecherin das Massaker geschildert hatte. Seiner Ansicht nach hatte derjenige, der den Text dieser Frau festgelegt hatte, über das Schicksal des chinesischen Volks entschieden. »Die Nachricht klang so selbstverständlich, und diese Frau wirkte so omnipräsent, dass mich der Gedanke nicht mehr losließ, dass jeder in China durch sie die Beschlüsse unserer Regierung mitgeteilt bekommt. Über ein paar Ecken konnte ich Kontakt zu ihr aufnehmen und fragte sie, ob sie bereit sei, gegen ein Honorar etwas aus der Enzyklopädie vorzulesen. Ich musste einen völlig neutralen Text finden, einen, der weder ihre Meinung noch meine zum Ausdruck brachte. Über die Mittelsleute stellte sie mir eine Menge Fragen, aber ich legte sie herein. Ich sagte, ich würde die Aufnahme des Lexikoneintrags über Wasser für eine Ausstellung über Wasser verwenden, in der Bilder von Blumen gezeigt würden. Und so erklärte sich diese Frau, die beinahe identisch mit unserer Regierung ist, bereit, einen von mir ausgewählten Text vorzulesen. Es war eine Erfahrung immenser Macht für mich, dass ich als freier Künstler, der in Gefahr gewesen war, inhaftiert zu werden, diese Symbolfigur für die Regierung manipulieren konnte. Und es zeigte viel über den Status von Geld in unserer Gesellschaft. Ich konnte es gar nicht fassen, wie leicht es war. Ich hatte mir nicht vorstellen können, dass mir das so einfach gelingen würde.«

Zhang hielt Wort und gestaltete die Installation so, wie er es geschildert hatte. Für einen unwissenden Beobachter ging es dabei um Wasser und Blumen. Für einen Insider aber war es ein Werk über Kommerz, Integrität und die Art und Weise, wie die Mächtigen von den Machtlosen entlarvt werden können. »Humor und Ironie müssen sorgfältig dosiert werden, so, dass sie Bestandteil der Form eines Werks sind, aber nicht zu seinem Inhalt werden«, meinte Zhang. »Ich habe nie meine Unabhängigkeit verloren und immer eine gewisse Distanz zu den Ereignissen in China gehalten. Ein Künstler entscheidet sich nicht für diese Entfremdung, aber wenn sie einmal eingetreten ist, ist es eben so. Man kann sich dem nicht widersetzen.«

»Zum einen ist es unsere Gesellschaft, die nicht zur Individualität ermuntert oder sie nicht unterstützt«, sagte Geng. »Zum anderen aber berücksichtigen wir sie nicht einmal dort, wo sie eindeutig existiert.« Geng lehrt Malerei und Design an einem Institut für Textiltechnik. Im vergangenen Jahr schlug er vor, statt den Studenten Techniken beizubringen, sollten die Dozenten ihnen deren Hintergründe erklären. Er durfte dem Lehrkörper seine Vorschläge darlegen. Obwohl dieser zuvor sein Interesse an Innovation bekundet hatte, wies er Gengs

Konzept mit der Begründung zurück, es sei nicht mit den bestehenden Unterrichtsstandards vereinbar.

Geng besitzt eine gewisse Sanftmut. Zhang Peili ist viel härter, schärfer. Obwohl sein Werk ebenfalls oft humorvoll ist, hat es einen Anflug von Brutalität. »In meinen Arbeiten steckt immer Wut«, sagte er. »Ich muss sie machen, aber es mindert nicht meinen Zorn. Es ist nicht wie beim Gang zur Toilette.« Zhang schafft Video- und Performancekunst sowie Gemälde. Vor der '89er-Schau zerschnitt er medizinische Handschuhe und schickte Fetzen davon an verschiedene Künstler. Manche waren mit verkrusteter roter oder brauner Farbe bedeckt. Die Künstler, die die scheinbar blutverschmierten Handschuhestücke erhielten, waren entsetzt und verunsichert; es trafen mehr und mehr dieser seltsamen Päckchen bei ihnen ein. Eines Tages erhielten alle, die auf Zhangs Liste gestanden hatten, einen förmlichen Brief, in dem er erklärte, dass die Empfänger nach dem Zufallsprinzip ausgewählt worden seien und sich die Handschuhteile wie eine Hepatitisepidemie ausgebreitet hätten. Die ganze Sache sei jetzt beendet. Es wurden keine weiteren Handschuhteile mehr verschickt.

Während der staatlichen Hygiene-Kampagne von 1991, die für jeden Chinesen durch die absurde und bevormundende bürokratische Sprache einen Übergriff in seine persönlichsten Lebensbereiche darstellte, schuf Zhang Peili sein zum Klassiker gewordenes Video *Die richtige Art, ein Huhn zu waschen*, das zweieinhalb Stunden lang ist. Es ist erschreckend und zugleich faszinierend, dem Leiden des armen Huhns zuzusehen, das Zhang wiederholt einseift, abspült und auf ein Brett legt. Am Ende wird das Huhn freigelassen, aber man hegt unwillkürlich den Verdacht, dass es nie wieder sein wird wie zuvor. Hinter Zhangs geschmackloser Inszenierung verbirgt sich ein tiefes Mitgefühl; sie demaskiert die Scheinheiligkeit, Seichtigkeit und Grausamkeit in der moralischen Rhetorik dieser Regierungskampagne.

Der Installationskünstler Ni Haifeng lebt (meist) auf einer einsamen Insel vor der Küste Südchinas, gehört aber zu den wichtigsten Figuren der Avantgarde und hält sich häufig in Peking, Hangzhou oder Schanghai auf. Ni ist ein gelassener, humorvoller Mensch und verfügt über ein breitgefächertes Wissen, wenn er auch gelegentlich abschweift. In mancherlei Hinsicht ist er der freieste Geist von allen, der nur arbeitet, wenn ihm danach ist, ein Gypsy King der Avantgarde. Ni erhält ein Gehalt vom Lehrerseminar in Zhoushan, wurde aber von seinen Lehrpflichten mit der Begründung befreit, er sei »zu verrückt«. 1987 begann er, Häuser, Straßen, Steine und Bäume zu bemalen, und überzog seine Insel mit seltsamen Zeichen in Kreide, Ölfarbe und Pigmenten. Er wolle, erklärte er, das Schreiben bis auf »null« reduzieren, wo es keine Bedeutung mehr habe. »Wenn die Kultur im großen Stil in das Privatleben eindringt«, meinte er, »entgeht der Einzelne nicht der Vergewaltigung. Aus dieser Sicht kann mein Schreiben auf der Null-Ebene als Protest gegen den Akt der Vergewaltigung betrachtet werden. Außerdem möchte ich die Menschen vor den Gefahren warnen, die mit der kulturellen Vergewaltigung verbunden sind.«

Ein Künstlerdorf

Die Wohnung wird den Menschen in China gewöhnlich von ihrer Arbeitseinheit gestellt; wer eigene Wege geht, verzichtet auf viele schützende Leistungen und muss sich selbst eine Unterkunft suchen, was sowohl teuer als auch schwierig ist. Offiziell darf man nicht ohne amtliche Genehmigung umziehen. Viele Avantgardekünstler nehmen daher zumindest eine Teilzeitstelle an; anderen gelingt es, am Rande der Legalität zu leben.

Ein solcher Ort ist das Dorf, das allgemein Yuanmingyuan genannt wird und etwa fünfundvierzig Minuten vom Zentrum Pekings entfernt liegt. Ende der achtziger Jahre von Bauern aus der Umgebung errichtet, gibt es im Ort nur Schotterstraßen, und es ist nach traditioneller Art angeordnet: Reihen einstöckiger Häuser mit jeweils einem kleinen Vorgarten und einem Ziegeldach. Es gibt ein Toilettenhäuschen und ein Telefon für alle. An manchen Häusern wachsen Ranken, und ständig klappern Fliegentüren. Nicht weit entfernt gibt es Bauernhöfe und einen Park. Fährt man in die eine Richtung, stößt man bald auf das weitläufige Gelände der Pekinger Universität, in der anderen auf den Sommerpalast, der dem Dorf seinen Namen gab.

Nach Meinung der ersten Künstler, die hierher zogen, liegt es gerade nah genug am Zentrum von Peking, zugleich aber auch so weit davon entfernt, dass sie in Frieden leben können. Bald kamen viele weitere hinzu.

Das Dorf ist ein Mekka für westliche Touristen und Journalisten. In Dutzenden Ländern erschienen Artikel, in denen es als Zentrum der chinesischen Kunstszene geschildert wird, weil die Mischung aus Freiheit und guter Erreichbarkeit der westlichen Mentalität entgegenkommt. Die Chinesen sind nicht gerade offene Menschen. Viele Künstler der Avantgarde sind verschlossen, in sich gekehrt, ohne etwas von sich preiszugeben, und emotional unzugänglich. Die Dorfkünstler hingegen sind unbeschwert und präsentieren ihre Arbeiten professionell und dennoch zwanglos. Man kann durch das Dorf schlendern und hier und dort anklopfen, und viele Bewohner bieten sich für eine kostenlose Führung an. Der Zulauf ist allerdings so stark geworden, dass manche Künstler darüber beklagen, dass sie keine Zeit mehr zum Arbeiten hätten.

Abgesehen von ein paar bemerkenswerten Ausnahmen – insbesondere Fang Lijun und Yue Minjun – sind die Künstler im Dorf nicht wirklich bedeutend. Viele ahmen einander nach und kombinieren auf phantasielose Weise Zynischen Realismus mit Politischem Pop. Die meisten trennt nur ein halber Schritt von den Jadeschnitzern oder anderen Kunsthandwerkern, die für den Bedarf der Ausländer in Heimarbeit Souvenirs anfertigen. Zweifellos ist es dem steten Zufluss von westlichem Geld und dem Interesse des Westens zu verdanken, dass die Künstler so leben können. Zum großen Teil sind ihre Werke nicht so komplex, dass sie politische Bedeutung gewinnen könnten, doch auch wenn sie nicht alle überzeugend Position zum Thema Freiheit beziehen, so sind sie zumindest in der Lage, ein freies Leben zu führen.

»Wir sind Teil des Post-'89-Phänomens«, sagte der Maler Yue Minjun zu mir. »Vor '89 gab es Hoffnung: politisch, wirtschaftlich, es war alles sehr aufregend.« Yang Shaobin, ebenfalls Maler, nahm den Faden auf: »Heute gibt es keine Hoffnung. Wir sind Künstler geworden, um uns zu beschäftigen.« Wenn man sich mit ihnen unterhält, gewinnt man den Eindruck, dass sich auch diese Rhetorik gut verkauft. Zynismus ist im Dorf groß in Mode, aber es ist ein oberflächlicher Zynismus, eher aus schülerhafter Coolness als aus Verzweiflung.

Mao fehlt

Allgemein stellt man sich die Kulturrevolution als Horror für Intellektuelle vor: Viele wurden umgebracht, andere in Bergwerke, Fabriken oder landwirtschaftliche Betriebe geschickt, wo sie harte Arbeit verrichten mussten. Doch in China hört man nie jemanden im Ton jenes blanken Abscheus darüber reden, mit dem Russen über Stalin oder Rumänen über Ceauşescu sprechen. In den künstlerischen Kreisen der Avantgarde ist die Liebe zum Vorsitzenden Mao zwar ambivalent, aber unumstößlich. »Selbst diejenigen, die ihm feindlich gesonnen waren, glaubten an ihn, zumindest teilweise«, erzählte mir Lao Li einmal spätabends beim Tee. Schon zu Beginn der Revolution als Konterrevolutionär gebrandmarkt, saß er den größten Teil ihrer Dauer im Gefängnis. »Mao war ein sehr überzeugender Mensch, und wir Intellektuellen fühlten uns wie erbärmliche Wichte. In der Kulturrevolution hatten die Menschen lediglich im Sinn, eine reine und ideale Gesellschaft aufzubauen. Ich war mit ihrer Form des Idealismus nicht einverstanden und habe dagegen gekämpft und würde es heute wieder tun, aber ich kann, ohne zu zögern, sagen, dass es in unserer Kommerzgesellschaft nichts Vergleichbares gibt. Ein fehlgeleiteter Idealismus ist besser als gar kein Idealismus.«

Zhou Tiehai und Yang Xu aus Schanghai bezeichnen sich als Neue Revolutionäre und schaffen riesige Gemälde in Geist und Stil der Kulturrevolution. Eins dieser Bilder, vor kurzem in der staatlichen Presse als dekadent kritisiert, ist zwei mal vier Meter groß, auf Zeitungspapier gemalt und zeigt eine verstörende Gegenüberstellung von politischer Propaganda und kommerzieller Bildsprache. Zwischen beiden befindet sich ein Porträt Marie Antoinettes mit einem Bustier. Über all das ziehen sich Sprüche wie »Die alltäglichen Phänomene bündeln und ihren Widersprüchen und ihrem Kampf gegeneinander eine Form geben«.

»Ich bin mit der Milch zweier Mütter aufgewachsen«, sagte Zhou Tiehai. »Die eine war die Frau, die mich ausgetragen hat. Die andere war der Vorsitzende Mao.«

Zhou Tiehai und Yang Xu tragen vornehme, zueinander passende Zweireiher und Krawatten in leuchtenden Farben; dazu erklären sie, diese konservative Fassade verberge ihre extreme politische Position. Beide sind gutaussehend und unglaublich jung für eine Mao-Nostalgie. Ihre radikale Haltung mag ironisch sein und grenzt zweifellos (absichtlich) ans Lächerliche, aber sie vertreten sie mit Entschlossenheit und artikulieren sich in derselben bleiernen Sprache, deren sich auch die Roten Garden so gerne bedienten. »Mao hat uns gelehrt, den Unterschied zwischen Gut und Böse zu erkennen«, erklärten sie mir mit wechselnden Rollen, als wären sie zwei Stimmen ein und desselben Geistes. »Und was ist passiert? Wir haben Tänzerinnen und Prostituierte schlechtgemacht, während heute nur die schönsten Frauen diese Berufe ausüben können. Wir brauchen ein revolutionäres Denken, um mit dem sozialistischen Speer das kapitalistische Siegel zu sprengen. Früher waren die Menschen arm, aber sie wussten, wozu sie lebten, heute hingegen sind die Leute reich, aber unglücklich. Wir mögen die sechziger Jahre, als man beim Frühstück, beim Mittag- und beim Abendessen, sogar im Schlaf, die Mao-Bibel las. Für Leute aus dem Westen sind solche Gedanken unverständlich, aber Chinesen haben einen ganz leichten Zugang dazu.«

Ich besuchte den Maler Yu Youhan in der Wohnung seiner Mutter in Schanghai; sie bestand aus ein paar Zimmern ganz oben in dem Haus, das einst seiner Familie gehört hatte. Sein Vater, ein Bankier, wurde während der Kulturrevolution umgebracht, und nachdem man Yu in der Schule angeschwärzt hatte, wurde er in ein Umerziehungslager gesteckt. Doch als ich ihn fragte, ob er deswegen Wut empfinde, schüttelte er den Kopf und sagte: »Wenn wir Mao ablehnen, lehnen wir ein Stück von uns selbst ab.« Der Kunsthändler Johnson Chang aus Hongkong, der fast alle Künstler der gegenwärtigen Avantgarde vertritt, drückte es so aus: »Es ist wie eine unglückliche Kindheit.

Man kann sich nicht ständig damit aufhalten und andere dafür verantwortlich machen, aber wenn man sie ganz verleugnet, ist man ein oberflächlicher oder unvollständiger Mensch.«

Im Allgemeinen redet Fang Lijun nicht gern über Politik, doch eines späten Abends kamen wir auf Mao zu sprechen. Fangs Vorfahren waren größtenteils Landbesitzer gewesen, und während der Kulturrevolution ging es ihnen so schlecht wie allen anderen auch. Fang sagte einmal, er sei Künstler geworden, um sich zu Hause zu beschäftigen, denn er habe nicht hinausgehen können, weil sich jeder berechtigt fühlte, ihn anzugreifen, wenn ihm danach zumute war. »Ich werde nie den Tag vergessen, an dem Mao starb«, erzählte er. »Ich war in der Schule, als es bekanntgegeben wurde, und alle brachen sofort zusammen und weinten. Und obwohl meine ganze Familie Mao hasste, weinte ich am lautesten und längsten.« Als ich ihn nach dem Grund fragte, erwiderte er: »Es gehörte zum Programm, und wir lebten nach dem Programm.« Auf die Frage, ob er traurig gewesen sei, antwortete er: »Auch das gehörte zum Programm.«

Die Neigung der Chinesen zur Konformität ist tief verwurzelt, und man erzählte mir wiederholt, für viele Chinesen sei die Kulturrevolution komfortabel gewesen, weil sie nicht überlegen mussten, was sie tun, sagen, denken, ja sogar, was sie empfinden sollten. Bestimmt, sagte ich zu Fang, blicken Sie voller Schrecken auf jene Zeit zurück. »Mit einigem Schrecken, ja«, meinte er. »Aber ich bin froh, dass ich das durchgemacht habe. Jüngere Leute beneiden mich darum. Jüngere Künstler würden gern Teil dieser Geschichte sein, in der sie keine Rolle spielten. Wissen Sie, dass ich am 4. Juni mit einem Freund zum Tiananmen-Platz gegangen bin? Als wir die Panzer kommen sahen und die Schüsse hörten, lief er weg, aber ich bin weitergegangen. Nicht weil ich ein Held sein wollte, sondern weil es mich dort hinzog und weil ich sehen musste, was dort geschah. Ich denke oft, dass mein Freund es bestimmt für immer bereut, weggelaufen zu sein. Man kann nicht vor der Kulturrevolution davonlaufen. Vielleicht ist das eine sehr chinesische Denkweise, aber ich glaube, man kann nur dann eine glückliche Gegenwart haben, wenn man eine unglückliche Vergangenheit hatte.«

Ni Haifeng meinte: »Natürlich wurden in der Kulturrevolution viele getötet. Aber in jeder Ära kommen Menschen in großer Zahl ums Leben. Diese Leute waren von einem Fieber erfasst und konnten nicht sehen, dass das, was sie taten, falsch war. Sie haben viel aufgegeben, um sich der Revolution anzuschließen und die zu töten, die, wie sie glaubten, getötet werden mussten, und das war mutig. Ich bewundere diesen Mut.« Später sprachen wir über die Ereignisse auf dem Tiananmen-Platz. »Wir haben alle demonstriert«, sagte er. »Und was passiert ist, war schrecklich. Aber wenn es nicht passiert wäre – dann hätte es vielleicht einen Bürgerkrieg mit Hunderttausenden Toten in China gegeben. Vielleicht wäre das Land zerfallen wie die Sowjetunion. Man kann nicht hundertprozentig sagen, dass das, was dort geschehen ist, falsch war.«

Der Performancekünstler Liu Anping, als Anführer der Demokratiedemonstrationen in Hangzhou angeprangert, saß ein Jahr lang im Gefängnis. »Am Tiananmen verstand niemand das Prinzip freier Wahlen oder war daran interessiert«, sagte er. »Was wir eigentlich wollen, ist, in dem, wie und wo wir leben und was wir tun, frei zu sein. Wir möchten ein Ende der Korruption und die Kunst machen, die uns gefällt. Aber für freie Wahlen ist China zu groß und zu schwer zu lenken. Wir sind eine fremdenfeindliche Kultur. Wir sind nostalgisch, was die Kulturrevolution betrifft, weil sie durch und durch chinesisch war. Wir könnten niemals eine Demokratie im westlichen Stil akzeptieren – einfach weil sie westlich ist. Wir müssen eine chinesische Lösung finden, und die chinesische Lösung ist nicht so frei wie freie Wahlen. Das würden wir auch gar nicht wollen.«

Zhang Peili, der eine Verhaftung riskierte, um sein Gemälde von dem Tiananmen-Opfer in Hangzhou aufzuhängen, bestätigte diese Sicht: »Bei einem Künstler ist Idealismus eine großartige Sache, also halten wir daran fest; das ist unser Recht als Künstler. Bei einem Anführer aber ist Idealismus schlimm.« In China ist die Demokratierhetorik in manchen Kreisen sehr kraftvoll, aber nicht im buchstäblichen Sinne. »Man kann ein Land nicht führen, wenn man Milliarden Stimmen berücksichtigt«, sagte Zhang. »Das wäre verheerend, und es würden weitaus mehr Menschen das Leben kosten als jetzt.«

Mit sechsundzwanzig gehört Feng Mengbo zwar zu den jüngsten Künstlern des Kreises um Lao Li, doch er hat eine ungewöhnlich klare Sicht auf das Verhältnis zwischen östlichen und westlichen Entwicklungen. In Spielhallen spielen Jugendliche westliche Videospiele, in denen sie die Rolle der Guten übernehmen, die versuchen, das Böse zu vernichten. Feng meinte, dies sei nicht weit von dem Verhalten junger Menschen in der Kulturrevolution entfernt, die als die Guten auftraten, jeden in die Luft jagten, den sie für schlecht hielten, und eine Menge Punkte dafür bekamen. Er hat statische Gemälde angefertigt, Vorarbeiten zu Videospielen, die er nach dem Vorbild von Maos revolutionären Modellopern produzieren möchte. Eine weitere Serie zeigt Bilder eines Videospiels mit Mao in seiner üblichen Pose, bei der er mit der rechten Hand winkend seinen Segen erteilt. Feng Mengbo hat die Serie »›Taxi, Taxi‹, sagt Mao Tse-tung«, genannt, ein Spiel mit Maos Pose und der chinesischen Angewohnheit, ständig Aussprüche Maos zu zitieren, als enthielten sie die letzte Wahrheit. In dem Spiel steht Mao an einem Straßenrand und hebt die Hand, während Taxis vorbeirasen. Mao verliert jedes Mal, weil keins der Taxis anhält. In den Augen vieler Chinesen war die Kulturrevolution eine Art von Spiel, und die neue Interaktion mit dem Westen ist nur eine andere, wenngleich weniger interessante Version desselben Spiels.

Die meisten Künstler der chinesischen Avantgarde sind unter vierzig, daher haben sie ein passives Verhältnis zu den Ereignissen Ende der sechziger und Anfang der siebziger Jahre; sie waren sich bewusst, was geschah, doch wenn sie daran teilnahmen, dann ohne es zu verstehen. In der älteren Generation war die Avantgardebewegung kleiner und gefährlicher; und fast alle der ihr angehörenden Künstler sind emigriert. Yang Yiping, der einzige noch in China lebende Künstler der »Sterne«, erhielt als Sohn eines Parteimitglieds in guter Position bei Beginn der Kulturrevolution einen Posten in der Armee, die sicherste Stellung, die möglich war. Yang blieb in Peking, fertigte Propagandagemälde fürs Militär und diskutierte mit Freunden über Politik, bis er die negative Seite der Kulturrevolution erkannte und sich 1978 der Demokratiebewegung anschloss.

Gegenwärtig malt er riesige schwarzweiße Bilder von jungen Leuten mit von Begeisterung erfüllten Gesichtern, die aus der Leinwand auf den Betrachter zutreten. Den Hintergrund bildet der Tiananmen-Platz, und Maos Porträt am Tor zur Verbotenen Stadt bildet stets den Mittelpunkt des Bildes. Diese schmerzlich traurigen Bilder, in Farbe und Stimmung an verblasste Schnappschüsse erinnernd, zeigen eine jugendliche Zielgerichtetheit, die im Rückblick fast unvorstellbar erscheint. Ich stand in Yangs Atelier und betrachtete lange jene strahlenden, beinahe unglaublichen Gesichter über den Krägen ihrer Mao-Anzüge; als ich mich wieder abwandte, sah ich ein kleines Schwarzweißfoto – den jungen Yang Yiping, schneidig in seiner Armeeuniform. Ich sah auch in diese Augen – sie strahlten die gedankenlose Selbstgewissheit eines jungen Menschen aus, der bereit war, die Welt zu retten. »Ich habe so leidenschaftlich an alles geglaubt«, sagte Yang. »Und dann gab es die Mauer der Demokratie und die ›Sterne‹.« Wir standen da und betrachteten seine Bilder. »Das war meine Jugend. Ich wusste nicht, was ich tat. Heute bedaure ich es – aber damals war ich so glücklich! Ich konnte das nicht aufgeben und wollte es auch nicht.«

Chinas bekanntester junger Schauspieler, der dreißigjährige Jiang Wen, führt zum ersten Mal Regie. Er hat sich entschlossen, *Ferocious Animals/Wild Beast*, zu verfilmen, in China einer der Bestsellerromane des vergangenen Jahres, der in der Kulturrevolution spielt. Ich sprach mit Jiang Wen am Set in einer Schule. Die Darsteller waren teils professionelle Schauspieler, teils Schüler. Um Letzteren ein Gefühl für die Epoche zu geben, hatte er sie an »Indoktrinierungsprogrammen« auf dem Land teilnehmen lassen. Es war gespenstisch, vom Klassenzimmer auf der rechten Seite des Flurs, der für den Film umgestaltet worden war, wo alle die gleichen Hosen und Stoffschuhe trugen und hoch oben ein Bild Maos prangte, in das Klassenzimmer auf der linken Seite zu gehen, wo normaler Unterricht stattfand, die Kinder Trainingsanzüge trugen und gelegentlich wild durcheinander sprachen. Jiang meinte: »Die Leute im Westen vergessen, dass diese Zeit auch eine Menge Spaß gemacht hat. Das Leben war sehr leicht. Niemand arbeitete, niemand studierte. Wenn man bei den Roten Garden war und man kam in ein Dorf, liefen alle aus ihren Häusern, um einen zu begrüßen, und man sang zusammen Revolutionslieder. Die Kulturrevolution war wie ein großes Rock-'n'-Roll-Konzert mit Mao als dem größten Rocker und allen anderen Chinesen als seinen Fans. Ich möchte eine Leidenschaft zeigen, die verlorengegangen ist.« Jiang dachte durchaus auch an die Menschen, die der Kulturrevolution zum Opfer gefallen waren, vertrat aber die Meinung, dass dies nur ein Aspekt unter vielen war, so wie die romantische Kriegslyrik und Kriegsfilme im Westen das in anderen Kämpfen vergossene Blut nicht auslöschen.

Ich war zum Abendessen in die Wohnung von Wu Wenguang eingeladen, einem Filmemacher, der kürzlich einen Dokumentarfilm mit dem Titel *1966: Meine Zeit bei den Roten Garden* fertiggestellt hatte. Er hatte fünf ehemalige Rotgardisten gefunden, sie ausführlich befragt und dann das Material zusammengeschnitten, um die besondere Mischung aus Nostalgie, Scham, Stolz und Wut zu zeigen, die diese Männer über ihre eigene Geschichte empfanden. Es war ein guter Abend mit interessanten Gästen, unter anderem mit dem Zynischen Realisten Zhao Bandi, einem Regisseur, der soeben die ersten Produktionen Sam Shepards in Peking beendet hatte und dessen Adaption von *Catch-22* bald Premiere haben sollte, Ni Haifeng und verschiedenen anderen. Ich fragte Wu Wenguang, ob er angesichts der Rolle, die jene Rotgardisten in der mörderischen Geschichte ihrer Zeit gespielt hatten, Verachtung oder Entsetzen verspürt habe. »Sehen Sie nur, wer an diesem Tisch sitzt«, antwortete er. »Wir sind alle Wegbereiter eines neuen Denkens in China. Wir sind die Avantgarde, diejenigen, die zur nächsten Welle drängen, wir glauben an die Demokratie und tragen dazu bei, in China eine bessere Gesellschaft aufzubauen.« Ich nickte. »Wie können wir da Verachtung oder Entsetzen empfinden? Wären wir zwanzig Jahre früher geboren, wären wir Rotgardisten gewesen, jeder Einzelne von uns.«

Alte Hasen

Ich besuchte den großen Gelehrten Zhu Qizhan in Schanghai, der mit seinen hundertzwei Jahren als größter Tuschezeichner Chinas im traditionellen Stil gilt. »In meiner Jugend«, erklärte er mir, »habe ich auch Ölmalerei gelernt, und das hat sich auf meine Arbeit ausgewirkt und sie beeinflusst, vor allem die kräftigen Farben. Was die westliche Welt betrifft, würde ich sagen, chinesische Künstler können sie sich zunutze machen, aber für chinesische Zwecke. Ein Chinese kann die westliche Kunst ignorieren, nicht aber die chinesische. Und wenn er beginnt, Formen und Inhalte der beiden zu mischen, wird er wahrscheinlich weder Fisch noch Fleisch sein.«

Die chinesische Maltradition beruht auf dem Prinzip der Flucht und soll die Seele des Betrachters in neue Höhen erheben. Der vielleicht bedeutendste Unterschied zwischen der traditionellen Malerei – der *guohua* – und der avantgardistischen Kunst besteht darin, dass Erstere von den eigenen Problemen wegführt, während Letztere den Rezipienten zwingt, diese Probleme anzuschauen. Zhu Qizhans beredte, bemerkenswerte Bilder verlangen den Respekt jüngerer Künstler, zeigen aber, wie weit sich die Avantgarde in Form und Inhalt davon entfernt hat.

Der Realismus kam in China 1919 in Mode und ist bis heute weit verbreitet. Das Werk des prominentesten Realisten Chen Yifei gilt nach westlichen Maßstäben als Grußkartenkitsch. Chen ist in die Vereinigten Staaten emigriert, aber die Exaktheit und das handwerkliche Können, von dem seine Gemälde von jungen, flötespielenden Mädchen mit hochgeschlossener Kleidung zeugen, üben eine starke Anziehungskraft aus, vor allem auf Asiaten. In Hongkong erzielen seine Bilder durchaus schon mal 250 000 Dollar.

Ich besuchte Yang Feiyun, einen Porträtmaler in Chens Tradition. Die Frauen auf seinen Bildern – ohne Flöten – haben die fotografische Schärfe und plastische Glätte, auf die die akademische Ausbildung in China ausgerichtet ist. »Ich bin am meisten von Botticelli, Dürer und Leonardo beeinflusst«, sagte Yang. »Vielleicht war der Realismus im Westen zu lange zu gut, und die Künstler waren seiner überdrüssig.

Ich kann es nicht akzeptieren, wenn man wie im Westen die Vergangenheit und sogar die eigene Vergangenheit ablehnt, um ständig wieder von vorne anzufangen. Die Suche nach Perfektion ist wichtiger als die Möglichkeit, zwischen vielen Wegen zu wählen. Manche sagen, dass Kunst grenzenlos ist, aber das stimmt nur, wenn sie in ihrer eigenen Hemisphäre bleibt. Wenn sich West und Ost begegnen, stößt die Kunst durchaus an Grenzen.«

Warum Gilbert & George?

Seit einigen Jahren öffnet sich China zunehmend für Ausstellungen aus dem Westen – sofern der Westen die Kosten übernimmt. Für etwa 25 000 Dollar kann man die oberen Räume des Nationalen Kunstmuseums für einen Monat mieten und mit entsprechender Genehmigung dort aufhängen, was man will. Seit Robert Rauschenberg 1985 das Eis brach, wurden, finanziert von den jeweiligen ausländischen Regierungen, mehrere Einzelausstellungen unbedeutender Künstler ins Land geschickt; daneben gab es einige internationale Studentenprojekte und eine große Rodin-Schau, die im Juni eröffnet wurde.

Die britischen Avantgardekünstler Gilbert & George legen großen Wert darauf, ihre riesigen, leuchtend bunten und hochpolitischen Fotomontagen auch international zu zeigen. Ihre Ausstellung 1990 in Moskau ist in russischen Künstlerkreisen nach wie vor Gesprächsthema. Sie wurde von dem schlauen und geschäftstüchtigen Engländer James Birch organisiert. Als er Gilbert & George fragte: »Und wohin als Nächstes?«, sagten sie: »Nach China!«

Zur Zeit der Moskauer Schau befand sich Russland noch im Glasnost-Prozess, und die Entscheidung, der Öffentlichkeit Kunst zu präsentieren, die selbst im Westen wegen ihres kulturellen, politischen und sexuellen Radikalismus – manches ist ausgesprochen homoerotisch – feindselige Kommentare provozierte, passte in die allgemeine Agenda nach dem Motto: »Nichts ist zu extrem für uns.« In China hingegen gilt vieles als zu extrem, und dass die chinesische Regierung eine Ausstellung von Gilbert & George genehmigte, scheint auf den ersten Blick überraschend. Die letzte große Schau der beiden hieß *New Democratic Pictures*, und obwohl der Titel in China nicht übernommen wurde, war die Bedeutung der Arbeiten doch für jeden ersichtlich, der die Sprache zeitgenössischer westlicher Kunst verstand.

Die chinesischen Regierungsvertreter ließen sich zwar teilweise durch Birchs Begeisterung überzeugen, aber letztlich waren wirtschaftliche Gründe entscheidend. Gilbert & George und ihr Londoner Händler Anthony d'Offay mieteten nicht nur das Kunstmuseum, sondern versprachen auch, Besucher aus dem Westen zur Eröffnung zu locken, Bankette und Fernsehpräsentationen zu veranstalten und Geld in die lokale Wirtschaft zu pumpen. Einem Beteiligten zufolge beliefen sich die Gesamtkosten auf nahezu eine Million Pfund. Außerdem war die Regierung im Hinblick auf die Bilder naiv. »Sie glauben nicht etwa«, sagte Lao Li in amüsiertem Ton, »dass diese Regierungsleute verstehen, worum es bei den Werken geht? Sie sind im Westen berühmt, und mehr wissen sie nicht darüber.« Zudem mussten die Chinesen ihre Offenheit beweisen, da die Wahl des Austragungsorts für die Olympischen Spiele anstand. Hinzu kam, dass die Chinesen mit ihrer Haltung »Was der Westen sagt, interessiert uns nicht« davon ausgingen, durch die Kontrolle der Ereignisse bei der Eröffnung auch die Darstellung von Gilbert & George in den Medien kontrollieren zu können.

Mit großem Pomp wurde die Ausstellung am 3. September 1993 vom britischen Botschafter und dem chinesischen Kulturminister eröffnet. Aus dem Westen waren etwa hundertfünfzig Gäste gekommen; Myriaden hoher chinesischer Beamter strömten in die Veranstaltung. Gilbert & George fanden die Blumen zu diesem Anlass nicht opulent genug, und so zogen sie selbst los und kauften prachtvolle Gebinde zur Ausschmückung der Eingangshalle – zum großen Vergnügen der Chinesen, die im Gegensatz zu Gilbert & George wussten, dass es sich um Beerdigungsgebinde handelte. Die beiden Künstler hatten nicht nur darauf bestanden, ihre Bilder selbst zu hängen, sondern auch bei der Eröffnung und bei den sieben oder acht damit zusammenhängenden Banketten Reden zu halten. Sie gaben Interviews für Presse und Fernsehen. Aber nur wenig von dem, was sie bei diesen Gelegenheiten sagten, wurde auch gedruckt. Die Schau hatte in China relativ geringe Publicity, und die Ansprachen der beiden wurden selbst in der Simultanübersetzung wesentlich verändert und abgeschwächt.

Die Briten nahmen Kontakt zu Lao Li auf und gaben ihm Einladungen, die er an Künstler verteilen sollte, aber die chinesische Avantgarde fand den Jetset-Glamour der Eröffnung unerträglich, imperialistisch und selbstverherrlichend. Sie kritisierten die tolerante Begeisterung, die Gilbert & George von den Regierungsvertretern entgegengebracht wurde. Als sie beim Eröffnungsbankett an der Spitze der Tafel saßen, schaute sie jemand an und bezeichnete sie als »zwei Hohlköpfe unter faulen Eiern«. In den Augen der Chinesen hatte die Eröffnung den Inhalt ihrer Arbeiten beinahe ausgelöscht. Sie war ebenso heuchlerisch, wie wenn Mutter Teresa zu einem Goodwill-Besuch in die USA gekommen und die ganze Zeit mit Donald Trump und Leona Helmsley verbracht hätte. Die chinesischen Regierungsvertreter wussten, dass sie durch diese Gestaltung der Eröffnung die Arbeiten der beiden Künstler für die radikalen Elemente in der eigenen Gesellschaft neutralisiert hatten.

Die meisten chinesischen Künstler kennen die zeitgenössische westliche Kunst vorwiegend aus Büchern. Im Studio des Malers Ding Yi blätterte ich in einem Band mit dem Titel *Western Modern Art*, in dem auch eine der monumentalen, oft sechs Meter langen oder hohen farbigen Fotomontagen von Gilbert & George abgebildet war, allerdings lediglich in Form eines verkratzten Schwarzweißfotos. Während ihrer Reise sagten Gilbert & George wiederholt: »Unsere Kunst kämpft für Liebe und Toleranz und die universelle Entfaltung des Individuellen. Jedes unserer Bilder ist ein visueller Liebesbrief von uns an den Betrachter.« Welche höhere Botschaft könnte es danach für die westliche Kunst in China noch geben? »Ich glaube«, sagte Lao Li, »das Wichtige in diesem Werk wird zu den Menschen durchdringen, die daran interessiert sind, es zu verstehen.« Die Eröffnung war eigentlich nur so etwas wie eine atmosphärische Störung.

Der Osten trifft auf den Westen

»Der Westen nennt Zivilisation, Modernisierung und Verwestlichung oft in einem Atemzug«, sagte Zhang Peili. »Aber erst in der Moderne hat der Westen Erfindungen gemacht, bevor China es tat. Davor waren wir die fortschrittlichere Zivilisation.« Die Chinesen verachten die westliche Angewohnheit, sich der Industrialisierung zu rühmen. »Beim Anblick einer Fabrik denkt man gleich, das ist westlich«, sagte Bo Xiaobo, ein Journalist aus Schanghai, zu mir. »Aber bei uns gibt es schon seit hundert Jahren Fabriken. Im Westen wurde das Schießpulver sofort angewendet, nachdem man es bei uns entdeckt hatte, aber niemand spricht von Chinas Bedeutung für die Amerikanische Revolution oder den Ersten Weltkrieg. Wenn jemand in ein Auto steigt und zu seinem Arbeitsplatz in einer Fabrik fährt, dann ist das nicht westlicher Lebensstil, sondern einfach nur das moderne Leben.«

Außerdem vereinnahmt der Westen für sich alle Kunst, die keine Tuschemalerei ist. Die Chinesen verwenden heute eine Bildsprache, die im Westen entwickelt wurde. Aber Papier stammt ursprünglich aus Asien, und trotzdem werden nicht alle Werke auf Papier als asiatisch bezeichnet. Warum also sollte jedes Ölgemälde als westlich gelten? Warum beansprucht der Westen den Konzeptualismus, die Installationskunst, den Modernismus und die Abstraktion für sich? Die Kunsthändlerin Alice King aus Hongkong, die modern gestaltete Werke im Guohua-Stil anbietet, fragt: »Was ist ein chinesisches Gemälde? Jedes Gemälde, das von jemandem aus China angefertigt wurde? Jedes Gemälde, das von einem gebürtigen Chinesen gemalt wurde? Oder handelt es sich um eine Frage des Stils? Kann ein Künstler aus dem Westen ein chinesisches Bild anfertigen, indem er mit Reispapier und Pinsel arbeitet?« Von Leuten aus dem Westen wird chinesische Malerei gelegentlich geringschätzig als nicht originär bezeichnet. »Wir als Künstler müssen Chinas Probleme lösen, auch wenn sie im Westen als langweilig empfunden werden«, meinte der Maler Wang Yin, einer der Bewohner des Dorfs Yuanmingyuan.

Li Xianting wies darauf hin, dass es eine große Kluft zwischen chinesischer Schriftsprache und dem gesprochenen Wort gab, bis in der Qing-Dynastie Literatur aus dem Westen nach China gelangte. »Das klassische Chinesisch ist eine sehr vage, unbestimmte Sprache, in der es zum Großteil dem Leser überlassen bleibt, die Bedeutung zu bestimmen. Erst als chinesische Gelehrte Bücher aus dem Ausland lasen, konnten sie sich vorstellen, dass es eine direkte Entsprechung zwischen geschriebenem und gesprochenem Wort geben könnte. Erst dann erhielt unsere Schriftsprache diese westliche Präzision. Aber es war immer noch die chinesische Sprache, und auch die Themen waren immer noch chinesisch. Wenn ich Ihnen einen neueren chinesischen Roman gebe, werden Sie nicht sagen: ›Aber der ist ja in Englisch!‹ Und das sollte auch für unsere Kunst gelten.« Dasselbe könnte man auch über die Wirtschafts- und Sozialreform in China behaupten, die sich zum großen Ärger der Chinesen viel zu oft der Westen auf die Fahnen schreibt. »Heute verläuft es nur noch in eine Richtung«, sagten die Neuen Revolutionäre aus Schanghai. »Man findet alle möglichen westlichen Dinge und Gedanken in China, aber keine chinesischen Dinge oder Gedanken im Westen. Das müsste ausgewogener sein.«

Das Maß an Freiheit, das im Westen herrscht – die natürliche Begleiterscheinung der Demokratie –, ist unter Chinesen ein ständiges Thema. Gu Wenda, der heute in New York lebt und neben Ai Weiwei und Xu Bing einer der führenden Vertreter der chinesischen Kunst im Ausland ist, erzählte mir, in China seien seine Ausstellungen wegen »unangemessenem politischem Inhalt, was eine Art Code für politische Geheimnisse ist«, geschlossen worden. Als er in New York Arbeiten zeigte, für die er traditionelle chinesische Medizin, unter anderem ein Pulver aus menschlicher Placenta verwendet hatte, schlossen die Behörden auch diese Schau, wobei sie sich irgendwie auf Abtreibung beriefen. Als Künstler sah er zwischen beiden Fällen keinen großen Unterschied.

Im vergangenen Jahr gewann Ni Haifeng einen deutschen Kunstpreis und lebte drei Monate in Bonn, wo er sich mit Künstlern aus der Umgebung anfreundete. Einer von ihnen lud ihn zu einem Abendessen ein, bei dem jeder etwas mitbringen sollte, und sagte zu ihm: »Wir hoffen, dass du etwas Chinesisches machst.« Also kochte Ni Haifeng eine Suppe, die er besonders gern mochte. »Ich teilte sie aus«, erzählte er mir,« und alle fanden ihren Geschmack hervorragend. Zuletzt probierte ich sie selbst und merkte, dass ich einen großen Fehler gemacht hatte. Die Suppe war grauenhaft. Anfangs dachte ich, die Leute wollten einfach nur nett sein, aber manche aßen mehrere Teller davon, und schließlich wurde mir klar, dass sie ihnen wirklich gut schmeckte. Aber ich hatte ein schlechtes Gewissen, weil ich ihnen eine schlechte Suppe serviert hatte. Deshalb lud ich sie ein paar Wochen später alle zu mir ein und machte diese Suppe erneut. Diesmal war sie perfekt. ›Na ja‹, sagten sie zu mir, ›die ist schon okay, aber nicht annähernd so gut wie letztes Mal.‹ Und sie aßen nur sehr wenig davon.«

Die Chinesen amüsieren sich gern darüber, dass ihre kulturellen Maßstäbe von Menschen aus dem Westen kaum verstanden werden. Eines Abends, als ich in Hangzhou mit Zhang Peili, Geng Jianyi und anderen Freunden zusammensaß, kam das Gespräch auf zwei Frauen aus ihrer Schule, die sie mit »unverkäuflichen Waren aus einem alten Kaufhaus« verglichen. Beide waren mit jungen Männern aus dem Westen glücklich geworden. Zhang und Geng beschrieben, wie sie einmal bei der Familie eines dieser jungen Männer zum Abendessen eingeladen waren und die Mutter ständig flüsterte, sie habe noch nie ein »so schönes« Mädchen kennengelernt. »Unser nächster großer Export«, sagten sie, »werden die hässlichsten Frauen in China sein. Die können dann alle attraktive reiche Amerikaner heiraten.« Später musste ich eine Art Rätsel lösen: »Schau mal dort«, sagten sie dann. »Eine dieser beiden Frauen ist hübsch und die andere unattraktiv. Kannst du uns sagen, welche was ist?«

Trotz des unstillbaren Hungers chinesischer Konsumenten auf westliche Produkte hat der Westen in den Augen der Chinesen eigentlich keine große Bedeutung. Als ich eines Abends mit der Frau eines Künstlers in einem Restaurant saß, sagte sie: »Wissen Sie, mein Mann wäre wütend, wenn ich mit einem Chinesen zum Abendessen ausgehen würde.« »Aber mit mir essen zu gehen, das macht nichts?«, fragte ich. »Nein«, antwortete sie. »Natürlich nicht.«

Ähnlich verblüffend fand ich, dass man ohne Schwierigkeiten die *International Herald Tribune* bekommen konnte, dass viele den BBC World Service empfingen und dass Gilbert & George mit so viel Toleranz aufgenommen worden waren. Anfangs vermutete ich, all dies seien Zeichen für die Öffnung ideologischer Schranken, doch später wurde mir klar, dass niemand von importiertem westlichen Gedankengut wirklich beeinflusst wird, während etwas viel Geringfügigeres – das Schneiden der Haare in einer Museumshalle zum Beispiel – eine Revolution auslösen konnte.

China beendete seine isolationistische Politik offiziell im Jahr 1978, aber die entsprechende Mentalität lebt fort. »Wir waren so lange abgeschnitten«, sagte Zhang Peili. »Es ist, als stünde man in einem dunklen Raum, und plötzlich würden die Vorhänge weggezogen. Man kann draußen nichts erkennen, weil sich die Augen erst noch an das Licht gewöhnen müssen.« Der Künstler und Kritiker Xu Hong aus Schanghai meinte: »Ständig ist die Rede davon, westliche und östliche Einflüsse miteinander zu mischen, als würde man rote und blaue Tusche mischen, um Bilder in Violett zu malen. Keiner bedenkt, was es bedeutet, diese Kulturen zu verstehen und ihre unterschiedlichen Denkweisen zu berücksichtigen.« Jeder Künstler, den ich kennenlernte, erklärte mir, warum sein Werk in Wirklichkeit nicht so westlich sei, wie es den Anschein habe. »Wie könnte es auch westlich sein?«, fragte mich Zhang Wei, ein Universitätsdozent, der in Yuangmingyuan lebt. »Natürlich sind wir in der Ära der sogenannten Politik der offenen Tür erwachsen geworden, aber wir haben alle begriffen, dass es bestenfalls eine Politik des offenen Türspalts ist. Und wir wissen, dass diese Tür niemals wirklich offen steht, dass die Menschen niemals nach Gutdünken hindurchgehen können.«

Für Künstler ist es schwer, sich völlig von der chinesischen Tradition zu lösen. Der Maler Ding Yi, der zurückgezogen in Schanghai lebt, fertigt große abstrakte Gemälde auf Leinwand in schönen Farben, auf denen einfache Muster über graphische Flächen gelegt sind. Vor kurzem hat er begonnen, solche abstrakten Bilder auf Bambus- und Papierfächer zu malen. »Ich musste mich mit der chinesischen Tradition verbinden«, erklärte er mir. »Und gleichzeitig wollte ich dieses westliche Prinzip für Chinesen weniger abschreckend machen.«

Unterdessen arbeiten andere Künstler mit chinesischen Mitteln und westlichen Formen. Lu Shengzhong hat an der Central Academy in Peking Volkskunst studiert und sich auf Scherenschnitt spezialisiert. Zu den traditionellen Fertigkeiten einer Frau auf dem Land gehörte das Kochen, das Nähen und der Scherenschnitt. Lu Shengzhong erzählt von alten Frauen, die alle Fähigkeiten verloren haben bis auf den Scherenschnitt und sich in ihren feinen narrativen Arbeiten ausdrücken. Lu ist ein Meister dieser Kunst und hat mehrere Bücher zu dem Thema veröffentlicht. In seinen jüngsten Werken beschränkt er sich auf eine einzige Form, die des »universellen Menschen«, den er stets aus rotem Papier in verschiedenen Größen und in großen Mengen ausschneidet, um daraus dann überdimensionale, geheimnisvolle Installationen anzufertigen. Lao Li lehnt diese Werke ab. Viele Chinesen empfinden das Vermischen von bäuerlicher Tradition und Modernismus als mehr oder weniger unsauber. Sie stören sich an der westlichen Begeisterung für ausgesprochen chinesisch wirkende, aber eng mit dem westlichen Denken verbundene Materialien. Es ist, als würde Lu Shengzhong sich und die Kultur prostituieren und dem Westen etwas geben, was ihm nicht gebührte, und das zu einem zu niedrigen Preis.

In der anhaltenden, starken Ablehnung des Westens schwingt ein nationalistischer Ton mit. Die Chinesen, stets konkurrenzbereit, werden vom Westen nehmen, was sie für ihre eigenen Zwecke nutzen können. »Die westliche Kultur hat die Vorherrschaft«, sagte Lao Li. »In einer früheren Zeit war die chinesische Kultur die dominierende. Jetzt befindet sich der Westen im Niedergang, und China ist im Aufstieg begriffen. Bald werden sich unsere Wege kreuzen.« Gu Wenda drückte es schlicht so aus: »Wäre China nach dem Zweiten Weltkrieg das stärkste Land gewesen, würden Künstler aus dem Westen meine Sprache benutzen und nicht ich ihre.«

Über das Thema China als größte Macht der Welt wird im Land so häufig gesprochen, als wäre es bereits eine ausgemachte Sache. Der einzige Streitpunkt ist, wann es so weit sein wird. Manche glauben, es werde nur noch zwanzig Jahre dauern, andere meinen, bis dahin werde noch mehr als ein Jahrhundert vergehen. Künstler rechnen damit, dass ihre Stellung im Ausland überragend sein wird, wenn sich China einmal über alle anderen Länder erhoben hat. »Ich bin der Wächter Gottes und die Stimme Gottes«, sagte mir der Maler Ding Fang, Schöpfer furchterregender mythologischer Landschaften im Stile Wagners. »Ich schaffe eine Renaissance des Geistes und der spirituellen Erhöhung. So gewiss, wie die Sonne stets aufgehen wird, wird mein Werk ewig Bestand haben; nur wer blind ist, wird es nicht erkennen. Mit diesen Arbeiten wird China den Menschen der Welt den Geist zurückgeben.«

Ein gefährliches Konzept

In dem Künstlerdorf Yuanmingyuan wird Yan Zhengxue allgemein Bürgermeister genannt. Mit seinen 49 Jahren ist er älter als die anderen und lebt schon länger im Ort als sie. Yan sieht nicht gerade wie ein Künstler aus. Er hat kurze Haare und trägt normale Kleidung. Seine großen Tuschebilder sind dekorativ und im traditionellen Stil gefertigt, und sein Auftreten ist bescheiden und unaufdringlich.

Am 2. Juli fuhr Yan mit dem Bus Nummer 332 aus der Stadtmitte Pekings nach Yuanmingyuan. Er wollte gerade aussteigen, als der Fahrer die Tür bereits wieder schloss, worauf sich eine kleine Auseinandersetzung entspann. An der nächsten Haltestelle schloss der Fahrer die Tür ganz bewusst, als Yan aussteigen wollte, und so musste er bis zur Endstation mitfahren, wo der Fahrer ihm vorwarf, er habe etwas aus seinem Geldbeutel genommen, und die Polizei rief. Das Gebiet gehört zum selben Zuständigkeitsbereich wie das Dorf, so dass die drei Polizisten, die kamen, Yan Zhengxue als den »Bürgermeister« erkannten. Er wiederum kannte die Polizisten von einer Ausstellung, die Künstler im Dorf hatten veranstalten wollen und die von ihnen geschlossen worden war. Yan erklärte, er habe den Geldbeutel des Fahrers nicht angerührt, aber die Polizisten zogen ihn aus dem Bus, schlugen ihn und warfen ihn zu Boden. Einige Einwohner der Gegend schauten zu, griffen aber aus Angst nicht ein.

Dann zerrten die Polizisten ihn zum Revier und traktierten ihn mit elektrischen Schlagstöcken. »Ich habe mich nicht gewehrt«, sagte Yan,

»sondern nur immer wieder gefragt: ›Warum schlagt ihr mich?‹ Aber sie hörten nicht auf.« Wir unterhielten uns in Yans kleinem Atriumhaus im Dorf, und er zeigte mir Fotos von sich mit Brandwunden, Strömen von Blut und nässenden Blasen. »Sie haben mir immer wieder auf die Leisten geschlagen.« Dabei hielt er mir eine besonders bizarre Aufnahme hin. »Die elektrischen Schlagstöcke brennen furchtbar. Meine Zähne haben sich gelockert, ich hatte blaue Flecken auf der Brust, auf dem Rücken, am Kopf. Sie befahlen mir, mich hinzuknien, aber ich weigerte mich, und da schlugen sie mich noch heftiger. Sie drohten mir: ›Wenn du kotzt, wirst du den Boden mit der Zunge saubermachen. Wir wissen, wer du bist. Künstler, wer hat dich zum Dorfbürgermeister gemacht? Du hast überhaupt nichts zu sagen.‹« Dann forderten sie ihn auf, ein Geständnis zu unterschreiben, in dem stand, dass er den Busfahrer bestohlen habe. Als er das ablehnte, schlugen sie ihn bewusstlos und warfen ihn mitten in der Nacht vor die Polizeistation. Um vier Uhr am Morgen wickelte ihn ein Bewohner aus der Umgebung in eine Decke und brachte ihn ins Krankenhaus, wo seine Verletzungen und sein Gehörverlust behandelt wurden.

Ein paar Tage später erzählte einer der Künstler aus dem Dorf die Geschichte Wang Jiaqi, einem Anwalt, der normalerweise in einer Immobilienfirma in Peking arbeitet. Dieser nahm sofort Kontakt mit Yan auf: »Ich erklärte ihm, bei diesem schlimmen Vorfall handle es sich um einen Gesetzesbruch. Unsere Zentralregierung schätzt solche Gewaltakte untergeordneter Polizisten nicht. Ich schlug ihm vor, vor Gericht zu ziehen.«

Yan bat Künstlerkollegen um die Unterzeichnung einer Petition, in der gegen seine Behandlung durch die Polizei protestiert wurde. Fang Lijun war einer der ersten Künstler aus dem Dorf, der unterschrieb; Lao Li nahm ein Exemplar der Petition mit nach Hause und bat seine Besucher, sich ihm anzuschließen. Einige chinesische Journalisten erklärten sich bereit, über Yans Gerichtsverfahren zu berichten. Mit zunehmender öffentlicher Aufmerksamkeit erhielt Yan Hunderte Briefe von Opfern ähnlicher Gewalt. »Manche fragten mich, wie man Klage erhebt, andere warnten mich, ein ›plötzlicher Unglücksfall‹ werde mich treffen, wenn ich nicht achtgäbe.«

Wang legte dem Gericht Dokumente in Form von Fotos, Krankenhausberichten, Yans Stellungnahmen und Kopien der Petitionsunterschriften vor. »Sie nahmen die Klage an«, erzählte mir Wang. »Wir werden kein Geld bekommen, und die Polizisten werden nicht bestraft werden, aber wenn wir sie zu dem Eingeständnis bringen, dass sie ein Verbrechen begangen haben, ist schon etwas gewonnen. Ich vermeide es, in der Öffentlichkeit von Menschenrechten und Demokratie zu sprechen. Das ist zu gefährlich. Ich arbeite rein juristisch an Einzelfällen. Die Chinesen wissen nicht, dass sie sich mit Hilfe des Rechts schützen können; sie glauben, Gesetze existierten nur, um sie einzuschränken. Aber wir möchten hier ein Zeichen setzen.«

Als ich die Aufnahmen vor mir durchsah, die Yan Zhengxues Verletzungen in erschreckender Genauigkeit zeigten, sagte ich: »Es ist schon komisch, dass ich in China bin, um über Kunst und Künstler zu schreiben, und mir mit einem Mal eine Geschichte über Bürgerrechte und persönliche Freiheit anhöre. Das ist fast schon ein anderes Projekt.«

»Aber es *ist* eine Geschichte über Kunst und Künstler«, erwiderte Yan. »Die Polizei hasst mich, weil ich Künstler bin, ungehorsam, frei, in dem, was ich mache. Sie nehmen mir übel, dass sie dieses Dorf nicht unter Kontrolle haben, dass diese nicht gemeldeten Leute hier ohne Arbeitseinheiten, ohne Zeitpläne leben und Leute aus dem Westen durch den Ort schlendern. Ich war eine Zielscheibe, die sich anbot. In diesem Land darf man nach Geld streben, Frauen haben, trinken – solange man in einer Einheit registriert ist, ist alles in Ordnung. Aber wenn man Künstler ist« – er deutete auf seine großen Rollen mit Tuschebildern –, »wird es problematisch.«

Wang nickte zustimmend. »Herr Yan bringt es vor Gericht. Er missachtet auch weiterhin die Konvention, indem er auf das Recht pocht. Herr Yan wurde furchtbar misshandelt, weil er ein starkes Individuum ist, und als Individuum nimmt er das nicht einfach so hin. Egal ob er gewinnt oder verliert, ich hoffe, wir können den Menschen damit das Konzept vermitteln, dass sie protestieren dürfen, dass sie einen Weg finden können, für das einzustehen, was sie glauben, dass es für sie ein menschenwürdiges Leben gibt.«

Ich dachte wieder an Song Shuangsons Aktion mit dem Haareschneiden und verstand nun, warum er damit so viel Zorn hervorgerufen hatte und auf welche Weise sie erfolgreich gewesen war. Ich sah, warum selbst dieses banale Ereignis auf seine Art gefährlicher war als eine Bombe. Sofern Kunst die ihr innewohnende Gefährlichkeit zur Geltung bringen kann, erreicht sie ihr Ziel. Denn das Ideal der Individualität, dieser Humanismus, den Lao Li verkörpert, ist in der Volksrepublik nahezu unbekannt. Und wenn dieses Konzept zur breiten Bevölkerung des Landes durchdringen sollte, würde es sie zur Selbstbestimmung führen. Es wäre das Ende der Zentralregierung, der Kontrolle, des Kommunismus – es wäre das Ende für China. Mit ein wenig Glück wird dieser Kampf zwischen Humanisten und Absolutisten niemals enden: Es wäre tragisch, wenn eine Seite den absoluten Sieg davontrüge. Ungerechtigkeit ist etwas Furchtbares, aber ein Ende Chinas ist ebenfalls etwas, das niemand will, weder Deng Xiaoping noch Lao Li und sein Kreis.

Die zeitgenössische Kunst Chinas wurde in der westlichen Kunstwelt bereitwilliger akzeptiert als die der Sowjetunion beziehungsweise Russlands. Dies fiel mit einem Überdenken der westlichen Kulturgeschichte zusammen, mit der Erkenntnis, dass sich das, was wir von Asien gelernt haben, messen kann mit dem, was die Kulturen Europas und Amerikas nach Asien exportiert haben. Es mag den Anschein haben, der asiatische Einfluss beschränke sich darauf, dass Lackarbeiten und Porzellan im Westen so beliebt sind. Aber auf philosophischer Ebene ist er viel größer. Minimalismus und Formalismus sind asiatische Konzepte. Wäre Fluxus möglich gewesen ohne die asiatischen Traditionen, die Zeitlichkeit zu würdigen? Nachdem wir die zeitgenössische Kunst Asiens nicht mehr schmähen und ihr vorwerfen, sie plagiiere den Modernismus, müssen wir uns mit dem Gedanken anfreunden, dass der Modernismus in mancherlei Hinsicht die asiatische Kunst plagiiert hat. Künstler aus dem Westen haben vielleicht einige technische Fertigkeiten von der kalligraphischen Pinselführung gelernt, was sie aber vor allem von den zeichenbasierten Sprachen gewonnen haben, ist der metaphorische Reichtum, den das Verwischen der Linie zwischen sprachlicher und visueller Darstellung mit sich bringt. Diese Schuld haben wir erst vor kurzem erkannt.

Während die zeitgenössische Kunst aus China bei meiner ersten Begegnung mit ihr nur eine marginale Rolle im westlichen Bewusstsein spielte, ist sie inzwischen zu einem zentralen Element jeder Unterhaltung über zeitgenössische Kunst generell geworden, und Werke chinesischer Künstler erzielen astronomische Preise. 2007 stellte der Zynische Realist Yue Minjun mit dem Verkauf seines Gemäldes *Hinrichtung* für 5,3 Millionen Dollar einen Rekord auf. Er wurde bald gebrochen, als jemand für ein Bild von Zhang Xiaogang, dessen Werke 2004 noch für etwa 45 000 Dollar gehandelt worden waren, 6,1 Millionen Dollar zahlte. Zhang Xiaogangs Rekord wurde noch im selben Jahr übertroffen, als Zeng Fanzhis Maskenserie *1996 No. 6* 9,7 Millionen Dollar einbrachte; und 2013 wechselte sein Gemälde *Das Letzte Abendmahl* für 23,3 Millionen Dollar den Besitzer.[84]

Lao Li bezeichnet einen Großteil dieser Arbeiten als Kitsch-Kunst, ein von ihm geprägter Begriff zur Charakterisierung der schimmernden Oberfläche und der Glätte von Werken, die »die Machtlosigkeit der Kunst, die Allgegenwart des Konsumismus zu erschüttern«, demonstrieren. Er nennt dies »eine selbstironische Antwort auf das spirituelle Vakuum und die Verrücktheit des modernen China«.[85] Die chinesische Kunst strotzt vor unpolitischem Zynismus. Cao Fei, ein prominenter Künstler aus Guangzhou, meinte: »Gesellschaftskritik, das ist die Ästhetik der letzten Generation. Als ich mit meiner künstlerischen Tätigkeit begann, wollte ich nichts Politisches machen. Es war alles schon gesagt.« Der Maler Huang Rui beschrieb die neue Generation so: »Die Leute sind in einer ökonomischen Zeit aufgewachsen. Sie glauben, dass die Wirtschaft ihr Leben beeinflusst. Sie erkennen nicht, dass die Politik ihr Leben noch mehr beeinflussen kann.«[86]

Das Künstlerdorf Yuanmingyuan wurde 1993 von den Behörden geschlossen. Lao Li, Fang Lijun und Yue Minjun gehörten zu den Ersten, die nach Songzhuang umzogen, ein Bauerndorf etwa zwanzig Kilometer vom Stadtkern Pekings entfernt. Viele andere folgten bald. Die Gemeinde war erfreut über die zusätzlichen Steuereinnahmen durch diesen Zuzug, doch die Künstler wurden nach kurzer Zeit in Landstreitigkeiten mit den Einheimischen verwickelt. Andere Künstler ließen sich im 798 nieder, einem aufgelassenen Umspannwerk im Nordosten Pekings. Dieser Ort wurde zu einem Muss für Kunsttouristen, und schon bald eröffneten dort Cafés und Boutiquen, wie überall auf der Welt, wo die Kunst blüht. Li Wenzi, ein Händler aus Peking, meinte: »Das Künstlerdorf Yuanmingyuan war ein Paradies für Idealisten, für notleidende Seelen, die auf der Suche nach Freiheit und Frieden waren. Diese anderen Dörfer hingegen waren von Anfang an am Geld orientiert.« Die Regierung war begierig, den Kulturtourismus auszunutzen, aber die Förderung dieser Zentren trieb die Mieten in die Höhe, und viele Künstler konnten sie sich bald nicht mehr leisten. Das Problem war in entlegeneren Gebieten weniger akut, und heute arbeiten über viertausend Künstler in Songzhuang, und damit in nur einer von mehr als hundert Künstlergemeinschaften am Stadtrand von Peking.[87]

Lao Li ist Direktor des Kunstmuseums von Songzhuang und des Li Xianting Filmfonds, der zehn Jahre lang das Pekinger Festival des unabhängigen Films organisierte. In einem Interview im Jahr 2010 konstatierte Fang Lijun: »Lao Li war wie die Sonne am Himmel, die auf uns alle herabschien.«[88] Im August 2014 verboten die Behörden das Festival am Tag vor der geplanten Eröffnung. Über ein Dutzend Polizisten kamen, um Dokumente aus dem Festivalbüro zu konfiszieren; Lao Li und zwei Mitarbeiter wurden festgenommen und gezwungen, ein Papier zu unterzeichnen, in dem sie der Absage des Festivals zustimmten. Dann wurde der Strom am Veranstaltungsort abgeschaltet. Später sperrte die Polizei die Räumlichkeiten, in denen der Li-Xianting-Filmfonds viele Jahre lang einen Workshop für angehende Filmemacher veranstaltet hatte. Von da an fand er an einem geheimen Ort auf dem Land statt. Die Organisatoren waren fassungslos. »Unser Hauptziel besteht darin, das Bewusstsein unserer Studenten zu erweitern – ihnen neue Denkweisen über das Leben und das Kino zu vermitteln«, sagte Fan Rong, der geschäftsführende Direktor des Festivals. »Nichts von dem, was wir machen wollen, richtet sich gegen die Partei oder die Regierung.«[89]

Nach dem Gerichtsverfahren, das Yan Zhengxue, der »Bürgermeister« von Yuanmingyuan, 1993 wegen des Übergriffs der Polizei angestrengt hatte, wurde er für zwei Jahre in ein Umerziehungslager geschickt. Dort schuf er Hunderte Bilder von dunklen Landschaften, aus denen unter schwarzen Sonnen Blut sickert und die jeweils durch eine zentrale vertikale Linie geteilt sind – Ausdruck dessen, dass die wahren Inhalte seiner Gemälde verborgen oder unsichtbar bleiben, indem er jeweils nur die Hälfte malt. Um seine Bilder hinauszuschmuggeln, stopfte er sie in Plastiktüten, verbarg sie unter seiner Unterwäsche und warf sie in die Fässer mit Exkrementen der Lagertoiletten, die vorbeifuhren; seine Kinder und Freunde holten sie dann wieder dort heraus. Seit seiner Entlassung wurde Yan mehr als ein Dutzend Mal in Polizeigewahrsam genommen. 2007 steckte man ihn wegen »Zersetzung der Staatsmacht« für zwei Jahre ins Gefängnis. In dieser Zeit malte er nicht. »Ich hatte es satt zu kämpfen«, sagte er. Einmal versuchte er, sich zu erhängen.[90]

Der Transgender-Performer Ma Liuming wurde 1994 unter dem Vorwurf der Pornographie inhaftiert.[91] Nachdem Zhu Yu 2000 bei der von Ai Weiwei und Feng Boyi veranstalteten Schau *Fuck Off* in Schanghai ein Video seiner Performance gezeigt hatte, auf dem er angeblich einen Fötus aß, war jegliche Performance-Kunst verboten.[92] Wang Peng, der in einem Dorf auf dem Land aufgewachsen ist, aber in Peking arbeitet, erfuhr erst 2002 von dem Tiananmen-Massaker, als er Zugang zu einer Software bekam, mit der er die staatliche Internetsperre in China durchbrechen konnte. Danach gab er die abstrakte Malerei auf und arbeitete mit blutbedeckten Chirurgenhandschuhen von Kliniken, in denen Zwangsabtreibungen vorgenommen wurden. Als er von dem Massaker erfuhr, wollte er »die schockierendsten und hässlichsten Seiten der Gesellschaft aufreißen. Ich erkannte, dass nicht Schönheit das Wichtige ist, sondern die Wirklichkeit.«[93] Chen Guang war einer der Soldaten am Tiananmen-Platz, und die Erinnerung an jenes schreckliche Ereignis prägt seine blutdurchtränkte Bildsprache. Nachdem er 2014 eine private Schau veranstaltet hatte, wurde er von der Polizei abgeführt. Sie kam mit vier gepanzerten Kraftfahrzeugen zu seiner bescheidenen Wohnung.[94] 2015 wurde der Künstler Dai Jianyong wegen »Unruhestiftung« festgenommen, nachdem er Freunden ein mit Photoshop bearbeitetes Foto geschickt hatte, das Präsident Xi Jinping mit Schnurrbart und tiefen Falten im Gesicht zeigte; ihm stehen fünf Jahre Haft bevor.[95]

2012 wurden Versandkisten mit Arbeiten von Zhao Zhao von den Behörden beschlagnahmt. Dann teilte man ihm mit, er habe eine Gebühr von rund 48 000 Dollar zu zahlen, obwohl ihm kein Vergehen vorgeworfen wurde. Er werde in keinem Fall seine Arbeiten zurückbekommen, doch wenn er zahle, dürfe er sie noch einmal sehen, bevor sie zerstört würden. Aber Zhao hatte keine Möglichkeiten, solch eine Summe aufzubringen. Auf die Frage, ob er nun Angst habe, erwiderte er: »Ich will nicht vorsichtig werden.«[96]

Wu Yuren wurde 2010 festgenommen, weil er auf dem Tiananmen-Platz gegen die Schließung seines Ateliers und die mehrerer anderer Künstler protestiert hatte. Zu seiner Gerichtsverhandlung kamen viele bedeutende Künstler, unter anderem auch Ai Weiwei. Wu wurde 2012 freigelassen. Kurz vor dem chinesischen Neujahrsfest 2014 bekam er ein Dokument des Inlandsgeheimdiensts in Peking zugespielt. Darin wurden die Beamten angewiesen, »in der ganzen Stadt [gegen] gefährliche, verdächtige Personen« vorzugehen. Sie sollten von zentralen Stätten ferngehalten werden. Das Memo endete mit dem Satz: »Stoppen Sie den Einfluss durch Menschenansammlungen.« Der anonyme Absender fügte eine Notiz für Wu Yuren hinzu, die geradezu ein Akt der Courage war: »Wenn du das hier postest, wird die Regierung dich festnehmen.« Wu Yuren aber postete das Dokument auf seinem Kanal WeChat, und vier Stunden später, als bereits viele seine Meldung gelesen hatten, erhielt er von der Polizei eine Einladung zu »einer Tasse Tee«. Es war mitten in der Nacht, aber Wu brach sofort auf. Auf dem Weg zum Teehaus stellten sich ihm vier Polizisten und ein paar Schläger in den Weg. Auf dem Revier sagte ein Beamter zu ihm: »Neujahr steht bevor, und du wirst es hier verbringen. Wir lassen dich nicht wieder gehen.« Wu erwiderte gelassen: »Eigentlich ist mir das egal. Ich habe überhaupt noch keine Vorbereitungen für die Neujahrsfeier getroffen. Ich bin wirklich spät dran. Das ist eine wunderbare Ausrede.« Dieses Mal zahlte sich die Unverfrorenheit aus: Eine halbe Stunde später ließ man ihn frei. »Meine Eltern wollen natürlich, dass ich das Land verlasse oder aufhöre, die Regierung zu kritisieren«, meinte er. »Das würden wohl alle Eltern wollen. Ich selbst möchte auch nicht, dass mein Kind in China lebt, vor allem nicht unter den gegenwärtigen Umständen. Die Leute aus ihrer Generation sagen alle, dass man als Einzelner nichts machen kann, also hör auf, es zu versuchen, es lohnt sich nicht.«[97]

Im Jahr 2014 nahm die Polizei dreizehn Bewohner von Songzhuang wegen »Unruhestiftung« fest, nachdem Wang Zang auf Twitter ein Bild von sich mit einem Regenschirm gepostet hatte. Der Schirm war zum Symbol der Pro-Demokratie-Demonstranten in Hongkong geworden. Die Polizei konfiszierte den Schirm und nahm Wang Zang in Haft; nach zwei Monaten Gefängnisaufenthalt erlitt er infolge der Folterung durch Schlafentzug einen Herzinfarkt. »Trotz all dieser Probleme glaube ich, dass mein Mann richtig gehandelt hat«, sagte seine Frau. Unmittelbar nach der Festnahme Wang Zangs wurde das Polizeiaufgebot in Songzhuang enorm erhöht. Künstler, die ihre Arbeiten an jeden verkauft hatten, der über die entsprechenden Mittel verfügte, jagten nun potentielle Käufer fort. Der Maler Tang Jianying, der jetzt ebenfalls stärker überwacht wurde, meinte, Wangs Fehler sei es gewesen, das Internet zu nutzen. »Unter Freunden können wir offen reden«, sagte er. »Aber wenn man im Web offen seine Meinung sagt, wird man abgeholt.«[98]

Im Frühjahr 2015 sagte Präsident Xi Jinping: »Kunstwerke sollten wie Sonnenschein von einem blauen Himmel und wie Frühlingsluft sein und den Geist anregen, das Herz erwärmen, den Geschmack kultivieren und unerwünschte Arbeitsstile verdrängen.«[99] Dieser ziemlich neuartigen Beschreibung des Frühlingswetters folgten Stellungnahmen der State General Administration of Press, Publication, Radio, Film and TV, die ihre Bereitschaft ausdrückte, Künstler in ländliche Gebiete umzusiedeln, wo sie »eine korrekte Auffassung von Kunst entwickeln« könnten, Möglichkeiten im Hinterland finden würden, um »neue Themen ans Licht zu bringen« und »mehr Meisterwerke zu schaffen«. Die Botschaft hätte nicht deutlicher sein können. Wie während der Kulturrevolution würden Künstler, die die Selbstzensur verweigerten, in die Verbannung geschickt.

Als ich 1993 meine Story für die *Times* schrieb, lebten drei der größten chinesischen Künstler – Xu Bing, Gu Wenda und Ai Weiwei – in den Vereinigten Staaten. Die Künstler, denen ich in China begegnete, äußerten sich fast alle zu ihnen, und ich lernte sie dann auch selbst kennen, nachdem ich nach Hause zurückgekehrt war. Ai – Künstler, Poet, Architekt, Aktivist – ist bei weitem der politischste. Der Sohn eines Dichters ging während der Kulturrevolution ins Exil, wurde durch den Entwurf des »Vogelnests«, des Stadions für die Olympischen Spiele 2008, berühmt, brachte aber die chinesischen Machthaber gegen sich auf, als er die Spiele als »falsches Lächeln« der chinesischen Regierung bezeichnete. Die Situation eskalierte schnell, als er eine »Bürgerermittlung« zum Tod Tausender Schulkinder beim Erdbeben in Sichuan im Jahr 2008 einleitete. Die meisten Opfer forderte die Katastrophe in Schulen, bei denen man sich nicht an die Bauvorschriften gehalten hatte. Ai katalogisierte die Namen, sammelte ihre kleinen Rucksäcke und stellte sie aus, was die Regierung in große Verlegenheit brachte. Als er 2009 dem Prozess eines anderen Aktivisten beiwohnte, der sich ebenfalls zu diesem Thema engagierte, wurde er von Polizisten überfallen und verprügelt, bis er eine Gehirnblutung erlitt. Daraufhin postete er ein Foto, auf dem er mit einem durch den Schädel geführten Röhrchen gegen das Hämatom und einem Beutel mit dem ablaufenden Blut in der Hand zu sehen ist. Enttäuscht von der Kitsch-Kunst schrieb er 2012: »Die chinesische Kunst ist nichts weiter als ein Produkt. Ihr einziger Zweck besteht darin, Betrachter mit ihrer Ambiguität zu faszinieren. Es gibt keine chinesische Kunstwelt. In einer Gesellschaft, die die individuellen Freiheiten einschränkt und Menschenrechte verletzt, ist alles, was sich kreativ oder unabhängig nennt, Heuchelei. Für mich ist das eine Beleidigung der menschlichen Intelligenz und ein Hohn auf den Begriff der Kultur – Instrumente der Propaganda, die Fähigkeiten ohne jede Substanz und Kunsthandwerk ohne Inhalt zur Schau stellen.«

Ai Weiwei hat in China viele Gegner. »Das ist alles nur schöner Schein, verlogenes Getue«, sagte mir ein Kurator in Peking. »Es unterscheidet sich nicht besonders von der Regierungspropaganda, sondern zielt nur darauf ab, Ausländer zu Tränen zu rühren.« Ai meinte zu solchen Kritikern und Künstlern: »Sie stehen immer auf der Seite der Mächtigen. Ich mache ihnen keinen Vorwurf. Ich schüttele Hände, ich lächle, ich schreibe Empfehlungsbriefe für sie, aber ... vollkommene Enttäuschung.«[100]

Zorn ist ein Begleiter der Hoffnung, Gram aber ist die Folge der Verzweiflung. Yue Minjuns zahllose Selbstporträts, auf denen er zügellos lacht, sind vielleicht die am leichtesten zu deutenden Bilder, die in den letzten beiden Jahrzehnten in China entstanden sind; er kann nicht mehr Schritt halten mit den Anfragen der Sammler, und auf allen Flohmärkten Pekings findet man Fälschungen seiner Werke. Yue Minjun gilt als Zynischer Realist. Doch ein Kurator meinte, inzwischen strahlten seine Arbeiten »statt Zynismus eine gewisse Melancholie« aus. Der Dichter Ouyang Jianghe schrieb über sein Werk: »In diesem Gelächter steckt eine uralte Traurigkeit.«[101]

SÜDAFRIKA

Die Künstler Südafrikas: Gleichgestellt, aber getrennt

New York Times Magazine, 27. März 1994

Zum ersten Mal fuhr ich 1992 nach Südafrika, dann noch einmal 1993. Selbst nach dieser kurzen Zeit fielen die durch das Schwinden der Apartheid bedingten Veränderungen ins Auge, obwohl das brutale System erst nach den ersten freien Wahlen im Jahr 1994 gänzlich abgeschafft wurde. Südafrika steht für das Prinzip Aussöhnung. Da die Anlässe für Proteste seltener geworden sind, hat sich auch die Kultur des Protests geändert. Einige Künstler empfanden das als Befreiung, andere als äußerst schwierig.

Nachdem ich bereits über die Kunstszene in Russland und China berichtet hatte, ging ich davon aus, bei einem Auftrag über Südafrika relativ vertraute Register ziehen zu können. In Sowjetrussland und im postmaoistischen China war ich im Wesentlichen auf zwei Lager gestoßen: die »offiziellen« Künstlerkreise, die die bestehenden Machtverhältnisse feierten und von ihnen profitierten, und den konterrevolutionären Untergrund, dessen Angehörige danach strebten, die eigene Identität vor Entmenschlichung zu bewahren. In Südafrika aber hatten die Autoritäten die Künstler nicht auf die Rolle von kulturellen Propagandaproduzenten reduziert, daher gab es keine Unterstützung des herrschenden Apartheidsystems durch Symbole und Bildersprache. Alle Künstler, die ich traf – schwarze wie weiße – strebten eine gerechte Gesellschaft an, obwohl sie nicht unbedingt darin übereinstimmten, wie diese beschaffen sein sollte.

Ich als Person rief Unbehagen hervor. In Moskau hatte mich niemand verdächtigt, Parteimitglied zu sein, und in Peking hielt mich niemand für einen Angehörigen der Roten Garden, doch in Johannesburg war ich als Weißer von vornherein verdächtig. Da ich im Gegensatz zur schwarzen Bevölkerung an Orte fahren konnte, die ihr gewöhnlich nicht zugänglich waren, galt für mich nicht die Unschuldsvermutung. Ich war in diesem Land mit seiner so radikal entrechteten Mehrheit mindestens ein privilegierter Zuschauer. Dieser Artikel wurde vor seinem Erscheinen außerordentlich scharf redigiert, deshalb habe ich ihn mit Hilfe meiner Notizen und der früheren Versionen noch einmal gründlich überarbeitet. Künstler herauszunehmen, die inzwischen in Vergessenheit geraten sind, oder jenen mehr Platz einzuräumen, die heute als Superstars gelten, wäre mir unehrlich erschienen. Deshalb habe ich darauf geachtet, nicht von meiner damaligen Wahrnehmung abzuweichen, sondern habe einst Gestrichenes wieder eingefügt und andere Passagen gekürzt, ganz gemäß meinen urspünglichen Intentionen.

Beim ersten Zusammentreffen von Künstlern in Johannesburg, das ich im Sommer 1993 besuchte, sprach man von nichts anderem als von Barbara Masekelas Flug von Kapstadt nach Johannesburg. Masekela ist Nelson Mandelas Sekretärin, und jeder Kontakt zu dem großen Mann läuft über sie – die kluge, durchsetzungsfähige und versierte Frau, die kraft ihrer Persönlichkeit überall hervorsticht, ist eine der mächtigsten Frauen im African National Congress (ANC). Doch als die Stewardess in der Ersten Klasse die im Flug inkludierte Mahlzeit servierte, bediente sie zuerst den rechts von Masekela sitzenden Weißen, dann die weiße Frau an Masekelas linker Seite und anschließend die Passagiere in der Reihe dahinter. Als sich Masekela beschwerte, schien die Flugbegleiterin ehrlich verdutzt; sie entschuldigte sich mehrfach und erklärte, sie habe sie »dort einfach nicht sitzen sehen«. Sie hatte Masekela buchstäblich nicht wahrgenommen, als sei deren schwarzes Gesicht mit dem Stoff des Sitzbezugs verschmolzen. Die weißen Künstler, mit denen ich zu Abend aß, betonten, sie könnten mit ihrer Arbeit zwar nicht erreichen, dass weiße und schwarze Menschen gleich behandelt würden, jedoch müsse diese Art der Unsichtbarkeit von ihnen thematisiert werden.

Zwei Wochen später befand ich mich mit einem jener Künstler und einigen seiner Freunde an einem Strand in der Nähe von Kapstadt.

Der Wind wehte heiß, die Sonne brannte, das Meer war eiskalt und die Landschaft atemberaubend. Wir lagen im Sand, als ein alter Farbiger (*farbig* war während der Apartheid ein Sammelbegriff für Menschen mit Vorfahren verschiedener ethnischer Gruppen) mit einer Kiste Eiscreme, die so schwer war, dass er sie kaum tragen konnte, auf uns zustapfte. Er hatte ein Jackett mit langen Ärmeln und eine lange Hose an und schwitzte fürchterlich. »Mensch, Eiscreme!«, sagte einer aus unserer Gruppe. »Wer möchte ein Eis?« Natürlich wir alle. »Das geht auf mich«, sagte ein anderer. Wir suchten uns jeder ein Eis aus, nahmen es entgegen und begannen zu essen. »Acht Rand«, sagte der Mann, und der aus unserem Kreis, der uns eingeladen hatte, klopfte alle Taschen seines Hemds ab. »Verflixt«, sagte er. »Ich habe nur fünf Rand.« Niemand sonst hatte Geld an den Strand mitgenommen. »Mein Geld ist im Auto«, erklärte einer aus unserer Gruppe. »Wenn ich Sie später sehe, gebe ich Ihnen den Rest.« Niemand schlug vor, loszugehen und das Geld zu holen. Niemandem schien das Ganze peinlich zu sein. Und niemand entschuldigte sich. Ohne ein Wort der Klage nahm der alte Mann seinen Kasten auf und stolperte in der sengenden Sonne weiter den Strand entlang.

Das alte Südafrika hat sich hartnäckig festgesetzt, selbst bei jenen, die es nach eigenem Bekunden ablehnen.

Aber auch das neue Südafrika kann unangenehme Züge tragen. Ich besuchte die Gründungsveranstaltung der National Arts Initiative (NAI), die eine neue Ära der künstlerischen Freiheit im Land einleiten soll. Mike van Graan, Mitglied des ANC, Generalsekretär der NAI und trotz seines Afrikaans-Namens ein Farbiger, hatte ein Programm mit etablierten bildenden Künstlern, Schriftstellern und Musikern zusammengestellt. Er schlug als Konferenzsprache Englisch vor, da jeder Englisch sprach; doch mehrere Anwesende forderten, dass auch in die indigenen Sprachen übersetzt wurde. Daraufhin hörten sich die Weißen im Raum die langen Monologe in Zulu und Xhosa nervös, aber gehorsam und scheinbar aufmerksam mit festgefrorenem höflichem Ausdruck im Gesicht an. Die Teilnehmer, von denen die Forderung gekommen war, hatten das Gesagte schon beim ersten Mal verstanden und schwatzten während der Übersetzung fröhlich miteinander, offenkundig zufrieden, dass sie sich durchgesetzt hatten. Als die Übersetzung keine Ende nahm, standen einige von ihnen gelangweilt einfach auf und gingen nach draußen. Ich fand es verblüffend, wie leichtfertig hier Zeit, Geld und Kraft verschwendet wurden.

Bilder, Konzeptkunst und Perlen

Die Uneinigkeit über Prioritäten und das unsensible Vorgehen beider Seiten in der südafrikanischen Kunstszene fanden zur Zeit meines Besuchs Ausdruck im Mikrokosmos der Südafrikanischen Nationalgalerie. Fünf Jahre zuvor war sie noch in Bedeutungslosigkeit dahingedümpelt: Neben drittklassigen Arbeiten zweitrangiger europäischer und US-amerikanischer Künstler verbreiteten Gemälde von Henk Pierneef, dem »großen« Maler der Afrikaaner, über Buren auf Eroberungszug in prächtigen Landschaften eine düstere Stimmung. Die dynamische neue Direktorin Marylin Martin aber hat dem ein Ende bereitet und frischen Wind hineingebracht. Inzwischen zeigt das Museum eine Dauerausstellung mit Werken vieler der besten in Südafrika tätigen Künstler neben Arbeiten von liberalen weißen und radikalen schwarzen Kreativen aus den letzten vierzig Jahren.

Dies ist ein großer Fortschritt – vor allem, wenn man bedenkt, dass man im »freien« Namibia im Nationalmuseum neben alten Töpferarbeiten Modelle sich paarender Rhinozerosse und Schaukästen mit schwarzen Schaufensterpuppen in »Eingeborenenkleidung« sieht. Die Verwirrung um den Begriff Kunst und ihren Zweck kann sich unter Umständen sogar auf die Bezeichnung *Kunstmuseum* ausweiten. In der Südafrikanischen Nationalgalerie stieß ich in einem Raum auf eine große Installation des nicht mehr ganz jungen weißen Konzeptkünstlers Malcolm Payne, zusammengestellt aus Einkaufswagen, alter und neuer Keramik, Lichtprojektionen und einem Text mit Begriffen wie *Appropiation* und *Dekonstrukt*. Das Werk zog nicht in Betracht, dass einigen Besuchern der internationale Diskurs über zeitgenössischer Kunst fremd sein könnte. Im angrenzenden Raum gab es eine Schau unter dem Titel »Ezakwantu: Perlenarbeiten vom Ostkap«:

Zwei Frauen vom Volk der Xhosa, Virginia und Lucy, saßen in einer Ecke und webten den ganzen Tag schweigend Perlen, wenn ihnen nicht gerade mittels ihrer Dolmetscherin eine Frage gestellt wurde.

In Südafrika ist es modern, Kunsthandwerk »Kunst« zu nennen, vor allem wenn es sich um hochqualitative Arbeiten handelt. Doch gutes Kunsthandwerk ist, was es ist – nicht geringer zu bewerten als Kunst, aber eben etwas anderes. »Wir haben uns von den Fesseln solch eurozentrischer Definitionen befreit«, bei diesen Worten verkörpert Marilyn Martin geradezu politische Korrektheit – obwohl sie am eurozentrischen Prinzip des Museums festhält. Allerdings sind die Perlenarbeiten der Xhosa, die es im Museumsshop zu kaufen gibt – wo ich einige Milchtöpfe erwarb –, keine Imitationen der im Museum gefertigten Arbeiten, sondern es sind ebendiese Arbeiten. Die Pierneef-Postkarte hingegen, die ich zur gleichen Zeit kaufte, ist kein Pierneef, sondern die Repräsentation eines Pierneef. Es gibt gute und schlechte Kunst, gutes und schlechtes Kunsthandwerk, und einiges liegt dazwischen. Das heißt jedoch nicht, dass derartige Kategorien bedeutungslos sind.

Virginias und Lucys Anwesenheit im Museum verweist ebenfalls auf diese angeblich nicht vorhandene Abgrenzung. Marylin Martin betonte, mit Virginia und Lucy zu zeigen, dass die alte Tradition noch lebendig sei, was aber ansonsten einfach durch Aufnahme zeitgenössischer Artefakte geleistet wird. Natürlich hatte man den deutschen Expressionisten nicht gebeten, tagsüber im Museum zu sitzen und zu malen und auf diese Weise den deutschen Expressionismus zu repräsentieren – ebenso wenig wie Malcolm Payne inmitten seiner Installation saß und konzeptualisierte. Dass man die Frauen bei der Arbeit zeigte, sollte ihre Fertigkeit hervorheben, wirkte aber nur gönnerhaft. Malcolm Payne verglich es mit den von Europäern im 19. Jahrhundert voller Begeisterung öffentlich zur Schau gestellten Hottentotten.

Die »Bag Factory« und andere

Ein in London ansässiger Mäzen stellte Johannesburger Künstlern Mitte 1991 die ehemalige »Speedy Bag Factory« zur Verfügung; die inzwischen neunzehn Ateliers werden von schwarzen wie von weißen Künstlern genutzt. Freitags treffen sie sich zu einem gemeinsamen Mittagessen. Auf Außenstehende wirkt die Anlage wie ein Utopia in Kleinformat, in dem Rassengrenzen aufgehoben sind, doch bei genauerem Hinsehen entdeckt man die schmerzhaft deutlichen Unterschiede.

In der »Bag Factory« haben sich einige Lichtgestalten der schwarzen Kunstszene niedergelassen: David Koloane, Durant Sihlali und Ezrom Legae, aber auch jüngere Künstler wie Sam Nhlengethwa und Pat Mautloa. Der unverwechselbare und poetische Stil von Malern wie Koloane und Sihlali zeigt ein Maß an Mut und Entschlossenheit, das den Werken weißer Künstler oft fehlt. Dies soll nicht heißen, dass die schwarzen (oftmals naiven) Arbeiten besser sind, sie sind einfach anders. »Wenn man in einem Zeitungsartikel die Rasse eines Ermordeten ausklammert«, sagte Sam Nhlengethwa, »ist das mit Sicherheit politisch korrekt. Aber man kann sie stets erraten – anhand des Namens, des Tatorts, und daran, wie viel Platz die Zeitung dem Artikel einräumt. Es mag vielleicht höflich sein, die Rasse des Künstlers zu ignorieren, aber der Unterschied ist immer erkennbar.« Was bedeutet, dass man die Werke nach Möglichkeit *gleich* behandeln, sie aber nicht als *das Gleiche bedeutend* ansehen sollte.

Während ich mich mit Sam Nhlengethwa in der »Bag Factory« unterhielt, platzte plötzlich einer der weißen Künstler herein. »Ich warte nun schon seit drei Stunden auf Sie«, erklärte er mir wütend. Dabei hatte ich lediglich angekündigt, ich würde ab Mittag in der Anlage sein und hoffte, mit einer Reihe von Künstlern sprechen zu können. »Wenn Sie jetzt nicht kommen, gehe ich nach Hause.« Und dies ohne Entschuldigung gegenüber Sam Nhlengethwa, der für ihn ebenso unsichtbar war wie einst Barbara Masekela im Flugzeug für die Stewardess. Mir war dieser Affront peinlich, aber Nhlengethwa sagte: »Gehen Sie nur. Ich habe Zeit.« Als ich in sein Atelier zurückkehrte, entschuldigte ich mich für das Missverständnis. »Ist schon gut«, sagte er. »Er gibt sich wirklich Mühe. Er ist ein guter Kerl, aber eben immer noch ein weißer Südafrikaner.«

Die weißen Künstler in der »Bag Factory« sind jung und zählen zu den angesagtesten des Landes, was sie mit ihrer Kleidung, ihren Marotten, ihrer Lektüre und ihrem rassistischen Verhalten zum Ausdruck bringen. (Malcolm Payne bezeichete sie als »diese testosterontriefende Avantgarde«). So präsentiert Joachim Schönfeldt seine Arbeiten als »Authentische Kunstwerke und Kuriositäten« und spielt dabei mit der eurozentrischen Definition von der Kunst der afrikanischen »Eingeborenen«. In seinen subtilen, komischen und stets verstörend schönen Schnitzarbeiten – durchgängig angefertigt aus dem Holz des Eukalyptusbaums (der von den Siedlern eingeführt wurde, um daraus Stützen und Verstrebungen für ihre Bergwerke zu bauen, und damit von höchstem politischen Symbolwert) – verbindet Schönfeldt die Vorliebe der Afrikaaner für Kitsch mit einem zynischen Ansatz zur Frage Kunst versus Kunsthandwerk, also jenem Thema, dem die Nationalgalerie spitzfindig ausweicht. Allan Alborough befasst sich mit der Durchlässigkeit bzw. Unantastbarkeit von Grenzen und hat eine besonders ausdrucksvolle Serie fertiggestellt, in der Kinderspiele zur Metapher für gesellschaftliche Stellung und Ausgrenzung werden. Belinda Blignaut bemüht sich mit ihren formalistischen Arbeiten explizit darum, jeglichen politischen Bezug zu vermeiden. Kendell Geers hingegen verwendet oft mit Gewalt assoziierte Objekte – Glasscherben, Stacheldraht und die für das »Necklacing« verwendeten Autoreifen (eine von der Bürgerwehr praktizierte Methode der Hinrichtung mit einem brennenden Gummireifen um Arme und Hals) – und paart sie mit poststrukturalistischen und modernistischen Metaphern. Das Ganze wirkt oft eindringlich, gelegentlich aber auch überheblich. Die Arbeiten dieser eher jungen Künstler sind gelegentlich zu hochgestochen: Sie haben nicht verstanden, dass es nichts Provinzielleres gibt als das Verleugnen der eigenen Provinzialität. Oft wirken ihre Werke konfus, wenn sie sich in die internationale Kunstszene einzugliedern versuchen, ohne sie jedoch wirklich zu verstehen, oder wie ein Abklatsch, wenn es ihnen besser gelingt, sie aber nichts nennenswert Neues dazu beitragen.

Für einen politischen aktiven Künstler kann Geers überraschend unsensibel auftreten. »Ich habe es genauso schwer gehabt wie andere in unserem Land«, meinte er, als ich die Unterdrückung ansprach. »Man hat es verdammt schwer als Weißer in Südafrika, besonders wenn man aus einer weniger wohlhabenden und privilegierten Familie stammt.« Sicherlich kann es für Weiße in Südafrika unangenehm sein, ständig an das Leid der anderen erinnert zu werden, ohne das Recht auf eine Traurigkeit zu haben, die nicht auf Mitgefühl basiert. Geers hatte es in seinem Leben jedoch nicht so schwer wie unzählige andere in Südafrika, daher ist diese Art konkurrenzgetriebener Selbsterhöhung äußerst unangenehm.

Es lässt sich kaum übersehen, dass in der »Bag Factory« eine rivalisierende Spannung zwischen schwarzen und weißen Künstlern besteht, so heftig es die Beteiligten auch abstreiten mögen. Ausländische Kritiker und Kuratoren konzentrieren sich oft eher auf die schwarzen Künstler, obwohl sie zu den Arbeiten weißer Künstler meist leichteren Zugang haben, da sich schwarze Kunst in ihrer Aussage oft auf regionale Zusammenhänge stützt. »Es ist ziemlich unmodern, hier ein Weißer zu sein«, erklärte Kendell Geers. Wayne Barker, der gern das Enfant terrible spielt, verbindet in höchst dramatischen und oft wütenden Arbeiten Persönliches, Formelles und Soziales. Zu einem Wettbewerb des Jahres 1990 reichte er ein Bild unter dem nach einem Schwarzen klingenden Namen Andrew Moletsi ein und fand gewisse Anerkennung. Um die bestehenden Schranken niederzureißen, sollten so etwas alle weißen Künstler tun, meinte er.

Beezy Bailey, einer der jüngeren Künstler in Kapstadt, der ähnlich arbeitet wie die »Bag Factory«-Gruppe – und dessen faszinierende, extrem ausdrucksstarke, ansatzweise konzeptuelle, phantasiereiche, rosa-orangefarben-grüne Werke einigen Erfolg hatten, jedoch nie in der Oberliga der südafrikanischen Galerien hingen –, nahm sich Barkers Empfehlung zu Herzen. 1991 reichte er Gemälde für die hochangesehene Triennale von Kapstadt ein, eins unter seinem Namen Beezy Bailey, drei andere als eine gewisse Joyce Ntobe, eine Einheimische. Niemand schenkte Baileys Bild große Beachtung, Ntobes Werke hingegen wurden von der Nationalgalerie erworben. Erst Monate später deckte Bailey die Täuschung auf. Wie viele andere weiße Künstler glaubt auch er, dass die Praxis, schwarze Kunst zu kaufen, weil sie schwarz ist, das Selbstwertgefühl schwarzer Künstler langfristig nicht stärkt, sondern ihm eher schadet. Konsequenterweise organisierte Bailey daraufhin eine »gemeinsame« Ausstellung mit seinen und Ntobes Arbeiten und bietet seine Werke auch weiterhin gemeinsam mit denen seines schwarzen Alter Egos an – mit der Begründung, nur wenn man versuche, sowohl schwarze als auch weiße Visionen zu leben, könne man im neuen Südafrika Künstler sein. Die weißen liberalen Kreise waren empört über seine List, viele schwarze Künstler aber gratulierten ihm zu seinem Mut.

Ich fragte – den schwarzen – David Koloane und – den weißen – Beezy Baily, wie sie zum Malen gekommen seien. »Ich habe schon immer gern gemalt«, erklärte mir Koloane, »hatte aber keine Ahnung, dass man daraus etwas machen kann. Als ich sechzehn war, zog uns gegenüber Louis Maqhubela ein und erzählte mir von Leuten, die man Künstler nannte – die einen Beruf hatten, in dem sie nichts anderes machten als Zeichnen und Malen. Und wir beschlossen, dies auch zu tun.« Bis er sechzehn war, hatte Koloane noch nie etwas von Kunst gehört. Bailey berichtete: »Als ich sechzehn war, saß ich bei einem Mittagessen neben Andy Warhol, und er empfahl mir, mich an Londoner Kunstakademien zu bewerben.« Ein gemeinsames Mittagessen am Freitag ist sicherlich schön und gut, aber solche Unterschiede kann es nicht überbrücken.

Die liberalen weißen Künstler

Die älteren unter den liberalen weißen Künstlern hatten unermüdlich gegen die Apartheid gekämpft, um eine gerechtere Gesellschaft aufzubauen. Sie waren das Äquivalent der international höchst anerkannten Schriftsteller wie Nadine Gordimer, Athol Fugard und J.M. Coetzee. Für sie gab es allerdings keinen Nobelpreis oder Ähnliches, vielmehr blieben sie außerhalb ihres Landes relativ unbekannt. Wie mutig ihr Einsatz war, ist und bleibt umstritten, das gilt auch für die Qualität ihrer damals entstandenen Werke. Die bildende Kunst ist stets weniger konkret in ihrer Aussage als Geschriebenes, und so befreiend sich dies auch auf die Betreffenden ausgewirkt haben mochte, so groß war die Gefahr, dass der Idealismus ihrer Kunst ins Gehege kam. Zwar wurde die Apartheid hauptsächlich aus wirtschaftlichen Gründen aufgehoben, doch die liberalen weißen Künstler erreichten mit ihrem hartnäckigen Humanismus und ihrer moralischen Integrität ein »Weicherwerden« dieses brutalen Landes. Dennoch wirft man ihnen heute oft Heuchelei vor und behauptet, sie hätten ein System gebrandmarkt, von dem sie profitierten, und ihre Kritik anschließend vermarktet. Viele weiße Südafrikaner empfinden das Etikett *liberal* als fast so peinlich wie das Etikett *rassistisch*. Zur liberalen Haltung der Weißen gesellt sich oft ein Pflichtgefühl, das sich mit Kunst nicht verträgt.

In den achtziger Jahren gelang es mit Hilfe des vom ANC im Exil ausgerufenen und von den Vereinten Nationen unterstützten Kulturboykotts, den Legitimitätsanspruch der Apartheidsregierung zu unterminieren. Ausländische Künstler, Sportler und Wissenschaftler waren aufgefordert, von einem Besuch Südafrikas abzusehen, und Südafrikaner gehalten, nicht an Ausstellungen oder Wettkämpfen im Ausland teilzunehmen. Dieser Kulturboykott beschleunigte den Untergang der Apartheid, und trotz des verheerenden Einflusses der damit verbundenen Isolation auf Schwarz wie auf Weiß hatte er auch eine positive Seite. Die schwarzen Künstler Südafrikas wären größtenteils auch ohne den Boykott von europäischen Einflüssen abgeschnitten gewesen, die weißen aber hätten auf internationaler Ebene arbeiten können. Dies war nun aber nur einigen Wohlhabenden möglich, die sich das Reisen leisten konnten. »Der Kulturboykott half uns, die Nabelschnur zu den USA und Europa zu durchtrennen«, erklärte mir Marylin Martin. Ihrer Meinung nach führte die Isolation in unmittelbarer Folge zur Unabhängigkeit und Vitalität der Kunstszene. »Natürlich haben wir uns mit dem Boykott auf einem bestimmten Level ins eigene Fleisch geschnitten«, sagte Sue Williamson, eine der anerkanntesten Künstlerinnen der älteren Generation. »Doch unbeabsichtigt hatte er den positiven Effekt, unser Selbstverständnis als Südafrikaner zu stärken.«

Sue Williamson hinterfragt in ihren ausgefeilten Arbeiten problematische Aspekte der lokalen Vergangenheit. Für ein neueres Werk fasste sie Fundstücke aus dem District Six (einem von Farbigen bewohnten lebendigen und abwechslungsreichen Stadtviertel Kapstadts, das geräumt wurde, weil es zu nah an den Wohngebieten der Weißen lag und eine viel zu schöne Aussicht für Farbige hatte) in Plexiglas-Quader ein und baute daraus wie aus Ziegeln ein kleines Haus – ein Zeugnis dessen, was verlorengegangen war. Penny Siopsis verarbeitet in ihren faszinierenden Gemälden und Collagen oft weibliche Geschichte, weibliche Erfahrungen und Fragen der Integrität des weiblichen Körpers. Sie platzen schier vor Fülle, sind voller Gesichter und Körper, die sich eng aneinanderschmiegen; die Ausdruckskraft dieser Arbeiten liegt sowohl in ihrer versteckten Empathie als auch in ihrer technischen Versiertheit und ihrer anspruchsvollen intellektuellen Basis. Penny Siopsis ist nicht nur die gründlichste Denkerin, sondern auch die humanste Künstlerin Südafrikas.

Das Werk William Kentridges ist poetisch, transparent und eloquent, aufs tiefste durchdrungen von der Situation Südafrikas, doch erfrischend frei von der politischen Selbstbeweihräucherung, die man bei so vielen anderen Künstlern findet. Kentridge fertigt eine Folge von Zeichnungen an, die einen Film ergeben (oder er macht Filme, die aus Zeichnungen bestehen). Dazu zeichnet er große Entwürfe mit Kohle, die er dann ausradiert und neu ausarbeitet, um schließlich das jeweilige fertige Bild zu fotografieren. Es entstehen wunderbar symbolträchtige Parabeln in freier Form mit lockeren Handlungssequenzen, die sowohl den Schrecken des Landes abbilden als auch die schwer definierbaren Assoziationen zeigen, die das menschliche Bewusstsein ausmachen. Sie sind ungeheuer ausdrucksstark und zugleich romantisch. Nachdem Kentridge sie mit Musik unterlegt hat, führt er sie als Kurzfilme vor; die Endfassungen der Zeichnungen werden verkauft. Anders als den Künstlern in der »Bag Factory« ist ihm nicht daran gelegen, die Bedeutung Südafrikas gegenüber dem Rest der Welt hervorzuheben. »In Venedig waren wir bestenfalls originell«, meinte er in Bezug auf die Biennale. »Wir müssen die uns hier gegebenen Spielräume erkunden und das Beste aus ihnen machen.

Johannesburg wird nicht das neue New York oder Paris werden.« In seinem jüngsten Film zeigt er einen komplexen, in symbolischen Begriffen geführten Dialog zwischen einem weißen Mann und einer schwarzen Frau, die aus ihrer jeweiligen Perspektive die Erschaffung von East Rand beobachten, einem Gebiet im Osten Johannesburgs, das zum Schauplatz extremer Gewalt geworden war. Gestalten erscheinen, werden erschossen oder anders umgebracht und mit Zeitungspapier bedeckt, verwandeln sich dann in Anhöhen oder Wassertümpel und werden zum Ausgangsmaterial der Landschaft, so dass diese kahle, allen Südafrikanern vertraute Region schließlich nicht nur geologische Tatsache ist, sondern die physikalische Manifestation einer Summe von Toten.

»Meine Arbeit ist voller Polemik, aber ohne Botschaft. Ich will damit nicht die Leute inspirieren, unser Land zu retten«, sagte Kentridge. Er selbst vertritt einen klaren moralischen Standpunkt, möchte aber niemanden überzeugen. Das einzig Beständige in seinem Werk ist die Warnung vor einer immanenten Zuversicht. Er ist souverän in seiner Methodik und stur in seinen Ansichten, zugleich aber auch ein Meister der Mehrdeutigkeit. Seine von Skrupeln durchdrungene Kunst kehrt immer wieder zu einer Kritik des Dogmatismus zurück und schildert die fesselnde, aber zwangsläufig fruchtlose Suche nach Wissen. Wenn sich Erscheinungen der Deutung entziehen, müssen sie nicht unbedingt auch verheerend sein. Für Kentridge gehört Ungerechtigkeit unausweichlich zum Leben dazu. Da man sie nicht ausrotten kann, muss sie zumindest deutlich aufgezeigt werden. Dabei vertritt er jedoch nicht die existentialistische These von der Sinnlosigkeit des Seins, sondern zeigt Variationen seiner Ansicht, dass wir selten wissen oder auch nur mutmaßen können, was der Sinn von etwas ist. Er gibt jedoch durchaus der Schönheit ihren Raum, nimmt Humor ernst und hält Fragen für berechtigt, selbst wenn es auf sie keine Antworten gibt. »Im Lauf der Jahre war es eine meiner Aufgaben, Strategien zu entwickeln, um Eindeutigkeit zu vermeiden«, sagte er. Die Melancholie, aber auch der Reichtum seines Werks gründen auf unserem Unvermögen, den größten Teil der Menschheitsprobleme zu lösen.

Die angesehensten unter den älteren Künstlern Kapstadts sind Malcolm Payne, David J. Brown, Pippa Skotnes und der begabte Bildhauer Gavin Younge. Unter den jüngeren zu erwähnen ist Kate Gottgens mit ihren kitschigen, von Bedrohung überlagerten romantischen Landschaften, die klug mit der südafrikanischen Furchtbessenheit spielen. Von Barend de Wet stammen eindrucksvolle Skulpturen und Installationen. Andries Botha ist der führende Künstler Durbans; häufig geben seine skulpturalen Konstruktionen europäischen Konzepten mittels afrikanischer Techniken Ausdruck. Liberale Weiße haben Botha vorgeworfen, die Arbeiter, die seine Skulpturen anfertigen, auszubeuten. Er ist der liberalen Rhetorik nicht mächtig (die eher dem Angelsächsischen als dem Afrikaans entstammt), doch zwei seiner schwarzen Assistenten nahmen ihn mir gegenüber in Schutz: Durch den Unterricht, den er in den Townships gebe, seien sie zu Kunstschaffenden geworden, die Werke in der ganzen Welt verkauften.

Jane Alexanders großformatige Gipsfiguren vertriebener oder obdachloser schwarzer Männer in Stofffetzen wirken gespenstisch, trostlos und überzeugend menschlich. »Im neuen Südafrika wird es für Arbeiten wie meine keinen Platz mehr geben«, erklärte sie wehmütig, aber nicht traurig. »Jeder wünscht sich hübsche kleine Schwarze, die herumlaufen und aussehen, als stammten sie aus einer Utopie. Schwarze Künstler malen ihre Leitfiguren, wie die Russen früher Lenin gemalt haben. Weiße Künstler werden sich wegen der positiven Diskriminierungsmaßnahmen in den Hintergrund zurückziehen müssen. Ich habe eine Zeitlang in einer farbigen Schule unterrichtet, auch weil ich etwas für diese Bevölkerungsgruppe tun wollte. Ich musste den Job jedoch aufgeben, als ihn ein farbiger Lehrer haben wollte. In den kommenden zehn Jahren werden meine Arbeiten in den Lagerhallen verschwinden, auch wenn es für Sie so aussieht, dass sie aufseiten des Kampfes stehen.« Ich sprach mit ihr über die Tagespolitik, den Willen zum Kompromiss, die Bemühungen der anderen Weißen, dem Streben nach Wandel. Sie lächelte leise. »Ein großer Teil der weißen Bevölkerung will die Benachteiligung so rasch wie möglich beseitigen, um sie ein für alle Mal loszuwerden.«

Kunst in den Townships

In der südafrikanischen Gesellschaft verschwimmen die Grenzen zwischen übler sozialer Kontrolle und bewundernswerten Versuchen, die sozialen Bedingungen zu verbessern. So stand den Bewohnern der Tonwships mit den zumeist während der Apartheid eingerichteten Kunstzentren ein Ort für Kunstschaffen und Musik, Tanz, Schauspiel und Ähnliches zur Verfügung. Man holte die Leute damit von der Straße, sie erwarben handwerkliche Fertigkeiten und konnten sich und ihr Talent erforschen. Zugleich dienten die Kunstzentren jedoch noch einem anderen Zweck. Die Organisation politischer Bewegungen oder Treffen war in den Townships verboten, kulturelle Veranstaltungen hingegen nicht; deshalb nutzten verbotene Gruppierungen, darunter auch der ANC, künstlerische Events als Tarnung.

Bis zu Mandelas Freilassung im Jahr 1990 war die Unterstützung der Kunstzentren eine internationale Priorität. Vor Mitte der siebziger Jahre gab es für schwarze Künstler lediglich Cecil Skotnes' »Polly Street Centre« sowie eine schwedische, von Missionaren geleitete Kunstakademie für schwarze Studenten in Rorke's Drift und die Johannesburg Art Foundation. Letztere, eine Stiftung, war von dem weißen Maler Bill Ainslie eingerichtet worden und bot einen Raum, in dem weiße und schwarze Künstler zusammen lernen konnten. Als abstrakter Expressionist bevorzugte Ainslie in seinem Unterricht das Abstrakte, zu Apartheidzeiten – da explizit unpolitisch – ein gefahrloser Stil. Um den Dialog zwischen Schwarz und Weiß zu unterstützen, organisierte Ainslie später gemeinsam mit dem schwarzen Künstler David Koloane die »Tupelo Workshops«.

Doch der Dialog, der sich daraus entwickelte, konzentrierte sich weit stärker auf gesellschaftliche Aussöhnung als auf das Zustandekommen guter Kunst. Der »Tupelo Workshop«, den ich in Kapstadt besuchte, weckte in mir Erinnerungen an die Ferienlager meiner Schulzeit. Die Teilnehmer unterhielten sich, lachten und hatten ihren Spaß, der Geruch der Farbe stieg uns zu Kopf, die Geselligkeit riss alle mit. Gleiches hätte man leicht auch mit einem Kochkurs erreichen können. Als Südafrika nach Mandelas Freilassung seinen Spitzenplatz unter den »Unterdrückerstaaten« verlor, versiegten die Geldquellen für sozial orientierte Kunstzentren. Einige sind inzwischen aufgegeben worden, andere wurden zu kommerziellen Einrichtungen. Das Alex Art Centre am Rand von Johannesburgs Township Alexandra beispielsweise war einst von Idealisten aus dem Ausland gegründet worden. Heute ist es eigentlich nur noch eine leere Hülle; es gibt zwar noch die Töpferscheibe, aber keinen Ton. Das »Katlehong Art Centre« wiederum – ein Kunstzentrum in einer besonders gefährlichen Township, wo sich furchteinflößende Kerle mit furchteinflößenden Waffen ausgerechnet auf Weben, Druckgraphik, Schnitzen und Zeichnen einlassen und dadurch zu friedlicher Selbstverwirklichung finden – verkauft die Arbeiten an weiße Südafrikaner und wurde dadurch zu einem der lukrativsten Unternehmen der Township.

Schwarze und weiße Studenten besuchen die Michaelis School of Fine Art, eine große Kunstschule in Kapstadt. Außerdem studieren einige Schwarze an den Kunstfakultäten der Witwatersrand University in Johannesburg und dem Technikon Natal (in Durban). Für Schwarze gibt es zudem die beiden unabhängigen Kunstschulen »Fuba« in Johannesburg und »Funda« in Soweto. Doch selbst in diesem Umfeld lässt sich die »Kunst um der Kunst willen« und »Kunst als Mittel für gesellschaftlichen Fortschritt« nicht klar voneinander abgrenzen. Sydney Selepe, Leiter von »Funda«, berichtete: »Wir bekommen Briefe von Müttern, die schreiben: ›Mein Sohn hat es in der Schule nicht weit gebracht, also machen Sie doch bitte einen Künstler aus ihm‹.« Der Graphikkünstler Charles Nkosi spricht von den Schwierigkeiten, über Bewerber zu urteilen, die außer im Naturkundeunterricht noch nie etwas gezeichnet haben. Einige Studenten bringen eine gute Vorbildung mit, andere haben bei ihrer Ankunft noch nie zuvor eine Galerie besucht. »Wir fragen sie, wovon sie träumen«, erklärte Selepe. »Auf diese Weise kommen wir weiter.« Und manchmal entdeckt an diesen unwahrscheinlichen Orten ein wahrer Künstler seine Berufung.

Die Weißen spielen in diesem Zusammenhang eine heikle Rolle. »Es ist ein Prozess in zwei Phasen«, sagte der weiße Leiter der Johannesburg Art Foundation, Stephen Seck. »Die Kolonialherren zerstören, und die Mäzene helfen dann beim Wiederaufbau. Sich auf die Suche nach seiner ›echten‹ schwarzen Identität zu machen war große Mode, als ob die Werke früher, ehe die Weißen kamen, authentischer gewesen wären. In letzter Zeit haben mich einige schwarze Studenten nach Seminaren in Farbenlehre gefragt – sie wollten ernsthaft in Öl malen. Wir müssen entscheiden, ob wir ihnen beim Wiederentdecken der eigenen Identität helfen, indem wir sie stattdessen in Perlenweben unterrichten, oder ob es ein ultimativer Akt der Apartheid ist, jedem seinen Platz zuzuweisen?« Außerdem beinhaltet die Neigung der Weißen, die Werke schwarzer Künstler zu fördern und sie durch Sentimentalisierung zu verklären, eine Herabsetzung. Für die meisten schwarzen wie weißen Künstler ist der verniedlichende, aber kommerziell erfolgreiche Begriff *Township-Kunst* ein Horror wegen der Konnotation, dass die Arbeiten in einem abgetrennten, primitiven Kontext entstanden sind. Noch stärker lehnen sie den Begriff *Kunst des Übergangs* ab, der oft in der Presse verwendet wird und impliziert, dass ihre schwarzen Traditionen in einer logischen Weiterentwicklung irgendwann von weißen ersetzt werden.

»Ich weiß ganz genau, woher ich stamme und wer ich bin«, erklärte mir der Maler Alson Ntshangase. Als er zu unserem Treffen erschien, trug er noch seinen weißen Overall, er war zu Fuß von seiner Schicht als Hausmeister in einem von Weißen geführten Hotel in Durban gekommen. »Ich bin in Zululand aufgewachsen und ein Zulu.« Unter seiner makellosen Arbeitskluft, so zeigte er mir, trug er ganz normale westliche Kleidung, doch darunter noch ein traditionelles Zulu-Lendentuch. »Das ziehe ich nicht täglich an, sondern nur, wenn ich das Gefühl habe zu vergessen.« In seinen Arbeiten drückt sich jedoch eine gewisse Abkehr von den Werten der Zulu aus. »Wenn Sie jemandem aus meinem Volk einen Korb zeigen, weiß er sogleich, ob die Gräser gut getrocknet waren. Zeigen Sie ihm jedoch ein Gemälde und danach« – er sah sich im Raum um – »diese Einkaufstüte aus Plastik mit dem aufgedruckten Vogel, wird er nicht verstehen, warum das eine Bild besser oder wertvoller ist als das andere.« In seinem Bild *The AIDS Doctors* sehen wir einen Arzt, einen Geistlichen und einen *Sangoma* (Medizinmann), die surrealistisch um einen im Bett liegenden

Patienten gruppiert sind. Was bedeuten Wissenschaft, das Spirituelle und die schwarzen und weißen Vorstellungen von Leben und Tod?

Das Unbehagen, das Weiße bei ihren Besuchen der Townships empfinden, kann das Verständnis der dort entstandenen Kunst trüben – ob es *Kunst der Townships* ist oder nicht. Zwar wurde die in diesen Gebieten herrschende Gefahr von der Apartheidregierung übertrieben, so dass viele Weiße dort nach wie vor unverhältnismäßig große Angst haben, doch es kommt tatsächlich zu unvorhersehbaren Gewaltausbrüchen und Morden. So werden bei Besuchen von Weißen komplexe rituelle Maßnahmen ergriffen. Vorzugsweise kommt man in Begleitung von jemandem, den man im fraglichen Viertel bereits kennt; man trifft sich auf neutralem Boden und übergibt die Leitung sodann seinem Führer. Zudem weiß man nie, ob man am geplanten Datum auch tatsächlich in die Township gelangt, denn oft genug warnt der Führer, es sei »kein guter Tag«. Der Führer ist verantwortlich für die Sicherheit des Besuchers, der sich auf dessen Kenntnisse, Kontakte und Orientierung verlassen muss. Ist man in einer Wohnung oder einem Atelier, kann es passieren, dass das Telefon klingelt und der Gastgeber einen ohne weitere Erklärung zum Gehen auffordert.

Alle, die ich in den Townships traf, wussten, welche Mühen ein Besuch erforderte; sie zeigten sich erfreut und zollten meinem Mut vielleicht sogar übertriebene Anerkennung. Allein durch mein Kommen würde ich etwas für sie tun, sagten sie. Sie wussten, dass irgendjemand gemeint hatte, es würde den Aufwand lohnen, mich herzubringen. Dies stand im Widerspruch zu ihrer eigenen Erfahrung der Segregation. »Während der Apartheid waren mir viele Orte versperrt, und viele sind es noch heute«, erzählte mir der Maler Durant Sihlali, als wir in seinem Haus in Soweto beisammensaßen. »Und ich bin nicht besonders scharf darauf, mich um alle Weißen zu kümmern, die mir lässig in ihrer beiläufigen Art erklären, sie würden gern mal herkommen. Das hier ist mein Gebiet, und ich bringe niemanden hierher, den ich nicht leiden mag. Für mich ist es mühsam, nach Johannesburg reinzufahren und jemanden abzuholen, die ganze Zeit an seine Sicherheit zu denken, ihn zu unterhalten und wieder zurückzufahren. Dafür ist mir meine Zeit zu schade.«

Obwohl unter der Apartheid aufgewachsen, ist Sihlali gebildet und selbstsicher und kann sich versiert auf Englisch ausdrücken. In den sechziger Jahren stieß er als junger Mann auf weiße Kunststudenten und deren Dozenten, die zum Malen in die Township gekommen waren. Er sah ihnen eine Weile zu, dann trat er an einen heran und streckte wortlos die Hand aus. Der Kunststudent gab ihm einen Pinsel, und Sihlali beendete das Bild. Der Dozent war beeindruckt. Zwar konnte sich Sihlali nicht in der Akademie einschreiben, aber der Dozent lud ihn ein, ihnen Modell zu stehen. »Obwohl ich im Unterricht keinen Pinsel in die Hand nahm, konnte ich alles lernen, indem ich sie beobachtete und sah, was der Dozent bei den Studenten bemängelte.«

Über Jahre hinweg verdiente sich Sihlali seinen Lebensunterhalt, indem er Muscheln bemalte und als Souvenir verkaufte und Werbeschilder anfertigte; in seiner Freizeit schuf er eine Serie von Aquarellen mit Szenen aus seiner Umgebung. In diese gegenständlichen Gemälde flossen die Bedenken über die Natur der Darstellung kaum ein, die zeitgenössische westliche Künstler plagen. Vielmehr müssen die Werke südafrikanischer schwarzer Künstler, die sich oft um Familie, Vergangenheit und Träume drehen, in ihrer Begrifflichkeit verstanden werden. Mit seinen Aquarellen dokumentiert Sihlali ein Leben, das die Apartheidregierung verheimlichen wollte. »Mir ging es nicht um schöne Dinge, ich wollte die Geschichte dokumentieren«, erklärte Sihlali. »Sie sind nicht Ausdruck von Wut; wenn man die Wahrheit erzählt, wird man nicht wütend. Es war etwas, was ich meinem Gefühl nach tun musste. Oft wurde das dann zu einem Wettlauf mit der Zeit. Ich malte als Ausdruck des Protests gegen die Bulldozer an, und wenn ich ein Haus komplett hatte malen können, bevor sie es zerstört hatten, kam ich mir wie ein Sieger vor.«

Sihlalis Haus stand in Jabulani – oder, wie er es nannte, im »tiefsten Soweto«. Die Häuser der Townships haben samt und sonders Metallgitter vor den Fenstern, und Sihlali hat an seinem Haus selbst diese Stäbe zu Kunst gemacht. Sie zeigen gegenständliche Szenen, etwa eine Mutter mit Kind. Wir verließen sein Viertel und fuhren zu dem Bildhauer Vincent Baloyi und zu Charles Nkosi in den Soweto-Stadtteil Chiawelo. Dort ließen wir uns von einigen Kids Bier holen und setzten uns ins Vorderzimmer, um uns zu unterhalten. In den Townships hat man die Haustür für gewöhnlich geöffnet, wenn man nicht gerade eine echte Bedrohung fürchtet. Es spielt keine Rolle, ob die Nachbarn betrunken sind, einem auf die Nerven gehen oder man sie nicht leiden kann; das Haus steht jedem offen, und alle bleiben kurz auf ein paar Worte stehen. »Nun sind Sie also in Soweto«, sagten die Leute, als sie mich sahen. »Und, haben Sie jetzt Angst?« Woraufhin sie lachten. »Erzählen Sie, dass es nicht so schlimm ist, nicht so schlimm, nicht so schlimm«, sagten sie dann. Viele wollten wissen, warum ich mich für Kunst interessierte. Kunst bildet die Basis für einen stolzen und fast schon souveränen, kostbaren Dialog, wie man ihn in den Townships selten führt und der in seiner Bedeutung über alles hinausgeht, was sich vom Äußeren des Werks ableiten lässt. »Diese Sache mit der Gleichstellung und der Zusammenarbeit mit weißen Künstlern«, sagte Charles Nkosi, »wird noch lange Zeit brauchen. Es ist wie mit einer neuen Mütze. Wenn man sie gerade bekommen hat, ist sie wirklich lästig. Immerzu vergisst man sie irgendwo, man erinnert sich nicht mehr an sie, und wenn man sie auf dem Kopf hat, spürt man die ganze Zeit ihr Gewicht. Selbst wenn man oft gefroren hat, ist der Umgang mit einer neuen Mütze anfangs nicht leicht.«

Der Maler Sam Nhlengethwa sagte: »Die Leute, die meine Arbeiten sehen, fragen mich: ›Wie können Sie aus der Township heraus so glückliche Bilder malen?‹ Aber in den Townships herrscht nicht nur Krieg. Bei uns gibt es Musik, Hochzeiten, Feste, selbst wenn in der nächsten Straße Menschen sterben. Sobald es zu Gewalt kommt, sehen die Leute von außerhalb nichts anderes mehr. Das ist falsch. Ich bemühe mich in meiner Kunst um ein Verhältnis, das die Realität widerspiegelt: dreißig Prozent Bilder von Gewalt und siebzig Prozent mit fröhlichen, festlichen Zusammenkünften. Neulich bin ich beinahe über einen Toten gestolpert, als ich nach dem Aufwachen vor die Tür gegangen bin. Das ist also Teil meiner Realität und fließt in meine Kunst ein. Aber ich bin dann trotzdem dorthin gegangen, wo ich ursprünglich hinwollte. So hat es sich in meinem Leben eingependelt.«

Begleitet von Alois Cele, einem Gebrauchskunstmaler, der seit fünf Jahren Handel mit T-Shirts, Schildern und Werbetafeln treibt, fuhr ich in Durban in die Township Umlazi. Gegenwärtig weitet Cele seine Firma (ausgerechnet) auf den Verkauf von Säften aus. Er ist eine Art Zulu-Tausendsassa; er gibt in seiner Township ehrenamtlich Kurse und hat Anfragen aus anderen Townships, die ihn ebenfalls gern bei sich unterrichten lassen würden. Dank seines Erfolgs und seines entschiedenen Auftretens strahlt er eine gewisse Autorität aus. Die Leute kommen wegen seiner T-Shirts und anderer Waren zu ihm, und häufig bestellt er Anhänger verschiedener politischer Strömungen zu einer bestimmten Zeit wieder in den Laden. »Ich sage den Jungs vom PAC und den Jungs vom ANC und den Jungs von der Inkatha jeweils, ihre T-Shirts würden am Mittwoch um vier Uhr fertig sein«, erzählte er. »Und dann lasse ich sie warten, so dass sie miteinander sprechen müssen. Sie sitzen also wütend da, aber zugleich sehen sie sich gegenseitig auch als Menschen. Durch den Handel mit Kunst kann man alles erreichen.« Celes Ambitionen gehen jedoch weit über die Welt der Kunst hinaus. »Ich unterrichte die Leute in eigenständigem Denken. Die Zulu sind gefährlich, weil sie Analphabeten sind und praktisch alles glauben, was man ihnen sagt. Sie wollen nicht selbst denken. Zulu gehen die Dinge immer als Gruppe an, und wenn sie Ärger machen, dann machen sie ihn gemeinsam. Ich möchte ihnen beibringen, unabhängig zu handeln. Das ist die einzige Möglichkeit.«

In der Apartheid gab es vier Kategorien: Weiße, Schwarze, Asiaten und Farbige. In Kapstadt besuchte ich Mitchells Plain, eine Township der Farbigen. Begleitet wurde ich von Willie Bester, dem vielleicht angesehensten nichtweißen, urbanen Künstler Südafrikas. Bester ist der Sohn einer farbigen Mutter und eines schwarzen Vaters. Nachdem ihm seine Schule in Briefen ein ausgezeichnetes Verhalten bestätigt hatte, das nicht dem eines echten Schwarzen entspräche, wurde er als Farbiger eingestuft. Als junger Mann war Bester Polizist geworden, »um das Verbrechen zu bekämpfen – damit niemand mehr mein Fahrrad stehlen konnte«. Man erwartete von ihm als farbigem Polizisten jedoch auch, gegen den ANC zu kämpfen. Doch als er die Schriften des ANC las, löste das etwas in ihm aus. »Das waren doch nicht die Leute, gegen die ich vorgehen sollte. Das waren *meine* Leute. Wenn sie der kommunistische Feind waren, dann war ich auch der kommunistische Feind.« Nach einem Einsatz gegen Aufständische fand er die Wache bei seinem Eintreffen vom Boden bis an die Decke voller hingemetzelter Jugendlicher vor. »Einer der Polizeioffiziere wies mich an, die Räume vom Blut zu säubern, das überall große Pfützen bildete, und während ich noch sprachlos dastand, nahm ein anderer einen Feuerwehrschlauch und begann, es fortzuspritzen. Sie meinten, es würde nicht gut aussehen, falls die Medien kämen. Alle diese Polizisten beglückwünschten sich gegenseitig, so viele Menschen umgebracht zu haben. Als ich an diesem Abend nach Hause ging, war mir so schlecht, dass ich mich tagelang nicht rühren konnte.«

Heute genießt die farbige Bevölkerung weder die Privilegien der Weißen noch befindet sie sich im Prozess der Selbstverwirklichung wie viele schwarze Afrikaner. Eine ganze Reihe Farbiger klammert sich daher an die unbedeutenden Vorrechte, die ihnen unter der Apartheid zugestanden worden waren. Sie haben zu viel, um einfach nur eklatant zerstörerisch zu sein (wie ein großer Teil der schwarzen Afrikaner) und zu wenig, um gut leben zu können (wie die meisten Weißen). Die Ängste dieser Bevölkerungsgruppe gelten nicht nur einer Richtung, sondern zweien. Bester verwendet für seine beeindruckenden Installationen Materialien, die er in der Township gefunden hat, und setzt sie in Gegensatz zu Gemälden. In einer dieser Arbeiten findet man Stacheldraht; die Ausgabe eines von der Regierung veröffentlichten Buchs zur Einordnung der ethnischen Gruppen, Fotos eines rassistischen Übergriffs, den es laut offiziellen Unterlagen nie gegeben hat, und den Munitionsgürtel eines Polizisten. »Als ich jünger war«, sagte Willie Bester, »habe ich hübsche Dinge gemalt, die die Weißen gekauft und bei sich zu Hause aufgehängt haben, um besser ignorieren zu können, was draußen vorging. Heute bin ich frei. Nun handeln meine Werke vom wahren Leben und den Problemen der Townships. Heute arbeite ich für mich selbst.«

Schwarze Kunst, ja; schwarze Künstler, nein

Besters Behauptung stimmt nur zu Hälfte. Auch wenn er überzeugt ist, jetzt für sich selbst zu arbeiten, sind immer noch fast alle seine Sammler weiß. Seine Arbeiten werden von Liberalen gekauft, weil sie gut sind und das Gefühl der Verantwortlichkeit nach einem solchen Erwerb nicht mehr so schwer wiegt. Im gegenwärtigen Klima bevorzugen weiße Sammler Werke, mit denen nichtweiße Künstler ihr Leid ausdrücken; schöne Kaplandschaften können sie nicht mehr reizen. Dies ist zwar ein Fortschritt, aber noch lange keine Freiheit. Auch einige Nichtweiße äußern Interesse an nichtweißer Kunst, doch nur wenige sammeln sie. Tatsächlich ist den meisten die Vorstellung von Kunst als Ware fremd. Unter Willie Besters Nachbarn gibt es ein paar, die Bilder von ihm besitzen und Freude daran haben; aber als sie zur Vernissage seiner großen Ausstellung in Kapstadt kamen, reagierten sie ungläubig auf die Preise und waren verdutzt, dass so viele Weiße ihn treffen, interviewen und feiern wollten. Zu den Sammlern von David Koloanes Werken gehören einige schwarze Ärzte, und eins seiner Gemälde hängt im Haus Nelson Mandelas, aber dies ist lediglich ein kleiner, exklusiver Kreis. »Die Johannesburg Art Gallery befindet sich neben einem Park, der früher allein Weißen vorbehalten war«, sagte Koloane. »Heute ist er in der Hand von Schwarzen. Die Schwarzen fotografieren sich gern vor dem Eingang des Museums. Aber keiner kommt auf die Idee, auch mal reinzugehen.«

Es gibt in Südafrika nur drei bedeutende kommerzielle Galerien – alle im Besitz von Weißen und mit einem überwiegend weißen Kundenstamm –, die häufig Arbeiten von Schwarzen zeigen: die Goodman Gallery (das Flaggschiff), die Everard Read Gallery (die angesagte Trendsetterin) und die Newton Gallery (ein bisschen vage in der Ausrichtung). Wie kann eine nichtweiße Bevölkerung diese Machtkonzentration durchbrechen? Dabei geht es nicht allein um das notwendige Kapital, sondern auch um die Bereitschaft, sich in dieser Branche zu engagieren. Vor achtzehn Monaten hat der Bühnenautor Matsemela Manaka sein Haus in Soweto zu einer Galerie erklärt. Als ich hinkam, waren seine Mitarbeiter damit beschäftigt, den Besuchern geduldig zu erklären, was Kunst ist; die Besucher hingegen waren zwar neugierig, aber eher daran interessiert, diese seltsame Einrichtung zu bestaunen, als die Botschaft des Werks zu verstehen. Linos Sewedi betätigt sich als Kunsthändler. Während er seine Geschäfte anfangs von Soweto aus führte, hat er sich mittlerweile in Johannesburg niedergelassen, da Schwarze ihm nichts abkaufen und Weiße nicht in einen Bezirk kommen, den sie immer noch als gefährlich ansehen. Er ist ein Mittelsmann, bleibt über die Entwicklungen in den Townships auf dem Laufenden, stellt Werke der Öffentlichkeit vor und organisiert in gemieteten Räumen Ausstellungen. Für reiche Besucher organisiert er sogar private Kunsttouren durch die Township. Über die liberalen Weißen, die in den Townships unterrichtet haben, sagte er: »Sie haben den Leuten beigebracht, wie man etwas produziert, aber nicht, wie man es verkauft.« Doch trotz seiner bewundernswerten Bemühungen kann er nicht mit den größeren kommerziellen, von Weißen geführten Galerien konkurrieren.

Einige meinen sogar, dass die radikalen Künstler der »Bewegung des schwarzen Bewusstseins« von diesem System korrumpiert wurden. Indem sie zuließen, dass weiße Händler ihre Werke an Weiße verkauften, hätten sie sich zu Komplizen der bestehenden politischen Machtstrukturen gemacht. Fikile Magadlela, lange Zeit als ultimativer Vertreter des schwarzen Radikalismus gefeiert, gehöre zu den Ersten, der in die Hände weißer Händler gefallen sei. »Sobald man deine Arbeiten in einer Kunstgalerie findet, sind sie Arbeiten für den Staat«, erklärte Malcolm Payne. »Und auch Fikile wollte verkaufen.« Fikile wurde schon lange vor dem Ende der Apartheid in der Goodman Gallery gezeigt. Auch Durant Sihlalis Bilder waren in der Apartheidära in den Johannesburger Galerien höchst gefragt. »Ich fand es unglaublich«, sagte er. »Die Repräsentanten der Ungerechtigkeit kauften meine Bilder und hängten sie bei sich an ihre weiße Wand, ohne je zu bemerken, dass ich die Geschichte ihrer grausamen Taten erzählte.«

Diese Künstler wurden bei Wettbewerben mit Preisen ausgezeichnet. In Südafrika gibt es mehr Wettbewerbe in mehr Disziplinen als in irgendeinem anderen Land der Welt. Paynes Ansicht nach wurden sie

»zum mächtigsten Werkzeug der Unterdrückung«. Als ich mich mit Fikile unterhielt, redete er zwar von Blut und Leid, doch er sprach ebenso ausführlich von seinen weißen Sammlern, und seine letzten Arbeiten erscheinen kopflastig und irgendwie konstruiert. Mehr als einmal hörte ich in Gesprächen die Warnung, ein Künstler könnte »den gleichen Weg wie Helen gehen« – gemeint war die Malerin Helen Sebidi, die sich, nachdem sie mit ihren wunderbaren Arbeiten von weißen Jurys eine Vielzahl von Preisen zugesprochen bekommen hatte, zu wiederholen begann und keine neuen Inspirationen mehr fand. Doch selbst während die Protestkunst dieser Maler zur Ware wurde, blieb sie ein Instrument ihres Überlebenskampfs. Heute wirft man den Künstlern der Townships vor, ihr Erbe den weißen Käufern zuliebe zur seichten Kunst zu reduzieren, indem sie als Grenzgänger im Stil der Europäer arbeiten.

Ich wusste bereits, dass der schwarze Künstler Trevor Makoba aus Durban auf der letzten Biennale in Venedig im Pavillon von Südafrika vertreten gewesen war. Ich stellte ihm Fragen zu der dort ausgestellten Allegorie, einem Stück Käse in der Form Südafrikas, das von zwei Seiten angeknabbert wird, einmal von einer schwarzen Maus und einmal von einer weißen. Er wiederum wollte alles über die Biennale wissen. War das wirklich eine wichtige Ausstellung? Hatten viele Menschen sein Werk gesehen? Nachdem ich ihm die Schau beschrieben hatte, meinte er leicht wehmütig: »Ich bin froh, dass ich dort ausgestellt war. Allerdings wäre ich vorher gern gefragt worden. Denn ich hätte gern mit ihnen darüber gesprochen.«

Ich wunderte mich. »Sie hat niemand gefragt, ob Sie Südafrika in Venedig vertreten möchten?«

»Nein. Ich habe erst in der Woche vor der Eröffnung davon erfahren.«

Als Südafrika (nach Jahrzehnten des Ausschlusses) zur Biennale eingeladen wurde, blieben die Verantwortlichen zunächst lange Zeit untätig, ehe sie dann überstürzt eine »demokratische« Auswahl der Künstler trafen und die Exponate innerhalb der nächsten Tage auf den Weg schickten. Die Regierung kam für die Reisekosten ihrer offiziellen Repräsentanten zur Eröffnungsveranstaltung auf, nicht jedoch für die der Künstler. Mehrere weiße Künstler buchten die Reise daraufhin auf eigene Kosten. Als die südafrikanische Delegation feststellte, dass einige weiße Künstler in der Stadt waren, peinlicherweise aber keine schwarzen, ließen sie Letzteren rasch Tickets schicken. Fast alle der schwarzen Künstler waren jedoch noch nie gereist, nicht einmal im eigenen Land und erst recht nicht ins Ausland. Der Holzbildhauer Jackson Hlungwani reagierte mit folgender Nachricht: »Die Funkverbindung ist gut, die Botschaft aber schlecht«, um auszudrücken, dass er gern hingefahren wäre, nicht aber unter diesen Umständen. Er weigerte sich, seinen Wohnort im Homeland Gazankulu zu verlassen. Makoba hingegen bemühte sich nach Kräften, doch selbst mit Hilfe weißer Freunde gelang es ihm nicht, rechtzeitig sein Flugzeug zu erreichen. Außerdem konnte offenbar niemand sagen, was die Künstler in Venedig erwartete und welche Kosten, beispielsweise für die Verpflegung, übernommen wurden. »Daraus ließ sich ganz klar folgern«, sagte Sue Williamson, eine weiße Künstlerin aus Kapstadt, »dass du als Mensch nicht von Bedeutung bist. Nur die Früchte deiner Arbeit zählen. Und das erklären die Weißen den Schwarzen schon seit Beginn der Apartheid.«

Kunst von oben

Gegen Ende der Apartheid starteten liberale Weiße in Gazankulu ein Projekt für die dort lebenden Schwarzen, um ihnen durch das Erlernen der Korbweberei die Möglichkeit zu geben, ihr Erbe zu ergründen. Da die notwendigen Gräser nicht in der Gegend wuchsen und sich keiner der Einheimischen im Korbflechten auskannte, mussten Material und Lehrer herangeschafft werden. Niemandem fiel auf, dass es im Homeland reichlich Ton gab und die Einwohner von alters her Tonarbeiten modellierten. Korbflechterei war hier absurd. Das heißt nicht, dass sich Künstler in Gazankulu ausschließlich auf die heimischen Materialien beschränken sollten, doch wenn man den Ton ignoriert und Gräser heranschafft, verschwendet man in ungeheurem Maße Ressourcen und versäumt es, auch andere Fähigkeiten zu fördern. Die monolithische Wahrnehmung der Schwarzen, die sich darin zeigt, ist eins der hässlichsten Relikte der Apartheid. Von oben diktierte, an einer politischen Agenda ausgerichtete Kunst hat nur selten Erkenntniswert.

Weder unter den Schwarzen noch unter den Weißen Südafrikas ist es Tradition, loszuziehen und sich Bilder anzuschauen. So wie die Entwicklungen in der nordamerikanischen Fischkunde normalerweise vornehmlich für nordamerikanische Fischkundler von Interesse sind, interessieren sich für die Kunst Südafrikas vornehmlich südafrikanische Künstler. Doch obwohl sich, wie auch im Moskau der Sowjetunion, das heimische Kunstpublikum fast nur aus Kunstschaffenden zusammensetzt, ist es zahlenmäßig groß, denn im neuen Südafrika wird jeder zu künstlerischen Aktivitäten ermutigt – auch viele, die dies, auf sich selbst gestellt, nie in Erwägung ziehen würden. Liberal ausgerichtete »Rural Outreach«-Programme wenden sich an die Bewohner abgelegener ländlicher Gebiete und überreden sie zu kreativer Betätigung. Dazu ziehen rührige Personen, ausgestattet mit dicken Zeichenblöcken und Unmengen von Buntstiften oder mit Perlen und Schnüren, von einer Gemeinde zu nächsten. Die in diesen Programmen entstandenen Werke werden als höchst »authentisch« gepriesen.

Das Anfertigen solcher Arbeiten mag dazu beitragen, das Wohlbefinden der »Künstler« zu steigern, und sie sich anzusehen steigert womöglich das Wohlbefinden des Publikums. »Das Endergebnis ist nicht so wichtig wie der Schaffensprozess«, erklärte Sue Williamson. Doch selbst dieser von ihr gerühmte Prozess ist mit Skepsis zu betrachten. Jedem die Freiheit zuzugestehen, sich zu äußern, ist ein Eckpfeiler der Demokratie. Etwas völlig anderes ist es, jeden zu einer »freien« Äußerung bewegen zu wollen, ob ihm danach nun der Sinn steht oder nicht. Sue Williamson meinte allen Ernstes: »Natürlich sind wir Südafrikaner gegenwärtig sehr zufrieden mit uns selbst, weil wir gerade, als man uns abgeschrieben hatte, etwas überwunden haben, das in den Augen der Welt untragbar war. Aber unsere Rasse hatte der anderen Rasse alles aberkannt, und deshalb ist *jeder Einzelne* dieser Menschen von Bedeutung; alles, was er und sie zu sagen haben, ist *wichtig*; und wir müssen uns *alles* anhören.« So etwas wie eine angemessene Reaktion auf Apartheid gibt es nicht, und das Streben der Weißen nach Sühne verdient Bewunderung. Doch das Konzept, dass jeder ein Künstler ist – und dass jede Stimme gehört werden muss –, führt letztlich nicht zu einer Feier der Vielfalt, sondern zur Leugnung von Individualität.

Jedem rechtlich und moralisch die gleiche Bedeutung zuzugestehen ist gut und schön, doch die Annahme, dass jeder etwas von gleicher Bedeutung zu sagen hat, erzeugt Kakophonie; man kann nicht tausend Stimmen zugleich zuhören und verstehen, was jeder Einzelne sagt. Man muss eine Auswahl treffen. Eine Woche, nachdem entschieden wurde, dass es in Südafrika elf offizielle Landessprachen geben wird, traf ich mich mit der Menschenrechtsaktivistin Helen Suzman, die zweimal für den Friedensnobelpreis nominiert wurde. »Mir graust es, wenn ich mir vorstelle, was alles durch die Übersetzung verlorengehen wird«, sagte sie mir. Bei allem Bedürfnis, die Vielfalt zu würdigen, sollte man nicht vergessen, dass man in einer Staatsregierung eine gewisse Geschlossenheit braucht.

Kunstpolitik

In der Abteilung Kunst und Kultur des ANC herrscht die Ansicht, dass die Kunst dem Staat dienen müsse, dass der Kampf noch nicht vorüber sei und dass Künstler dazu beitragen sollten, das neue Paradies Südafrika zu schaffen. Mao Tse-tung propagierte Ähnliches, als er die Kulturrevolution ausrief. Die von bildenden Künstlern und Schriftstellern gegründete überparteiliche National Arts Initiative (NAI) vertritt den Standpunkt, Kunst sei mit öffentlichen Mitteln zu fördern, so dass es Künstlern freistehe, von persönlichen Erfahrungen inspirierte Werke zu schaffen. Präsident John F. Kennedy propagierte Ähnliches, als er die »National Endowment for the Arts« (eine unabhängige staatliche Stiftung zur Förderung der Künste) gründete. Der Schriftsteller Mtutuzeli Matshoba bemerkte dazu verärgert: »Während die NAI vorgibt, die Interessen der ›Kunst- und Kulturschaffenden‹ zu vertreten, geht es dem ANC vorwiegend um die kulturelle Befreiung der Entrechteten Südafrikas. Für den ANC ist die kulturelle Befreiung jedoch kein Selbstzweck, sondern eine Komponente unserer Befreiung als Nation.« Viele lehnen ein derart mechanistisches und propagandistisches Kunstverständis ab, das der Ausdrucksfreiheit keinen Raum gewährt. Mike van Graan, Vorsitzender der NAI, beklagte: »Jene von uns, die gemeinsam mit dem ANC gegen die Apartheid gekämpft haben, sind davon ausgegangen, wir könnten nun endlich in Frieden schöpferisch tätig sein, singen, lachen, kritisieren und ungehindert unsere Visionen feiern. Doch wir haben uns getäuscht.« Später gestand er mir im Gespräch: »Man hat uns ausdrücklich angewiesen, uns in unseren Arbeiten mit dem ANC zu befassen, dabei aber nicht auf die Korruption im ANC einzugehen, weil das Wasser auf die Mühlen der Nationalisten wäre.«

Wohin man in Südafrika auch kommt, immer stößt man auf jemanden, der gerade eine neue Kommission gründet. Und stets besteht ihr Name in einer Abkürzung. Bei der Gründungsversammlung der NAI in Durban, die ich besuchte, bekamen AWA, AEA, ADDSA, APSA, ICA, NSA, PAWE, SAMES und SAMRO volles Stimmrecht, während sich ATKV, COSAW, FAWO und PEAP mit eingeschränktem Stimmrecht begnügen mussten. Keinesfalls kann man im Kunstbetrieb Südafrikas eine Funktion übernehmen, ohne zu wissen, wofür diese Abkürzungen stehen. Die endlosen Ansprachen bei einer Kunstgala des ANC in einem Johannesburger Hotel waren für mich, obwohl auf Englisch gehalten, quasi unverständlich, da sie eine verwirrende und langwierige Aufzählung solcher Untergruppen beinhalteten. Diese Begeisterung für Kommissionen ist ein unseliges Erbe des ANC. Bei einem Abendessen mit Penny Siopis und Colin Richards, beide höchst engagierte liberale Weiße, sprach ich das Problem an. Richard presste die Hände an die Schläfen. »Diese Kommissionen!«, rief er. »Während der Apartheid haben wir deren Sitzungen besucht – nervtötende, endlose Sitzungen, Tausende und Abertausende davon, Stunden über Stunden. Es war die einzige Möglichkeit, ihnen unsere Unterstützung zu zeigen. Und es war ein wichtiges Element in unserem Kampf gegen die Apartheid. Aber wenn ich, um Himmels willen, an die öden Stunden denke, die damit vergeudet wurden, könnte ich weinen.«

Während meines Aufenthalts raunte man mir oft zu: »Es ist absurd, ich weiß.« Und das so leise, als müsste man Wanzen fürchten. Ich hörte es auf dem Lande, ich hörte es von Schwarzen wie von Weißen in Nord-Transvaal, ich hörte es in den Häusern der weißen Bourgeoisie, von engagierten Liberalen, von Gemäßigten in den Townships, auf großen Anwesen, auf Farmen und in den Spelunken der Townships, in denen illegal Alkohol ausgeschenkt wird. Öffentlich aber wird man in Südafrika nur eine Absurdität eingestehen: die der Apartheid. Denn Apartheid ist weitaus schlimmer als alles, was heute im Lande falsch läuft. Doch alle sind sich bewusst, sehr viel Zeit für ein irrwitziges Schauspiel des symbolischen Respekts aufzubringen.

Der unangemessenen Komplexität dieser Bürokratie steht oft ein überraschend unkomplizierter Umgang mit komplexen Fragen gegenüber. In Südafrika ist es modern, Grundsatzfragen zu stellen. Was ist Kunst? Was ist Demokratie? Was ist Freiheit? Umso erstaunlicher ist es, dass darauf jederzeit und überall überzeugte Antworten gegeben werden. Bei einem Treffen der NAI befasst man sich zwei Stunden lang mit Themen, die in fünf Minuten hätten abgehakt sein können. Doch Fragen, die die Philosophen seit Jahrtausenden bewegen, wurden noch rechtzeitig vor der Mittagspause geklärt. Als sich das Treffen immer länger hinzog, weil jeder Beitrag in mehrere Sprachen übersetzt wurde, stand Nise Malange, die Vorsitzende des Prüfungsausschusses, auf und erklärte: »Die Happy Hour muss umfunktioniert werden.« Der weiße Kritiker Ivor Powell, der neben mir saß, meinte, sein Artikel über diesen Kongress werde unter genau dieser Überschrift stehen – ohne sie zu erklären oder in einen Zusammenhang zu stellen.

Mehrere weiße südafrikanische Künstler, die ich traf, bezeichneten den Pan Africanist Congress of Azania (PAC) als »schwarze Rassisten«. Einstmals lautete sein Motto: »Ein Siedler, eine Kugel«, politisch steht er weit links vom ANC. Doch als ich mich mit Fitzroy Ngcukana, dem Beauftragten für Sport und Kultur des PAC, abends um elf in einer Jazzbar im Zentrum Johannesburgs traf, erwies er sich als viel offener als alle ANC-Mitglieder, die ich bis dahin kennengelernt hatte. Seine Ansichten waren moderat, sein Verhalten herzlich. Wir diskutierten fast die ganze Nacht hindurch. »Menschen, die Kunst machen, sind Freigeister und haben das Recht auf welche Meinung auch immer«, sagte er. »Sie sollten ohne politische Kontrolle das tun können, wonach ihnen der Sinn steht. Schwarze und weiße Künstler sollten Freunde sein, voneinander lernen, einander inspirieren. In der Kunst darf es kein Sektierertum geben.«

Das Hinterland

In gewissem Sinne wirkt alle Kunst Südafrikas besudelt. Die Arbeit schwarzer Künstler ist kontaminiert, da sie sich auf einen weißen Markt stützten, und die der weißen Künstler durch ihr unvermeidliches Komplizentum mit einem ausbeuterischen System. Unterdrückung vergiftet sowohl den Unterdrückten als auch den Unterdrücker, die sich beide nach der imaginierten, höchst romantisierten Unschuld ihrer Träume sehnen, nach etwas Unbeflecktem und Wahrhaftigem aus der Zeit vor dem Sündenfall. Nirgends kam man dieser Phantasie näher als in Venda, einem der quasi-autonomen Homelands, wo die schwarze Bevölkerung dem Schein nach Unabhängigkeit genießt, obwohl ihr Recht auf Selbstverwaltung beschränkt ist – da es über keine anderen finanziellen Mittel verfügt als über die Zuwendungen von der Zentralregierung Südafrikas.

Fährt man von Johannesburg aus in Richtung Norden, dringt man in eine weite und großartige Landschaft vor, in der man allmählich wirklich das Gefühl bekommt, in Afrika zu sein: Der diffuse europäische Einschlag, der in Kapstadt so übermächtig und in Johannesburg halbwegs zu spüren ist, wird hier immer schwächer. Dass diese Gegend zur Brutstätte des üblen kapholländischen Konservatismus wurde, liegt wohl daran, dass man Afrika hier nicht ausklammern kann: weder mit einem hohen Zaun noch mit einem schön angelegten Garten mit importierten Pflanzen und Blumen. Je näher man Simbabwe kommt, umso hässlicher sind die weißen Städte. Auf all meinen Reisen fand ich kaum einen Ort, der weniger Charme hat als Pietersburg oder Louis Trichardt. Von Louis Trichardt windet sich die Straße langsam die sanften bewaldeten Hügel südlich des Limpopo hinauf. Wir befinden uns immer noch auf der N1, der wichtigsten Autobahn Südafrikas, doch die vielen Fahrspuren sind zu einem Teerstreifen zusammengeschmolzen, in den auf beiden Seiten unbefestigte Pfade münden. Befahren ist die N1 hier kaum; ein paar LKWs bringen Waren nach Simbabwe, außerdem begegnen einem Minibusse und hin und wieder ein landwirtschaftliches Fahrzeug. Bei der Ankunft in Venda wird man ganz still; so wie die Atmosphäre New Yorks von Aufregung, Betriebsamkeit und dem Moder der Großstadt erfüllt ist, ist dieses Homeland von Mystik, Lebensfreude und dem Kontakt mit den Geistern durchdrungen.

Als ich vor zwei Jahren zum ersten Mal in Südafrika war, bezeichneten Johannesburger Kunsthändler Venda als ein Land der Unschuldigen mit einer nach wie vor authentischen schwarzen Kunst. Ich hoffte, hier ein Bindeglied zu finden, das mir helfen würde, meine Erfahrungen mit der schwarzen und weißen Kunst in den Städten Südafrikas besser einzuordnen. Die Menschen vom Volk der Venda fertigen schon seit langem Holzschnitzarbeiten – Schalen, Tiere, kleine Figuren –, und die in den letzten fünf Jahren plötzlich so gefragte neue Kunst der Venda knüpft an diese Tradition an. Einiges ist lediglich aufgeblasener Schnickschnack, andere sind parareligiöse Objekte, und in manchen erkennt man ein westliches Kunstverständnis. Ihr Weg in den südafrikanischen Kunstmarkt ist symptomatisch für den von Verwirrung geprägten, aber anrührenden kulturellen Austausch, der die Basis des neuen Südafrika bilden wird.

Von dem knapp siebentausendachthundert Quadratkilometer großen Venda gibt es keine Straßenkarte. Da die Künstler oft weder Strom noch fließend Wasser und erst recht kein Telefon haben, sind sie schwer zu finden. Man taucht dann einfach bei ihnen auf; gewöhnlich sind sie zu Hause – und freuen sich über Besuch. Sie alle sind gläubig, obwohl sich ihre Religion nur schwer definieren lässt: Sie praktizieren eine Form des Christentums gepaart mit diversen Volksglauben, zu denen regelmäßige Besuche der Geister der Verstorbenen, ein ganzer Haufen *Sangomas* und eine Priesterin gehören, die über den nahe gelegenen See herrscht – jenen Ort, an dem die Vorfahren zu Fischen werden. Bei der Ankunft im Homeland kann man sich die grobe Richtung von Elias zeigen lassen, einem alten Mann, der den Souvenirladen an der Hauptstraße führt. Nähert man sich seinem Bestimmungsort, ist man auf die Auskünfte der dort Ansässigen angewiesen.

Auf meiner Fahrt nach Venda begleitete mich Beezy Bailey, ein Künstler aus Kapstadt, und wir machten uns zuerst auf den Weg zu Noria Mabasa, der einzigen Frau unter den Venda-Künstlern. An einem Hanffeld bogen wir von der Hauptstraße ab und durchquerten anschließend ein Dorf mit Rundhütten aus Lehm, gedeckt mit Spitzdächern aus Stroh. Die Leute blieben stehen und starrten unser Auto an. Viele Frauen waren traditionell gekleidet: Unter ihren nackten Brüsten hatten sie grellbunte, mit geometrischen Mustern verzierte Tücher um den Körper geschlungen, an ihren Armen und Fußgelenken glitzerten Hunderte schmaler Silberreifen.

Mabasa saß bei unserer Ankunft barfuß, in einem blauen Kittel und mit bunter Strickmütze auf dem Kopf im Kreis von Freundinnen und Angehörigen im Freien. »Die meisten meiner Sachen sind jetzt in Johannesburg«, sagte sie. »In einer Kunstgalerie. Viel zu weit fort.« Aber einige ihrer Arbeiten standen noch hier draußen. Sie schnitzt aus hohlen Baumstämmen Kreise mit menschlichen Figuren, die, seltsam verschachtelt und die Gesichter nach außen gewandt, nacheinander greifen oder miteinander tanzen. Neben Mabasas Rundhütte steht ihr neues Haus aus Gussbeton. »Das habe ich mir von meiner Kunst gebaut«, erklärte sie stolz.

»Es war nicht meine Entscheidung, diese Sachen zu machen«, sagte sie. »Ich war krank. So krank, furchtbar krank.« Sie schüttelte und krümmte sich, so als hätte sie Bauchschmerzen. »Und dann hatte ich einen Traum, in dem mir eine schreckliche alte Frau erschien. Ich hatte riesige Angst.« Mabasa stand auf und machte uns vor, wie die alte Frau den Arm ausgestreckt hatte. »Sie sagte, ich muss aus Ton Figuren formen, wenn ich wieder gesund werden will. Nach diesem schrecklichen Traum begann ich also, Figuren zu machen, und ich wurde gesund.« Mabasa lächelte breit. »Ach, und es ging mir so gut, als ich diese Figuren machte. Das hielt einige Jahre lang an.« Sie begann herzhaft zu lachen. »Aber dann wurde ich wieder krank.

Und wieder kam diese schreckliche Frau in meinem Traum zu mir. Sie sagte, ich müsse aufhören, mir die Haare zu schneiden. Also ließ ich sie wachsen, und ich wurde wieder stärker, ich habe immer mehr Kraft bekommen durch mein Haar. Seitdem habe ich es nicht mehr geschnitten.« Mabasa zog ihre Mütze vom Kopf und enthüllte einen Schopf mit langen verfilzten Haaren, die seit langem weder gekämmt noch gekürzt worden waren. »Dann kam diese alte Frau zum dritten Mal zu mir und sagte mir, ich solle schnitzen. Es wäre das letzte Mal – wenn ich schnitzte, würde sie nie mehr zu mir kommen und mich heimsuchen. Als sie fort war, begann ich, meine Träume in Holz zu schnitzen, um die Alte fernzuhalten. Und sie ist mir nie wieder erschienen. Wenn ich heute einen heftigen Traum gehabt habe, beginne ich zu schnitzen.« Wir gingen gemeinsam um ihr Haus herum. Mabasa pflückte einige Mangos, die wir aßen. »Inzwischen kommen diese Leute aus Johannesburg, nehmen meine geschnitzten Arbeiten mit und verkaufen sie. Ich bin auch schon in Johannesburg gewesen. Zu viele Menschen! Ein schrecklicher Ort!« Sie legte die Handflächen an ihre Schläfen.

Mabasas Arbeiten sollten in Amsterdam ausgestellt werden. Wenn sie, wie ihr vorgeschlagen worden war, zur Vernissage hinflog, würde sie zum zweiten Mal in ihrem Leben ihr Homeland verlassen. Außer ihr war noch keiner der Bewohner ihres Dorfes je gereist. Wir warnten sie, dass es in Amsterdam im Winter recht kalt sei und sie warme Kleidung mitnehmen müsse.

»Wirklich? Stimmt das?« Sie schnupfte eine Prise.

»Außerdem kommt man in Amsterdam nicht so leicht an Schnupftabak«, sagten wir.

»Nicht? Dann werde ich einen Sack voll mitnehmen.« Um zu zeigen, wie groß er sein sollte, breitete sie die Hände aus. Zugleich schüttelte sie verwundert den Kopf. »Gibt es dort Zigaretten? Und Mangos?«

Wir wollten außerdem die Brüder Goldwin und Owen Ndou besuchen. Mabasa meinte, es sei zu schwierig, den Weg zu ihnen zu beschreiben, und nach einiger Überredung war sie bereit, uns zu begleiten. Wie Mabasa hatte auch Goldwin ein bisschen Geld verdient und sich den »Luxus« eines Hauses aus Beton und zudem ein mit Batterien betriebenes Fernsehgerät gegönnt. Bei unserer Ankunft stand die Mutter der Ndou-Brüder vor dem Haus: eine hochgewachsene, aufrechte, würdevolle Frau in der traditionellen Kleidung, mit nackten Brüsten. Als sie dann jedoch weiße Männer in dem Auto vorfahren sah, verschwand sie in der Rundhütte neben Goldwins Haus und tauchte in der Kluft eines Dienstmädchens wieder auf.

Goldwin hatte vierzehn Jahre lang bei der Eisenbahn gearbeitet und in der Township in einem Wohnheim gelebt. Als er irgendwann in Venda eine Mopane (einen in Südafrika verbreiteten strauchartigen Baum) fällte, fiel ihm das harte dunkle Holz des Stammes auf: »Da habe ich zu meinem jüngeren Bruder Owen gesagt: ›In Johannesburg verkaufen sie Sachen aus diesem Holz für teures Geld!‹« Sie beide begannen zu schnitzen und boten ihre Arbeit an der Straße zum Verkauf an, und Goldwin kehrte nie mehr zur Eisenbahn zurück. Er spricht langsam, während Owen ungewöhnlich redegewandt ist. Als ich Owen zum ersten Mal sah, trug er ein Seidenjackett, beim zweiten Mal Hosen mit Schottenkaro und italienisch aussehende Slipper. Es scheint, als würden ihn von seiner Mutter dreitausend Jahre Geschichte trennen. Im Gegensatz zu anderen Künstlern in Venda kannte sich Owen in den Entwicklungen der südafrikanischen Politik bestens aus, setzte sich aber für keine Strömung ein. »Das ist das Gute an Venda«, sagte er. »Nicht zu viel Politik und keine politischen Auseinandersetzungen. Keine Gewalt.« In seinem Haus stand die bemalte Holzplastik eines Engels in einem Kleid, das selbst Jean Paul Gaultier zu gewagt gewesen wäre, so wie seine prallen Brüste aus den grünen Akkordeonfalten quollen. Eine andere jüngere Arbeit, ein ein Meter achtzig großes Kaninchen in Knickerbocker mit einem Golfschläger in der Hand, trägt den Titel *Sport for a Gentleman* (Sport für den Herrn). Owen hat bisher noch nie einen Golfspieler oder jemanden in Knickerbocker gesehen. Und warum ein Kaninchen?

Wir saßen zusammen in Goldwins Haus, tranken Bier und hörten uns bis zum Sonnenuntergang die internationalen Nachrichten an, die aus dem Mund eines mannshohen Affen kamen, den Goldwin als Ständer für sein Radio geschnitzt hatte. Obwohl die Werke der

Ndou-Brüder oft von Träumen inspiriert sind und in ihrer Fremdartigkeit spirituell anmuten, stellen die beiden sie her, um sie zu verkaufen, und sind nicht traurig, wenn ein Kunsthändler vorbeikommt und sie mitnimmt. Sie haben feste Preise, verhandeln rational, und es gibt sogar schriftliche Verträge.

Am folgenden Tag machten wir uns auf den Weg zu Freddy Ramabulana, der in dieser ländlichen Gegend ein Außenseiter ist. Er lebt in äußerster Armut und leidet unter einer entstellenden Hautkrankheit. Niemand wollte mitkommen, um ihn zu besuchen. Ein Galeriebesitzer aus Johannesburg hatte uns gewarnt, Hautkontakt mit den Kindern an seinem Wohnort zu meiden, um nicht Würmer übertragen zu bekommen. Ramabulanas Schnitzereien sind grob, primitiv und unheimlich. Seine Figuren haben Murmeln als Augen und am Kopf und Kinn angeklebte Haare. Die Geschlechtsteile schnitzt er originalgetreu und zieht seinen Skulpturen Kinderkleider, zerrissene Pyjamas oder lange ausgeblichene Hemden an. Als wir ankamen, kniete er im Staub und klebte der geschnitzten Figur eines Mannes, der mit ausgestreckten Armen einen großen Stein vor sich hielt, einen Bart an. Wir begrüßten Ramabulana, und er nickte, ohne aufzustehen. Also warteten wir zwanzig Minuten in der prallen Sonne, bis er sein Werk beendet hatte. Dann ging er ins Innere seiner Hütte und kehrte mit der Skulptur eines knienden Mannes zurück, dem aufgemaltes Blut über Gesicht und Körper lief. Er setzte sie auf den Boden und stellte die neu angefertigte darüber, so dass es aussah, als würde sie mit dem Stein auf den Kopf des Knienden einschlagen. Täter und Opfer starrten ausdruckslos nach vorn. Eine andere Arbeit – ein riesiger grob geschnitzter Penis – lag in eine Decke gehüllt auf dem Boden. Als wir sie auswickelten, kicherten die Kinder nervös und tollten um uns herum.

Ramabulana sprach ein fast unverständliches Englisch; allerdings hatten wir den Eindruck, dass sein Venda kaum deutlicher war. Bailey hatte einige Einladungen zu seiner bevorstehenden Ausstellung in Kapstadt dabei, und als er Ramabulana eine gab, studierte dieser sie gute vier Minuten lang in allen Einzelheiten. Sie zeigte das Gemälde zweier tanzender Männer mit Teekannen als Körper. »Das kann ich schnitzen«, sagte er. Wir konnten ihm nur schwer klarmachen, dass dieses Bild ihm einfach nur Freude machen und nicht dazu dienen sollte, um ihm einen Auftrag zu erteilen.

Später brachen wir zu Albert Mbudzeni Munyai auf. Es hieß, er sei verrückt; der letzte Kunsthändler aus Johannesburg, der ihn aufgesucht hatte, war von ihm mit einer *Panga*, einer Art Machete, vom Grundstück gejagt worden. Munyai lebt im Norden Vendas, in einem Gebiet etwa eine Stunde Fahrzeit entfernt. »Munyai? Da müsst ihr den Berg hinunterfahren. Am Simbabwe-Supermarkt vorbei«, sagte eine Frau, die wir nach dem Weg gefragt hatten, »und dann über den Fluss, und nach dem dritten großen Baum auf der rechten Seite seht ihr ihn schon, wie er mitten in seinem Obstgarten sitzt und singt.« Wir fanden Munyai am anderen Ende des Gartens, unter einem Sonnenschutz aus Metall, intensiv mit einer Schnitzerei befasst. Als wir näher kamen, sprang er auf und empfing uns wie alte Freunde aus Kindertagen, umarmte erst Bailey und dann mich. Muskulös, wie er war, sah er gut aus. Er trug lediglich eine kurze Hose und hatte die Haare zu winzigen Rastalocken gerollt. Seine Augen funkelten. »Sie kommen aus Amerika?«, sagte er und schüttelte staunend den Kopf. »Sind Sie hierhergeflogen?«

Ich bejahte.

»Das muss man sich mal vorstellen!« Er lehnte sich zurück. »Wie ein Schmetterling.«

Munyai wurde von David Rossouw zu seiner künstlerischen Arbeit angeregt. Rossouw war der erste weiße Bildhauer Südafrikas, der sich mit seinen Gegenparts in Venda anfreundete. Munyai hatte bei einem Freund Rossouws als Gärtner gearbeitet. Zuerst rauchten sie gemeinsam Haschisch, dann machten sie zusammen Kunst. Man sieht ihren Werken an, wie sie sich gegenseitig beeinflusst haben. Während unserer Unterhaltung saß Munyais Frau neben ihm und schmirgelte eine große Kelle, die sie im Kramladen des Orts gefunden hatte. Munyai trieb Schuppen in die Seiten eines hölzernen Fisches, und so ergab sich ein Gespräch zu fünft, da Munyai den Fisch mit ebenso vielen Kommentaren bedachte wie seine Frau oder uns. »Ich muss diese Skulptur machen«, sagte er, »damit das Holz nicht verbrennt. Es ist so schön, dieses Holz! Mein Gott! Ich bewahre diese Holzstücke vor dem Feuer.«

Ich erkundigte mich, was er empfand, wenn er seine Werke verkaufte.

»Ach, mein Guter! Diese Frage macht mich so traurig! Es bricht mir jedes Mal das Herz. Aber ich brauche Werkzeuge für meine Arbeit. Und die Kinder können mit drei Kieseln besser spielen als mit zwei. Doch diese Männer, die zum Kaufen kommen, mein Guter – das Reden über Geld ist etwas so Hässliches.« Als wir uns später seine aus Metall und Holz gefertigten Werke ansahen, sagte er: »Ich ertrage es nicht, mit all meinen Arbeiten zu leben. Und ich danke Gott, dass diese Leute kommen und sie fortholen. Sie sind zu stark für mich, viel zu mächtig. Wenn ich unentwegt mit ihnen leben müsste, würden sie mich schwächen.« Wir hätten sie uns gern genauer angesehen, doch es widerstrebte ihm, sie nach draußen ins Licht zu bringen. »Sie haben ja keine Ahnung, wozu sie in der Lage sind.«

Munyai ließ sich von seiner Frau eine Handvoll Papiere bringen. »Können Sie mir bitte sagen, was in diesen Briefen steht?« Munyai war bei einem panafrikanischen Wettbewerb für indigene Kunst mit einer lobenden Erwähnung bedacht worden. Die Richter würdigten, er verbinde postmoderne Elemente mit traditioneller afrikanischer Spiritualität, schaffe erfolgreich eine Synthese verschiedener Kunststile und gebe, indem er zugleich Wächter der Traditionen wie auch erklärter Modernist sei, dem neuen Afrika eine Stimme. Man hatte seine Werke denen Hunderter anderer Künstler vorgezogen. »Ist das wahr?«, fragte er. »Ach, mein Guter, das ist ja wunderbar.« Er legte den Kopf schief und sah mich an. »Wenn Sie fort sind, werden Sie dann für die Menschen in Amerika über meine Arbeit schreiben?« Ich nickte. Er stimmte ein wunderbares langgezogenes Lachen an. »Jeder muss das lesen!«, rief er. Und dann ernster: »Man soll Sie verstehen. Sie haben Magie.« Er begleitete uns zurück zum Auto und betrachtete es lange Zeit. »Nun, fahren Sie, und fliegen Sie nicht zu hoch.«

An unserem letzten Tag in der Region fuhren wir in das angrenzende Homeland Gazankulu zu Jackson Hlungwani, der oft als bester schwarzer Künstler Südafrikas bezeichnet wird. Bis vor zwei Jahren hauste Hlungwani auf einer Anhöhe in einer Stätte aus der Eisenzeit in den großen Steinkreisen einer einstigen Festung. Gott war Hlungwani erschienen und hatte ihn angewiesen, hier zu leben und ihm zu Ehren große Skulpturen zu schnitzen. Daraufhin erklärte Hlungwani das Gebiet zum heiligen Boden und füllte es mit seinen riesigen Statuen. Einige waren baumhoch und scharten sich um ein fast sieben Meter hohes Kruzifix. Er wurde in ganz Venda und Gazankulu berühmt, nicht nur wegen seiner Predigten, seinem Leben im »Neuen Jerusalem« und seinen ganz eigenen Bilddeutungen, sondern auch wegen der von ihm geschnitzten eigenartigen Gesichter mit vier Augen, die ebenso unheimlich und einschüchternd wirken wie die Statuen auf den Osterinseln, so als habe Hlungwani etwas Organisches in den Bäumen freigelegt.

Vor fünf Jahren bekam Hlungwani Besuch von Ricky Burnett von der Newtown Gallery in Johannesburg, der ihm erklärte, er könne ihn berühmt machen und seine Arbeiten in die ganze Welt schicken. Begeistert erlaubte ihm Hlungwani, alles mitzunehmen, was der Galerist auch tat. Hingerissen von der Bewunderung, die ihm entgegengebracht worden war, erteilte ihm Hlungwani am Ende der Retrospektive die Einwilligung, seine Werke zu verkaufen. Sie gingen in alle Welt, und er wurde der berühmteste schwarze Künstler Südafrikas. Doch kaum waren die großen Statuen aus dem »Neuen Jerusalem« verkauft, spürte Hlungwani, wie ihn die Inspiration verließ. Geschlagen und orientierungslos gab er die Steinfestung auf der Anhöhe auf. Er behauptete, man habe ihn betrogen, und verfluchte Burnett. Doch Burnett sagt, er habe sich gut um Hlungwani gekümmert; wenn er seine Arbeiten nicht verkaufen wollte, hätte er es nicht anbieten dürfen. 1985 organisierte Burnett eine Ausstellung mit dem Titel *Tributaries*, die die verbreitete Ansicht, in Südafrika gebe es außerhalb der Kreise der Weißen keinerlei künstlerische Aktivitäten, als großen Irrtum entlarvte. Durch die Werke von Künstlern aus Venda und anderen Regionen schlug die Schau eine Bresche in die Mauer, die schwarze und weiße künstlerische Erfahrung voneinander trennte. »*Tributaries* war unsere Armory Show«, sagte William Kentridge, der sich damit auf die richtungsweisende *International Exhibition Of*

Modern Art 1913 in New York bezog. Oft lässt sich jedoch zwischen Stärkung und Ausbeutung dieser »authentischen« Künstler keine klare Grenze ziehen.

Bei unserer Ankunft saß Hlungwani zwischen den Beinen einer riesigen Andachtsfigur im Schatten und schnitzte eine Gruppe von Engeln. Er begann zu erzählen, was ihm vorschwebte: »Ich stelle den Garten Eden wieder her.« Als wir unser Interesse bekundeten, zeigte er nach vorn und sagte: »Steigen Sie auf diese Anhöhe, bis Sie Gott erblicken, und dann finden Sie es gleich auf der anderen Seite zwischen den Bäumen.« Auf der Anhöhe fanden wir Gott. Hlungwani hatte aus einem umgestürzten Baum ein vielschichtiges Gesicht mit einer ganzen Reihe von Zügen (Dutzende Augen, mehrere Nasen) geschnitzt; in dem dahinterliegenden Garten entdeckten wir weitere Arbeiten. Hlungwani erklärte mir, ich müsse losgehen und der Schlange in die Augen sehen. Dazu schickte er mich zu einem Abhang, wo ein etwa drei Meter langes ausgeblichenes Holzstück auf mehreren kleinen Holzpflöcken lag. Ich blickte auf das Endstück des Holzes und kehrte zu Hlungwani zurück. »Das ist die Schlange«, vertraute er mir an. »Sie war auf der Erde und in der Erde. Sie ist es, von der das Böse kommt«, stieß er fast in einem Aufschrei hervor. »Ich habe sie ausgegraben und sorge dafür, dass sie über der Erde bleibt. Dadurch wird es nun Frieden geben. Frieden im neuen Südafrika und in der Welt.«

Er holte zwei Schnitzarbeiten heraus. »Ich habe etwas für Sie, für Ihre Seele. Dieser hier ist fertig.« Er zeigte mir einen Engel. »Er ist perfekt. Der ist nicht für Sie.« Dann nahm er den zweiten zur Hand. »Dieser ist unvollendet. Sie bekommen ihn von mir, damit er von Ihnen in Ihrem Geiste vollendet wird.« Ich betrachtete die beiden Engel sehr genau. »Benutzen Sie Ihr Gehirn. Geben Sie ihm selbst ein Gesicht! Dieser Engel ist voller Liebe! Erzählen Sie den Menschen in Amerika alles über ihn.«

Die Menschen in Venda sprechen noch immer über Nelson Mukhuba. Seine noch verbliebenen Skulpturen sind erstaunlich: anmutig und lebendig, als sei die dem Holz innewohnende Seele befreit worden. Als der Run auf die Künstler in Venda losbrach, bot die Market Gallery in Johannesburg Mukhuba eine Einzelausstellung an. Die gesamte Kunstszene Johannesburgs erschien zur Vernissage, und auch Mukhuba war aus Venda angereist. Als die blasierte Gesellschaft mit dem Weißwein in der Hand versammelt war, tanzte er in den Raum. Er trug eine spitz zulaufende Kappe und ging auf Stelzen, so dass er von oben bis unten etwa dreieinhalb Meter maß, als er sich geschmeidig zum Rhythmus der aus Venda mitgebrachten Trommler bewegte. Zu allem Überfluss spie er Feuer. Die Ausstellung war ein rauschender Erfolg.

Einen Monat später, wieder in Venda, nahm Mukhuba an einem sonnigen Tag eine *Panga*, fällte die Bäume rund um sein Haus, tötete seine Frau und seine Kinder, setzte sein Haus und alle seine noch vorhandenen Arbeiten in Brand und erhängte sich. Einige sagen, Mukhuba sei schlichtweg verrückt geworden; andere meinen, ein Geist hätte ihn geholt. Viele glauben, er sei verflucht worden – vielleicht vom Stammesoberen, dem es, wie es heißt, nicht gefiel, dass Mukhuba im Zentrum der Aufmerksamkeit stand und viel Geld einnahm. Oder von einem anderen Künstler. Womöglich lag es aber auch an den groben Eingriffen in seinen Lebensstil, die sich immer ergeben, wenn ein gieriger Markt und ein naiver Künstler zusammentreffen. Mukhuba selbst war in Venda noch in aller Munde, niemand aber sprach über die Umstände seines Todes. Hier begegnet man den *Sangomas*, den Medizinmännern, immer noch mit Ehrfurcht. Einige werden geliebt, andere jedoch, denen man vorwirft, ihre Macht missbraucht zu haben, werden zu Tode gesteinigt. »Ich denke ständig an Mukhuba«, sagte Noria Mabasa, und ihr breites Lächeln verschwand. Ihre Züge verdunkelten sich, und ich bekam plötzlich Angst.

Sehen und gesehen werden

Schwarze Künstler werden von der weißen Kultur ebenso beeinflusst wie weiße Künstler von der schwarzen. »Ehrlich gesagt«, erklärte mir David Koloane, »war das Erste, was mich prägte, das örtliche Kino und nicht die afrikanische Tradition.« Tony Nkotsi hat sich in jeder Hinsicht als bemerkenswerter Künstler etabliert – »aber«, nörgelte ein Ideologe, »es könnte ebenso gut auch weiße Kunst sein.« Ivor Powell vertritt die Ansicht, die »Unschuld«, die so viele Südafrikaner mit Venda verbänden, könne nicht bis in alle Zukunft gewahrt werden. Da auch weiterhin Händler dorthin reisen, würden die Künstler anfangen, für den Markt zu produzieren, und der Zauber gehe verloren. Andererseits besteht wohl kaum die Möglichkeit, dass es sich ein paternalistisches weißes Establishment zur Aufgabe macht, die Tradition zu »bewahren«. Wenn die Tradition überdauern kann, wird sie es tun; wenn nicht, können wir, die wir sie erlebt haben, uns unendlich glücklich schätzen.

»Was man in seinem Atelier macht, klingt oft nicht nach den Fragen, die das Land bewegen; aber sehr oft sind es die gleichen Fragen«, sagte mir William Kentridge. »Die persönlichen Sorgen müssen so interessant sein wie die Ideen in der Welt da draußen, und was mich draußen in der Welt bewegt, muss im Atelier nachhallen: Da muss etwas sein, was man modellieren oder malen kann. Ich arbeite mittels Umwandlung und Umbildung.« Umwandlungen und Umbildungen, wie sie in den Arbeiten der schwarzen und weißen Künstler Südafrikas eine zentrale Rolle spielen. Politik hat im Denken der meisten Südafrikaner in dieser Phase neuer Freiheiten und neuer Sorgen einen vorrangigen und zentralen Stellenwert, aber Kunst, die sich allein mit den politischen Verhältnissen befasst, ist oft langweilig. Und so nobel es gelegentlich sein mag, sich der Politik zu verweigern, wird Kunst als Nabelschau eines Künstlers leicht öde. Unter all den südafrikanischen Künstlern, die sich in ihren Arbeiten sowohl mit Kunst als auch mit der gesellschaftlichen Entwicklung befassen und dies sowohl unter einem optimistischen als auch einem pessimistischen Aspekt, ist Kentridge der kohärenteste. Seine Werke sind immer höchst persönlich und zugleich konkret politisch.

An einem kalten Abend gegen Ende meines Aufenthalts saß ich in einem kleinen Haus in Johannesburg mit dem schwarzen Künstler Paul Sekete zusammen. Ich hatte mich nach Ausstellungen, Shows, internationalen Veranstaltungen erkundigt. »Meiner Meinung nach soll Kunst die Menschen glücklich machen, anstatt ihnen lediglich zu zeigen, was Glücklichsein ist«, sagte er. »Ich möchte die Menschen glücklich machen. Das ist es, was Kunst leisten sollte.« Es war schon spät, und wir waren beide müde. »Können Sie Menschen glücklich machen?«, fragte ich ihn. Sekete streckte den Arm aus und begann mich zu kitzeln. Ich musste lachen. »Sehen Sie, wie leicht es ist?«, fragte er. Wir hatten über einen weißen Konzeptkünstler gesprochen, den wir beide kannten. »Dieses Zeug – es ist okay, aber es ist keine Kunst«, sagte er. »So eine Zeitverschwendung! Warum machen sie das immer wieder?«

Einige Tage später begegnete ich dem weißen Künstler – und seinen ausgezeichneten Arbeiten – und schilderte ihm meinen Abend mit Sekete. Als ich erzählte, wie er mich gekitzelt hatte, unterbrach er mich. »Aber das ist keine Kunst«, er klang gereizt. »Ich dachte, Sie sind hier, um über die verdammte Kunstszene zu schreiben, anstatt sich auch noch als politisch korrekter Polit-Berichterstatter zu versuchen. Wenn jemand in New York Sie gekitzelt hätte, würden Sie das dann auch in einer Kunstzeitschrift erwähnen?«

Bemerkenswerterweise hatten sie mir alle beide eine Einladung zu einer gemeinsamen Ausstellung ihrer beider Arbeiten überreicht und bei diesem Anlass darauf hingewiesen, von welch immens hoher Wichtigkeit es für sie sei, dass es in der Kunstszene keine Rassenunterschiede gebe, dass sie die Vision von einer Zukunft hätten, in der sie alle gleich sein würden. Die gemeinsame Ausstellung aber bedeutete nicht, dass sie von der Kunst auch das Gleiche erwarteten – so wie die Auflistung von Schwarzen und Weißen in einem gemeinsamen Melderegister durch die neue Regierung Südafrikas nicht bedeutet, dass sie auch den Verhältnissen entsprechend oder im Sinne der Versöhnung wählen werden. Von künstlerischer Toleranz bis zur ästhetischen Parität ist es ein weiter Weg. Doch wenn man bedenkt, wie sehr sich die Künstler zu Beginn meines Besuchs über Barbara Masekelas Unsichtbarkeit für eine Stewardess ereifert hatten, fand ich es erstaunlich, wie genau sich diese beiden gegenseitig studierten, auch wenn keiner von dem Gesehenen wirklich überzeugt war.

Riason Naidoo, Direktor der Südafrikanischen Nationalgalerie, sagte 2013: »Der heutige Markt lässt sich mit dem von vor zehn Jahren nicht mehr vergleichen. Er ist weitaus profesioneller geworden; durch die größere Zahl kommerzieller Galerien hat sich der Wettbewerb verschärft; und auf internationaler Ebene wird die südafrikanische moderne und zeitgenössische Kunst von weit mehr Museen und Sammlern erworben, was für die Künstler nur gut sein kann. Die kommerziellen Galerien Südafrikas sind auf den internationalen Kunstmessen von Miami bis Berlin heute nicht mehr zu übersehen.« Seine Einschätzung ist noch zutreffender, wenn man die jüngste Vergangenheit mit meinen Beobachtungen zwei Jahrzehnte zuvor vergleicht.[102]

Wie in Russland und China gibt es auch in Südafrika weiterhin das Problem der Zensur. Im Jahr 2012 entschloss sich der ANC, ein Bild des Malers Brett Murray zu zensieren, in dem der polygame Präsident Jacob Zuma als Lenin mit entblößtem Penis dargestellt wurde. Der Künstler übte damit Kritik an der Korruption in der südafrikanischen Regierung. In der von Jackson Mthembou verfassten offiziellen Erklärung des ANC heißt es: »Heute Morgen haben wir unsere Anwälte beauftragt, bei Gericht eine Verfügung zu beantragen, die Brett Murray und die Goodman Gallery verpflichtet, das Porträt aus der Ausstellung sowie von ihrer Homepage zu entfernen und alles gedruckte Werbematerial zu vernichten. ... Wir vertreten die Auffassung und halten daran fest, dass das Ansehen und die Würde unseres Präsidenten als Führer des ANC, als Präsident der Republik und als Mensch durch dieses sogenannte Kunstwerk Brett Murrays, ausgestellt in der Goodman Gallery, Schaden genommen hat. Außerdem sind wir der Ansicht, dass die geschmacklose Darstellung des Präsidenten sein in der Verfassung unseres Landes garantiertes Recht auf Würde der Person verletzt.« Bald darauf drangen Anhänger Zumas in die Galerie ein und beschmierten das Gemälde mit Farbe, wodurch es zerstört wurde. Der Leiter der Shembe Church, einer Religionsgemeinschaft mit Millionen von Angehörigen, hat dazu aufgerufen, Murray zu steinigen. Steven Friedman, der weiße Leiter des Center for the Study of Democracy in Johannesburg und Kolumnist der Zeitung *Business Day*, schrieb, viele Schwarze hielten Murrays Gemälde »für ein weiteres Beispiel jener Verachtung, die die Weißen ihnen ihrer Meinung nach entgegenbringen«. Aubrey Masango hingegen, schwarzer Journalist des *Daily Maverick*, äußerte sich besorgt, Repräsentanten der Regierung Südafrikas könnten »sich falsche Vorstellungen von kultureller Identität aneignen und die realen wirtschaftlichen Probleme der Bevölkerung ausnutzen, um sich Sympathien zu erwerben«. Jonathan Jansen, der schwarze Vizekanzler der University of the Free State, meinte: »Ich kann mir keinen wichtigeren Dialog vorstellen als den zwischen diesen beiden extremen Positionen, aber hier in Südafrika kochen die Emotionen immer hoch. In ihrer unnachgiebigen Selbstgerechtigkeit haben sich beide Seiten grün und blau geschlagen, als sie in diesem blutigen Kampf aus ihren jeweiligen Ecken aufeinander losgegangen sind.« Die Entscheidung des Film and Publication Board, das Gemälde als potentiell jugendgefährdend einzustufen, wurde jedoch letztlich wieder aufgehoben.[103]

Im Jahr 2013 entspann sich eine Auseinandersetzung um die Kunstausstellung Joburg Art Fair, denn die Kuratoren ließen ein Gemälde von Ayanda Mabulu entfernen, dessen Darstellung von Präsident Jacob Zuma ihrer Ansicht nach die Sponsoren der Messe vor den Kopf stoßen könnte. In seiner Begründung gab der Veranstalter zu, zu dieser Entscheidung habe ihn die Sorge um die Finanzierung zukünftiger Messen bewegt: »Meiner Ansicht nach ist die Kunstmesse der Kreativwirtschaft verpflichtet, und dies hätte durch das Gemälde gefährdet werden können.« Nachdem der Fotograf David Goldblatt, dem die Ausstellung in jenem Jahr gewidmet war, gedroht hatte, seine Teilnahme unter Protest zu beenden, wurde das Gemälde wieder gezeigt. Ayanda Mabulu sagte dazu: »Es ist nicht das erste Mal, dass man mich zensiert. Aber dass ich heute die gleiche Erfahrung mache wie während der Apartheid, kann ich nur schwer ertragen. Ich verstehe nicht, welche Richtung wir als Südafrikaner und Künstler einschlagen wollen. Wollen wir einer Minderheit, also zwei Menschen, wirklich erlauben zu entscheiden, was ihr Volk verkraften kann?«[104]

Ein weiterer Konflikt entstand, als zwei weiße Kuratoren für den Pavillon Südafrikas auf der Biennale von Venedig 2015 ernannt wurden und man entschied, dass bei dreizehn vertretenen Künstlern nur drei Frauen und davon nur eine schwarze teilnehmen sollten. Stefanie Jason von der Johannesburger Zeitung *Mail & Guardian* stellte die Frage: »Kann sich ein Land mit dem weltweiten Ruf, Fremde abzuschlachten, die weitere Peinlichkeit eines umstrittenen Pavillons leisten?«[105]

USA

Wladimirs Eroberungen

New Republic, Juni 1994

Wladimir Schirinowski ist Gründer und Führer der nationalistischen Liberaldemokratischen Partei Russlands und war bis 2011 einer der stellvertretenden Vorsitzenden des russischen Unterhauses, der Duma. Die BBC nannte ihn einen »Schaumschläger der russischen Politik, der populistische und nationalistische Rhetorik mit antiwestlichen Schmähungen und ungehobelte, auf Konfrontation ausgerichtete Umgangsformen auf sich vereint«. Im *Guardian* bezeichnete Howard Amos Schirinowski als »nationalistischen Aufwiegler«. Seit ich diesen Artikel vor nunmehr zwei Jahrzehnten geschrieben habe, ist der großspurige, aggressive, grobe, aufsässige, hetzerische, rassistische, sexistische, homophobe, autoritäre Clown kein bisschen liebenswerter geworden.[106]

Bei einer Party kürzlich in New York, die auch von einer ganzen Reihe von Angehörigen der russischen Intelligenzija besucht wurde, ging es im Gespräch natürlich um Wladimir Schirinowski. Überrascht hörte ich, dass die Mitglieder dieses liberalen Kreises, die sich früher für Gorbatschow eingesetzt hatten, mit jener heiteren Freundlichkeit über Schirinowski sprachen, die viele Amerikaner scheinbar für Ollie North auf dem Höhepunkt seiner Karriere gehegt hatten. »Sie müssen wissen«, sagte einer, »dass er einfach nur ein Zyniker ist. Jeder in Moskau ist zynisch. Und jeder in New York ist zynisch. Das ist also nicht unbedingt spannend.«

Da sie meine Fragen über ihren führenden Nationalisten amüsant fanden, schlugen sie mir vor, sie am folgenden Abend zu einem Treffen mit Schirinowskis New Yorker Freunden und Beratern zu begleiten. So wurde ich um zehn Uhr abends in dem kitschigen Restaurant »Russian Samovar« an der West 52nd Street mehreren bärengleichen Männern mit breiten Gesichtern und Bärten vorgestellt, die unter ihren dunkelblauen Geschäftsanzügen Rollkragenpullover trugen. Meine Versuche, mit ihnen über Schirinowskis Antisemitismus zu sprechen, wurden von der unvergesslichen Eugenia torpediert, einer zweiundsiebzigjährigen Frau in einem langen paillettenbesetzten Kleid und mit einer riesigen Plastikbrille, die russisch-jüdische Volksweisen sang. »Ich habe den letzten Monat mit ihm verbracht«, sagte einer aus dem Kreis zwischen zwei Liedern und zog Fotos hervor, um es zu beweisen. »Es ist wirklich eine Schande – er ist richtig arrogant geworden und längst nicht mehr so lustig wie früher. Berühmte Leute haben immer dieses Problem mit ihrem Sinn für Humor.«

Da ich nur raten konnte, wie lustig er früher gewesen war, sagte ich, dass er dieser Tage ganz und gar nicht amüsiert wirke. »Sie lesen zu viele New Yorker Zeitungen«, sagte ein Mann. »Wladimir liebt nun mal eben die Macht und die Aufmerksamkeit. In der Schule haben ihn alle gehasst, er war der Klassenclown und der Provinzheini! Deshalb sagt er heute Dinge, die ihn bekannt machen, ohne an irgendetwas davon wirklich zu glauben. Er ist kein Ruzkoi oder Hitler oder Stalin. Das Ganze ist ein Scherz, der größte Witz überhaupt.« Ich fand, dass der Zynismus dabei ziemlich weit getrieben wurde, kam aber nicht dazu, dies zu äußern, weil die Unvergessliche Eugenia gerade ihr großes Medley aus *Anatevka* anstimmte.

»Gehen wir woanders hin, wo wir uns unterhalten können«, schlugen Schirinowkis Freunde vor. Sie gingen mit mir in das Untergeschoss eines Hauses Ecke 57th Street und Eleventh Avenue, wo die Einrichtung der Hotelbar in einem Intourist-Hotel von circa 1986 nachempfunden war. Eine Band in marineblauen Jacketts mit gelben Paspeln sang Beatles-Songs auf Russisch. Über unseren Köpfen rotierte eine Discokugel, und auf den Tischen standen Teller mit diesen widerlichen, von Kernen durchsetzten Tomaten und Gurken, die, wie ich gedacht hatte, nur in den ausgemergelten Böden der Steppe wachsen.

Ich erkundigte mich, ob das Gerücht stimmte und Schirinowski schwul sei, wie mir Freunde in Moskau erzählt hatten. »Er hat sich noch nie für eine Frau interessiert«, meinte einer. »Und er hat immer diese gutaussehenden jungen Leibwächter in seiner Umgebung.« Ein anderer kannte einen jungen Dichter, der behauptete, eine längere Affäre mit Schirinowski gehabt zu haben. Inzwischen war der Wodka schon mehrmals rundum gegangen, und so bemühte sich jeder, mir in dieser Sache behilflich zu sein. »Wenn Sie mit ihm schlafen wollen, könnten wir das eventuell arrangieren«, erbot sich einer. Ein anderer zuckte die Achseln und meinte: »Es könnte lustig sein, hinterher darüber zu schreiben«, fügte dann jedoch leise hinzu: »Aber, glauben Sie mir, wenn ich Sie wäre, würde ich mir das gut überlegen.«

Irgendwie wurde ich abgelenkt von den Frauen, die zu uns stießen. Sie alle hatten Unmengen von türkisfarbenem Lidschatten aufgelegt, und eine trug ein bodenlanges schwarzes Satinkleid und schwarze mit Strasssteinen besetzte Satinhandschuhe bis hoch zu den Schultern. Da ich mich mit einer politischen Diskussion überfordert fühlte, stand ich auf und tanzte unter der Discokugel zu »All You Need Is Love« und »Let It Be«, wobei mir die zuletzt in Highschoolzeiten praktizierten Slowfox-Schritte gute Dienste leisteten. Als ich mich wieder setzte, wies ich darauf hin, dass sich Schirinowski womöglich selbst ein Bein stellte, wenn er tatsächlich nur schauspielerte und Dinge sagte, an die er nicht glaubte. »Keine Sorge«, sagte einer, »er wird niemals genug Macht haben, um ins Stolpern zu kommen. Er kriegt nur Einfluss. Wir Russen sind viel zu zynisch, um solch einen Zyniker zu wählen.« Ich drückte meine Erleichterung aus. »Ein Zyniker wie er«, meinte ein anderer aus unserer Gruppe, »könnte viel eher zum Bürgermeister von New York gewählt werden. Oder sogar zum Präsidenten der Vereinigten Staaten.« Er schlug mit der flachen Hand auf den Tisch. »Das ist der Grund, warum wir hier leben«, sagte er und lachte schallend.

TAIWAN

»Hände weg von unserem Kulturerbe!«

New York Times Magazine, 17. März 1996

1995 plante das Metropolitan Museum eine Ausstellung von Werken aus dem Nationalen Palastmuseum in Taipeh, die eine Sensation zu werden versprach. Die Mitarbeiter des New Yorker Museums hofierten die Presse in der Hoffnung auf eine solide, schmeichelhafte Berichterstattung darüber, dass Leihgaben ersten Ranges für diese spektakuläre Schau herbeigeschafft worden waren. Mein erster Entwurf einer Story zu dem Thema bestand hauptsächlich aus einem halbakademischen Essay über die Malerei der chinesischen Song-Dynastie, mit der ich mich während meines Collegestudiums befasst hatte. Doch als sich die Pläne für die Ausstellung allmählich konkretisierten, musste ich meinen Text vollständig umschreiben. Er erschien als Titelgeschichte, zusammen mit der Abbildung eines Landschaftsgemäldes des Meisters Fan Kuan aus der Song-Zeit. Davor war eine Absperrkordel ins Bild montiert, und die Unterschrift lautete: »Das chinesische Meisterwerk, das Sie in der Met nicht zu sehen bekommen.« Auch wenn dieses Titelbild dem Kurator Kummer bereitete, gehörte die Ausstellung dennoch zu den meistbesuchten in der Geschichte des Metropolitan Museum. Wie ich in Moskau und Peking gelernt hatte, kann eine Kontroverse der Kunst sehr zugutekommen. Wenn diese Ausstellung so wichtig war, dass sie in Taiwan nationalen Protest hervorrief, musste sie ja einen Besuch wert sein.

Am 20. Januar versetzte mir jemand, der mich fälschlicherweise für einen Angestellten des Metropolitan Museum of Art hielt, einen harten Schlag ins Gesicht. Es war an meinem letzten Abend in Taipeh, ich befand mich mit einigen Freunden aus der Kunstwelt in einer hübschen Bar unweit meines Hotels, wo wir uns einen Absacker gönnten. Neben uns auf der einen Seite telefonierten ein paar spindeldürre junge Männer, die Krawatten gelockert, mit ihren Handys; auf der anderen Seite steckten zwei junge Frauen mit schicken japanischen Brillen kichernd die Köpfe zusammen. Und ganz in der Nähe schmückte ein Typ in Jeans und Lederjacke seine auf Chinesisch gesprochenen Sätze mit englischen Schnipseln in kalifornischem Akzent. Es war Samstag gegen Mitternacht, und wir tranken, wie es in Taipeh üblich ist, Bier mit gesalzenen Pflaumen darin. Ich schilderte mit gesenkter Stimme mein Essen am Abend dieses Tages mit Chang Lin-sheng, Vizedirektorin des Nationalen Palastmuseums in Taipeh, Maxwell Hearn, Kurator der Met für asiatische Kunst, Shih Shou-chien, Direktor für Kunstgeschichte an der Universität Taiwan, und anderen.

Der Typ mit der Lederjacke, der zufällig mitgehört hatte, trat an unseren Tisch und beugte sich drohend über uns. »Hände weg von unserem Kulturerbe«, sagte er mit einem Ton in der Stimme, den man in Amerika gewöhnlich nicht im Zusammenhang mit dem Begriff *Kulturerbe* zu hören bekam. »Wir durchschauen eure Tricks.« Er sprach laut, und mehrere Leute scharten sich um ihn. Sie kamen mir nicht wie typische Museumsbesucher vor.

»Nie im Leben kriegt ihr den Fan Kuan«, meinte einer spöttisch. »Überhaupt bekommt ihr keinen einzigen der siebenundzwanzig. Ihr könnt froh sein, wenn man euch ein paar Qing-Schalen gibt.« Die Mobiltelefonierer, die wohl spürten, dass sich Ärger anbahnte, hatten sich in einen anderen Teil des Lokals verzogen. Die beiden Frauen mit den Brillen folgten ihnen.

»Der Erhaltungszustand von Kunstwerken ist eine sehr fachspezifische Frage«, sagte ich ruhig. Das schien mir eine recht harmlose Bemerkung zu sein, aber selbst wenn ich stattdessen die Unterwerfung Taiwans unter die Herrschaft der Volksrepublik China vorgeschlagen hätte, wäre die Spannung in der Luft nicht höher gewesen.

»Ihr Amerikaner habt doch überhaupt keine Ahnung«, stieß ein rundgesichtiger Mann zwischen zusammengebissenen Zähnen hervor.

»Hände weg von unserem Kulturerbe!«

Und dann sagte jemand: »Was bist du denn – ein Spion des Metropolitan?«, und schlug mir ins Gesicht.

Ein Freund packte mich am Arm. »Los, gehen wir, jemand hat gesagt, dass du für das Museum arbeitest – hier gibt es gleich Ärger.« Er zog mich rasch in die klamme Nacht hinaus.

Das Gespräch beim Essen zuvor hatte sich um die Ausstellung chinesischer Kunst aus dem Palastmuseum gedreht, die in weniger als zwei Monaten im Met eröffnet werden sollte. Diese Schau war das glückliche Ergebnis sorgfältiger Verhandlungen über mehr als fünf Jahre hinweg und die Frucht wirtschaftlicher, sozialer und kultureller Zusammenarbeit auf höchster Ebene. Viele Museumsausstellungen erfordern sensible internationale Diplomatie, aber diese war außergewöhnlich politisch aufgeladen. Zu einer Zeit, als die Vereinigten Staaten abwechselnd China umschmeichelten und es aufgrund seiner Menschenrechtsverletzungen zurechtwiesen, und China zudem drohte, gewaltsam die Wiedervereinigung mit Taiwan herbeizuführen, das es als abtrünnige Provinz betrachtet, würde diese Ausstellung das amerikanische Publikum die Existenz Taiwans und dessen wachsendes Bedürfnis nach Selbstbestimmung ins Gedächtnis rufen. Das Eröffnungsdatum der Schau – Dienstag, der 19. März – lag außerdem nur vier Tage vor dem Termin der ersten freien Präsidentschaftswahlen in Taiwan, einer Demonstration der Freiheit, die China bereits dazu veranlasst hatte, geradezu ohrenbetäubend mit den Säbeln zu rasseln. Darüber hinaus würde dies die größte Ausstellung chinesischer Kunst, die je im Westen stattgefunden hatte, mit dem Ziel, die gesamte Kunstgeschichte zu präsentieren – Werke, die Taiwan verwaltet und nicht China, da Chiang Kai-shek bei seiner Flucht 1949 sämtliche bedeutenden Gemälde, Kalligraphien, Keramiken, Jaden und Bronzen nach Taiwan mitgenommen hatte. Nach Ansicht Chinas ist diese Sammlung Diebesgut und muss an Peking zurückgegeben werden.

Am 3. Januar, zwei Wochen bevor die Sammlung für den Transport verpackt werden sollte, nahm die Protestbewegung ihren Anfang. Der Export dieses »Kulturerbes« – sei es nun das von China oder von Taiwan – hatte viele Leute auf der Insel erbost. Bis Mitte des Monats war die Lage zu einer regelrechten Krise ausgeartet. Die Frage, ob diese Kunstwerke auf die Reise gehen sollten oder würden, beherrschte die Abendnachrichten und die Titelseiten der taiwanesischen Zeitungen ebenso wie die Diskussionen in den Universitäten. Abgeordnete und Minister, Schriftsteller und Maler fanden sich zu einem merkwürdigen Bündnis gegen das Palastmuseum zusammen und demonstrierten so auf bizarre, aber aufschlussreiche Weise Taiwans tiefe Identitätskrise. Niemand konnte sagen, ob die Ausstellung – der diesjährige Saisonhöhepunkt des Met – abgesagt würde. Oder was die Proteste für Taiwans Zukunft bedeuten würden.

Der fünfundsechzigjährige Wen C. Fong kam 1948 als Student von Schanghai nach Princeton, und als ein Jahr später in seinem Heimatland die kommunistische Volksrepublik ausgerufen wurde, blieb er in den USA. Heute lehrt er als Professor für Kunst und Archäologie in Princeton und leitet die Abteilung für asiatische Kunst im Metropolitan Museum. Fong, ein imposanter und stets gutgelaunter Mann, ist zudem Mitglied der taiwanesischen Academia Sinica, des modernsten Instituts für höhere Bildung auf der Insel, und er genießt Zugang zu den höchsten Kreisen – das begehrteste Gut in chinesischen Gesellschaften. In Taiwans Kunstwelt tummeln sich viele seiner früheren Studenten, und mit seinem Segen in Taipeh zu arbeiten ist, als wäre man in Oz gelandet, mit dem Kuss von Glinda der Guten Hexe auf der Stirn. Fongs Fachkompetenz ist unübertroffen, sein Urteil unanzweifelbar, seine Leidenschaft ansteckend. Als während eines der ersten Gespräche zur Met-Ausstellung Vertreter des Palastmuseums versuchten, Gemälde zurückzuhalten, meinte Fong, unter diesen Umständen wäre eine Ausstellung nur mit Keramiken vielleicht die bessere Lösung. Daraufhin setzte man die fraglichen Gemälde wieder auf die Liste.

Fong hatte die chinesische Sammlung des Met auf Weltklasseniveau gebracht und in seinem bahnbrechenden Werk *Beyond Representation* die chinesische Kunstgeschichte anhand dieser Sammlung aufgefächert. Auf die Arbeiten in Taiwan hatte er schon immer ein begehrliches Auge geworfen: Als das Palastmuseum 1991 der National Gallery einige Stücke für deren Ausstellung *Circa 1492* auslieh, sagte er zum Direktor des Met, Philippe de Montebello: »Jetzt sollten wir zuschlagen.« Bei der Eröffnung der Ausstellung der National Gallery in Washington trug Fong dem Direktor des Palastmuseums in Taipeh, Chin Hsiao-yi, sein Anliegen vor. Chin, ehemals Sekretär Chiang Kai-sheks, ist inzwischen über siebzig und strahlt die etwas steife Würde einer niederen Gottheit aus. Er und Fong pflegen ihre Freundschaft sorgfältig wie ein Militärbündnis, und auf dieser Basis handelten sie die Bedingungen für die Met-Ausstellung aus. Die Verträge wurden schließlich 1994 unterzeichnet.

Bereits von Beginn an gab es Schwierigkeiten mit der taiwanesischen Politik. Obwohl die 6,2 Millionen Dollar teure Schau ein Publikumsmagnet zu werden versprach, zog sich schon 1994 Mobil Oil als potentieller Sponsor zurück, weil das Unternehmen befürchtete, eine Unterstützung Taiwans könnte die chinesische Regierung verärgern. Im August 1995 machte auch die Citibank auf Druck Pekings einen Rückzieher als Sponsor; und Acer America, ein Tochterunternehmen der gleichnamigen taiwanesischen Computerfirma, stieg aus, als die Proteste begannen.

Protektionismus ist in der Kunstwelt nicht ungewöhnlich. Öffentliche Proteste gab es auch in Mexiko gegen die große Mexiko-Ausstellung des Met, in Italien gegen die Vatikan-Schau, in Griechenland gegen *Greek Art of the Aegean Islands*. Auch ist es nicht unproduktiv, wenn Ausstellungen diplomatische Ziele verfolgen: Die Schau des Met über König Tutanchamun 1978 verbesserte Ägyptens Ansehen zu einer Zeit, als das Land langsam daranging, die Feindseligkeiten gegen Israel zu beenden. Für Gesellschaften, deren Geschichte die moderne Realität transzendiert, sind Artefakte dieser Geschichte so wirkmächtig wie ihr Waffenarsenal oder ihr Reichtum.

In diesem Fall ging es um mehr als nur um die taiwanesische Innenpolitik: Die labilen Beziehungen zwischen China, Taiwan und den Vereinigten Staaten kamen ins Spiel. Wenn Taiwan Ordnung, Wohlstand und Demokratie herstellen kann, was allem Anschein nach der Fall ist, wird es für China zu einem Demokratiemodell. Die Unterstützung asiatischer Demokratien durch die USA nützt unseren außenpolitischen Zielen in China mehr als Wirtschaftsboykotte oder Erklärungen zu den Menschenrechten. Chinas militante Politik gegenüber Taiwan hat zweifellos viele verschiedene Ursachen, doch der Hass auf dieses Demokratiemodell ist eine der wichtigsten. Das Gastgeberland für diese Ausstellung zu sein war die ideale kulturelle Ergänzung zu unserer wirtschaftlichen Unterstützung Taiwans, und daher war die heraufziehende Krise bei der Ausstellung auch unsere Krise. Die Geschichte der Sammlung des Palastmuseums lässt sich nicht von der Geschichte Chinas trennen. Die meisten der vor vielen Jahrhunderten entstandenen Werke hatten politische Implikationen, und sie üben mit gleichsam magischer Kraft auch heute noch politische Wirkung aus. Der Legislativ-Yuan, das taiwanesische Parlament, betrachtete die Met-Ausstellung als diplomatische Chance und stellte dafür 3,1 Millionen Dollar an Fördermitteln zur Verfügung. »Da der gegenwärtige Status Taiwans seiner Regierung nicht erlaubt, gegenüber seinem Hauptverbündeten – den USA – politische Erklärungen abzugeben, muss die Kommunikation auf wirtschaftlicher und kultureller Ebene stattfinden«, erklärte Fong. »Die kulturelle Kommunikation befindet sich auf dem Weg, dasselbe Niveau zu erreichen wie die wirtschaftliche.«

Vergangenen Oktober nahm ich an den Feierlichkeiten zum 70. Jahrestag der Gründung des Palastmuseums teil. Die Song-Dynastie (960–1279 n. Chr.) ist für China, was die Renaissance für den Westen ist. Zur Jubiläumsausstellung hatte das Museum seine größten Meisterwerke von Guō Xī und Fan Kuan hervorgeholt. Das Thema der Repräsentation, auf das der Westen nach der Erfindung der Fotografie stieß – diese komplexen Geflechte von Abstraktion und Ungewissheit, die von Cézanne formuliert und von Picasso und Duchamps aufgegriffen wurden –, lässt sich bereits in den chinesischen Arbeiten von vor tausend Jahren erkennen. Auch können diese Gemälde historisch und kontextuell interpretiert werden; die Künstler jener Epoche versahen ihre Werke mit geheimen politischen Signalen, benutzten die Malerei, um das zu kommunizieren, was verboten war, und entwickelten dazu ein eigenes Vokabular: Jeder Baum hat eine

Bedeutung, manchmal auch eine Vielfalt von Bedeutungen. Pflaumenbäume beispielsweise können auf die sexuelle Potenz alter Männer verweisen oder auf etwas, was den strengen Winter übersteht. Ein Pflaumenbaum im Hinterhof eines Palasts kann eine vernachlässigte Dame symbolisieren, deren Schönheit verblasst ist, oder, weiter gefasst, einen einst hochgeschätzten Höfling, der inzwischen vom Kaiser ignoriert wird. Kiefern stehen für prinzipientreue Ehrenmänner, weil diese Bäume den ganzen Winter hindurch grün bleiben, während andere die Farbe wechseln. Jede Jahreszeit hat ihre Bedeutung, jede Art Fels, jede einhüllende Nebelwolke.

Diese Werke spiegeln eine spezifische, meditative und enthobene Gemütsverfassung wider und verlangen zugleich nach ihr. Vor fast tausend Jahren schrieb Guō Xī, dessen *Vorfrühling* ein dynamisches Gespür für Bewegung und Erregung, halb Phantasie und halb Realität, zeigt: »Es heißt, es gebe Landschaftsbilder, durch die man hindurchgehen könne, Landschaften, die man bestaunen, in denen man umherwandern, in denen man siedeln könnte ... Wenn man mit dem Herzen des Waldes und der Ströme blickt, werden sie erhaben sein. Aber wenn man sich ihnen mit arrogantem Blick nähert, werden sie gering erscheinen.«

Guō Xī war Hofmaler des überschwänglichen neuen Kaisers Shenzong, der 1067 an die Macht gekommen war, fünf Jahre bevor *Vorfrühling* entstand. Shenzong hatte spektakuläre Pläne – die Neue Politik – für die Umwandlung Chinas. Der Vorfrühling ist die Zeit der Erneuerung und des Wandels und das Gemälde eine Allegorie der politischen Umstrukturierung und sozialen Neuordnung der Gesellschaft: Am unteren Bildrand sind Bauern und Fischer zu erkennen, direkt darüber Mönche, ein Beamter zu Pferd noch ein wenig weiter oben. Es ist eine vollkommen friedfertige, aber schwebende Hierarchie in Schichten. Nebel umhüllt alle Gewissheit, doch am oberen Rand des Gemäldes herrscht vollkommene Klarheit, denn an der Spitze der Gesellschaft thront Shenzong mit seinen edlen Überzeugungen. Trotz dieser Schmeichelei ist das Gemälde aufrichtig; es fehlt ihm kompositorische Stabilität, so wie es der beginnenden Herrschaft eines neuen Kaisers an Stabilität mangelt. Neben Fan Kuans erdverbundenerem *Reisende zwischen Flüssen und Bergen*, das etwa fünfzig Jahre früher entstand, wirkt *Vorfrühling* wie eine Aufwallung beschwingter Kapriolen.

Nirgendwo sonst kann man Werke wie diese nebeneinander betrachten und so viel vom Ethos und der Ästhetik des dynastischen China begreifen. Das Museum, das die Kaiserliche Sammlung beherbergt, wurde 1965 in Taipeh eröffnet, doch die offizielle Gründung des Palastmuseums fand bereits 1925 in Peking statt. Deshalb feierte man das 70. Gründungsjubiläum sowohl in Taipeh (wo die Sammlung aufbewahrt wird) als auch in Peking (wo der Name Palastmuseum üblicherweise das Museum in der Verbotenen Stadt bezeichnet). In Taipeh hätte man meinen können, man sei zum Geburtstagsfestmahl des Papstes in Avignon geladen. Ich war dort mit einer Delegation aus New York eingetroffen, der Philippe de Montebello und Wen Fong angehörten. Man geleitete uns zu Vorträgen in einen Saal, anschließend zu einer Feier. Premierminister Lee Teng-hui und die wichtigsten Abgeordneten der regierenden Kuomintang-Partei (KMT) waren zugegen, aber praktisch niemand aus der Kunstwelt. De Montebello nannte es »das merkwürdigste Museumsevent, das ich je besucht habe«. Die Vertreter aus der Politik nahmen Fong vollkommen in Beschlag; ich hätte nie geahnt, welcher Zorn sich drei Monate später gegen ihn entladen sollte.

Hätte Taiwan einen Kaiser, würde er sicherlich im Palastmuseum residieren wollen. Das auf einem grünen Hügel am Nordrand von Taipeh gelegene Gebäude im hyperchinesischen Stil herrscht über die Stadt zu seinen Füßen. Blickt man über das skulpturierte Geländer der Treppe mit ihren hundertdreißig Marmorstufen, bietet sich ein herrliches Panorama: Karpfenteiche, heiter, wie es sich der taoistische Dichter Zhuangzi wohl erträumt hätte, Kiefern, Symbole der konfuzianischen Tugend der Beständigkeit, Teepavillons voller Kinder, die einen Schulausflug machen. Und wunderschöne Felsformationen, zu denen tagtäglich junge Brautleute kommen, um dort ihre Hochzeitsfotos aufnehmen zu lassen.

Das Innere des Museums hingegen ist erbärmlich. Decken, bedrückend niedrig oder bombastisch hoch, grässliche Beleuchtung,

Schaukästen, die eher der Sicherheit als der publikumsgerechten Präsentation dienen, Beschriftungen, die sagenhaft uninformativ sind. Doch man hält sich bei diesen Unzulänglichkeiten nicht lange auf, denn vor einem präsentiert sich wie aus einem Füllhorn die größte Kunst Chinas: steinzeitliche Jadeschnitzereien, Trinkgefäße aus der Zhou-Dynastie, Porzellan der Song-Dynastie, Schmuckkästchen der Qing-Dynastie, und als Höhepunkt eine erstaunliche Sammlung von Gemälden und Kalligraphien aus der Tang- und Song-Zeit. Diese Werke, von den Kaisern über einen Zeitraum von mehr als elf Jahrhunderten dynastischer Herrschaft gesammelt, werden auch heute noch als Kaiserliche Sammlung bezeichnet. Kein westliches Museum verfügt über eine derartige Anhäufung grandioser Arbeiten, aber es kann auch kein westliches Land eine ähnlich beständige Historie zentralisierter Herrschaft vorweisen wie China.

Die Kaiserliche Sammlung blieb in den Händen des letzten Kaisers, bis er 1924 die Verbotene Stadt verlassen musste. Im Jahr darauf, nach Gründung des Pekinger Palastmuseums, durfte die Öffentlichkeit zum ersten Mal seit tausend Jahren die Sammlung in Augenschein nehmen. Als die Japaner 1931 die Mandschurei besetzten, brachte man die Werke, verpackt in zwanzigtausend Holzkisten, nach Schanghai in Sicherheit. Später kam sie in ein Lager in Naning, und als die Japaner 1937 kurz davor standen, die Südliche Hauptstadt zu erobern, wurden die Kisten per Schiff erst den Jangtsekiang hinaufbefördert, dann per Zug über das Qin-Ling-Gebirge und schließlich per Lastwagen nach Hanzhong. Sämtliche Kunstobjekte gelangten an einen sicheren Ort, obwohl auf dem Weg dorthin wie in einem James-Bond-Film reihenweise Schiffe versenkt wurden und Gebäude in die Luft flogen. Ende des Zweiten Weltkriegs kehrte die Sammlung, nach wie vor verpackt, nach Naning zurück, und als die Kommunisten 1947 die Stadt einzunehmen drohten, nahm Chiang Kai-shek die besten Stücke mit nach Taiwan, wo sie in einem Bergwerksstollen aufbewahrt wurden.

Dort blieben sie auch bis zum Frühjahr 1961, als rund zweihundert Bilder und Objekte – darunter Fan Kuans *Reisende zwischen Flüssen und Bergen* und Guō Xīs *Vorfrühling* – in einer Wanderausstellung mit dem Titel *Chinese Art Treasures* in den Vereinigten Staaten gezeigt wurden, einer Ausstellung, über die Fong sagte, sie allein habe »die moderne westliche Forschung auf diesem Gebiet begründet«. Nachdem Robert J. Oppenheimer, der Vater der Atombombe, die Ausstellung besucht hatte, meinte er zu Wen Fong: »Wenn alles auf Erden zerstört würde außer dem, was wir in ein einziges Raumschiff laden könnten, müssten einige dieser Gemälde mit dabei sein.« Vier Jahre später öffnete Chiang schließlich die Pforten zum neuen Palastmuseum in Taipeh. Auch wenn er die großen Städte und den allergrößten Teil sowohl der Bevölkerung als auch des chinesischen Territoriums verloren hatte, blieb ihm doch ein immenser Schatz erhalten: die Kaiserliche Sammlung.

Wer es schafft, für das Palastmuseum von Taipeh arbeiten zu dürfen, bleibt für immer dort. Es sind junge Menschen, die sich dort um einen Job bewerben, auch wenn ihre guten Promotionsnoten kaum für einen Einstieg als Museumsführer ausreichen. Das Museum wird zum Mittelpunkt ihres sozialen und beruflichen Lebens, dort werden sie alt. Jene, die das Glück haben, zum Kurator aufzusteigen, werden ihre Bücher im museumseigenen Verlag veröffentlichen, und diese Bücher werden direkt oder indirekt vom Palastmuseum handeln. Man wird sie über die bizarre Geschichte der Sammlung unterrichten und ihnen erlauben, die sagenumwobenen Lagerräume zu betreten, wo neunundneunzig Prozent der Werke in eleganten Seidenschachteln, geschnitzten Holzkisten oder großen Metallkästen aufbewahrt sind. Sie werden im Badmintonteam des Palastmuseums spielen. »Es ist das letzte Überbleibsel des chinesischen Feudalsystems«, meinte ein Kurator.

Die Sammlung geht nicht einmal innerhalb Taiwans auf Ausstellungstour, weshalb die Entscheidung, deren bedeutendste Objekte – vierhundertfünfundsiebzig der weltweit wichtigsten Werke chinesischer Kunst – in die USA zu verschicken, solchen Aufruhr verursachte. Unter den für das Met vorgesehenen Objekten waren siebenundzwanzig, die auf der »Sperrliste« des Palastmuseums stehen, weil sie besonders bedeutend sind; gewöhnlich werden sie nur alle drei Jahre vierzig Tage lang gezeigt. Während Amerikaner zumeist ein

Museum primär als Bildungseinrichtung für die Öffentlichkeit ansehen, die ihre Bestände zur Schau stellt, ist für Chinesen ein Museum ein Depot zum Schutz kultureller Kleinodien. Chinesische Kunstliebhaber haben durchaus Freude an der Betrachtung von Gemälden, aber deren Schönheit gilt nur als nebensächlicher Aspekt ihres historischen Werts. Fan Kuans Gemälde ins Ausland zu verschicken ist daher ein wenig so, als würde man das Original der amerikanischen Unabhängigkeitserklärung oder der amerikanischen Verfassung ausleihen.

Die Zuschreibungen der Kunstwerke im Palastmuseum stammen aus dem achtzehnten Jahrhundert, obwohl neueren Forschungen zufolge viele von ihnen falsch sind. »Wer damit anfängt, die Gemälde neu zuzuordnen, würde sich dem Vorwurf aussetzen, die Sammlung entwerten zu wollen!«, erklärte mir ein taiwanesischer Kunstexperte. »Stellen Sie sich die Hysterie vor, die im Legislativ-Yuan ausbrechen würde, wenn es hieße, ein bestimmtes Werk sei nicht von Fan Kuan!« Stattdessen nehmen die Fachleute des Museums Neuzuschreibungen still und leise vor. Nach chinesischer Tradition werden bedeutende Gemälde im Herbst gezeigt; sieht man einen Fan Kuan im Frühling, weiß man, dass die Museumsexperten das betreffende Werk nicht für einen echten Fan Kuan halten. Auch der Hinweis *Dieses Werk ist nicht charakteristisch für den Stil des Künstlers* auf einem Beschriftungsschild verweist auf eine Neuzuschreibung. Einer von Wen Fongs großen Verhandlungserfolgen war die Erlaubnis, die im Met ausgestellten Werke mit eigenen Zuordnungen zu versehen.

Am 2. Januar eröffnete das Palastmuseum eine Vorschau der für New York vorgesehenen Arbeiten. »Wir dachten uns, wir sollten diese Werke ausstellen, damit die Leute sie sehen können; und wenn sie dann wieder zurück sind, werden wir sie erneut zeigen, damit alle sehen können, dass sie in gutem Zustand sind«, erklärte Chang Linsheng, stellvertretende Direktorin und treibende Kraft hinter Chins Thron, in ihrer typisch klaren Art. Die Vorschau umfasste alle Werke, die ans Met gehen sollten, außer den siebenundzwanzig Objekten auf der Sperrliste. Auf einer Wandtafel stand geschrieben, diese Stücke seien eben erst zur Siebzigjahrfeier gezeigt worden und müssten deshalb nicht erneut ausgestellt werden. Hätte man dies etwas diplomatischer formuliert, wäre es vielleicht nicht zu den Protesten gekommen, hieß es später.

Die Sperrliste hat wenig mit einer möglichen Fragilität der betreffenden Werke zu tun. Schriftrollen müssen alle paar hundert Jahre neu aufgerollt werden, sind aber ansonsten stabil. Das Auf- und Zurollen erfordert jedoch Sorgfalt. Im Palastmuseum sind mit dieser Aufgabe hauptsächlich ehemalige Soldaten betraut, die mit Chiang nach Taiwan kamen und nach dem Militärdienst als »Techniker« eingesetzt wurden. Speziell einer dieser altgedienten Techniker überdehnt die Rollen häufig, so dass sich Risse bilden. (»Er macht gern eine letzte Drehung, bis er es knistern hört«, erzählte mir ein entsetzter Experte.) Auf der Sperrliste stehen frühe Werke, die eine Zeitlang zu Untersuchungszwecken fünf- bis sechsmal die Woche entrollt wurden. Mitte der achtziger Jahre ließ Chin die Sperrliste erstellen, um mit ihr förmlich begründen zu können, warum er weitere Untersuchungen durch außenstehende Forscher ablehnt. Daraus wurde jedoch gefolgert, dass die Schriftrollen zu Staub zerfallen könnten, sobald man sie bloß anhaucht, und die bei der Vorschau präsentierte Wandtafel mit der Erklärung bestärkte nur noch diese Befürchtung.

Am 3. Januar, nachdem Chin die Vizedirektorin des Legislativ-Yuan – eine junge Dame namens Tang Hsiao-li und nach eigenem Bekunden eine »erzürnte Kunstliebhaberin« mit dem finsteren Blick der Entschlossenheit, wie man ihn aus alten Zeitungsfotos von Rotgardisten kennt – durch die Ausstellung begleitet hatte, begann das Gezeter um die vermeintliche Fragilität. »Wäre Direktor Chin gegenüber Miss Tang höflich gewesen, anstatt ihr keine Beachtung zu schenken, wäre dies alles vielleicht nicht geschehen«, meinte später ein Beobachter. »Aber Direktor Chin ist eben so, wie er ist.« Tang war der Ansicht, Kunstobjekte, die zu empfindlich seien, um sie im Palastmuseum auszustellen, sollten nicht das Land verlassen. Sie setzte sich mit allen möglichen Leuten in Verbindung, und am Freitag, dem 5. Januar, veröffentlichte die *China Times* ihren Aufruf: »Bitte kleiden Sie sich in Schwarz und setzen Sie sich von Samstagmorgen zehn Uhr an schweigend vor das Palastmuseum, um dagegen zu protestieren, dass fragile Gemälde ins Ausland gebracht werden.«

Der Samstag war ein strahlend sonniger Tag, und es fanden sich ganze Menschenmassen vor dem Museum ein. (»Hätte es geregnet«, sagte ein Kurator, »wäre es vielleicht nicht dazu gekommen.«) Tang hatte die meisten derjenigen mobilisiert, die zu den entscheidenden Figuren in dem Konflikt werden sollten, darunter mehrere ehemalige Mitarbeiter des Palastmuseums, denen »unter Verdacht« gekündigt worden war, wie es hier heißt; Leute mit persönlichem Groll gegen Fong oder Chin oder beide; und einige ernsthaft besorgte Bürger. Der Künstler Chu Ko, der früher im Palastmuseum gearbeitet hatte, schrieb in der *China Times*: »Ich bin sehr erstaunt darüber, dass die Versendung dieser außerordentlich fragilen Gemälde genehmigt werden soll.« Seine Verbindung zum Museum verlieh ihm große Glaubwürdigkeit. Der Maler Shia Yan verfasste ebenfalls einen flammenden Artikel; er misstraute den Vereinigten Staaten, seit ihn eine Galerie in New York schäbig behandelt hatte. Schätzungen zufolge lag die Zahl der Demonstranten zwischen sechzig und vierhundert; die Titelseiten der Zeitungen in ganz Taiwan veröffentlichten tags darauf dramatische Fotos. »Diese Kunstwerke auszuleihen kommt einem Verrat an unseren Vorfahren gleich«, erklärte der Dichter Kuan Kuan, der sich vor einer Säule fotografieren ließ, wo er in Hungerstreik treten wollte.

Am Montag, dem 8. Januar, betraten Politiker die Bühne. Chou Chuan, Fraktionschefin der oppositionellen New Party, beehrte Chin mit einem unangemeldeten Besuch, ein Dutzend Reporter im Schlepptau. Mit dabei war auch Chu Hui-liang, die zu der Zeit noch im Palastmuseum arbeitete (und der Star in dessen Badmintonteam war), kürzlich in Princeton ihren Doktortitel erworben hatte (unterstützt von Fong) und eben erst in den Legislativ-Yuan gewählt worden war. Chu schlug Chin vor, die Originale durch qualitativ hochwertige Reproduktionen zu ersetzen. »Wie können Sie, ein vom Museum ausgebildeter Mensch, bloß so etwas vorschlagen?«, fragte Chin, aber die Presse machte mit ihm kurzen Prozess. Am selben Tag versammelten sich Demonstranten vor dem Kontroll-Yuan, der die

Regierung beaufsichtigt. Inzwischen war dem Bildungsministerium die Verantwortung für die Angelegenheit übertragen worden. Im Legislativ-Yuan traten die Führer der Oppositionsparteien für ein Ausfuhrverbot der siebenundzwanzig umstrittenen Kunstwerke ein und kündigten für Mittwoch, den 10. Januar, eine öffentliche Anhörung an, bei der über das weitere Vorgehen beraten werden sollte.

James C. Y. Watt, ein in Hongkong geborener Chinese, der als Experte unter Fong arbeitet, hält nichts von Konfrontation. Er war nach Taiwan gereist, um die Vorbereitung der Zustandsberichte und die Verpackung der Kunstwerke zu beaufsichtigen. Jetzt fand er sich mitten in einem Skandal wieder. Bei der Anhörung des Legislativ-Yuan war er der Erste, der eine Stellungnahme abgab. Nachdem er das Podium betreten hatte, geblendet von den Scheinwerfern für zehn Fernsehkameras, bombardierten ihn die zahllosen Demonstranten im Gebäude mit Schimpfwörtern, als er zu reden anhob. »Unverschämt! Unverschämt! Du bist verrückt!«, riefen sie störend dazwischen. Er aber erläuterte höflich das Engagement des Met für den kulturellen Austausch. Doch niemand hörte ihm zu. Als Watt in den Flur hinaustrat, stieß ein Reporter mit einem Demonstranten zusammen, was zu einer Schlägerei führte, der sich Watt mit Müh und Not entziehen konnte. »Mir war, als wäre ich in einem Ionesco-Stück gelandet«, sagte er später.

Daraufhin richtete das Museum, so de Montebello, »eine Einsatzzentrale in New York« ein. Er, Fong und Emily K. Rafferty, die Vizepräsidentin des Met für Entwicklung, telefonierten meist die Nacht hindurch mit Taiwan, um auf dem Laufenden zu bleiben. Judith Smith, Fongs Sonderassistentin, fasste die Informationen in ausführlichen Tagesberichten zusammen. Das Team entwarf auch Schreiben an Regierungsvertreter und Demonstranten – besorgte und versöhnliche Briefe. Manche wurden abgeschickt, andere nicht. Tag um Tag plante Fong, nach Taiwan zu reisen, und verwarf diese Idee wieder; schließlich kam man zu der Ansicht, dass seine dortige Anwesenheit den Protest nur noch mehr anheizen würde. De Montebello setzte sich mit Chou Chuan, der Fraktionsvorsitzenden der New Party, in Verbindung, »aber sie hatte für unsere Sache kein Verständnis«, sagte er. »Für sie ist das zu einer politischen Angelegenheit geworden, sie bauscht das Drama für politische Zwecke auf, wie es [der ehemalige Senator] Jesse Helms mit Robert Mapplethorpe gemacht hat, das ist Populismus, der die Wähler von den wirklichen Problemen des Landes ablenkt.«

Am Samstag, dem 13. Januar, versammelten sich in Taipeh Demonstranten vor der Chiang Kai-shek-Gedächtnishalle. Sie hatten Slogans auf Stoffbänder geschrieben, die sie sich um die Stirn banden, und trugen große Transparente mit sich. Auch Politiker waren gekommen, darunter ein unabhängiger Präsidentschaftskandidat, der behauptete, die Führer der regierenden KMT würden ihre Kontrolle über die Sammlung des Palastmuseums dazu missbrauchen, um sich selbst in ein ruhmreiches Licht zu stellen. Manche jungen Leute, für die Demokratie etwas Neues war, schienen von der Macht ihres Protests geradezu hingerissen. Die Zahl wütender junger Frauen und Männer, die sich, erfüllt von chinesischem Nationalismus, eingefunden hatten, war enorm. »Wir werden vor dem Westen nicht katzbuckeln«, sagte einer von ihnen. »Uns zeigt man die Werke alle drei Jahre vierzig Tage lang, und ihr bekommt sie ein ganzes Jahr? Und wir übernehmen auch noch die Hälfte der Kosten für diese Ausstellung?«

Fong, der sich des wachsenden Zorns bewusst war, erklärte in einem offenen Brief an das Bildungsministerium, er werde auf zwei der drei Spitzenwerke für die Schau verzichten, und bat nur um Guō Xīs *Vorfrühling*, weil dieses Bild auf dem Umschlag des bereits gedruckten Katalogs prangte. Fong und Direktor Chin erschien all dieser Ärger wie eine politisch aufgeladene Gefühlsduselei. »Meine Großmutter oder meine altjungferliche Tante würden ebenfalls behaupten, diese Sachen auszustellen hieße, sie zu zerstören«, räumte Fong später ein. »Aber die Zeit für solche Rührseligkeiten ist vorbei.« Die sich zunehmend feindselig gerierende taiwanesische Presse behauptete, Fong habe »in seiner Arroganz« erklärt, falls noch mehr Werke zurückgehalten würden, werde er die Ausstellung absagen. »Es ging nicht darum, dass ich sie absage«, stellte Fong klar, »sondern dass es mit den vorgeschlagenen Einschränkungen keine Ausstellung geben könne.«

In der Einsatzzentrale des Met listeten sie auf, »worauf wir nicht verzichten konnten«, erzählte de Montebello. »Wir waren bereit, eine quantitativ reduzierte Ausstellung zu akzeptieren, aber keine typologisch reduzierte. Keine der großen Kategorien von Objekten durfte fehlen. Das Ziel der Ausstellung, einen Querschnitt der Geschichte chinesischer Kunst zu zeigen, durfte nicht aufgegeben werden, deshalb wollten wir uns nicht zwingen lassen, die Tang-, Song- oder Yuan-Dynastie auszublenden oder von unserer kuratorischen Vision abzurücken. Aber daran allzu zu sehr festzuhalten wäre öffentlich nicht zu vermitteln gewesen. Es war wichtig, dass wir nicht aus unserer Enttäuschung heraus eine bedeutende Ausstellung absagten. An dem einen Tag dachte ich, dass unsere Chancen bei sechzig Prozent stünden, und tags darauf hielt ich sie nur mehr für dreißig Prozent.«

Das Pressebüro des Met, das kostspielige Vorschaureisen nach Taiwan organisiert und Farbbroschüren hatte drucken lassen, verfiel in Hysterie. Interviews wurden verboten und Informationen so verdreht, dass sie nicht mehr plausibel waren. Die Versuche, Journalisten zu kontrollieren, konnten während der Kulturrevolution kaum penetranter gewesen sein als im Januar und Februar seitens des Met.

Bei einer weiteren Protestveranstaltung am 1. Januar in Taipeh schossen die Gerüchte ins Kraut: Das Metropolitan Museum würde die chinesischen Schätze in seinen Kellerverliesen einschließen und geschickt gemachte Kopien zurücksenden; Präsident Clinton würde die Kunstwerke an die Volksrepublik China ausliefern; die Garantie des US-Kongresses zum Schutz ausländischer Kulturgüter sei nicht verlässlicher als seine diplomatische Beziehung zu Taiwan, die er 1978 abgebrochen hatte. »Weder im Met noch sonstwo im Westen weiß man, wie man Werke auf Papier oder Seide richtig behandelt«, sagte ein Demonstrant zu mir. Als ihm einer meiner chinesischen Freunde entgegnete, dass das Atelier des Met für die Konservierung asiatischer Kunst auf weit höherem Niveau arbeite als das Atelier des Palastmuseums, überzogen ihn die Umstehenden mit Beleidigungen. »Die Werke sind viel zu anspruchsvoll für euch«, erklärte ein anderer Demonstrant. »Die Leute in eurem Land können sie weder verstehen noch wertschätzen. Sie euch zu schicken ist reine Vergeudung.«

Das Bildungsministerium setzte einen Ausschuss ein, der das ganze Fiasko untersuchen sollte. Bei einer großen Kundgebung am Dienstag, dem 18. Januar, wickelten sich Demonstranten in eine Petition mit 20000 Unterschriften ein, die an einem einzigen Tag an der Universität Kaohsiung gesammelt worden waren. Der Zorn richtete sich vor allem gegen die Ausschussmitglieder, die mit Fong in Verbindung standen – obwohl man kaum einen qualifizierten Ausschuss ohne die von Fong ausgebildeten Experten hätte zusammenstellen können. Nach wie vor wurde Fong geraten, in New York zu bleiben. »Du kannst nichts anderes tun als abwarten«, sagte ihm ein Freund aus dem Ausschuss. »Ich hoffe, bis nächste Woche werden wir die Ausstellung gerettet haben.«

Ich stand in der Menge vor dem Gebäude, wo der Untersuchungsausschuss seine erste Sitzung abhielt, als sich plötzlich eine Fernsehkamera auf mich richtete. »Es heißt, Sie sind mit Wen Fong bekannt«, sagte ein Journalist. »Ist er wirklich so, wie von ihm berichtet wird: gierig, arrogant, selbstsüchtig und niederträchtig?«

Als ich mich am 20. Januar mit Chu Hui-liang traf, der Abgeordneten der New Party, äußerte sie ihr Bedauern über das Debakel. »Ich war besorgt, dass man *Reisende zwischen Flüssen und Bergen* ins Ausland schickt – ich hielt das für unverantwortlich. Die Leute müssen erfahren, was die ›Sperrliste‹ tatsächlich bedeutet. Aber ich hatte nicht die Absicht, die ganze Ausstellung zu verhindern.« Hinter den hohen Mauern des Palastmuseums herrschten Frustration und Trübsinn. »Was ist mit diesen Leuten los?«, fragte Chang Lin-sheng vom Palastmuseum angesichts des alltäglichen Traumas der Proteste. Ich hatte mich regelrecht in ihr Büro schleichen müssen, da sie keine Interviews geben wollte; sie wirkte erschöpft. »Haben die denn keine Arbeit? Haben sie nichts anderes zu tun, als den ganzen Tag dort draußen auf und ab zu laufen und falsche Slogans zu rufen?« Das Telefon klingelte. Sie telefonierte eine Dreiviertelstunde lang, mal mit einem konzilianten, dann wieder mit einem gereizten Ton in der Stimme. »Wen Fong«, sagte sie, als sie auflegte. »Ich habe ihm erklärt, dass ich ihm nicht mehr helfen kann.« Sie griff nach einer populären Zeitschrift, auf deren Titelblatt *Reisende zwischen Flüssen und Bergen* abgebildet war. »Vermutlich kennt inzwischen jeder im Land den Namen Fan Kuan, auch wenn das genau dieselben Leute sind, die nicht das geringste Interesse an unserer Ausstellung zum siebzigjährigen Jubiläum aufgebracht haben. Ehrlich gesagt, uns allen war nicht ganz wohl bei dem Gedanken, den Fan Kuan auszuleihen. Vielleicht sollten ein oder zwei andere hierbleiben, so wie die *Mona Lisa* auch immer im Louvre bleibt. Aber das Übrige sollten die Leute schon sehen. Wieso ist man so misstrauisch gegen uns? Verstehen die Leute denn nicht, wie sehr wir diese Arbeiten lieben? Wir alle sind gefährdet. Sollen wir deshalb nicht mehr aus dem Haus gehen?«

Fong fand noch eine andere Analogie: »Man lässt doch nicht das Essen sein, weil man daran ersticken könnte.«

Der Untersuchungsausschuss und seine Unterausschüsse beschlossen, über jedes einzelne Kunstobjekt separat zu entscheiden, nicht nur über die auf der Sperrliste; die Demonstranten drohten mit Klagen gegen das Palastmuseum. De Montebellos Hintertür-Diplomatie schien nicht zu funktionieren. Weder ihm noch dem Direktor des American Institute in Taiwan, praktisch unser dortiger »Botschafter«, gelang es, mit dem Bildungsminister zu sprechen. Für die Machthaber in Taiwan waren die dringlichen Wünsche des Metropolitan Museum von geringem Interesse. Und das Met verfiel in relatives Schweigen, nachdem es eingesehen hatte, dass es die Ausstellung nicht retten würde, wenn man einen Wirbel veranstaltete. Fong blieb dennoch zuversichtlich: »Man muss eben akzeptieren, dass die Regierung dem Volk gegenüber verantwortlich ist. Also werden manche Stücke zurückgehalten. Aber wenn die ganze Schau abgesagt würde, würde das den Eindruck erwecken, als ließe sich die Regierung von Hysterikern unter Druck setzen. Eine solche Demonstration der Schwäche wäre für sie kontraproduktiv.«

Die Situation des Met jedoch gab allmählich Anlass zu großer Sorge. Laut Zeitplan war man mit dem Verpacken bereits eine Woche im Rückstand, und die Ausstellungsvitrinen konnten nicht angefertigt werden, weil niemand wusste, was sie enthalten würden. Die Frist für die endgültige Buchung der Laderäume in Flugzeugen war abgelaufen. Acer hatte seine Förderung in Höhe von 1,5 Millionen

Dollar zurückgezogen, und jetzt versuchten die Demonstranten auch noch, die taiwanesische Regierung von ihren Finanzierungszusagen abzubringen. Die Standardbegrüßung in taiwanesischen Kunstkreisen lautete: »Was gibt's Neues von Wen?« Dabei war mittlerweile klar, dass es nichts gab, was Wen Fong oder sonst jemand in den USA hätte tun können.

Ende Januar verdrängten die Meldungen über neuerliche chinesische Drohungen gegen Taiwan die Kontroverse um die Kunstobjekte aus den Schlagzeilen. Am 23. Januar gab der Ausschuss einen Kompromiss bekannt, der alle Seiten enttäuschte: dreiundzwanzig Objekte, darunter mehrere epochale Meisterwerke, wurden zurückgezogen, weitere neunzehn bedeutende Werke auf eine Ausstellungszeit von vierzig Tagen begrenzt. Daraufhin entschied sich das Met tapfer, mit dem Verpacken zu beginnen, ohne finanzielle Garantien für eine der teuersten Ausstellungen seiner Geschichte (obgleich sich die Versicherungs- und Transportkosten ein wenig reduzierten, weil einige der unbezahlbaren Werke entfielen). »Wir versicherten dem Kuratorium, dass wir die durch den Rückzug von Unternehmenssponsoren entstandene Lücke von 1,5 Millionen Dollar füllen würden«, sagte Rafferty. »Wir verschwiegen auch nicht, dass möglicherweise die von Taiwan zugesicherten 3,1 Millionen Dollar nicht ausbezahlt würden. Es war ein Glücksspiel – 4,6 Millionen Dollar aus unserem Verwaltungshaushalt würden zwar das Museum nicht zur Schließung zwingen, hätten aber eine verheerende Wirkung.« De Montebello fragte ironisch zurück: »Wem sollte denn bange sein, wenn wir die Werke hier haben und das Geld nicht?« Doch letztlich hielt sich das taiwanesische Außenministerium an seine Zusagen.

So wird *Splendors of Imperial China* doch noch im Met eröffnet, wenngleich ohne sechsunddreißig der überragenden Werke dieser Epoche. Trauriger noch als das Fehlen von *Vorfrühling* und *Reisende zwischen Flüssen und Bergen* ist, dass dadurch die elegante narrative Kohärenz und Balance der Ausstellung größtenteils zerstört ist. Dennoch ist diese Ausstellung in vielerlei Hinsicht die größte Schau chinesischer Kunst, die je im Westen zu sehen war, und die Arbeiten werden tausendmal besser präsentiert und ausgeleuchtet sein, als sie es im Palastmuseum je waren. Womöglich ist sie die letzte Schau dieser Art: Angesichts der aufgeheizten protektionistischen Stimmung während der Tumulte im Januar dürfte es unwahrscheinlich sein, dass ein nennenswerter Teil dieser Werke je wieder Taiwan verlässt.

Die Proteste in Taiwan waren aus zwei Gründen seltsam. Erstens ist Taiwan nicht antiamerikanisch eingestellt. Eine beträchtliche Zahl von Taiwanesen unternimmt Reisen in die USA oder studiert dort. Ein Großteil der Bevölkerung spricht Englisch, und abgesehen von dem handgreiflichen Streit über Fan Kuan in der Bar fühlt man sich als Amerikaner in Taiwan schneller heimisch als in fast jedem anderen asiatischen Land. Sieben von siebzehn Kabinettsmitgliedern der taiwanesischen Regierung promovierten an amerikanischen Universitäten. Taiwan ist weltweit der drittgrößte Importeur amerikanischer Rüstungsgüter und steht auf der Liste unserer wichtigsten Handelspartner an achter Stelle. »Die gebildete Bevölkerung hier ist so amerikanisch, wie man nur amerikanisch sein kann«, sagte ein junger Künstler zu mir.

Der zweite Grund, warum die Proteste so überraschend kamen, ist komplizierter und von größerer Bedeutung. In Taiwan herrschte lange Zeit und insbesondere in den letzten fünf Jahren Aufruhr darüber, ob das Inselreich nun China ist oder nicht. Die »Ein-China«-Politik ist aktuell die drängendste politische Frage: Wird Taiwan eines Tages mit dem Festland wiedervereinigt – gewaltsam oder auf andere Weise – oder wird es schließlich seine Unabhängigkeit erklären? Die offizielle Haltung der Festland-Kommunisten und von Taiwans KMT lautet, Taiwan sei eine Provinz Chinas; sowohl Taipeh als auch Peking beanspruchen für sich, die rechtmäßigen Herrscher Chinas zu sein. Einem oberflächlichen westlichen Beobachter erscheint die Situation grotesk. Taiwan hat eine eigene Wirtschaft, ein eigenes politisches und ein eigenes Bildungssystem; die Bürger verfügen über taiwanesische Pässe. Doch der chinesische Nationalismus ist tief verwurzelt. Manche Taiwanesen sehen sich gern als Teil einer großen Nation und nicht als – wie ein Essayist schrieb – »Bürger einer dieser vermurksten südostasiatischen Bananenrepubliken«. Für viele Taiwanesen mit engen Beziehungen zum Festland wäre eine Unabhängigkeitserklärung, als würde man ihnen die Arme amputieren.

Nicht, dass das Festland die Unabhängigkeit Taiwans dulden würde. Als der taiwanesische Präsident Lee Teng-hui im Juni die Vereinigten Staaten besuchte und an der Cornell University eine Rede hielt, führte China »übliche Militärübungen« nie dagewesenen Ausmaßes an den Taiwan gegenüberliegenden Küsten und auf dem Meer vor der Nordküste der Insel durch. So muss sich Taiwan, ständig unter Bedrohung durch das Festland, sowohl gegenüber China als auch dem Westen unterwürfig zeigen. Dass die USA 1978 ihren Botschafter abgezogen haben, ruft immer noch Wut hervor. Das ist Taiwan – eine friedvolle Demokratie, die von den Vereinigten Staaten nicht anerkannt wird, weil wir ein anderes Land mit einer schrecklichen Menschenrechtsbilanz anerkennen, mit dem wir weniger als halb so viel Handel treiben und das uns mit seiner Außen- und Innenpolitik brüskiert.

Taiwans Ringen um die eigene Identität schürte die Proteste gegen die Ausstellung. Während der Feiern zum siebzigjährigen Jubiläum begegnete ich in den Kunstkreisen von Taipeh mehr Menschen, die sich vom Palastmuseum distanzierten, als solchen, die es lobten. Obwohl das Palastmuseum stets ein Touristenmagnet war, ließen die meisten Einheimischen es links liegen – wegen seiner unwirtlichen Atmosphäre, weil in Taiwan bereits lange eine gewisse Gleichgültigkeit gegenüber der Kunst herrscht und weil das Museum laut vieler taiwanesischer Intellektueller »befremdlich chinesisch« ist.

Auch heute noch bestehen in Taiwan starke ethnische Spannungen zwischen den »Festlandbewohnern« (auch »1949er« genannt), die mit Chiang kamen, und deren Nachkommen (etwa zwanzig Prozent der Bevölkerung), und den »Taiwanesen«, deren Vorfahren hier schon früher angesiedelt waren. Diese Spannungen sind insofern verblüffend, als beide Gruppen Han-Chinesen sind, die ihre Wurzeln auf dem Festland haben; die indigene taiwanesische Bevölkerung hingegen macht nur einen kleinen Bruchteil aus. Doch Chiangs Truppen kamen mit dem Gestus der Eroberer, und von 1949 bis zum Ende der brutalen »Chiang-Dynastie« 1987 herrschten die Festlandbewohner der KMT, während die eingeborenen Taiwanesen, obwohl sie über viel Land und Wohlstand verfügten, als niedere Klasse behandelt wurden.

Chiangs Regierung, die die Herrschaft über ganz China beanspruchte und in deren Parlament Vertreter aus sämtlichen Bezirken des Festlands saßen, war korrupt. Aber im Laufe der letzten neun Jahre hat sich das Land bemerkenswert geschmeidig zu einer funktionierenden Demokratie gewandelt, mit einer hochgebildeten Bevölkerung (die Alphabetisierungsrate beträgt mehr als neunzig Prozent, was bei einer auf Schriftzeichen beruhenden Sprache erstaunlich ist), einem enormen nationalen Wohlstand (einschließlich einer der weltweit größten Pro-Kopf-Geldreserven) und freien und geheimen Wahlen. Das Parlament verkündet inzwischen auch nicht mehr, ganz China zu repräsentieren.

»Das Palastmuseum ist zwar ganz nett, aber es ist zu chinesisch und zu wenig taiwanesisch«, meinte Chen Shih-meng, stellvertretender Bürgermeister von Taipeh und ehemaliger Generalsekretär der Democratic Progressive Party (DPP). Die DPP, eine der beiden großen Oppositionsparteien, tritt offen für die Unabhängigkeit ein. »Ob Chiang Kai-shek diese Objekte zu Recht oder zu Unrecht mitgenommen hat, weiß ich nicht, aber wir brauchen in Taiwan einen Ort, der das Palastmuseum ergänzt. Wir haben es verdient, uns selbst als Taiwanesen zu verstehen. Mir wurde beigebracht, ich sei ein Teil der chinesischen Kultur, zu der ich nie richtig gehört habe. Wir müssen das Bewusstsein unserer nächsten Generation wecken. Wir müssen ihr helfen, sich kulturell vom Festland zu befreien.« Dann verknüpfte Chen, wie es angesichts der spannungsvollen Politik in Taiwan typisch ist, das momentane Thema mit der grundlegenderen Frage der Unabhängigkeit: »Die hiesige Führerschaft sagt, dass sie, um das Festland nicht zu verärgern, mit kreativer Vagheit sprechen muss. Diese Vagheit, die Peking verwirren soll, verwirrt das taiwanesische Volk mehr als den Feind. Falls China militärische Gewalt anwendet, werden wir zum Gegenangriff übergehen. Wir könnten seine Wirtschaftszonen unglaublich schnell zerstören. Wir werden nicht gewinnen, indem wir den chinesischen Militärexperten drohen, aber wenn wir unsere militärischen Kapazitäten nutzen, um den Wirtschaftsexperten Angst einzujagen, können wir einen Spalt in die chinesische Führung treiben und gewinnen. Wir müssen dem Festland unsere Pläne deutlich vor Augen führen. Ein eigenes kulturelles Bewusstsein zu entwickeln ist Teil dieser Politik. Das Palastmuseum ist solchen Zielen nicht förderlich.«

Angesprochen auf die Befürworter einer autonomen taiwanesischen Kunst, meinte Chang Lin-sheng vom Palastmuseum: »Das sind Menschen ohne Wurzeln. Wussten Sie, dass die eingeborenen Stämme, die die Lokalpatrioten so sehr schätzen, in ihrer Sprache kein Wort für Kunst hatten?« Sie legte eine dramatische Pause ein. »Demokratie ist nicht gut für die Kunst«, meinte sie händeringend und lachte dabei. »Der Kommunismus ist noch schlimmer. Der Kapitalismus kommt einem imperialen System recht nahe und ist sehr gut für die Kunst. Es gibt keine taiwanesische Kultur. Es ist nicht so wie das Rassenproblem in den USA – wir alle sind Han-Chinesen, und der Höhepunkt unserer Kultur fand an den kaiserlichen Höfen statt.« Das Palastmuseum, betonte sie, sei die beste Antwort auf die taiwanesische Suche nach Würde.

Die großartigsten Landschaftsbilder der Song-Dynastie werden bei *Splendors of Imperial China* nicht zu sehen sein, Meisterwerke der Kalligraphie und spätere Malerei aber durchaus. Es ist en vogue, der westlichen Medizin vorzuwerfen, sie verstehe es nicht, Körper und Geist wieder miteinander zu versöhnen, und auf der Suche nach ganzheitlicher Heilung nach Osten zu blicken. Die westliche Trennung von Wort und Bild, von Literatur- und Kunstgeschichte, ist eine nicht weniger verstörende Aufspaltung. In China gibt es so etwas nicht, dort ist das Schriftzeichen zugleich lautliche Repräsentation und visuelle Sprache, dort sind die Bestandteile eines Gemäldes fast ebenso ikonisch wie ein dichterisches Vokabular. Nach wie vor ist die Kalligraphie für die meisten westlichen Betrachter von allen chinesischen Künsten die am schwersten zu erfassende: Sprache ist hier nicht Metapher, sondern Objekt, und was ausgedrückt wird, ist bis zu einem gewissen Maße der Prozess der Bedeutungsgebung. Schrift und Inhalt sind schwerer voneinander zu unterscheiden als der Tänzer vom Tanz. Kalligraphie kann so spontan sein wie ein Brief, mit einem Tuschestrich, der gänzlich expressiv ist, oder formal und rituell.

Besucher des Met werden den *Autobiographischen Essay* von Huaisu sehen, eine selbstgefällige trunkene Feier fließender Formen, datiert auf das Jahr 777. Darin erklärt Huaisu, dass er am besten schreibt, wenn er betrunken ist. Je betrunkener er wird, desto weniger literarisch wird sein Text, aber die Qualität der Kalligraphie steigert sich. Die Schriftzeichen fließen ineinander, während der Pinsel vorwärtsdrängt und fließende Muster hinterlässt – rhythmisch, pulsierend, fast schon erotisch. Zhao Mengjian, der im 13. Jahrhundert schrieb, sagte über Huaisu, er »hält seinen Pinsel steil aufgerichtet wie eine verängstigte Schlange, jagt ihn ungezügelt übers Papier und ist dabei doch seltsam sparsam«. Huaisu selbst schrieb: »Gute Kalligraphie ähnelt einem Schwarm Vögel, der aus den Bäumen auffliegt, oder aufgeschreckten Schlangen, die ins Gras huschen, oder Rissen, die sich in einer geborstenen Wand auftun.«

Jeder Student der chinesischen Kunstgeschichte kennt Su Shis *Gedichte, geschrieben in Hangzhou zum Fest des kalten Essens* aus dem Jahr 1082 als Apotheose der Kalligraphie, und der beeindruckendste Teil von Wen Fongs meisterhaftem Katalog zur Met-Ausstellung ist seine fulminante Interpretation dieses Werks. Der von Kaiser Shenzong (auf dessen erste Triumphe *Vorfrühling* anspielt) hochgeschätzte Su Shi wurde zum Kritiker der Politik des kaiserlichen Hofes und griff anhand historischer Analogien zeitgenössische Probleme auf. Nachdem er eine Reihe von Posten in der Provinz bekleidet hatte, sorgte er sich zunehmend um das Leben der einfachen Leute und bat den Hof ständig, die Steuern zu senken. Das erzürnte den obersten Berater des Herrschers, und 1079 wurde Su Shi wegen Beleidigung des Kaisers verurteilt und nach Hangzhou verbannt. Dort wurde er zum Dichter, konvertierte zum Buddhismus und schrieb einige der großen Klassiker der chinesischen Literatur, darunter *Ode an die rote Klippe*, auf die sich spätere Künstler oftmals bezogen, wenn sie die Regierung indirekt kritisieren wollten. Durch Freunde fanden Su Shis Gedichte in ganz China Verbreitung, und im Exil wurde er zum

Helden der Gebildeten und der kulturellen Elite, bis man ihn 1084 schließlich wieder an den Hof rief – von wo er einige Jahre später erneut verbannt wurde.

Im Exil verfasste Su Shi die *Gedichte, geschrieben in Hangzhou zum Fest des kalten Essens* – eine Sicht des Frühlings, die derjenigen Guō Xīs fast diametral entgegensteht:

Seit ich nach Hangzhou kam,
Kamen und gingen drei Feste des kalten Essens.
Jedes Jahr wünschte ich, der Frühling währte länger,
Doch der Frühling scheidet, ohne zu verweilen.
...
Ganz im Geheimen wird der Frühling gestohlen und verwüstet,
Verheerende Rache inmitten der Nacht.
Wie unterscheidet er sich von einem siechen Jüngling
Auf dem Krankenbett, das Haar bereits weiß?
...
In tote Asche zu blasen erweckt sie nicht wieder zum Leben.

Die Kalligraphie ist eine Studie in Ausgewogenheit und Geradlinigkeit, jedes Schriftzeichen konturiert und angeschrägt, der Pinselstrich mit erlesener Selbstsicherheit und Beständigkeit geführt. Das ist nicht die irrsinnig überschwängliche, scheinbar regellose Schrift eines Huaisu; sie ist in ihrer Struktur anmutig und verzweigt wie das Geäst eines Baums. Su Shi schrieb: »Mein Schreiben schwillt an wie zehntausend Gallonen Wasser an der Quelle, bricht durch den Boden hervor, ergießt sich über das flache Tal und fließt ungehindert Tausende *li* am Tag.«

Su Shi lehnte Realismus ab – von dem die Künstler im Westen die folgenden achthundert Jahre besessen waren –, weil er ihn für die »Sicht eines Kindes« hielt; auch jede Kunst, die dem Staat diente, lehnte er ab. Während die westliche Kunst des Mittelalters noch stark formal ist, bezeugt Su Shis Kalligraphie ein fast expressionistisches Reich des Persönlichen. Seine Kunst ist eine des Fortschreitens und der künstlerischen Transformation, und als Betrachter ist man eingeladen, ihn auf seiner Reise zu begleiten. *Gedichte, geschrieben in Hangzhou zum Fest des kalten Essens* ist traurig, aber auch erlösend, denn gezeigt wird das Ringen darum, sich selbst zu erkennen. neunhundertvierzehn Jahre später erwacht seine verwehte Asche erneut zum Leben.

In *Splendors of Imperial China* werden auch mehrere bedeutende Gemälde aus der Yuan-Zeit gezeigt. Für ein westliches Publikum sind Yuan-Gemälde schwerer zu verstehen als die Malerei der Song-Dynastie. Die Yuan-Maler strebten nach vollkommener Einfachheit von Stil und Objekt und gaben der Vorstellungskraft innerhalb enger Grenzen freien Lauf. Der Maler Wu Zhen sprach vom »Geschmack innerhalb der Fadheit«, als er die Theatralität des Song-Stils ablehnte.

Huang Gongwang schuf die lange Handrolle *In den Fuchun-Bergen verweilend* zwischen 1347 und 1350. Künstler der Song-Zeit hatten den Gipfelpunkt naturalistischer Abbildung erreicht und verbargen den Pinselstrich, indem sie ihre Werke farbig tönten; sie wollten sich graphisch selbst aus ihrem Werk tilgen. Huangs Pinselstriche sind ebenso wie seine Empfindungen überall erkennbar, als würde er Liebesbriefe verfassen.

Im Met werden auch die *Zwei Gedichte* des Kaisers Huizong zu sehen sein, ein schönes Beispiel seiner »schlanken Goldschrift«. Entstanden mehr als drei Jahrhunderte nach Huaisus Werk, steht es in scharfem Kontrast zu diesem. Der Kunsthistoriker James Cahill schreibt dazu: »Jedes Schriftzeichen, das seinen vorbestimmten Platz besetzt, stellt Ordnung und Statik zur Schau, als wäre es in Stein gemeißelt.« Huizong war ein unfähiger Herrscher, vor allem am Bau großer öffentlicher Gärten und weniger an der Führung des Landes interessiert, aber er war ein ruhmreicher Mäzen und selbst als Künstler tätig. »Nur durch Kreativität«, schrieb er, »bleibt das Verdienst eines Menschen erhalten.«

Die Ausstellung des Met spiegelt das Verdienst chinesischer Kaiser wider, das manchmal in Gemälden und Kalligraphien greifbarer wird als in politischen Erfolgen und militärischen Eroberungen. Wen Fongs Katalog, bezeichnenderweise *Possessing the Past* betitelt, ist in mancher Hinsicht peinlich für das Met. Auf dem Umschlag ist Guō

Xīs *Vorfrühling* abgebildet, ein Werk, das in der Ausstellung fehlt. Im Impressum wird der Firma Acer für ihre Sponsorenschaft gedankt, die sie zurückgezogen hat. Und der Text befasst sich ausführlich mit Werken, die wahrscheinlich in diesem Land nie zu sehen sein werden, aber in leuchtenden Farben abgebildet sind. (»Zumindest haben Sie Ihr Buch«, sagte de Montebello zu Fong, als es danach aussah, als müsste die Ausstellung gänzlich abgeblasen werden.) Doch das Buch beweist durch seine Abwägung sozialer und formaler Aspekte der Kunstgeschichte eine hohe Könnerschaft in der Darstellung einer tausendjährigen Entwicklung der Idee der Malerei und Kalligraphie. Es erläutert die Kraft, durch die diese chinesischen Meisterwerke ihre kanonische Stellung erworben haben, und was diese kanonische Stellung ihnen ermöglichte.

Possessing the Past scheint auch immer wieder aufs Neue die Geschehnisse des Januar in Taiwan nachzuerzählen, denn diese Entfremdung zwischen einer von Problemen geplagten Bevölkerung und einer autokratischen Elite war ein Kennzeichen vieler chinesischer Dynastien. »Wie viel chinesische Hochkultur gibt es in China?«, fragte mich Fong eines Abends in diesem Winter. »Sie ist ganz und gar westlich ausgerichtet. So vieles ging in den letzten hundertfünfzig Jahren verloren und wurde vom chinesischen Volk vergessen. Was noch vorhanden ist, ist höchst wertvoll, aber stolz zu sein auf sein Erbe und den Willen zu haben, es zu verstehen, sind zwei verschiedene Dinge.«

Einige Demonstranten vom Januar sprachen von der Notwendigkeit einer Ausstellung europäischer Kunst in Taiwan, großangelegt wie *Splendors*, die von der Venus von Milo bis hin zu *Guernica* alles umfassen sollte. Sie würden eine solche Ausstellung vielleicht *Escaping the Past* nennen, weil die traditionelle westliche Kunst hauptsächlich vorwärts blicke (Neoklassizismus und Postmoderne ausgenommen), während die traditionelle chinesische Kunst den Blick hauptsächlich rückwärts wende. Die Betonung der Zukunft ist ein Streitpunkt in der taiwanesischen Politik, und das Palastmuseum symbolisiert die Abwehr alles Neuen. Die dortigen Ausstellungen stellen zumeist nicht neue Ideen vor, sondern präsentieren die alten.

Tatsächlich befürwortet die aufstrebende New Party, die die Proteste anführte, die Wiedervereinigung, ein ultimatives Mittel zur Inbesitznahme der Vergangenheit. Der Kampf um die Sammlung des Palastmuseums lässt vermuten, dass der nächste Kampf eher um die Bedingungen der Wiedervereinigung geführt wird als um die Art naiver Unabhängigkeit, die über Osteuropa gefegt ist. Wie die meisten kunsthistorischen Ausstellungen handelt *Splendors of Imperial China* von der Vergangenheit. Doch mehr als viele andere handelt sie vielleicht auch von der Zukunft.

Von 2002 an erfuhr das Nationale Palastmuseum eine ausgiebige Renovierung, wodurch es besucherfreundlicher und erdbebensicherer wurde. Die Wiedereröffnung fand im Dezember 2006 mit einer Ausstellung statt, bei der unter anderem ein Landschaftsbild aus der Song-Dynastie gezeigt wurde, das man vom Metropolitan Museum of Art ausgeliehen hatte. Durch die Renovierung wurde ein neues, interessiertes Publikum gewonnen; 2014 besuchten mehr als fünf Millionen Menschen das Nationale Palastmuseum, und 2015 eröffnete im Süden Taiwans, im Bezirk Chiayi, eine Zweigstelle.[107]

2009 verlieh China Werke der Qing-Dynastie für eine Schau in Taipeh. Zum Zeichen ähnlich guten Willens untersagte daraufhin der Direktor des Nationalen Palastmuseums, Chou Kung-shin, zwei Skulpturen auszustellen, die angeblich gegen Ende des Zweiten Opiumkriegs aus dem Sommerpalast bei Peking geraubt worden waren. Davon abgesehen hat das taiwanesische Palastmuseum sämtliche Ausleihanfragen von Museen der Volksrepublik China abgelehnt, aus Furcht, Peking könnte die ausgeliehenen Kunstwerke nicht mehr zurückgeben wollen. Ausgeliehen wird nur in Länder, deren Gesetze die Beschlagnahme umstrittenen Eigentums verbieten.[108]

In Taiwan halten die öffentlichen Proteste an. 2013 trat die White Shirt Army erstmals in Erscheinung. Diese taiwanesische Jugendbewegung lehnt es ab, zur Frage der Wiedervereinigung mit China Stellung zu beziehen. »Wir unterstützen keine Seite und keinen Führer«, erklärte der dreißigjährige Liulin Wei, der die Bewegung ins Leben rief, indem er im Internet der Regierung Missachtung der

Bevölkerung vorwarf. »Wir treten für Bürgerrechte, gemeinsame Werte und Demokratie ein. Und wir haben dafür gesorgt, dass es sehr einfach ist, sich uns anzuschließen. Man muss nur ein weißes Hemd anziehen.« Ein paar Wochen später marschierte eine Viertelmillion Jugendlicher in weißen Hemden durch Taipeh. »Leute unseres Alters sind zu beschäftigt und zu sehr von der Politik abgestoßen«, sagte Liulin. »Aber sie machen sich Sorgen. Wir müssen es ihnen einfach nur erleichtern, sich einzumischen.«[109] Obwohl diese Bewegung abgeflaut zu sein scheint, besetzten im März 2014 Hunderte junge Aktivisten, die sich aufgrund der mitgebrachten Blumen als Sonnenblumen-Bewegung bezeichneten, das taiwanesische Parlamentsgebäude, um auf beispiellose Weise gegen ein Abkommen zu protestieren, mit dem engere Beziehungen zu Peking geknüpft werden sollten.[110] Die Frage Wiedervereinigung oder Unabhängigkeit scheint sich erstaunlicherweise weiterhin in einem Kontext geplanter Unklarheit abzuspielen.

TAIWAN

Auf jeder Palette eine Auswahl politischer Farben

New York Times, 4. August 1996

Durch die intensive Beschäftigung mit Taiwans komplizierter politischer Lage wurde ich schon bald auf die quirlige zeitgenössische Kunstszene des Landes aufmerksam. Ich hatte vermutet, die aktuelle Kunst in Taiwan sei lediglich eine unbedeutendere Variante der aktuellen Kunst in China, aber was ich vorfand, war sehr viel interessanter. Die Künstler, die ich in China getroffen hatte, überlebten in einer repressiven Gesellschaft dank ihrer Vorstellungen von Freiheit; die Künstler in Taiwan hingegen lebten in einer freieren Gesellschaft, aber unter der ständigen Drohung der Repression. Wie ich später leider feststellen musste, wollte zwar jeder in New York wissen, was in China vor sich ging, doch kaum einer interessierte sich für die Geschehnisse in Taiwan. Die Künstler des Festlands haben inzwischen ein großes internationales Publikum, während die taiwanesischen Künstler, von denen viele ebenso interessant sind, einen weitaus bescheideneren Platz in der internationalen Kunstwelt einnehmen.

1985 gab es in Taipeh fünfzehn Galerien, heute sind es mehr als zweihundert. Die meisten verkaufen dekorative Ölgemälde in einem kitschig-impressionistischen Stil, bestens geeignet für ein spießiges Wohnambiente. Eine geraume Zahl ernsthafterer Galerien zeigt jedoch engagierte zeitgenössische Werke in verschiedenen – sogenannten westlichen, chinesischen und ur-taiwanesischen – Stilrichtungen. Zu Zeiten der Diktatur wusste Taiwan, was es war: die Exilregierung von ganz China. Nunmehr unter demokratischen Verhältnissen kann sich Taiwan nicht entscheiden, bis zu welchem Maße es chinesisch, unabhängig oder verwestlicht ist. Die Wiederwahl von Präsident Lee Teng-hui bestätigt, dass sich das Land dem verpflichtet sieht, was das amerikanische Außenministerium als »kreative Zweideutigkeit« bezeichnet. Diese Identitätskrise spiegelt sich in der zunehmend widersprüchlichen Kunst wider – und wird, wie mir zwei hohe Regierungsvertreter erklärten, von dieser Kunst auch teilweise mit ausgelöst.

Man könnte fast sagen, dass die Ausübung der traditionellen chinesischen Pinselmalerei einer Unterstützung der rechtsgerichteten New Party gleichkommt, die für die Wiedervereinigung mit dem Festland eintritt; die Konzeptkunst zu pflegen würde hingegen auf ein Einverständnis mit der linksgerichteten Democratic Progressive Party (DPP) hinweisen, die für die Unabhängigkeit wirbt. Und Ölgemälde zu erschaffen (die nach westlichen Maßstäben allesamt schauderhaft sind) ließe auf eine enge Bindung zur herrschenden zentrumsorientierten Nationalist Party oder Kuomintang (KMT) schließen.

Das Städtische Kunstmuseum Taipeh, ein Gebäude von enormer Größe, zeigt zeitgenössische taiwanesische Kunst. Da es eine städtische Einrichtung ist, wurde der neue Museumsdirektor vom Bürgermeister Taipehs ernannt, der der DPP angehört. Er kündigte vor kurzem an, zwei weitere Museen gründen zu wollen, die sich der taiwanesischen Kunst widmen. Bei einem vom Museumsdirektor veranstalteten Bankett saß ich neben der Ausstellungsdirektorin Lee Yu-lin, einer jungen Frau von einzigartiger Anmut, die sich mühelos zwischen Funktionärskreisen und der Welt der zeitgenössischen Künstler hin und her bewegt. Auf meine Bitte hin, mich mit einigen der Künstler bekannt zu machen, sagte sie: »Ich bin von der DPP. Ich helfe Ihnen, wenn Sie in Ihrem Artikel für ein unabhängiges Taiwan eintreten.« Eine Woche danach saß ich bei einem Festmahl neben Chou Hai-sheng, dem Chefredakteur des führenden taiwanesischen Kunstverlags. »Ich werde Sie unseren großartigen chinesischen Künstlern vorstellen«, sagte er. »Ich war dabei, als die New Party gegründet wurde.«

Im heutigen Taiwan bedeutet der Ausdruck *ben sheng ren* »Volk dieser Provinz«, womit die eingeborenen Taiwanesen gemeint sind; der Begriff *wai sheng ren*, »Volk von außerhalb«, hingegen bezeichnet die Festlandchinesen, die 1945 hierhergekommen sind, sowie deren Nachkommen; und die neue, modische Bezeichnung *Taiwan ren*, »Volk von Taiwan«, ist die politisch korrekte und vielleicht unverfänglichste Formulierung. Vieles in Taiwans Kunst dreht sich um diese drei unterschiedlichen Selbstdefinitionen.

Mittelpunkt der taiwanesischen Avantgardekunst ist die von Künstlern geführte Galerie IT Park, 1988 von fünf Freunden gegründet, die das Bedürfnis nach alternativem Handlungs- und Gestaltungsraum hatten. Die Galerie besteht aus drei Räumlichkeiten und einem kleinen sonnendurchfluteten Balkon im Obergeschoss, einem Büro und einer kleinen Bar. Rund vierzig Künstler lassen sich von IT Park vertreten, zwei von ihnen leiten sie sogar. Künstler schneien herein, um sich das Werk eines Kollegen anzusehen oder sich auch nur mit anderen zu treffen. Der Umgang ist ungezwungen. Die meisten der IT-Park-Künstler haben im Westen studiert – an der Cooper Union in New York, der École des Beaux Arts in Paris oder ähnlichen Institutionen. Bei meinem Besuch zeigte mir der junge Konzeptkünstler Dean I-mei einen Handschuh mit gerecktem Mittelfinger; dieses provokative Objekt, erklärte er, habe seine Mutter nach seinen Angaben gestrickt. Beim Mittagessen zeigte er mir eine Leinwand mit zwei darauf befestigten, nahezu identischen Armbanduhren, beide aus Chinatown in New York. Auf dem Zifferblatt der einen war die Nationalflagge der Volksrepublik China zu sehen, auf dem Zifferblatt der anderen die Flagge Taiwans. *Made in Hong Kong* lautete der Titel des Werks. »Kulturell bin ich Chinese, politisch aber nicht«, erklärte mir der ehemalige Kunstkritiker J. J. Shih eines Abends, als wir im IT Park auf dem Balkon saßen. Ein anderer Künstler, der sich Tchenogramme nennt, formulierte es so: »Ich bin Weltbürger und taiwanesischer Lokalpatriot.« Die Frage, ob ihre Kunst taiwanesisch sei und warum, ist das beherrschende Gesprächsthema dieser Künstler.

In den siebziger Jahren beschäftigte sich ein Großteil der Kunst mit der bäuerlichen Kultur Taiwans und wählte als Sujet die typischen Merkmale der dortigen Landschaft. »In den Siebzigern benutzte die

Politik die Kunst; in den späten Achtzigern begann die Kunst die Politik zu benutzen«, erklärte Tsu Ming, ein anderer junger Künstler. »In den Siebzigern spiegelte unser Lokalpatriotismus unsere Verunsicherung wider, als wir aus den Vereinten Nationen hinausgeworfen wurden; jetzt spiegelt unser Taiwanismus unser Selbstvertrauen wider, da wir auf dem Weg in die völlige Freiheit und zu großem Wohlstand sind.« Ähnlich äußerte sich Lynn Pascoe, bis vor kurzem Direktorin des American Institute in Taiwan und somit die dortige US-»Botschafterin«: »1964 erlebte Taiwan dank der Hilfslieferungen einen Aufschwung; dann entwickelte sich Taiwan rasch von einer bäuerlichen über eine handwerkliche zu einer technischen Volkswirtschaft. Für eine kurze Periode war die bäuerlich-handwerkliche Schicht ihre Basis, aber das ist inzwischen Nostalgie.«

Im Westen ausgebildete Künstler wie jene von IT Park verfügen über ein solches Instrumentarium an Raffinesse, dass ihnen die Anwendungsmöglichkeiten ausgehen. »Manche von uns brechen mit der chinesischen Kultur, manche mit der westlichen Kultur und manche mit ihrer ganzen Vergangenheit«, schilderte J.J. Shih. »Es gibt eine unterschwellige Xenophobie gegenüber dem Westen und eine offene gegenüber China. Aber Lokalpatriotismus ist kein richtiger Nationalismus.« Tsong Pu, einer der Gründer von IT Park, sagte: »Künstler beschäftigen sich in ihren Werken mit der taiwanesischen Politik, aber das, was sie als politische Kunst definieren und akzeptieren, haben sie auf amerikanischen Kunstakademien gelernt.«

Wie die meisten Avantgardebewegungen ist auch diese von Frustration geprägt. Die Hürden, »international zu werden«, scheinen oft unüberwindlich. »Die Künstler ringen um eine taiwanesische Sichtweise, aber dieses Ringen ist nie Thema ihrer Arbeiten«, erklärte Dean I-mei. »Deshalb sind diese Arbeiten für die übrige Welt nicht interessant.« Chen Hui-chiao, ein Künstler, der mit Nadeln, Stahl und Wasser formalistisch-minimalistische Installationen kreiert, sagte: »Denken Sie nicht an Taiwan, wenn sie meine Arbeiten betrachten. Sehen Sie sie einfach nur an. Sie sind nichts als Kunst.«

Der Markt für zeitgenössische Kunst in Taiwan ist momentan schwach, rund neunzig Prozent der Galerien schreiben rote Zahlen.

»Das Problem liegt darin«, erklärte Lily Lee, Direktorin der Galerie-Vereinigung und Eigentümerin der Dragon Gate Gallery, »dass zu Beginn der Museumsgründungen völlig überzogene Preise gezahlt wurden, als damals in Taipeh das Städtische Kunstmuseum eröffnete und alle Welt viel Trara um taiwanesische Kunst machte. Doch dann stellte sich heraus, dass der Sekundärmarkt nicht vorhersehbar war und unsere Kunst international eigentlich keine große Bedeutung hatte. Chinesische Menschen mögen solche instabilen Investitionen nicht.« So ist zwar die Entwicklung einer zeitgenössischen Kunstszene entscheidend für das anhaltende Ringen Taiwans um kulturelle Identität, doch die Kunstproduktion wird wegen ihrer geringen Rendite zunehmend marginalisiert.

Mit dem Taxi fünf Minuten vom IT Park entfernt liegt New Paradise, eine weitere von Künstlern geführte Einrichtung. Das New Paradise ist nicht gewinnorientiert, liegt in einem fensterlosen Kellergeschoss, hat keine schicke Kaffeebar und keinen Balkon, auf dem Philosophen sonnenbaden können. Das Publikum hier ist noch kleiner und noch selbstbezogener, und ihre Werke sind noch überkandidelter und isolierter. Eines besteht aus Uhren, die alle 2:28 Uhr anzeigen, auf dass wir nicht die Ereignisse vom 28. Februar 1948 vergessen: die taiwanesischen Massaker, heroischer Hintergrund des taiwanesischen Nationalismus.

Als Lee Yulin vom Städtischen Kunstmuseum und ich uns auf den Weg zu ihren wagemutigen taiwanesischen Künstlern machten, unterhielten wir uns über die heiklen pragmatischen Aspekte eines unabhängigen Taiwan, wie es die Vision der Künstler war. »Die taiwanesische Orthodoxie weist die chinesische Vergangenheit von sich, aber unsere neue Identität wird tatsächlich halb entdeckt und halb geschaffen werden«, sagte sie. »Wir können das Palastmuseum und unser chinesisches Erbe nicht einfach wegwerfen, denn es ist ein wichtiger Teil des modernen Taiwan. Das Problem ist, unsere chinesische Vergangenheit miteinzubeziehen und uns zugleich von ihr abzugrenzen. Kultur ist etwas, das anhäuft; man kann nicht einfach eine neue Kultur in die Welt setzen. Sie muss auf der Vergangenheit gründen.«

Im Atelier von Wu Tien-chang diskutierten wir über die – wie er es bezeichnet – »Durchreise-Mentalität der KMT«: dass die nationalistische Regierung nur nach Taiwan kam, um dort vor der Rückeroberung des Festlands neue Kräfte zu sammeln. »Jeder kommt mit der Erwartung hierher, wieder fortzugehen«, sagte er. »Wir haben keine Autobahnen, weil die KMT ihren Bau nicht für nötig hielt, denn sie hatte vor, das Land so schnell wie möglich wieder zu verlassen. Diese Insel ist voller schicker Gebäude aus Sperrholz. Nichts hat eine reelle Grundlage oder echte Wurzeln. Wir in Taiwan sind so an diese Falschheit gewöhnt, dass wir sie als wirklich hinnehmen. Das müssen wir ändern.« Er deutete auf sein *Self-Portrait as a Sailor* in gespenstischen Farben, das Licht künstlich, die Szenerie lachhaft kitschig. »Alles in meinem Werk ist Fälschung, weil das die soziale Realität auf dieser Insel widerspiegelt.«

Später am Abend saßen wir im Garten von Huang Chih-yang und seiner Frau. Sein einstöckiges Haus außerhalb des verstopften Zentrums von Taipeh wirkte, als sei es einem Rollbild entnommen. Gemeinsam beobachteten wir, wie der Mond über der Stadt aufstieg, tranken Tee und knabberten Kürbiskerne. Huang Chih-yangs Werk ist betörend schön, seine konzeptuellen Installationen entstehen mittels der Technik der chinesischen Pinselmalerei. »Als ich mit der Kunstschule begann, beschloss ich, chinesische Kunst zu studieren«, erklärte er, »weil für mich als jungen Mann damals sämtliche westliche Kunst gleich aussah. Ich wusste, ich wollte etwas Neues machen, und glaubte nicht, dass mit den westlichen Mitteln irgendetwas Neues auszudrücken sei.« *Maternity Room*, eine seiner spektakulärsten Arbeiten, besteht aus über einem Dutzend nebeneinander hängender Reispapier-Bahnen, auf denen lebensgroße Tuschebilder skelettartiger Gestalten zu sehen sind, mit übertriebenen, ästhetisierten Geschlechtsorganen, halb menschlich und halb monströs. »Warum meint man, modern zu sein und chinesisch zu sein seien künstlerisch unvereinbare Vorstellungen? Ich bin an der Wahrheit dieser verrückten, zusammengewürfelten Gesellschaft interessiert«, sagte er.

Chefredakteur Chou Hai-sheng und ich treffen uns mit Shia Yan, einem der großen alten Männer der Kunst in Taiwan, dessen Werk aus westlicher Sicht nachgeahmt und banal wirkt, aber dessen Retrospektive letztes Jahr im Städtischen Kunstmuseum von Taipeh ein Publikumsmagnet war. »Ein Künstler, der die westliche Kunst erlernt, plant die chinesische Kunst durch die westliche zu verbessern«, sagt Shia Yan. »Diese Philosophie zerstört lediglich die Tradition, sie rekonstruiert sie ganz und gar nicht. Vielleicht ist es am besten, das chinesische Empfinden und die westliche Formensprache zusammenzuführen.«

An einem anderen Tag suchten wir Hsia I-fu auf, der Landschaften malt, in denen nur Chinesen mit erfahrenem Blick verderbliche Spuren der westlichen Sichtweise und manche nicht der Tradition entsprechende Kontraste zwischen nasser und trockener Pinselarbeit erkennen. »Zur westlichen Malerei geht man, wenn man sich ruhig fühlt und sie dich anregen soll«, sagte er. »Tuschemalerei sucht man auf, wenn man angeregt ist, aber Ruhe sucht. Tuschemalerei ist der religiösen Erfahrung näher: Wie eine Meditation reinigt sie den Geist. Mein Werk ist nicht chinesisch, nicht taiwanesisch, es kommt von Herzen: Denn in unseren Herzen wollen wir, die meisten hier, einfach nur Ruhe; und was ihr aus dem Westen wollt, was die jungen Avantgardekünstler und die Leute von der DDP wollen, so denke ich jedenfalls, ist angeregt zu sein.« Er schwieg kurz und ließ den Blick durch den Raum schweifen. »Wahlen, Bombenangriffe – brauchen wir denn auch noch die Kunst, um unsere Nerven zu kitzeln?«

1998, zwei Jahre nachdem ich diesen Artikel geschrieben hatte, wurde der taiwanesische Inlandsflughafen zeitweilig geschlossen. Ein Festlandchinese, der erst wenige Tage zuvor in Taipeh eingetroffen war, hatte Raketen abgefeuert. Die Schätzungen schwanken, aber nach offiziellen Angaben betrug die Zahl der bei diesem Vorfall verwendeten Explosivflugkörper zweihundert. Die Bewohner im Norden Taipehs waren von den grellen Lichtblitzen und dem schrecklichen Lärm überrascht, aber »nicht übermäßig beunruhigt«, hieß es in einem Lokalbericht. Es habe keine Verletzten gegeben. Die Schließung des Flughafens war bereits vor dem Ereignis von dem Städtischen Kunstmuseum von Taipeh veranlasst worden. Denn abgefeuert wurden die Raketen von Cai Guo-Qiang, einem damals in New York beheimateten Künstler, im Rahmen einer Performance zur Eröffnung der taiwanesischen Biennale. Sein Projekt *Golden Missile* war eines der vielen radikalen Werke, die aus dem zunehmend politisierten Kunstverständnis in Taiwan hervorgingen.[111]

TÜRKEI

Segeltörn nach Byzanz

Travel + Leisure, Juli 1997

1996 war ich schwer depressiv und nahezu unfähig zu reisen. Aber ich hatte einen Auftrag angenommen – meinen ersten für *Travel + Leisure* –, also schleppte ich mich ans östliche Mittelmeer, wo ich etwas Wertvolles feststellte: Zwar sind körperliche Bewegung, Medikamente und Psychotherapie bei einer Depression die wirksamsten Behandlungsmethoden, aber auch ein wirklich hinreißender Urlaub kann helfen. Die türkische Küste war einfach großartig; meine Mitreisenden waren charmant; am Wetter gab es nichts auszusetzen; und mein Zustand besserte sich. Ich schilderte diese Erfahrung in *Saturns Schatten*.

Der angebliche Zweck der Reise war es, malen zu lernen. Am ersten Tag sagte ich zu Susannah, dass ich nicht malen könne. »Quatsch«, erwiderte sie. »Jeder kann malen. Du wurdest nur nie vernünftig angeleitet, das werde ich ändern.« Am Ende des ersten Tages sagte sie: »Du hast recht. Du kannst nicht malen. Vielleicht solltest du es mit Fotografieren versuchen.«

Elf Hobbykünstler hatten sich für diesen Segeltörn angemeldet, bei dem wir malen lernen sollten. Jeden Vormittag waren wir binnen Minuten nach dem Wecken raus aus unseren Kojen, die in der schwachen Dünung des östlichen Mittelmeers unaufhörlich schwankten – jenes Meeres, das zum ersten Mal als »weindunkel« bezeichnet wurde, als edlere Männer auf Erden weilten und ihre kriegerischen Gesänge anstimmten. An Deck standen Brot und Butter, Feta und Oliven und guter starker türkischer Mokka für uns bereit. Das jüngste Crewmitglied bediente uns. Er hieß Ibrahim, sprach uns mit

»Sir und »Madam« an und war immer bei der Hand, wenn jemand Honig oder Joghurt oder anatolische Kirschmarmelade wollte. Normalerweise stand die Sonne um zehn schon recht hoch am Himmel, und die Luft war lichtdurchflutet. Manche klagten, sie hätten zu wenig Schlaf oder zu viele der Kapitän-Spezialcocktails abbekommen, doch meistens herrschte ausschließlich glückliche Zufriedenheit darüber, dass ein weiterer Tag auf der *Arif Kaptan B* angebrochen war. Keinen von uns störte es, früh aufzustehen, was man kaum geglaubt hätte, wenn man uns unter anderen Umständen kannte. Wir konnten es selbst kaum glauben.

Sobald wir satt waren, wurden die Segel gehisst oder der Motor gestartet, und wir schipperten die Küste entlang. Wir folgten ihrer Linie wie den Kurven einer Geliebten, bei der wir jedes Detail kennenlernen wollten. Tom Johnson, Geschäftsführer der Westminster Classic Tours, erzählte uns, welche der alten Männer am Pier ein Café besaßen und Konkurrenten waren oder dass die neuen Häuser im traditionellen Stil »genau hier« (er zeigte mit dem Finger darauf) auf Fundamenten aus dem 4. Jahrhundert v. Chr. erbaut worden waren. Dazu berichtete Andrew Hobson von Ereignissen, die stattgefunden hatten, als diese Fundamente gelegt wurden. Er war Altphilologe an der Oxford University und hatte sich der Aufgabe verschrieben, in einer Welt, die ihre Verbindungen zu ihren Ursprüngen gekappt hatte, das Wissen über die frühen Hochkulturen zu bewahren. Diese Küste schien Schauplatz so viele historischer Ereignisse gewesen zu sein, dass für die Gegenwart kaum noch Raum war; sobald man sie betrachtete, stand einem die Vergangenheit vor Augen. Darüber sprachen wir, während wir an Kissen gelehnt türkische Zigaretten rauchten und den Kaffee austranken, uns gegenseitig den Rücken mit Sonnencreme einrieben und allmählich die seetaugliche Farbe unseres Kapitäns und der Crew annahmen.

Es folgte die morgendliche Malstunde. Wir waren Dilettanten, aber mit Begeisterung bei der Sache, und der Unterricht war wie für uns gemacht. Susannah Fiennes, die Sensibilität in Person, spricht mit der Stimme der Vernunft. Sie sieht die Welt mit präzisem, aber leidenschaftlichem Blick. Ihre Einzelausstellung in der National Portrait

Gallery in London wurde sowohl für ihre Akkuratesse als auch für ihre nüchterne Schärfe gelobt. Selbst scheinbar einem Gainsborough-Gemälde entsprungen – ein Gesicht von dieser perfekten englischen roséfarbenen Blässe, das Kleid flattert im Wind, der große Strohhut wird von einem ausgefransten weißen Satinband gehalten –, lehrte sie uns das Vokabular der Primär- und Komplementärfarben, von deckendem und transparentem Farbauftrag, von Lavieren und negativem Raum. »Satte Farbe ist die Freiheit von Grau«, sagte sie immer, wenn sie die Paletten und das Aquarellpapier an uns verteilte. Und wenn sie uns zu den Formen und Farben hindirigierte, die sich entlang der lykischen Küste (einer in der Antike bedeutenden Gegend im Südwesten der Türkei) und in den dortigen Monumenten verbargen, hob sich ihre Stimme. Sie konnte energisch sein.

»Hat Charles Sie um Rat gefragt, als sie zusammen gemalt haben?«, fragte sie einer aus unserer Gruppe. Susannah hatte den Prince of Wales auf Einladung des Königshauses zum Malen bei seinen Staatsbesuchen begleitet.

»Nein«, erwiderte sie, »aber er hat nebenbei einiges mitgekriegt.«

Manchmal las sie uns aus einem Buch über Farbtheorie vor oder sie rezitierte Briefe von Cézanne. »Malerei muss die Natur analysieren und dennoch subjektiv sein«, dozierte sie. Unter ihrer Anleitung lernten wir alle, neu zu sehen. »Wie schön diese Form ist«, sagte sie, »dort wo der Himmel zwischen den beiden Gipfeln durchscheint.« Einmal rief sie: »Schauen Sie sich das an! Das ist gar keine Nase, es ist die geradezu perfekte Hälfte vom Dreieck des Lichts!« – was den schüchternen Koch ziemlich erschreckte. War er doch bis dahin davon ausgegangen, dass es sich um seine Nase handelte, und um eine recht wohlgestaltete noch dazu.

Dann gingen wir an Land, um uns eine historische Stätte anzusehen, oder ankerten in einer Bucht, um in so klarem Wasser zu baden, dass man es kaum vom Licht unterscheiden konnte (es war eine Nuance stärker alizarinrot, wie Susannah erklärte). Wir atmeten tief ein, bevor wir von Deck hineinsprangen, denn immer wieder überwältigte uns zuerst die Tiefe der See; bis wir dann plötzlich entdeckten, dass gar nichts Überwältigendes daran war und wir hintereinander schwammen oder händchenhaltend Wasser traten, zu einem einsamen Strand oder Felsen kraulten oder Meeresungeheuer spielten. Eine der Frauen trug einen pinkfarbenen Bikini, den sie in Saint-Tropez gekauft hatte, und obwohl keiner von uns anderen etwas Derartiges besaß, fühlten wir uns in unserem gemeinsamen, salzigen, klaren Element alle gleich. Man konnte einmal rund ums Boot schwimmen oder etliche hundert Meter zu einem einladenden Felsen. Es war herrlich: so köstlich und so kalt.

Wenn wir uns zum Mittagsimbiss setzten, war unsere Haut normalerweise noch feucht. Wir nahmen die Farbkontraste des Salats zur Kenntnis und tranken den hiesigen Wein; manchmal steckten sich die Frauen Blumen ins Haar, und wir erzählten einander unsere besten Geschichten, denn unsere Vertrautheit wuchs schnell und war authentisch. Vielleicht kann so etwas nur in Lykien und bei hervorragendem Wetter geschehen, wenn der Jüngste erst vierundzwanzig und die Älteste über achtzig ist, jede der mahagonigetäfelten Kabinen ihre eigene Dusche und Toilette hat, das Boot siebenundzwanzig Meter lang ist, blaue Segelpersenninge hat und am Heck eine rote türkische Flagge von der Größe eines Teppichs weht. Am ehesten passiert es wohl, wenn die Reisekosten nicht sehr hoch sind und einen die ganze Zeit zwei Altphilologen und eine Malerin begleiten. Es geschieht, wenn alle die Armbanduhren abgelegt haben und sie acht Tage lang nicht wieder anlegen. Und wenn man zu viel Evelyn Waugh gelesen und sich sowohl mit Aischylos als auch mit Matisse beschäftigt hat, ohne einen von beiden wirklich zu verstehen, und man spontan die meisten Episoden von *Absolutely Fabulous* zuordnen kann.

»Hört mal! Was ist das? Das ist doch der Vogel, über den wir gestern gesprochen haben, dieser seltene anatolische Adler«, sagte jemand.

Einen Augenblick waren wir alle still.

»Das ist Venetias Wecker«, widersprach jemand.

Und so war es, jedenfalls diesmal. Aber über unseren Köpfen flogen Vögel hinweg, die kreischten, als glaubten auch sie, es gelte die schlichte Tatsache dieses Tages und dieses Lichts zu feiern.

Nach dem Mittagsimbiss lagen wir, erschöpft von den Anstrengungen des Vormittags, am Bug auf großen blauen Matten in der Sonne und schipperten normalerweise zu einem weiteren Wunder. Später gab es Tee und Gebäck und Halwa, bevor wir für die Sehenswürdigkeit des Tages von Bord gingen. Das eine Mal handelte es sich um ein griechisches Theater, das in einen Hügel hineingebaut worden war; ein andermal war es eine schaurige Nekropole der alten Lykier, wo sich die Reichen in Felsengräbern hatten bestatten lassen, die bis in die Ewigkeit überdauern würden. Wir studierten die Inschriften in der vergessenen Sprache der Lykier, und Andrew Hobson erzählte uns von modernen Versuchen, sie zu entziffern. Tom Johnson entschlüsselte die griechischen Grabinschriften und übersetzte sie für uns, während wir mit ihm hügelan stiegen, um zu erfahren, welche heiteren Dinge sich hier zugetragen hatten, als der eine Ort zu einer Polis, der andere wiederum zu einer Akropolis wurde. In der Nähe von Demre zeigte uns Tom, wo der Nussverkäufer Gelasius seinen Namen in eine Mauer des Theaters geritzt hatte, um sich gleich hinter dem Gewölbeeingang oben an den Stufen zum Hauptrang einen hervorragenden Platz zu sichern. Tom führte uns zum Altar in Arykanda, wo im 5. Jahrhundert v. Chr. Helios verehrt wurde; und er setzte sich in Üçağız zusammen mit uns ans Grab von Archemdemos, Sohn des Ermapios.

Nichts war von Stacheldraht umgeben. An bekannteren Orten mussten wir ein- oder zweimal Eintritt zahlen, aber meistens waren die Ruinenstätten, die wir besichtigten, leer; und wilder Thymian und Klee wucherten zwischen den Steinen. Während wir herumkraxelten, fühlten wir uns wie die ersten Reisenden in den noch unberührten goldenen Reichen. Es war die antike Welt, wie sie einst die Romantiker entdeckt hatten, nicht ein Disneyland-Museum wie Pompeii oder das vor Selbstgefälligkeit strotzende und von Touristen überlaufene Delphi. Wie die Viktorianer Sir Charles Fellows und Captain Spratt stießen wir auf das großartige römische Theater in Myra, besichtigten die St.-Nikolaus-Kirche und das spektakulär angelegte Arykanda, das Alexander der Große eroberte und wo Hadrian sich eine Weile aufhielt. Dort stapfte ein Hirte mit seiner Herde durchs Stadion; zwei alte Frauen mit Kopftüchern waren unterwegs zu den bestellten Feldern darunter; ansonsten waren wir die einzigen menschlichen Wesen. Egal, was wir sahen, es war großartig in seinem Verfall. Wir bekamen ein Gefühl dafür, wie die Mächtigen einst all das gemustert haben mussten, und verzweifelten. Aus demütigerer Perspektive machten wir mit unseren Aquarellfarben weiter, hinterließen aber keine neuen Spuren auf diesem so reichen Palimpsest.

Die Hügel, die wir malten, waren von violetten Blüten überzogen, die Häuser mit den roten Dächern im Dorf schwer von Bougainvilleen. Nie war jemand freier von Grau als wir, als wir da oder dort saßen und unsere Eindrücke von den zinnenartigen Felsen auf Papier bannten, wobei uns Susannah über die Schulter schaute. »Ich möchte sehen, was die Form dieses Giebeldreiecks in dir auslöst«, sagte sie. »Denk von den Rändern her.« Unsere Arbeiten waren schnell dahingeworfene, expressive Skizzen.

Dann zogen wir weiter, manchmal zu einem anderen Grab mit Aussicht, manchmal, falls wir in der Nähe eines Ortes waren, auch zu einer Bar, wo wir nach Anis duftenden Rakı tranken. Wir kauften Kelims und Postkarten und alte armenische Silbergürtel oder trafen zufällig einen Einheimischen, der mit Tom oder einem Crewmitglied befreundet war. Dem folgten wir dann bergauf in verborgene Gässchen, wo Frauen mit ein paar wenigen Goldzähnen Wäsche wuschen und kochten und Männer, mit fetten Bäuchen vor Erfolg, rauchten und Backgammon spielten. »Ein Mann ohne Bauch ist wie ein Haus ohne Balkon«, erklärte uns Kapitän Hasan. Manchmal gingen wir Männer unserer Gruppe auch zum Dorfbarbier, der uns mit Messer rasierte, uns Gesicht und Schultern massierte und das Haar ölte und kämmte. Zurück auf dem Boot naschten wir türkische Süßigkeiten, wobei wir Balkone ausbildeten wie bei einem Sultanspalast, dann badeten wir im verbliebenen Zwielicht, unsere Aquarelle an Deck verstreut.

Normalerweise saßen wir gegen neun wieder draußen. Nun endlich ging die Sonne unter, und Ibrahim brachte uns weitere Herrlichkeiten aus der Küche: gegrilltes Fleisch, scharf gewürztes Huhn und gefüllte Auberginen. Wenn der Mond aufging, spielten wir Scharaden oder erzählten uns Geschichten, wir tranken noch mehr Rakı, sprachen über Kunst oder verfielen, durch das intensive Genießen geistreicher denn je, in Epigramme und Aphorismen. In der Vollmondnacht löschten wir alle Lichter, die Crew hielt Orangenschalen in die Kerzenflammen, um die Luft zu aromatisieren, und Andrew Hobson nahm die Ilias und las uns vor, wie Hera Zeus verführte. Um Mitternacht gingen wir dann schwimmen und besprengten uns mit dem lumineszierenden Wasser. Sogar die Crew machte bei den Späßen mit, und der Kapitän legte einen Bauchtanz hin, der uns alle beschämte.

»Hört mal«, sagte jemand in den frühen Morgenstunden, »da läuten die Glocken der Ziegen. Auch sie sind wach.«
Einen Augenblick waren wir alle still.
»Das ist das Eis in Jaspers Glas«, widersprach jemand.
Und so war es, jedenfalls diesmal. Aber wir sahen im Mondlicht die Ziegen, wilde Ziegen ohne Glocken, wie sie die Hügel hinauf- und hinunterkletterten. In dieser Nacht schliefen die meisten von uns nebeneinander auf dem Vordeck und wachten plötzlich auf, als die Dämmerung uns mit ihren rosafarbenen Fingern berührte und die Felsen um uns herum mit ungesättigtem Rosé bemalte. Dann fielen wir wieder in einen unruhigen Schlaf, bis uns Ibrahim den Kaffee brachte.

Und immer wurde getanzt, es schien, als ob wir nie damit aufhörten, egal wie alt oder jung. An manchen Abenden besuchten wir die kleinen Bars in den Hafenorten und tanzten – die Schultern straff und die Arme erhoben, wenn wir in den Ring stiegen – mit den verwegenen Einheimischen zu Musik, die so alt war wie die Berge. Tom war in Bodrum ein gefeierter *Efe*-Tänzer und lehrte die Männer unserer Gruppe die Schritte dieses ägäischen Volkstanzes. (»Es muss nach einem hohen Testosteronspiegel aussehen«, feuerte er uns an.) In Kaş wagten sich einige von uns in eine Dorfdisco, wo türkische Windsurfer und Sporttaucher zu Rod Stewart rockten, während ihre Frauen wie neuzeitliche Salomes zu Olivia Newton-John die Hüften kreisen ließen.
Doch vor allem wurde an Bord getanzt. Nach dem Frühstück und dann wieder nach dem Mittagessen machten manche von uns ein

Nickerchen, während andere zu Musik aus einem Kassettenrekorder oder zu den Melodien des Windes, der sich an den Klippen brach, über das Hauptdeck wirbelten. Susannah, in einem ihrer wehenden Kleider, lachte, als sie jemand vom Bug herunterhängen ließ, so dass ihre Haare über die Wasseroberfläche strichen und die Crew aus dem großen Salon herausspähte. In dieser Welt aus Teakholz und Segeltuch waren wir Bacchanten.

Als an einem heißen Tag plötzlich ein Gewitter losbrach, stürmten wir alle hinaus, wir hielten die Gesichter in den Regen und schlitterten – halb tanzend, halb schwimmend – über Deck, während auf einer von Toms Kassetten ein Türke mit rauchiger Stimme von seiner brennenden, brennenden Liebe sang. Es schien, als hätten wir die ironische Distanz irgendwie an Land zurückgelassen, obwohl wir Ironie in hohem Maße schätzten, die ja das Wesen des britischen Humors ausmacht. Dies war die erste und einzige Odyssee, und alles, was wir an Bord taten, schien zumindest im Moment realer zu sein als unser reales Leben. Und wenn wir an den langen Törn zurückdachten, war es für uns nicht ein Rückblick, als ob wir zu Hause geblieben wären und dort über Lykien sinnierten – ebenso wenig wie für Alexander den Großen, der zuerst 333 v. Chr. an diese noch immer unverdorbenen Gestade kam.

SAMBIA

Bezauberndes Sambia

Travel + Leisure, Februar 1998

Zum ersten Mal besuchte ich Sambia im Jahr 1992, und 1997 fuhr ich erneut hin. Sambia ist seitdem ein beliebtes Reiseziel geworden, während es in den neunziger Jahren touristisch noch weitgehend unberührt war, und obwohl wir diese Safari ohne jeden Komfort unternahmen, ermöglichte sie dem Fotografen, zwei Freunden von mir und mir selbst, der wilden Schönheit ansichtig zu werden, die eine ungezähmte Natur in sich birgt.

Vor einigen Jahren bereiste ich einen Monat lang mit einem Freund das südliche Afrika. Wir hatten nur vage Pläne und wussten wenig, bis wir eines Abends in Botswana einem bärtigen Mann lauschten, der ehrfurchtgebietende Safarikenntnisse zu besitzen schien, seinem Rat folgten und unsere Reiseroute änderten. Aber wir hatten kaum Gelegenheit, unser neues Wissen umzusetzen. Zwei Tage später überschlug sich auf einer holprigen Straße in Simbabwe unser Wagen, womit unsere Reise ein abruptes und schmachvolles Ende fand. Von da an nahm ich mir fünf Jahre lang vor, in den Süden Afrikas zurückzukehren, und im letzten Juli machte ich mich schließlich auf, mit zwei guten Freunden, einem Fotografen und jenem bärtigen Mann, Gavin Blair, Sambia zu erkunden.

Wir hofften auf ein Land, das uns herausforderte, das unbekannt und neu war, interessant, schön und nicht gefährlich. Wir wünschten uns Orte, wo wir ohne großen Aufwand Wildtiere beobachten konnten und Zugang zur lokalen Kultur hatten. Gavin meinte, in Sambia, dem einstigen Nordrhodesien, würden wir uns fühlen, als entdeckten wir ein Afrika, das noch nicht von den Massen heimgesucht werde, die die Naturparks in Kenia, Nordtansania und Südafrika überfluteten. In den zwei Wochen dort sahen wir – abgesehen von drei Tagen auf einer Straße, die man als Autobahn bezeichnen könnte – insgesamt gerade einmal elf andere Fahrzeuge.

Gavin Blair ist weißer Simbabwer und in drei Ländern als Reiseführer zugelassen, kennt aber auch in vielen anderen Schleichwege und seltene Arten. Er weiß die lateinischen Namen der meisten Pflanzen, auf die man bei einer Safari stößt, die Paarungszeiten von Insekten und kann nicht nur die Spuren sämtlicher Tiere lesen, sondern auch Autos und Brillen reparieren, den gebrochenen Flügel eines Vogels heilen und die verletzten Gefühle von Menschen, die sich am Lagerfeuer streiten.

Gavin holte uns am Flughafen Mfuwe ab, der nur aus einer kleinen Landebahn besteht, von dem man aber gut in die Naturparks im Norden Zentralsambias gelangt. Wir fuhren in den Südluangwa-Nationalpark. Gavins hübsche Frau Marjorie wartete dort im Camp. Sie ist eine begabte Köchin, kann in Windeseile ein Bett machen, hat einen scharfen Blick für Wildtiere und ist zudem eine hervorragende Hornistin, die jedes Jahr drei Monate in England verbringt, um mit der Glyndebourne Touring Opera aufzutreten. Aber zweifellos zieht sie Tiere den Menschen vor, mit Ausnahme Gavins natürlich.

Am nächsten Tag brachen wir schon früh auf, wenn die Wildtiere die Kühle ausnutzen, machten mittags ein Picknick unter einem riesigen Baobab-Baum und warteten auf das Auftauchen der Raubtiere, die in der Dämmerung jagen. Wir befanden uns alle vier noch in dem naiven Zustand, in dem einem jedes Tier phantastisch erscheint und man schon für ein paar Pukus stehen bleibt, rötlich gefärbte Antilopen, die in Sambia so zahlreich sind wie Fliegen auf dem Fell eines räudigen Hundes. Wir sahen Krokodile und beobachteten Flusspferde, die sich auf einer von ihnen selbst geschaffenen Rutsche in ein flaches Gewässer hinuntergleiten ließen, um sich zufrieden darin niederzulassen. Wir sahen eine Hyäne, die eine Herde Zebras im Visier hatte. Am besten waren die Elefanten, die wie riesige Ballerinas auf Zehenspitzen durch den Schlamm wateten und nur den ganzen Fuß aufsetzten, wenn sie auf festem Boden standen. Die vielen Jahre der

Wilderei haben dafür gesorgt, dass sich die Tiere vor Menschen hüten. Dennoch hielt sich ein junger Elefantenbulle so nah an unserem Beobachtungsplatz, dass uns ganz mulmig wurde, und wir konnten eine halbe Stunde lang beobachten, wie er seinen Rüssel ausfuhr, als wäre er ein Teleskop, mit dem er im Schlamm nach Sternen suchte.

Am zweiten Tag sahen wir unsere erste Löwin. Sie hatte ein schimmerndes Fell und pirschte sich vorsichtig an ein junges Puku, das vor Schreck erstarrte. Kein Schleiertanz war je von einer wohlkalkulierteren Dynamik und auf so bannende Weise unwiderstehlich. An diesem Tag sahen wir auch Gnus, die wie mürrische alte Männer bei einer Expedition aussahen, einen hochgewachsenen, herrlichen Kudu, einen Wasserbock und Hunderte schlankwüchsige Schwarzfersenantilopen. Wir beobachteten paarungsbereite Giraffen: Die Männchen gurgeln den Urin der Weibchen, um festzustellen, ob sie läufig sind. Und wir bewunderten ihre drolligen langen Hälse und großen Augen, die Gott an seinem verspieltesten Tag geschaffen haben muss.

Nachdem wir das Flussgebiet des Südluangwa-Parks erforscht hatten, wo es die meisten Wildtiere gibt, ging es weiter zu den Felswänden um das Luangwa-Tal. Dieser Streckenabschnitt war wirklich hart: Wir mussten Flüsse durchfurten, und manchmal war von der Fahrbahn kaum noch etwas zu erkennen. Meist saßen wir auf dem Dach des Wagens, besser gesagt, wurden darauf hin und her geworfen, mussten uns unter tiefhängenden Zweigen ducken und bekamen zu viel Sonne ab. Aber gelegentlich erspähten wir auch Tiere und viele neue Pflanzen. Bei einem der Stöße hüpfte mein Geldbeutel aus meiner Gesäßtasche, doch da wir zweifelten, ihn wiederzufinden, fuhren wir weiter. Wir durchquerten Tiefland, das von Tsetsefliegen schrecklich verseucht war, aber wir pflückten und aßen auch Marula-Früchte in fruchtbaren Tälern und ließen den pulverartigen Inhalt der Baobab-Schoten auf der Zunge zergehen.

Am Nachmittag erreichten wir den Fuß der Felswände. Die Straße hinauf war so steil, dass man glaubte, der Wagen könnte jeden Augenblick hinabstürzen. Als sich vor uns ein wirklich tiefes Schlagloch auftat, hielten wir an und füllten es mit Steinen, damit wir weiterfahren konnten. Immer höher ging es, durch Gebüsch, das gleichzeitig üppig und trostlos war, und dann plötzlich, als wir meinten, es nicht mehr aushalten zu können, waren wir oben, und die Landschaft, in der wir uns seit unserer Ankunft bewegt hatten, lag ausgebreitet vor uns wie eine Landkarte, so weit wie der Horizont – klar und ordentlich gegliedert und verkleinert, als sähen wir sie in der Erinnerung und nicht durch unsere Augen.

Gavin hatte uns gewarnt, dass es eine lange Fahrt werden würde. Die Straße nördlich der Felskante war so zerlöchert, dass Gavin ständig im Zickzackkurs fahren musste. »Die Einzigen, die hier geradeaus steuern«, meinte Gavin, »sind Betrunkene.« Wir waren schlecht gelaunt und hungrig, als wir ein wunderschönes Landhaus im Tudorstil mit rankenden Rosen, einem geometrisch angelegten Garten und einem Palisadenzaun erreichten. Daran hing ein Schild, das uns in der Kapishya Hot Springs Lodge willkommen hieß. Ein etwas exzentrisch wirkender Mann weißer Hautfarbe in einem Baumwollsarong, den man hier *kikoi* nennt, kam uns entgegen. »Gut, gut, gut«, sagte er, »ich hatte Sie schon abgeschrieben, völlig abgeschrieben. Aber kommen Sie doch herein, kommen Sie.« Er war der Besitzer, Mark Harvey. Eine Gruppe von Dorfbewohnern mit Öllampen in der Hand stand hinter ihm. »Ernest«, sagte er zu einem Helfer, »bring das Gepäck hinein und sorg dafür, dass sie ein warmes Abendessen bekommen.« Sich wieder uns zuwendend, fuhr er fort: »Die Zeit reicht gerade noch für ein kurzes Bad.«

Man zeigte uns die ziemlich einfachen kleinen Gästehäuser, dann führte uns Ernest zu einem Pool ein paar hundert Meter entfernt. Der Boden war mit weißem Sand bedeckt, und ins Wasser gelangte man über direkt aus dem Felsen gehauene Stufen. Dampfschwaden stiegen von der Wasserfläche auf, durch die die Silhouette einer einzelnen Palme vor einem fast hellen Mond hindurchschimmerte. Wir legten unsere Kleidung ab und tauchten ins Wasser – nie war mir das Wegschwemmen des Tages beglückender erschienen. Das warme Wasser blubberte durch den Sand nach oben, und das silbrige Licht, das durch den Dampf drang, reinigte unsere Augen von den heißen, gleißenden Landschaften Luangwas. Danach saßen wir an einem Feuer zusammen, tranken Gin Tonic, aßen Sherpherd's Pie und lauschten

Harveys Geschichte des Hauses mit dem Namen Shiwa Ngandu, das sein Großvater gebaut hatte. Am nächsten Morgen fuhren wir hin. Das ist nicht das koloniale Afrika, es ist Nicht-Afrika, eine ausladende viktorianische Villa inmitten einer riesigen englischen Gartenanlage. Der Gang durch diese Gärten, die zur Hälfte noch von treuen Dienern gepflegt werden, im Wesentlichen aber ziemlich heruntergekommen waren, glich der Entdeckung eines Traums von England, der vom afrikanischen Dschungel mit seinem unstillbaren Hunger verschlungen wird. Unter blühenden Ranken, die verspielte Lauben bedeckten, blickten wir hinaus zu den Bergen und einem herrlichen See in der Ferne, während im Busch leise Wildtiere raschelten.

Vergnügt und gespannt brachen wir bald nach Westen in Richtung der Bangweulu-Sümpfe auf. Eine kleine Straße führte durch Dutzende Dörfer mit strohgedeckten Lehmziegelhäusern. Man erzählte uns, dass hier nur einmal alle paar Wochen ein Auto vorbeifährt. Die Menschen, zumeist in afrikanische Stoffe gekleidet, unterbrachen, was immer sie gerade taten, liefen herbei und winkten. Kinder tanzten und sangen, und manche hüpften hinter uns her. So muss wohl der Alltag für die Königin von England aussehen, bemerkte einer aus unserer Runde.

Am Mittag hielten wir in einem Dorf, und da Englisch die Nationalsprache Sambias ist (es gibt fünfunddreißig Stammessprachen), konnten wir uns leicht verständigen. Der zwanzigjährige Willie Momba lud mich in sein Haus ein, das nur aus einem einzigen Raum bestand, führte mich zu seinem Feld (ein Guavenbaum, sechs Reihen Frühlingszwiebeln, vier Reihen Süßkartoffeln und zwei Reihen Tomaten) und stellte mich seiner Frau vor. Er besaß etwas, das er über alles liebte, eine Kamera, aber er hatte noch nie einen Film gehabt, und so schenkte ich ihm zwei Rollen.

Gegen Nachmittag wurden die Dörfer, die wir passierten, kleiner und ärmlicher, und sie lagen näher an der Straße. Kurz vor Sonnenuntergang bog Gavin von der Straße ab auf eine weite Ebene (aufs Geratewohl, wie es schien). Zwanzig Minuten später gelangten wir auf einen Fahrdamm, und nach einer weiteren halben Stunde erreichten wir das nächste Camp. Um uns erstreckte sich in alle Richtungen kilometerweit unergründlicher Sumpf, neblig und strukturlos in der Nacht und voller fremdartiger Laute und Tierschreie. Noch nie war ich an einem Ort gewesen, den ich so sehr als Ende der Welt empfunden hatte. Wir gingen früh schlafen und hatten seltsame Träume.

In der Morgendämmerung brachen wir mit vier lokalen Führern auf. Sie hatten ein breites Lächeln, gingen barfuß, trugen aber Hüte, und sie verfügten über einen fast unheimlichen Orientierungssinn. Wir waren auf der Suche nach dem Schuhschnabel, dem scheusten Vogel Afrikas. Wir marschierten durch Buschwerk, und Gewässer überquerten wir in kleinen Stech- oder Paddelbooten. Der Boden wurde immer schwammiger, der Morast feuchter. Schließlich kamen wir zu den schwimmenden Matten. An diesem bizarrsten aller Orte waren die Wurzeln von Grasflecken miteinander verwachsen und umschlossen mit festem Griff die Erde, doch unter ihnen war nur brackiges Wasser. Es sah wie ein normales Feld aus, aber es gab unter den Füßen nach und schwankte: Bei jedem Schritt sank man ein paar Zentimeter ein. Es war, als würde man über eine mit Frischhaltefolie abgedeckte Suppe oder ein Wasserbett mit Plüschbezug gehen.

Inzwischen konnten wir es kaum noch erwarten, endlich den Schuhschnabel zu Gesicht zu bekommen, und marschierten weiter, bis die schwimmenden Matten unser Gewicht nicht mehr tragen konnten. Wir sanken bis zu den Knien ein, manchmal sogar bis zur Hüfte. Dann endlich entdeckten wir ihn, ein Geschöpf wie aus einer Fabel von James Thurber, ein prähistorischer Vogel mit einem Schnabel, der aussah wie ein riesiger Pantoffel und grotesk an der Stirn klebte. Er betrat die Welt nicht lange nach dem Verschwinden des Pterodactylus. Wir bekamen drei Exemplare zu Gesicht. Dann marschierten wir zurück und duschten ausgiebig. Den Nachmittag verbrachten wir damit, Skinks zu beobachten, die im Camp herumsausten, und fühlten uns, als wären wir die einzigen Menschen im Universum.

Am Abend fuhren wir ein paar Kilometer über den Fahrdamm an strohgedeckten Fischerhütten vorbei, die man mit einem Hauch hätte wegblasen können, und gelangten in die Überschwemmungsebene im Anschluss an die Sümpfe. Scharen von Klunkerkranichen vollführten dort Paarungstänze, im Hintergrund sahen wir Rote Litschi-Antilopen, wohl an die fünftausend. Gavin stellte den Tempomat auf etwa fünfzehn Stundenkilometer und stieg zu uns aufs Autodach. Bei dieser stetigen und trägen Geschwindigkeit zeigten die Tiere weniger Angst; wie ein Kuli an einem überfüllten Flughafen fuhren wir mitten durch die Herden hindurch. Nach unserer Rückkehr ins Camp bereitete Marjorie ein Abendessen. Als sie »flambierte« Bananen zum Dessert servierte, hörten wir, wie das Personal in Gelächter ausbrach. Tränen rannen ihnen übers Gesicht, als sie uns erzählten, dass die Lady die Bananen in Brand gesetzt hatte.

Beim Verlassen der Bangweulu-Sümpfe fühlten wir uns, als träten wir durch Alice' Spiegel zurück in die wirkliche Welt. Entlang des Wegs, den wir zwei Tage zuvor genommen hatten, winkten wir wieder tanzenden Kindern zu. Willie Momba rief uns in seinem Dorf vom Straßenrand aus zu. Er reichte uns eine mit einer Schnur zusammengebundene Schachtel. »Ich habe schon darauf gewartet, dass Sie zurückkommen, und wollte Ihnen diese Süßkartoffeln schenken.« Es muss ein Drittel seiner Ernte gewesen sein. »Ich habe mich so gefreut, Sie kennenzulernen.« Nach einigem Protest nahmen wir das Geschenk an. Er stellte sich auf die Straße und winkte uns nach, bis wir außer Sichtweite waren. Wir empfanden es als Privileg, diese Welt erlebt zu haben.

Während wir uns von den Sümpfen entfernten, wurden die Häuser wieder größer. Sie lagen von der Straße zurückgesetzt, und die Menschen schienen ein wenig wohlhabender. Vielleicht hatten sie schon öfter Ausländer zu Gesicht bekommen, denn sie winkten weniger aufgeregt aus der Ferne. Zu Mitte des Nachmittags tauchte vor uns ein Schild mit hellblauen Buchstaben auf Weiß auf: Biegen Sie rechts ab zum Palast von Häuptling Chitambo. Etwa hundert Meter weiter hieß es auf einem weiteren Schild: Hier lang zum Palast von Häuptling Chitambo. Wir fuhren an einer Schule und einem Feld vorbei, auf dem Kinder Ball spielten. Dann kam das größte Schild: Sie nähern sich dem Palast des Häuptlings Chitambo. Bitte nehmen Sie den Hut ab und steigen Sie aus. Hinter einem niedrigen Tor sah man einen kleinen Platz mit gutgepflegtem, englisch wirkendem Rasen, in dessen Mitte ein Fahnenmast in die Höhe ragte. Auf der anderen Seite der

Rasenfläche standen drei gleichartige niedrige weiße Gebäude und ein paar verstreute Schuppen.

Unter einem Baum entdeckten wir die Beine eines Liegestuhls, der zum großen Teil von einer riesigen Zeitung verdeckt war. Sie senkte sich, und zum Vorschein kam ein drahtiger Mann in Bermuda-Shorts. »Willkommen in meinem Palast«, sagte er mit samtigem Akzent und dirigierte uns in sein Büro, wo er uns die Geschichte des Chitambo-Stamms erzählte. Er widme sich dem Landschaftsschutz, erklärte er uns, und fahre jedes Jahr mit dem Fahrrad zu jedem Einzelnen seiner neunzigtausend Untertanen. Wir tranken die Coca-Cola, die er uns angeboten hatte, und schilderten ihm, wie schön wir Sambia fänden, wie freundlich seine Stammesangehörigen zu uns gewesen seien, und auch ein wenig über Amerika. Dann reichte uns der Häuptling ein Gästebuch, in das wir uns eintragen sollten. Anschließend führte er uns über das Anwesen. Die drei niedrigen Gebäude wurden von seinen drei Frauen bewohnt, bei denen er jeweils eine Woche verbrachte. Als wir erwähnten, dass man bei uns nur eine Frau habe und die ganze Zeit mit ihr zusammenlebe, fragte er uns: »Kommt es dann nicht oft zum Streit?«

Der Häuptling ließ sich mit jedem von uns unter der Flagge fotografieren. Als wir uns verabschiedeten, vertraute er uns mit gedämpfter Stimme an, es sei üblich, nach solch einem Treffen ein kleines Geschenk zu hinterlassen. Wir gaben ihm ein paar Dollar für sein Bildungsbudget. Die Frau in unserer Gruppe bot ihm die Mütze an, die sie einem Kind hatte schenken wollen, eine Art Tenniskappe aus hellkariertem Stoff, die zusammengeknautscht war und auf der vorn die Figuren von Ernie und Bert aus der *Sesamstraße* aufgenäht waren. Häuptling Chitambo setzte die Kappe auf, und als er sie zurechtgerückt hatte, machten wir ein Gruppenfoto. Wir quetschen uns wieder ins Auto, und wie Willie Momba stellte sich auch der Häuptling auf die Straße und winkte uns nach, bis wir eine Kurve nahmen und er uns nicht mehr sehen konnte.

Als wir in dem kleinen Kasanka-Nationalpark eintrafen, war Vollmond und das Tal von Blumenduft erfüllt. Am nächsten Morgen weckte uns Gavin vor Sonnenaufgang, und wir kletterten über eine lange, klapprige Leiter in die höchsten Äste eines Baums. Kaum war der Nebel der Sonne gewichen, sahen wir ganze Herden der seltenen Sumpfantilope. Wir tranken Tee, den Gavin in einer Thermoskanne mitgebracht hatte, aßen Plätzchen und hörten den ersten Vogel singen. Einer aus unserer Gruppe musste bereits abreisen, und so brachen wir nach Lusaka auf. Es war ein trauriger Tag und auch ein langer.

Lusaka ist eine hässliche Stadt: dreckig, überfüllt und stinkend. Wir übernachteten in der Nähe in einer luxuriösen Lodge: Unsere Zimmer waren mit modernen Leuchten ausgestattet, es floss warmes Wasser aus dem Hahn, wann immer man ihn aufdrehte, und es gab sogar einen Swimmingpool – all das war uns nach den Sümpfen hochwillkommen. Als ich nach dem Abendessen zu meiner Hütte ging, fand ich sie umringt von Zebras vor, die auf dem grünen Rasen grasten. Ich näherte mich vorsichtig, aber sie wichen kaum einen Meter zur Seite. An der Tür blickte ich einem der Tiere in die Augen. Es erwiderte meinen Blick. Wenn man eine Woche lang durch Feldstecher geschaut und sich den Hals verrenkt hat, um die Geschöpfe der Wildnis gut beobachten zu können, ist solch eine intime Nähe berauschend. Das Zebra und ich schauten uns neugierig an wie Fremde in einem Zug; dann drehte es sich um, als hätte es alles herausgefunden, was es über mich in Erfahrung bringen wollte, und trottete davon.

Am nächsten Tag sank bereits die Sonne am Horizont, als wir den Nordteil des Kafue-Nationalparks erreichten. Da wir noch in einer kleinen Schlucht Brennholz sammeln mussten, war es bei der Ankunft an unserem Zeltplatz schon fast dunkel. Gavin bat uns höflich, nicht beim Aufschlagen des Lagers zu helfen, da wir nur im Weg stehen würden, und so gingen wir mit einer Flasche Wein zum Fluss hinunter und beobachteten, wie die Sterne herauskamen. Wenn ich mich für einen der sambischen Parks entscheiden müsste, so wäre es Kafue. Hier gab es kaum andere Tiere als anderswo und auch keine anderen Bäume, aber irgendwie waren die Dinge hier von geradezu vornehmer Schönheit, als ob die Natur ein besonderes Händchen für die Landschaftsgestaltung gehabt hätte, als sie alles zusammenkomponierte. Wir sahen dort unseren ersten Leoparden, so sinnlich, gefleckt und scheu, wie wir ihn uns vorgestellt hatten. Und wir bekamen auch Geparden zu Gesicht. Drei weitere Tage fuhren wir durch die Berge des Parks, machten lange Nachmittagswanderungen, lasen und schrieben Postkarten. Dann ging es die halbe Länge des Kafue-Parks nach Süden zum vierzig Kilometer langen Itezhi-Tezhi-Stausee. Wir kletterten auf die Felsblöcke, auf denen sich die Klippdachse oder Klippschliefer, kleine Säugetiere mit dem Aussehen von Nagetieren, zum Sonnenbad versammelten. Der Itezhi-Tezhi-See bot mit den Flusspferden und Zebras ein urtümliches Schauspiel wie am Eröffnungstag der Welt, und ein kleines Boot kreuzte in der Mitte wie ein Motivdetail eines romantischen Malers.

Am nächsten Tag brachen wir in den nahezu verlassenen südlichen Teil des Kafue-Parks auf. Die Herden – fünfhundert Büffel auf einem Haufen, noch mehr Schwarzfersenantilopen, Gnurudel – blickten uns überrascht an. Wir sahen an die hundert Pelikane in einem Akazienbaum hocken, dessen Blätter völlig weiß waren vom Vogelkot. Wir folgten dem Flug eines türkisfarbenen Kanarienvogels mit fliederfarbener Brust, und schließlich kamen wir zu einer Lichtung, die hell von der Sonne beschienen wurde, ein bezaubernder Ort. Gavin und Marjorie schlugen das Lager unter einem ausladenden Mopane-Baum auf. Wir beobachteten, wie der Mond aufging, und führten freimütige Gespräche, während das Feuer mit aufstiebenden Funken niederbrannte.

Am Morgen fuhren wir durch weiteres unbewohntes Land nach Livingstone zum Einkaufen und überqueren an den Victoriafällen die Grenze zu Simbabwe. In unserem Hotel dort wartete meine Geldbörse auf mich. Ein Arbeiter hatte sie in Luangwa gefunden. Es war ihm gelungen, zu American Express durchzudringen, wo man meine Route herausfand und bei der Rückgabe behilflich war. Es fehlte kein Penny.

Am Abend zogen wir zerknitterte, aber salonfähige Kleidung aus den Tiefen unserer Koffer an und gingen ins Victoria Falls Hotel zum Essen. Dort spielte eine Band, und es wurde getanzt. Wir bestellten und stießen mit Champagner auf den Busch an. Als wir uns am nächsten Morgen von Gavin und Marjorie verabschiedeten, verspürten wir jenen leichten Stich angesichts dessen, dass ein intensives Erlebnis zu Ende ging, ein Gefühl, das ich auch empfunden hatte, als ich das College verließ – dass die Dinge, wenn sie sich verändern, vielleicht auch schön, aber nie mehr genauso wie diese Erfahrung sein würden.

Eine Verantwortung, die man sich aufbürdet, wenn man über Orte abseits der ausgetretenen Pfade schreibt, liegt darin, dass man zur Entstehung eines neuen Massentourismus beiträgt. Im 21. Jahrhundert hat der Tourismus in Sambia beispiellose Höhen erreicht. Doch das scheint ein Gewinn für die Gesellschaft zu sein: Die einzige effektive Waffe gegen Wilderer, Holzeinschlag und alles, was dem Großwild die Lebensgrundlage entzieht, ist eine Infrastruktur, die den Tierschutz fördert, und der Tourismus ist häufig die Triebkraft dafür. Seit meinem Aufenthalt dort haben fallende Kupferpreise dazu geführt, dass Sambia noch mehr vom Tourismus abhängt; die Ausrottung des Gelbfiebers hat das Land für Besucher attraktiver gemacht. Es ist leicht, vernachlässigte Orte zu romantisieren, doch für die Menschen, die dort leben, ist die Vernachlässigung häufig tödlich.[112]

KAMBODSCHA

Phaly Nuons drei Stufen

The Noonday Demon, 2001 / Saturns Schatten

Ich fuhr nicht nach Kambodscha, um etwas über psychische Krankheiten zu erfahren, sondern um mir die architektonischen Wunder von Angkor Wat anzusehen. An meinem ersten Abend in Phnom Penh erzählte ich meinem Sitznachbarn von meinen Recherchen über Depressionen, woraufhin er Phaly Nuon erwähnte. Ich sagte ihm, dass ich sie gern interviewen würde, auch wenn mir dadurch ein Tag für meine Reise in den Norden verlorenging. Bei dem von ihm vermittelten Gespräch mit ihr wurde mir klar, dass ich nicht ohne die multikulturelle Perspektive über Depressionen schreiben konnte, die schließlich zum Kernthema meines Buchs wurde. Die folgende Passage aus einem Kapitel von *The Noonday Demon / Saturns Schatten* habe ich ein wenig erweitert, damit sie auch ohne den ursprünglichen Kontext verständlich ist.

Als ich im Januar 1999 nach Kambodscha fuhr, wollte ich seine architektonischen Wunder sehen, hoffte aber auch zu erfahren, wie die Menschen in einem Land lebten, das eine unvorstellbare Tragödie durchlitten hatte. Ich fragte mich, welche emotionalen Folgen es für Menschen hatte, die Zeuge der Ermordung eines Viertels der eigenen Landsleute geworden waren, die selbst in ständiger Angst unter einem brutalen Regime gelebt hatten und nun gegen die Widrigkeiten ankämpften, die der Wiederaufbau eines am Boden liegenden Landes mit sich brachte. Ich wollte mir ein Bild davon machen, was mit einer Bevölkerung geschieht, die ausnahmslos einem beinahe unfassbaren traumatisierenden Druck ausgesetzt gewesen und die unglaublich arm war und kaum Aussicht auf Bildung oder Arbeit hatte. In Kriegszeiten äußert sich Verzweiflung meist in hektischer Überreizung, während Verzweiflung nach einer Zerstörung von Empfindungslosigkeit geprägt und allumfassend ist und daher eher dem depressiven Syndrom ähnelt, das dem Westen gegenwärtig so zusetzt. In Kambodscha hatten nicht nur verschiedene Lager einen brutalen Krieg gegeneinander geführt, in diesem Land waren alle Mechanismen einer funktionierenden Gesellschaft völlig zerschlagen worden. Meine Reise glich einer Fahrt zu jenem Teil des antarktischen Eisschildes, über dem es kein Ozon mehr gibt.

In den siebziger Jahren errichtete der Revolutionär Pol Pot im Namen der Roten Khmer, wie er seine Genossen nannte, eine maoistische Diktatur in Kambodscha. Es folgte ein jahrelanger blutiger Bürgerkrieg, bei dem schätzungsweise ein Fünftel bis ein Viertel der Bevölkerung hingemetzelt wurde. Die gebildete Elite wurde ausgelöscht, die Bauern immer wieder umgesiedelt und viele Menschen ins Gefängnis gesteckt, wo sie verhöhnt und gefoltert wurden. Das ganze Land lebte in ständiger Angst.[113]

Die meisten Kambodschaner sprechen ruhig und leise, sind sanftmütig und schön anzusehen. Man kann kaum glauben, dass Pol Pot seine Gräueltaten in diesem bezaubernden Land hat verüben können. Jeder, mit dem ich mich traf, bot mir eine andere Erklärung dafür, wie die Roten Khmer hatten an die Macht kommen können, doch keine war wirklich schlüssig, so wie auch die chinesische Kulturrevolution, der Stalinismus oder der Nationalsozialismus Fragen offenlassen. Im Rückblick betrachtet ist es zwar möglich zu verstehen, warum ein Land für ein solches Regime besonders empfänglich war, aber wo in der menschlichen Phantasie solche Taten ihren Ursprung haben, lässt sich nicht sagen. Das Böse ist in diesem Fall nur eine Spielart des normalen Bösen, das es in allen Gesellschaften gibt, zugleich aber so extrem, dass es ganz eigenen Gesetzen folgt. Das soziale Gewebe erweist sich stets als dünner, als wir es uns eingestehen wollen, aber es ist nicht möglich herauszufinden, was es zum Zerreißen bringt. Der amerikanische Botschafter sagte mir, das größte Problem für das Khmer-Volk bestehe darin, dass die traditionelle kambodschanische Gesellschaft keine friedlichen Mittel kenne, um einen Konflikt zu lösen.«Wenn sie Meinungsverschiedenheiten haben«, erklärte er mir, »müssen sie sie leugnen und total unterdrücken oder aber das Messer herausziehen und kämpfen.« Ein Mitglied der gegenwärtigen Regierung meinte, die Menschen seien viel zu lange einem absoluten Monarchen ergeben gewesen und würden erst in Erwägung ziehen, gegen ihre Machthaber zu kämpfen, wenn es bereits zu spät sei.

In Kambodscha kommen den Menschen leicht die Tränen. Jedes Mal, wenn ich einen gerade noch lächelnden Kambodschaner plötzlich ohne sichtbaren Grund übergangslos weinen sah, klangen mir die Worte des amerikanischen Botschafters im Ohr. Bei den zahlreichen Gesprächen mit Opfern der von den Roten Khmer verübten Gräueltaten stellte sich heraus, dass die meisten lieber nach vorn blickten. Wenn ich sie drängte, ihre persönliche Geschichte zu erzählen, schienen sie vor meinen Augen in eine quälende Vergangenheit zurückzusinken. Alle Erwachsenen, die ich in Kambodscha kennenlernte, hatten Traumata erlitten, die viele von uns in den Wahnsinn getrieben hätten. Doch im Geist hatten sie Schrecken ganz anderer Dimensionen durchlebt. Als ich mich entschloss, in Kambodscha Interviews zu machen, rechnete ich damit, dass mich das Leid meiner Gesprächspartner bedrücken werde. Tatsächlich aber fühlte ich mich jedes Mal wie am Boden zerstört.

Phaly Nuon, ausgezeichnet mit dem Figaro-Preis für humanitäre Hilfe und einmal für den Friedensnobelpreis vorgeschlagen, hat in Phnom Penh ein Waisenhaus und ein Zentrum für depressive Frauen aufgebaut. Ihr Erfolg bei der Arbeit mit diesen Frauen lässt sich daran ermessen, dass das Personal in ihrem Waisenhaus fast vollständig aus den einst betroffenen Frauen besteht, die Phaly nun dankbar unter die Arme greifen. Wenn man die Frauen rettet, so wurde mir erklärt, werden sie wiederum andere Frauen retten, diese werden die Kinder retten, und so entsteht ein Dominoeffekt, der das ganze Land retten kann.

Auf Phaly Nuons Vorschlag hin trafen wir uns in einem kleinen, nicht genutzten Raum im obersten Stockwerk eines alten Bürogebäudes in der Nähe des Zentrums von Phnom Penh. Ich setzte mich auf ein schmales Sofa ihr gegenüber. Wie die meisten Kambodschaner war auch Phaly Nuon nach westlichen Maßstäben relativ klein. Ihr schwarzes, von grauen Strähnen durchzogenes Haar hatte sie nach hinten gekämmt, was ihrem Gesicht einen harten Zug gab. Sie kann aggressiv werden, wenn sie ihren Standpunkt vertritt, aber sie ist auch scheu und senkt lächelnd den Blick, wenn sie nicht spricht.

Wir begannen bei ihrer eigenen Geschichte. Anfang der siebziger Jahre arbeitete sie als Schreibkraft und Stenotypistin im kambodschanischen Finanz- und Handelsministerium. Als Phnom Penh 1975 in die Hände Pol Pots und der Roten Khmer fiel, holte man sie, ihren Mann und ihre Kinder ab. Ihren Mann verschleppten sie an einen ihr unbekannten Ort, und sie erfuhr nicht, ob er getötet wurde oder noch lebte. Sie selbst musste mit ihrer zwölfjährigen Tochter, ihrem dreijährigen Sohn und einem Neugeborenen auf den Feldern arbeiten. Die Situation auf dem Land war katastrophal und die Nahrung knapp, aber sie arbeitete beharrlich an der Seite ihrer Landsleute. »Ich erzählte ihnen nichts und lächelte auch nie, wie alle von uns, weil wir wussten, dass man uns jeden Augenblick töten konnte.« Nach einigen Monaten wurde sie mit ihren Kindern an einen anderen Ort gebracht. Unterwegs band eine Gruppe von Soldaten sie an einen Baum, wo sie ansehen musste, wie ihre Tochter vergewaltigt und anschließend ermordet wurde. Ein paar Tage später sollte auch Phaly Nuon getötet werden. Man brachte sie zusammen mit anderen an den Stadtrand, fesselte ihr die Hände hinter dem Rücken und knotete ihre Füße zusammen. Dann musste sie sich hinknien, man band ihr ein Bambusrohr auf den Rücken und zwang sie, sich über einen Sumpf zu beugen, so dass sie die Beine anspannen musste, um nicht das Gleichgewicht zu verlieren. Wenn sie irgendwann vor Erschöpfung umkippte, würde sie in den Schlamm fallen und ersticken. Ihr dreijähriger Sohn schrie und heulte neben ihr. Man band ihn auf ihren Körper, so dass auch er ersticken würde, wenn sie fiel: Phaly Nuon wäre die Mörderin ihres eigenen Babys geworden.

Aber Phaly Nuon versuchte, sich mit einer Lüge zu retten. Sie habe, sagte sie, vor dem Krieg für ein hochrangiges Mitglied der Roten Khmer gearbeitet, sei seine Sekretärin gewesen und schließlich seine Geliebte, und er werde wütend sein, wenn man sie umbringe. Nur wenige Menschen konnten den »Killing Fields« entrinnen, aber ein Hauptmann, der ihr vielleicht ihre Geschichte abnahm, sagte, er könne das Schreien des Kindes nicht mehr ertragen, und sie kurzerhand zu erschießen sei eine Verschwendung teurer Munition. Also band er Phaly Nuon los und sagte ihr, sie solle sich aus dem Staub machen. Den Säugling in einem Arm, den dreijährigen Sohn im anderen, flüchtete sie tief in den Dschungel im Nordosten Kambodschas.

Dort verbrachte sie drei Jahre, vier Monate und achtzehn Tage. Sie schlief nie zweimal am selben Platz. Während sie umherzog, pflückte sie Blätter und grub nach Wurzeln, um sich und ihre Kinder zu ernähren, aber es war schwer, etwas Essbares zu finden, und vielerorts hatten bereits andere, stärkere Futtersucher alles abgegrast. Stark unterernährt siechte sie allmählich dahin. Die Milch in ihrer Brust versiegte, und das Baby starb in ihren Armen. Sie und das einzige Kind, das ihr nun noch geblieben war, konnten sich während des Kriegs kaum am Leben halten.

Als Phaly Nuon mir das erzählte, hockten wir inzwischen beide einander gegenüber auf dem Boden, sie weinte und schaukelte auf ihren Fußballen vor und zurück, während ich, das Kinn auf die Knie gestützt, eine Hand auf ihre Schulter gelegt hatte und sie halb umarmte, mehr ließ ihr tranceartiger Zustand nicht zu. Schließlich fuhr sie fast flüsternd fort.

Nach dem Krieg fand Phaly Nuon ihren Mann wieder. Man hatte ihn so brutal auf Kopf und Hals geschlagen, dass er geistig schwer behindert war. Sie, ihr Mann und ihr Sohn wurden in einem Lager an der Grenze zu Thailand untergebracht, wo Tausende Menschen vorübergehend in Zelten lebten. Dort wurden sie körperlich und sexuell von Mitarbeitern des Lagers missbraucht, während andere ihnen halfen. Phaly Nuon gehörte zu den wenigen Gebildeten dort, und da sie Fremdsprachen beherrschte, konnte sie sich mit den Entwicklungshelfern unterhalten. Sie und ihre Familie erhielten eine Holzhütte, was als relativer Luxus galt. »Wenn ich im Lager herumging, sah ich Frauen, die in sehr schlechter Verfassung waren, viele von ihnen wirkten wie gelähmt, bewegten sich nicht, sprachen nicht und fütterten und versorgten ihre eigenen Kinder nicht«, sagte Phaly Nuon. »Nun, da sie den Krieg überlebt hatten, drohten sie an ihren Depressionen zu sterben.« Also bat sie die Entwicklungshelfer um die Genehmigung, aus ihrer Hütte im Lager eine Art Psychotherapiezentrum zu machen.

Als ersten Schritt wandte sie die traditionellen Khmer-Rezepte an (die meist aus über hundert Kräutern und Blättern bestehen). Wenn sie damit nicht die erwünschte Wirkung erzielte, griff sie zu westlichen Medikamenten, die gelegentlich verfügbar waren. »Ich legte heimlich ein Lager mit allen möglichen Antidepressiva an, die die Entwicklungshelfer mir besorgen konnten, um genügend für die schwersten Fälle zu haben.« Sie regte ihre Patientinnen an zu meditieren und in ihrem Zelt einen Buddha-Schrein mit Blumen davor aufzustellen. Um die Frauen dazu zu bewegen, offen über sich zu sprechen, beraumte sie zunächst einen dreistündigen Termin an, bei dem sie ihre Geschichte erzählen konnten. Im Anschluss besuchte sie sie regelmäßig, um mehr über sie in Erfahrung zu bringen, bis sie schließlich das volle Vertrauen der unter Depressionen leidenden Frauen gewonnen hatte. »Ich wollte jeweils ganz genau wissen, worin ihr Trauma bestand«, erklärte mir Phaly.

Nach einer solchen Anbahnungsphase führt sie ein systematisches Programm durch. »Es besteht aus drei Stufen. Zunächst bringe ich den Frauen bei zu vergessen. Es gibt Übungen, die wir jeden Tag machen, so dass sie jeden Tag ein bisschen mehr von den Dingen vergessen können, die sie nie zur Gänze vergessen werden. In dieser Phase versuche ich, sie mit Musik abzulenken, mit Sticken oder Weben, mit Konzerten, gelegentlich auch mit einer Stunde Fernsehen – mit allem, was wirkt; mit Dingen, die sie sich wünschen und die sie gern tun. Depressionen liegen unmittelbar unter der Haut, im ganzen Körper. Wir können sie nicht herausoperieren; aber wir können versuchen, sie zu vergessen, obwohl sie offenkundig sind.

Wenn ihr Geist frei von den Dingen ist, die sie vergessen haben, wenn sie das Vergessen gut beherrschen, lehre ich sie zu arbeiten. Welche Art von Beschäftigung sie sich auch wünschen, ich finde eine

Möglichkeit, sie ihnen beizubringen. Manche üben nur, den Hausputz zu machen oder ihre Kinder zu versorgen. Manche eignen sich Fähigkeiten an, die sie bei der Betreuung von Waisen gebrauchen können, und manche machen eine richtige Berufsausbildung. Sie müssen lernen, diese Dinge gut zu machen und stolz darauf zu sein.

Und wenn sie das geschafft haben, lehre ich sie als Letztes, zu lieben.« Ich gab meiner Verwunderung Ausdruck. Wie konnte man jemandem diese Fähigkeit beibringen? »Genau genommen durch Maniküre und Pediküre«, erwiderte sie. Ich sah sie skeptisch an. »Im Lager habe ich eine Art Schuppen gebaut, als Dampfbad. In Phnom Penh habe ich inzwischen auch so etwas, nur ein klein bisschen stabiler. Dort können sie sich waschen, und ich bringe ihnen bei, wie sie sich gegenseitig manikümen und pediküren, wie sie ihre Fingernägel pflegen können, damit sie sich schön fühlen. Sie sehnen sich so sehr danach, sich schön zu fühlen. Außerdem überlassen sie damit ihren Körper der Pflege durch andere. Es gehört viel dazu, bis eine Frau, die so mutwillig und gewaltsam verletzt wurde, die Hand oder den Fuß ausstreckt und eine relativ Fremde mit einem scharfen Instrument an den eigenen Körper heranlässt. Davor nicht zurückzuschrecken bewahrt sie vor körperlicher Isolation, und das wiederum führt dazu, dass ihre emotionale Abschottung zusammenbricht. Während sie sich gemeinsam waschen und Nagellack auftragen, reden sie miteinander, und Stück für Stück vertrauen sie einander mehr. Am Ende haben sie gelernt, wie man Freundschaften knüpft, so dass sie niemals mehr einsam sein müssen. Geschichten, die sie zuvor nur mir erzählt haben, erzählen sie dann auch einander.«

Phaly Nuon zeigte mir die Instrumente ihres psychotherapeutischen Handwerks: die kleinen Flaschen aus buntem Email, das Dampfbad, die Stäbchen, mit denen die Nagelhaut zurückgeschoben wird, die Nagelfeilen, die Handtücher. Gegenseitige Fellpflege ist bei Primaten eine Urform der Kontaktaufnahme und dient der Aufrechterhaltung von Beziehungen; der Rückgriff darauf als verbindende Kraft zwischen Menschen erschien mir eigentlich ganz natürlich. Als ich das sagte, lachte Phaly und erzählte mir von Affen, die sie im Dschungel beobachtet hatte. Vielleicht lernten auch sie auf diese Weise zu lieben, meinte sie. Ich sagte zu ihr, es sei doch sicher schwierig, sich selbst und anderen beizubringen, wie man vergisst, wie man arbeitet und wie man liebt und sich lieben lässt, aber sie erklärte mir, es sei gar nicht so kompliziert, wenn man diese drei Dinge selbst beherrsche. Die Frauen, die sie behandelt habe, seien eine Gemeinschaft geworden und machten heute als Betreuerinnen der Waisen ihre Sache sehr gut.

»Es gibt noch eine letzte Stufe«, sagte Phaly nach einer langen Pause. »Am Ende lehre ich sie das Wichtigste. Ich lehre sie, dass diese drei Fähigkeiten – zu vergessen, zu arbeiten, zu lieben – nicht voneinander zu trennen, sondern Teile eines sehr großen Ganzen sind und nur die gemeinsame Umsetzung dieser drei Dinge, die jeweils Teil der anderen sind, etwas bewirken kann. Das ist am schwersten zu vermitteln« – sie lachte –, »aber am Ende verstehen es alle, und dann, ja, dann sind sie in der Lage, wieder in die Welt hinauszugehen.«

Phaly Nuon erlag am 27. November 2012 ihren Verletzungen durch einen Autounfall. Die Begräbnisfeierlichkeiten zogen sich sieben Tage lang hin, und Tausende Menschen nahmen daran teil, viele von ihnen einst Kinder in ihrem Future Light Orphanage of Worldmate. Hunderte Kinder, die zu diesem Zeitpunkt noch dort lebten, trauerten um sie als ihre Mutter.[114]

Die Situation der psychisch Kranken in Kambodscha ist immer noch katastrophal und wird durch Zwangsumsiedlungen und Menschenhandel noch verschärft.[115] Posttraumatische Belastungsstörungen sind im ganzen Land verbreitet. Die Selbstmordrate ist fast dreimal so hoch wie im Weltdurchschnitt.[116] Gerade in Anbetracht dieses schlechten psychischen Zustands der Bürger ist ihre Versorgung miserabel. Etwa jeder dritte psychisch Kranke wird in einem Käfig gehalten oder ist angekettet. Die meisten psychisch erkrankten Kambodschaner suchen oder erhalten keine Hilfe. Nur 0,02 Prozent des Gesundheitshaushalts fließen in die psychiatrische Versorgung.[117] Lediglich das Khmer-Soviet Friendship Hospital bietet eine stationäre Behandlung, und für die Gesamtbevölkerung von fünfzehn Millionen Menschen stehen im Land lediglich fünfunddreißig ausgebildete Psychiater zur Verfügung.[118] Im Frühjahr 2015 schlug eine der kambodschanischen Provinzen vor, psychisch Kranke in die Pagoden zu schicken und von den Mönchen versorgen zu lassen, um ihre »Schönheit und Ordnung« wiederzuerlangen.[119]

MONGOLEI

Die offenen Räume der Mongolei
Travel + Leisure, Juli 1999

Reiseziele, die ihr unheimlich erschienen – etwa der Wohnort eines Onkels, den sie ohnehin nicht besuchen wollte, oder der Standort eines Colleges, an dem ich hoffentlich nicht studieren würde –, kommentierte meine Mutter mit den Worten: »Da kannst du ja gleich in die Äußere Mongolei fahren.« Vielleicht wurde die Mongolei deshalb für mich zum Inbegriff des Abgelegenen und Fremden. Nachdem ich mir einen Ort als äußerst exotisch ausgemalt hatte, musste ich oft enttäuscht feststellen, dass er nichts Besonderes an sich hatte. Die Mongolei aber war wirklich und eindeutig anders und schien in einer fernen Vergangenheit stehengeblieben zu sein. In jedem Augenblick meiner Reise schimmerte die Pracht und Herrlichkeit dieses Landes durch.

In der Wüste Gobi zog ich mir eine schreckliche Lebensmittelvergiftung zu. Ich war mit einem Kollegen unterwegs gewesen, der nach der Hälfte der Reise genug hatte und nach Hause zurückkehrte. Zufällig lief mir danach eine alte Bekannte aus dem College über den Weg, die in Ulan-Bator lebte; nach einem kurzen Gespräch fragte ich sie, ob sie sich mir nicht anschließen wolle, und sie war sofort dazu bereit. Sie sprach hervorragend Mongolisch und wusste so viel, dass ich mit einem ständigen Strom neuer Informationen und Erkenntnisse versorgt wurde, ohne dass mich das, was wir zu sehen bekamen, langweilte.

Für die Strecke von Peking nach Ulan-Bator wählten wir die sechsunddreißigstündige Zugfahrt (anstelle des zweistündigen Flugs). Unterwegs bekamen meine Reisegenossen und ich einen großen Teil der Chinesischen Mauer und auch etwas von den Provinzen Hebei und Shanxi im Norden Zentralchinas zu sehen. Dann fuhren wir durch die endlose und monotone flache Landschaft der Inneren Mongolei, einer autonomen Region Chinas. Das Nachbarabteil teilten sich ein zwanzigjähriger buddhistischer Mönch (er war mit acht Jahren ins Kloster gegangen) mongolischer Herkunft, der in Indien studiert hatte und nach fünf Jahren zum ersten Mal in die Heimat zurückkehrte, ein deutscher Unternehmensberater, ein einundzwanzigjähriger Russischstudent aus North Dakota und ein pensionierter Englischlehrer aus Cleveland. In Nummer 5 war ein polnischer Romancier, der fünf Armbanduhren trug. Im nächsten Wagen befanden sich ein unverschämt hübsches Paar aus Frankreich, das mit niemandem sprach, und Hare-Krischna-Leute aus Slowenien, die (vergeblich) versuchten, uns alle zu bekehren. Nach zwei Tagen kamen wir in Ulan-Bator an, der Hauptstadt der unabhängigen (oder »Äußeren«) Mongolei.

Die Größe der Mongolei entspricht einem Sechstel der Fläche der USA, die Zahl der Bevölkerung liegt bei etwa 2,5 Millionen. Mehrheitlich besteht sie aus Nomaden, die in Zelten aus über ein Holzgerüst gespanntem Filz leben und Schafe, Ziegen, Yaks, Kamele, Rinder und Pferde hüten. Sie haben keine asphaltierten Straßen und benutzen im Allgemeinen keinen Strom oder eigene Autos. Ihre Religion ist der tibetische Buddhismus, und es war der mongolische Herrscher Altan Khan, der vor über vierhundert Jahren den Titel *Dalai Lama* prägte. Trotz siebzig Jahren Kommunismus herrscht in vielen Tempeln und Klöstern reges Leben.

Obwohl die Mongolei eine Alphabetisierungsrate von fast neunzig Prozent und eine beeindruckend gut informierte Bevölkerung hat, leben die Menschen außerhalb der Städte noch weitgehend wie in der Zeit um die erste Jahrtausendwende. Das Land verfügt über bedeutende Kupfer- und Goldminen und ist der führende Kaschmirlieferant der Welt, dennoch ist es nahezu immun gegen Modernisierung und Industrialisierung. Nach fast achtzig Jahren als »unabhängiger« Pufferstaat zwischen Russland und China ist die Mongolei vor kurzem demokratisch geworden, und trotz der geringen Zahl von Stimmlokalen und der oft langen Wege dorthin beteiligten sich über neunzig

Prozent der wahlberechtigten Bevölkerung an der letzten Abstimmung.

Von Ulan-Bator aus legten meine Führer und ich drei Viertel des Wegs nach Charchorin zurück und schlugen dann unser erstes Nachtlager auf einem großen Feld neben einem *ger* auf, einem der niedrigen zeltähnlichen Gebilde, in denen die Mongolen traditionell leben. Am Morgen erwachten wir beim Geräusch von Pferdegetrappel. Ich setzte mich auf, zog die Zeltklappe zur Seite und sah einen hochgewachsenen Mann in einem langen, seitlich geknöpften Mantel aus blauem Samt, der in der Hüfte mit einer gelben Seidenschärpe zusammengebunden war. Ich torkelte in den Wachzustand und folgte ihm, nur halb bekleidet, zum *ger*, wo er mir Käse und Butter und eine Scheibe frisches Brot reichte. Diese Art der Gastfreundschaft ist im Land der Nomaden ganz selbstverständlich und für einen Besucher aus dem Westen äußerst angenehm. Als ich seine Pferde ausprobierte, amüsierten sich die zusehenden kleinen Jungen und Mädchen köstlich. Sie können schon mit vier Jahren reiten und sitzen mit sechs selbstsicherer auf den Pferden, als ich auch nur gehen kann. Ein etwas größerer Junge, vielleicht sechzehn Jahre alt, inspizierte unser Auto und deutete mit dem verträumten Blick eines Actionhelden im Raumschiff eines Außerirdischen auf die Innenseite der Tür. Ich zeigte ihm, wie man die Scheibe hochkurbelte (was er staunend zur Kenntnis nahm), und führte ihm vor, dass niemand mehr die Tür von außen öffnen konnte, wenn man den Knopf hinunterdrückte (was er umwerfend komisch fand).

In Charchorin trafen wir am ersten Tag der Naadam-Spiele ein, eines Sportfests, das alljährlich vom 11. bis zum 13. Juli stattfindet. Die zahlreichen Reiter, die wir über die straßenlose Steppe galoppieren sahen, und die leuchtenden Farben ihrer Kleidung wiesen uns den Weg, noch bevor wir einen der Pavillons in der Ferne erblickten. Als wir uns näherten, herrschte große Aufregung in der Menge. Die Jockeys waren schon in der Morgendämmerung aufgebrochen, und nun galoppiertern über zweihundert Pferde zum morgendlichen Rennen los. Mindestens weitere sechshundert warteten in Reihen, und die Zuschauer saßen rittlings auf ihren Tieren wie das Publikum im Westen auf der Tribüne. Alle warteten begierig auf das erste Anzeichen des Siegers am Horizont. Die Männer und Frauen trugen meist ein langes Gewand, das sogenannte *deel*, häufig aus Samt oder Brokat, das mit leuchtend gelben, roten oder grünen Seidenschärpen zusammengehalten wurde. Die Sättel waren mit Silber verziert, und viele Reiter hatten silberne Gerten und trugen Anhänger mit silbernen Ketten. Die Hüte waren farbenprächtig, manche mit Pelzbesatz und spitz nach oben zulaufend wie ein Kirchturm. Jugendliche Heißsporne, die zu viel *airag* (eine mongolische Spezialität: fermentierte Stutenmilch, man könnte sagen, nur etwas für Kenner) getrunken hatten, ritten so schnell, dass die Menge von Zeit zu Zeit hektisch vor ihnen auseinanderstob. Kinder und ältere Menschen schob man an einen Platz vorn in der Menge, und wir übrigen Zuschauer, die nicht zu Pferde saßen, reckten uns über ihre Köpfe. Spekulationen, Begrüßungen, Familienstreitigkeiten und Pläne schwirrten durch die Luft.

Schließlich tauchte das erste Pferd des Rennens auf, und Beifall brach los. Wir traten auseinander, um einer endlosen Reihe von Verfolgern Platz zu machen, alle mit Jockeys im Alter zwischen vier und sieben Jahren. Sie ritten mit am Zaumzeug flatternden Bändern in kurzem Galopp durch die Menge und verlangsamten erst weitab in der Ferne ihren Schritt. Der Sieger wurde zu einem benachbarten Feld geführt, wo ihn ein Lama mit wehender Robe und gelbem gefaltetem Hut im Namen Buddhas segnete. Alle lachten, manche begannen zu singen, und alte und neue Freunde strahlten vor Freude. Jeder, mit dem wir ins Gespräch kamen, lud uns ein – unser Führer übersetzte –: Kommt in unser Zelt, trinkt etwas *airag*, esst Gebäck und Käse mit uns. Sie gaben sich alle Mühe, sich über die Sprachbarriere hinweg mit uns zu unterhalten, verbrüderten sich mit uns, ließen uns ihre Hüte aufprobieren, brachten uns Wörter der lebendigen mongolischen Sprache bei.

Am nächsten Morgen schauten wir uns Ringkämpfe in der Nähe der Stadt an. Auf einer Wiese standen, zu einem großen Kreis angeordnet, Zelte aus Seide. Berittene sorgten mehr oder weniger für Ordnung in der Menge, dennoch preschten immer wieder Zuschauer vor, und es wurden Drohungen ausgetauscht. Die Schiedsrichter saßen unter einem blauen, mit heiligen Symbolen in Weiß geschmückten Baldachin. Es wurde laute Musik gespielt, und die Leute schubsten einander, um eine gute Sicht zu haben oder einen Platz im Schatten zu ergattern. Einer nach dem anderen traten die Ringer in langen *deels* aus Leder heraus, paradierten vor der applaudierenden Menge auf und ab und zogen dann ihre Mäntel aus, so dass die handbestickte Ringertracht zum Vorschein kam. Sie vollführten mit feierlicher Miene einen Tanz um einen Schiedsrichter und schlugen ihm dann hinten und vorne auf die Schenkel (klatsch! klatsch! und wieder klatsch! klatsch!). Anschließend begannen die nach uralten Regeln ausgetragenen Zweikämpfe, in denen der Boden nur mit den Füßen und den offenen Handflächen berührt werden darf. Jeder versuchte, den Gegner mit einer waghalsigen Kombination aus Gewicht und Präzision niederzuzwingen.

Nebenan traten die Bogenschützen gegeneinander an und ließen ihre dünnen Pfeile über eine lange Wiese schnellen. Die Männer stellten sich zum Schießen weiter hinten an eine Linie, die in weiße Seide gekleideten Frauen durften einige Fuß näher ans Ziel rücken. Auf einem anderen Feld fand ein Polospiel statt. An kleinen Ständen wurden Kuchen, Teppiche und Radios verkauft. Der Hang, vor dem das Fest stattfand, bot ein prächtiges Farbenspiel. Anlässlich der Feierlichkeiten hatte man dort ein kleines Dorf errichtet. Der Duft von auf offenem Feuer gebratenem Fleisch mischte sich mit den Gerüchen des säuerlichen *airag* und des Sandthymians, der von den Ringern niedergetreten worden war. Von der Gastfreundlichkeit der Mongolen hätte ich fünf Jahre leben können. Als ich einen Mann fotografierte, der besonders vornehm wirkte, zog er mich zu sich aufs Pferd, so dass ich die Wettkämpfe aus einer erhöhten Perspektive verfolgen konnte, während seine Freunde mir Fragen stellten und Stutenmilch reichten.

Als wir das Naadam-Fest verließen und weiter ins Innere der Provinz Övörchangai fuhren (Charchorin liegt an deren nördlichem Rand), hörte die Asphaltstraße auf. Denken Sie einmal an die schlimmste Schotterpiste, über die Sie je gefahren sind. Nun stellen Sie sich den schlimmsten Abschnitt dieser Straße vor und dann diesen schlimmsten Abschnitt bei Regen und dann den schlimmsten

Abschnitt bei Regen unmittelbar nach einem Erdbeben: Vor Ihrem geistigen Auge sehen Sie eine der besseren Straßen der Mongolei. Wir überqueren Schlammfelder ohne auch nur die Spur einer Straße, durchquerten Flüsse, wenn unser Fahrer meinte, die Brücke erscheine ihm zu instabil. Es war die reinste Schinderei, und mehr als einmal mussten wir aussteigen, um den Wagen zu schieben – oder anderen zu helfen, deren Autos nicht weiterkamen.

Doch trotz der wilden Rüttelei werde ich nie vergessen, wie herrlich diese Fahrt war. Die Hügel ragten fast zu Bergen auf, aber wir sahen nirgendwo Bäume, und das Weidevieh hatte das üppige Gras so weit abgefressen, dass es einem Golfplatz glich. Durch das Tal unter uns floss ein Bach, und überall blühten gelbe Blumen. Hier und da stieg aus einem *ger* eine schlanke Rauchsäule auf. Viehherden labten sich an der Vegetation: Yaks, Rinder, Schafe und Ziegen, gelegentlich sogar streunende Kamele aus der Wüste Gobi und dazu eine erstaunliche Zahl frei herumlaufender Pferde. Es gab weder Raubtiere noch Schlupfwinkel; wir empfanden ein Gefühl tiefen Friedens.

Gelegentlich sahen wir einen Schafhirten, der pfeiferauchend seine Herde bewachte; Kinder spielten und lachten am Ufer. Frauen, die aus ihren *gers* traten und Tabletts mit Käse zum Trocknen aufs Dach stellten, schauten ihnen zufrieden zu. Über uns kreisten bedächtig Adler, kleinere Vögel bevorzugten geringere Höhen. Murmeltiere huschten aus ihren Höhlen und flitzten umher, uns immer wieder aus dem Blick geratend. Ein unberührter Landstrich, weder für die Rohstoffförderung erschlossen noch bewusst geschützt. Noch nie war ich auf eine so überwältigende und zugleich so wenig bedrohliche Gegend gestoßen, eine Gegend ohne die geringste Spur der gefährlichen Kräfte der Natur. Stattdessen nur goldener Glanz, Milde, Vollkommenheit.

Von allen Tieren in der Mongolei mochte ich die Yaks am liebsten. Groß und schwerfällig, mit stolzen Gesichtern und nutzlosen, über die Beine reichenden Fellhaaren wie auf einem viktorianischen Sofa, bewegten sie sich mit der verdrossenen Selbstgewissheit älterer Damen, aufgetakelt in einem längst aus der Mode geratenen Stil und zugleich ein wenig ramponiert. Ein paar agile Exemplare ließen ihre seltsam flaumigen Schwänze in der Luft kreisen wie Sonnenschirme oder schossen wagemutig über die Straße, verrückte Großtanten mit Frühlingsgefühlen. Die meisten sahen uns skeptisch an, ohne bedrohlich zu wirken, aber mit einem Anflug von Missbilligung. Es gefiel ihnen, fotografiert zu werden, wobei sie direkt in die Kamera schauten und kokett mit den Augen zwinkerten.

Der Großteil des Landes in der Mongolei gehört niemandem und hat auch nie jemandem gehört. Man kann fahren und ein Zelt aufstellen, wo man will. In der Wüste Gobi sagte ein Hirte zu mir: »Wenn ich mit meinem *ger* umziehe, empfinde ich ein Hochgefühl, einen Rausch der Möglichkeiten und der Freiheit. Ich kann überall hingehen, mich überall niederlassen, meine Herde überall hintreiben, abgesehen von den wenigen kleinen Flächen, wo man eine Stadt gebaut hat.« Er hielt einen Augenblick inne, um mir Tee mit Kamelmilch einzuschenken. »Sagen Sie, ist Amerika auch ein freies Land?« Zum ersten Mal in meinem Leben fiel es mir, der ich mich stets als Patriot betrachtet hatte, schwer, diese Frage zu beantworten. Ein Drittel der Mongolen lebt unterhalb der Armutsgrenze, doch als ich über den amerikanischen Traum sprach, sagte der Hirte: »Warum will ein Sohn anders leben als sein Vater?« Ich fragte ihn, wie es bei seinen Kindern sei, die am Boden spielten. »Ich schicke sie in die Schule«, sagte er, »und wenn sie Politiker oder Geschäftsmann werden wollen, gut, dann ist das ihre Sache. Ich bin auch zur Schule gegangen, aber ich habe mich entschieden, Hirte zu bleiben, und hoffe, dass sie sich auch so entscheiden, weil ich mir kein besseres Leben vorstellen kann.« Heute heißt es allgemein, der Kapitalismus habe letztlich über den Kommunismus gesiegt, aber ich verließ die Mongolei in der Überzeugung, dass sich nicht diese beiden Systeme gegenüberstehen, sondern dass der eigentliche Gegensatz zu beiden das Nomadentum ist, eine Lebensweise, die einer lebensbejahenden Anarchie wohl so nahekommt wie keine andere auf der Welt.

Auf dem Weg nach Süden in Richtung der Gobi hielten wir mehrmals an, um zu tanken. Die Wüste beginnt nicht abrupt, sondern allmählich: Stück für Stück wird der Pflanzenwuchs spärlicher, das Land flacher. Das liebliche herrliche Gras schwindet mehr und mehr. Wir fuhren stundenlang durch die Provinz Dundgobi (Mittlere Gobi), ein öder, trostloser Abschnitt. Dann ging es weiter zur Provinz Ömnögoi (Südliche Gobi) mit ihren ebenmäßigen, gelben Sandflächen, wo es fast keine Vegetation gibt. Ein oder zwei Stunden später erreichten wir einen der Gobi-»Wälder« voller Pflanzen mit dicken Stengeln und dünnen Blättern. Sie steckten wie altes mit Rauke geschmücktes Treibholz im Sand. Danach begann die eigentliche Wüste: flach, schmucklos und unendlich weit.

Wir verbrachten die Nacht am Bajandsag – auch als Flammenklippen bezeichnet –, wo große zerfurchte Kalksteine in leuchtendem Rot und warmem Gold die Wüste in immer wieder neuen Formationen einrahmen. Der Wind brüllte uns durch Tunnelgänge in den Felsen an, in der Ferne konnten wir schneebedeckte Berge sehen. Das Gebiet ist reich an Fossilien, als hätten es die Dinosaurier nicht für nötig gehalten aufzuräumen, bevor sie zu ihrer nächsten Lagerstätte weiterzogen.

Unsere Führer, der Fotograf und ich beschlossen, die mondlose Nacht bei Kamelhirten zu verbringen, und so hielten wir vor ihrem *ger* und stellten uns vor. Im Gegensatz zu arabischen Kamelen spucken einen die mongolischen nicht an. Sie sind neugierig und folgen einem, wenn man an ihnen vorbeigeht. Ihre beiden Höcker sind mit Büscheln aus langhaarigem Fell besetzt. Wenn sie kein Wasser finden, werden ihre Höcker schlaff wie alternde Brüste. Abends heulen sie gespenstisch wie Geister, die im Fegefeuer schmoren.

Mir gefielen die Hirten sofort. Es waren Bruder und Schwester mit ihren Ehepartnern, nicht älter als fünfundzwanzig; ihre Eltern, die erst kürzlich nach einem langen Besuch aufgebrochen waren, hatten ihr Lager einen Tagesritt entfernt aufgeschlagen. Die beiden Paare beantworteten bereitwillig unsere Fragen. So erfuhr ich, dass Kamele leichter zu halten sind als Schafe und die Herden sich nicht mit anderen vermischen. Die erwachsenen Tiere ziehen tagsüber frei umher, während die Hirten bei den Jungtieren bleiben und sie abends zum Lager führen. Die Mütter kommen zurück, um bei ihren Kälbern zu sein, und die Männchen folgen ihnen, so dass die Herde zusammenbleibt. Kamele liefern gute Wolle und kommen auch mit unregelmäßiger Nahrungszufuhr zurecht. Etwa fünfmal im Jahr packen die

Hirten ihre *gers* auf die Kamele, um sich auf die Suche nach besserem Weideland für ihre Herde zu begeben.

Inzwischen kannten wir die im *ger* geltenden Regeln und wussten, dass Männer an der westlichen, die Frauen an der östlichen Seite sitzen, einem immer etwas zu essen und zu trinken gereicht wird und es unhöflich ist, es abzulehnen. In der Regel bekommt man Milchtee, der aus Tee, Salz, Zucker und der jeweils zur Verfügung stehenden Milch (in diesem Fall Kamelmilch) besteht, oft auch *airag*. In diesem Fall bereiteten die Hirten für uns eine Suppe aus getrocknetem Hammelfleisch, und wir gaben Zwiebeln und Kartoffeln dazu, die wir aus Ulan-Bator mitgenommen hatten und die neu für sie waren. Die Zwiebeln schmeckten ihnen, aber die Kartoffeln fanden sie »abscheulich«. Sie hätten »die Beschaffenheit von Erde«, beschwerten sie sich. Abends wird ein *ger* in der Regel von einer einzigen Kerze beleuchtet, und im flackernden Schein unterhielten wir uns, bis es spät war und die Kinder auf dem Boden einschlummerten. Da wir nicht die einzigen Betten im *ger* in Anspruch nehmen wollten, kehrten wir in unsere Zelte zurück.

Am nächsten Tag begann der Regen. Es kam uns ungerecht vor, dass es gerade jetzt in der Provinz Südliche Gobi wie aus Eimern schüttete, wo doch der jährliche Niederschlag bei knapp dreizehn Zentimetern liegt. Und besonders ungerecht erschien uns, dass er drei Tage anhielt, so dass die Straße zurück nach Ulan-Bator praktisch unsichtbar und kaum befahrbar war. Noch ungerechter fanden wir, dass unsere Zelte nicht, wie es in der Garantie lautete, wasserdicht waren und bei keinem von uns die Kleidung einmal richtig trocken wurde. Und grausam ungerecht war, dass ich mir den Magen an etwas verdorben hatte. Ich fühlte mich wie ein Wäschestück, das nur chemisch gereinigt werden darf, aber jetzt in einer transportablen Waschmaschine herumgeschleudert wurde. Zweimal blieben wir stecken. Wir bockten den Wagen auf, prüften die Reifen, rissen Pflanzen am Straßenrand heraus und legten sie unter den Wagen, um dem Auto Zugkraft zu geben. Ich hatte gerade das Romanmanuskript eines Freundes zu Ende gelesen, und das Papier half zu verhindern, dass die Räder durchdrehten. Der Boden war wie aus Eischnee.

Etwa bis zur Hälfte der Reise hatten wir das Zelten, die Überlandfahrten und die Übernachtungen an immer wieder neuen Orten genossen. Aber jetzt hatten wir von alledem genug, und mein Freund und ich flogen nach Norden, um für den Rest der Zeit in der Provinz Chöwsgöl zu bleiben. Es fällt schwer, in einem angemessen begeisterten Ton zu schreiben, wenn man gerade die völlig andere Schönheit von Öwörchangai geschildert hat. Wir unternahmen eine vierstündige Fahrt über holprige Straßen zum Nationalpark um den Chöwsgöl-See. Ein Nationalpark inmitten der Mongolei ist wie eine Stadtentwicklungszone inmitten von Manhattan, aber es gilt ein grundsätzliches Jagdverbot, was erklärt, warum die Wildtiere hier besonders zahlreich sind. Der Chöwsgöl-See birgt zwei Drittel des mongolischen Süßwassers; er ist riesig, lieblich, dunkel und tief. An seinen Ufern wachsen so prächtige Wildpflanzen, dass man meint, man blicke auf eine Strandlinie voller Schmetterlinge. Um den ganzen See ragen steile Berge auf. Die Gebäude im Park haben ausnahmslos kein Fundament. Jeden Morgen überlegten wir, ob wir eine Bootsfahrt machen, wandern oder auf einem Pferd oder Yak reiten sollten (was wohl niemand, der ein Pferd besitzt, je tun würde, es sei denn, um den Reiz des Neuen willen).

Seit ich von den mongolischen Rentierleuten, den schamanistischen Tsaatan, gehört hatte, wollte ich sie kennenlernen. Die etwa fünfhundert Mitglieder dieser Ethnie leben weitab der ausgetretenen Pfade; Ethnologen und Weltenbummler müssen oft drei oder vier Tage durch die Wälder nordwestlich des Parks reiten, bis sie auf einen Angehörigen dieser Bevölkerungsgruppe stoßen. Wie hatten jedoch Glück: Ein Junge der Tsaatan hatte die Nacht in unserer Nähe verbracht und erklärte sich bereit, uns zu seinen Verwandten zu führen. Er meinte, wir müssten eine Stunde mit dem Auto fahren und dann noch fünf Kilometer laufen. Allerdings war uns entgangen, dass es sich um einen fünf Kilometer langen Aufstieg handelte. Aber wir kletterten mutig mit unserem siebenjährigen Führer und Verwandten von ihm, die der Junge im Tal abgeholt hatte, hinauf. Letztere hatten sich assimiliert und waren Ziegenhirten geworden. Wir folgten einem Bergbach, der in den See floss. Nach einiger Zeit öffnete sich hinter uns der Blick auf die Landschaft. Von Zeit zu Zeit deutete der Junge auf eine Bärenhöhle, einen Adler oder einen Hirsch.

Nach etwa drei Stunden überschritten wir die Baumgrenze, und auf dem Bergrücken konnten wir undeutlich ein *ortz* (ein konisches Tipi, in dem die Tsaatan leben) und eine Tierherde ausmachen. Bald hatten wir den Lagerplatz der Rentierleute erreicht. Sie hießen uns in ihrer Behausung herzlich willkommen, wie wir es so oft in der Mongolei erlebt hatten, und reichten uns Tee mit Rentiermilch, einen scheußlichen Käse und Fettgebäck. (»In Rentierfett gebacken?«, fragte ich eine ältere Frau. Sie griff in einen Schrank hinter sich. »Heutzutage ziehe wir Sonnenblumenöl vor«, sagte sie und zeigte mir die Flasche.) An der Tipiwand waren verschiedene praktische Haken aus Geweih angebracht, an denen Beutel aus Rentierhaut hingen. Wir fragten, was es mit dem kleinen Bündel aus Federn, Bändern, getrockneten Blumen, einem Entenfuß und einem Geweihstück auf sich habe, das gegenüber der Tür hing. Es sei ein magisches Zeichen, erklärte man uns, gab uns aber zu verstehen, dass weitere Fragen dazu nicht erwünscht seien. Der Junge, der uns hergeführt hatte, erklärte, seine Mutter sei Schamanin.

Wir gingen hinaus, um uns die Tiere anzusehen: drei schneeweiße und siebenundzwanzig braune Exemplare. Ich hatte mir immer vorgestellt, Rentiere lebten in einem ewigen Dezember, aber diese hier hatten ihr schweres Winterfell abgeworfen und schienen die Nachmittagssonne zu genießen. Sie trotteten herbei und rieben ihre Nasen und Köpfe an uns. Ihre Geweihe waren pelzig und empfindlich, und bald merkten wir, dass es ihnen gefiel, wenn man sie kratzte. Der Vater der Tsaatan-Familie sattelte eins von ihnen und bot mir einen Proberitt an. Rentiere schwanken beim Traben, und wenn ein Amateurreiter das Gefühl hat, hinunterzugleiten, ist es sein natürlicher Impuls, nach dem Ding, das er vor seiner Nase hat, zu greifen – leider Gottes das Geweih. So auch ich, und zu meinem Verdruss und zum großen Vergnügen der Tsaatan-Familie machte der Kopf des Tiers eine ruckartige Bewegung nach vorn, und es rannte los. Rentiere sind weitaus schneller, als man meint.

Ich war froh, wieder nach Ulan-Bator zurückzukehren, in diese seltsame, chaotische Stadt mit ihren prachtvollen neoklassizistischen Gebäuden, buddhistischen Klöstern und tristen Mietshäusern aus der Ära des Kommunismus. Für die Regierungen in der Zeit des Kalten Krieges, auf deren Monumente man überall trifft, haben die Menschen in der Stadt nur ein schiefes, ironisches Lächeln übrig. In einem Museum hat unter einem fast fünfundzwanzig Meter hohen Mosaikbild Lenins ein türkisches Restaurant eröffnet. Als ich hineinging, fielen mir zwei Schilder auf: Auf dem einen stand »Arbeiter aller Länder, vereinigt euch!«, auf dem anderen, das an einem gerade erst weiß gestrichenen Gestell hing: »Vor 6:00 Getränke zum halben Preis!«

In der Mongolei lebte 1931 ein Drittel der männlichen Bevölkerung in Klöstern, und der Reichtum des Landes konzentrierte sich in den heiligen Stätten. Stalins Schläger zerstörten sie fast alle, aber einige blieben erhalten. Das prächtigste und größte im ganzen Land ist das Kloster Gandan in Ulan-Bator. In dessen Zentrum befindet sich eine fast dreißig Meter hohe Buddhastatue, umschlossen von einer genau angepassten Pagode. Dutzende Mönche in langen Gewändern bringen darin und davor ihre Gebete dar, und trotz der vielen lauten Touristen, die sich hindurchschieben, herrscht eine Atmosphäre tiefen Friedens. Ich lief meinem Freund, dem Mönch aus dem Zug von Peking, über den Weg, und er begrüßte mich mit einem warmen Lächeln und erzählte mir aufgeregt von seiner Familie.

Wir hatten auch das Kloster Erdene Zuu in Charchorin besucht, das älter zu sein schien, nicht so touristisch und daher sakraler. Dort schritten Mönche im Alter von sechs bis neunzig in langen roten Gewändern durch die verwilderten Gärten; andere rezitierten in den Tempeln Gebete, schlugen Trommeln und entzündeten Kerzen vor goldenen Buddhastatuen, die der große mongolische Gelehrte und Bildhauer Dsanabadsar geschnitzt hatte. Gläubige boten Opfer dar, drückten die Stirn auf Bilder des Göttlichen und drehten dann die Gebetsrollen. Für zwei Dollar sprachen die Mönche spezielle Gebete für Besucher und ihr Vieh. Das Charakteristische der Mongolei stellt jedoch alle Sehenswürdigkeiten in den Schatten; abgesehen von Ulan-Bator bekommt man, wo immer man ist, zu sehen, was man einfach gesehen haben muss – eine unberührte Landschaft und eine unwandelbare Kultur. Wer die Gobi oder den Chöwsgöl-See kennenlernen oder Yaks beobachten will – der Weg dahin steht ihm frei. In China erklären einem die Menchen mit seltsamem Stolz, dass kein Ausländer je ihre komplexe Gesellschaftsstruktur durchdringen wird. Russen glauben, ihre Verzweiflung sei ein Zustand, den kein Westler erreichen oder auch nur vortäuschen könne. Die Mongolen hingegen scheinen ein wunderbar klares Bild von ihrem Platz in der Welt zu haben und sind begeistert, wenn man zu ihnen kommt. In der Mongolei atmet alles nicht nur Geschichte, sondern Ewigkeit.

In der Mongolei ist das Nomadentum im Niedergang begriffen;[120] starke neuere Migrationsbewegungen haben dazu geführt, dass die Hälfte der Bevölkerung inzwischen in Ulan-Bator lebt, ein Großteil davon in den ausgedehnten Barackensiedlungen, die sich in einem Ring um die Stadt ziehen. Ein Fünftel muss mit Einkünften unterhalb der Armutsgrenze auskommen.[121] Die Mongolei ist zwar immer noch ein demokratischer Staat, aber in letzter Zeit kam es des Öfteren zu Unruhen wegen angeblichen Wahlbetrugs, der ehemalige Präsident Nambar Enchbaja wurde wegen Korruption zu einer Gefängnisstrafe verurteilt.[122] Die ökologische Situation wird immer bedrückender. Bergbau und Überweidung in Kombination mit der Erderwärmung haben großflächige Wüstenbildungen und einen bedeutenden Verlust der Vegetationsdichte zur Folge. Die Bestände vieler Tierarten, die für chinesische Medizin oder wegen ihres Fells gejagt werden, haben ein Rekordtief erreicht.[123]

Doch es gibt auch bemerkenswerte Fortschritte. Die Moderne hält schubweise Einzug.[124] Im Rahmen des nationalen Programms für die solare Elektrifizierung der *gers* (National Solar Ger Electrification Program) sollen die Nomaden mit erneuerbarer Energie aus transportablen Stromquellen ausgestattet werden. 2011 erklärte das Welterbekomitee der Vereinten Nationen das Naadam-Fest zum immateriellen Kulturerbe der Menschheit.[125] Unter den vielen Veränderungen, die die Distanzierung von der kommunistischen Vergangenheit zeigen, war für mich die Umwandlung des Lenin-Museums in ein Dinosauriermuseum besonders bestechend.[126]

GRÖNLAND

Die Entdeckung des Gesprächs

Saturns Schatten, 2001

Grönland ist nicht besonders weit von den Vereinigten Staaten oder Europa entfernt, doch es wird nur selten von Amerikanern oder Europäern bereist. In diesem Land von geradezu überweltlicher Schönheit herrscht ein sensibles Gleichgewicht zwischen traditioneller Lebensweise und moderner Technik. Unter den Kolonialmächten war Dänemark sicherlich eine der harmloseren. Die Dänen haben viel in die Infrastruktur, in das Gesundheitssystem und die Bildung investiert. Dennoch ist Grönländisch, das zur eskimo-aleutischen Sprachfamilie gehört, in dem Land mit der geringsten Bevölkerungsdichte der Welt immer noch die Erst- und Dänisch nur die Zweitsprache – womit es nicht gerade gut für die Globalisierung gerüstet ist.

Im Rahmen meiner Recherchen zu den kulturspezifischen Auffassungen von Depressionen reiste ich zu den Inuit nach Grönland – nicht zuletzt, weil Depressionen bei ihnen weit verbreitet sind und man dort in einer sehr eigenen Weise damit umgeht. Etwa achtzig Prozent der Grönländer leiden darunter. Wie kann man eine Gesellschaft organisieren, in der ein Großteil der Bevölkerung von dieser furchtbaren Krankheit betroffen ist? Grönland bemüht sich um die Integration der Sitten und Gebräuche einer traditionellen Gesellschaft in die Gegebenheiten der modernen Welt, und viele im Wandel begriffene Gesellschaften – etwa afrikanische Stammesgemeinschaften, die in größere Nationen eingebettet werden, oder Nomaden, die in Städten angesiedelt, und bäuerliche Selbstversorger, die in das System der landwirtschaftlichen Massenproduktion gedrängt werden – weisen oft hohe Depressionsraten auf. Doch bei den Inuit waren Depressionen schon immer verbreitet, und auch die Suizidrate ist seit jeher hoch (sie sank allerdings durch die Einführung des Fernsehens auf fast die Hälfte); in manchen Gebieten begeht alljährlich etwa einer von dreihundert Menschen Suizid.[127] Manche meinen vielleicht, dies sei ein Fingerzeig Gottes, dass sich der Mensch nicht an einem so unwirtlichen Ort niederlassen sollte, doch nur wenige Inuit geben ihr Leben im Eis auf und ziehen gen Süden. Die Mehrheit hat sich mit den Schwierigkeiten einer Existenz am nördlichen Polarkreis arrangiert.

Ich fuhr nach Grönland in der Annahme, in einer Region, wo die Sonne ganze drei Monate lang nur selten an ihre Existenz erinnert, handle es sich vor allem um die saisonal-affektive Störung, eine durch den Mangel an Sonnenlicht verursachte Form der Depression. Daher hatte ich erwartet, dass dort gegen Herbstende alle in Depressionen versinken und im Februar allmählich wieder daraus auftauchen würden. Aber das war nicht der Fall. In Grönland ist es der Monat Mai, in dem die meisten Selbstmorde verübt werden, und während Ausländer im nördlichen Teil Grönlands in den langen Phasen der Dunkelheit Depressionen bekommen, haben sich die Inuit im Lauf der Jahre den mit den Jahreszeiten wechselnden Lichtverhältnissen angepasst. Das Frühjahr ist in vielen Gesellschaften Auslöser für Depressionen. »Je reicher, sanfter und köstlicher die Natur wird«, schreibt der Essayist A. Alvarez, »desto tiefer erscheint dieser innere Winter und desto breiter und unerträglicher die Kluft, die die innere Welt von der äußeren trennt.« In Grönland, wo der Übergang zum Frühling ein viel dramatischeres Schauspiel bietet als in milderen Zonen, sind dies die grausamsten Monate.

Das Leben in Grönland ist hart. Die dänische Regierung hat eine kostenlose medizinische Versorgung, Bildung und sogar Arbeitslosenunterstützung für alle eingeführt. Die Krankenhäuser sind makellos, und das Gefängnis in der Hauptstadt wirkt eher wie eine Bed-and-Breakfast-Pension denn eine Strafanstalt. Doch die Naturkräfte sind unfassbar rau. Ein Inuit, der einmal eine Europareise gemacht hatte, sagte zu mir: »Wir haben keine große Kunst geschaffen oder großartige Gebäude errichtet wie andere Kulturen. Aber wir haben Tausende Jahre in diesem Klima überlebt.« Möglicherweise, dachte ich, war das die größere Leistung.

Grönländische Jäger und Fischer haben Mühe, genug zu fangen, um sich, ihre Familien und ihre Hunde zu ernähren; und sie verkaufen die Felle der Seehunde, deren Fleisch ein wichtiger Bestandteil ihres Speiseplans ist, um die Reparatur ihrer Schlitten und Boote bezahlen zu können. Die Rate der Todesfälle durch Erfrieren, Verhungern und Verletzungen ist hoch, ebenso die Zahl der Vermissten. In den drei Monaten relativer Dunkelheit müssen die Jäger, bekleidet mit Hosen aus Eisbär- und Mänteln aus Robbenfell, neben ihren Hundeschlitten herlaufen, um keine Frostbeulen zu bekommen. Viele überleben den Winter nur durch den Verzehr von *Kiviak*, dem fermentierten Fleisch von kleinen Krabbentauchern, das achtzehn Monate in fettreicher Seehundhaut in der Erde gelagert und dann roh gegessen wird. Meine grönländischen Freunde versicherten mir, es sei nicht widerwärtiger als Blauschimmelkäse. Vor vierzig Jahren lebten die Menschen hier noch in Iglus. Wer eine solche Behausung nie betreten hat, kann sich kaum vorstellen, wie klein die meisten sind. Die einzigen Wärmequellen sind eine Tranlampe und die Körperwärme der Bewohner. In Winterkleidung gepackt, lagen diese zum Teil aufeinander. Heute wohnen die Inuit in Fertighäusern im dänischen Stil mit lediglich zwei oder drei Räumen, weil die Heizkosten in einem Land, das arm an Brennstoffen ist – in Grönland gibt es keine Bäume –, kaum tragbar sind.

Inuit-Familien sind groß. Und so halten sich unter Umständen zwölf Leute monatelang ununterbrochen in einem Haus auf, in der Regel in einem Raum. Es ist für alle einfach zu kalt und zu dunkel, um hinauszugehen; bis auf den Vater, der ein- oder zweimal im Monat auf die Jagd oder zum Eisfischen geht, um den Trockenfisch-Vorrat vom Sommer zu ergänzen. Diese erzwungene Nähe lässt keinen Raum für Klagen, die Besprechung von Problemen, Ärger oder Vorwürfe. In der Zeit der Iglus war es unmöglich, sich mit jemandem zu streiten, mit dem man wochenlang unmittelbaren körperlichen Kontakt hatte. Und auch heute müssen sich die Menschen über Monate einen Raum teilen und zusammen essen. Wer wütend hinausstürmt, wird unweigerlich sterben. »Wenn man zornig oder aufgebracht war«, sagte ein Inuit, »wandte man sich früher einfach um und sah zu, wie die Wände schmolzen.« Die extreme physische Nähe in dieser Gesellschaft erfordert emotionale Zurückhaltung. Manche, die teilweise noch nach alter Tradition leben, sind Geschichtenerzähler und schildern vorwiegend Jagdabenteuer oder wie jemand knapp dem Tod entronnen ist. Die meisten sind tolerant. Viele lachen gern. Andere sind eher still und grübeln. Doch unabhängig von der jeweiligen Persönlichkeit spricht fast niemand über seine Gefühle. Die charakteristischen Eigenschaften der grönländischen Depression sind nicht unmittelbar den Temperaturen und Lichtverhältnissen geschuldet. Sie sind die Folge dieses Tabus, über sich selbst zu sprechen.

Poul Bisgaard, ein liebenswürdiger, hochgewachsener Mann mit viel Geduld, die von einer gewissen Verträumtheit herzurühren schien, war der erste indigene Grönländer, der Psychiater wurde. »Wenn jemand in einer Familie depressiv ist, sehen wir natürlich die Symptome«, sagte er. »Aber wir pflegen aus Tradition nicht daran herumzudoktern. Man würde einen Patienten in seinem Stolz verletzen, wenn man ihm sagte, er leide unter Depressionen. Ein depressiver Mensch hält sich für wertlos und glaubt daher, es sei nicht angemessen, jemanden damit zu behelligen. Und die Menschen in seinem Umfeld trauen sich nicht einzugreifen.« Kirsten Peilman, eine dänische Psychologin, die seit über zehn Jahren in Grönland lebt, meinte: »Niemand schreibt jemandem vor, wie er sich benehmen soll. Man toleriert einfach, wie die Leute sind, und sorgt dafür, dass man selbst toleriert wird.«

Ich fuhr im Juni hin, in der Zeit des Lichts. Nichts hätte mich auf die Schönheit Grönlands zu dieser Jahreszeit vorbereiten können, wenn die Sonne die ganze Nacht hindurch am Himmel steht. Von Ilulissat, einem Ort mit fünftausend Einwohnern, wo ich mit einem Kleinflugzeug gelandet war, fuhren wir mit einem Fischerboot südwärts zu einer der Siedlungen, die ich in Absprache mit dem grönländischen Gesundheitsminister ausgewählt hatte und die den Namen Ilimanaq trug. Es ist ein Ort der Jäger und Fischer mit einer, zählt man nur die Erwachsenen, lediglich fünfundachtzigköpfigen Einwohnerschaft. Es gibt keine Straßen nach Ilimanaq, und es führen auch keine durch die Siedlung hindurch. Im Winter fahren die Bewohner mit Hundeschlitten über den gefrorenen Boden, im Sommer gelangt man nur per Boot in das Dorf. Im Frühjahr und Herbst bleiben die Menschen zu Hause. Als ich dorthin reiste, schwammen phantastische Eisberge, manche groß wie Bürogebäude, die Küste entlang und stauten sich im Kangerlussuaq-Eisfjord. Mein Führer und ich überquerten die Fjordmündung in einem kleinen Motorboot – zwischen abgerundeten, länglichen, kieloben liegenden Gebilden aus älterem Eis und abgebrochenen Gletscherteilen mit Altersfalten hindurch, die seltsam blau schimmerten. Angesichts dieser majestätischen Natur wirkte unser Boot klein und unbedeutend. An manchen Stellen brach sich das Licht der Sonne im Eis, die nicht von ihrem Platz am Horizont wich. Dann schob das Boot kleinere Eisberge beiseite, manche von der Größe eines Kühlschranks, andere sahen aus wie schwimmende Essteller. Sie drängten sich so dicht aneinander, dass man, nahm man den fernen Horizont ins Visier, hätte meinen können, man durchfahre eine zusammenhängende Eisfläche. Das Licht war so klar, dass es keine Tiefenschärfe zu geben schien und ich nicht sagen konnte, was nah und was weit entfernt war. Wir blieben in Ufernähe, aber ich war nicht in der Lage, Land und Meer zu unterscheiden, und meist bewegten wir uns durch Eisbergschluchten. Das Wasser war so kalt, dass sich, wenn ein Stück von einem Eisberg abbrach und hineinfiel, eine Delle bildete, als wäre es Pudding, und es mehrere Sekunden dauerte, bis es sich wieder zu einer glatten Fläche schloss. Von Zeit zu Zeit sahen oder hörten wir, wie sich eine Ringelrobbe in das frostige Nass plumpsen ließ. Ansonsten waren wir allein mit Licht und Eis.

Ilimanaq, um einen kleinen natürlichen Hafen herum erbaut, besteht aus etwa dreißig Häusern, einer Schule, einer kleinen Kirche und einem Laden, der ungefähr einmal in der Woche beliefert wird. In jedem Haus gibt es ein Hundegespann, die Zahl dieser Tiere übersteigt bei weitem die der Bewohner. Die Häuser sind in den leuchtenden bunten Farben gestrichen, die die Leute hier lieben – türkisblau, dottergelb, blassrosa –, dennoch machen sie kaum Eindruck vor den riesigen Felsen oder dem weißen Meer, das sich vor ihnen erstreckt. Einen einsameren Ort als Ilimanaq kann man sich kaum vorstellen. Doch es gibt eine Telefonverbindung, und die dänische Regierung bezahlt in dem Fall, dass jemand schwer erkrankt, einen Hubschrauber, der ihn ausfliegt, sofern das Wetter eine Landung erlaubt. Niemand hat hier fließendes Wasser oder Toiletten mit Spülung, allerdings ist ein Generator vorhanden, so dass manche Häuser und die Schule über Strom verfügen, manche auch über einen Fernseher. Von allen Häusern hat man einen unglaublich schönen Ausblick. Wenn ich um Mitternacht bei Sonnenschein zwischen den Häusern herumspazierte, wo Bewohner und Hunde schliefen, kam ich mir vor wie in einem Traum.

Eine Woche vor meiner Ankunft hatte man einen Zettel am Laden angebracht, auf dem nach Freiwilligen für ein Gespräch mit mir gefragt wurde. Meine Übersetzerin – eine lebhafte, gebildete Inuit-Aktivistin, die das volle Vertrauen der Einheimischen genoss – hatte mir trotz einiger Bedenken ihre Hilfe zugesagt, ihre zurückhaltenden Nachbarn aus der Reserve zu locken. Schon einen Tag nach unserer Ankunft wurden wir, wenn auch etwas schüchtern, angesprochen. Ja, sie hätten einiges zu erzählen. Ja, sie hätten sich entschlossen, *mir* ihre Geschichten zu erzählen. Ja, es sei leichter, mit einem Fremden über diese Dinge zu sprechen. Ja, ich müsse mich mit den drei weisen Frauen unterhalten – die die ganze Sache mit dem Reden über Gefühle aufgebracht hätten. Alle wollten helfen, selbst wenn damit eine ihnen fremde Geschwätzigkeit verbunden war. Wegen der Empfehlungen, die im Voraus eingegangen waren, wegen des Fischers, der mich in seinem Boot hergebracht hatte, und wegen meiner Übersetzerin ließen sie mich an ihrer intimen Gemeinschaft teilhaben und begegneten mir dennoch mit aller Höflichkeit, die einem Gast gebührte.

»Stellen Sie keine offenen Fragen«, riet mir der für den Bezirk zuständige dänische Arzt. »Wenn Sie sie nach ihren Gefühlen fragen, werden Sie Ihnen gar nichts sagen können.« Aber die Dorfbewohner wussten bereits, was ich wollte. In der Regel bestanden ihre Antworten nur aus ein paar wenigen Wörtern, und die Fragen mussten so konkret wie möglich sein, aber auch wenn sie ihre Gefühle sprachlich nicht ausdrücken konnten, waren sie doch gedanklich präsent.

Da seelische Erschütterungen in Grönland normaler Bestandteil des Lebens sind, sind Beklemmungen nichts Ungewöhnliches, ebenso wenig wie ein Sturz in dunkle Gefühle und Selbstzweifel. Ältere Fischer erzählten mir, wie ihr Schlitten einmal durchs Eis gebrochen war (ein guttrainiertes Hundegespann zieht einen in einem solchen Fall wieder aus dem Wasser – sofern das Eis nicht noch weiter einbricht und die Zügel nicht reißen; und man kann bis dahin schon ertrunken sein) oder dass sie bei Temperaturen unter null kilometerweit in nasser Kleidung hatten gehen müssen. Sie sprachen über das Jagen auf sich bewegendem Eis, das so laut rumorte, dass man einander nicht verstehen konnte; darüber, dass man plötzlich hochgehoben wurde, wenn sich ein Stück Gletscher unter einem verschob, und man damit rechnen musste, dass es jeden Moment kippte und man ins Meer geschleudert wurde. Und ich erfuhr, wie schwierig es nach solchen Erlebnissen war, weiterzumachen und dem Eis und der Dunkelheit das Essen für den nächsten Tag abzutrotzen.

Wir besuchten die drei weisen Frauen. Amalia Joelson, die Hebamme des Ortes, kam wohl einer Ärztin am nächsten. Sie hatte einmal eine Totgeburt gehabt; im Jahr darauf hatte sie ein Kind zur Welt gebracht, das in der Nacht nach der Geburt gestorben war. Wahnsinnig vor Kummer beschuldigte sie ihr Mann, das Kind getötet zu haben. Damals konnte sie es kaum ertragen, ihren Nachbarinnen Geburtshilfe zu leisten, aber selbst kein Kind bekommen zu können. Karen Johansen, die Frau eines Fischers, hatte ihren Heimatort verlassen, um nach Ilimanaq zu gehen. Kurz darauf waren in rascher Folge, aber aus unterschiedlichen Gründen, ihre Mutter, ihr Großvater und ihre ältere Schwester gestorben. Dann wurde die Frau ihres Bruders mit Zwillingen schwanger. Der erste wurde nach fünf Monaten tot geboren. Der zweite kam gesund zur Welt, starb aber mit drei Monaten am plötzlichen Kindstod. Ihr Bruder hatte noch ein Kind, eine sechsjährige Tochter, und als sie ertrank, erhängte er sich. Amelia Lange war die Pfarrerin im Ort. Sie hatte schon in jungen Jahren einen Jäger geheiratet und ihm kurz hintereinander acht Kinder geboren. Dann hatte der Mann einen Jagdunfall: Eine Kugel prallte von einem Felsen zurück und teilte seinen rechten Unterarmknochen in der Mitte zwischen Ellenbogen und Handgelenk. Der Knochen wuchs nie mehr zusammen, und wenn man ihm die Hand gab, knickte der Unterarm an der alten Bruchlinie ab, als wäre dort ein Gelenk. Natürlich konnte er den rechten Arm nicht mehr benutzen. Ein paar Jahre später wurde er unmittelbar vor dem Haus von einem starken Sturm umgeworfen. Da er sich mit dem kaputten Arm nicht abstützen konnte, brach er sich das Genick und war seither vom Kopf abwärts gelähmt. Seine Frau musste ihn pflegen und seinen Rollstuhl durch die Wohnung schieben, die Kinder allein aufziehen und zur Jagd gehen, um etwas zum Essen herbeizuschaffen. »Wenn ich draußen meine Arbeit tat, habe ich die ganze Zeit geweint«, erinnerte sie sich. Als ich sie fragte, ob ihre Nachbarn denn nicht gekommen seien, wenn sie sie weinen sahen, antwortete sie: »Sie haben sich nicht eingemischt, weil ich ja noch arbeiten konnte.« Ihr Mann hatte das Gefühl, eine zu große Last für sie zu sein. Er hörte auf zu essen, in der Hoffnung zu verhungern, aber sie erkannte, was er vorhatte. Und so brach sie ihr Schweigen und bat ihn eindringlich, weiterzuleben.

»Ja, das stimmt«, sagte Karen Johansen. »Wir wohnen hier auf so engem Raum zusammen, dass wir keine innigen Beziehungen eingehen. Und wir haben alle so große Lasten zu tragen, niemand will den anderen noch mehr aufbürden.« Anfang und Mitte des 20. Jahrhunderts stellten dänische Forscher fest, dass es bei den Inuit hauptsächlich drei psychische Krankheiten gab, die diese selbst schilderten. Inzwischen sind diese Krankheiten außer in sehr entlegenen Orten weitgehend ausgestorben. Die Pibloktoq (Arktishysterie) wurde von einem Mann, der selbst daran gelitten hatte, geschildert als »Steigen der Säfte, von jungem Blut, genährt vom Blut der Walrosse, Seehunde und Wale – Traurigkeit packt einen. Anfangs ist man erregt. Man ist des Lebens überdrüssig.« Eine modifizierte Form existiert bis heute, wir würden von aktivierter Depression oder bipolarer Störung sprechen; sie ist eng mit dem verwandt, was man im Malaiischen »Amok laufen« nennt. Am »Bergwanderersyndrom« litten jene, die ihrer Gemeinschaft den Rücken kehrten und fortgingen – in früheren Zeiten durften sie nicht mehr zurückkehren und mussten sich bis zu ihrem Tod in absoluter Abgeschiedenheit allein durchschlagen.»Kajakangst«, die Einbildung, dass sich das Boot mit Wasser füllt und man sinken und ertrinken wird, war die verbreitetste Form der Paranoia.[128]

Obwohl diese Begriffe inzwischen nur noch in historischen Zusammenhängen gebraucht werden, beschwören sie immer noch etliche Konflikte im Leben der Inuit herauf. Wie ich von René Birger Christiansen, dem Chef der für Grönland zuständigen Gesundheitsbehörde in Uummannaq, erfuhr, war dort kürzlich eine Flut von Meldungen eingetroffen, in denen Menschen klagten, sie hätten Wasser unter der Haut. Der französische Forscher Jean Malaurie schrieb in den fünfziger Jahren: »Oft stößt man bei einem Eskimo auf einen krassen Widerspruch zwischen einer prinzipiell individualistischen Einstellung und der bewussten Überzeugung, dass Einsamkeit gleichbedeutend mit Unglücklichsein ist. Wird er von seinen Mitmenschen verlassen, überfällt ihn die Depression, die ständig auf der Lauer liegt. Ist das Gemeinschaftsleben unerträglich? Ein ganzes Gewebe von Verpflichtungen verbindet die Menschen miteinander und macht aus dem Eskimo einen Gefangenen aus freien Stücken.«[129] Die weisen Frauen von Ilimanaq hatten ihren Schmerz lange schweigend ertragen. »Am Anfang«, sagte Johansen, »habe ich versucht, anderen Frauen zu erzählen, wie es mir ging, aber sie haben mich einfach ignoriert. Sie wollten nicht über schlimme Dinge sprechen. Sie wussten auch gar nicht, wie das gehen sollte; noch nie hatten sie gehört, dass jemand über derartige Probleme redete. Bis zum Tod meines Bruders war ich selbst stolz darauf, dass ich das Leben anderer nicht verdüsterte. Aber nach dem Schock über seinen Selbstmord musste ich reden. Den Leuten gefiel das nicht. Bei uns gilt es als unhöflich, zu jemandem zu sagen: ›Es tut mir leid, dass du diese Probleme hast‹, selbst wenn es ein Freund ist.« Sie bezeichnete ihren Mann als stillen Menschen, mit dem sie die Vereinbarung traf, dass er ihr zuhörte, wenn sie weinte. Und keiner von ihnen musste die Worte aussprechen, die ihm so fremd waren.

Irgendwann fühlten sich die drei Frauen durch ihre Probleme zueinander hingezogen und sprachen nach vielen Jahren endlich miteinander über ihr Leid. Joelson hatte an Hebammenkursen im Krankenhaus von Ilulissat teilgenommen und dort von Gesprächstherapien gehört. Ihr Kontakt zu den beiden anderen Frauen schenkte ihr Trost, und so machte sie ihnen einen Vorschlag, der völlig neu für diese Gesellschaft war. An einem Sonntag erzählte Amelia Lange in der Kirche von ihrer Gruppe und lud alle, die über ihre Probleme sprechen wollten, ein, sie einzeln oder gemeinsam aufzusuchen. Als Ort der Treffen schlug sie das Sprechzimmer in Joelsons Praxis vor und schwor, niemandem von den Besuchen zu erzählen. Schließlich fügte sie noch hinzu: »Keiner von uns muss einsam sein.«

Im folgenden Jahr nahmen alle Frauen des Dorfes das Angebot einzeln wahr, ohne zu wissen, wie viele andere auf den Vorschlag eingegangen waren. Frauen, die ihren Männern oder Kindern nie erzählt hatten, was in ihnen vorging, brachen hier im Entbindungsraum in Tränen aus. Und so nahm eine neue Kultur der Offenheit ihren Anfang. Auch Männer tauchten auf, obwohl das Ideal des starken, einsamen Wolfs viele abhielt, zumindest am Anfang. Ich verbrachte viele Stunden in den Häusern der drei Frauen. Amelia Lange erzählte mir von dem großartigen Gefühl, wenn Menschen sich nach einem Gespräch mit ihr »erleichtert« von ihr verabschiedeten. Karen Johansen lud mich zu sich und ihrer Familie ein, servierte mir einen Teller frisch zubereiteter Walsuppe, die ihrer Meinung nach oft das beste Mittel bei Problemen sei, und erklärte mir, ihrer Meinung nach bestehe die effektivste Kur gegen Traurigkeit darin, zu erkennen, dass auch andere darunter litten. »Ich mache das alles nicht nur für die Menschen, die meine Hilfe suchen, sondern auch für mich selbst«, sagte sie. Zu Hause sprechen die Bewohner von Ilimanaq nicht übereinander. Aber sie gehen zu den drei weisen Frauen, die ihnen neue Kraft geben. »Ich weiß, dass ich viele Selbstmorde verhindert habe«, sagte Johansen.

Vertraulichkeit war von allerhöchster Bedeutung; in einer kleinen Siedlung bestehen zu viele Hierarchien, die aufzubrechen zu weitaus größeren Problemen führen würde als das Schweigen. »Wenn ich den Menschen, die mir ihre Probleme offenbart haben, auf der Straße begegne, spreche ich sie nie darauf an oder erkundige mich näher nach ihrem Befinden«, sagte Joelson. »Es sei denn, sie fangen an zu weinen, wenn ich sie höflich frage, wie es ihnen geht. Dann nehme ich sie mit zu mir nach Hause.«

Depressionen sind eine Krankheit, die mit Einsamkeit verbunden ist, und jeder, der einmal darunter gelitten hat, weiß, dass sie selbst Menschen, die von Liebe umgeben sind, in furchtbare Isolation treibt – in Grönland vielleicht sogar gerade deshalb, weil man hier nie für sich sein kann. Die drei weisen Frauen von Ilimanaq hatten entdeckt, wie wunderbar es sein kann, sich von einer Last zu befreien und anderen zu demselben Erlebnis zu verhelfen. Je nach Kultur werden Leid und Schmerz unterschiedlich zum Ausdruck gebracht und auch empfunden, aber die Einsamkeit hat unendlich viele Facetten. Die drei weisen Frauen stellten mir auch Fragen zu meinen Depressionen, und während wir mit Seehundspeck umwickelten Stockfisch aßen, spürte ich, dass sie sich mir aufgrund ihrer eigenen Erfahrungen nahe fühlten. Als wir aus dem Ort abreisten, meinte meine Übersetzerin, dies sei das bislang anstrengendste Projekt ihres Lebens gewesen, aber sie sagte es mit unverkennbarem Stolz. »Wir Inuit sind starke Menschen«, erklärte sie mir. »Wenn wir unsere Probleme nicht lösen würden, würden wir hier untergehen. Deshalb haben wir einen Weg gefunden, auch dieses Problem der Depression zu bewältigen.« Sara Lynge, eine Grönländerin, die in einer Großstadt eine Hotline für Suizidgefährdete eingerichtet hat, meinte: »Als Erstes müssen die Leute begreifen, wie leicht es ist, mit jemandem über ihr Problem zu sprechen, und dann, wie gut ihnen das tut. Sie wissen das nicht. Wir haben das erkannt und müssen unser Bestes tun, dieses Wissen zu verbreiten.«

Wird man mit Welten konfrontiert, in denen das Unglück zum Alltag gehört, verschieben sich die Grenzen zwischen der realistischen Einschätzung von Schwierigkeiten im Leben und der Depression. Die Familien, die ich in Ilimanaq kennenlernte, hatten sich in der Regel durchgebissen, indem sie sich an ihren Schweigepakt gehalten hatten. Das war durchaus effektiv und half vielen Menschen durch zahlreiche kalte und lange Winter. Im Westen glaubt man, zumindest seit einiger Zeit, dass man Probleme am besten löst, wenn man sie aus dem Dunkeln ans Tageslicht zerrt, und was ich in Ilimanaq erfuhr, bestätigt diese Theorie, aber das Reden über persönliche Probleme ist auf einen engen Rahmen begrenzt. Man darf nicht vergessen, dass keiner der unter Depressionen leidenden Dorfbewohner mit dem Verursacher der Qualen über seine Nöte sprach, und auch die Gespräche mit den drei weisen Frauen fanden nur unregelmäßig statt. Oft heißt es, nur die müßiggängerische Schicht einer entwickelten Gesellschaft falle der Depression zum Opfer; aber diese Schicht zeichnet sich lediglich dadurch aus, dass sie das Privileg genießt, über ihre Depressionen sprechen und sie angehen zu können. Für die Inuit sind Depressionen im Verhältnis zu anderen Widrigkeiten von geringer Bedeutung und gehören für alle zum Alltag. Deshalb ignoriert man sie einfach, es sei denn, es kommt zu schweren vegetativen Störungen. Zwischen ihrem Schweigen und unserer wortreichen Selbstbeobachtung gibt es vielfältige Möglichkeiten, über psychisches Leiden zu sprechen und etwas über dieses Leid zu erfahren.

In Grönland stellen Depressionen nach wie vor ein großes Problem dar; Suizid ist eine der Haupttodesursachen, zehn Prozent der Sterbefälle gehen darauf zurück. Obwohl immer wieder Programme zu seiner Bekämpfung aufgelegt wurden, blieb die Quote seit 1980 ungefähr gleich; unter Jugendlichen ist die Suizidrate sogar gestiegen, oft in Verbindung mit Alkoholismus und häuslicher Gewalt. 2014 lag die Suizidrate bei achtundsiebzig pro hunderttausend Einwohner.[130] 2015 erklärte mir Astrid Olsen, die in Ilulissat in einem Antisuizidprojekt arbeitet, sie und ihre Kollegen verwendeten nicht mehr das Wort *imminorneq*, das sich in etwa mit »sich das Leben nehmen« übersetzen lässt, sondern würden stattdessen *imminut toqunneq* sagen, was so viel wie »sich töten« heißt. Das soll deutlich machen, dass es sich beim Suizid um eine Form des Mordes handelt, und das emotionale Trauma vor Augen führen, das der Suizid einer Gemeinschaft zufügen kann. »Es war, als hätte eine riesige, schwere Decke auf der ganzen Stadt gelegen«, meinte sie. »Wir mussten diese Decke wegziehen.«

Im Jahr 2009 stimmte Grönland für die Selbstverwaltung und

erhielt sie auch.¹³¹ Es ist also keine Kolonie Dänemarks mehr wie zu der Zeit, als ich die Insel besuchte. Ein großer Sprung nach vorn war die Einführung der Wasserkraft, die einem großen Teil der in den Siedlungen lebenden Bevölkerung ein komfortableres Leben ermöglicht.¹³² Das sind erfreuliche Fortschritte, die jedoch von der viel stärker wahrgenommenen Tatsache überschattet werden, dass Grönland dahinschmilzt: Im Jahr 2015 löste sich ein Eisblock von der Größe Manhattans aus dem Jakobshavn-Gletscher, ein Ereignis von einer solchen Dimension, dass man es vom Weltraum aus beobachten konnte.¹³³ Flächen, die von festem Eis bedeckt waren, als ich mich in Grönland aufhielt, werden heute landwirtschaftlich genutzt. Wenn ich die Fotos, die ich 1999 gemacht habe, mit denen vergleiche, die ich seither zugeschickt bekomme, bricht es mir das Herz. Der Verlust jener alten Eislandschaft ist nicht nur eine ökologische, sondern auch eine kulturelle Katastrophe.

SENEGAL

Nackt, mit Schafsblut bedeckt, colatrinkend und mit einem wahnsinnig guten Gefühl

Esquire, Februar 2014

Schon während das hier Geschilderte passierte, war mir klar, dass ich die Geschichte bis an mein Lebensende erzählen würde. Eine ausführliche Fassung erschien in *Saturns Schatten. Die dunklen Welten der Depression*; als ich über diese Erfahrung im Verein der Geschichtenerzähler »The Moth« berichten sollte, musste ich sie straffen und packender machen. Die schriftliche Version meines persönlichen Vortrags wurde in der ersten Anthologie der Gruppe *The Moth* veröffentlicht und anschließend im *Esquire* nachgedruckt. Dennoch bleiben hier Tenor und Zusammenhänge des ursprünglichen Texts erhalten. Einige Formulierungen des mündlichen Vortrags habe ich korrigiert. Zwar wurde der Artikel im *Esquire* erst 2014 veröffentlicht, doch ich habe ihn an diese Stelle gesetzt, weil ich den Senegal im Jahr 2000 bereiste.

Gegenwärtig bin ich nicht depressiv – aber ich war es lange. Die Depressionen waren massiv, und ich erlebte lange Abschnitte, in denen mir alles hoffnungs- und sinnlos erschien, in denen es mir bereits zu viel war, auf die Anrufe von Freunden zu antworten, in denen mir die Vorstellung, aufzustehen und in die Welt hinauszugehen, Schmerz bereitete, in denen ich vor Angst völlig gelähmt war.

Als es mir schließlich besser ging und ich über den Heilungsprozess zu schreiben begann, fand ich Interesse an den unzähligen Behandlungsmethoden für Depressionen. Als eine Art medizinischer Konservativer glaubte ich anfangs, nur ein paar davon würden funktionieren – Medikation, Elektrokrampftherapie und bestimmte Formen der Gesprächstherapie. Mit der Zeit aber änderte ich meine Haltung. Wenn jemand einen bösartigen Gehirntumor hat und feststellt, dass er sich nach einem Kopfstand und einer halben Stunde Gurgeln pro Tag besser fühlt, dann hat er höchstwahrscheinlich immer noch den bösartigen Hirntumor und wird ohne eine weitere Behandlung daran sterben. Leidet man jedoch unter Depressionen und kommt zu dem Ergebnis, dass man sich nach einem Kopfstand und einer halbe Stunde Gurgeln pro Tag besser fühlt, ist man geheilt – denn Depression ist eine Erkrankung des Gemüts, und wenn man sich gut fühlt, ist man nicht länger depressiv.

So öffnete ich mich langsam gegenüber anderen Behandlungsformen. Ich befasste mich mit allem Möglichen, von experimenteller Hirnchirurgie bis zu Hypnose. Da ich Artikel zu diesem Thema veröffentlichte, bekam ich jede Menge Briefe. Eine Frau schrieb mir, sie habe es mit Psychopharmaka, einer Psychotherapie, Elektroschockbehandlungen und einer Reihe anderer Methoden versucht, bis sie schließlich entdeckt habe, was ihr half. Jetzt wollte sie, dass alle es erfuhren. Sie machte nun »kleine Dinge aus Garn« und schickte mir nicht nur Beispiele, sondern auch ein Foto von sich mit zweitausend identisch aussehenden Teddybären im Zimmer. Eine Zwangsstörung ist nicht unbedingt dasselbe wie eine Depression, aber was will man mehr – zuvor fühlte sie sich elend, und jetzt war sie ziemlich glücklich.

Während meiner Recherchen stieß ich auf die interessante These, dass Depressionen nicht nur in den modernen Industrienationen auftreten, wie bislang allgemein angenommen wurde, sondern auch in anderen Kulturen und allen Epochen. Als mich David Hecht, einer meiner besten Freunde, der für eine Weile im Senegal lebte, fragte: »Kennst du die Stammesrituale, mit denen man hier Depressionen behandelt?«,[134] antwortete ich: »Nein, aber ich würde sie gern kennenlernen.« »Nun, wenn du uns besuchen kommst, können wir dir bei deinen Recherchen helfen.«

Also fuhr ich in den Senegal und traf mich dort mit Davids damaliger Freundin und jetzigen Exfrau Hélène. Sie hatte eine Cousine, deren Mutter mit jemandem befreundet war, der mit der Tochter einer Frau zur Schule gegangen war, die das von David erwähnte Ritual

N'Deup noch heute praktiziert, und sie arrangierte für mich ein Interview mit dieser Frau. Ich machte mich also auf den Weg zu einer kleinen Stadt etwa zwei Stunden von Dakar entfernt und wurde einer beeindruckenden alten, hochgewachsenen Priesterin vorgestellt, die in kilometerlange Bahnen eines mit Augen bedruckten afrikanischen Batikstoffs eingewickelt war. Sie hieß Madame Diouf. Wir unterhielten uns eine Stunde lang, in der sie mir alles über *N'Deup* erzählte. Am Ende des Interviews überkam mich der Wagemut, und ich erkundigte mich: »Ich weiß nicht, ob das für Sie überhaupt in Frage kommt, aber wäre es möglich, dass ich bei einem *N'Deup* zusehe?«

Sie antwortete: »Nun, bis jetzt habe ich noch nie ein *N'Deup* mit einem *Toubab*« – in der Sprache der Einheimischen das Wort für »Ausländer« – »gemacht, aber Sie sind über Freunde zu mir gelangt. Also gut, das nächste Mal, wenn ich ein *N'Deup* durchführe, können Sie dabei sein.«

»Hervorragend«, sagte ich. »Und für wann haben Sie das nächste *N'Deup* geplant?«

»Ach, irgendwann in den kommenden sechs Monaten.«

»Wenn es sechs Monate dauert, muss ich noch ziemlich lange in dieser Stadt bleiben und warten«, stellte ich fest. »Vielleicht können wir eins für jemanden früher ansetzen und das Ganze beschleunigen. Ich helfe dabei.«

»Nein, so funktioniert das nicht.« In ihrer Stimme klang eine leise Entschuldigung mit.

»Nun, dann werde ich wohl kein *N'Deup* zu sehen bekommen. Trotzdem war unser Gespräch für mich sehr interessant und aufschlussreich. Ich bin ein bisschen traurig, dass ich aufbrechen muss, ohne eins gesehen zu haben, aber ich danke Ihnen.«

»Ich freue mich, dass Sie hier waren. Und ich freue mich, dass es aufschlussreich war ... Aber eins möchte ich Ihnen noch sagen. Ich hoffe, es macht Ihnen nichts aus.«

»Nein. Was?«

»Sie sehen nicht besonders glücklich aus. Leiden Sie unter Depressionen?«

Ich zögerte. »Hm, ja. Depressionen. Ja, ich leide unter Depressionen. Sie waren sehr heftig. Jetzt ist es ein bisschen besser, aber tatsächlich leide ich immer noch unter Depressionen.«

»Nun, auch wenn ich es eigentlich noch nie für einen *Toubab* gemacht habe: Sie könnten von mir ein *N'Deup* haben.«

»Ach!«, sagte ich. »Was für ein interessanter Gedanke. Ja, ähem, gewiss. Ja, natürlich! Gut, machen wir's. Ich kriege ein *N'Deup*.«

»In Ordnung. Ich glaube, es wird Ihnen helfen.«

Sie gab mir noch einige einfache Anweisungen, und dann verabschiedete ich mich.

Meine Dolmetscherin Hélène, die bereits erwähnte damalige Freundin und jetzige Exfrau meines Freunds David, wandte sich zu mir um. »Bist du wahnsinnig geworden?«, fragte sie. »Hast du überhaupt eine Ahnung, auf was du dich da einlässt? Du bist verrückt. Völlig wahnsinnig. Aber ich helfe dir, wenn du willst.«

Fürs Erste hatte ich eine Einkaufsliste. Ich sollte sieben Ellen afrikanischen Stoff mitbringen. Ich sollte eine Kalebasse mitbringen, ein aus einem Kürbis gefertigtes großes Gefäß. Ich sollte drei Kilo Hirse, Zucker und Kolanüsse mitbringen. Außerdem musste ich zwei Hähne und einen Schafbock beschaffen, alle drei lebendig. David, Hélène und ich gingen also zum Markt und bekamen das meiste auch. »Und was ist mit dem Schafbock?«, fragte ich.

»Den können wir heute nicht kaufen«, erklärte mir Hélène. »Wo sollen wir ihn denn über Nacht hintun?« Das leuchtete mir ein.

Am nächsten Tag nahmen wir ein Taxi, das uns die zweistündige Strecke zum *N'Deup* fahren sollte. »Und was ist mit dem Schafbock?«, fragte ich.

»Ach, unterwegs werden wir schon einen finden«, meinte Hélène. Also fuhren wir los, und unterwegs stießen wir tatsächlich neben der Straße auf einen senegalesischen Schäfer mit seiner Herde. Wir ließen den Taxifahrer anhalten, stiegen aus, handelten ein wenig und kauften dann für sieben Dollar einen Schafbock. Anschließend mussten wir ein bisschen kämpfen, bis wir den lebendigen Schafbock im Kofferraum verstaut hatten. Den Taxifahrer schien das jedoch nicht weiter zu stören, nicht einmal, dass sich der Schafbock im Kofferraum erleichterte.

Als wir ankamen, sagte ich zu Madame Diouf: »Hier bin ich also. Bereit für mein *N'Deup*.«

Ein *N'Deup* kann allerdings unterschiedlich ablaufen, und wie genau, hängt von einer ganzen Wagenladung von oben kommender Zeichen und Symbole ab. Wir mussten also eine ganze schamanistische Prozedur durchführen, um mein *N'Deup* zu bestimmen. Bis dahin wusste ich immer noch kaum, was mich erwartete. Zuerst musste ich meine Jeans und mein T-Shirt ausziehen und einen Lendenschurz anlegen. Dann setzte ich mich hin, damit man mir Brust und Arme mit Hirse abrubbeln konnte. Eine sagte: »Ach, wir sollten Musik dazu spielen.«

»Oh, prima«, sagte ich. Ich dachte, ja, Trommeln, diese wunderbaren stimmungsvollen westafrikanischen Trommeln.

Madame Diouf holte ihren kostbarsten Besitz, einen batteriebetriebenen Kassettenrekorder, für den sie eine einzige Kassette besaß: *Chariots of Fire*. Also hörten wir *Chariots of Fire*. Man gab mir verschiedene schamanistische Gegenstände, die ich in die Hände nehmen und dann fallen lassen musste. Anschließend musste ich sie mit den Füßen aufnehmen und wieder fallen lassen. Madame Dioufs fünf Helferinnen standen um uns im Kreis. Sie sagten: »Oh, dies verheißt Gutes.« »Dies verheißt Schlechtes.« So verbrachten wir den Morgen. Wir hatten ungefähr um acht begonnen, und gegen elf, halb zwölf sagten sie: »Nun, jetzt ist die Zeit für den Hauptteil des Rituals gekommen.«

»Okay«, sagte ich, und dann setzten die Trommeln ein – jene Trommeln, auf die ich gehofft hatte. Alles war erfüllt von ihrem Klang, und ich fand es wirklich aufregend. Wir gingen zum Dorfplatz, wo ich mich mit dem Schafbock in ein kleines provisorisches Hochzeitsbett legen musste. Man sagte mir, es würde ganz, ganz furchtbares Unglück bringen, wenn ich den Schafbock weglaufen ließe, ich solle ihn also gut festhalten. Ich müsse mich in dieses Hochzeitsbett legen, weil all meine Depressionen und all meine Probleme von den Geistern stammten, die sich in mir niedergelassen hatten. Im Senegal ist man umgeben von Geistern wie in den Industrieländern von Mikroben. Einige haben eine positive Wirkung. Andere sind schlecht. Wieder andere sind neutral. Meine schlechten Geister, so hieß es, waren extrem eifersüchtig auf meine Sexualpartner im wahren Leben, und es galt, die Wut dieser Geister zu beschwichtigen. Deshalb musste ich mich mit dem Schafbock in dieses Hochzeitsbett legen und ihn gut festhalten. Natürlich erleichterte er sich sofort auf meinem Bein.

Das ganze Dorf hatte sich an diesem Tag von der Arbeit auf den Feldern freigenommen und tanzte nun in konzentrischen Kreisen um mich und den Schafbock herum. Dabei warfen sie Decken und Laken über uns, so dass wir allmählich darunter begraben wurden. Es war unheimlich heiß und furchtbar stickig. Neben dem Stampfen der Tänzer hörte ich das Trommeln, das lauter und lauter und immer ekstatischer wurde. Gerade als ich das Gefühl hatte, in Ohnmacht zu fallen oder das Bewusstsein zu verlieren, riss man mit einem Mal alle Decken fort. Dies war der entscheidende Moment. Man zog mich hoch. Die Dorfbewohner nahmen mir mit dem Lendenschurz das letzte Kleidungsstück ab, das ich noch trug. Dem armen alten Schafbock schnitt man die Kehle durch, und dasselbe geschah den beiden Hähnen. Madame Diouf und ihre Helferinnen tauchten die Hände in das Blut der frisch geschlachteten Tiere und rieben damit meinen gesamten Körper ein. Den Vorschriften nach musste jeder Zentimeter damit bedeckt werden, und so strichen sie es mir auch ins Haar, auf mein Gesicht, meine Geschlechtsteile und meine Fußsohlen. Das Blut war warm, und als man mir die halb geronnene Masse auf die Haut schmierte, empfand ich das Gefühl als ausgesprochen angenehm.

Da stand ich nun also, nackt und von oben bis unten mit Blut beschmiert. »Gut, damit wäre dieser Teil beendet«, sagten sie. »Jetzt kommt der nächste.«

»Okay«, sagte ich, und wir gingen zurück zu der Stelle, wo am Morgen die Vorbereitungen getroffen worden waren.

Eine der Frauen sagte: »Es ist Mittag. Wollen wir nicht eine kurze Pause machen? Möchten Sie eine Cola?« Cola trinke ich eigentlich nur selten, aber in diesem Augenblick fand ich die Aussicht ungeheuer verlockend, und ich sagte ja. Da saß ich nun also, splitterfasernackt, von oben bis unten mit Tierblut bedeckt, während sich auf meinem ganzen Körper die Fliegen sammelten, die nun mal zwangsläufig von nackter Haut und Tierblut angelockt werden. Und trank meine Cola.

Als ich die Flasche ausgetrunken hatte, sagten sie: »Gut, nun kommen wir zum letzten Teil des Rituals. Als Erstes müssen Sie die Hände an die Seiten legen und sich ganz gerade und aufrecht hinstellen.« Daraufhin fesselten sie mich mit den Därmen des Schafbocks. Der Kadaver hing am Ast eines Baumes in der Nähe und wurde von jemandem zerlegt. Man entfernte die Organe und bewahrte den Kopf auf. Ein anderer Mann grub langsam mit einem langen Messer drei kreisrunde, etwa fünfzig Zentimeter tiefe Löcher. Ich stand herum und versuchte zu verhindern, dass die Fliegen in meine Augen und Ohren krochen.

Dann musste ich, von Därmen gefesselt, wie ich war, mit den Füßen hinüberrutschen, was mir gar nicht so leichtfiel, wie man meinen könnte, wenn man das noch nie gemacht hat. Inzwischen hatten sie den Kopf des Schafbocks in drei Teile zerhackt, die ich jeweils in die drei Löcher werfen musste, was selbst gefesselt durchaus zu bewerkstelligen ist. Dann füllten wir die Löcher mit Erde, und man hieß mich mit dem rechten Fuß dreimal auf jedes Loch stampfen, was schon ein bisschen schwieriger war. Dabei sollte ich Worte nachsprechen, die mich inmitten dieses gespenstischen Spektakels unglaublich und seltsam anrührten: »Geister, gebt Ruhe, damit ich mein Lebenswerk fortsetzen kann. Und wisst, dass ich euch nie vergessen werde.« Dabei dachte ich: »Wie nett, den Geistern, die man austreiben will, zu sagen, man werde sie nie vergessen.« Ich habe mein Versprechen gehalten.

Es folgten dann noch vielerlei kleinere Einzelheiten. Man gab mir ein Stück Papier, das die am Morgen benutzte und wieder eingesammelte Hirse enthielt. Ich sollte sie zum Schlafen unter mein Kopfkissen legen und am nächsten Tag nach dem Aufstehen einem Bettler geben, der gut hören konnte und keine Missbildungen hatte. Sobald das getan wäre, sei ich geheilt. Dann bespuckten mich die Frauen mit Wasser, um das Blut von mir abzuspülen, wobei ich mich fühlte wie in einer Rundum-Dusche. Nach und nach lösten sich die Schichten von meinem Körper, und am Ende gaben sie mir meine Jeans zurück. Alle tanzten, der Schafbock wurde gebraten, und wir setzten uns zusammen und aßen davon.

Ich fühlte mich prächtig. Ich fühlte mich einfach wunderbar! Was für ein Erlebnis! Ich glaubte zwar nicht an die animistischen Vorstellungen, die ihm zugrunde lagen, aber umgeben von all den Menschen, die sich versammelt hatten und mich beglückwünschten, machte sich in mir ein Hochgefühl breit.

Fünf Jahre später, als ich für die Recherchen zu meinem nächsten Buch in Ruanda war, erfuhr ich etwas Eigenartiges. In einem Gespräch mit einem Einheimischen dort beschrieb ich mein Erlebnis im Senegal, und er sagte: »Ach, wir haben etwas, was ein bisschen ähnlich ist. Das dort ist Westafrika, wir sind in Ostafrika. Es gibt sicher Unterschiede, aber manches von dem ähnelt den Ritualen hier bei uns.« Er schwieg. »Wissen Sie, wir hatten große Probleme mit den psychologischen Beratern, die nach dem Genozid ins Land kamen. Wir mussten einige von ihnen bitten, wieder abzureisen.«

»Was war das Problem?«, fragte ich.

»Sie hatten bei ihrer Arbeit nicht die Praxis, wie Sie es beschrieben haben, nach draußen in die Sonne zu gehen, so dass man sich langsam wieder besser fühlt. Bei ihnen gab es keine Musik oder Trommeln, die das Blut wieder zum Strömen bringen, wenn man depressiv ist und es einem schlecht geht und das Blut wieder strömen muss. Es gehörte nicht zu ihrem Konzept, dass sich alle einen Tag freinehmen, damit die ganze Gemeinde zusammenkommt, um einen aufzumuntern und wieder Freude in sein Leben zu bringen. Sie hatten nicht verstanden, dass Depressionen von außen angreifen und tatsächlich auch wieder ausgetrieben werden können.« Er machte eine bedeutungsvolle Pause. »Stattdessen haben sie die Leute einzeln in diese engen kleinen Räume geholt, damit sie dort eine Stunde sitzen und über die schlimmen Dinge sprechen, die ihnen zugestoßen sind.« Er schüttelte den Kopf. »Wir mussten sie bitten, wieder abzureisen.«

Im Senegal gibt es nicht einmal fünfzig Psychiater für eine Bevölkerung von vierzehn Millionen Menschen und auch kaum Ärzte, die über psychiatrische Kenntnisse verfügen. Psychologische Betreuung im westlichen Stil findet man nur in Dakar, nicht aber auf dem Lande. Trotzdem begegnet man psychisch Kranken im Senegal grundsätzlich mit Toleranz; Familienangehörige kümmern sich um sie, und die Gemeinschaft bringt Kranken, die sich nicht selbst versorgen können, das Essen.[135] Nachdem sich die akademische Psychiatrie lange von den traditionellen Heilern abgegrenzt hat, sind die Trennlinien heute in Auflösung begriffen, und Zusammenarbeit wird allmählich die Norm. Die psychiatrischen Kliniken Dakars verwenden oft Elemente des *N'Deup*, die im Rahmen traditioneller gemeinschaftlicher Zusammenkünfte eingesetzt werden. In besonders schweren Fällen holt man animistische Heiler zu Hilfe.

Mit Zunahme der Zahl senegalesischer Einwanderer in die Vereinigten Staaten wird zunehmend der Ruf nach Behandlungsmethoden laut, die speziell auf das senegalesische Verständnis der Geisterwelt abgestimmt sind. Ohne tiefgehenden Respekt vor der Kultur des Patienten kann eine psychiatrische Erkrankung nicht geheilt werden. Die pauschale Unterstellung, dass die moderne Medizin recht hat und die überlieferten Rituale lediglich auf Aberglauben beruhen, ist nicht die beste Ausgangsbasis für Behandlungen psychischer Störungen, wie man inzwischen zunehmend erkennt. William Louis Conwill, der als Erster wissenschaftliche Untersuchungen zum *N'Deup* durchgeführt hat, sagt: »Wenn man Glauben und Kultur der Lébou nicht offen gegenübersteht, ist man leicht versucht, die Besessenheit beim *N'Deup* als reine Suggestion und die rituellen Tieropfer als primitiven Aberglauben abzutun. Doch die rituellen *N'Deups* schlagen eine Brücke zwischen der physischen Welt des von der westlichen Medizin gewöhnlich vertretenen Ursache-Wirkungs-Prinzips und der Welt der Geister, die die Lébou vor Krankheit und Unheil schützen. Die Beratungsdienste für senegalesische Einwanderer müssen deren Welt als real betrachten und die Macht der *N'Deup*-Priesterin anerkennen. Solange sie das Ritual lediglich für Blendwerk halten, werden ihre Bemühungen vergeblich sein.«[136]

AFGHANISTAN

Ein Erwachen nach den Taliban

New York Times, 10. März 2002

Ich war am 11. September 2001 in New York. Schon oft habe ich mich Hals über Kopf in Gefahr gestürzt, doch diesmal versteckte ich mich eine Woche lang in meinem Haus und nahm dann das erste Flugzeug außer Landes. Ich war in New York aufgewachsen, und ein Angriff auf meine Stadt befand sich nicht im Repertoire der Ängste, die mich ins Erwachsenenalter begleitet hatten. Und so fühlte ich mich wie Samson mit geschorenem Haar. Später schämte ich mich für mein gelähmtes Nichtstun. Es war zu spät, um sich zu einem Freiwilligeneinsatz in Lower Manhattan zu melden, aber nicht zu spät, den Krieg verstehen zu helfen, in den wir uns hineinmanövriert hatten.

Das erfolgreichste Bravourstück moderner Diplomatie ist der Marshallplan. Und ich glaube, wir hätten jetzt einen zuverlässigen Verbündeten in Zentralasien, hätten wir das Geld, das wir für eine nutzlose Invasion in den Irak verschwendet haben, in den Aufbau Afghanistans gesteckt. Immerhin war Afghanistan in den sechziger Jahren ein ausgesprochen liberales Land, wo Frauen Miniröcke trugen. Von den vielen kurzen Aufschwungphasen, über die ich berichtet habe, wirkte keine andere so überschwänglich, keine hatte sich in so kurzer Zeit vollzogen und ging dann so brutal zu Ende.

Dieser Artikel basiert zwar auf einer Story, die ich im Auftrag der *Times* geschrieben habe, enthält aber auch ein paar Details aus einer Reportage über unser letztes Abendessen für *Food&Wine*.

Die Wiedereröffnung der Nationalgalerie in Kabul im Februar 2002 fand im Dunkeln statt. Wieder einmal war der Strom ausgefallen –

ebenfalls ein Opfer des Kriegs –, niemand schaffte es, den Generator zum Laufen zu bringen. Eine gewisse grimmige Entschlossenheit lag in der Luft. Beeindruckender als viele der Kunstwerke war eine spezielle Schau zerrissener Zeichnungen und zerbrochener Rahmen – die Hinterlassenschaft der Taliban, damit niemand vergaß. Dennoch war die Stimmung hoffnungsvoll, triumphierend, sogar fröhlich. Hamid Karsai, der Präsident der Übergangsregierung, leitete die Zeremonie und sprach emotional von der Nationalgalerie als einem Ort »großer Hoffnung und Leuchtkraft«, wo die afghanische Kultur aus ihrem Versteck kommen könne. »Dies ist so viel mehr als nur die Wiedereröffnung eines Museums«, erklärte er und brachte mit einer Tasse Tee einen Toast aus. Dann beobachtete er mit großer Freude, wie Dr. Jussuf Asefi einen süßen Triumph zelebrierte.

Dr. Asefi ist ein Künstler, der unter hohem persönlichen Risiko auf achtzig Ölgemälden in der Galerie die menschlichen Gestalten versteckt hatte, indem er sie mit Wasserfarben übermalte. So hatte er die Bilder vor der Zerstörung durch die Taliban bewahrt, denn für diese war die Darstellung von Menschen ein Sakrileg. Nun trat Asefi, geschniegelt und gebügelt, vor den Augen der geladenen Minister, Journalisten, Künstler und einheimischen Intellektuellen vor ein Gemälde, tauchte einen Lappen in Wasser und fing an, die Wasserfarben abzuwischen. Darunter erschienen unversehrt die originalen Figuren. Applaus ertönte.

Ich war nach Afghanistan gekommen, um mir anzusehen, was nach den Verwüstungen durch die Taliban und den Zerstörungen durch den Krieg von der Kultur des Landes noch übrig war. Erstaunt stellte ich fest, dass inmitten der ausgebombten Ruinen von Kabul eine Künstlergemeinschaft lebte, die nicht einfach nur optimistisch, sondern geradezu ausgelassen war. Jeder, mit dem ich sprach, wusste eine verstörende Geschichte über die Ära der Taliban zu erzählen, doch die Mitglieder dieser Gemeinschaft hatten diese Zeit überraschend gut überstanden und knüpften größtenteils dort wieder an, wo sie hatten aufhören müssen. Die westliche Berichterstattung lässt einen glauben, Kabul sei abgesehen von Regierungsangestellten und Soldaten fast ausschließlich von verzweifelten Bauern bewohnt, viele von ihnen militant. Tatsächlich aber besteht Kabuls Einwohnerschaft ebenso aus gebildeten, kultivierten Afghanen, von denen einige während der Herrschaft der Taliban geblieben und andere aus dem selbstgewählten Exil zurückgekommen sind.

Doch der Beginn einer Renaissance ist nicht nur innerhalb einer kleinen Elite zu beobachten. Die von den Taliban verbotene Union of Artists hatte sich vor drei Monaten in aller Stille neu gegründet und landesweit bereits mehr als dreitausend Mitglieder gewonnen, darunter zweihundert Frauen. »Unsere Zukunft hängt von diesen Menschen ab«, sagte Karsai zu mir. »Wir müssen unsere Kultur bewahren und sie voranbringen, eine neue Kultur Afghanistans schaffen. Das hat oberste Priorität.«

Nur zögerlich legten afghanische Frauen die verhüllende Burka ab, für Westler das stärkste Symbol ihrer Unterdrückung durch die Taliban. Während meines zweiwöchigen Besuchs in Kabul Mitte Februar habe ich nur ein knappes Dutzend Frauen gesehen, die auf der Straße ihr Gesicht zeigten, und keine einzige trug ihr Haar unbedeckt, obwohl das Verbot aufgehoben ist. Dass sie an diesen Bekleidungsregeln festhalten, weist darauf hin, dass die Verschleierung kulturell tief verankert ist. Doch auch wenn die Frauen nur zögernd und ambivalent in Erscheinung traten, belegt das Aufblühen der Kunst in jüngster Zeit – ob hohe oder Gebrauchskunst, neue Kunst, westliche oder östliche –, wie frei die in der Stadt lebenden Afghanen plötzlich sind.

Im Gegensatz zur Propaganda der Taliban haben Bilderverbote keine Grundlage im Islam. »Diese Vorstellung ist lächerlich«, sagte der Informations- und Kulturminister Said Makhtoum Rahim. »Es gibt keinerlei religiöse Rechtfertigung für solche Gesetze.« Nancy Hatch Dupree, eine führende westliche Expertin für afghanische Kultur, nennt die Verbote »völligen Unsinn, ausschließlich politisch motiviert«. Abdul Mansour, Direktor des afghanischen Fernsehens und ehemaliger Kulturminister, stellte fest: »Sie behaupteten, es gehe um Religion. Dabei handelte es sich lediglich um eine Mischung aus brutalem Vorgehen, Geschäftemacherei und der Umsetzung der ISI-Agenda.« Damit meinte er Pakistans Geheimdienst, der die Taliban gefördert hatte. »Der ISI will Afghanistan so schwach wie möglich sehen. Auch ist Pakistan neidisch. Denn Pakistan ist ein junges Land, ein künstliches Land ohne Geschichte. Wohingegen wir – wir haben eine großartige Geschichte.«

Rahim erklärte: »Die afghanische Kultur wurde schon oft zerstört. Von Alexander dem Großen. Von der britischen Armee. Im dreizehnten Jahrhundert eroberte Dschingis Khan Herat und tötete alle dort. Sechzehn Männer waren aus unterschiedlichen Gründen nicht in der Stadt gewesen. Als sie zurückkehrten, mussten sie feststellen, dass ihre Stadt nicht mehr existierte. Zuerst weinten sie. Doch dann beschlossen sie den Wiederaufbau, und obwohl sie nur sechzehn waren, erstand Herat neu aus der Asche. Und so werden wir wieder handeln. Wir wollen eine Nachricht der Liebe und Kooperation hinaus in alle Welt senden und unsere großartige Kunst zeigen, damit die Menschen erkennen, dass dies hier nicht nur ein Land der Warlords und der Kämpfe ist.«

Erstaunlicherweise unterstützten die Taliban anfangs die Kunst und Programme zum Erhalt der Kultur. Erst als später während ihrer Herrschaft die terroristische Al-Qaida und ausländische Agenten immer mehr an Macht gewannen, praktizierten die Taliban eine kunstfeindliche Politik. Viele der schönsten Objekte im Land, etwa zweitausend nationale Kunstschätze, wurden mutwillig zerstört. Ziel der Taliban war es, die afghanische Identität auszulöschen und so den nationalen Widerstand gegen das neue Regime klein zu halten. Im Gegensatz zu den Sowjets oder den chinesischen Maoisten, die sich in die Kunst einmischten, um alle geschichtlichen Bezüge zu eliminieren, die nicht zur patriotischen Propaganda taugten, ging es den Taliban um ihre Zerstörung. Schon die bloße Idee eines Afghanistans sollte ausgelöscht werden. Für dieses Vorhaben genügte es nicht, nur die Intellektuellen und Künstler zu unterdrücken, es musste auch in das Leben der einfachen Menschen mit ihren einfachen Freuden eingegriffen werden. »Es ist ihnen gelungen, etwa achtzig Prozent unserer kulturellen Identität zu zerstören«, sagte Rahim. »Schon die Sowjets hatten Schaden angerichtet, sie wollten eine tausendjährige Geschichte in einen Marxismus des 19. Jahrhunderts verwandeln. Doch die Taliban wollten alles zerstören.«

Man versammelt sich vor dem Fernseher

Fernsehen, unter den Taliban illegal, aber Anfang 2002 wieder aufgelebt, ist das populärste Mittel, neue Ideen und Werte zu verbreiten, auch wenn die Ausstattung des einzigen Senders des Landes ziemlich dürftig ist und vieles der mangelhaften Qualität der Videos und kaputter Kameras wegen mehrmals aufgezeichnet werden muss. Mansour hat Professoren für Programme verpflichtet, die die Geschichte Afghanistans bis zurück ins Jahr 1000 v. Chr. aufbereiten. Es werden auch Sendungen über Musik und Kunst, alte afghanische Filme und Rezitationen neuer afghanischer Lyrik gezeigt. Die Afghanen gieren nach diesen Inhalten; nach fünf Jahren ohne Fernsehen scharen sich in Kabul große Zuschauergruppen um Apparate, die oft an Autobatterien angeschlossen werden, wenn der Strom ausfällt, was an den meisten Abenden der Fall ist.

Wächter der Kunst

Viele der besten Künstler Afghanistans bedienen sich traditioneller Kunstformen und malen beispielsweise Miniaturen, die ihren Ursprung in Afghanistan haben und in der Kunstgeschichte des Landes eine zentrale Rolle spielen. Der führende Miniaturenmaler, Hafiz Meherzad, umrahmt figurative Szenen mit exquisitem Blattgold und Pigmenten aus felsiger Erde. Er sei »zu müde gewesen, um zu emigrieren«, nachdem die Mudschahedin im Machtvakuum nach den Sowjets die Herrschaft übernommen hatten, erzählte er; und dass er geglaubt habe, er könne seine Arbeit in aller Stille auch unter den Taliban fortführen, solange er nichts davon öffentlich zeige. Als seine Nachbarn jedoch laut riefen, dass die Taliban jedes Haus durchsuchen würden, geriet er in Panik und vergrub sämtliche Arbeiten. Die Feuchtigkeit setzte ihnen stark zu und zerstörte die meisten. Doch er ist von einem Gefühl der Verantwortung gegenüber der Kultur beseelt. »Ich glaube auf dem Gebiet nicht an Innovation«, sagte Meherzad. »Wenn man dieses Genre verändert, zerstört man sogar noch die Vergangenheit. Ihr in Amerika könnt Neuerungen zulassen, denn eure Vergangenheit ist nicht in Gefahr. Hier in Afghanistan müssen wir erst unsere Vergangenheit sichern, bevor wir anfangen, eine Zukunft zu erschaffen.«

Den Taliban fiel es nicht leicht, Kalligraphen anzugreifen, deren Arbeiten unantastbar waren; doch sie blieben ihnen verdächtig, und Männer wie Ismael Sediqi bemühten sich, nicht aufzufallen. Er hörte auf, aus seinen eigenen Gedichten mit Zeilen wie »Ich bin ein Schatz in einer Ruine« wunderschöne Bilder zu machen. Stattdessen wurde er »ein einfacher Schreiber«, der Koranverse kopierte. Selbst dabei fand er eine Möglichkeit aufzuwiegeln: Oft schrieb er die Eingangsverse des heiligen Buches, die – im Gegensatz zur restriktiven Praxis der Taliban – verkünden, dass Gott der Gott aller Menschen ist. »Innovationen?«, fragte er. »Nun, manchmal appliziere ich modernes Make-up auf das wunderschöne Gesicht der klassischen Formen.«

Asefi, der ein mächtiges Symbol für die kulturelle Wiedergeburt in Kabul geworden ist, konnte Afghanistan während der 1996 beginnenden Herrschaft der Taliban seiner Familie wegen nicht verlassen. Er malte nur Landschaften ohne menschliche oder Tierfiguren, »die nichts mit dem Lebensstil in Afghanistan zu tun hatten«. Der Druck und die Angst führten bei ihm zu psychischen Problemen, die ihn immer noch quälen. Inzwischen widmet er sich diesen Arbeiten wieder und fügt all jene Figuren ein, die er sich immer darin vorgestellt hat. »Hätte die Talibanherrschaft fünf Jahre länger gedauert, hätten sie unsere Kultur vielleicht zerstört«, sagte er. Er ist dankbar für die amerikanische Militärintervention: »Indem ihr uns befreit habt, habt ihr uns nicht nur das Leben, sondern auch unsere Geschichte gerettet.«

Poeten im Untergrund

Afghanistan ist ein Land der Dichter. Unter den Taliban führte Schir Mohammed Khara eine Untergrund-Poetenbewegung an. Er traf sich mit anderen Dichtern, die ihre Verse auswendig vortrugen, so dass sie darüber reden konnten, ohne zu riskieren, dass man sie bei ihnen fand. Wann immer sie sich trafen, hatten sie den Koran bei sich, damit sie den Spitzeln der Taliban vormachen konnten, sie träfen sich zum Gebet. Eine Reihe von Dichtern hat sich mit der Zeitung *Arman* (Hoffnung) zusammengeschlossen.

»Wir konnten unsere Gesellschaft unter den Taliban nicht in Worte fassen«, erzählte der Dichter Mohammed Yasin Niazi. Sein Kollege Abdul Raqib Jahid ergänzte: »Unter den Taliban habe ich einfach versucht, Gedichte zu schreiben, die den Menschen etwas von ihrer Anspannung nahmen.« Ihre neuen Arbeiten sind überbordend nationalistisch.

So schreibt Niazi:

Wir sahen, was Ignoranten anrichteten.
Jetzt sollten wir rational handeln.
Es ist Zeit für geöffnete Fenster,
durch die die Sonne scheint.

Und Jahid:

Kommunismus und Terrorismus wollten sich Afghanistan
    einverleiben.
Aber das Messer der Freiheit durchschnitt ihre Kehlen ...
Ich will dir die Geschichte der Freiheit
Einfach nur so höflich wie möglich erzählen.

Andere Poeten geben ihrer großen Verbitterung Ausdruck. So heißt es bei Achmed Shekib Santyar:

Epitaph

Am größten Steilhang,
am schroffesten Gipfel
kratze mit kühnen Lettern
Folgendes ein,

nämlich die Botschaft einer Generation ohne Zukunft:
Dass wir in der Kindheit anstatt der liebevollen Nachsicht einer Mutter
Die groben Worte von Soldaten zu hören bekamen;
Und in unserer Jugend anstelle von Stiften Gewehre in Händen hielten;
Im Alter werden wir nicht Muße finden, sondern betteln gehen.
Gib uns keine Schuld.
Wir können nichts für euch tun.

Nur knapp davongekommen: Filmemacher

1968 wurde mit der Unterstützung Hollywoods Afghan Films gegründet. Bis zur sowjetischen Invasion und den Mudschahedin entstanden jährlich etwa ein Dutzend Filme – Dokumentationen und Spielfilme –, danach gingen die Produktionszahlen zurück. Unter den Taliban kam die Produktion dann völlig zum Erliegen, nach ihrer Eroberung von Kabul verbrannten sie mehr als tausend Filmrollen. »Sie fingen hier im Büro damit an«, erzählte Timur Hakimian, der Firmenchef, und fächerte sich mit der Hand Luft zu. »Den Gestank können Sie sich nicht vorstellen. Da sie genauso wie der Rest von uns fast daran erstickten, gingen sie hinüber ins Stadion und machten aus der Verbrennung ein öffentliches Spektakel.« Zum Glück kannten die Zensoren der Taliban den Unterschied zwischen Originalen und Kopien nicht. Sie verbrannten größtenteils Material, das zu ersetzen war, während die andernorts versteckten Filmnegative überdauerten. »Leider konnten wir in diesen Jahren nicht nur unser Filmequipment nicht benutzen, sondern auch nicht säubern und warten«, sagte Hakimian. »So ist gar nicht mal durch vorsätzliche Zerstörung, sondern durch Vernachlässigung viel kaputtgegangen. Mit dem passenden Equipment könnten wir wieder loslegen.«

Hakimian besitzt einen trockenen Humor und ist ein geistreicher Mann, der Filmfestivals in aller Welt besucht hat. Viele Jahre war er Vorsitzender der Union of Artists, eine Position, die er jetzt zurückgefordert hat. Weil er einen Film gedreht hatte, in dem der Erzähler die Taliban bezichtigt, gegen Kultur und den Islam zu sein, versteckte er sich während ihrer Vorherrschaft. »Es gab allen Grund, Angst zu haben!«, beteuerte er mir gegenüber. »Wenn diese Leute das World Trade Center in die Luft jagen konnten, dann konnten sie auch mich kleinen Wicht problemlos beseitigen. Ich schätze mich glücklich, überhaupt noch zu leben.« Einer seiner Freunde arbeitete als Reinigungskraft in der Sicherheitsabteilung der Taliban. Er entwendete Hakimians Akte und verbrannte sie. Seiner Meinung nach verdankt er dieser Tat sein Überleben.

Dutzende Männer und drei Frauen haben sich an Hakimian gewandt, weil sie wieder in Filmen mitspielen wollen. Die große Schauspielerin Zamzama Shakila, gemeinhin nur als Zamzama bekannt, war mit ihrer umwerfenden körperlichen Präsenz in Filmen aus der Zeit vor der Talibanherrschaft ein besonderes Ärgernis für diese. Trotz der Taliban wollte sie in Afghanistan bleiben; sie gab die Schauspielerei auf, und ihr Ehemann, ebenfalls Schauspieler, verkaufte als Straßenhändler Kleidung. Doch Talibanspitzel machten sie ausfindig, und bei einer Attacke der Fundamentalisten wurde sie von fünf und er von sieben Kugeln getroffen; eine steckt noch immer in seinem Schädel. Daraufhin flohen sie nach Pakistan, wo sie jahrelang als Sängerin bei Hochzeiten in Peschawar für ihr Auskommen sorgte. Am Tag der Befreiung Kabuls kehrten sie zurück. »Ich war so ausgehungert nach meiner Heimat«, sagte sie.

Bei ihrer Rückreise nach Afghanistan trug sie eine Burka, doch kaum in Kabul angekommen, legte sie das Kleidungsstück ab und verbrannte es auf der Straße. Heute zählt sie zu den wenigen unverschleierten Frauen. »Frauen erzählen mir im Vorübergehen, wie sehr sie es bewundern, dass ich die Burka abgelegt habe. Ich wende mich ihnen dann direkt zu und sage: ›Macht es mir nach. Es wird nichts Schlimmes passieren.‹ Manchmal werfen sie dann ihre Burka ab, und wir gehen zusammen die Straße entlang. Irgendjemand muss das ja in Gang bringen.« Zwar würden die afghanischen Männer sie anstarren, aber die widerlich Aggressiven seien die amerikanischen Soldaten in den Spezialeinheiten, beschwerte sich Zamzama. »Ich sage zu ihnen: ›Ihr seid schlimmer als die Terroristen. Ihr macht afghanischen Frauen das Leben unmöglich. Hört auf damit!‹«

In dem heruntergekommenen Büro von Afghan Films erklärte sie: »Die alte Truppe findet wieder zusammen. Natürlich sind Schauspieler liberaler als andere, hier in diesen Räumen treffen wir uns und geben uns die Hand.« Emotional aufgewühlt packte sie meinen Arm. »In unseren glücklichsten Träumen haben wir das nicht kommen sehen.« Da Afghan Films über kein Equipment verfügte, brachte Zamzama ihre Familie durch, indem sie in zwei wöchentlichen Fernsehshows auftrat. »Ich würde jetzt gern in Komödien mitspielen«, sagte sie. »In romantischen Komödien.«

Hakimian war skeptisch. »Die Nachrichtensprecherinnen im Fernsehen tragen immer noch Kopftuch; es ist im Land kaum akzeptiert, dass man ihr Gesicht sieht. Wenn man nicht einmal das Haar einer Frau zeigen darf, wie kann man sie dann in den Armen eines jungen Mannes filmen?« Doch Zamzama entgegnete: »Keine Actionfilme. Wir haben in unserem Leben genug Gewehre gesehen. Die Menschen sollen Freude an den neuen afghanischen Filmen haben. Es ist die Zeit für Spaß, für Vergnügen«, setzte sie mit einer ausufernden Geste hinzu.

Musik bricht das Schweigen

Zwar lebt die Kultur aller künstlerischen Sparten wieder auf, am stärksten jedoch die Musik. In einem lange zum Schweigen verdammten Land, wo Frauen verhaftet werden konnten, weil sie ihren Babys etwas vorsummten, und es illegal war, in die Hände zu klatschen, ist plötzlich an allen Ecken und Enden Musik jeder Art zu hören.

Ich besuchte eine Hochzeit, wo die Band auf sehr unwestliche Weise »westliche Musik« spielte – was in Afghanistan die vierzig größten Hits gewesen wären, hätte jemand sie nummeriert. Ein Familienmitglied des Bräutigams war kurz zuvor gestorben, und eigentlich ist Musik nach einem solchen Todesfall nicht statthaft. Doch die Braut hatte protestiert, dass die vergangenen stummen Jahre genügen würden, um tausend Toten einer Familie gerecht zu werden. Die Band rückte mit elektrischer Gitarre, einem Rhythmusgerät und einem Synthesizer aus Sowjetzeiten an. Aufgrund der unregelmäßigen Stromspannung fielen diese Instrumente immer wieder aus, auch war die Darbietung mittelmäßig, doch die Leute freuten sich über alle Maßen über die Musik. Sie sprachen von wenig anderem. Mein Lieblingssong hatte diesen Text:

Schatz, schminke dich und trag Parfüm auf.
Sei schön.
Du hast Augen wie ein Reh,
Deine Lippen gleichen Granatapfelblüten,
Und groß bist du wie ein Baum.
Oh, ich fahre zu meinem Schatz
Und weiß nicht, ob ich
einen Datsun, einen Minivan oder einen Land Rover nehmen soll.

Die Vorläufer des brandaktuellen afghanischen Pop sind etwas weltgewandter. Baktash Kamran kommt einem Popstar so nahe, wie es in Afghanistan nur möglich ist – der dreiundzwanzigjährige, gutaussehende Bodybuilder interpretiert Musik aus den Siebzigern, schreibt aber auch neue Songs. Ich bin ihm bei mehreren Gelegenheiten begegnet, bei denen er stets eine Lederjacke mit einer amerikanischen Flagge auf dem Rücken trug. Während der Talibanherrschaft hob er einen so tief unter der Erde liegenden geheimen Kellerraum zum Üben aus, dass man ihn nicht hören konnte. Als jugendlicher Provokateur wurde er viermal verhaftet, einmal weil er den Bart zu sauber gestutzt trug, ein andermal wegen des Besitzes eines E-Pianos. Er behauptet, gesungen zu haben, als er entfloh.

Als erster Sänger mit einem eigenen Konzert im afghanischen Fernsehen nach dessen Wiederinstallierung zeigte mir Kamran, was er seinen ganzen Stolz nennt: einen Hightech-Synthesizer von Yamaha, den er aus Pakistan ins Land geschmuggelt hat, als die Taliban noch den Süden kontrollierten. »Ich konnte ihn nicht über die offiziellen Checkpoints einführen«, erklärte er. »Also habe ich ihn auf einen Esel gebunden, und wir sind zusammen die Berge zwischen Afghanistan und Pakistan raufgeklettert. Dann habe ich ihn in einen Schal gewickelt und in einem Taxi nach Kabul gebracht.«

Nach dem Verhältnis der Geschlechter befragt, was ja Thema seiner Songs ist, antwortete er, sie kämen einander nun näher, fügte aber hinzu, er habe sich von der Burka nie ausgegrenzt gefühlt. »Es ist leicht, sich in ein paar Schuhe zu verlieben«, erzählte er mir. »Oder in die Art, wie ein Stoff fällt.« Darüber hat er Songs geschrieben.

Während sich diese Szene zusammenfindet, kehrt Musik auch in das Leben von Menschen zurück, für die sie tiefgehendere Bedeutung hat. An Donnerstagen, dem Vorabend des Sabbat, versammeln sich die Chishtiyya, Angehörige des islamischen Sufi-Ordens, zu ihrem Ritual, das ihnen die Taliban so lange verweigert haben. Ich machte mich auf den Weg zu einer kürzlich wiedereröffneten *khanqah*, Zentrum einer Sufi-Bruderschaft, in Kabul. Die Zeremonie fand im ärmsten Teil der Stadt statt, wo die Gebäude längs der Straße ausgebombt waren. Ich kletterte eine schmale Treppe aus Ziegelsteinen in ein verstecktes oberes Stockwerk hoch. Drinnen saßen etwa achtzig Männer auf alten Teppichen auf dem Boden. Die Wände waren mit Koranversen bemalt, Kerzen und eine elektrische Lampe sorgten für Licht, wobei Letztere immer wieder flackerte und ausging.

Die zerfurchten, bärtigen Gesichter der Männer wirkten wie aus der Zeit gefallen, obwohl manche von ihnen noch ziemlich jung waren, und leuchteten geradezu bei dieser Zeremonie. Gekleidet waren sie traditionell afghanisch, sie hatten sich von Kopf bis Fuß in schwere wollene Umhänge gewickelt. Auf einem Podium rezitierte etwa ein halbes Dutzend Musiker hypnotisch sich wiederholende Verse zu eigenartig lyrischen Klängen. Immer wieder verstummte einer, und ein anderer nahm seinen Platz ein. Die Menge wiegte sich zur Musik hin und her, manche fielen näselnd in den Gesang ein. Ein junger Mann mit einer angeschlagenen Teekanne schlich umher und servierte jedem Tee aus denselben acht Tassen. Die Zeremonie dauerte die ganze Nacht. Es war schwindelerregend: Zeit verlor ihre Bedeutung. Hin und wieder stand jemand auf und tanzte oder schwankte ekstatisch hin und her. Der Singsang schwoll an und erfüllte den Raum. Dann wurde die Melodie immer schneller, der Rhythmus drängender, bis plötzlich beides abbrach und ein neuer Klang sich langsam seinen Weg zu bahnen begann. Es fühlte sich spirituell an und so altehrwürdig wie die siebenhundert Jahre, die die Sufis dies in Afghanistan schon praktizieren.

Ich hatte das Glück, Afghanistans hervorragendste klassische Musiker kennenzulernen. Der Leiter der Programmabteilung für Musik im afghanischen Fernsehen, Aziz Ghaznavi, in den Zeiten vor den Mudschahedin selbst ein bekannter Sänger mit Tourneen in den Vereinigten Staaten, hatte sie zusammengebracht. »Natürlich macht Übung den Meister«, sagte Ghaznavi, »und während der Herrschaft der Taliban konnte niemand von uns üben. Wir haben so viel verloren. Nach fünf Jahren, in denen ich überhaupt nicht gesungen habe, hatte ich Angst davor, meine eigene Stimme zu hören. Es war ein sehr beängstigender Moment für mich, als ich das erste Mal wieder sang.«

Für ungeübte Ohren klingt afghanische Musik ähnlich wie indische klassische Musik, doch neben Tabla, Sitar und Harmonium kommen auch die originär afghanischen Instrumente *sarinda*, Rabab und *richak* zum Einsatz. Die Taliban bestanden auf der Zerstörung sämtlicher Musikinstrumente, daher haben nur die überdauert, die versteckt werden konnten. So hatte ein Mann, den ich kennenlernte, seine *sarinda* in einem Holzstapel aufbewahrt, wo sie die ganze Zeit der Talibanherrschaft als Feuerholz durchging; dabei war er sich bewusst, dass ihn jeder Nachbar verraten konnte, der sie entdeckte. »In den vergangenen Monaten haben wir mit diesen verzogenen und zerbrochenen Instrumenten von neuem angefangen«, erklärte Ghaznavi. »Es gibt nur einen Instrumentenbauer in Afghanistan, der jetzt all diese kaputten Instrumente richtet. Um neue zu bauen, hat er keine Zeit.«

Aus familiären Gründen konnte Ghaznavi während der Talibanherrschaft nicht aus Afghanistan fliehen. Für Menschen, für die Musik ihr Leben ausmacht, war diese Zeit unglaublich schwer, und sein unbefriedigtes Sehnen machte Ghaznavi depressiv. Er ging zu einem Arzt und sagte ihm, dass er ohne Musik verrückt würde. Der Arzt schlug ihm vor, der Art von Gesang zu lauschen, den nicht einmal die

Taliban für unerlaubt erklären konnten. Und so kaufte er sich seine ersten Vögel und verliebte sich in sie. Heute hat er mehr als fünfzig Tauben in einem Verschlag hinter seinem Haus. Als ich eines Nachmittags bei ihm vorbeischaute, wurde ich in sein blassviolettes Wohnzimmer gebeten. Dort setzte ich mich im Schneidersitz auf den Boden und knabberte Süßigkeiten, während Ghaznavi und ein Freund von ihm ein paar neue Harmoniums ausprobierten, die sie gerade erworben hatten. Der Klang mehrerer Instrumente in diesem lavendelfarbenen Raum mit den vielen umherschwirrenden Tauben war surreal, und die Eigentümlichkeit wurde durch die Anwesenheit von Ghaznavis Sohn nicht gerade gemindert. Dieser, der afghanische Meister im Gewichtheben, saß in seinem Shalwar Kamiz (die traditionelle Tunika mit Hose) dabei und streckte und beugte seinen beeindruckenden Bizeps, wenn er uns nicht gerade Tee nachschenkte.

Die Übungsräume im Fernsehsender sind immer voll, obwohl sie karg eingerichtet und ungeheizt sind. Als ich zum ersten Mal dorthin ging, führte mich Ghaznavi zu ein paar besonders talentierten Musikern. Etliche von ihnen waren aus Pakistan und dem Iran zurückgekehrt, andere aber hatten die Zeit der Talibanherrschaft in Kabul verbracht. Als Abdul Rashin Mashinee, einer von ihnen, von den Taliban beim *sarinda*-Spielen erwischt wurde, drohten sie, ihm die Hände abzuhacken, sollten sie ihn je wieder spielen sehen. Er verbrachte die finsteren Jahre als Metzger, aber, so sagte er: »Ich spielte mein Instrument gewissenhaft Nacht für Nacht, in meinen Träumen.«

Immer wieder fiel sich die Gruppe ins Wort, um sich bei mir für die Kälte zu entschuldigen und dass nicht das ganze Ensemble anwesend sei. »Wir sollten elf sein und nicht nur sechs«, sagten sie. Und sie boten an, ihre Freunde zu suchen, damit ich sie einmal zusammen spielen hören konnte, da ich offenbar Musik zu schätzen schien. Das wäre hinreißend, antwortete ich, und lud sie für den nächsten Nachmittag um fünf Uhr zu mir ein.

Mein Abendessen in Kabul

Vorübergehend wohnte ich in einem alten Al-Qaida-Haus, das Freunde von mir im schicken Viertel Wazir Akbar Khan gemietet hatten. Dort standen uns Tag und Nacht Dolmetscher und Fahrer zur Verfügung, und auch einen Koch sollten wir haben, lautete meine Vorabinformation. Und so wurde das Essen an meinem ersten Abend in Kabul eine wunderbare Überraschung. Zu gut gewürzten Fleischbällchen in einer üppigen Soße gab es wundervollen Reis, knusprige Kartoffelpuffer und frisches afghanisches Brot. Als ich mein Erstaunen ausdrückte, erklärte mir ein Freund, wir hätten uns den besten Koch von ganz Kabul geschnappt, und noch jeder, der bisher in unser Haus zum Essen gekommen sei, habe versucht, ihn abzuwerben. Qudratullah erschien jeden Morgen um sieben, um uns Frühstück zu machen, brachte mittags einen warmen Imbiss auf den Tisch und kochte allabendlich für uns auf.

Ein Wunder der Kabuler Winter sind die Märkte. In dieser Stadt voller Ruinen boten die Stände inmitten der mit Graffiti aus der Zeit der Taliban bemalten und mit Einschusslöchern übersäten Mauern eine Überfülle an hiesigen Nahrungsmitteln feil: Granatäpfel und Orangen, alle erdenklichen Nusssorten und getrocknete Früchte, frisches Fleisch (manchmal geradezu irritierend frisch), Gewürze und Körner in Säcken, jede Menge Blumenkohl, die größten und buntesten Karotten, die ich je gesehen habe (manche fast violett), Auberginen, Zwiebeln, Kartoffeln und die verschiedensten Süßigkeiten. Die größte Auswahl gab es im Lebensmittel-Basar am Fluss, aber selbst in den ärmsten Vierteln fand ich ein üppiges Angebot vor. Die Menschen hatten keinen Strom, keine Toiletten, keine Heizung, manchmal nicht einmal ein Dach über dem Kopf, aber es gab Essen. Qudratullah gelang es, die besten Zutaten zu besorgen, und wenn Freunde vorbeikamen, war immer genug zu essen im Haus; er verfügte über diese afghanische Fähigkeit, Mahlzeiten so zu strecken, dass jeder satt wurde, der kam. Und so schien es mir selbstverständlich, den eingeladenen Musikern in unserem Haus nicht nur ein exzellentes Essen anzubieten, sondern sie auch mit einer seltenen Annehmlichkeit in Kabul zu verwöhnen: Wärme – in diesem Fall von einem Holzofen.

Ich hatte an diesem Tag bei der UNESCO vorbeigeschaut und mich mit dem Experten für das kulturelle Erbe getroffen, der ein Musikfestival plante, aber noch keine Musiker kannte. Also lud ich ihn zu unserem Konzert ein. Dann tauschte ich mich mit Marla Ruzicka aus, der liberalen Blonden bei der französischen Nachrichtenagentur AFP, und lud auch sie und ihren Übersetzer ein, der mir tags zuvor einen Gefallen erwiesen hatte. Außerdem lud ich alle ein, die bei uns im Haus arbeiteten – die Dolmetscher, die Wachposten etc. Scott Johnson von *Newsweek* erwähnte, dass bestimmt auch Antonia Rados vom deutschen Fernsehen gern kommen würde, und ich freute mich. Als ein paar Leute von der *Washington Post* vorbeikamen, hielt ich es für einen Fehler, sie nicht ebenfalls einzuladen, ebenso wie einen Filmemacher, den ich am Tag zuvor interviewt hatte. Und so stieg die Zahl der Zuhörer immer weiter.

Nachdem Qudratullah erfahren hatte, dass etliche Gäste kommen würden, bat er um zusätzliches Geld für die Essenseinkäufe, außerdem müsse er noch Teller besorgen und eine Küchenhilfe engagieren. Wir wären ungefähr dreißig Personen, meinte ich, und er bat um 200 Dollar.

Doch ich sollte mit meiner Schätzung weit danebenliegen. Allein schon die Einheimischen – die Musiker, Hausangestellten und ein paar andere Leute, die wir nebenbei eingeladen hatten – waren um die zwanzig Personen. Und die Ausländer hatten allesamt Freunde mitgebracht. So waren um die Essenszeit gegen halb acht Uhr zwischen fünfzig und sechzig Leute anwesend. Qudratullah, er sei gelobt und gepriesen, tischte genug Essen auf, dass alle satt wurden. Es gab das afghanische Nationalgericht *qabili pilau*, ein Lammpilaw mit Karottenreis und Rosinen; gebratene Lammkeule, so zart, dass das Fleisch vom Knochen fiel; Brathähnchen; *borani*, ein schmackhaftes Auberginengericht mit Joghurt und Knoblauch; *sabzi korma*, ein iranischer Schmorfleischeintopf mit Spinat; und *firni*, ein afghanischer Maisstärke-Pudding. Dazu wurde selbstverständlich afghanisches Fladenbrot gereicht.

Meinem Plan nach hätten die Musiker ungefähr eine Stunde lang spielen sollen, aber sie freuten sich so über diese Gelegenheit, vor Publikum aufzutreten, dass sie einfach nicht aufhörten. Also tanzten wir zu dieser exotischen Musik und aßen und tanzten und aßen. Ghaznavi sang für uns. In Afghanistan bleiben Männer und Frauen außerhalb ihres Hauses stets voneinander getrennt, sogar bei Hochzeiten feiern sie in verschiedenen Sälen. Und so waren unsere afghanischen Gäste ausschließlich Männer, die uns nun zeigten, wie sie im Kreis tanzten. Die westlichen Besucher trugen ihren Part bei und zeigten wiederum den Afghanen, wie Männer und Frauen im Westen zusammen tanzten. Die Musik wurde immer ausgelassener.

»Du liebe Güte«, sagte der UNESCO-Mitarbeiter. »Es gibt also wirklich Musik in Afghanistan. Ich werde ein Festival veranstalten, ja, das werde ich.«

»Warum esst ihr nicht noch etwas? Es ist noch genug da!«, rief mein Dolmetscher Farouq Samim. »Lasst uns essen, bis alle Teller blank sind.«

»Meinst du, das hier gerät außer Kontrolle?«, fragte Scott Johnson, der offiziell verantwortlich für dieses Haus war. Ich musste zugeben, dass es so war.

Um neun Uhr tauchte jemand mit einer Flasche Whisky auf, was in einem muslimischen Land mit strengem Alkoholverbot in etwa dem entsprach, als würde jemand bei einer amerikanischen Party mit Marihuana aufkreuzen. Nach viel Gekicher befanden sich einige Afghanen rapide auf dem Weg in die Trunkenheit. Am nächsten Morgen lernte Farouq das Wort »Kater« von mir.

In Kabul ist ab zehn Uhr abends Ausgangssperre, also verließen unsere Gäste ab neun Uhr dreißig nacheinander das Haus. Doch die Musiker wohnten zu weit weg, um es noch bis nach Hause zu schaffen, deshalb übernachteten sie bei uns. Und spielten weiter. Um zwei Uhr in der Früh saßen wir immer noch alle beisammen und ließen uns von Sitar und Tabla mit sanfter lyrischer Spätabend-Musik unterhalten. Das kurze Konzert, das wir geplant hatten, dauerte schließlich mehr als zehn Stunden.

Unter den Taliban oder während der ersten Phase der von den

USA angeführten Invasion wäre es undenkbar gewesen, in Kabul eine Party zu feiern. Damals ging es nüchtern und traurig zu. Doch obwohl die schrecklichen Wunden der jüngsten Geschichte in der Stadt noch nicht verheilt sind, ist sie voller Menschen, die sich nun, endlich, nach einem bisschen Vergnügen sehnen. Die afghanische Gastfreundschaft ist legendär, und es schmerzte viele Afghanen, dass sie keine Gelegenheit hatten, Fremden ihre Gastfreundschaft zu beweisen, als sich ihr Land im Krieg befand. Als ich nach Afghanistan reiste, rechnete ich mit Not und Elend, und ich habe schreckliche Dinge gesehen. Doch ich spürte auch eine Wärme und einen Stolz, die nicht allein in der Erneuerung ihrer Regierung begründet waren, sondern auch in der Rückkehr kleiner, so lange verweigerter Freuden, die nun so leicht und offen und großzügig miteinander geteilt werden konnten. Es gibt eine Form der Freude, die nur Menschen kennen, die sehr gelitten haben. Glück ist keine Kategorie, die für sich allein steht, sondern fußt auch im Kontrast. Die Afghanen freuten sich so sehr, dass wir ihr Essen und ihre Musik mochten; es schien, als erfüllten wir eine diplomatische Mission allein dadurch, dass wir *pilau* und *borani* aßen und zusammen zur *sarinda*, Rabab und *richak* tanzten. In gewisser Weise war unser Abend so ekstatisch wie die Sufi-Zeremonie. Jeder Ton war voller erfülltem Sehnen. Nie habe ich jemals dergleichen gehört.

Unzählige Afghanen und etwa zweitausendfünfhundert US-Amerikaner haben ihr Leben verloren, Hunderte Milliarden Dollar wurden für den Krieg in Afghanistan ausgegeben. Während ich dies schreibe, befinden sich fast zehntausend amerikanische Soldaten auf afghanischem Territorium.[137] 2015 schrieb Dominic Tierney in *Atlantic*: »Angeblich ging es einmal darum, die Afghanen zu retten. Heute lautet die Parole, holt die amerikanischen Soldaten heim, und die Afghanen spielen dabei überhaupt keine Rolle mehr.«[138] Was man in Kabul als grausames Im-Stich-gelassen-Werden empfindet. Als ich kürzlich Farouq wiedertraf, unterhielten wir uns über unsere Erlebnisse im Jahr 2002, und er sagte: »Ja, du warst in diesen wundervollen Tagen da – in der Zeit der Hoffnung. All das gibt es heute nicht mehr.«

Die TV-Journalistinnen Zakia Zaki und Sanga Amach zählen ebenso wie Shaima Rezayee, Moderatorin einer Musikvideo-Sendung, zu den im Kulturbereich tätigen Frauen, die ermordet wurden, weil sie sich im Fernsehen zeigten in der Hoffnung, damit eine liberalere Einstellung gegenüber Frauen zu bewirken.[139] Als die Performancekünstlerin Kubra Khademi in einer Rüstung mit übergroßen Brüsten und ausladendem Hinterteil durch Kabul schlenderte, erhielt sie Morddrohungen und musste untertauchen. Manche Künstlerinnen sind außer Landes geflohen.[140] Doch viele andere fassten Mut. 2006 gründeten mehrere von ihnen das Zentrum für afghanische Gegenwartskunst.[141] Und Munera Yousefzada, Gründerin der Shamama Contemporary Arts Gallery in Kabul, sagte: »Bevor ich die Galerie eröffnete, fühlte ich mich wie tief unten in einem Brunnen gefangen, so dass niemand meine Schreie hören konnte. Jetzt kann man mich hören, und man hört auch die anderen Frauen, deren Gemälde an den Wänden hängen.«[142]

Parallel dazu wurde Turquoise Mountain eingerichtet, um traditionelle Handwerkskünste wie Tischlerei, Kalligraphie, Miniaturmalerei, Keramikkunst, Schmuckherstellung und Edelsteinschleiferei wiederzubeleben.[143] Zur Unterstützung zeitgenössischer Künstler in Kabul wurde 2009 Berang Arts von Teilnehmern des ersten Wettbewerbs um den Afghanischen Preis für Gegenwartskunst ins Leben gerufen; sie verwandelten eine Wohnung in Kabul in ein Zentrum für Gegenwartskunst.[144] Der Direktor der Fakultät der Schönen Künste an der Universität von Kabul, Professor Alam Farhad, erzählt, dass 2001 acht Studenten hier studierten; heute sind es über siebenhundert, und man muss Bewerber abweisen.[145] Künstler ringen mit den komplexen Fragen der Identität. Einer von ihnen, Ali Akhlaqi, sagt: »Meiner Meinung nach ist Kabul eine verfluchte Stadt der Nacht ohne jeden Komfort, die am Tag kein Licht verträgt. Es gibt nichts Echtes hier.«[146] Doch Shamsia Hassani, eine Graffitikünstlerin, die oft halbzerstörte Gebäude in minenverseuchten Vierteln besprüht, beschreibt Afghanistan als »neugeborenes Baby«. »Ich will die schlimmen Kriegserinnerungen auf den Wänden bunt übermalen und den Krieg aus den Köpfen der Menschen tilgen«, sagte sie.[147] Azim Fakhri erklärte schlicht: »Meinem Gefühl nach soll man akzeptieren, was man nicht ändern kann, aber ändern, was man nicht akzeptieren kann.«[148] Kabir Mokamel schuf ein »ArtLords«-Projekt (der Name knüpft an »Warlords« an) und bemalt mit anderen die Absperrungen vor Regierungsgebäuden in Kabul. 2015 setzte er ein riesiges Augenpaar auf die Mauer der Nationalen Sicherheitsdirektion NDS, um die Angehörigen des afghanischen Geheimdienstes daran zu erinnern, dass auch sie unter Beobachtung stehen.[149]

Meine Freundin Marla Ruzicka, die so mutig für entrechtete Menschen kämpfte und CIVIC, ein Hilfsprojekt für Zivilopfer ins Leben gerufen hat, starb 2005 bei einem (gegen einen US-Konvoi gerichteten) Selbstmordattentat auf der Flughafenstraße von Bagdad.[150]

JAPAN

Museum ohne Mauern

Travel + Leisure, Juni 2002

Als ich zum Benesse House auf der japanischen Insel Naoshima fuhr, hatte ich bereits darüber geschrieben, wie die asiatische Kunst ins westliche Bewusstsein dringt. Damals begannen Amerikaner und Europäer, sich für die zeitgenössische chinesische Kunst zu interessieren, und ich fragte mich, welchen Reim sich die Menschen im Fernen Osten auf die im Westen entstandene Kunst machten. Sie hatten unseren Einfluss eher anerkannt als wir ihren, doch sicher gab es auf beiden Seiten noch Verständnisprobleme.

Die moderne Kunst hat ihre Wallfahrer. Sobald es mir möglich war, reiste ich nach Bilbao, um mir das Guggenheim-Museum von Frank Gehry anzuschauen. Ich habe die texanische Wüste durchquert, um die Chinati Foundation zu besuchen, ein nach Entwürfen von Donald Judd im texanischen Marfa errichtetes Museum, und die beschwerliche Fahrt nach Târgu Jiu in Südrumänien auf mich genommen, um Constantin Brâncuşis *Unendliche Säule* zu sehen. Ich hoffe, irgendwann einmal den Roden Crater in Arizona zu besuchen, wo der Land-Art- und Licht-Künstler James Turrell über zwanzig Jahre verbracht hat, um einen erloschenen Vulkan in ein Kunstwerk zu verwandeln. Meine jüngste Reise dieser Art führte mich zum Benesse House auf der Insel Naoshima, einem aufsehenerregenden Kunstkomplex im Süden Japans, der Intellektuelle auf Hochzeitsreise, Zen-Anhänger auf der Suche nach Erleuchtung und leidenschaftliche Idealisten anzieht, die einen Moment der Ruhe und des Friedens erleben wollen.

Um dort hinzukommen, fährt man mit dem Zug zum Seto-Inlandsee und nimmt dort die Fähre, die in dem Archipel mit Namen »Tausend Inseln« die Verbindungen herstellt. Es ist eine der am wenigsten entwickelten Regionen in Japan: Die Fischer leben hier noch genauso wie ihre Vorfahren vor Hunderten von Jahren und rudern jeden Morgen aufs Meer hinaus, um ihr Glück zu versuchen, beten vor schlichten, aber hübschen Schreinen (die ich vom Deck der Fähre aus sehen konnte) und hängen abends ihre Netze auf, damit sie über Nacht trocknen.

Nach etwa einer Stunde erreichten wir das einfache Dorf Honmura auf Naoshima, wo uns ein Angestellter des Benesse House abholte. Bei der Fahrt durch die mit Buschwerk bewachsene Landschaft fiel der Blick immer wieder auf seltsam aus der Reihe fallende Gebilde: einen riesigen Kürbis aus Glasfaser am Ende eines Stegs, einen Wald aus behauenen Steinen um ein Warmwasserbecken, eine Art riesiger Salatschüssel auf einem Sockel aus Ziegelsteinen unten am Meer. Wir fuhren einen steilen Hang hinauf zu einem Gebäude, das so geschickt in die Landschaft integriert war, dass man es von weitem gar nicht sah. Es war das Benesse House, Zentrum der Naoshima-Inselgruppe und Heimstatt einer der größten privaten Kunstsammlungen der Welt.

Tetsuhiko Fukutake, Chef der Benesse Corporation, eines großen Lehrbuchverlags, träumte zwar davon, ein Museum zu bauen und seine Sammlung Menschen zugänglich zu machen, die ernsthaft daran interessiert waren, aber er verabscheute Menschenmassen ebenso wie Großtuerei. So kam er auf den verrückten Gedanken, ein Museum auf einer Insel in einem Binnenmeer zu errichten. Nach seinem Tod im Jahr 1986 legte sein Sohn Soichiro einen Lagerplatz mit Jurten an, der bis heute genutzt wird, und engagierte Tadao Ando, einen der führenden Architekten Japans, für den Entwurf eines Museums mit zehn Gästezimmern. Ando inspizierte das Gelände, und obwohl es regnete, verliebte er sich in den Ort und machte sich ans Werk. Es entstand ein Gebilde, das halb in die Landschaft hineingebaut, halb aus ihr herausgemeißelt ist. 1992 öffnete das Benesse House seine Tore, 1995 wurde der Anbau mit weiteren sechs Räumen fertiggestellt.

Das Gebäude ist jedoch nicht einfach ein Museum und zweifellos auch nicht nur ein Hotel, sondern eine Synthese aus beidem und erinnert mich an die buddhistischen Klöster, in denen man – weder Mönch noch Tourist – gegen eine geringe Gebühr mit den Mönchen zusammenleben, auf ihre Art über die Welt nachsinnen, an ihren Mahlzeiten teilnehmen und seine Zeit in seliger Abgeschiedenheit verbringen kann. Die Zimmer im Benesse House sind nicht luxuriös, aber komfortabel und geschmackvoll eingerichtet und mit guter Kunst ausgestattet. Bei mir hingen Arbeiten von Keith Haring auf Papier an den Wänden. In jedem Zimmer besteht die zum See weisende Wand aus Glas, so dass man das Gefühl hat, dass einen nichts von ihm trennt. Die Mahlzeiten werden in einem Raum serviert, der Teil des Museums ist. Auch dort ist man von Kunst umgeben sowie von verblüffenden Blumenarrangements, und auch von hier hat man einen beeindruckenden Blick ins Freie. Die Gerichte sind hervorragend und vielschichtig – zusammengesetzt aus zahlreichen aufwendig zubereiteten Komponenten, köstlich und schmackhaft, und serviert auf gleichermaßen handwerklich fein gearbeitetem Keramikgeschirr.

Tadao Andos Museumsgebäude ist eine Studie schlichter geometrischer, gegeneinander ausbalancierter Formen. Kern und strukturierendes Element ist eine Spirale aus gegossenem Beton (sie erscheint wir eine leise Hommage an den russischen Konstruktivisten Wladimir Tatlin) mit einem rechtwinkligem Flügel aus grobbehauenem Stein, in dem sich die Gästezimmer befinden. Das Ganze ist in den Hang hineingebaut. Zum oben gelegenen Anbau gelangt man nur über eine steile Kabelbahn. Dort erwarten den Besucher ein wahres Wunder an Brunnen, ein großer Pool und kreisförmig angeordnete Zimmer. Der Stil ist kraftvoll, aber nicht protzig. Unterhalb des eigentlichen Museums befinden sich Ausstellungsräume für große Kunstwerke. Der Charme des Ortes besteht nicht zuletzt darin, dass man nur schwer sagen kann, wo das Museum endet und die natürliche Landschaft beginnt. Das gesamte Dach des Gebäudes ist mit Wildgras bewachsen, die Kunst wird teils im Museum ausgestellt, teils in Räumen, die auch anderen Zwecken dienen, und teils draußen am Ufer. Das Benesse House ist kein Ort für Grenzen.

Im Museum sind Werke von etwa einem Dutzend Künstlern zu sehen, darunter Jasper Johns (*White Alphabets* von 1968), Bruce Nauman (die riesige Neoninstallation *100 Live and Die*) und Cy Twombly (ein großartiges Gemälde in der Art einer bekritzelten Tafel). Hinzu kommen Auftragswerke von etwa zehn weiteren Künstlern wie Kan Yasuda (riesige meditative scheibenförmige Steinskulpturen mit dem Titel *Secret of the Sky*), Jannis Kounellis (ein Werk aus gerolltem Blei, Schwemmholz und Keramik, das an Industrieschrott erinnert und den Blick durch ein Fenster verstellt), David Tremlett (Wandbilder) und Richard Long (ein Steinkreis auf dem Boden, der einen an die Wand gemalten Kreis widerzuspiegeln scheint). Im Allgemeinen wird nur ein Werk von jedem Künstler gezeigt – alle zusammen bilden sie einen kleinen Überblick über die Kunst am Ende des zwanzigsten Jahrhunderts. Mir gefiel ganz besonders eine Fotoserie von Hiroshi Sugimoto, deren einzelne Bilder auf den ersten Blick wie Abzüge ein und derselben Aufnahme von einem Meer wirken, während es sich um verschiedene Meere handelt. Die Fotos hängen auf der Terrasse des Museums, und wenn man dort sitzt, bilden die Horizonte auf den Fotos eine Linie mit dem realen Horizont, und das Binnenmeer, auf das man blickt, scheint wie eine Verlängerung der Fotoserie.

Um das Museum herum sind an verschiedenen Orten Werke und Installationen von Yayoi Kusuma (der bereits erwähnte riesige Kürbis), Alexander Calder (ein stehendes Mobile, das sich im Wind bewegt), Dan Graham (*Cylinder Bisected by Plane*) und anderen Künstlern zu entdecken. Man kann mit Hilfe des Katalogs auf Schatzsuche gehen, aber schöner ist es, einfach herumzuschlendern und zu raten, von wem die verschiedenen Stücke stammen und was sie uns sagen wollen, und anschließend zu schauen, wo man richtiglag und wo man sich getäuscht hat. Mir gefielen Walter De Marias riesige reflektierende Kugeln, auf denen man sich und die gesamte Landschaft wie in einem Spiegel sieht. Und dann ist da noch Cai Guo-Qiangs *Culturel Melting Bath:* Am frühen Abend kann man sich in eine Wanne im Westernstil legen, die mit Wasser und Heilkräutern gefüllt ist, die kosmische Harmonie erspüren und dabei beobachten, wie die Sonne hinter den filigranen riesigen Gelehrtensteinen untergeht (die zerklüfteten Steine, anhand deren sich früher chinesische Gelehrte die raue Pracht der Natur ins Gedächtnis riefen).

Zur Stadt Honmura geleitet den Besucher ein Führer. Einige der alten Häuser gleichen äußerlich zwar mehr oder weniger den anderen, doch sie wurden mit besonderer Sorgfalt restauriert. Im Innern sucht man vergeblich nach Kochtöpfen und die für den Tag zusammengerollten Futons. Stattdessen wird man mit raumgroßen Installationen konfrontiert, den sogenannten Art House Projects. Das James-Turrel-Haus, das in Zusammenarbeit mit Ando gestaltet wurde, prägt eine Mischung aus traditionellen, Zen- und modernen Elementen. Man betritt einen dunklen Raum, tastet sich zu einer Bank und sitzt dort mindestens zehn Minuten, bis die Augen in der Lage sind, fünf aus der Leere erglühende Rechtecke auszumachen. Ihr intensives Kobaltblau bricht die Schwärze, und wie pulsierend entfernt sich das Gebilde und kommt dann aus der Tiefe auf den Betrachter zu, entfernt sich wieder und so weiter. Es ist reine Meditation. Das Haus für Tatsuo Miyajima ist mit Wasser geflutet, unter dessen Oberfläche im ständigen Wechsel Zahlen aus roten und grünen LEDs aufscheinen, was eine unheimliche, bedrängende Wirkung erzeugt und zugleich unglaublich schön ist – urzeitlich und futuristisch in einem. Der Besucher schreitet auf einem schmalen Steg am Rand entlang. Weitere Art-House-Projekte sind im Entstehen begriffen.

Wandert man durch die Stadt zu diesen Installationen und bleibt vielleicht bei den beiden Schreinen des Ortes stehen, nicken die Bewohner einem lächelnd zu. Sie mögen die Kunst, die bei ihnen ihren Platz gefunden hat; doch noch mehr scheinen ihnen die schick gekleideten Besucher aus Tokio und New York zu gefallen, die mittlerweile zu einem vertrauten Anblick geworden sind. Im Gegensatz zu vielen anderen Begegnungen mit zeitgenössischer Kunst werden hier Intellekt, Sinne und Herz gleichermaßen angesprochen.

Seit meinem Besuch wurde der Benesse-Museumskomplex beträchtlich ausgeweitet. Heute gehören auch die Nachbarinseln Teshima und Inujima dazu, und auf Naoshima sind drei neue, ebenfalls von

Tadao Ando entworfene Ausstellungsbauten entstanden. Das Chichu Art Museum beherbergt fünf Gemälde aus der Seerosenserie von Monet sowie je ein Werk von James Turell und Walter De Maria; ein Museum ist dem Werk des koreanischen Minimalisten Lee Ufan gewidmet, ein weiteres dem Architekten Ando. Die Benesse Art Site beauftragt weiterhin Künstler mit der Gestaltung der Gästezimmer. Zurzeit arbeiten Janet Cardiff und George Bures Miller an einem Werk für eine Doppelsuite. Im Rahmen der Erweiterung des Benesse House wurde 2010 das Teshima Art Museum eröffnet, das in Zusammenarbeit des Künstlers Rei Naito mit dem Architekten Ryue Nishizaw entstand. Hier kann sich der Besucher an dem Projekt *Les Archives du Cœur* von Christian Boltanski beteiligen. Außerdem befindet sich das Teshima Yokoo House auf der Insel, ein Wohnhaus, das zu einem Ausstellungsraum umgebaut wurde. Auch die Insel Inujima, die dritte auf dem sich entwickelnden Archipel, besitzt inzwischen ein eigenes Museum, untergebracht in den Überresten einer Kupferfabrik; die Seaside Inujima Gallery mit den Arbeiten von Fiona Tan und das Inujima Art House Project, fünf Galerieräume, die vorwiegend aus recycelten Materialien bestehen. Von Lee Yulin zum gesamten Benesse-Projekt befragt, erklärte der Gründer, er habe »eine Trauminsel für Kinder« schaffen wollen.[151]

SALOMON-INSELN

Der Song der Salomonen
Travel + Leisure, August 2003

Ich gebe zu, dass der Reiz der Solomon Islands, wie sie auf Englisch heißen, für mich teilweise auf unserer Namensgleichheit beruhte. Als ich die Reise reservierte, scherzte ich, dass ich Trendsetter des Eponym-Reisens sei. Doch mich lockte auch das Gefühl, dass sich diese Destination durch ihre Unbekanntheit eine Form von Authentizität bewahrt hatte, was immer Authentizität sein mag. An meinem zweiten Tag dort wollte ich zu einem Inlandsflug einchecken und musste feststellen, dass er gestrichen worden war und ich einen Tag warten musste. Als ich mich am Schalter erkundigte, was für ein Problem es gebe, erklärte mir die Angestellte, dass der Pilot zu den Adventisten vom Siebenten Tag konvertiert sei und an einem Sabbat nicht mehr fliegen könne.

Eine der Phantasien, die ich seit jeher in mir trug, ist die von der Südsee. Während manche Menschen, die von diesem Ende der Welt träumen, dabei an verschwenderisch ausgestattete Ferienanlagen in Tahiti denken, sehnte ich mich nach einsamen, von Spuren der Moderne unberührten Inseln und himmelblauem Meer, dessen Oberfläche nur gelegentlich einmal von einem Kanu durchschnitten oder von einer Delphinschule durchbrochen wird. Ich wollte Männer und Frauen kennenlernen, die nach meinen Neuigkeiten dürsteten und bereitwillig die ihren mit mir teilten. Ich sah mich als irgendetwas zwischen Captain Cook und Robinson Crusoe. Als ich zum ersten Mal von jenen fernen Inseln hörte, die meinen Namen trugen, war ich noch sehr jung. Begeistert entdeckte ich, dass sie so abgelegen waren wie fast nichts sonst auf der Welt. Ich wollte dorthin; ich kann mich nicht erinnern, jemals nicht dorthin gewollt zu haben. In *Moby-Dick* schreibt Herman Melville, dass die Salomon-Inseln, obwohl kartiert und erforscht und besucht, »immer noch incognita sind«.

Die Salomonen gleich östlich von Papua-Neuguinea sind eine Kette von fast tausend Inseln, viele winzig, ein paar etwas größer und ungefähr ein Drittel von ihnen bewohnt. Sie breiten sich auf einer Meeresfläche von über 1,3 Mio. Quadratkilometern aus und werden jährlich von etwa viertausend Touristen besucht. Es gibt dort mindestens hundert Sprachen und Dialekte; die Lingua franca ist Pidgin, obwohl viele Einwohner Englisch sprechen, weil die Inseln einmal britisches Protektorat waren. Bei Traditionen und Gebräuchen richtet man sich hier nach dem Prinzip der *Gewohnheit*: Tänze wie gewohnt; Brautpreis wie gewohnt; Schädelhöhlen wie gewohnt und so weiter. Um die Wende zum 19. Jahrhundert wurden die Inseln von Missionaren christianisiert, und beinahe jeder besucht den Gottesdienst, doch den Volksglauben und seine Rituale hat das Christentum nicht ablösen können. Lange waren die Salomonen berüchtigt für Kopfjäger und Kannibalismus. Als ich an meinem ersten Tag in der Hauptstadt Honiara nach entsprechenden Objekten fragte, erfuhr ich, dass es Nasenknochen gab – die durch ein Loch in der Scheidewand getragen wurden.

Am ehesten kennt man die Inseln im Westen wohl als Schauplatz der Schlacht um Guadalcanal im Zweiten Weltkrieg, in der die Eingeborenen den Amerikanern geholfen haben, die Japaner zu besiegen, die dort einen Luftwaffenstützpunkt errichten wollten. In diesem Land, einem der ärmsten der Welt, gibt es keine Oberschicht; Subsistenzwirtschaft ist die Regel. In den Wirtschafts- und Machtstrukturen der Salomonen dominieren die Melanesier, die jedoch ständig Konflikte mit anderen Bevölkerungsgruppen haben. Besucher wurden allerdings noch nie von gewalttätigen Auseinandersetzungen in Mitleidenschaft gezogen.

Wir vier – Jessica, eine Freundin aus Highschooltagen; ihr Mann Chuck; mein Lebensgefährte John und ich – flogen nach Honiara und trafen uns dort mit unserem zuverlässigen Reiseleiter Wilson Maelaua, der uns durch sämtliche Schwierigkeiten bugsieren sollte, mit denen wir auf diesen entlegenen Inseln konfrontiert sein könnten. Ich hatte beschlossen, zunächst auf die Insel Makira zu fahren, weil Chuck mich Roger James vorgestellt hatte, der dort ein Projekt von Conservation International (CI) koordinierte. Auf Makira gibt es mehr endemische Vögel als auf irgendeiner anderen Insel der Salomonen, und CI arbeitet daran, den Regenwald im Landesinneren zu schützen. Dort ansässige Landbesitzer setzen unter Anleitung von CI und anderen NGOs einen Plan für Waldwirtschaft um, der den Dorfbewohnern unter anderem zeigt, wie der Schutz des Landes sowohl ihren eigenen Interessen als auch denen der Weltgemeinschaft dient. Roger hat eine Melanesierin geheiratet und lebt nun landestypischer als die Einheimischen. »Wenn du völlig darin eintauchen willst, mache ich dir das möglich«, versprach er mir.

Kurz nachdem wir in Makira gelandet waren, brachen wir in die Berge auf, begleitet von Roger und mit einer Schar einheimischer Führer, Trägern für unser Gepäck und John Waihuru, dem *bigman* (Pidgin für »Mann von Ansehen«), der die Expedition leitete. Wir schlängelten uns etliche Kilometer durchs Tal, dann erreichten wir den ersten der sechzehn Flussübergänge. Das Wasser stand uns bis zur Taille, als wir gegen die Strömung wateten, dabei balancierten unsere Träger unser ziemlich gewichtiges Reisegepäck auf den Köpfen. Am anderen Ufer begann der Aufstieg durch den Regenwald. Während wir einen für ungeübte Augen nahezu unsichtbaren Pfad hochkrabbelten, wurde jedem von seinem eigenen Führer geholfen: behutsam, verlässlich und – erstaunlicherweise – barfuß.

Eins muss man über den Regenwald wissen: Es regnet dort eine Menge. Gelegentlich riss der Himmel zwar kurzzeitig auf, doch dann setzten die Schauer wieder ein – Wasserkaskaden, bei denen es wie aus Kübeln schüttete, durchnässten uns binnen Sekunden. Unser Weg wurde matschiger und rutschiger, und jeder von uns klammerte sich an seinen Führer. Wir fielen selten hin, weil wir in guten Händen waren, doch oft hätte nicht viel gefehlt, dabei peitschte uns Wasser ins Gesicht und wusch mir in einem besonders ungeeigneten Moment eine meiner Kontaktlinsen aus dem Auge. Uns tat alles weh – vom Klettern und Rutschen und von dem konfusen Gefühl, nicht zu wissen, wo wir waren oder wohin wir gingen; von den Flussüberquerungen, bei denen die Strömung manchmal unsere Schultern umspülte; vom Gewicht unserer nassen Kleidung. Und mitten am Tag, ausgerechnet mitten im schlimmsten Regen, verkündete John Waihuru, wir würden jetzt haltmachen, um zu essen. Es schien ein aberwitziges Vorhaben zu sein, doch er und die anderen Einheimischen holten Stöcke aus dem Dschungel, zogen enorme Farnwedel herab und errichteten einen Unterstand mit einem Boden aus Bananenblättern. Rasch wurden aus Palmblättern Teller geflochten, und innerhalb von fünf Minuten konnten wir uns auf Holzklötze setzen, uns trocknen, essen und von der Kletterei des Vormittags erholen.

Wir schafften es bis zu einem Haus etwa auf halber Strecke, wo wir die Nacht verbrachten: ein Schuppen aus getrockneten Blättern, der uns nach dem langen Tag ungeheuer luxuriös erschien. Ein weiterer Tag auf den Beinen, und wir erreichten kurz vor Einbruch der Dunkelheit Hauta. Die Dorfbewohner, die nicht zu unserem Trekkingtrupp gehörten, also etwa fünfundzwanzig Leute, stellten sich in einer Reihe auf, um uns die Hand zu schütteln. Außer Roger waren wir seit über zwei Jahren die ersten Fremden, die sie zu Gesicht bekamen.

Hauta liegt hoch in den Bergen an einem munter plätschernden Bach und hat eine majestätische Aussicht. Die Wohnhütten bestehen aus Palmblättern, und gegenüber der Hütte von *bigman*, in der wir schlafen sollten, stand eine beinahe ebenso große für das Dorfschwein. Wir gingen zum Bach und wuschen uns den Schlamm der letzten zwei Tage ab, dann machten wir eine Tour durch die Gärten, in denen die Dorfbewohner Taro, Maniok und Süßkartoffeln anbauten, die hiesigen Grundnahrungsmittel. Beim Licht des Sonnenuntergangs und eines Feuers in einem Steinkreis aßen wir in der Gemeinschaftsküche zu Abend. Die Dorfbewohner hatten zwar Messer mit Metallklingen, ansonsten aber ist das Leben im Urwald größtenteils noch so, wie es wohl schon vor tausend Jahren war. Mit einer Ausnahme: Ramen. Diese Nudeln schienen die Salomonen im Sturm erobert zu haben, beinahe einen Monat lang bekamen wir alles mit Ramen: Farn mit Ramen, Kohl mit Ramen, Tarowurzeln mit Ramen,

Süßkartoffeln mit Ramen, grüne Papaya mit Kokosnuss und Ramen, sogar Reis mit Ramen. Wenn ich diese Reise überstanden habe, werde ich eher Dreck fressen als noch einmal ein Würzpäckchen in die Hand nehmen. An diesem ersten Abend war ich jedoch noch nicht so weit, es zu verdammen, und fand die Mahlzeit zwar nicht gut, aber zumindest interessant.

Nach dem Abendessen saßen wir mit einer kleinen Laterne in der großen Gemeinschaftshütte auf dem Boden und lernten zum immensen Amüsement der Einwohner Betelnuss kauen, eine Fähigkeit, auf die ich hoffentlich nie wieder zurückgreifen muss. Betel ist ein mildes Rauschmittel, dem die meisten Inselbewohner der Salomonen verfallen sind; man kaut die zerkleinerte Nuss, bis sie weich ist, und tunkt die Masse dann in einem gerollten Pfefferblatt in flüssigen, gelöschten Kalk, um ihre Wirkung zu verstärken. Die Nuss führt zu erhöhtem Speichelfluss, man muss also immer wieder ausspucken. Außerdem färbt sie den ganzen Mund leuchtend rot; wenn man sie regelmäßig konsumiert, geht das Zahnfleisch zurück und die Zähne fallen aus. Ist man nicht daran gewöhnt, kann man zudem entsetzliche Magenschmerzen davon bekommen. Man fühlt sich benommen. Und es kann passieren, dass der Kalk einem den Gaumen verätzt. Es war schon nach acht, als wir mit dem Spucken aufhörten, uns auf dem Boden der Hütte zusammenrollten und in tiefen Schlaf fielen.

Am nächsten Morgen wurden wir über den Bach geführt. Auf dem gegenüberliegenden Ufer sprangen speertragende Männer mit Lendenschurz aus dem Busch und stießen wilde Schreie aus, so dass wir zu Tode erschraken. Später erfuhren wir, dass dies zu einer traditionellen Zeremonie gehört, die sogar für einheimische Gäste aufgeführt wird. Gleich hinter den Speerwerfern erwartete uns eine Gruppe von Männern aus dem Dorf, um uns in Zweierreihen ins Dorf zu geleiten. Dabei bliesen sie Panflöten aus Bambus und schwangen, nach vorn gebeugt, zur Musik die Hüften. Der Klang war ein Mittelding zwischen Steeldrums und Fagott, die Bewegung frühe Martha Graham. Wir wurden eine mit Farn gesäumte Promenade zu einem höher gelegenen Teil des Dorfs hinaufgeführt, wo die Frauen jedem von uns eine Halskette aus Samenkörnern umlegten und einen Kranz aus

Blumen auf den Kopf setzten, dann waren wir eingeladen, uns auf eine Art Veranda zu setzen, die zur größten Hütte gehörte. Die Musik wurde volltönender und wilder. Auf der zentralen Lichtung standen auf Holzpodesten große, zum Teil über zwei Meter hohe Flöten, und die Dorfbewohner spielten sie wie ein gigantisches Vibraphon, wobei sie ihre Flipflops als Schlägel einsetzten.

Die Dorfbewohner fragten uns, was wir sehen wollten. Wir erkundigten uns, wie sie ihre Hütten bauten, also sammelten sie Sagopalmblätter und zeigten uns, wie man sie über Ruten von wilden Betelnusspalmen spannte und übereinandergelegt mit Rattan annähte, um ein Dach oder eine Wand zu formen. Dann zeigten sie uns, wie man *gahuto*-Stöcke aneinander rieb, um Feuer zu machen, wie man aus *aohe*-Wurzeln Fallen flocht und wie man einen Pudding kochte, indem man geräucherte *ngali*-Nüsse in einem riesigen Mörser zerstampfte, das Mehl mit Taro mischte und alles zusammen in die Mitte eines Bambusrohrs schob, das man dann über einem Feuer röstete. Schließlich führten sie uns noch vor, wie sie die schlichten, aber formschönen Holzschalen schnitzten, aus denen wir aßen. Wir verbrachten den Nachmittag damit, diese Dinge zu lernen, und versuchten sie in den, wie es aussah, heimischen Gewohnheiten zu kopieren. Hier war sie, die andere Welt, die ich gesucht hatte.

Wieder zurück in unserer Hütte sahen wir, wie Hühner Anstalten machten, auf unseren Schlafmatten Eier zu legen. Nachdem wir sie verscheucht hatten, aßen wir frisch an diesem Tag geangelten Aal (mit Ramen). Als wir dann zu Bett gehen wollten, hörten wir wieder Musik. Eigentlich war nichts von dem, was wir gesehen hatten, gekünstelt gewesen; zu Begrüßungszeremonien kommt es so selten, dass sie jedes Mal ein Stück weit neu erfunden werden, und nach Hauta war schon sehr lange kein Fremder mehr gekommen. Diese plötzlich angestimmte Musik spätabends aber war wirklich völlig spontan. Jemandem war nach Musik gewesen, und diese Stimmung hatte sich verbreitet. Die Flötenspieler kamen mit ihren Instrumenten zu unserer Hütte und spielten unter dem Vollmond, die Frauen im Hintergrund sangen im Chor, und wir lauschten etwa eine Stunde lang diesem unerwarteten Schönen, das so festlich und so fremdartig war.

Dann wurden wir gefragt, ob es in unserer Kultur Musik gebe, und als wir es bejahten, wollten sie etwas davon hören. Plötzlich waren wir die Exoten. Nach einer hastigen Beratung entschieden wir vier uns, »Oklahoma!«, »Jamaica Farewell« und »America the Beautiful« zu singen. Ob es auch andere Darstellungsformen in unserer Kultur gebe, zum Beispiel Tanz? Also schritten Jessica und ich in die Mitte und legten zu der unheimlichen Musik von Bambusflöten auf einer Lichtung im Regenwald unter einem Frühlingsvollmond auf dem unebenen Grund eines Berggipfels einen Swing hin; und als wir uns am Schluss verbeugten, wurde gejohlt und gebrüllt, die Musik wurde schneller, die Stimmung hielt an, ein Wunder wie Brot und Fische.

Wir brauchten zwei Tage für den Abstieg. Während die Träger, damit unsere Habseligkeiten trocken blieben, dieselbe steile Route nahmen wie wir beim Aufstieg, führte man uns einen weniger abschüssigen Weg hinunter, bei dem man allerdings häufiger den Fluss überqueren und einmal zwischen Stromschnellen hindurchschwimmen musste (in unseren Kleidern – es war unmöglich, irgendetwas trocken zu halten). Zu diesem Zeitpunkt waren wir unseren Führern privat bereits nähergekommen und sprachen mit ihnen über alles Mögliche. Wir versuchten ihre Fragen zu beantworten und unser Leben zu erklären: Wie war es in den großen Städten? Warum hatten wir alle so viele Jahre in der Schule verbracht? Wie waren die Regeln für Fußball? Und warum wussten wir so gar nichts über den Ackerbau? Einer hatte seine Panflöte mitgebracht und spielte bei unserem Abstieg, während die Vögel sich durch den Regen hindurch etwas zuriefen.

Als wir den Strand erreicht hatten, machten wir dort ohne unsere Führer einen Spaziergang und boten Kindern Bonbons an, die jedoch wegrannten, sobald wir sie ansprachen. »Hi!«, sagten wir immer wieder, wenn wir die Süßigkeiten verteilten, nur um später festzustellen, dass *hi* in der Landessprache (in der das Wort für »Vater« *mama* lautet) »kopulieren« heißt. Es gab noch einen anderen kuriosen Moment: Niemand in diesem tropischen Land kommt auf den Gedanken, sich zu sonnen. Als sich einer von uns auf dem Strand ausstreckte, nahmen die Dorfbewohner daher an, er kämpfe mit dem

Schüttelfrost eines Malariaanfalls, und eilten herbei, um ihm Arznei anzubieten.

Nach unserem Aufenthalt auf Makira charterten wir die einzige echte Yacht der Salomonen, den fünfunddreißig Fuß langen Katamaran *Lalae*, um von Insel zu Insel zu schippern. Nach einer Woche Klettern im Dschungel, voller Schlamm und mit Hühnern auf der Schlafmatte, waren das makellose Weiß des Boots, der selbstgebackene Schokoladenkuchen, der aufmerksame Service und der stets gutgefüllte Obstkorb eine Offenbarung. Das Boot ist angeltauglich gebaut, und als ich ein einziges Mal die Leine raushängte, hatte ich bald einen großen Barracuda am Haken. Unser schneidiger Kapitän Steve Goodhew, ein Veteran der Australian Royal Navy, fing einen zweieinhalb Meter langen Marlin und jede Menge kleinere Fische.

Unser erster Anlaufhafen war das »Schwimmen mit Delphinen«-Resort auf Gavutu Island unter der Schirmherrschaft eines ziemlich schroffen kanadischen Verhaltensbiologen. Wir wurden mit dem im Resort üblichen Tanz begrüßt. Die männlichen Darsteller trugen Lendenschurz – in der Landessprache *kabilato* –, die Frauen Baströcke und Oberteile aus Muscheln, und alle hatten Armbänder umgelegt, in denen lange Grashalme steckten (John nannte sie die Frühlingszwiebel-Tänzer). Hier stand ich vor dem Dauerproblem eines Möchtegern-Abenteurers: In der Regel wurde das, was man entdeckt, bereits vor einem entdeckt; und selbst wenn Menschen das Gleiche taten wie schon tausend Jahre zuvor, war es nicht wirklich dasselbe, wenn es eine bewusst eingesetzte Handlung wurde. Diese Tänzer waren stolz auf ihre Vorführung, und sie entsprach voll und ganz ihrer Tradition, doch nach der spontanen Musiknacht in den Bergen waren wir verwöhnt; diese eingeübte Darstellung ähnelte zu sehr einer Hawaii-Show in einem Nachtclub. In der Hauptstadt hatten wir den Miss-Salomonen-Schönheitswettbewerb besucht, bei dem Frauen die Hüften in Baströcken kreisen ließen, die aus zerschredderten pinkfarbenen Plastiktüten gefertigt waren. Dazu trugen sie Oberteile aus an Schnüren befestigten Kokosnusshälften – das war in seiner Absurdität einerseits lustig und liebenswert, andererseits aber auch ein bisschen traurig. Ebenso traurig fanden wir es, hier eine Vorführung der Tradition zu sehen und nicht die Tradition selbst zu erleben.

Umso begeisterter waren wir, als wir nach Loisolin auf Pavuvu kamen, wo Steve im vergangenen Monat Vorbereitungen für uns getroffen hatte. Die Inselbewohner freuten sich auf unseren Besuch; da sie auf den Salomonen für ihre Tänze berühmt waren und an der Küste lebten, hatten sie zwar bereits einige Ausländer kennengelernt, doch bisher war kein Tourist je in ihr Dorf gekommen, um explizit sie zu sehen. Bei unserer Ankunft erwartete uns die gesamte Einwohnerschaft am Strand. Ein paar ließen ihr Kanu zu Wasser und umrundeten unser Boot, dann rannten die Speerwerfer hinaus in die Brandung, stießen wilde Schreie aus und machten freundlich die üblichen Drohgebärden. Als wir anlandeten, legten uns kleine, wie einem Gauguin-Gemälde entsprungene Mädchen Frangipani-Kränze um den Hals, und das Dorfoberhaupt hieß uns willkommen. Er trug ein beeindruckendes Stirnband aus dicht aneinandergereihten Opossumzähnen. Eine Bambuskapelle spielte raffiniertere Melodien, als wir sie im Dschungel gehört hatten. Dann wurde jedem von uns eine Kokosnuss als Trinkgefäß gereicht, und wir bekamen einen Korb aus Palmenblättern mit einem ganzen Hummer, einer Scheibe Taro, Kokosnusspudding, Maniokpudding, frischem Fisch, zwei weiteren Sorten Taro mit glitschigem Kohl (ein schleimiges hiesiges Blattgemüse) und hartgekochten Philippenhuhneier. Während wir aßen, fächelten uns ein paar junge Frauen mit großen Palmwedeln Luft zu und vertrieben damit auch die Fliegen von unserem Essen.

Etwa vierzig Dorfbewohner, viele mit Körperfarbe bemalt, führten derweil eine Reihe komplizierter Tänze auf – von hypnotisch bis leidenschaftlich, von humorvoll bis traurig. Es war, als hätte hier auf Pavuvu der George Balanchine des Südpazifiks gearbeitet: In Baströcken und mit Muscheln behängt, imitierten die Frauen bei einem poetischen Willkommenstanz die Bewegungen der Wellen; die Männer sprangen umher wie junge Widder. Beinah synkopisch überlagerten sich die Rhythmen, danach wurde es lieblich und lyrisch. Gegen Ende baten die Einheimischen uns, ihnen etwas aus unserer Kultur zu zeigen. Jessica und ich führten unsere Swing-Nummer auf, und sie jubelten uns immer wieder zu und ließen uns erst aufhören, als wir total erschöpft waren. Nachdem weder wir uns noch sie sich zu weiteren Tänzen aufraffen konnten, legten wir im Licht des Spätnachmittags ab und überholten große Gruppen fliegender Fische, die bis zu hundertfünfzig Meter weit über die Wasseroberfläche schnellten. Eine Schule von etwa zweihundert Delphinen kam und spielte im Umkreis unseres Bootes; übermütig sprangen sie durch die Luft, und das in so großer Zahl, dass sie Wellen ähnelten. Es gab Schwalben und Fregattvögel und Brauntölpel und kleine Inseln, perfekt wie aus dem Bilderbuch, kuppelförmig, unbewohnt, in Wohnzimmergröße, mit jeweils fünf vollkommenen Kokosnusspalmen. Hin und wieder sahen wir Fischer in Einbäumen, die auf Speerfische warteten. Gefangen in einer unendlichen Postkartenidylle, einem pazifischen Arkadien, plauderten und sangen wir auf dem Vordeck und tranken dazu vor Ort gebrautes Bier.

Viele der kleineren Inseln der Salomonen sind Korallenatolle, die sich um die Marovo-Lagune gruppieren, um die weltgrößte von Inseln eingeschlossene Lagune, die demnächst vielleicht zum UNESCO-Welterbe zählen wird. James Michener hat sie als eins der acht Weltwunder bezeichnet. Sie war das Ziel unserer Bootsreise. Vier Tage lang ankerten wir an mehreren abgeschiedenen Stellen der Lagune, um zu schnorcheln, darunter auch vor Uepi, wo der Artenreichtum und die Dichte der schwimmenden Spezies das Great Barrier Reef übertreffen. Neben riesigen Schulen von Buntbarschen, Schwarzspitzen-Riffhaien und Grauen Walhaien sah ich ein Dutzend Arten Papageienfische, verschiedene Lippfische, darunter den vom Aussterben bedrohten Maori-Lippfisch, Kaiserfische, Soldatenfische, Clownfische, Karettschildkröten, Aale, Butterfische, einen Manta, verdorben aussehende Zackenbarsche, riesige Muscheln mit fluoreszierenden pink- und lavendelfarbenen Mündern, die sich schlossen, wenn man sich näherte, pazifische Langschnauzenhechte, gefleckte Süßlippenfische, Schlammspringer, Feuerfische, schwarzblaue Seeschlangen und Seesterne in metallischem Blau. Eine Unterwassersafari.

Dennoch waren die Fische beinahe zweitrangig für mich im Vergleich zu den lebenden Korallen des Riffs, die aussahen, als hätten Buckminster Fuller, Max Ernst und Dr. Seuss gemeinsam daran gearbeitet: langer Spargel mit rosa und blauen Spitzen; eine zarte Damaszenerrosen-Spitze, wie sie vielleicht eine spanische Dame zum Kirchgang umlegen würde; weite Felder olivfarbener Scheuerbürsten; Gorgonienfächer; grell gestreifte Erektionen; mauvefarbene Kuppeln; sinnlich gelbe Hortensien; orangefarbene Dreadlocks; und purpurfarbene geprägte Ripsbänder. Dazu kreisten eigenartige Dinge wie Lavalampen auf Drehscheiben, und die Mimosen des Meeres schienen bei unserem Näherkommen zurückzuweichen. Wenn wir aus dem Wasser stiegen, waren wir stets benommen von den Farben und der reinen Vielfalt. Täglich brachen wir aufs Neue auf; täglich tauchten wir; täglich sahen wir unvorstellbare Wunder.

Nachdem wir mit der auf den Salomonen vorherrschenden melanesischen Kultur vertraut geworden waren, wollten wir etwas vom polynesischen Leben sehen. Wir gingen in Honiara von Bord unserer geliebten *Lalae* und flogen nach Rennell, der größten polynesischen Salomon-Insel. Unser Führer Joseph Puia packte uns ins Auto und brachte uns zum Tegano, dem größten Süßwassersee im Südpazifik und UNESCO-Welterbe. Hin und wieder hielten wir an, damit Joseph seine Machete mit sicherer Hand und in erstaunlicher Geschwindigkeit durch die Bäume sausen lassen konnte, die quer über der Straße lagen.

Aus dem See ragen kleine Inselchen mit riesigen Mangroven und Schraubenbäumen hervor. Sie sind Heimat endemischer Flora und Fauna in großer Vielfalt, darunter einzigartiger Vögel und Orchideen. Aber auch neun US-Flugzeuge liegen hier auf Grund, die im Zweiten Weltkrieg abgeschossen worden waren (zwei davon konnten wir beim Schnorcheln sehen). Da es während des Kriegs am See eine US-Militärbasis gegeben hatte, sind die Einheimischen Amerikanern gegenüber immer noch aufgeschlossen. Doch trotz großer Anstrengungen aufdringlicher Missionare glauben die Menschen dieses Gebiets weiterhin, dass die Geister der Toten als Sternschnuppen unterwegs sind, um hinter den östlichen Gestaden auf Gott zu treffen.

In unserem großen motorisierten Kanu sahen wir die berühmten Sonnenaufgänge über dem Wasser, besuchten die Höhle, wo der legendäre See-Oktopus gelebt haben soll, und besichtigten eine weitere Höhle, die Joseph als »ehemalige Wohnstätte« bezeichnete – Dörfer gibt es auf Rennel erst seit relativ kurzer Zeit. Wir begegneten glänzenden Salanganen, Fregattvögeln, Seeschwalben, Kormoranen und Ibissen. Und als wir näher kamen, stiegen Hunderte von Inselkrähen in den Himmel und kreisten über uns wie bei einem eindrucksvollen Hitchcock-Remake. Außerdem besuchten wir Circumcision Island, das von dem einzigen Stamm im Südpazifik bewohnt wird, der die Praxis der Beschneidung (*circumcision*) noch gutheißt. Da wir durstig waren, schwang sich unser Bootsführer eine Palme hinauf und warf frische Kokosnüsse hinunter, und er brachte uns grüne Limetten mit orangefarbenem Fruchtfleisch, ein Relikt der Mode der sechziger Jahre aus dem Königreich der Früchte. Fliegende Füchse, die zur Spezies der Flughunde gehören, hingen – wenn sie nicht durch die Luft schwirrten – wie heidnischer Weihnachtsschmuck in den Bäumen. Und wir sahen und aßen die hiesigen Palmendiebe, einen Krebs, der erst nach fünfunddreißig Jahren ausgewachsen ist.

Da unser Flug wetterbedingt um fünf Tage verschoben wurde, konnten wir die Insel leider nicht wie geplant verlassen und verbrachten die Regennachmittage in dem deprimierenden Gästezimmer der dortigen Missionsstation. Dabei widerstanden wir dem Ruf der lokalen Variante von Evangelikalen – John, indem er *Moby-Dick* las, und ich, indem ich diesen Artikel über die wilde und sanfte neuartige Welt schrieb, die wir lieben gelernt hatten.

Nachdem wir abgereist waren, gab es auf den Inseln eine Periode innerer Unruhen, doch inzwischen scheint sich die politische Lage wieder entspannt zu haben. Zehn Jahre nachdem die Marovo-Lagune als UNESCO-Welterbe vorgeschlagen wurde, ist ihre Aufnahme in diese Liste noch immer nicht entschieden.[152] Während eine endlose Bürokratie die Entscheidung in dieser Frage stocken ließ, wurden die Salomonen durch Erdbeben und darauf folgende

Tsunamis verwüstet, und zwar 2007, 2013, 2014 und 2015.[153] Wie Grönland bekommt auch dieses Gebiet die Folgen der globalen Erwärmung zu spüren: Küstenerosion, Überschwemmungen und Versalzung nehmen zu. Die Provinz Choiseul hat wegen des steigenden Meeresspiegels ihre Hauptstadt verlegt und ist damit die erste Region im Pazifik, die für eine Gemeinde eine solche Maßnahme ergriffen hat. Der neue Ort wurde gebaut, ehe man phasenweise die Bewohner umsiedelte.[154] Aus einem Anpassungsfonds für Klimageschädigte hat die Weltbank dem Community Resilience to Climate and Disaster Risk Project (CRISP) der Salomonen 9,1 Mio. Dollar überwiesen.[155] Neuere Forschungen zeigen, dass dem Gebiet ein weiteres Problem zu schaffen machen könnte: Eventuell zieht die tektonische Verschiebung der Kontinentalplatten die Inseln weiter in die Tiefe, während der Meeresspiegel an den Küsten steigt.[156]

RUANDA

Die Kinder der schlechten Erinnerungen
*Weit vom Stamm: Wenn Kinder ganz anders
als ihre Eltern sind, 2012*

Zehn Jahre nach dem Genozid in Ruanda besuchte ich das neue Mahnmal in Kigali, das von Aegis Trust, einer britischen, auf Genozidgedenkstätten spezialisierten Organisation, errichtet wurde. Im Gegensatz zu den meisten anderen Gebäuden in Ruanda war es mit einer Klimaanlage ausgestattet; die effekthascherischen Schaukästen kamen mir vor, als seien sie von einem ehemaligen Schaufensterdekorateur arrangiert worden. Die Texte auf den Tafeln waren aufwühlend und die Fotos entsetzlich, doch in der geschniegelten Gestaltung spiegelte sich der Wunsch der Nation, zu den noch gar nicht so lange zurückliegenden Ereignissen Abstand zu gewinnen. Man präsentierte Opferzahlen, die mit den aus Tutsi-Sicht vorgenommenen Schätzungen des Staatspräsidenten Paul Kagame übereinstimmten, während internationale Beobachter ganz andere nennen.

Ich hatte auf dieser Reise die Absicht, mit Frauen zu sprechen, die während des Genozids vergewaltigt worden waren. Die Gedenkstätte rückte die Ereignisse des Jahres 1994 in die Vergangenheit; diese Frauen aber erleben sie auch weiterhin, zehn Jahre danach. So, als sei die Zeit stehengeblieben.[157]

Dem Genozid in Ruanda gingen langanhaltende ethnische Auseinandersetzungen voraus. Es ist nicht eindeutig gesichert, wann die Tutsi ins Land kamen, doch es geschah nach der Ansiedlung der Hutu, über die sie sich als Feudalherren erhoben. Die Kolonialmacht Belgien gab den hochgewachsenen schlanken Hirten der Tutsi den Vorzug gegenüber den stämmigen, dunklen Ackerbauern der Hutu mit den breiten Nasen; sie erklärten die Tutsi mit ihrem Bevölkerungsanteil von fünfzehn Prozent zur naturgegebenen Aristokratie und gewährten ihnen Vorrechte, die den Hutu versagt blieben. An diesen Maßnahmen entzündete sich ein tiefer Hass. Gegen Ende der Kolonialzeit gerieten die Belgier mit dem König der Tutsi in Streit und übertrugen die Macht an die Hutu. Diese regierten auch nach der Unabhängigkeit im Jahr 1962. Es kam immer wieder zu Übergriffen gegen die Tutsi, und die ethnischen Auseinandersetzungen während der darauffolgenden fünfundzwanzig Jahre veranlassten viele Tutsi, nach Uganda oder ins damalige Kongo-Léopoldville zu emigrieren. Eine Reihe von ihnen bat allerdings, zurückkehren zu dürfen.

Als die Hutu-Regierung ihnen die Heimkehr verweigerte, bildeten sie eine Armee – die von Paul Kagame geführte Ruandische Patriotische Front (RPF) – und provozierten Grenzscharmützel. 1993 gelang es der UNO, zwischen der Hutu-Regierung und den Tutsi-Rebellen einen Friedensvertrag zu vermitteln, doch Hardlinern unter den Hutu passte es nicht, etwas von ihrer Macht abzugeben. Ende 1993 und Anfang 1994 begannen Strategen der Organisation »Hutu-Power« die Strukturen für den Völkermord vorzubereiten. Sie riefen dazu Meuten verarmter und unzufriedener junger Männer zusammen und gründeten eine Streitmacht, die sie »Interahamwe« nannten, »die gemeinsam Kämpfenden«. Sie impften ihnen ein, die feindlichen Tutsi seien keine Menschen, sondern nichts anderes als »Kakerlaken«. Zur Verbreitung ihrer Hassbotschaften richteten sie Ruandas ersten privaten Rundfunksender ein, Radio Mille Collines.[158] Außerdem legten sie Waffendepots an: Gewehre, doch hauptsächlich Macheten und Messer. Und sie drängten systematisch gemäßigte Politiker aus der Regierung.

Der Völkermord in Ruanda begann am 6. April 1994 nach dem Abschuss des Flugzeugs von Präsident Juvénal Habyarimana. In den einhundert Tagen, die folgten, wurden achthunderttausend Tutsi umgebracht. Im Gegensatz zum Holocaust der Nazis, in dem das Töten klinisch, systematisch und möglichst im Verborgenen durchgeführt wurde, erfolgte das Abschlachten in Ruanda nach keiner bestimmten Methode. Die Täter waren die Interahamwe und Bauern, ihre Mordinstrumente meist landwirtschaftliches Gerät. Doch man beließ es nicht bei Tötungen. Ein ruandisches Sprichwort besagt: »Eine Frau, die noch nicht geschlagen wurde, ist keine richtige Frau.«[159] Die unterschwellige Frauenfeindlichkeit des Landes wurde rasch von der ethnischen Propaganda aufgegriffen und Vergewaltigung zum üblichen Vorgehen der *génocidaires*. So verkündete Radio Mille Collines, die Tutsi-Frauen würden die Hutu-Männer mit ihren Reizen an sich fesseln wollen, um die Hutu letzten Endes als Rasse auszulöschen. Und weil viele Hutu die schlanken, vornehmen Tutsi-Frauen als arrogant empfanden, wollten sie ihnen eine Lektion erteilen. Die Männer vergingen sich an den Frauen aber nicht nur, um sie zu demütigen und in Schande zu bringen, sondern letztlich auch, um sie auf diese Weise zu töten. Viele der Männer waren HIV-positiv und von ihren Anführern ausdrücklich aufgefordert, so viele Tutsi-Frauen anzustecken wie möglich. Sie vergewaltigten, um ihre Neugier zu befriedigen, sie vergewaltigten, um die Frauen zu traumatisieren; und sie vergewaltigten, weil dies eine langsamere und schmerzlichere Art des Tötens war.[160] Sie vergewaltigten aus Hass und aus Lust. Wie es in einem der Propagandasprüche hieß, wollten sie erreichen, dass diese »Frauen an ihrer Traurigkeit starben«.[161] Eine der Frauen berichtete, ein Fußsoldat der mörderischen Jugendbrigaden habe sie gegen eine Wand gedrückt, ihr mit seinem Messer die gesamte Innenhaut der Vagina herausgeschnitten und das blutige Stück Fleisch aufgespießt auf einem Stock vor ihrem Haus zur Schau gestellt, damit, wie er sagte, »jeder, der hier vorbeikommt, kapiert, wie Tutsi aussehen«.

Als die Tutsi-Milizen der RPF nach hundert Tagen die Hauptstadt Kigali eroberten, war der Genozid zu Ende. Die meisten Mitglieder der Interahamwe flohen nach Kongo-Zaire, wo sie in Flüchtlingslagern auch weiterhin Terror verbreiteten. Bei seinem Amtsantritt als Staatspräsident verkündete Kagame volltönend eine Politik der Versöhnung. Doch er baute stattdessen mit der stillschweigenden Duldung der Weltgemeinschaft ein im Wesentlichen von Tutsi dominiertes Machtgefüge auf – tat also das, was die Hutu-Power gefürchtet hatte. Kagame veranlasste regelmäßige Überfälle auf kongolesische

Flüchtlingslager; seit Ende des Bürgerkriegs starben bei solchen Vergeltungsaktionen an die siebenundzwanzigtausend Menschen. Erneut leben die Hutu unter einem hauptsächlich von Tutsi geführten Regime und fühlen sich von einer verhassten Minderheit unterworfen, während sich der Hass der Tutsi auf die Hutu daraus nährt, dass sie ihre Angehörigen ermordet haben. Die Einwohner Ruandas sind geprägt von den traumatischen Erfahrungen, die sie mit angesehen, erlitten oder anderen zugefügt haben. In offiziellen Interviews erklären sie: »*Jamais plus*« (»Niemals wieder«), aber in privaten Unterhaltungen sagten die meisten, mit denen ich gesprochen habe, es sei nur eine Frage der Zeit, bis der Konflikt wieder aufbreche.

Insgesamt wurden während des Genozids eine halbe Million Frauen vergewaltigt. Ungefähr die Hälfte der Tutsi-Frauen, die überlebten, sind Vergewaltigungsopfer und fast alle von ihnen HIV-positiv. Aus den Vergewaltigungen gingen rund fünftausend Kinder hervor.[162] Man bezeichnet sie als »*les enfants de mauvais souvenir*«, »die Kinder der schlechten Erinnerungen«.[163] Eine Autorin nannte sie »das lebendige Vermächtnis einer Zeit des Todes«.[164] In einer Umfrage sagten neunzig Prozent der Frauen, sie könnten das Kind eines Mannes, der ihre Angehörigen umgebracht hat, nicht lieben. Eine Frau, die deswegen versucht hatte, sich zu ertränken, aber von einem Fischer gerettet worden war, sagte, »das Baby in mir hat mich nicht einmal sterben lassen. Es war ein Fluch, der mich ständig verfolgte.«[165] Eine andere, die wie so viele mit ihrem Vergewaltiger zwangsverheiratet worden war, erklärte: »Seine Frau zu sein ist wie zu sterben. Kein Tod kann schlimmer sein als dieser.«[166] Weil die Gesellschaft Ruandas diese Frauen stigmatisiert, wurden die Schwangerschaften »verleugnet und verheimlicht, oft ignoriert und spät erkannt«, sagte Dr. Catherine Bonnet, die zu den Vergewaltigungen in Ruanda Untersuchungen durchführte.[167] Und Godelièvre Mukasarasi, eine Sozialarbeiterin, erklärte: »Frauen, die nach der Vergewaltigung ein Kind bekommen haben, wurden am stärksten ausgegrenzt. Bei den Leuten hieß es, es seien Kinder der Interahamwe«.[168]

Schwangerschaftsabbrüche werden in Ruanda praktisch nicht

durchgeführt, doch manche Frauen führten in dem Chaos nach dem Bürgerkrieg bei sich selbst eine Abtreibung herbei. Andere – ihre Zahl ist unbekannt – töteten die Neugeborenen. Wiederum andere legten ihre aus einer Vergewaltigung stammenden Babys vor Kirchentoren ab, und heute findet man allerorts Waisenhäuser. Da jene, die ihre Kinder fortgegeben haben, anonym bleiben, bin ich nur denen begegnet, die sie behielten. Die Kinder, für die sie dieses Opfer bringen, erinnern sie täglich an ihr Trauma. Man muss schon mit fast übermenschlichen Qualitäten gesegnet sein, um ein Kind zu lieben, das aus einer Vergewaltigung stammt – zumal dieses Trauma für die meisten der Frauen nur eines von noch vielen anderen war: der Verlust der Familie, des sozialen Status, der einst als sicher erschienenen gesellschaftlichen Strukturen, des Gefühls von Stabilität oder Konstanz und der Gesundheit durch die Infizierung mit HIV. Als ich solche Frauen im Frühjahr 2004 traf, waren ihre Kinder neun, also alt genug, um ihren Hutu-Vätern ähnlich zu sehen. Mich interessierte, ob es möglich ist, sie lieben zu lernen, oder wie man sich damit arrangiert, dass man sie versorgt, ohne sie zu lieben.

Die Gesellschaft Ruandas begegnet diesen Frauen und Kindern mit Feindseligkeit. Manche wurden von Angehörigen und sozial Nahestehenden körperlich misshandelt; einige Krankenhäuser verweigerten ihnen die Behandlung. Als Mischlinge werden *les enfants de mauvais souvenir* weder von den Hutu noch von den Tutsi geduldet. »Manche Frauen wurden von ihren Angehörigen gezwungen, das Kind fortzugeben«, erklärte mir Espérance Mukamana, die in Kigali für die Witwenorganisation AVEGA arbeitet.[169] »Anfangs hatten sie Schwierigkeiten, diese Kinder als Menschen anzusehen, weil man sie für Kinder des Bösen hielt. Die meisten Mütter können niemals echte Liebe für sie entwickeln. Es reicht, um sie zu versorgen, doch zu mehr nicht. Man muss sie motivieren, ihnen unzählige Male erklären, dass das Kind keine Schuld hat. Es fällt ihnen schwer, das Kind als unschuldig anzusehen, weil sie sich selbst nicht als schuldlos sehen können.« Sämtliche dieser Frauen hatten finanzielle Probleme, galten als nicht heiratswürdig, und die meisten mussten kämpfen, um sich und den Nachwuchs über die Runden zu bringen.

Professor Jean Damascène Ndayambaje, Leiter der Psychologischen Fakultät der Université Nationale du Rwanda in Butare,¹⁷⁰ erklärte, man werfe es einer Frau als Schande vor, wenn sie sich vergewaltigen und nicht umbringen ließ. »Kann man das eine tatsächlich besser finden als das andere?«, fragte er. »Unsere Gesellschaft sieht das jedoch nicht so und bezichtigt allein die Frau, schändlich gehandelt zu haben.« Er erzählte von einer Patientin, die angeschnallt werden musste, damit die Ärzte an ihr einen Kaiserschnitt durchführen konnten. Zuvor hatte sie in einem letzten Versuch, die Geburt zu verhindern, die Vaginalmuskeln krampfhaft angespannt. Als ihr die Ärzte das Kind zeigten, begann sie zu zetern und musste in die Psychiatrie eingewiesen werden. »Frauen wie diese füllen ganze psychiatrische Stationen«, sagte Ndayambaje. Professor Jean-Pierre Gatsinzi, Leiter der Fakultät für Journalismus und Kommunikation an der Université Nationale, verwies auf einen fundamentalen kulturellen Wandel, seitdem die enge Bindung zwischen Mutter und Kind nicht mehr als selbstverständlich angesehen wird. »Wir leben in einer neuen Gesellschaft«, sagte er, »mit anderen Regeln. Wir müssen akzeptieren, dass eine Vergewaltigung ebenso traumatisch ist wie Krieg und dass diese Frauen beide Traumata zugleich erlebt haben. Vergewaltigung im Krieg ist ein Verbrechen gegen die Menschlichkeit und weit schlimmer als eine ordinäre Vergewaltigung.« Sicherlich ist jede Vergewaltigung eine traumatische Erfahrung für das Opfer, doch Vergewaltigung im Krieg ist ein Angriff auf die gesellschaftlichen Normen und ein tiefes Trauma für die Gesellschaft, in der sie stattfindet.

Espérance Mukamana berichtete: »Traumatisierte Mütter sind barsch und kalt im Umgang mit ihren Kindern, wenn sie sie nicht gar beschimpfen. Die Kinder wissen zwar, dass ihre Mütter sie nicht lieben, haben aber keine Ahnung, warum. Sie reden, und ihre Mütter hören ihnen nicht zu; sie weinen, und ihre Mütter trösten sie nicht. In der Folge entwickeln sie Verhaltensauffälligkeiten. Sie sind unzugänglich und rastlos. Weil sie zu Hause wenig Liebe finden, gehen sie auf die Straße und laufen Fremden hinterher.« Vielen dieser Kinder gab man dunkle Namen: Eins hieß Inkuba oder »Krieg«, ein anderes nach seinem Vater »Kleiner Mörder«, ein weiteres »Kind aus dem Hass«.[171] Alphonsine Nyirahabimana, die ebenfalls mit dieser Bevölkerungsgruppe bei AVEGA arbeitet, sagte: »Ich habe mich immer gefragt, wie eine solche Mutter ihr Kind lieben kann. Bei einigen spielte der christliche Glaube eine große Rolle, und ihre Gebete wurden erhört. Andere können das Gute an ihrer Situation erkennen, so wie eine von ihnen, die sagte: ›Man hat mich vergewaltigt, meine Angehörigen ermordet, und ich habe dieses im Horror entstandene Kind, aber wenigstens bin ich nicht HIV-positiv‹. Doch die meisten sind ohne Familie, verzweifelt und hoffnungslos. Sie kommen zu AVEGA und sprechen miteinander. Weil keine vergessen kann, was ihr geschehen ist, können sie auch genauso gut gemeinsam ihren Erinnerungen nachgehen.«

Manche Frauen schließen sich zusammen, um für ihre Rechte einzutreten. Zum Teil haben sie aus dieser Gruppenkonstellation so viel Kraft bezogen, dass es den Verlust ihrer traditionellen Stellung in der Gesellschaft aufwiegt. Professor Célestin Kalimba, Leiter der Historischen Fakultät der Université Nationale, sagte, der Genozid habe unter anderem auch den Effekt gehabt, dass sich in Ruanda ein neuer Feminismus entwickeln konnte. »Ein beträchtlicher Teil der männlichen Bevölkerung ist entweder tot oder in Haft«, sagte er, »und Frauen haben wichtige Rollen übernehmen müssen. Im Gegensatz zu der Zeit vor dem Genozid sind Frauen jetzt erbberechtigt. Davor hatte ein Mann mehrere Frauen. Jetzt können sie bei der Hochzeit in der Kirche einen Vertrag unterschreiben, in dem sie sich schwören, monogam zu bleiben. Für Frauen sind die Verhältnisse in Ruanda besser als je zuvor.« Einige Mütter mit einem aus der Gewalt geborenen Kind haben sich aufgemacht, für eine neue Gesellschaft zu kämpfen – wenn nicht für sich selbst, dann wenigstens für ihre misshandelten Kinder.

Die meisten aber erleben nichts als Entrechtung. Eine Frau erzählte mir, ein Mann sei gekommen, habe ihre Angehörigen, darunter ihren Mann und ihre drei Kinder, umgebracht, sie als Sexsklavin verschleppt und drei Monate lang missbraucht. Als die Soldaten der RPF kamen, sei er geflohen. Sie bekam einen Sohn, und sie war inzwischen HIV-positiv, das Kind jedoch nicht. In Ruanda gibt es abgesehen von den Familien kaum ein soziales Netz – um zu überleben, braucht man seine Angehörigen. Da sie wusste, dass sie nicht mehr lange leben würde, machte sie sich Sorgen um ihren Sohn, der allein zurückbleiben würde. Aus diesem Grunde spürte sie seinen Vater in der Haft auf und beschloss, eine Beziehung mit ihm einzugehen – damit ihr Sohn nach ihrem Tode jemanden hatte, an den er sich wenden konnte. Als wir sie trafen, kochte sie für den Vater täglich eine Mahlzeit und brachte sie ihm ins Gefängnis. Dieser Mann hatte sie vergewaltigt und ihre Kinder abgeschlachtet. Sie konnte über ihr Tun nicht sprechen, ohne den Blick zu senken und reglos auf den Boden zu blicken. Mit dem neuen Feminismus in Ruanda war sie noch nicht in Berührung gekommen.

In Kigali lernte ich Beatrice Mukansanga kennen, eine Frau mit einem Gesicht wie eine Maske von Picasso, und Marie Rose Matamura, die hübsch und lieblich war. Beatrice hatte keine deutlichen Erinnerungen an das, was ihr 1994 zugestoßen war; sie wusste noch, dass sie wiederholt vergewaltigt wurde und ein Kind erwartete, als sie einige Wochen später im Krankenhaus aufwachte. Irgendwann während des Genozids wurde ihr ein Bein abgehackt. Ihr Mann und ihre zwei Kinder waren verschwunden, »alle fort, alle tot«, wie sie sagte. Gegen Ende der Gräueltaten war sie schwanger und HIV-positiv, ohne zu wissen, wer ihr das angetan hatte. »Das Baby ist in mir gestorben und wurde fortgemacht«, erzählte sie. Ob sie die Fehlgeburt selbst herbeigeführt hat, ist unklar. Als sie in ihre Heimatstadt Nyanza zurückkehrte, stellte sie fest, dass alle, die sie kannte, tot waren. Deshalb ging sie wieder nach Kigali. »Um diese Zeit des Jahres, wenn sich der Genozid jährt und wenn die Regenzeit beginnt, geht es mir furchtbar schlecht«, sagte sie. »Ich habe schreckliche Albträume. Ständig begleitet mich das Gefühl, jederzeit sterben zu können.« Es machte sie wütend, dass die Gesundheitsprogramme der Regierung nur jenen zugute kamen, die Beziehungen hatten; bei ihr war inzwischen Aids ausgebrochen, doch als sie versuchte, medizinische Versorgung zu erhalten, wurde sie von den Mitarbeitern des Gesundheitsdienstes ausgelacht. »Sie helfen denen, die gut genug gestellt sind, um sich selbst zu helfen«, sagte sie. »Wir anderen müssen allein zurechtkommen.«

Die vierunddreißigjährige Marie Rose Matamura berichtete über die Ereignisse in ihrem Leben mit monotoner Stimme und scheinbar grenzenloser Resignation. Als der Völkermord begann, flüchtete sie sich in ihre Kirche, doch schon bald kamen die Milizen und brachten mit Einwilligung ihres Priesters fast alle dort Versammelten um. Sie und ihre Schwester konnten entkommen, wurden jedoch von einem Hutu der Interahamwe aufgegriffen, der sie in Besitz nahm. Viele Milizionäre hielten sich Frauen als Sexsklavinnen und bezeichneten sie zynischerweise als *Ehefrauen*, um ihre Vielzahl von Vergehen schönzureden. Doch es gab keine Eheschließung oder sonstige Absicherung. Es bedeutete lediglich, dass die Frauen zum Zweck wiederholter sexueller Übergriffe festgehalten wurden und in den Unterkünften der Männer wohnten. Dass sich Marie Rose ihrem Besitzer fügte, änderte nichts an dem Hass, den sie auf ihn empfand. »Er zog einfach durch die Gegend und vergewaltigte Frauen«, sagte sie. »Wenn es ihm passte, zwang er mich, seinen Freunden zu Willen zu sein. Ich wurde von vielen anderen vergewaltigt. Er sagte mir, dass er mich mit HIV angesteckt hat, damit er mich nicht mehr umzubringen brauchte.« Als die Soldaten der Tutsi näher rückten, floh Marie Roses Besitzer; geschwächt und verzweifelt blieben sie und ihre Schwester, beide schwanger, in seinem Haus zurück. Marie Roses Schwester starb am Weihnachtstag 2001 an Aids. Sie ließ einen Sohn zurück, den Marie Rose zu sich nahm, um ihn gemeinsam mit ihrer Tochter aufzuziehen. Inzwischen zeigte ihre Haut Veränderungen, so dass sie fürchtete, ihre Nachbarn könnten dies als Symptome von Aids erkennen. Sie hatte zu viel Angst, um die Kinder auf HIV testen zu lassen. »Ich weiß nicht, wer sich um die Kinder kümmern wird, wenn ich sterbe«, sagte sie. »Ich gehe von Tür zu Tür und frage die Leute, ob sie Wäsche zum Waschen haben. Außerdem flechte ich reichen Hutu-Frauen mit einem Ehemann die Haare. Dass ich sterben muss, macht mich ungeheuer traurig – nicht um meinetwillen, sondern wegen der Kinder. Sie haben niemanden außer mir mit meiner unheilbaren Krankheit.«

Marie Rose beschrieb, wie sie sich bemühte, ihre Kinder zu schützen. »So wie ich es sehe, ist die Welt voller Hass, und ich habe ständig Angst. Am liebsten würde ich mich im Haus einschließen und niemanden sehen. Aber ich bin dafür verantwortlich, dass die Kinder keine Sorgen haben. Sie sollen mich nicht fragen, warum ich so traurig und so einsam bin. Der Junge ist ein Hitzkopf, aber ich kümmere mich ganz besonders um ihn, weil er mich jetzt als Mutter annehmen soll. Ich sehe das Abbild der Hutu-Milizen in ihren Gesichtern, aber ich kann mein Kind und das meiner Schwester nicht hassen, obwohl ich immer daran denken muss, woher sie stammen. Manchmal fragen sie mich nach ihrem Vater. Dann sage ich, dass sie keinen haben, nie einen gehabt haben. Irgendwann einmal muss ich ihnen die Wahrheit sagen. Ich grübele die ganze Zeit, wie ich das anfangen soll, und lege mir die Wörter zurecht. Ich werde ihnen erklären, dass sie sich anständig verhalten müssen und was zu tun ist, wenn jemand sie vergewaltigen will. Ich habe Angst, was aus ihnen wird, wenn sie bei mir bleiben, aber ebenso macht es mir Angst, wenn ich mir überlege, was aus ihnen wird, wenn ich nicht mehr da bin.«

Vor dem Genozid ging es Marianne Mukamana gut. Ihr Mann war Bauarbeiter, sie liebte ihn, und sie hatten eine fünfjährige Tochter. Die *génozidaires* holten ihren Mann schon gleich zu Anfang fort. Dabei sagten sie: »Wir werden ihn umbringen und kommen dich dann holen.« Sie sah ihn nie wieder und hörte auch nichts mehr von ihm. Sie versuchte, mit ihrer Tochter fortzulaufen, doch sie wusste nicht, wohin, und die Nachbarn wollten den beiden aus Angst um das eigene Leben keine Zuflucht gewähren. In ihrer Verzweiflung ging Marianne zu einem Soldatenlager und erklärte, um ihre Tochter zu retten: »Hier bin ich. Ihr könnt mit mir machen, was ihr wollt.« Weil sie schön war, nahmen die Männer sie als Sexsklavin. Während der folgenden Wochen behielt man sie im Lager, wo sie wiederholt und von verschiedenen Männern vergewaltigt wurde. Sie sagten ihr, dass sie sie irgendwann umbringen würden. Als die RPF nach Kigali kam, nahmen die Milizionäre sie auf einem Gewaltmarsch mit nach Gisenyi; und als die RPF schließlich Gisenyi einnahm, wurde sie befreit, worauf sie mit ihrer Fünfjährigen nach Kigali zurückkehrte.

Außer zwei Brüdern waren alle ihre Angehörigen tot. Als sie merkte, dass sie schwanger war, überlegte sie sich Möglichkeiten, den Säugling loszuwerden. »Ich wollte sie nach der Geburt wegwerfen«, erinnerte sie sich. Marianne war jetzt HIV-positiv und ebenso auch das Neugeborene. In den darauffolgenden Jahren wallte in Marianne oft Hass auf, wenn sie diese Tochter ansah, die sie ständig an das erinnerte, was sie verzweifelt zu vergessen suchte. Sie konnte ihre zweite Tochter nicht lieben wie die erste. Sie malte sich aus, den Vater des Mädchens zu finden und ihm das Kind zu geben, aber sie war so oft vergewaltigt worden, dass sie seinen Vater nicht kannte. Außerdem waren die fraglichen Männer mit den restlichen Milizionären der Interahamwe abgetaucht und entweder tot oder in Kongo-Zaire. »Zum Glück war es kein Junge«, sagte sie. »Denn einen Jungen hätte ich noch viel weniger lieben können. Jungen erben mit einundzwanzig Jahren Besitz. Weil den Mädchen dies nicht zusteht, machen sie weniger Probleme.« Trotzdem wollte sie lernen, ihre beiden Kinder in gleichem Maß zu lieben. »Es hatte sich etwas in meinem Herzen geändert«, erklärte sie. »Sie war mein Kind, die Frucht meines Leibes und auch Teil von mir, und ich fand, dass ich mich eine Zeitlang um sie kümmern müsste.« Marianne berichtete mir während unseres Treffens, dass sie für beide ihrer Töchter das Gleiche empfinde. Trotzdem, so sagte sie, würde sie die Jüngere gern fortgeben.

Die beiden Mädchen gaben anderen oft Rätsel auf. Die Ältere war eine reine Tutsi, was man ihr auch ansah, die Jüngere aber hatte eine dunklere Hautfarbe und die Züge einer Hutu. Die Nachbarn meinten, sie könnten keine vollblütigen Schwestern sein, aber Marianne schirmte sie auch weiterhin vor der Wahrheit ab. »In der Zwischenzeit tue ich alles, was möglich ist, damit sie sich ähnlich sehen«, schilderte sie mir. »Ich erzähle meiner jüngeren Tochter, sie sei eine Tutsi, sie solle nicht auf die Nachbarn hören, die behaupteten, sie sei eine Hutu. Auf diese Weise rede ich oft mit ihnen. Damit gebe ich ihnen das Gefühl, geliebt zu werden.« Die Ältere sprach noch immer von ihrem Vater. »Ich erinnere mich an den Tag, als die Leute bei uns erschienen und er fortging«, sagte sie. »Doch er ist nie zurückgekommen. Ich sah ihn gehen, sah aber nie seine Rückkehr. Wohin konnte er gegangen sein?« Die Jüngere bat unentwegt: »Erzähl mir von meinem Vater!«, und fragte: »Warum bist du allein und nicht bei meinem Vater?« Marianne aber sagte nichts. Die Jüngere erklärte: »Eines Tages werde ich meinen Vater treffen.« Es scheint, als wüssten die beiden von ihren verschiedenen Vätern, ohne sich erklären zu können, warum dieses Thema für ihre Mutter tabu war.

Die beiden Mädchen wetteiferten um die Liebe ihrer Mutter. Traditionell wird in Ruanda das jüngste Kind am meisten geliebt, ein Anspruch, den Marianne nur schwer erfüllen konnte. »Ich werde an Aids sterben, und meine ältere Tochter wird allein zurückbleiben. Verantwortlich dafür ist die Vergewaltigung, durch die meine jüngere Tochter entstanden ist. Wie kann man dieses Wissen ertragen, ohne wütend zu sein? Sie sind beide meine Kinder. Die Jüngere wird größer, und inzwischen habe ich nicht jedes Mal Rachegedanken, wenn ich sie ansehe. Mit dem Verstreichen der Jahre wird es leichter. Ich versuche, nicht an die Vergangenheit zu denken, denn sie ängstigt mich, aber ich denke auch nicht an die Zukunft, denn ich mache mir nicht vor, dass ich noch große Träume haben kann.«

Marcelline Niyonsenga ist eine kleine, verhuschte traurige Frau mit großen Augen. Sie wirkt wie ein anhängliches Kind, wenn sie so ängstlich aufblickt, als warte sie auf die Erlaubnis, weiterleben zu dürfen. Sie war neunzehn, als der Bürgerkrieg ausbrach, und befand sich im Haus von Angehörigen in Kigali, als es überfallen wurde. Ihr Onkel und ihre Brüder wurden umgebracht; sie blieb mit dem Kind des Onkels zurück. Am nächsten Tag kamen die Milizionäre wieder und holten Marcelline ab. Sie flüchtete und fand eine Familie, bei der sie sich verstecken konnte. Der Haushaltsvorstand setzte seine Frau vor die Tür und zwang Marcelline, ihm zu Willen zu sein. Tagsüber hielt sie sich versteckt; abends kroch sie heraus, um etwas zu trinken. Unentwegt hatte sie Angst um ihr Leben. Nach zweieinhalb Monaten erklärte ihr der Mann, er habe sie satt, und warf sie hinaus. Sie wurde Opfer einer Massenvergewaltigung, ehe sie widerstrebend bei einem Geschäftsmann unterschlüpfte, der sie nach Kongo-Zaire mitnahm. Als sie vom Ende des Bürgerkriegs erfuhr, bat sie, nach Hause zurückkehren zu dürfen, aber sie war schwanger, und der Gatte hatte beschlossen, sie und das Kind zu behalten. Er sagte: »Tutsi-Frau, wenn ich dich gehen lasse, wirst du erzählen, wie ich dich aufgenommen habe, und dann wird man mich und meine Angehörigen umbringen.« Monatelang wartete sie auf einen Tag, an dem er geschäftlich unterwegs war. Sie nahm sich 3000 Kongo-Francs (etwa fünf Dollar) und überredete einen Taxifahrer, sie nach Ruanda zu bringen, wo sie beim UN-Flüchtlingshilfswerk Zuflucht fand. Ihr zerstörter Uterus musste ihr nach der Geburt ihrer Tochter entfernt werden. Sie nannte das Mädchen Clémence Tuyisenge.

Da ihr Bruder seine Frau verloren hatte, führte ihm Marcelline nach dem Bürgerkrieg das Haus. Sie hätte gern dessen Sohn und ihre Tochter gemeinsam aufgezogen, aber ihr Bruder wollte ihre aidskranke Tochter nicht bei sich aufnehmen. Deshalb lebt das kleine Mädchen bei Marcellines Mutter. Marcelline besucht sie einmal in der Woche. Sie hat das Leben mit ihrem Kind aufgegeben, um sich um ihren Bruder und dessen Sohn zu kümmern, denn da sie Männer sind, brauchen sie jemanden, der sie versorgt. Ihr Bruder hat sie wenigstens nicht im Stich gelassen, sagte Marcelline, sondern ihr sogar Geld gegeben. Wenn Clémence krank war – und das war oft der Fall, wenn bei ihr Entzündungen ausbrachen –, wurde Marcelline daran erinnert, woher sie kam. Und wenn Marcelline erkrankte, dachte sie an den Mann, der sie angesteckt hatte. Clémence' Körper ist bereits mit Pusteln bedeckt, die ihre Mutter »Pickel« nennt. Sobald Clémence einen Fieberanfall hatte, brachte die Großmutter sie zu Marcelline, die mit ihr dann ins Krankenhaus fuhr. Wenn ihnen nichts fehlte, konnten Clémence und Marcelline gemeinsam lachen, und wenn es Marcelline schlecht ging, legte sich Clémence neben sie. Generell wäre es Marcelline lieber, dass ihre Tochter vor ihr stürbe, zugleich aber ist sie davon abhängig, die Gesellschaft ihrer Tochter zu haben. »Die Leute bemitleiden mich wegen meines *enfant de mauvais souvenir*, aber sie ist auch die Sonne meines Lebens«, sagte sie. »Auf diese Weise langsam zu sterben wäre tausendmal schlimmer, wenn ich mich nicht mit meinem Kind trösten könnte. So sterbe ich wenigstens nicht allein.«

Alphonse Mukamakuza blieb von dem tödlichen Leiden verschont, das vielen der von mir interviewten Frauen aufgezwungen worden war. Sie war eine Person mit überschäumenden Emotionen – wenn sie in der einen Minute noch lachte, wurde sie in der nächsten von Schluchzern geschüttelt. Sie wohnte in einer Lehmhütte in den Ausläufern Kigalis, behelfsmäßig möbliert mit einem Flugzeugsitz und zwei klapprigen Holzstühlen. Das einzige Licht, das in die Hütte drang, kam durch einen Spalt zwischen Dach und Wand. Trotz ihrer Armut war Alphonse in einem langen Kleid aus afrikanischem Batikstoff und einem passenden Kopftuch äußerst gut gekleidet. Weil sie vermeiden wollte, dass ihre Nachbarn erfuhren, was sie wahrscheinlich ohnehin schon ahnten, nämlich dass ihr Sohn die Frucht einer Vergewaltigung war, hielt ihr Neffe draußen vor der Tür Wache und verscheuchte jeden, der eventuell lauschen wollte.

Alphonse war zwanzig, als der Genozid begann. Sie dachte zunächst, das Gemetzel habe allein in ihrem Dorf stattgefunden, und floh deshalb zu Verwandten ins Nachbardorf. Aber auch dort hatte das Morden schon begonnen. Sie und ihre Angehörigen beschlossen, über die Grenze nach Burundi zu flüchten. Sie hatten ihr Ziel schon beinahe erreicht, als man auf sie zu schießen begann. Während Alphonse um ihr Leben rannte, wurden ihre Angehörigen niedergeschossen. Sie lief in ein Haus, in dem eine alte Frau wohnte, die ihr sagte: »Du bist in Sicherheit. Ich werde dich verstecken.« Als am Abend der Sohn der Alten heimkehrte und diese schöne Person sah, machte er sie zu seiner Frau. Drei Wochen lang vergewaltigte er sie immer wieder und erklärte ihr, dass sie nicht mehr lange zu leben habe. Sie tat alles in ihrer Macht Stehende, um sich seine Gunst zu bewahren; er war ihr Feind und zugleich der Mann, ohne dessen Zuwendung sie höchstwahrscheinlich hingemetzelt werden würde. Er brachte andere Männer von Interahamwe mit, die sie manchmal vergewaltigten, während er zusah.

Einen Monat nach Ende des Bürgerkriegs wusste Alphonse, dass sie schwanger war. Nach der Geburt ihres Sohnes Jean-de-Dieu Ngabonziza versuchte sie, ihn an ihren Bruder abzugeben, aber der wollte davon nichts wissen. So nahm sie ihn mit in ihre neue Ehe, sorgte jedoch dafür, dass er nicht vergaß, wie unwillkommen er war; sie prügelte ihn gnadenlos und warf ihn hin und wieder aus dem Haus. Wenn sie in der Öffentlichkeit unterwegs waren, forderte sie, dass er sie auf keinen Fall »Mutter«, sondern »Tante« nannte. Zugleich wurde sie selbst von ihrem vermeintlichen »Partner« Tag und Nacht geschlagen. »Wenn du bei mir bleiben willst, sorge dafür, dass dieses Kind verschwindet. Ich will ihn nicht sehen«, sagte er. Schließlich brachte sie den Mut auf, ihn zu verlassen, und zog in den Slum, wo ich sie traf. »Ich erkannte, dass mein Junge alles war, was ich hatte. Und manchmal lachte er trotz allem, und in diesen Momenten, wenn er lachte, begann ich ihn zu lieben. Aber er sieht mir nicht ähnlich, und wenn er Unsinn macht, muss ich wieder an die Vergewaltigungen denken. Er geht zur Schule und wird dort hoffentlich etwas über den Bürgerkrieg erfahren. Irgendwann werde ich ihm sagen müssen, woher er stammt, und dann werden wir noch mehr zu leiden haben.«

Mit ihrer stolzen, aufrechten Haltung war Christine Uwamahoro ganz anders als die geschändeten Frauen, die ich sonst in Ruanda traf. Als das Morden begann, war sie achtzehn und wohnte in Kigali. »Egal ob heimlich oder vor aller Augen drangen die Milizionäre in die Häuser ein, und während die einen stahlen, vergewaltigten die anderen die Frauen, dann tauschten sie die Rollen. Sie gaben uns alle möglichen Befehle: Hände hoch, kniet euch hin, bleibt, wo ihr seid. Einer richtete das Gewehr auf mich und sagte: ›Zieh dich aus und leg dich hin, oder ich bringe dich um!‹ Aber er hat meine Familie am Leben gelassen. Er kam immer und immer wieder und vergewaltigte mich jedes Mal. Schließlich gab mein Vater ihm Geld, damit er fortblieb. Und ich war gerettet, durch Gottes Gnade.«

Die Familie floh schließlich, stieß aber nach kurzer Zeit auf eine Brücke mit einer Straßensperre. Sie setzten sich an den Straßenrand, warteten und beobachteten zwei Stunden lang, wie andere Menschen hingemetzelt wurden. Als es dunkel wurde, kam einer der Männer von Interahamwe mit bedrohlichem Blick auf sie. Sie liefen fort, doch Christines Mutter stolperte, und ihr Bruder rannte zu ihr, um ihr zu helfen. Als Christine nach hinten blickte, sah sie, wie auf die beiden mit Macheten eingeschlagen wurde. Christine selbst hatte eine Wunde am Arm, deren Narbe heute noch zu sehen ist; sie weiß nicht, ob sie von einem Sturz oder von einem Messerstich herrührt, weil sie sich nur noch verschwommen an die Ereignisse erinnert. Es gelang Christine und ihrem Vater, die fast hundert Kilometer bis nach Gisenyi zu Fuß zu bewältigen. Tagsüber versteckten sie sich, nachts schlichen sie sich heimlich die Straße entlang. Weil das Morden inzwischen auch Gisenyi erreicht hatte, liefen sie noch einige Kilometer weiter bis hinüber nach Kongo-Zaire.

Auf dem letzten Abschnitt ihres Weges begegnete ihnen erneut ein Trupp der Interahamwe. »Seht nur!«, schrie einer. »Das sind Tutsi! Sie müssen sterben, egal wie!« Einen Tag lang versteckten sie sich mit zwei weiteren Familien in dichtem Gebüsch und hatten Angst, dass sie das Baby einer der Familien durch sein Schreien verriet. Aber der Säugling hatte Tuberkulose und starb, während sie sich dort verkrochen hatten. Christines Arm hatte sich entzündet, schwoll an und bereitete ihr Schmerzen. Schließlich erreichten sie Goma, wo sie das Ende des Konflikts abwarteten. Christine fürchtete, mit HIV infiziert worden zu sein, brachte es aber nicht über sich, sich testen zu lassen, und weiß es bis heute nicht. Sie war damals mitten in ihrer Ausbildung gewesen, kehrte aber nicht mehr an die Schule zurück. Zu ihrem Entsetzen stellte sie fest, dass sie schwanger war; sie hasste das Kind und ließ es bei ihrem Vater, damit sie das Mädchen nicht sehen musste. Selbst nach diesen zehn Jahren machte die Existenz dieser Tochter Christine traurig und führte ihr vor Augen, dass ihr Leben ruiniert war. Zwar besuchte sie ihre einzige überlebende Schwester tagtäglich, ihre Tochter jedoch nur höchstens einmal im Monat. Das kleine Mädchen sei voller Wut und hitzköpfig, meint Christine. Wenn sie etwas will, muss sie es gleich haben, und wenn das nicht geschieht, bekommt sie einen Wutanfall, oder sie weigert sich in ihrem Zorn zwei Tage lang zu sprechen.«

Im Gegensatz zu den meisten Frauen mit einem *enfant de mauvais souvenir* ist Christine inzwischen wieder verheiratet. Ihr zweiter Mann stammt aus Kongo-Zaire und hat neben Christine noch eine andere Frau. »Ich hätte keinen Ruander heiraten können, auch keinen

Tutsi«, sagte sie. »Ich könnte es nicht ertragen, von ihm angefasst zu werden. Zuerst habe ich versucht, die vergangenen Ereignisse vor meinem neuen Mann zu verbergen, aber irgendwann habe ich ihm alles erzählt. Er war sehr nett. Wenn ich traurig werde, unternimmt er mit mir einen Spaziergang. Wenn ich, was oft geschieht, wieder alles vor mir sehe und schlecht träume, erinnert er mich daran, dass ich nicht umgebracht wurde, und tröstet mich. Seit ich mit diesem Mann zusammenlebe, liebe ich meine Tochter mehr und bin eine bessere Christin geworden.« Er hat sogar angeboten, das durch Vergewaltigung empfangene Kind zu ihnen zu holen, aber Christine hat es abgelehnt.

»Ich habe in dieser Ehe eine zweite Tochter bekommen, die jetzt acht Monate alt ist«, berichtete sie. »Es ist anstrengend, keine vorzuziehen. Ich weiß, dass meine Große gern bei mir leben würde, und mein Vater sagt, ihr fehlt die Mutterliebe. Ich muss mich immer wieder daran erinnern, dass das Kind nichts dafür kann, das ist wichtig. Ich bete inständig darum, sie lieben zu können. Langsam, ganz langsam beginne ich, sie zu lieben. Sie ist meine Tochter, ich habe sie neun Monate lang in mir getragen, aber es fällt mir immer noch schwer.«

Manchmal bitte ich meine Interviewpartner, besonders wenn sie zu den Entrechteten gehören, mir ebenfalls Fragen zu stellen. Die Einladung zum Rollentausch trägt dazu bei, dass sie sich nicht so sehr wie Forschungsobjekte fühlen. In Ruanda waren die Fragen der Mütter fast immer dieselben: Wie lange bleiben Sie in unserem Land? Wie viele Interviews werden Sie führen? Wann werden Ihre Ergebnisse veröffentlicht? Wer wird diese Geschichten lesen? Am Ende meines Interviews mit Christine wollte ich von ihr wissen, ob sie Fragen an mich hätte. »Nun«, meinte sie leicht zögernd, »Sie schreiben doch über diese psychologischen Dinge.« Ich nickte. Sie holte tief Luft. »Können Sie mir denn sagen, wie ich meine Tochter besser lieben kann? Ich wünsche es mir so sehr, sie lieben zu können, und gebe mir alle Mühe, aber wenn ich sie anschaue, sehe ich vor mir, was geschehen ist, und das schiebt sich dann dazwischen.« Eine Träne kullerte ihre Wange herunter, aber ihr Ton war fast schon heftig und herausfordernd, als sie wiederholte: »Können Sie mir sagen, wie ich meine Tochter besser lieben kann?«

Erst später, als ich es Christine nicht mehr erklären konnte, begriff ich voller Staunen, wie viel Liebe in dieser Frage verborgen war.

Seit der Machtergreifung Paul Kagames 1994 herrscht in Ruanda politische Stabilität; das Wirtschaftswachstum beträgt durchschnittlich acht Prozent des Bruttoinlandsprodukts. Die Armutsrate ist um nahezu ein Viertel zurückgegangen; die Kindersterblichkeit wurde um zwei Drittel gesenkt, und fast alle Kinder besuchen die Grundschule. Die Weltbank stufte Ruanda als eines der weltweit günstigsten Länder für Unternehmensgründungen ein.[172]

Paul Kagames Regime wird jedoch vorgeworfen, Oppositionsführer und Journalisten umzubringen, in Ruanda und im Ausland Massenmorde zu begehen, dem Nachbarstaat Demokratische Republik Kongo Bodenschätze zu rauben und das ruandische Volk politisch zu unterdrücken. Nur im Sudan und in Syrien herrsche noch stärkere politische Unterdrückung als in Ruanda.[173] Die Regierung ließ unabhängige Zeitungen verbieten und hindert Oppositionsparteien an der Teilnahme an den Wahlen. Ein Leitartikler der *New York Times* bezeichnete Ruanda als »Land unter Verschluss«.[174] 2015 veranlasste Kagame den Obersten Gerichtshof und die Legislative, einem angeblichen »Wunsch der Bevölkerung« gemäß die zeitliche Begrenzung für die Präsidentschaft zu lockern. Damit bereitete er den Boden für eine künftige Dauerherrschaft.

Die Vereinigten Staaten und weitere Regierungen forderten Kagame auf, anderen Staatsführern der Region ein gutes Beispiel zu geben und seinen Posten 2017 nach zwei siebenjährigen Amtszeiten zu räumen. Kagame bekundete sein Missfallen über diese Einmischung des Auslands, hat jedoch zu dieser Frage ein Referendum in die Wege geleitet, das aller Wahrscheinlichkeit nach zu seinen Gunsten ausfallen wird.[175] Da bisher alle politischen Gegner Kagames, die sich zu weit vorgewagt hatten, dafür mit ihrem Leben bezahlten, erklärte nun die ruandische Opposition, sie könne in Ruanda keinen Anwalt finden, der eine Klage gegen den Präsidenten einreichen würde.[176]

Meine Freundin Jaqueline Novogratz, die mit ihrer gemeinnützigen Organisation Acumen Fund seit den achtziger Jahren in Ruanda tätig ist, berichtete mir von einem Gespräch mit einem Freund: »Unsere Kultur ist eine Kultur des Lügens«, sagte er. »Wir alle lügen, zu jedem Anlass, gegenüber jeder Person. Es ist die einzige Möglichkeit, sich durchzuschlagen.« Jaqueline fragte: »Lügst du mich auch an?« »Das weiß ich nicht«, antwortete ihr Freund. »Wir lügen so oft, dass ich nicht mehr sagen kann, wann ich lüge. Ich weiß es nicht, ob ich dich anlüge. Ich weiß ja nicht einmal mehr, wann ich mich selbst belüge.«

LIBYEN

Der Feuerkreis: Brief aus Libyen

The New Yorker, 8. Mai 2006

Von Gaddafis Herrschaft drang wenig nach außen. Zwar wurde seine terroristische Außenpolitik weithin verurteilt, über die haarsträubenden Demütigungen im libyschen Alltagsleben gibt es jedoch kaum Aufzeichnungen. Ein Monat in Libyen fühlte sich an wie ein Jahrzehnt. Viele andere Länder, in denen ich gearbeitet habe, verlangten Komplizenschaft bei ihrer kafkaesken Bürokratie, und in manchen gab es willkürliche Gewalt, aber nirgends sonst wurde so viel staatliche und individuelle Energie auf so unsinnige Unterfangen verschwendet.

Hier eine Geschichte, die man sich in Libyen erzählt: Die drei Wettkampfteilnehmer bei einem Fünfhundert-Meter-Lauf tragen jeweils einen Sack mit Ratten. Der erste startet mit ordentlichem Tempo, doch nach hundert Metern haben die Ratten den Sack durchgebissen und purzeln auf die Bahn. Der zweite Teilnehmer kommt hundertfünfzig Meter weit, dann passiert dasselbe. Der dritte Teilnehmer jedoch schüttelt den Sack während des Laufs so energisch, dass die Ratten die ganze Zeit durcheinanderwirbeln und nichts annagen können. Er gewinnt. Dieser dritte Wettkämpfer ist Libyens Führer Oberst Muammar al-Gaddafi, der ewige Revolutionär.

Libyen ist in etwa so groß wie Deutschland, Frankreich, Italien und Spanien zusammen, doch die Bevölkerung – knapp unter sechs Millionen – entspricht ungefähr der Dänemarks. Seine Einnahmen aus der Ölförderung machen Libyen dem Pro-Kopf-Einkommen nach zu einem der reichsten Staaten Afrikas, dennoch sind Unterernährung und Anämie weit verbreitet. Es ist ein islamisches Land, in dem Alkohol verboten ist und die meisten Frauen den Hidschab tragen; es ist ein säkulares Land, wo sich Frauen im Bikini zeigen dürfen und Gaddafi von einer Phalanx weiblicher bewaffneter Bodyguards beschützt wird. Die Mitte der siebziger Jahre im *Grünen Buch*, Gaddafis politischem Manifest, propagierte Version des Sozialismus wird hoch geachtet; das Land ringt mit kapitalistischen Reformen. Der Vorsitzende des Libyschen Verlegerverbands erzählt, die am meisten in seinem Laden nachgefragten Bücher seien der Koran und Bill Clintons *Mein Leben*. Dann gibt es natürlich noch die offizielle Linie, der zufolge das Land mittels Basisvolkskongressen von seinen Einwohnern regiert wird, und die reale Praxis, dass Gaddafi herrscht. Libyens Staatsdiener müssen sogar die Weiße Königin in deren Angewohnheit, noch vor dem Frühstück sechs unmögliche Dinge zu glauben, weit übertreffen.

Amerikaner müssen sogar mit einem noch drastischeren Widerspruch leben. Ein Regime, dem ein Mann vorsteht, den Präsident Reagan als »tollwütigen Hund des Nahen Ostens« bezeichnet hat – ein Regime, das in den achtziger Jahren Gruppierungen wie die IRA, die Abu-Nidal-Organisation und die baskische ETA finanziell unterstützte und beschuldigt wurde, verantwortlich für die Explosion zu sein, die zu dem Absturz des Pan-Am-Fluges 103 über Lockerbie führte –, ist jetzt anerkannter Verbündeter in Amerikas Krieg gegen den Terror. In Libyens Regierungskreisen toben Richtungskämpfe zwischen denen, die diese Allianz für eine gute Sache halten und auf eine engere Verbindung zum Westen hoffen, und jenen, die den Westen mit trotzigem Argwohn betrachten.

Gaddafi gelangte 1969 im Alter von siebenundzwanzig Jahren an die Macht, nachdem er, ein junger Offizier, einen unblutigen Putsch gegen den prowestlichen König Idris angezettelt hatte, der von den Alliierten nach dem Zweiten Weltkrieg eingesetzt worden war. Heute behauptet Gaddafi, gar keine offizielle Funktion in Libyen innezuhaben, sondern nur wie ein guter Onkel Ratschläge zu erteilen, wenn er gefragt werde. Dennoch haben die Libyer Angst, seinen Namen auszusprechen, wenn es nicht im Zusammenhang mit einem Anlass geschieht, bei dem ihm vorhersehbar zugejubelt wird. Der allgemein gängige Euphemismus für ihn lautet »Revolutionsführer«. Inoffiziell nennen die Menschen ihn Großer Bruder oder der Eine oder strecken einfach nur den Zeigefinger in die Luft. Wenn man den Namen »Gaddafi« laut ausspricht, handelt man sich Ärger ein. Ebenso, wenn man seine manchmal absurden politischen Vorschläge hinterfragt. Einmal beharrte er darauf, dass Familien mit einem Seifenstück pro Woche auskommen müssten. Ein andermal schlug er vor, den Geldverkehr durch Tauschhandel zu ersetzen. »Er glaubt an die Wüstenkultur, obwohl es in der Wüste keine Kultur gibt«, erzählte mir ein kosmopolitischer Einwohner von Libyens Hauptstadt Tripolis. »Er versucht den Kindern dort ein Leben zu ermöglichen.«

Auch der Name von Gaddafis zweitältestem Sohn und möglichem Nachfolger Saif al-Islam Gaddafi wird selten ausgesprochen. Der innere Zirkel nennt Saif, der noch sieben Geschwister hat, den Ersten oder einfach nur den Sohn, den tapferen jungen Mann, unseren jungen Freund oder den Ingenieur. Über die Beziehung zwischen Vater und Sohn wird ständig spekuliert. Der Erste führt keinen Titel und laut einem Dekret seines Vaters ist die Position des Revolutionsführers nicht erblich. Allerdings sitzt Saif angenehm nah an den Hebeln der Macht. Und trotz seiner Gegnerschaft zum Adel ähnelt der Revolutionsführer schon sehr einem König und der Erste seinem Kronprinzen.

Saifs Rolle bestehe darin, als Gesicht der Reformen zu fungieren, »um das Bild seines Vater aufzupolieren«, äußerte ein prominenter libyscher Schriftsteller mir gegenüber. Seine wissenschaftlichen Arbeiten an der London School of Economics and Political Science, wo er einen Doktorgrad in politischer Philosophie erwarb, belegen angeblich ein tiefes Verständnis für Hobbes und Locke. Saif gründete die *Gaddafi International Foundation of Charitable Associations*, eine Stiftung zur Bekämpfung von Folter im In- und Ausland und zur Verbreitung der Menschenrechte. Er scheint hehren Zielen verpflichtet zu sein, auch wenn ihn ein echter demokratischer Wandel aus dem politischen Geschehen katapultieren könnte. Einer seiner Berater sagte mir, Saif würde eher das erste gewählte Staatsoberhaupt werden als der zweite nichtgewählte Revolutionsführer, es könnte aber beides der Fall sein.

»Gaddafi behauptet, nicht der oberste Führer zu sein, und Saif reklamiert die Oppositionsrolle für sich, und beide sind Lügner«, sagte Maître Saad Djebbar, ein algerischer Anwalt, der viele Jahre in libyschen Angelegenheiten tätig war. Andere vermuten persönliche Motive. »Der oberste Führer ist ein Beduine aus der Wüste, der einfach nur Macht und Einfluss will – ihm genügt es, ein kaputtes Land zu regieren«, erklärte mir der Dichter Khaled Mattawa. »Aber seine Söhne sind Städter; sie sind gereist, haben im Ausland studiert, sind weltläufig geworden. Sie gehen mit den Prinzen aus den Golfstaaten auf Falkenjagd. Sie wollen BMWs fahren und ein Land regieren, das im Reigen der Nationen akzeptiert wird.«

Saifs Büro befindet sich im höchsten und prächtigsten Hochhausturm von Tripolis – ein monströses Gebäude mit gigantischem kreisrunden Aufsatz, der als Drehrestaurant geplant war, sich aber weder dreht noch Essen anbietet. Die Räume der Stiftung sind bescheiden und karg eingerichtet, und die ständig über Computer gebeugten, gleichzeitig an mehreren Telefonen sprechenden und von Aktenstapeln umgebenen Angestellten scheinen die fleißigsten Menschen Libyens zu sein. An den Wänden hängen Plakate mit Saifs Anliegen: Eins zeigt einen Mann, dessen Gesicht mit Stacheldraht umwickelt ist, darüber steht: Internationale Kampagne gegen Folter: Naher Osten: Erste Station Libyen.«

Allerdings ist Saif normalerweise woanders. Ich traf ihn letzten Herbst in Montreal, wo er eine Ausstellung seiner eigenen Gemälde eröffnete. Diese sind mit expressionistischer Begeisterung ausgeführt und zeigen eine Vielfalt bekannter Stile, Motive sind etwa Pferde, Wüstenhimmel, Porträts des Revolutionsführers oder einer von Saifs geliebten bengalischen Tigern. Saif hat seine Gemälde Metropolen von Paris bis Tokio überlassen, wo sie als dokumentarische Kuriositäten gelten, wie die persönlichen Gegenstände der letzten Zarin. Ob diese Ausstellungen vornehmlich politischen, sozialen oder künstlerischen Zwecken dienen, wird niemals thematisiert.

Wir trafen uns im Sofitel, dessen oberste Etage von Saif und seiner Entourage bewohnt wurde. Mehrere Bevollmächtigte und Berater hatten sich in einer großen, nichtssagenden Suite versammelt. Als Saif eintrat, setzten sich alle aufrecht hin. Obwohl Saif sich ungezwungen und vertraut gibt, versteifen sich die Menschen schon bei Nennung seines Namens, geschweige denn in seiner Gegenwart. Er trug einen gut geschnittenen Anzug und bewegte sich elegant. Mit seinen dreiunddreißig Jahren sieht er gut aus und wirkt hip, sein Schädel ist rasiert, und er weiß sich auszudrücken, auch wenn seine intelligenten Bemerkungen vage bleiben, wenn es um ihn oder die Realität geht, wie es bei Nachkommen aus dem Adel und bei Kinderstars nicht selten ist, weil sie sich in den Augen von anderen nie ungeschönt widergespiegelt sehen. Ihm ist mehr als nur eine Prise des väterlichen Charismas zu eigen, doch es wird erst zum Genie reifen müssen oder zur Zusammenhanglosigkeit oder zu einer Kombination aus beidem, wie es das Markenzeichen seines Vaters ist.

Als ich fragte, warum sich Libyen nur so langsam in Richtung demokratische Reformen bewegt, antwortete Said: »In den letzten fünfzig Jahren haben wir uns von einer Stammesgesellschaft zu einer Kolonie, dann zu einem Königreich und schließlich zu einer revolutionären Republik entwickelt. Haben Sie Geduld.« (Nach Jahrhunderten unter osmanischer Herrschaft war Libyen zwischen 1912 und 1943 von Italien besetzt.) Doch wie sein Vater liebt Saif extravagante Erklärungen und gab nach einigen Minuten bekannt, dass Libyen bald sein ganzes Militär abschaffen werde.

»Überzeugung und Strategie haben sich insgesamt geändert«, sagte er und schaute dabei seine Höflinge an, damit sie zustimmend nickten. »Wozu brauchen wir eine Armee? Wenn Ägypten in Libyen einmarschiert, werden die Amerikaner sie aufhalten.« In der Regierungszeit von Reagan hätte Libyen »jederzeit damit gerechnet, dass Amerika uns angreift – unsere ganze Verteidigungsstrategie richtete sich darauf aus, wie wir mit den Amerikanern fertig werden würden. Wir habe uns terroristischer Methoden und Gewalt bedient, weil dies die Waffen von Schwachen gegenüber Starken sind. Ich habe keine Raketen, um Ihre Städte zu bombardieren, also schicke ich jemanden, der angreift, was Ihnen wichtig ist. Da wir nun Frieden mit Amerika haben, brauchen wir keinen Terrorismus mehr und keine Atombomben.« Saif wies jede Ähnlichkeit zwischen dem Terrorismus, den

Libyen in der Vergangenheit finanziert hat, und dem von Al-Qaida zurück. »Wir nutzten Terrorismus als Taktik, als Druckmittel beim Verhandeln«, erklärte er. »Bei Mr Bin Laden ist es Strategie. Wir wollten mehr Einfluss bekommen. Er will Leute umbringen. Fundamentalismus in Libyen – es gab ihn immer und es gibt ihn noch, allerdings nicht mehr so stark wie in den Neunzigern.« Saif erwähnt nicht, dass die Sicherheitskräfte seines Vaters in den Neunzigern regelmäßig Fundamentalisten inhaftierten.

Religiöse Extremisten hätten »in Libyen eine Menge Probleme verursacht«, sagte Saif. »Sie versuchten, die gesamte Gesellschaft zu destabilisieren. Doch jetzt nicht mehr. Inzwischen sind sie schwach. Aber die Bedrohung ist vorhanden, das Potential existiert.« Laut Saif waren im letzten Jahr drei Libyer an Selbstmordattentaten im Irak beteiligt. »Sie werden von al-Zarqawi rekrutiert«, womit er den aus Jordanien stammenden Anführer von Al-Qaida im Irak meinte. »Er will Zellen bilden und amerikanische Einrichtungen in Libyen attackieren – Ölfirmen, amerikanische Schulen und so weiter. Für uns ist das eine Katastrophe, denn wir wollen die Amerikaner hier haben. Diese Extremisten sind gar nicht so zahlreich, es gibt nur ein paar Dutzend, aber sogar in einem Land wie Libyen verursachen sie großes Kopfzerbrechen.« Zu den amerikanischen Sicherheitsinteressen meinte er: »Wir sind bereits an eurer Seite und helfen Amerika im Krieg gegen den Terror. Dies ist bereits im Gange und wird auch in Zukunft so sein.«

Saifs Rhetorik mag seine Verehrer im Westen betören, doch den Hardlinern in der libyschen Regierung ist sie ein Dorn im Auge. Saif seinerseits weigert sich, einen nennenswerten Widerstand gegen den Reformkurs in Libyen zu sehen. »Vielleicht gibt es drei oder vier Brüder, die dagegen sind. Mehr nicht.«

Dies war seine bizarrste Verlautbarung. Ein amerikanischer Kongressmitarbeiter, der eng mit Saif kooperierte, beschrieb ihn zutreffend als zu »achtzig Prozent kultiviert«. Saifs Zukunft hängt allerdings nicht von dem Eindruck ab, den er im Ausland macht, sondern von seiner Fähigkeit, zu Hause Unterstützung zu arrangieren. Trotz seiner politischen Präsenz in Libyen wird ihm das Erbe seines Vaters nicht einfach zufallen; dafür gibt es zu viele Rivalen um die Macht in der nächsten Generation. Aber Saif ist gerissen. »Der Erste weiß, das eins der Geheimnisse von Führerschaft darin besteht zu sehen, wohin die Karawane zieht«, erklärte mir einer seiner Berater, »und sich an ihre Spitze zu setzen, bevor sie ihr Ziel erreicht.«

Nachdem Libyen eingewilligt hatte, Entschädigungen an die Opferfamilien von Lockerbie zu zahlen und auf Massenvernichtungswaffen zu verzichten, endeten 2004 zwei Jahrzehnte amerikanischer Sanktionen. (Saif, der einen Großteil seiner Anstrengungen darauf gerichtet hat, Libyens Ruf in der Welt wiederherzustellen, war an beiden Verhandlungen beteiligt.) Seitdem lautet die große Frage in Tripolis, wie tief Reformen ein Land durchdringen, das jahrzehntelang isoliert war. Innerhalb der Regierung gibt es erbitterte Kämpfe. Die National Oil Company (Reformer) und die Abteilung für Energie (Hardliner) befinden sich in einem Dauerkonflikt, ebenso wie das Wirtschaftsministerium (Reformer) und die Libysche Zentralbank (Hardliner). Da Gaddafi die letztgültigen ideologischen Entscheidungen trifft, erinnert das Schauspiel an die schlimmsten Aspekte einer Mehrparteiendemokratie, wenn auch ohne Parteien und ohne Demokratie.

Laut Ali Abdullatif Ahmida, einem im Ausland lebenden Libyer, Professor an der Fakultät für Politische Wissenschaft an der University of New England in Maine, »spielt Gaddafi seinen leiblichen Sohn Saif al-Islam gegen seinen ideologischen Sohn Ahmed Ibrahim aus«. Ahmed Ibrahim ist Vizesekretär des Allgemeinen Volkskongresses und prominentestes Mitglied eines einflussreichen konservativen Triumvirats, zu dem auch Libyens Geheimdienstchef Musa Kusa und Abdallah al-Senussi, zuständig für die innere Sicherheit, zählen. Ibrahim erklärte, die Vereinigten Staaten hätten auf Befehl von Präsident Bush »den Koran gefälscht und Kopien davon unter den Amerikanern verbreitet, um das Bild von Muslimen und dem Islam in ein schlechtes Licht zu rücken«.

Die internen Kämpfe helfen Gaddafi, das Tempo des Wandels zu zügeln. »Er findet, Reformen sollten kommen ›wie ein Dieb in der Nacht‹, so dass man sie kaum wahrnimmt«, sagte ein Freund der

Familie. Auf manchen Gebieten, vor allem was die Bürgerrechte und den wirtschaftlichen Wandel angeht, kommen die Reformen nur im Schneckentempo voran. »Wozu die Eile?«, fragte A. M. Zlitni, oberster Wirtschaftsplaner des Landes, bei unserem Gespräch in jenem bewusst ausdruckslosen Ton, den libysche Beamte an den Tag legen, um zu vermeiden, einem Lager zugerechnet zu werden. »Wir sind in keiner Notlage.« Auf anderen Gebieten schreitet der Wandel mit verblüffendem Tempo voran. Obwohl dem Land das Erbe seiner beiden Kolonialmächte – byzantinische Korruption und italienische Bürokratie – noch immer zu schaffen macht, hat es sich dem internationalen Handel schnellstens geöffnet: Man kann ausländische Waren kaufen, auch wenn nur wenige Libyer sie sich leisten können. So sieht man Adidas-Sneaker und italienische Schuhe neben hiesigen gefälschten Markenprodukten wie einer Zahnpasta namens Crust. In Buchläden, wo es einst keinen einzigen englischsprachigen Titel gab, findet man *Billy Budd*, *Der unsichtbare Mann* und Bücher von Congreve. Auch die Privatwirtschaft ist wieder rege. Mittels Satellitenfernsehen kann man Hunderte Sender empfangen, und die Internetcafés sind proppenvoll. »Vor einem Jahr noch war es eine Sünde, die Welthandelsorganisation auch nur zu erwähnen«, sagte ein hoher Beamter. »Und jetzt wollen wir Mitglied werden.« Der Herausgeber von *Al Shams*, einer führenden staatseigenen Zeitung, schilderte eine Veränderung in der Newsroom-Politik »vom Kampf gegen den Westen hin zum Befürworten einer Zusammenarbeit mit dem Ausland«.

»Gaddafi versteht die Stammesstrukturen und hat die Fähigkeit, eine Person oder eine Gruppe gegen eine andere auszuspielen«, erklärte ein libyscher Beamter. »Er ist ein genialer Stratege und verfährt mit Reformern und Hardlinern so, wie er es mit diesen Stämmen gemacht hat: Er spielt die prowestliche Seite gegen die antiwestliche Seite aus.«

Am besten erschließt sich einem Ausländer das Hin-und-her-Gezerre im neuen Libyen, wenn er sich mitten hineinbegibt. Der Antrag auf ein Journalistenvisum, den ich letztes Jahr gestellt hatte, lief ins Leere, obwohl mir der Gesandte Libyens für die Vereinigten Staaten fünf Monate lang unerschütterlich versichert hatte, es sei fast fertig.

(Als ich mich mit Saif in Montreal traf, bot er an, sich darum zu kümmern, aber auch das führte zu nichts.) Daraufhin schloss ich mich einer internationalen Gruppe von Archäologen an, denen man die Einreise zugesichert hatte – doch als wir in Rom darauf warteten, an Bord einer Maschine der Libyan Arab Airlines zu gehen, wurde uns unvermittelt das Boarding untersagt. Ein Mitarbeiter der libyschen Regierung teilte uns mit, das Ministerium für Immigration sei kürzlich umgezogen, weshalb unsere Papiere nicht auffindbar seien. Ein anderer Mitarbeiter sagte, der Chef der Visa-Abteilung habe die Unterlagen während des Umzugs absichtlich verschwinden lassen. Ein dritter behauptete, die Geschichte von dem Umzug habe nur als Alibi gedient; der Revolutionsführer habe beschlossen, keine Amerikaner ins Land zu lassen. Tatsächlich wurde es dem Schiff einer Reisegruppe des Metropolitan Museum im Oktober untersagt, in Tripolis anzulegen; im Monat darauf ereilte fünf weitere Schiffe das gleiche Schicksal.

Da ich zwei Staatsbürgerschaften besitze, beantragte ich mit meinem britischen Pass erneut ein Visum als Mitglied der Archäologendelegation und schrieb ins Formular, wie man es mir geraten hatte, ich sei Mitglied der anglikanischen Kirche. Schließlich erhielt ich ein Dokument, das sich »Sechzig-Tage-Einladung« nannte, wobei niemand wusste, ob sich die sechzig Tage auf das Datum des Schreibens bezogen oder von dem Tag an gerechnet wurden, an dem man mir das Visum in den Reisepass stempelte, oder vom Datum meiner Einreise ins Land. Ich rief das libysche Konsulat in London täglich wegen meines Visums an. Vormittags hob nie jemand ab. Nachmittags hingegen ging jemand ans Telefon, um mir regelmäßig mitzuteilen, dass die konsularischen Dienstleistungen nur vormittags zur Verfügung stünden. Ich flog schließlich nach London, wo mir der Konsularbeamte erklärte, ich könne in den nächsten fünfundvierzig Tagen jederzeit in Libyen einreisen und dort bis zu neunzig Tage bleiben. Mitte November traf ich am Flughafen Tripolis ein. Über ein libysches Reisebüro hatte ich mir einen Wagen an den Flughafen bestellt, und kaum hatte ich mich hinten in die Einreiseschlange eingereiht, die sich so gut wie nicht vorwärtsbewegte, kam ein Angestellter dieses Reisebüros mit meinem Namen auf einem Schild herbei und schleuste mich schnurstracks durch alle Kontrollen; der Einreisebeamte hob nicht einmal den Kopf, um zu überprüfen, ob mein Aussehen mit meinem Passbild übereinstimmte. »Ihr Visum ist abgelaufen – Sie hätten innerhalb von 30 Tagen einreisen müssen«, sagte der Mann vom Reisebüro. »Zum Glück ist der Bursche am Einreiseschalter ein Freund von mir, und so war das kein Problem.«

Es war die passende Einführung in ein Land, wo das Recht immer Interpretationssache ist und persönliche Beziehungen die entscheidende Währung darstellen. Nun war ich zwar als britischer christlicher Archäologe und nicht als amerikanischer jüdischer Journalist eingereist, aber ich war drin. Unverzüglich begab ich mich zur Internationalen Pressestelle, wo ich mich akkreditierte und mir der Zuständige einen halbstündigen Vortrag hielt, warum die libysche Demokratie besser sei als die amerikanische, welche schrecklichen Unwahrheiten amerikanische Journalisten haufenweise über Libyen verbreitet hätten und dass Amerika zum Imperialismus neige. Danach unterbreitete er mir ungefragt, die Regierungsangehörigen und -mitarbeiter, die ich zu sprechen wünschte, seien viel zu beschäftigt für so etwas und ich wäre besser nicht gekommen.

Das war das übliche Prozedere. Im April letzten Jahres entsandte der Rat für Auswärtige Beziehungen in New York nach monatelanger Planung eine illustre Delegation nach Libyen – der David Rockefeller, Peter G. Peterson, Alan Patricof und Leonard Lauder angehörten. Es waren Treffen sowohl mit Muammar als auch mit Saif al-Gaddafi vereinbart. Nach ihrer Ankunft wurde ihnen mitgeteilt, der Revolutionsführer sei unabkömmlich und im Terminplan des Ersten habe sich ein Versehen eingeschlichen, so dass er unterwegs nach Japan sei.

Libysche Beamte sagen selten nein und selten ja. Libyer gebrauchen einen beliebten arabischen Begriff: IBM. Das ist die Abkürzung für *Inschallah, bokra, maoumken* und bedeutet: »So Gott will, morgen, vielleicht.« Alle Planungen sind nur vorläufig, selbst auf höchster Regierungsebene. Man kann den Chef der Staatlichen Ölgesellschaft mit nur einer Stunde Voranmeldung treffen; es kann aber auch wochenlang dauern, ein Treffen zu planen, das dann niemals stattfindet.

Ich hatte vor meiner Abreise nach Libyen um eine Begegnung mit Premierminister Schukri Ghanim gebeten und wiederholte mein Anliegen in den drei Wochen meines Aufenthalts in Tripolis täglich. An meinem letzten Tag klingelte mitten in einer anderen Zusammenkunft mein Handy. »Der Premierminister wird Sie empfangen«, sagte jemand zu mir.

Ich hoffe, ihn vor meiner Abreise noch aufsuchen zu können, erwiderte ich.

»Der Premierminister wird Sie jetzt empfangen.«

»Oh, gut, ich muss nur noch mein Aufnahmegerät holen ...«, setzte ich an.

»Der Premierminister empfängt Sie jetzt sofort«, unterbrach mich die Stimme. »Wo sind Sie gerade?«

Ich nannte die Adresse.

»In drei Minuten holt Sie ein Wagen ab.«

Die Fahrt ins Büro des Premierministers war ein Albtraum, wie die meisten Autofahrten in Libyen. Die Einwohner von Tripolis halten Ampeln für wahllos aufgehängten festlichen Straßenschmuck aus farbigem Glas und rebellieren gegen eine strenge Regulierung ihres Lebens, indem sie sämtliche Verkehrsvorschriften missachten, unbekümmert in Gegenrichtung die falsche Fahrbahn benutzen und abrupt eine fünfspurige Straße mit fließendem Verkehr queren, wenn sie abbiegen wollen. »Kein Mangel an Organen für Transplantationen hier!«, bemerkte eine libysche Bekannte während eines Ausflugs. Der Fahrer setzte mich am falschen Gebäude ab. Es dauerte zwei verwirrende Stunden mit Telefonaten, bis ich meinen Bestimmungsort erreicht hatte.

Dr. Schukri, wie er von seinem näheren Umkreis und jenen, die zu diesem gern gehören würden, genannt wird – er hat einen Doktortitel in Internationalen Beziehungen von der Fletcher School in Tufts –, ist eine stattliche Erscheinung. Mit sorgfältig gestutztem Schnauzbart und einem gutgeschnittenen Anzug strahlt er eine lässige Weltläufigkeit aus, die eher geeignet scheint, Libyen den Wiedereintritt in die Weltgemeinschaft zu erleichtern, als die heimischen Hardliner zu überzeugen. Bei meinem Eintreffen saß er auf einem vergoldeten Sofa in einem Raum, der mit Mobiliar im Stil einer arabischen Variante von Louis-seize ausgestattet war. Vor ihm standen jede Menge Tabletts mit Gebäck und Gläsern des unvermeidlichen Pfefferminztees. Im libyschen Reich der Andeutungen und Verklausulierungen waren seine klaren Worte erfrischend, und mit seiner spöttischen Ironie schien er die Absurdität des libyschen Doppelsprech einzugestehen.

Ich erwähnte, dass viele seiner Kollegen keine Notwendigkeit zur Eile zu sehen schienen, was die Reformen betraf. Eine solche Einstellung ging ihm eindeutig gegen den Strich. »Manchmal muss man hart zu denen sein, die man liebt«, sagte er. »Man weckt sein schlafendes Kind, damit es zur Schule geht. Ein bisschen streng zu sein und nicht nach Beliebtheit zu streben ist der bessere Weg.« Er sprach auch von der Notwendigkeit wirtschaftsfreundlicher Maßnahmen, die bürokratische Hürden senken und die grassierende Korruption eindämmen würden. »Mit Korruption sind Engpässe, Ineffizienz und Arbeitslosigkeit verbunden«, erklärte der Premierminister. »Bürokratieabbau – dagegen gibt es Widerstand. Manchmal in guter und manchmal in böser Absicht.« Auch war er nicht geneigt, sich der Gleichheitsrhetorik des Systems zu beugen. »Die Herausragenden sollten mehr bekommen – ein paar Reiche können ein ganzes Land aufbauen.« Gaddafis *Grünes Buch* sieht vor, dass die Menschen »Partner und nicht Lohnarbeiter« sein sollen, es ist jedoch nicht einfach, jeden zum Partner zu machen, stellte der Premierminister fest. »Manche wollen keine Arbeit finden. Sie wollen, dass die Regierung Arbeit für sie findet. Das ist nicht machbar.«

Der öffentliche Dienst, in dem etwa zwanzig Prozent der Libyer tätig sind, ist drastisch überbesetzt. Die Staatliche Ölgesellschaft mit ihren vierzigtausend Angestellten hat ungefähr eine doppelt so große Belegschaft wie nötig. Zwar wurden die Gehälter gekürzt, aber viele Menschen werden für mehrere Jobs bezahlt, und sofern Mitglieder ihres Stammes ihre Vorgesetzten sind, wird nie nachgefragt, warum sie nicht zur Arbeit erscheinen. Auf der anderen Seite werden Nahrungsmittel stark subventioniert. Infolgedessen können die Leute mit wenig Geld auskommen, so dass sie keine Jobs annehmen müssen, die sie als unter ihrer Würde erachten. Die Schwerstarbeit wird von Schwarzafrikanern erledigt, ein bisschen anspruchsvollere Arbeiten von Ägyptern.

»Wir haben eine paradoxe Ökonomie mit vielen arbeitslosen Libyern« – die offizielle Arbeitslosenquote liegt bei fast dreißig Prozent – »und zwei Millionen ausländischen Arbeitskräften«, erklärte Ghanim. »Dieses Missverhältnis ist eine Katastrophe.« Ein solches Zusammenspiel von hoher heimischer Arbeitslosenquote und importierter Arbeitskraft ist typisch für reiche erdölfördernde Länder, aber in Libyen ist das Problem besonders evident, weil die Bevölkerung rapide wächst. Es ist nicht ungewöhnlich, auf Familien mit vierzehn Kindern zu treffen. Etwa die Hälfte der Bevölkerung ist unter fünfzehn Jahren.

Die Haltung des Premierministers gegenüber militanten Islamisten entspricht in etwa der auch vom Revolutionsführer und dem Ersten vertretenen. »Der radikale Fundamentalismus ist wie Krebs. Er kann jederzeit, an jedem Ort zuschlagen, man kann es nicht vorhersagen. Doch wenn man ihn entdeckt, hat er sich normalerweise schon zu weit ausgebreitet, um ihn noch unter Kontrolle zu halten. Gibt es einen solchen Fundamentalismus hier? Ich glaube ganz ehrlich, nein. Aber er könnte, von uns allen unbemerkt, im Stillen zu sprießen beginnen.« Die in Libyen vorherrschende Form des Islam ist der mālikitische Sunnismus, eine relativ flexible Glaubensrichtung, weit entfernt von dem starren Fundamentalismus, den die Dschihadisten verfechten. Doch manche Libyer verwiesen darauf, dass die Bedingungen, die woanders dem Terrorismus den Boden bereiteten – Wohlstand ohne Arbeit und ein hoher Bevölkerungsanteil junger Menschen ohne Ziele im Leben –, sich im Land derzeit immer mehr verfestigen.

Was allerdings die Aussichten diplomatischer Beziehungen zwischen den USA und Libyen angeht, war der Premierminister äußerst zurückhaltend. »Wir würden uns eine nähere Beziehung wünschen, ja, aber wir wollen uns nicht mit einem Elefanten ins Bett legen«, lachte er und breitete in einer Unschuldsgeste die Arme aus. »Er könnte uns des Nachts überrollen und zerquetschen.«

Ich sprach seine öffentlichen Erklärungen an, wonach es ihm nicht möglich sei, Reformen voranzubringen, wenn er mit einem von Gaddafi zusammengestellten Kabinett arbeiten müsse, und fragte ihn nach den Grenzen seiner Macht. Mit der Anmutung eines Mannes, der eine große persönliche Wahrheit preisgibt, antwortete er: »Meine Minister sind wie meine Brüder«, er umklammerte sein Knie – »ich habe sie mir nicht ausgesucht.« Kurz hielt er inne und fuhr dann lächelnd fort: »Das hat mein Vater getan.«

Im Zentrum von Tripolis befindet sich der Grüne Platz. Heute hauptsächlich als Parkplatz genutzt, zählt er zu jenen riesigen, anonymen Flächen, die Militärregime schätzen. Östlich davon stehen die italienischen Kolonialbauten, die überdauert haben. Im Westen liegt die Altstadt, ein Labyrinth aus winzigen Sträßchen und Geschäften, überragt von der Roten Burg, in der ein hervorragendes archäologisches Museum untergebracht ist. Davor verläuft die Strandpromenade. Die moderne Stadt breitet sich in allen anderen Richtungen aus, es gibt einige Viertel mit privaten Villen und viele Wohnanlagen im sowjetischen Stil, was sowohl den Optimismus als auch das Stümperhafte der jüngeren libyschen Geschichte widerspiegelt.

Ich war zur Eröffnung einer Sonderausstellung zum ehrenamtlichen Engagement in einem Zelt auf dem Grünen Platz eingeladen. In seiner Ansprache an die etwa hundert dort Versammelten erklärte ein Beamter, man müsse dem Größten der sich ehrenamtlich Engagierenden Anerkennung zollen: Oberst Muammar al-Gaddafi, der im Gegensatz zum amerikanischen Präsidenten kein Gehalt beziehe, sondern »aus Liebe und Ehrgefühl« gütigerweise eingewilligt habe zu regieren. »Es gibt nur einen Gott, und Mohammed ist sein Prophet, und Gaddafi ist seine moderne Inkarnation!«, rief einer aus der Menge. Solche Bekenntnisse stimmen mit den Botschaften der Werbetafeln überein, die man überall in Libyen sieht und auf denen Gaddafi triumphierend und vom Wind zerzaust wie Clark Gable strahlt. Diese riesigen Plakate sind das Erste, was einem Besucher ins Auge fällt, noch vor der Allgegenwart des Mülls. Egal, wo man sich befindet – selbst in den spektakulären Ruinen der hellenistischen und römischen Städte

Kyrene, Sabrata und Leptis Magna –, überall bedeckt eine Schicht aus Plastikflaschen, Tüten, Papier, Hühnerknochen und Dosen den Boden. »Das ist die Art der Libyer, aufs System zu scheißen«, erklärte mir ein libyscher Dozent. »Der Revolutionsführer schert sich nicht um sein Land. Warum also sollen wir es pfleglich für ihn behandeln?« Das ist das faszinierendste der vielen Paradoxien dieses Landes: Libyer, die das Regime hassen, aber ihr Land lieben, können einem nicht sagen, wo das eine aufhört und das andere beginnt. Man kann darin, in Form einer Umkehrung, einen Tribut an die Staatsideologie sehen.

Anfang der siebziger Jahre hatte sich der Revolutionsführer, enttäuscht vom mangelnden revolutionären Eifer seiner Landsleute, in die Wüste zurückgezogen, um das *Grüne Buch* zu schreiben, in dem er die von ihm entworfene, sogenannte Dritte Universaltheorie als dem Kapitalismus und dem Kommunismus überlegen darzustellen versucht. Dem Einzelnen solle sein Haus gehören, das übrige Land aber gemeinschaftlich genutzt werden. 1977 gab er mit der *Deklaration der Volksautorität* den Startschuss zur Dschamahirija oder »Herrschaft der Massen«, das heißt dem libyschen System der »direkten Demokratie«, in der das Land von Volkskongressen und Volkskomitees »regiert« wird. Im *Grünen Buch* wird dies als »Kontrolle des Volkes durch das Volk« bezeichnet. Somit war die Große Sozialistische Libysch-Arabische Volks-Dschamahirija geboren. Zur Vermeidung innerer Konflikte – so ein Vorschlag im *Grünen Buch* – solle es in jedem Land nur eine einzige Religion geben; aber vom Islam ist dabei nicht die Rede. Gaddafi behauptete, sein Manifest umfasse die Grundlehren des Koran (beispielsweise indem er das im Koran genannte Gebot des Spendens von Almosen ungeniert mit seiner auf Umverteilung beruhenden sozialen Wohlfahrtspolitik gleichsetzt) und habe daher denselben Rang wie die Scharia. Gaddafis Bezugnahme auf den Islam ist in doppelter Hinsicht bedeutsam: Einerseits untermauert er damit seine Autorität, andererseits positioniert er sich auf diese Weise entschieden gegen die Islamisten, denn er duldet nicht, dass man ihm diese Autorität streitig macht.

In den beiden darauffolgenden radikalen Jahrzehnten – mit öffentlichen, im Fernsehen übertragenen Hinrichtungen, dem Verbrennen westlicher Bücher und Musikinstrumente, dem plötzlichen Verbot privaten Unternehmertums, einem flammenden Antizionismus, der offiziellen Solidarität mit Terror- und Guerillagruppen – geriet das Land international immer mehr in die Isolation. Libyens Status als Schurkenstaat ermöglichte es Gaddafi jedoch, seine Macht zu konsolidieren und sich als Beschützer seines bedrängten Volkes zu gerieren – eine Rolle, in der er brillierte.

Ein Libyer mittleren Alters, der bis zum 11. September in den Vereinigten Staaten gelebt hatte und Amerika vermisste, erläuterte mir, was mit Gaddafis Libyen nicht stimme. Und dann sagte er: »Aber ohne die Revolution wäre ich nicht da, wo ich jetzt bin. Sie haben mir die Ausbildung bezahlt, mich nach Amerika geschickt und mir ein Leben ermöglicht, von dem ich ohne sie nicht einmal hätte träumen können.«

Teilweise spiegelt das die extreme Armut des vorrevolutionären Libyens wider. Die Dschamahirija profitierte vom dramatischen Ölpreisanstieg in den siebziger Jahren und den aggressiveren Verträgen mit den ausländischen Fördergesellschaften über die Aufteilung der Gewinne, so dass diese Mitte der siebziger Jahre ungefähr zehnmal so hoch waren wie im Jahrzehnt zuvor. Das Geld ermöglichte große Investitionen in Bildung und Infrastruktur. So sank die Analphabetenrate von achtzig Prozent vor Gaddafis Herrschaft auf achtzehn Prozent. Die mittlere Lebenserwartung stieg von vierundvierzig auf vierundsiebzig Jahre. Mehr als achtzigtausend Straßenkilometer wurden gebaut. Strom war nahezu überall verfügbar.

Und für die meisten Libyer gehört Gaddafi inzwischen ganz selbstverständlich zu ihrem Leben. Drei Viertel der Bevölkerung wurden erst geboren, nachdem er an die Macht gekommen war. In dieser Zeitspanne war der Personenkult, nahezu deckungsgleich mit den einstigen Abläufen in der Sowjetunion, aufgeflammt und wieder verglommen: Auf einen berauschenden Moment einer Art leninistischer Revolution, in dem viele Menschen an die Ideale glaubten, folgte eine stalinistische Periode grausamer Repressionen und gezielter Gewalt, dann eine lange Phase Chruschtschowsches Tauwetter; und jetzt herrschen wie unter Breschnew Korruption, Chaos und Zersplitterung der Partei. Viele von Saif Gaddafis Bewunderern hoffen, dass er den Reformer Gorbatschow gibt.

Dass eine ihrem Wesen nach repressive Gesellschaft als mitten im Reformprozess befindlich charakterisiert werden kann, zeigt, wie schlimm die Dinge davor standen. In Tripolis erzählten mir viele Menschen Geschichten über ihr früheres Leben im Gefängnis, Menschen, deren einziges Vergehen ihre kritische Einstellung gegenüber der Dschamahirija gewesen war. 2002 kam ein früherer Regierungsbeamter, der öffentlich freie Wahlen und Pressefreiheit gefordert hatte, in Haft. Er wurde 2004 freigelassen, nur um zwei Wochen später wieder ins Gefängnis zu wandern, weil er das Regime ausländischen Journalisten gegenüber kritisiert hatte. Es gibt keine oppositionelle Presse; ein Internetreporter, der kritische Storys über die Regierung veröffentlicht hatte, verbrachte letztes Jahr aufgrund konstruierter Anklagepunkte mehrere Monate im Gefängnis. Sogenannte Resozialisierungseinrichtungen – die im Grunde nichts anderes als Haftanstalten sind – dienen angeblich dem Schutz jener Frauen, die Ehebruch und Unzucht begangen und dadurch gegen die Gesetze verstoßen haben; dabei sind manche in Wahrheit Vergewaltigungsopfer und wurden von ihren Familien verstoßen. Eine Frau in einer solchen Einrichtung kann diese nur verlassen, wenn ein männlicher Verwandter oder ein Verlobter sie in seine Obhut nimmt.

Weites Aufsehen erregte der Fall der fünf bulgarischen Krankenschwestern, die 1999 angeklagt wurden, vierhundertsechsundzwanzig Kinder in einem Krankenhaus in Bengasi absichtlich mit dem HIV-Virus infiziert zu haben. Die Krankenschwestern wurden gefoltert, bis sie gestanden, und dann im Mai 2004 zum Tode verurteilt. Auf Menschen außerhalb von Libyen wirkten die Beschuldigungen bizarr und weithergeholt; doch für die meisten Libyer stand wie selbstverständlich fest, dass die Kinder bewusst und höchstwahrscheinlich von den Bulgarinnen infiziert worden waren. (Während westliche Experten die Infektionen auf mangelhafte Hygiene zurückführten, behauptete ein libyscher Arzt, der mit dem Fall befasst war, es seien nur Kinder auf jener Station infiziert gewesen, wo die verurteilten Schwestern gearbeitet hatten; und es habe keine Infektionen mehr gegeben, nachdem die Bulgarinnen fort waren, obwohl die hygienischen Bedingungen auf allen Stationen sehr zu wünschen übrigließen.) Saif sagte, er halte die Verurteilung für ungerecht, eine mutige Äußerung, wenn man bedenkt, wie wichtig es für ihn ist zu zeigen, dass er westlichem Druck nicht nachgibt. »Klar, der Große Bruder ließ Saif behaupten, die Krankenschwestern seien unschuldig, nur um zu sehen, wie das ankommt«, erklärte ein niedrigrangiger Regierungsbeamter. »Und es kam schlecht an.« Ein paar Monate später bestätigte Gaddafi die harte Linie, indem er erklärte, die Infizierungen seien von einer Organisation herbeigeführt worden, »deren Ziel es ist, Libyen zu zerstören«. Allerdings gibt es weiterhin Verhandlungen mit den Bulgaren, und Libyens oberster Gerichtshof hat einen Berufungsprozess zugelassen, der im Mai beginnen soll. (Nachtrag: Die Frauen wurden schließlich 2007 an Bulgarien überstellt und dort begnadigt.)

Gaddafi ist weder ein Saddam Hussein noch ein Idi Amin. Er mag brutal und launisch sein, aber er hat keinen großen Teil seiner eigenen Bevölkerung umgebracht. Den Revolutionsführer zu verunglimpfen ist strafbar, und Gesetz 71 erklärt jegliche Gemeinschaftsaktion, die sich gegen die Revolution richtet, zum Kapitalverbrechen, doch wurde diese Regel vor kurzem entschärft. Libyen hat die Antifolterkonvention der UN unterzeichnet, und der Justizminister kündigte an, die libyschen Gesetze mit internationalen Menschenrechtsstandards in Übereinstimmung zu bringen. Manches davon ist reine Schaufensterpolitik. »Sie haben die Volksgefängnisse geschlossen, wo all unsere politischen Gefangenen einsaßen«, erzählte mir ein Rechtsanwalt aus Tripolis. »Und was ist passiert? Die politischen Gefangenen wurden in andere Gefängnisse verlegt.« Außenminister Abdel Rahman Shalgham erklärte mir voller Stolz, vierhundert Polizeibeamte seien aufgrund von Menschenrechtsverletzungen festgenommen worden – um dann zuzugeben, dass nicht ein einziger von ihnen verurteilt wurde.

Letztes Jahr verklagte der hochangesehene Schriftsteller Omar al-Kikli – der in den siebziger und Anfang der achtziger Jahre zehn

Jahre lang als politischer Häftling im Gefängnis gesessen hatte – die libysche Regierung wegen ihres Verbots, ehemalige Strafgefangene in den libyschen Schriftstellerverband aufzunehmen. »Ich habe verloren, und ich wusste, dass ich verlieren würde«, sagte er. »Aber ich habe meinen Standpunkt klargemacht.« Hasan Agili, Medizinstudent an der Al-Fateh-Universität in Tripolis, erzählte mir: »Okay, sie haben vielleicht nur vier Prozent unserer ernsten Probleme gelöst, aber wahrscheinlich ist das ja schon was.« Ein Beamter in Bengasi sagte: »Die Gesetze, die einst in Stein gemeißelt waren, sind jetzt in Holztafeln geschnitzt.«

Nur wenige Libyer haben Lust auszutesten, welche Bürgerrechte ihnen eventuell zustehen. »Die Angst sitzt sehr, sehr tief«, sagte Giumma Attiga, Menschenrechtsanwalt und Mitbegründer von Saif Gaddafis Stiftung. »Da können die höchsten Stellen die Menschen ermuntern, frei und vorbehaltlos zu sprechen, und ihnen garantieren, dass ihnen nichts passieren wird, und trotzdem bleiben ihnen die Worte im Hals stecken.« Tatsächlich ist es jedoch ein schweres Vergehen und wird mit einer dreijährigen Gefängnisstrafe geahndet, wenn man die staatliche Politik mit einem Ausländer diskutiert. Und obwohl solche Straftaten in jüngster Zeit weniger häufig verfolgt wurden, äußern sich die meisten Libyer bei solchen Themen nur mit Beklommenheit. Die Atmosphäre gleicht jener am Ende der Sowjetunion: Man fühlt sich bedroht, agiert verstohlen und ist ständig auf der Hut, aber nicht völlig gelähmt. Ich wurde gebeten, am Telefon oder in einer E-Mail keine Namen zu nennen. Mehrere Gesprächspartner baten mich, ihre Telefonnummern nicht zu notieren, falls mein Notizbuch »verlorengehe«. »Ich spreche offenen Herzens«, erklärte mir eine Frau, die kein Blatt vor den Mund nahm. »Behalten Sie es im Kopf.«

Die Überwachung ist in Libyen allgegenwärtig. Man warnte mich, dass der Taxifahrer, der mich herumfuhr, dem Geheimdienst berichten würde, und ich verstand, dass meine Handytelefonate nicht als privat betrachtet wurden. Trotzdem war ich überrascht, als ein Pressereferent mich nach der genaueren Bedeutung von etwas fragte, das ich ein paar Tage zuvor in einer persönlichen E-Mail nach Hause erwähnt hatte. Ein Büromitarbeiter von Saif rief mich eines Tages ungehalten an und sagte: »Sie haben im Hotel unfairerweise gesagt, dass Sie über unsere Hilfe nicht glücklich sind.«

Eines Abends aß ich mit einem Beamten zusammen, der sich über die lokale Politik beschwerte. Er sei ausführlich befragt worden, nachdem er sich kürzlich mit einem Ausländer unterhalten habe. »Unsere Vernehmungsbeamten wurden, was Brutalität, Grausamkeit und Raffinesse angeht, von den Besten der Besten ausgebildet – Leuten aus Kuba, Ostdeutschland, Syrien, dem Libanon und Ägypten«, erklärte er.

Nachdem wir gegessen hatten, räumte der Kellner unseren Tisch ab, kam dann zurück und stellte die Zuckerdose wieder hin.

»Was war das eben mit der Zuckerdose?«, fragte ich meinen Gesprächspartner.

Er lächelte mich verkniffen an. »In der anderen war das Band zu Ende.«

Wenn Libyer über Demokratisierung sprechen, haben sie meistens nicht Wahlen im Sinn, sondern wollen mehr Privatsphäre, bessere Bildungsmöglichkeiten und echte Redefreiheit. »Das Wort *Demokratie* bedeutet hier, dass die Führung Dinge erwägt, diskutiert und manchmal die Vorstellungen anderer Leute akzeptiert«, so der oberste Wirtschaftsplaner Zlitni. Nach Gaddafis Ansicht bedeutet Wahldemokratie die Tyrannei der einundfünfzig Prozent. Und er hat den Wahlvorgang in Demokratien westlicher Prägung eindrücklich geschildert: »Die Menschen stehen schweigend und in langen Schlangen an, um ihre Stimmzettel in die Wahlurnen zu werfen, so wie sie anderes Papier in die Mülltonne werfen.« Auch bezeichnete er kürzlich und nicht zum ersten Mal die westliche Demokratie als »Farce« und »Fake«. »Es gibt auf dem ganzen Planeten keinen demokratischen Staat außer Libyen. Länder wie die Vereinigten Staaten, Indien, China oder die Russische Föderation benötigen dringend dieses System der Dschamahirija.«

Für die meisten libyschen Pragmatiker geht es bei politischen Reformen nicht darum, die Mechanismen von Gaddafis Herrschaft zu lockern, sondern sie zu ändern. Ein Minister der Regierung sagte zu mir: »In den meisten europäischen Ländern gibt es viele Parteien, in den USA aber nur zwei. Und hier haben wir nur eine! So ein großer Unterschied ist das nicht.« Selbst Reformer zeigen sich selten begeistert von einer Wahldemokratie. Die meisten streben eine Art modernisierende Autokratie an: Ihrem Ideal entspricht eher Atatürk oder der persische Schah als Václav Havel. »In der arabischen Welt gibt es keine Demokratien«, sagte Ahmed Swehli, ein junger Geschäftsmann, der vor kurzem aus England, wo er studiert hat, nach Libyen zurückkehrte. »Wir werden nicht die erste sein. Was wir brauchen, ist ein richtig guter Diktator, und ich glaube, Saif al-Islam könnte genau das sein. Und vielleicht wird er es sein und außerdem gewählt werden, obwohl ich nicht wüsste, warum er sich diese Mühe machen sollte.« Andere sind weniger zynisch, was eine Wahldemokratie als Ideal betrifft, aber nicht hoffnungsfroher, was ihre Einführung angeht.

Ein Grund, warum viele Libyer skeptisch gegenüber Wahlen sind, ist ihre Angst, dass in einer Stammesgesellschaft wie der ihren die größeren Stämme bei Wahlen gewinnen, die Herrschaft übernehmen und alle anderen an den Rand drängen. Zwar ist man mit dem Stamm nicht so innig verbunden wie mit der Familie, doch er stellt eine mehr oder weniger starke zweite Identitätsschicht dar. Insbesondere für die geringer Gebildeten fungieren Gruppen, die auf Blutsverwandtschaft und Abstammung basieren – Stämme und ihre verschiedenen Teilmengen (Untergruppen, Clans) –, als soziales Netzwerk und bieten Sicherheit: Angehörige deiner Gruppe werden dir einen Job besorgen oder dir bei Geldproblemen helfen oder um dich trauern, wenn du stirbst, selbst wenn sie dich zu deinen Lebzeiten nicht besonders mochten. »Lieber einen starken Führer von einem kleinen Stamm wie Gaddafi als einen, der hundertprozentig seinen eigenen Stamm repräsentiert«, sagte ein libyscher Intellektueller.

Inzwischen bieten die Basisvolkskongresse zumindest eine Bühne für politische Teilhabe. Sie stehen jedem Libyer offen, der über achtzehn ist, und tagen viermal im Jahr für ein oder zwei Wochen. Im Prinzip kann man bei einem Kongress über alles diskutieren, obwohl von oben eine Tagesordnung vorgegeben ist. In der Sitzungszeit treten die vierhundertachtundsechzig Basisvolkskongresse täglich zusammen. Danach wird ein kurzer Bericht von jedem Kongress an ein Zentralkomitee geschickt. (Libyen ist ein Paradies für Komitees – es gibt sogar ein Nationalkomitee für Komitees.) Bei einem typischen Kongress tagen etwa dreihundert Mitglieder, wobei die meisten Gebildeten nicht hingehen, sofern sie nicht die politische Leiter erklimmen wollen. Der Ablauf ähnelt einer Stadtratsitzung mit Anklängen an eine Quäkerversammlung und ein Treffen der Anonymen Alkoholiker.

Als ich in Libyen war, tagten die Basisvolkskongresse gerade, und ich bat wiederholt, aber vergeblich, darum, einen besuchen zu dürfen. Doch dann erwähnte ich mein Interesse zufällig bei einem Interview mit dem Direktor des Nationalen Versorgungsunternehmens (NASCO), der die Subventionen verwaltet, die ein wichtiger Stützpfeiler der libyschen Wirtschaft sind. Er sagte, mittags würde eine Sitzung in seinem Bürotrakt stattfinden und ich sei eingeladen.

Ich hatte gehofft, still in einer Ecke sitzen zu können, stattdessen wurde ich in der ersten Reihe platziert, und jemand beeilte sich, mir Tee zu servieren. Eine redselige Frau hielt eine leidenschaftliche Rede und fragte, warum Libyen Tomatenmark importiere, wo es doch genug Wasser gebe, um Tomaten zu ziehen. Es folgte eine Diskussion über Tomaten. Die Beamten stellten Aspekte einer Wirtschaftsreform vor. Ich interessierte mich mehr für die Dynamik der Sitzung als für die Inhalte, und so rauschte es fast an mir vorbei, als mein Übersetzer von Wendungen wie »offener Aktienhandel« und »Umschichtung der Subventionsfonds« zu der Aussage überging, wie »glücklich wir sind, einen bekannten amerikanischen Journalisten zu Gast zu haben« – ich merkte auf –, »der nun zu dem Kongress über die Zukunft der US-amerikanisch-libyschen Beziehungen sprechen wird«. Man reichte mir ein Mikrophon.

Während jeder meiner Sätze ins Arabische übersetzt wurde, hatte ich zum Glück eine Pause, in der ich den nächsten formulieren konnte. Und so hielt ich eine herzliche und ehrlich gemeinte Rede, in der ich die Hoffnung ausdrückte, dass unsere beiden Länder bald umfassende diplomatische Beziehungen unterhalten würden, wie überaus gern ich die Libyer kennengelernt hatte und dass ich hoffte, sie würden sich in den Vereinigten Staaten ebenso willkommen fühlen wie ich mich bei ihnen, etc. Ich bekam langen Beifall, und danach stellte jeder Redner seinen Bemerkungen einige freundliche Worte an mich voran. Ich fing gerade an, mich im angenehmen Glanz frischer Berühmtheit zu sonnen, als mein Übersetzer sagte: »Wir müssen gehen«, und mich vor die Tür schob, wo mich drei Journalisten von *Al Shams* interviewen wollten. Wir bewegten uns auf ziemlich vorhersehbarem Gebiet, bis sie mich nach meiner Meinung zu Gaddafis Bemühungen als Friedensstifter in Darfur befragten. (Gaddafi hatte sich gerade öffentlich sowohl mit den Rebellenführern als auch mit dem sudanesischen Präsidenten Omar al-Baschir getroffen.) Ich sagte, jeder, der sich in dieser Angelegenheit engagiere, verdiene Unterstützung. Und ergänzte, dass Gaddafis Ablehnung des Terrorismus den Amerikanern gefallen dürfte.

Am folgenden Tag erschien in *Al Shams* eine fast ganzseitige Story mit drei großen Fotos von mir bei dem Kongress, und eine zweizeilige Schlagzeile verkündete: »Die Welt braucht einen Mann wie Muammar al-Gaddafi zur Sicherung des Weltfriedens.« Darunter stand: »Das amerikanische Volk würdigt, wie Muammar al-Gaddafi den Schmerz zu lindern versucht, den der 11. September verursachte.« An dem Vormittag, an dem dieser Artikel erschien, erhielt ich meine langersehnte Einladung ins Quartier von Gaddafi.

Ein Aufpasser von der Internationalen Pressestelle rief mich an und teilte mir mit, ich solle mich auf »eine Überraschung« gefasst machen. Er würde mich um vier Uhr nachmittags in meinem Hotel abholen. In der Internationalen Pressestelle, nah am Grünen Platz, warteten bereits etwa zwanzig andere »internationale« Journalisten, alle aus arabischen Ländern, und ich unterhielt mich mit ihnen darüber, warum uns Gaddafi empfangen wollte. Ernst teilte man mir mit, dass man niemals wisse, was der Revolutionsführer wolle. »Man kommt, wenn man gerufen wird.« Endlich erschien um zirka Viertel vor sieben ein Minibus, der nach zwanzigminütiger Fahrt an einer gewaltigen Betonmauer anhielt, die Gaddafis Lager umgab. Das Fahrzeug wurde durchsucht, ebenso wie wir, dann fuhren wir im Slalom zwischen Hindernissen und einem weiteren Sicherheitscheck weiter, bis wir schließlich in ein riesiges Zelt geleitet wurden, wo uns ein üppiges Büfett erwartete. In der folgenden halben Stunde drängten ungefähr weitere vierhundert Leute herein, viele in traditionellen Gewändern.

Einer meiner neuen Journalistenfreunde sagte, »das Ereignis« würde nun beginnen, also stiegen wir eine kleine Anhöhe hinauf und betraten einen vieleckigen Bau mit freiliegenden Dachsparren, der einer Sporthalle in einem Sommerlager ähnelte. An den Wänden hingen Aussprüche des Revolutionsführers in riesiger arabischer und englischer Schrift (»Die Vereinigten Staaten von Afrika sind Afrikas Zukunft« und »Eine afrikanische Identität«), flankiert von plakatgroßen Fotografien von Rosa Parks. Es war der fünfzigste Jahrestag ihrer Weigerung, im Bus nach hinten zu gehen, und das, so verstanden wir schließlich, war Anlass für diese Zusammenkunft. Vorne im Saal stand auf einem Podium ein gigantischer mit Kunstleder bezogener Sessel, daneben drei Mikrophone. Ein Mann im Arztkittel kam heraus und wischte den Sessel und die Mikrophone mit Gazetupfern ab, um den Revolutionsführer vor einer Infektion zu bewahren.

In der Reihe vor uns hatte man etliche Afroamerikaner platziert. Ich stellte mich einem vor, und er erklärte mürrisch, er sei Minister Abdul Akbar Muhammad, internationaler Stellvertreter von Reverend Louis Farrakhan, der sich zwar in Tripolis aufgehalten habe, aus Gesundheitsgründen aber plötzlich in die USA habe zurückreisen müssen. Gaddafi hatte lange zu den Geldgebern der Nation of Islam gehört.

Dann begannen die Ansprachen. Die Redner standen hinter einem seitlichen Pult, das Podium sollte Gaddafi vorbehalten bleiben. Als Erster sprach ein ehemaliger stellvertretender Außenminister. »Wir Libyer können die Diskriminierung der Afrikaner durch die Amerikaner nicht hinnehmen«, sagte er unter Beifall. »Diejenigen, die sieben oder acht Jahre alt waren, als man Rosa Parks im Bus nach hinten schickte, sind heute siebenundfünfzig oder achtundfünfzig und Führer der Vereinigten Staaten. Doch noch immer haben sie die gleiche

Mentalität. Die junge Generation hat sie geerbt, und sie setzt sich weiter fort.« Er steigerte sich in einen rhetorischen Paroxysmus hinein, als seien die Jim-Crow-Gesetze noch gültig. »Wir müssen diesen Hass Amerikas auf Afrika bekämpfen.«

Als er vom Mikrophon zurücktrat, übernahm Abdul Akbar Muhammad und sprach über amerikanische Rassenjustiz, wobei er erwähnte, dass zur Zeit der Rassentrennung Schwarze und Weiße unterschiedliche Hamams benutzen mussten (ein Detail, das mir bisher entgangen war). »Wir können nicht darauf zählen, dass unsere Geschichte in die von Zionisten kontrollierten amerikanischen Medien Eingang findet«, sagte er. »Die Zionisten in den USA werden nicht berichten, dass der Führer der Al-Fatah-Revolution auf unserer Seite steht und wir auf seiner.«

Der Revolutionsführer tauchte nicht auf. Da Farrakhan nicht anwesend war, hatte er offenbar entschieden, dass auch er sich nicht blicken lassen würde. Trotzdem zeigte diese Veranstaltung, wie fixiert er darauf war, Libyen nicht so sehr als arabisches, sondern als afrikanisches Land herauszustellen (obwohl die meisten Libyer Schwarze verachten, sie die Arbeiten machen lassen, für die sich Libyer zu gut sind, und ihnen sämtliche Verbrechen in die Schuhe schieben). Gaddafis anfänglicher Traum einer panarabischen Einheit war längst verpufft, und als die anderen arabischen Staaten in den neunziger Jahren die UN-Sanktionen gegen Libyen mittrugen, viele afrikanische Länder hingegen nicht, wandte er sich dem Süden zu. Afrikanischen Maßstäben nach ist Libyen reich und gut organisiert; arabische Staaten und selbst die nordafrikanischen Nachbarn haben nur wenig für Gaddafi übrig. Er unterstützte Oppositionsgruppen gegen das saudische Herrscherhaus, und 2003 waren libysche Agenten in ein Mordkomplott gegen den saudischen Kronprinzen involviert. (In seiner zurückhaltenden Wortwahl ließ Saif mir gegenüber anklingen, die Libyer hätten auf einen »Regimewechsel« gehofft, aber nicht unbedingt gewusst, dass ihre saudischen Bundesgenossen gegenüber der königlichen Familie zu physischer Gewalt greifen würden.)

Eingedenk seiner Beduinenherkunft schläft Gaddafi immer in einem Zelt. Als er vor kurzem nach Algerien reiste, zeigte dort eine

Karikatur ein Zelt, das vor dem Algier Sheraton aufgeschlagen war. Ein Mann sagte: »Lass mich rein, ich will in den Zirkus!« Ein anderer erwidert: »Das ist kein Zirkus.« Der erste lässt nicht locker: »Aber man hat mir doch gesagt, da ist ein Clown in dem Zelt.«

Für modernisierungswillige Reformer wie Schukri Ghanim sind Libyens Hauptprobleme eine schlechte Verwaltung und die Isolation, weshalb ihre Lösungen eine bessere Verwaltung und globale Integration heißen. »Die Welt hat sich verändert«, so Ghanim, »und wir haben wie andere sozialistische Staaten erkannt, dass wir begrenzte Mittel und grenzenlose Bedürfnisse haben.« Internet und Satellitenfernsehen – die Schüsseln sind so allgegenwärtig, dass einem eine Landung in Tripolis vorkommt, als würde man sich auf einem riesigen weißen Mottenteppich niederlassen – haben die große Welt sichtbar gemacht und daher den Druck für Reformen verstärkt. »Der Wandel ist unausweichlich, seit *Oprah* bei uns im Fernsehen ist«, sagte ein wichtiger libyscher Dichter reumütig zu mir. Worauf sich die Libyer hauptsächlich beziehen, ist allerdings der Lebensstandard in anderen Ölstaaten, wie er von Al-Dschasira und anderen Sendern des Nahen Ostens gezeigt wird. Im Vergleich dazu wirkt Libyen staubig und arm, und man fragt sich im Land, warum.

Die Einkünfte aus den Ölexporten machen rund achtzig Prozent des Staatshaushalts aus. Auf dem Höhepunkt der libyschen Ölproduktion betrug die Fördermenge täglich drei Millionen Barrel. Inzwischen sind es nur noch 1,7 Millionen, aber die staatliche Ölgesellschaft plant, bis 2010 wieder auf drei Millionen Barrel hochzugehen. Das libysche Öl ist von hoher Qualität, arm an Schwefel und leicht zu raffinieren. Libyen verfügt nachweisich über Ölreserven von etwa vierzig Milliarden Barrel, es sind die größten Vorkommen in Afrika, die sich aber auch auf bis zu hundert Milliarden belaufen könnten.

Mehrere große Ölgesellschaften haben Libyen zur weltweit besten Explorationsstätte gekürt. Allerdings mangelt es dem Land an Ressourcen, teure Explorationen selbst durchzuführen. In den fünfzehn Jahren seit dem Abzug der ausländischen Gesellschaften wurde Libyens Förderindustrie schwer vernachlässigt. »Wenn Dr. No versuchen wollte, die libysche Ölwirtschaft zu ruinieren«, so ein britischer Berater der libyschen Regierung, »würde ihm nichts einfallen, was nicht bereits getan worden ist.«

Trotzdem fließt weiter Geld aus dieser Quelle und ermöglicht die libyschen Subventionsprogramme – den Sozialismus in der Großen Sozialistischen Libysch-Arabischen Volks-Dschamahirija. NASCO zahlt sechsundzwanzig Dinar für einen Sack mit hundertzehn Pfund Mehl und verkauft ihn den Bäckern für zwei Dinar; man kann einen Laib Brot für zwei Cent bekommen. Reis, Zucker, Tee, Nudeln und Benzin werden ebenfalls für einen Bruchteil des Erzeugerpreises verkauft. Eine Wirtschaftsreform wird diese Subventionen zurückschrauben müssen (die sich momentan auf sechshundert Millionen Dollar jährlich belaufen), ohne dass dabei Menschen verarmen oder hungern müssen – was umso komplizierter ist, als die Gehälter seit 1982 eingefroren sind. Inzwischen kann man in Libyen kaum noch einen Kredit aufnehmen; keine libysche Kreditkarte ist international verwendbar; keine Finanzinstitution genügt internationalen Bankenstandards.

»Das Öl saugt alle Fehler auf, und von denen gab es nicht wenige«, erzählte mir ein libyscher Beamter. »Das Geld aus der Ölförderung garantiert Stabilität, was es leichtmacht, das Land zu regieren. Da ist dieses kleine Land mit all dem vielen Öl – es ist, als wollten sie einen kleinen Supermarkt eröffnen und hätten eine Milliarde Startkapital.« Das Öl bedeutet sowohl Fluch als auch Segen. So ist in der Großen Sozialistischen Libysch-Arabischen Volks-Dschamahirija eine ganze Bevölkerung ohne jede Arbeitsmoral groß geworden. Libyer arbeiten fünf Vormittage pro Woche, mehr nicht. »Wenn sie bereit wären, einen Job anzunehmen, beispielsweise auf dem Bau, dann hätten sie auch einen«, sagte Zlitni in strengem Ton. »Aber wir sind ein reiches Land, also wollen die jungen Leute nicht hart arbeiten.« In Ökonomien, die auf Ressourcen wie Öl basieren, entstehen nicht viele Jobs, wenn man nicht diversifiziert. Viele Studenten, mit denen ich sprach, waren überzeugt, dass ihre Talente trotz all dem Gerede von Reformen ungenutzt bleiben würden. »Wenn ich meinen Abschluss mache, werde ich vermutlich keine Anstellung finden«, beklagte sich einer.

»Das ganze Land wird mit Öl betrieben, nicht mittels Beschäftigung. Der Reichtum kommt nicht von etwas, das man erreichen kann, wenn man hart arbeitet, was ich ja durchaus tun würde, aber wozu?«

»Ohne Öl wären wir ein entwickeltes Land«, sagte der Finanzminister Abdulgader Elkhair zu mir. »Offen gesagt wäre es mir lieber, wir hätten Wasser.«

Für ihn und für die Anwärter auf Libyens entstehendem Privatsektor ist der größte Frevel die verkrustete Ministerialbürokratie und die damit einhergehende Korruption. Transparency International listet Libyen mit einem Korruptionswahrnehmungsindex von 2,5 noch hinter Simbabwe, Vietnam und Afghanistan. Im Index of Economic Freedom der Heritage Foundation (der den Grad wirtschaftlicher Freiheit in einem Staat anhand von Verfügungsrechten und dem Ausmaß staatlicher Regulierung des Marktes misst) nimmt Libyen Rang hundertzweiundfünfzig von hundertsiebenundfünfzig Staaten ein. »Man braucht zwanzig Dokumente, um eine Firma zu gründen«, schildert mir Elkhair, »und selbst wenn Sie die richtigen Leute schmieren, dauert es sechs Monate.«

Eines Tages saß ich mit einem libyschen Menschenrechtsaktivisten im Stop-and-go-Verkehr, der angesichts der Straßenbauarbeiten verzweifelt gestikulierte. »Sie reißen die Straße auf und asphaltieren sie wieder, dann reißen sie sie wieder auf. Jedes Mal kostet es enorme Summen, und das ist der einzige Zweck. Wegen dieser Korruption komme ich zu spät zu meinen Treffen. Notwendiges wird hier nicht getan, aber Unnützes noch und nöcher.« Ich traf mich mit dem ehemaligen Leiter des Staatlichen Krebsforschungsinstituts, der mir von anderen Ärzten als bester Onkologe des Landes beschrieben worden war. Man hatte ihm gekündigt, um seine Stelle mit einem Freund des Revolutionsführers zu besetzen. Jetzt arbeitete er in einer kleinen Klinik, in dem wichtiges Equipment fehlt. Sein ehemaliger Verwaltungschef verkaufte an einem Straßenstand in der Nähe Fisch.

»Gaddafi ist sehr glücklich darüber, dass korrupte Leute für ihn arbeiten«, erzählte mir ein Gaddafi-Insider. »Ihm sind Leute, die Geld wollen, sehr viel lieber als Leute, die Macht wollen. Also schaut er weg, und niemand macht ihm die absolute Kontrolle des Landes streitig.« (Stammesloyalitäten, die sich mit schlichter Kumpanei überschneiden, spielen hier ebenfalls eine Rolle: Gaddafi hat viele hochrangige Militär- und Sicherheitsposten mit Mitgliedern seines Beduinenstamms Guededfa besetzt, und auch mit Angehörigen der Warfalla, eines großen Stammes, mit dem die Guededfa seit langem verbündet waren.) Ein Anwalt aus Tripolis ergänzte: »Korruption ist ein Problem, und manchmal ist sie eine Lösung.«

Ich nahm an der Eröffnung einer Handelsmesse der Vereinigten Arabischen Emirate in Tripolis teil, die in einem Zelt stattfand. Lächelnd wurden internationale Waren in Hülle und Fülle präsentiert. Man konnte Muster und Proben von allem bekommen, ob Arzneien, Kochgeschirr oder Industriewerkzeug. Eine ausgewählte Schar von Libyern schob sich mit Einkaufstaschen durch die Reihen. Viele Visitenkarten wurden ausgetauscht. Ahmed Swehli, der Geschäftsmann, der in England studiert hatte, schaute sich um. »Wissen Sie, dieses Land ist so reich, dass man es kaum glauben kann«, sagte er zu mir. »Gerade zurzeit ist es so, als wären wir die Kinder des reichsten Mannes der Welt, und wir laufen in Lumpen. Die Korruption, dieses Aufgeblähte, macht uns arm.«

Zum Problem der Bestechung gesellt sich ein Mangel an grundlegender Führungskompetenz. Ich war Beobachter eines Führungskräfteseminars in Tripolis, das die Cambridge Energy Research Associates und die Monitor Group organisiert hatten, zwei amerikanische Beratungsfirmen, die auch die libysche Regierung beraten. Die ausländischen Organisatoren waren entschlossen gewesen, Leute zu dem Seminar einzuladen, bei denen sie das größte Führungspotential vermuteten, doch einige hiesige Beamte wollten die Auswahl auf der Basis von Verbindungen treffen. Der Kompromiss lautete dann: weder ausschließlich leistungsorientiert noch völlig korrupt. Für manche in der Gruppe war Kapitalismus noch immer etwas Neues; andere hätten ein Eckbüro bei Morgan Stanley beziehen können. Sie machten ein Rollenspiel. Unter gigantischen Porträts des Revolutionsführers hielten sie Reden in krächzende Mikrophone. Manche beschrieben ausgeklügelte Finanzinstrumente und zeichneten Flussdiagramme; oder sie sprachen von »fremdfinanzierten Buy-outs«, »institutionellen Investoren« und »einem Nullsummenspiel«. Ein anderer Teilnehmer wiederum, in schäbigem Anzug und mit greller Krawatte, wurde gefragt, wie er ein Bauprojekt finanzieren würde, und er antwortete vage: »Machen das nicht Banken?« Wieder ein anderer war überrascht zu erfahren, dass internationale Geldgeber normalerweise Zinsen oder eine Gewinnbeteiligung erwarteten, wenn sie ihr Geld bei Investitionen riskierten. Im libyschen Wirtschaftsleben werden, so viel steht fest, sowohl Menschen mit beeindruckender Kompetenz als auch Menschen, die absolut keine Ahnung haben, das Sagen haben.

Am Ende des Seminars ging der Preis für die beste Präsentation an Abdulmonem M. Sbeta, der ein Privatunternehmen führt, das Dienstleistungen im Ölgeschäft und im Schiffsbau anbietet. Er war verbindlich und kultiviert, sein Blick huschte lebhaft umher. »Wir brauchen keine Führungskräfte, sondern Gegenspieler«, sagte er mir später bei einem italienischen Essen in einem Vorort von Tripolis. »Jeder hier hat ein gutes Rollenmodell dafür, wie man führt. Aber keiner hat je gesehen, wie man opponiert, und das Geheimnis eines erfolgreichen Unternehmens ist Widerspruch. Die Menschen wollen lieber Wohlstand als Emanzipation, aber soziale Reformen können nur durch ökonomische Entwicklung erreicht werden.«

Doch will Gaddafi seine Untertanen lehren, ihm Widerstand zu leisten? Ein libyscher Geschäftsmann, der im Ausland lebt, sagte zu mir: »Gaddafi hat Angst, dass das Entstehen einer reichen Klasse eine sogenannte zweite Revolution zur Folge haben könnte.« Reichtum ist ein relativer Begriff; nach Weltmaßstab sind die reichen Menschen im Land die Gaddafi-Familie, und falls irgendjemand sonst tatsächlich substantielle Vermögenswerte besitzt, ist er jedenfalls klug genug, es nicht zu zeigen. Unterdessen verwirren die Launen des Revolutionsführers die Elite immer wieder einmal, manchmal auf absurdeste Weise. So hob Gaddafi im Jahr 2000 ein lange geltendes Verbot für SUVs auf, so dass sich vermögende Libyer im Ausland Hummer- und Range-Rover-Fahrzeuge zulegten und sie importierten. Drei Monate später fand der Revolutionsführer, dass er einen Fehler gemacht habe, und verbot sie wieder. In der Folge hatten ziemlich viele privilegierte Libyer plötzlich ein Auto, das sie nicht fahren durften. »Man weiß, dass man sich in den höchsten Kreisen bewegt«, so ein junger Libyer, »wenn sich die Gespräche um SUVs drehen, die in der Garage vor sich hin rosten.«

»Sprechen Sie nicht von *Öffnung*«, sagte Außenminister Abdel Rahman Shalgham und hob protestierend die Arme, als ich ihn wegen des neuen Libyens befragte. »Nennen Sie es nicht *wiedereingliedern*. Libyen hat sich nie der Welt verschlossen, die Welt war uns verschlossen.« Doch die Kosten der libyschen Paranoia waren eine Isolation, die diese Paranoia beförderte und die Libyer im Schoß ihres Revolutionsführers festhielt. Die Vorstellung von einer Welt, die sich mit Libyen verbinden will, gefährdet Gaddafis Hegemonie. »Amerika als Feind würde ihm Probleme machen«, sagte Ali Abdullatif Ahmida, der Politikprofessor. »Aber er will Amerika auch nicht als Freund.«

Die Beziehungen zwischen Libyen und den Vereinigten Staaten sind bis heute von historischen Ereignissen überschattet. Gaddafis energischster Widersacher war Präsident Reagan, der 1980 die libysche Botschaft schloss, dann alle Ölimporte stoppte und zwei Flugzeuge über der Großen Syrte (Golf von Sidra) abschießen ließ, wo die Vereinigten Staaten Libyens Oberhoheit in Abrede stellten. Zehn Tage nach dem Bombenattentat in einer von amerikanischen Militärs besuchten Westberliner Diskothek 1986, bei dem Libyen die Hand im Spiel hatte, ließ Reagan Tripolis und Bengasi bombardieren; auch Gaddafis Lager wurde in der offenkundigen Absicht, ihn zu töten, unter Beschuss genommen. Gaddafi behauptet, bei diesem Angriff eine Adoptivtochter verloren zu haben. »Ihm drohte die Macht zu entgleiten, und dann war da dieses Bombardement, wonach sich die Libyer wieder um ihn scharten«, berichtete mir ein libyscher Beamter.

Die völlige Isolierung Libyens begann 1991. Die Vereinigten Staaten und Großbritannien klagten zwei Libyer wegen des Verdachts an, an dem Absturz des Pan-Am-Flugs 103 beteiligt gewesen zu sein; und die Franzosen bezichtigten vier Libyer, 1989 die Explosion des französischen UTA-Flugs 772 durch eine Bombe über der Wüste von Niger verursacht zu haben. Libyen weigerte sich, die Verdächtigen auszuliefern, so dass die Vereinten Nationen Wirtschaftssanktionen billigten. Erst 1999 ließ Libyen zu, dass den Verdächtigen im Fall Lockerbie nach schottischem Recht in Den Haag der Prozess gemacht wurde. (Im selben Jahr einigte man sich außerdem mit den französischen Behörden auf eine finanzielle Entschädigung.) Das schottische Gericht verurteilte einen der Angeklagten und sprach den anderen frei. Libyen bestritt lange jegliches Fehlverhalten, lenkte aber schließlich aus pragmatischen Gründen ein, obwohl libysche Amtsträger dies bis heute als erzwungenes Geständnis betrachten. Eine persönliche Schuld räumte Gaddafi niemals ein.

Die Lockerbie-Affäre, für die meisten Amerikaner ein Buch mit sieben Siegeln, kam während meines Aufenthalts in Libyen immer wieder zur Sprache. Ein Beamter sagte: »Ich kann nicht glauben, dass die Libyer zu diesem Zeitpunkt etwas in dieser Größenordnung zustande gebracht haben sollen. Etwas so Dummes – ja, das ist absolut glaubhaft. Aber nicht etwas von dieser Größenordnung.« Westliche Ermittler sind sich auch heute noch nicht einig, ob Libyen direkt mit dem Ereignis zu tun hatte. Anfängliche Befragungen legten nahe, dass die von Syrien gestützte »Volksfront für die Befreiung Palästinas – Generalkommando« für das Bombenattentat verantwortlich war, eine vom Iran finanzierte Terrorgruppe. Und sowohl ein ehemaliger schottischer Polizeichef als auch ein ehemaliger CIA-Officer gaben später zu Protokoll, dass das Libyen belastende Beweismaterial untergeschoben gewesen war. Wegen solcher Fragwürdigkeiten bezeichnete Robert Black, Kronanwalt (ein Titel, der nur an besonders erfahrene und erfolgreiche Anwälte vergeben wird) und Juraprofessor in Edinburgh, der das Überprüfungsverfahren mit eingeleitet hatte, im November gegenüber dem *Scotsman* das Lockerbie-Urteil als »schändlichsten Justizirrtum in Schottland seit hundert Jahren«; er werde dem Ruf des schottischen Strafrechtssystems »ernsten Schaden« zufügen. Der Fall liegt derzeit der Schottischen Kommission zur Überprüfung von Strafsachen (SCCRC) vor. Da Libyen allerdings ausländische Terrorgruppen unterstützte, könnte das Regime darin verwickelt gewesen sein, auch wenn es nicht Urheber der Katastrophe war.

Seit ein paar Jahren sind die diplomatischen Beziehungen der USA zu Libyen nicht mehr ganz so eisig. 1999 stimmten die Vereinigten Staaten zu, die UN-Sanktionen aufzuheben, allerdings nicht die eigenen, diese wurden im August 2001 erneuert. Dann kam der 11. September. Gaddafi verurteilte die Angriffe, nannte die Taliban »gottlose Förderer eines politischen Islam« und wies darauf hin, dass er vor sechs Jahren einen Haftbefehl gegen Osama bin Laden erlassen hatte. Im August 2003 versprach die libysche Regierung, 2,7 Milliarden Dollar bei der Bank für Internationalen Zahlungsausgleich in der Schweiz zu hinterlegen, zur Entschädigung der Opferfamilien des Pan-Am-Flugs 103. Vier Monate später stimmte Libyen nach Geheimverhandlungen mit einem von Briten geführten Team zu, auf sein Massenvernichtungswaffenprogramm zu verzichten, woraufhin die amerikanischen Sanktionen aufgehoben wurden.

Ähnliche Annäherungsversuche unternahm Gaddafi auch bei George H. W. Bush und Bill Clinton, die ihn aber auflaufen ließen – teilweise, so Martin Indyk, Clintons Sonderberater für Angelegenheiten des Nahen Ostens, weil Libyens Rüstungsprogramme nicht als unmittelbare Bedrohung gesehen wurden. Diese Auffassung wurde noch weiter erhärtet. So klassifizierte Mohammed el-Baradei, Generaldirektor der Internationalen Atomenergieorganisation, das libysche Atomwaffenprogramm als »in einem frühen Stadium der Entwicklung befindlich« – viele der Zentrifugen waren offensichtlich noch nicht einmal ausgepackt worden. Doch John Wolf, der als George Bushs Staatssekretär im Außenministerium für die Nichtweiterverbreitung von Atomwaffen eine Schlüsselrolle bei der Demontage spielte, macht geltend, dass etwas wirklich Wertvolles gesichert worden war – eher durch Information und Augenschein als durch das Beseitigen einer akuten Bedrohung. »Die Libyer hatten die Konstruktionspläne für eine Atomwaffe, verkauft vom Khan-Netzwerk«, erzählte er mir und bezog sich dabei auf Abdul Kadir Khan, den ehemaligen Leiter des Pakistanischen Instituts für nukleare Wissenschaft und Technologie. »Libyens Entscheidung, nicht nur die Anlagen, sondern auch Dokumentationen, Lieferscheine, Pläne etc. zu übergeben, lieferte uns eine Fundgrube an Material, mit dessen Hilfe wir den Fall glaubhaft machen konnten, der Staaten gegen darin verwickelte

Einzelpersonen und Firmen im Ausland mobilisierte. Ohne diese Unterlagen hätten wir viele dieser Staaten oder die IAEA (Internationale Atomenergie-Organisation) nicht von der krebsartig wuchernden Natur des Khan-Netzwerks überzeugen können. Es war die wesentliche Information, um dieses Netzwerk lahmzulegen.«

Nach der Vereinbarung mit Libyen 2003 erklärte Präsident Bush, jedem Staat, der auf Massenvernichtungswaffen verzichte, sei »der Weg zu besseren Beziehungen mit den USA geebnet«, und Libyen habe begonnen, »in die Gemeinschaft der Nationen zurückzukehren«. Ende 2004 hoben die USA dann das Reiseverbot nach Libyen auf und nahmen in geringem Umfang diplomatische Beziehungen auf, außerdem wurden viele noch existierende Handelsbeschränkungen beseitigt. Was Saif »diesen Cocktail aus Problemen und Sanktionen« nennt, wurde scheinbar in großem Umfang angegangen. Zweifellos war die Bush-Regierung erpicht darauf, dass amerikanische Unternehmen um Ölförderrechte in Libyen konkurrieren konnten, und erleichterte wirtschaftliches Engagement. Doch Dinge wie das antisaudische Attentat 2003 und die Affäre um die bulgarischen Krankenschwestern haben die Annäherung zum Stillstand gebracht, und Libyen steht weiterhin als staatlicher Unterstützer von Terrorismus auf der Liste des Außenministeriums. Bis das Land von dieser Liste gestrichen wird, müssen die USA gegen IWF- und Weltbankkredite für Tripolis votieren, und einschneidende Sanktionen bleiben in Kraft.

»Es ist beinahe genauso wie während des Embargos«, sagte der Vorsitzende der staatlichen Ölgesellschaft. Wie libysche Hardliner betonen, räumten US-Behörden ein, dass es seit Jahren keinen terroristischen Akt seitens Libyens mehr gab, und sie beschweren sich, dass zwar Tony Blair, Jacques Chirac, Gerhard Schröder und Silvio Berlusconi nach Tripolis gekommen sind, die Vereinigten Staaten aber höchstens Staatssekretäre geschickt haben. Es gibt kein US-Konsulat in Libyen; wenn Libyer ein Visum wollen, müssen sie es in Tunesien beantragen, und es wird von den USA nicht uneingeschränkt gewährt. Libysche Reformer, die nach der Beilegung der Lockerbie-Affäre und dem Verzicht auf Massenvernichtungswaffen auf eine Wiederaufnahme von normalen Beziehungen gesetzt hatten, sprechen davon, dass man hinter den vereinbarten Bedingungen zurückgeblieben sei. David Mack, ehemals hochrangiger US-Diplomat in Libyen, meinte mir gegenüber: »Es war für uns nützlich, in einen Geheimdienstaustausch mit Libyen zu treten; und es war definitiv nützlich für sie.« Laut Mack hatten die Vereinigten Staaten eingewilligt, die regimefeindliche Libysche Islamische Kampfgruppe als terroristische Organisation einzustufen, so dass sie in Großbritannien verboten wurde, wo sich einige ihrer Mitglieder niedergelassen hatten. »Wenn wir nach all diesen Fortschritten jetzt die Dinge schleifen lassen«, sagte Mack, »wird es unweigerlich Rückschläge geben.« Während also die Bush-Regierung Libyen als ein Vorbild für Abrüstung hinstellt – »Wenn Libyen es tun kann, dann kann der Iran das auch«, so John Bolton, US-Botschafter bei den Vereinten Nationen –, finden manche Politikwissenschaftler, dass die Regierung zu wenig unternommen habe, um dieses Beispiel zu propagieren. Der Analyse von Ronald Bruce St. John, zurzeit Libyenexperte bei Foreign Policy in Focus, zufolge lagen die amerikanischen Prioritäten darin, Massenvernichtungswaffen zu verhindern und Unterstützung beim Krieg gegen den Terror einzuwerben; die libyschen Prioritäten hingegen lagen bei der zweckmäßigen Ausgestaltung von Handels- und diplomatischen Beziehungen. Die amerikanischen Interessen wurden realisiert, die libyschen nicht. Weshalb in Tripolis die Hardliner wütend klagen, Libyen habe sich über den Tisch ziehen lassen, während sich die Reformer ausgebremst fühlen.

Die diplomatischen Bemühungen seitens der Reformer waren von nur geringem Erfolg gekrönt. So haben Tom Lantos, Kongressabgeordneter der Demokraten aus Kalifornien, und der republikanische Senator Richard Lugar aus Indiana Libyen besucht und dort Saif, Schukri Ghanim und sogar Gaddafi getroffen. Sie äußerten sich optimistisch. »Gaddafi hat definitiv eine Hundertachtzig-Grad-Kehrtwende vollzogen«, sagte Lantos zu mir, »und auch wir werden den schwerfälligen Tanker US-Politik umsteuern«. Doch als Lantos um Unterstützung für seinen Gesetzentwurf zur Verbesserung der bilateralen Beziehungen zwischen den USA und Libyen warb, zeigten ihm alle die kalte Schulter. »Wir müssen der ganzen Welt und vor allem den Regierungen von Iran und Nordkorea zeigen, dass es für den Umgang mit den USA alternative Paradigmen gibt«, sagte Mack, »und dass man viel gewinnt, wenn man mit uns normale Beziehungen unterhält.« Auch würde es seiner Meinung nach amerikanischen Interessen dienen, fügte er ergänzend hinzu, wenn man die Beziehungen zu einem arabischen Staatschef verbesserte, der den Fundamentalismus ablehnt und über beträchtliche Ölreserven verfügt.

»Tief im Innern sind die Libyer überzeugt, dass sich die USA mit nichts weniger als einem Machtwechsel zufriedengeben werden«, sagte einer von Saifs Beratern. »Und die Amerikaner sind tief im Innern davon überzeugt, dass Gaddafi irgendetwas in die Luft jagen wird und sie dann wie Idioten dastehen, wenn sie die Beziehungen normalisieren.«

Egal, wohin ich in Libyen auch kam, die Begeisterung für den einzelnen Amerikaner war stärker als die allgemeine Ablehnung der US-Politik. Die Reformer unter den älteren Libyern waren begierig darauf, Neues aus den Städten in Kansas, Texas oder Colorado zu erfahren, wo sie einst studiert hatten. (Die meisten Hardliner, die ich traf, waren nie in den Vereinigten Staaten gewesen.) Weil man als Paria einsam ist, hofften viele Libyer auf verbesserte Beziehungen zur Außenwelt. Ich verbrachte einen Vormittag mit der Menschenrechtsanwältin Azza Maghur, einer umwerfenden Frau mit wallendem Haar und einem herzerwärmenden Lachen, die gerade aus Marokko von einer Konferenz zu humanitären Fragen zurückgekehrt war. Ihr Vater war nach der Revolution eine wichtige politische Figur gewesen, was ihr Spielräume eröffnet hatte; sie schien beinahe blind für die Einschränkungen zu sein, denen die meisten libyschen Frauen mit Kopftuch und zu Hause unterworfen waren. Ich fragte sie nach ihren Gefühlen gegenüber der Vereinigten Staaten, und sie erzählte mir, dass es ihr seit den Berichten über Abu Ghraib und Guantánamo schwerfalle, proamerikanisch zu sein. »Sie können sich nicht vorstellen, wie sehr wir das Amerika unserer Vorstellung verehrt haben.« Dabei blickte sie zu Boden, als spreche sie von einem Verwandten, der vor kurzem verstorben war. »Wir wollten unbedingt an eurer Seite sein und so wie ihr: reich und in einer richtigen Demokratie. Doch jetzt fragen wir uns: ›Wer unterrichtet uns in Freiheit?‹ Ich meine – wenn Sie einen Ihrer hohen kirchlichen Würdenträger mit einer Prostituierten im Bett erwischen, würden Sie dann noch darauf setzen, dass er Ihnen das Tor zum Himmel aufhält?« Maghur hofft noch immer darauf, ihrer kleinen Tochter die Vereinigten Staaten zeigen zu können. Mindestens einmal in der Woche frage sie danach, wie es um die Beziehung zwischen Libyen und den USA stehe, erzählt Maghur, und sie erwidert dann: »Es geht voran.« »Also können wir jetzt Disneyland besuchen?«, fragt die Kleine. Und Maghur muss antworten: »Nein, noch nicht, mein Schatz, noch nicht.«

Trotz seiner politisch und sozial unterentwickelten Kultur hat Libyen eine überraschend aktive Intellektuellenschicht, die ihre Gesellschaft liebevoll und mit Humor betrachtet. Immer wieder luden mich Menschen ein, die ich kennenlernte und mochte, und stellten mich Freunden und ihrer Familie vor. Bei einem dieser Libyer war ich zu Hause bei seiner Geburtstagsparty. Seine Frau tischte ein Festmahl auf, und wir feierten bis tief in die Nacht und schauten zusammen mit ihren Kindern Filme. Am Tag vor meiner Abreise führten mich Freunde zu einem späten Abendtee aus und schenkten mir zum Abschied eine komplette libysche Ausstattung: langes Hemd, bestickte Weste und kleiner schwarzer Hut.

Das gesellschaftliche Leben von Libyern spielt sich vornehmlich im Privaten ab. Tripolis verfügt über ein dichtes Netz an breiten Straßen, das Benzin ist subventioniert, und da es weder Bars noch Clubs gibt und nur wenige Kinos und Theater, ist der beliebteste Zeitvertreib Autofahren; die Leute kurven stundenlang herum. Dass der Wagen ein geschlossener Raum ist, erhöht noch seinen Reiz, doch vor allem bieten die nachts belebten Straßen von Tripolis Abwechslung für die Einwohner, die nach Unterhaltung und Neuem dürsten. Wenn sie nicht herumfahren, treffen sich die Menschen in Tripolis eher zu Hause als in Cafés, teilweise weil es in der Öffentlichkeit keine Frauen und keinen Alkohol gibt.

Meinen ersten alkoholischen Drink in Libyen bekam ich, nachdem ein Freund einen Oberst der Armee angerufen und ihn gefragt hatte: »Hast du Granatapfelkerne?« (In Polizeistaaten ist es klug, Euphemismen zu gebrauchen.) Ja, hatte er, also fuhren wir an den Rand einer kleinen Stadt zu einem großen weißen Haus mit langgestreckter Veranda an einer unbefestigten Straße. Das Haus war, wie in Libyen üblich, aus Beton gebaut und weiß getüncht, doch es zeigte bereits die ersten Abnutzungserscheinungen. Wir saßen unter Neonlampen auf einer breiten, knallbunten Sitzbank in einem riesigen Raum, der mit Souvenirs aus Zentralasien dekoriert war, wo unser Gastgeber seine Ausbildung absolviert hatte – darunter viele Schnitzereien von Bären mit Angelruten. Zu einem auf einer Zither gespielten Medley von Shirley-Bassey-Hits schmauchten wir reihum aus einer anderthalb Meter hohen Huka. Der Oberst war ein strahlender, extrovertierter Libyer mit Vorfahren aus Schwarzafrika. Auf einem Tisch mit einer reichbestickten Decke und mit Fanta und Chips überladen, servierte er uns den selbstgebrannten Achtzigprozentigen, der einem nicht nur den Nagellack von den Fingernägeln, sondern die Fingernägel selbst wegätzen würde. Die Atmosphäre erinnerte an eine Highschool-Haschparty. Ich fragte meinen Freund, was er davon hielte, wenn seine Söhne trinken würden, und er antwortete lachend: »Das passiert zwangsläufig.« Als ich ihm dieselbe Frage hinsichtlich seiner Töchter stellte, wurde er allerdings ernst. »Würden meine Töchter trinken, wäre ich sehr erbost – ja, wütend. Denn wenn die Leute herausfänden, dass die Mädchen trinken, würden sie denken, dass sie auch sexuell aktiv sind. Und ihre Heiratsaussichten wären dahin.«

Ich lernte eine libysche Frau kennen, die für Alitalia arbeitete. Das tat sie mit Begeisterung, doch ihr war bewusst, dass kein libyscher Ehemann das tolerieren würde. »Ich musste mich zwischen einer Ehe und dem Leben entscheiden«, sagte sie, »und ich habe das Leben gewählt. Die meisten Frauen hier entscheiden sich für die Ehe. Das ist Geschmackssache.« Für diese Einengung gibt es keine gesetzliche Grundlage – was die Gleichberechtigung der Geschlechter angeht, sind die Gesetze hier weit fortschrittlicher als in den meisten arabischen Ländern –, sie wurzelt in sozialen Normen.

Gaddafi akzeptiert solche Sitten, beschreibt seine eigene Gesellschaft aber oft als »rückständig« (sein Lieblingsausdruck, wenn er etwas missbilligt). Ein libyscher Intellektueller beklagte sich einmal bei mir: »Wenn Sie ihm zuhören, werden Sie mir beipflichten, dass er das libysche Volk hasst.« Gaddafi unterdrückt zwar die linken demokratischen Kräfte, viel brutaler allerdings verfährt er mit den rechten Islamisten. Tatsächlich waren die meisten politischen Opfer des Regimes in den letzten Jahrzehnten Mitglieder verbotener Islamistengruppen, einschließlich der Muslimbruderschaft. Die Islamschulen in Libyen, von denen es fast fünfzig gab, wurden 1988 geschlossen. Als Geistliche gegen Gaddafis »innovative« Interpretation des Koran und seine Ablehnung sämtlicher seither aus dem Koran geschlussfolgerten Kommentierungen und Sitten protestierten, erklärte der Revolutionsführer, der Islam erlaube es seinen Anhängern, direkt zu Allah zu sprechen, und die Geistlichen seien unnötige Mittelsmänner. Ein Jahr darauf stellte er militante Islamisten in eine Reihe mit »Krebs, dem Schwarzen Tod und Aids«. Als wollte er die Hamas ärgern, die einst von seiner Großzügigkeit profitiert hatte, verkündete er in den vergangenen Jahren sogar, die Palästinenser hätten kein Exklusivrecht auf das Land Israel, und sprach sich für einen binationalen Staat aus – den er *Isratine* nannte. Dies würde gleichermaßen die Sicherheit von Palästinensern und Juden garantieren, die ja keineswegs geborene Feinde des arabischen Volkes seien, sondern ihre biblischen Verwandten. (»Gegen den Namen wird es vielleicht Einwände geben«, räumte er ein, »aber das wäre nicht hilfreich, sondern schädlich und oberflächlich.«)

»Sie fragen uns: ›Warum unterdrücken Sie die Opposition im Nahen Osten?‹«, sagte Gaddafi im März während einer Konferenz in der Columbia University, bei der er via Satellit zugeschaltet war. Dabei trug er ein purpurfarbenes Gewand und saß vor einer Landkarte von Afrika. »Weil sich die Opposition im Nahen Osten stark von der Opposition in entwickelten Ländern unterscheidet. In unseren Ländern zeigt sich die Opposition in Form von Bomben, Attentaten, Morden ... Das ist ein Beleg sozialer Rückständigkeit.« Zumindest in diesem Punkt nähern sich Hardliner und Reformer einander an. »Die Fundamentalisten sind eine Bedrohung Ihrer Sicherheit«, sagte

Außenminister Shalgam zu mir. »Sie bedrohen Ihren Lebensstil. Sie sind zukunftsfeindlich, wissenschaftsfeindlich, kunstfeindlich, frauenfeindlich und gegen jede Freiheit. Sie wollen uns zurück ins Mittelalter zwingen. Sie haben Angst vor ihren Taten. Wir haben Angst vor der Ideologie, die hinter diesen Taten steht. Okay, lies täglich eine Stunde lang im Koran, aber das reicht; wenn du nicht außerdem Ingenieurwissenschaft, Medizin, Wirtschaft oder Mathematik studierst, wie willst du überleben? Doch die Leute haben festgestellt, dass es umso einfacher ist, Anhänger zu gewinnen, je strenger man den Islam auslegt.«

Die Angst vor dem radikalen Islam erklärt, warum die Behörden so hart durchgriffen, als im Februar in Bengasi Proteste gegen die dänischen Karikaturen des Propheten Mohammed und die Entscheidung eines italienischen Ministers, ein T-Shirt mit diesen Zeichnungen zu tragen, aufflammten. Elf Menschen wurden von der Polizei getötet, und die Gewalt breitete sich auf mindestens zwei weitere Städte im Osten des Landes aus, wo Gaddafis Macht schon immer relativ schwach gewesen war. Saif lieh der internationalen Meinung eine Stimme im Land, als er sagte: »Der Protest war ein Fehler, doch das Eingreifen der Polizei gegen die Demonstranten war ein noch größerer Fehler.« Auch sein Vater verwahrte sich gegen die »Rückständigkeit« der Polizeiaktionen, wollte aber vor allem nachdrücklich betonen, dass die Unruhen nicht in islamischem Eifer und noch weniger in Unzufriedenheit mit seiner Herrschaft ihre Ursache hatten. Nein, sie seien von dem Zorn auf die Ära der italienischen Kolonialisierung angestachelt worden. (Schätzungsweise starben mehr als eine Viertelmillion Libyer – etwa ein Drittel der Bevölkerung – infolge der italienischen Besatzung, viele von ihnen in Konzentrationslagern.) Leider würde sich Bengasi wohl wiederholen, oder es könnte sogar »Angriffe in Italien geben«, falls Rom keine Wiedergutmachung anbiete, warnte Gaddafi und meinte, er wäre besänftigt, wenn Italien für drei Milliarden Euro eine Autobahn durch Libyen bauen würde. Der italienische Außenminister Gianfranco Fini erwiderte, das sei schon keine verschleierte Drohung mehr, und fügte hinzu: »Wir sagten bereits, dass wir die koloniale Vergangenheit in unseren Beziehungen zu Libyen definitiv hinter uns lassen wollen. Diese Position vertreten wir klar und offen. Eine ähnlich kohärente Position erwarten wir vom libyschen Revolutionsführer.«

Als ich dieses Statement einem libyschen Bekannten vorlas, brach der in Lachen aus und sagte: »Viel Glück, Signor Fini!« Oppositionsführer, die im Ausland leben, behaupteten, Gaddafi habe die Unruhen inszeniert, um von Europa Zugeständnisse zu erpressen, sie seien dann aber außer Kontrolle geraten. In Libyen sah man größtenteils wirtschaftliche Gründe für den Aufruhr – eine verärgerte arbeitslose Jugend brauchte ein Ventil für ihre Wut.

Die unmittelbarste Folge der Unruhen war die Entlassung von Premierminister Schukri Ghanim. (Er bekam einen Posten in der staatlichen Ölgesellschaft.) Ich hatte schon in Tripolis Gerüchte gehört, wonach Ghanim bei einer Kabinettsumbildung sein Amt verlieren würde; die erfrischende Offenheit, die ich bei unserem Treffen genießen durfte, hatte den Revolutionsführer nicht erfreut. »Ihm sind drei Grundfehler unterlaufen«, sagte ein Gaddafi-Berater zu mir. »Erstens hat er die Reformen mit seinem Namen verbunden und sich öffentlich über die Führung beschwert. Wenn man in Libyen etwas durchsetzen will, macht man sich selbst unsichtbar, sublimiert sein Ego. Zweitens hatte er geglaubt, eine starke Position im Westen würde ihm seine Macht garantieren; er hat nicht verstanden, dass der Westen hier nicht viel zählt. Drittens hat er es versäumt, das libysche Volk zu gewinnen; dessen Leiden schien ihm nie ein großes Anliegen zu sein ... In den Straßen herrscht Erleichterung darüber, dass er fort ist – obwohl der Alternative wenig Sympathie entgegenschlägt.« Ghanims Nachfolger wurde der wortkarge Hardliner Al-Baghdadi Ali al-Mahmudi. »Für die Führung wird es leichter sein, ökonomische Anpassungen vorzunehmen, weil die Reformen jetzt eindeutig und direkt von ihr ausgehen und nicht der Eindruck entstehen kann, der Revolutionsführer habe Fehler begangen und nun müsse man Zugeständnisse machen und eine Art Wettbewerb zulassen.«

Die Auswechslung des Premierministers war eine neuerliche Bestätigung von Gaddafis Macht, wieder wirbelte er die Ratten im Sack umher. Mehrere Ministerien – darunter das für Öl und Energie – wurden umgekrempelt; Menschen, die jahrzehntelang dort gearbeitet hatten, verloren ihre Stelle. Die Entscheidung des US-Außenministeriums Ende März 2006, Libyen nicht von seiner Terrorismusliste zu streichen, zeigt das Problem auf und ist ihm geschuldet – was Libyer empörte, ob sie an der Macht waren oder nicht.

Da es angeblich Ghanims Stärke gewesen war, gut mit den Machthabern des Westens auszukommen, trug sein Scheitern in puncto Terrorismusliste dazu bei, ihn durch einen Hardliner zu ersetzen. Al-Baghdadi Ali al-Mahmudi wurde mir gegenüber als korrupt, aber gewieft und ausgesprochen fleißig beschrieben. »Er ist ein Technokrat aus den Reihen des Revolutionskomitees, der hart arbeitet, um die Politik des Revolutionsführers zu glorifizieren«, sagte ein libysch-amerikanischer Intellektueller. »Wird sich das Reformtempo verlangsamen? Nun, Schukri Ghanim hat viel von Reformen geredet, aber wenig erreicht, da kann man nicht viel zurücknehmen. Und Al-Mahmudi weiß sehr wohl, dass Wirtschaftsreformen vorangetrieben werden müssen, das wird er schon dem Revolutionsführer zuliebe tun. An politischen oder sozialen Reformen hingegen hat er absolut kein Interesse, und er wird es dem Revolutionsführer überlassen, die Beziehungen zum Westen zu pflegen.« Man nimmt an, dass die internen Machtkämpfe mit der Ernennung des Hardliners abflauen werden.

»Auch Ahmed Ibrahims Macht wird schwinden«, erklärte mir ein Berater Saifs hoffnungsfroh, womit er den Vizesekretär des Allgemeinen Volkskongresses meinte. Dann kann Saif alleine walten. »Er ist alt genug, um das hinzukriegen.«

»Wir nennen den Zirkel um den Revolutionsführer ›Feuerkreis‹«, erzählte mir ein libyscher Intellektueller. »Scharst du dich um ihn, wärmt er dich; doch kommst du ihm zu nah, gehst du in Flammen auf. Der Feuerkreis besteht aus Reformern und aus Hardlinern; Gaddafi verbreitet liebend gern Chaos.« Der Mann, der hier mit Ironie, ja beinahe Verachtung sprach, stand nicht darüber: Er spielte selbst mit dem Feuer. Die Schicht gebildeter Libyer – die aus Dichtern, Archäologen, Professoren, Ministern, Ärzten, Geschäftsleuten und Beamten besteht – ist winzig. Und da sich Stammesherkunft mit dem Bündnis von Klassen und politischen Identitäten kreuzt, existieren in Libyen soziale Beziehungen auch zwischen Menschen, die in einer zahlenmäßig größeren Gesellschaft aufgrund ihrer Gegnerschaft nichts miteinander zu tun hätten. Hier sind auch politische Opponenten oft miteinander befreundet. So war ich in Tripolis bei dem Dichter und Arzt Dr. Ashur Etwebi zum Abendessen, der sich leidenschaftlich über die Ungerechtigkeiten des Gaddafi-Regimes sowohl in seinem Absolutismus als auch in der neuen Hinwendung zum Kapitalismus empörte. »Er muss weg«, sagte Etwebi. »Dieser Oberst hat mich die besten Jahre meines Lebens gekostet, meine Seele und meine Existenz vergiftet. Er hat Menschen ermordet, die ich liebte. Ich hasse ihn mehr, als ich meine Frau liebe. Er und seine Regierung und jeder, der irgendetwas mit ihm zu tun hatte, muss weg. Genug ist genug. Wir haben keine Seele mehr. Lassen Sie sich nicht von dem Gerede von Reformen an der Nase herumführen. Was für Reformen sind das denn, wenn dieser Mann immer noch in Tripolis sitzt? Ich kann es nicht oft genug sagen: Er muss weg, er muss weg, er muss weg.« Ein paar Minuten später erwähnte ich ein hochrangiges Regierungsmitglied, das ich gern interviewen wollte. »Ah, er war Anfang der Woche zum Abendessen hier«, sagte Etwebi. Und fügte achselzuckend hinzu: »Ich stimme nicht mit ihm überein, aber ich mag ihn.«

Der traute Umgang zwischen den Behörden und vielen von denen, die über sie zeterten, erstaunte mich unentwegt. Manchmal war das schlichter Pragmatismus, aber nicht immer; es war heimeliger als das. Das Netzwerk von Loyalitäten und die Verbindungen einer Person waren nie vorhersagbar. Ich trank im Planetarium von Tripolis mit einem Professor zusammen ein (alkoholfreies) Bier, der vorher behauptet hatte, dass der Premierminister und Saif sich zusammen besaufen würden und das Land ausplünderten – und das waren die Guten! Wir hatten über die Ineffizienz des Landes gescherzt, und düster hatte er gemeint, es gebe für niemanden, der kein Libyer sei, einen triftigen Grund, solches Chaos zu erdulden. Wie ich es denn schaffe, nicht verrückt zu werden, wenn ich mit den Regierungsstellen zu tun hätte?

Doch nun strahlte er mich an. »Hey, man hat mir eine Stelle im Ministerium gegeben.« Dabei hob er in stolzem Triumph die Hand über den Kopf.

Ich zeigte mich überrascht, dass er so bereitwillig einer Regierung dienen wollte, die er verabscheute.

»Nun ja«, meinte er, »man hat hier nicht viel Auswahl.«

Von den vielen Lektionen, die meinem Optimismus erteilt wurden, war keine so bitter wie Libyens Abgleiten ins Chaos nach Gaddafis unrühmlichem Ende. Das Problem war eher nicht, dass der Westen Gaddafis Sturz unterstützte. Das Problem war, dass wir uns nicht mit dem befassen wollten, was folgen sollte. Die Beseitigung eines großen Übels nützt wenig, wenn man das Vakuum nicht mit etwas Gutem füllt. Der Mord an dem US-Botschafter Christopher Stevens, dem leitenden Mitarbeiter im auswärtigen Dienst Sean Smith und den beiden CIA-Agenten in Bengasi am 12. September 2012 führte zu einem jähen Erwachen, wie zerrüttet Libyen inzwischen war.[177] Hillary Clinton, die damalige Außenministerin, wurde dafür kritisiert, dass sie Bitten um verstärkte Sicherheitsmaßnahmen in Bengasi abgelehnt hatte, wo sie möglichst wenig in Erscheinung zu treten versuchte, offenbar ein unangebrachter Vertrauensbeweis in die gerade erst entstehende libysche Demokratie. Seither haben Kämpfer des IS Gaddafis Heimatstadt Sirte eingenommen und dort Christen abgeschlachtet.[178] Bewaffnete Auseinandersetzungen gab es in Bengasi, Darna, Tripolis, Warshefana, dem Nafusa-Gebirge und andernorts. Im Süden metzeln sich Tebu und Tuareg gegenseitig nieder. Menschen aus Schwarzafrika strömen über die unkontrollierten Grenzen durch die Wüste und hoffen, das Mittelmeer überqueren und sich illegal in Europa niederlassen zu können, meist geleitet von Schleusern.[179] Laut Amnesty International befinden sich unter den Hunderten, die von Islamistengruppen ermordet wurden, Atheisten, Sicherheitsbeamte, Staatsangestellte, religiöse Führer, Agnostiker, Aktivisten, Journalisten, Richter und Staatsanwälte.[180] Es gibt kein funktionierendes Rechtssystem. Selbst mein enger Freund in Tripolis, Ashur Etwebi, der fast um jeden Preis beim Aufbau des neuen Libyen helfen wollte, ist mit seiner Familie nach Norwegen geflohen. Hasan Agili wurde im Libanon der UN-Flüchtlingsstatus zuerkannt – er bekam allerdings kein Aufenthaltsvisum und keine Arbeitserlaubnis. Diejenigen, die entkommen können, sind – ganz egal, wie sehr sie ihr Land lieben – für Libyen verloren. Dieses Elend ist das Erbe Gaddafis, er hat die libysche Gesellschaft so zerstört, dass es nunmehr keine menschlichen Ressourcen mehr gibt, die eine Regierung ohne ihn ermöglichen.

Im primitiven Süden des Landes gehen die Stammeskriege ungehindert weiter; im anarchischen Norden sind Entführungen an der Tagesordnung. Die gewählte Regierung – der international anerkannte Abgeordnetenrat (HOR) – ist aus Tripolis geflohen und tagt in Tobruk im Osten des Landes. Eine rivalisierende Regierung, die vor allem aus Islamisten besteht – der Allgemeine Nationalkongress (GNC) –, hat sich in Tripolis selbst eingesetzt, was heißt, dass in Libyen den Worten des französischen Außenministers nach »zwei Regierungen, zwei Parlamente und völlige Konfusion herrschen«.[181] Der Einfluss des sogenannten Islamischen Staats wächst, und die Versuche der Vereinten Nationen, aus GNC und HOR eine »Regierung der Nationalen Einheit« zu schmieden, wird zweifellos die Islamisten stärken, deren Vorgänger, die Libysche Islamische Bruderschaft, bei den letzten beiden Wahlen gehörig verloren hat. Der Westen hat den Sturz gewählter Islamisten in Ägypten unterstützt; nun unterstützt er Islamisten in Libyen in einer Position, in die sie nie gewählt wurden. Der aus dem Ausland zurückgekehrte General Chalifa Haftar, Führer der HOR-Armee, drohte, unter der Flagge Karama (Würde) einen eigenen dritten Regierungsflügel zu formieren, der sich vor allem auf den Kampf gegen Islamisten konzentriert.

Wie ein enttäuschtes Kindermädchen mit dem Finger drohend, hatte Saif gewarnt, als die Revolution gegen seinen Vater 2011 begann: »Es wird Bürgerkrieg in Libyen geben ... wir werden uns gegenseitig auf den Straßen umbringen.«[182] Inzwischen greift dieses Morden um sich. Und Saif, vom Internationalen Strafgerichtshof wegen Verbrechen gegen die Menschlichkeit gesucht, wird in Zintan gefangen gehalten. Seine Entführer haben ihm die Finger abgeschnitten, mit denen er seine Mitbürger immer gerügt hat.[183] Obwohl er im Sommer 2015 von einem unter Einfluss des GNC stehenden Gerichts zum Tode verurteilt wurde, wird er wohl nicht so bald hingerichtet werden; er ist ein wertvolles Faustpfand für die Rebellen. Tatsächlich wirkt die Verurteilung eher wie eine Trotzreaktion des GNC gegenüber der internationalen Gemeinschaft, die Saif Gaddafi nach Den Haag ausgeliefert sehen möchte.[184] Im August 2015 wagten sich Pro-Gaddafi-Demonstranten erstmals wieder auf die Straßen und riefen: »Zintan, Zintan, Freiheit für Saif al-Islam.«[185] Aus der Ferne fängt der alte Schrecken wieder an, attraktiv zu wirken, insbesondere aus der Perspektive der Anti-Islamisten in Bengasi, Sabha und Tripolis.

CHINA

All die Köstlichkeiten Chinas

Travel + Leisure, Oktober 2005

Jedes Vergnügen hat seinen Preis, und bei diesem einmonatigen Esstrip nahm ich elf Pfund zu. Am Ende unseres genussreichen Aufenthalts, während eines Streifzugs durchs trendige Viertel 798 von Peking, wo viele meine Künstlerfreunde ihre Ateliers hatten, stießen mein Partner John und ich auf einen Laden, in dessen Schaufenster eine elegante Mandarinjacke hing. Ich fragte die Verkäuferin: »Haben Sie die vielleicht in meiner Größe?« Sie sah mich ehrerbietig an und antwortete äußerst höflich: »O nein. Es tut mir furchtbar leid. Wir stellen hier Kleidung für schlanke Menschen her.«

Vor meiner ersten Reise nach China im Jahr 1982 wurde ich gewarnt, das Essen dort sei furchtbar, und tatsächlich übertraf es meine schlimmsten Befürchtungen: fettig, voller Knorpel, fade, zubereitet mit jener brutalen Gleichgültigkeit, auf die der Kommunismus großen Wert zu legen schien, grau und hässlich anzusehen. In Hongkong, Taiwan und Singapur wurde noch die traditionelle chinesische Küche gepflegt, aber das war, als würden drei kleine Kerzen für das größte Freudenfeuer der Welt stehen. Anfang der neunziger Jahre wurde die Situation ein wenig besser, sofern man sich auf einfache Gerichte beschränkte oder bei Einheimischen aß. In den letzten fünf Jahren ist die chinesische Küche jedoch wie Phönix aus der Asche entstiegen, und in den unzähligen Restaurants des Landes werden wieder die alten himmlischen Gerichte serviert. Man fragt sich, wie es den Chinesen gelungen ist, in einem Land, das einem so ungeheuerlichen Wandel unterworfen wurde, den Anschein von Normalität aufrechtzuerhalten, denn der Gegensatz zwischen dem China von heute und dem, das ich bei meinem ersten Besuch vorfand, ist vergleichbar mit dem zwischen dem Reich des Zauberers von Oz und Kansas. Wo einst ärmlich wirkende Menschen in zerfledderten Uniformen ausgelaugte Felder beackerten und unglaubwürdige Arbeiter-Darsteller in unerträglichen Aufführungen in den Fabriken den kommunistischen Staat feierten, findet man heute in den Städten ein Maß an Effizienz und Perfektion vor, das bei mir den Eindruck hinterließ, New York sei ein rückständiges Nest. Natürlich sind immer noch Legionen armer Bauern zu harter Arbeit verdammt, doch in China profitieren mehr Bevölkerungsschichten von den erzielten Fortschritten als in Russland. Das bessere Essen ist Ausdruck eines tiefgreifenden gesellschaftlichen Wandels: Was einst als garantiert ungenießbar galt, wird heute häufig als spannend empfunden. Dieser Wandel ist natürlich am deutlichsten sichtbar in den Nobelrestaurants von Peking und Schanghai, aber man spürt ihn auch in den Gasthäusern auf dem Land und bei den Garküchen am Straßenrand.

Ich hatte das Glück, eine kulinarische Rundreise mit der Modedesignerin Han Feng machen zu können, einer warmherzigen, bezaubernden Frau, die vor Leben sprühte und uns zu den phantastischsten Restaurants, aber auch zu Straßenküchen führte, wie man sie sich besser nicht vorstellen kann. »Sie werden es nicht glauben«, sagte sie an unserem zweiten Tag in Schanghai, als wir auf dem Weg zu Jia-Jia Juicy Dumplings im alten Yu-Yuan-Bezirk waren, einer schmuddelig wirkenden Garküche, wo eine riesige Portion etwa einen Dollar kostet. Auf Plastikstühlen auf dem Gehsteig sitzend, schlugen wir uns den Bauch mit saftigen Teigtaschen, gefüllt mit einer weichen Masse aus Schweine-, Krebs- oder Krabbenfleisch, voll (eine regionale Delikatesse). Man tunkt sie in Reisessig mit Ingwer, und wenn man hineinbeißt, strömt erst die warme Sauce in den Mund, dann schmeichelt der zarte Teig dem Gaumen und schließlich die üppige Fleischfüllung. Bei jeder Witterung strömen die Menschen zuhauf zu diesem Stand, und die acht Frauen, die die Köstlichkeiten zubereiten, haben so wenig Arbeitsfläche, dass man sich fragt, wie sie die Arme bewegen können. Draußen steht ein riesiger Dampfkochtopf, auf dem sich Bambuskörbe türmen, bewacht von einer Frau, deren Gesicht ständig in Dampf gehüllt ist. Aber alle arbeiten mit einem Lächeln im Gesicht und lachen oft. »Ist das nicht toll?«, fragte uns Han Feng strahlend vor Stolz.

Sie hatte unsere Reise gleichsam »erfunden« – wozu es eines beträchtlichen Maßes an Einfallsreichtum bedurfte –, und sie ist auch die Erfinderin ihrer selbst, so wundersam und unglaublich wie das moderne China in seiner ganzen Pracht. Han Feng verließ 1985 die Volksrepublik und zog nach New York, hat sich aber vor kurzem eine Wohnung in Schanghai genommen, ihre Produktion wieder in ihre Heimat verlegt und verbringt nun ihre Zeit abwechselnd in beiden Ländern.

Kurz nach der Veröffentlichung meines Artikels über chinesische Künstler vor zwölf Jahren wurde ich in New York zu einem Abendessen eingeladen, bei dem meine Gastgeberin zu mir sagte: »Ein Freund von mir bringt heute Abend seine neue Freundin mit. Sie ist Chinesin und spricht nicht gut Englisch. Ich setze sie neben Sie, weil Sie doch vor kurzem in China waren.« Han Feng und ich unternahmen anfangs unbeholfene Versuche, uns in einer Sprache zu unterhalten, die uns nicht wirklich gemeinsam war. Ich erzählte ihr von meinen jüngsten Recherchen. »Mit zeitgenössischer chinesischer Kunst kenne ich mich nicht besonders gut aus«, erwiderte sie. Um das Gespräch nicht einschlafen zu lassen, versuchte ich es mit meinen Abenteuern, ohne zu wissen, wie viel bei ihr ankam. Doch als ich irgendwann Geng Jianyi erwähnte, merkte sie plötzlich auf und fragte: »Geng Jianyi aus Hangzhou? Ein total gutaussehender Mann, etwa in unserem Alter?«

»Ja, genau!«

»Ich war in der Highschool mit ihm zusammen, aber dann habe ich ihn aus den Augen verloren.«

Sie stammte aus einem Land mit über einer Milliarde Einwohnern; ich war dort gewesen. Da mussten wir ja einen gemeinsamen Bekannten haben, oder?

Später erfuhr ich, dass Han Feng die meisten der interessanten Menschen auf der Welt kennt, und ich hatte das Glück, zu den göttlichen Essen eingeladen zu werden, die sie zu Hause zubereitet, wie auch zu denen, die sie in Chinatown organisiert, wo man bisweilen Jessye Norman, Lou Reed, Susan Sarandon, Rupert Murdoch, Anthony Minghella oder auch ihrem witzelnden Nachbarn von oben oder dem Pelzhändler über den Weg läuft, der ihr einmal ein Kompliment gemacht hat. Ihr ansteckendes, kehliges Lachen verwandelt jeden Abend mit ihr in ein Fest. Han Feng ist durch und durch kosmopolitisch. »Mir gefällt es überall, und alles, was ich tue, tue ich gern«, sagte sie einmal zu mir. Sie kam als »chinesische Landpomeranze« in die Vereinigten Staaten, wie sie sich ausdrückte. »Manche Menschen klettern die Erfolgsleiter hinauf«, erklärte sie ihrem damaligen Mann. »Ich aber nehme den Schnellaufzug nach oben.« Bald lernte sie jemanden kennen, der ihre Designarbeit unterstützen wollte und ihr versprach, sie reich und berühmt zu machen. »Ich sagte: ›Vielleicht lassen wir das Berühmtwerden und konzentrieren uns auf großen Reichtum.‹« Seither hat sie ein eigenes Label, das bei Bendel, Takashimaya, Bergdorf und Barneys vertrieben wird; außerdem entwarf sie Opernkostüme für die English National Opera und die Met sowie eine Modekollektion für die Neue Galerie in New York. Sie ist eine internationale Stilikone, war das Gesicht von Dior in China und ziert bisweilen Titelseiten amerikanischer Zeitschriften.

Nach ihrer Scheidung hatte sie eine lange Beziehung, die jedoch endete, als ihr Freund bei ihr einziehen wollte. »Ich fass es nicht! Ich sagte: ›Einziehen? Bei mir einziehen? Ich hab ja jetzt schon keinen Platz mehr in meinem Kleiderschrank!‹« Die meisten Menschen verlieben sich in Han Feng, vorausgesetzt, sie bekommen überhaupt die Chance dazu. Der König von Marokko hat einen Großteil seiner Garderobe bei ihr in Auftrag gegeben, und sie ist regelmäßiger Gast in seinem Palast. »Wenn ich dort all die Pracht und Herrlichkeit sehe«, verriet sie mir, »denke ich, dass ich froh bin, ein einfaches Leben führen zu können.« Es ist die anspruchsvollste Schlichtheit, der ich je begegnet bin; mag sie auch eine Landpomeranze gewesen sein, als sie aus China wegging, jedenfalls ist aus ihr eine Orchidee erster Güte geworden.

Wir starteten in Schanghai, wo mein Lieblingsort das YongFoo Élite ist, das geistige Kind eines Innenarchitekten, der die ehemalige Residenz des britischen Konsuls pachtete, im Lauf von drei Jahren restaurierte und dafür fünf Millionen Dollar investierte, sie mit Antiquitäten ausstattete und die Gärten neu bepflanzte, so dass das Haus heute die Aura des alten Schanghai verströmt: dekadent, verschwenderisch und mondän. Während wir uns in höchsten Tönen über die köstliche Languste, den gebratenen Fisch mit Pinienkernen und die mit Oktopus und Schweinefleisch gebratenen Wachteleier ausließen, waren unsere chinesischen Freunde hauptsächlich vom Romanasalat beeindruckt – in diesem Ambiente ein Hauch von Exotik. Die chinesische Küche glänzt meist nicht mit ihren Desserts, aber die Dattelpfannkuchen mit knuspriger Haut und Sesamsamen waren scharf und süß zugleich, wie ein wehmütiger Abgesang auf das Menü. Nach dem Essen suchten wir einen Jazzclub auf, in dem man sich wie in einer alten Flüsterkneipe fühlte; dort hatten wir uns mit Künstlerfreunden verabredet. Später gingen wir noch in die nach wie vor schicke Face Bar, wo wir uns mit einem Arzt trafen, einem Freund von Han Feng, der mir den Puls fühlte und mir eine Kur verschrieb, als wir uns auf Opiumbetten fläzten und warmen Palmweingrog tranken; am nächsten Tag brachte man mich zu einem Akupunkteur.

In einem chinesischen Restaurant eine Bestellung aufzugeben ist eine Kunst für sich. In der Chinatown von New York verhandelt Han Feng eine geschlagene halbe Stunde mit dem Kellner über das Gericht, das sie sich vorstellt. So wie Heilige in der Regel mit ihren wichtigsten Attributen dargestellt werden, sollte man Han Feng mit einer Speiskarte malen. Sie liest darin, als handelte es sich um einen Gedichtband – mit Lyrik, die lektoriert werden muss –, und scheint die Küche mit ihren Sonderwünschen und ihrer Leidenschaft zu inspirieren. Sie fragt, ob die Zutaten auch frisch sind, und legt großen Wert auf die Ausgewogenheit des Menüs. Es muss aus heißen, kalten und lauwarmen, scharfen und milden Gerichten zusammengesetzt sein und Fisch, Fleisch und Gemüse sowie schwere und leichtere Aromen enthalten. Jedes Mahl ist als ein Ganzes zu betrachten. Die Chinesen geben einen größeren Anteil ihres Einkommens für Essen aus als fast jede andere Nation. In seinem großartigen Buch *Food in Chinese Culture* bezeichnet K. C. Chang Essen als »soziale Sprache« und erläutert die »Linguistik des Essens«; im kaiserlichen China erwies man einem Besucher seinen Respekt, indem man eigenhändig etwas für ihn zubereitete, auch wenn man Dienstpersonal hatte, und man ehrte die Vorfahren, indem man ihnen Speisen opferte. Essen ist das soziale Bindemittel der chinesischen Gesellschaft.

Das beste chinesische Essen findet man nicht unbedingt bei den großen Sehenswürdigkeiten. Das Crystal Jade befindet sich in einer Mall in Schanghai und sieht auch entsprechend aus, aber das kantonesische Dim Sum dort ist einfach göttlich – gebratene Kartoffelteigtaschen, die auf der Zunge zergehen, gebratene Spanferkel-, Enten- und Hühnerhaut; Daikonraspeln mit getrockneten Garnelen, übereinander geschichtet in einer Art Blätterteig. Im Jade Garden auf der anderen Seite der Stadt ist der pochende Bassbeat vom Nachtclub darunter unüberhörbar, aber das mindert nicht den wunderbaren Geschmack der mit Klebreis gefüllten Lotoswurzel oder die über Teeblättern geräucherte Ente, die sich zu einem normalen Entenbraten in etwa so verhält wie Lapsang Souchong zu Lipton-Tee.

Am Neujahrstag fuhren wir nach Hangzhou, wo Han Feng aufgewachsen ist. Nach einem chinesischen Sprichwort gibt es im Himmel das Paradies, auf Erden Hangzhou. Die Stadt liegt am Westsee, wo Ausflugsboote von Insel zu Insel steuern und die Sonne an einem Ufer die urbane Skyline glitzern lässt, an einem anderen die elegant aufragenden Pagoden. Zu einem ortstypischen Essen gehört *Chou doufu* oder »stinkender Tofu«, das wie alte Sportsocken schmeckt, die in einem schwülen Sommer im Spind vergessen und später in Sauermilch gekocht wurden; vor kurzem wurde ein Straßenhändler, der *Chou doufu* verkaufte, mit der Begründung verhaftet, er habe gegen das Gesetz zur Luftreinhaltung verstoßen. Es ist ein gewöhnungsbedürftiger Geschmack, der sich mir noch nicht erschlossen hat. Wir begaben uns zur Eröffnungsgala im neuen Hangzhou Opera House, aber dabei konnten wir es nicht belassen, und so gönnten wir uns am späten Abend eine Fußmassage: Unsere Füße wurden in chinesische Kräuter gepackt, mit Gummihämmern bearbeitet, mit warmem Salz eingerieben und in jede denkbare Richtung geknetet. In fast kindlicher Glückseligkeit fuhren wir um zwei Uhr nachts ins Hotel zurück.

Am folgenden Tag aßen wir im Longjing zu Mittag, einem kleinen Lokal inmitten einer Teeplantage. Es hatte nur acht Tische, die um einen wunderschönen Garten in der Abgeschiedenheit von Pavillons angeordnet waren. Die chinesische Küche, die hier serviert wurde, war von einer solchen Delikatheit, so fein, dass unsere unerfahrenen Gaumen manche ihrer Triumphe gar nicht wahrnahmen. Uns wurden zweiundzwanzig Gerichte aufgetischt: rare Köstlichkeiten wie gedämpfte Schildkröte in Lotusblättern; eine Heuschreckensuppe mit alter Ente (das Fleisch alter Enten wärmt angeblich im Winter den Körper), was ziemlich bizarr klingt, tatsächlich aber herrlich schmeckte; eine reichhaltige, leckere Speise, die Heldensuppe heißt, zu Ehren des Fisches darin, der lebend gekocht wird; fettes Schweinefleisch, das vier Tage lang gekocht hat und mit Eiern serviert wird; und geschmortes Wild. Es gab nockenartige Fischklöße, die hergestellt werden, indem man einen Fisch auf ein Brett spannt und das Fleisch Schicht für Schicht abschabt, so dass es ganz weich ist. Dann wird die musartige Masse mit Wasser schaumig geschlagen und pochiert. »Die Zubereitung ist höllisch schwer«, erklärte mir Han Feng, »und niemand hat es je besser gemacht, nicht einmal für einen Kaiser.«

Während ein Geigenvirtuose, der den Paganini-Wettbewerb gewonnen hatte und zu Han Fengs großem Bekanntenkreis gehörte, sein enormes Können darbot – präzise, leidenschaftlich und ergreifend zugleich –, tranken wir den frisch aufgebrühten Longjing-Tee, nach dem das Restaurant benannt ist. Anschließend führte uns Han Feng zum Garten der Familie Guo, der aus der Ming-Ära stammt. Er liegt am westlichen Ende des Sees, ist weniger von Touristen überlaufen als andere Parks in Hangzhou und wunderbar ruhig. Später suchten wir das Restaurant Zhiweiguan auf. Während das Essen im Longjing für den westlichen Gaumen exotisch schien, mit Aromen, so erlesen und subtil, wie sie außerhalb Chinas nicht vorstellbar sind, wurden die Speisen im Zhiweiguan so spektakulär und prächtig hergerichtet und waren zugleich westlichen Geschmacksnerven so zugänglich, dass eine Filiale des Zhiweiguan an der Upper East Side in New York bestimmt ein Renner wäre. Bei einem Gericht zerteilte der Koch mit einem Schnitt ein Stück Schweinefleisch in einen einzigen, über drei Meter langen, schmalen Streifen (wie das ununterbrochene Band einer Apfelschale) und formte daraus ein Gebilde, das mehr oder weniger wie die gestufte Pyramide von Chichén Itzá aussah und anschließend gegrillt wurde. Am Tisch wickelte es der Ober auseinander, schnitt es klein und füllte damit Spinatpfannkuchen. Ein Hähnchen wurde mit Knoblauch gefüllt, in dünnes Papier gehüllt und vor dem Backen ganz von Salz umschlossen – das Fleisch war so saftig, dass man es kaum glauben konnte.

Nur wenige Ausländer besuchen Shaoxing, und man versteht eigentlich nicht, warum. Die Kanäle erzeugen eine romantische und träumerische Atmosphäre, und die Häuser aus der Zeit der Qing-Dynastie reichen bis hinunter zu deren Ufern; die Fenster sind mit geschnitzten Holzläden versehen, und Frauen knien am Wasser, um Wäsche zu schrubben; die Kanalboote strahlen eine intime Atmosphäre aus wie Gondeln, und die Bootsführer bewegen die großen Ruder mit den Füßen. Die große Pagode am Hang direkt hinter der Stadt ist von jeder Stelle aus zu sehen. Am Tag unseres Besuchs lauschte jemand einer Pekingoper in hoher Lautstärke, und die Musik hallte durch die Gassen. Um zu den Kanalbooten zu gelangen, fährt man mit einer Fahrradrikscha durch die kurvigen, geheimnisvollen Straßen, die zu schmal für Autos sind. Wir aßen im Xian Heng Inn verschiedene Varianten von *Chou doufu*, von denen einige schmackhaft und mild waren. Dennoch interessierte mich eine andere lokale vergorene Spezialität mehr: Shaoxing-Reiswein. Wir probierten auch Auberginen mit einem anderen pfeffrigen Gemüse, das mich an Okras erinnerte, und Brötchen mit karamelisiertem Schweinefleisch, süß und saftig. Zum Dessert gab es klebrige Reiskuchen mit schwarzen Sesamsamen, die einen fast bitteren Geschmack haben, und Honig. Han Feng stieß mit uns allen an, und wir fühlten uns zum Platzen angefüllt mit Essen, Alkohol und Wohlbehagen. Wir rechneten aus, dass wir bei jeder Mahlzeit durchschnittlich zwölf verschiedene Speisen zu uns nahmen, und da wir zweimal pro Tag aßen und drei Wochen in China bleiben würden, wir bei unserer Abreise über fünfhundert Gerichte probiert haben würden. Wir holten mehrmals tief Luft.

Für die Chinesen sind die Sichuan- und die Kanton-Küche die besten ihres Landes. Reisende kennen vor allem die Kanton-Küche, weil sie die Küche Hongkongs ist, und die Provinz Sichuan liegt abseits der meisten Touristenrouten. Deren Bewohner unterhalten sich über Pheffersorten wie andere über Sportmannschaften. Ihre Gerichte lassen das mexikanische Essen geradezu fade erscheinen, aber die Schärfe ist vielschichtig und komplex, die verschiedenen Gewürze werden immer wieder neu gemischt, geröstet oder frisch verwendet und in verschiedenen Trägersubstanzen mariniert, um ein vielfältiges Spektrum an intensiven Gaumenfreuden und lustvollen Qualen zu erzeugen. Was wir als Sichuan-Pfeffer bezeichnen, heißt in China *Hua jiao*, wobei es sich allerdings gar nicht um Pfeffer handelt, sondern um die getrockneten Früchte der amerikanischen Stachelesche. Das erstaunlich kräftige Pulver ruft im Mund ein Taubheitsgefühl hervor, aber es ist eine wunderbare Taubheit. Die narkotisierende Wirkung tritt sofort ein, doch gleichzeitig scheint es die Geschmacksknospen enorm empfänglicher zu machen. Es ist fast so, als wäre alles, was man isst, in Kokain geschmort worden. So fremdartig und unangenehm das Gewürz anfangs auch ist, so ist man bald regelrecht süchtig danach.

Wir aßen im My Humble House zu Mittag, einem keineswegs bescheidenen Restaurant in Chengdu. Es befindet sich in einem von Bambushainen und Wasserwegen umgebenen Park. Das Haus ist in einem exklusiven modernen chinesischen Stil gestaltet – riesige sogenannte Gelehrtenstühle, ein mit Seide drapiertes Himmelbett, auf dem man sich räkeln kann, Karpfenbecken, Halogenlampen und mit Rosenblättern aus Seide bestreute Tische. Die Küche ist chinesisch, aber mit Einflüssen nicht aus dem Westen, sondern von den unzähligen Verzweigungen der chinesischen und südostasiatischen Traditionen. So wird hier der klassischen kantonesischen Haifischflossensuppe cremiges Kürbispüree beigemischt.

Sichuan ist zu Recht berühmt für seine Teehäuser. In Chengdu verlassen die meisten Geschäftsleute am Nachmittag ihre Büros, um bei einem Kännchen Tee weiterzuarbeiten. Frauen treffen sich dort zum Mah-Jonggspielen, Klatschbasen zum Tratschen, Kinder zum Spielen. Wir besuchten das Yi Yuan, das schönste Teehaus des Ortes in einem restaurierten Ming-Garten mit zahlreichen kleinen Höfen, spiegelnden Teichen, Pavillons, Stegen, Spieltischen, großen Skulpturen, herausgemeißelt aus Steinen vom See, und von Kiefern eingerahmten Brücken. Wir setzten uns an einen Tisch zu buddhistischen Mönchen.

Beim Betreten des China Grand Plaza, wo wir zu Mittag essen wollten, fühlte ich mich, wie sich vielleicht Marco Polo vor den Toren der Verbotenen Stadt gefühlt hat. Der Ort, den ich törichterweise für die Mitte des Nichts gehalten hatte, barst geradezu von schwindelerregender Fülle. Man schreitet durch riesige Türen in eine großzügige Halle, wo ein Pianist auf einem Konzertflügel Chopin spielt, umrahmt von Porzellan und Möbeln, die leicht eins der besseren Museen der Welt bestücken könnten. Im China Grand Plaza gibt es eine Kunstgalerie, einen Wellnessbereich mit drei riesigen beheizten Wasserbecken und einer Schar phantastischer Masseurinnen, zwei Karaoke-Bars (eine davon mit einer Glasdecke, über der sich Fische tummeln), vier Restaurants und Gästezimmer. Alles ist von einer extravaganten Eleganz mit einem Hauch *Goldfinger*.

Vor den einzelnen Türen in dem langen, überwölbten Flur mit rotlackierten Wänden steht jeweils ein Page in schwarzer Kleidung mit weißer Schürze und Handschuhen. Wir wurden in eins dieser Séparées geführt, aus denen das noble Sichuan-Restaurant ausschließlich besteht – einen gemeinsamen Speisesaal gibt es nicht. Umgeben von polierten Kerzenhaltern der Qing-Zeit und expressiven Kalligraphien aus der Ming-Epoche servierte man uns frisch aufgegossenen Tee und *Baijiu* (Sichuan-Schnaps), der in der Kehle brennt wie Feuer. Wir aßen *Fuqi feipian*, »Mann und Frau« (gewürzte Rinder- und Schweinelunge), und Qualle mit Koriander und anschließend eine leichte Consommé aus Wurmkraut, das, bekannt für seine gesundheitsfördernde Wirkung, auf dem freien Markt an die 2000 Dollar pro Pfund kostet; Lebensmittel und Arzneien werden in China nicht klar unterschieden. In der Suppe schwamm ein pochiertes Soufflé aus

Tofu und Huhn. Seeohren oder Abalonen wurden auf Reischips serviert. Hühnchen Kung Pao war mit frischestem *Hua jiao* gespickt. Etwa nach der Hälfte der Gänge trat ein Tänzer in unser Séparée, um uns eine »Demaskierung« vorzuführen. Dabei handelt es sich um eine alte Sichuan-Tradition, bei der der Tänzer mehrere bunte Stoffmasken übereinander trägt und dann im Lauf des Tanzes an einer verborgenen Schnur zieht, woraufhin eine Maske nach der anderen fällt. Nach dem Essen bot man uns kubanische Zigarren und eine Flasche Château Lafite-Rothschild, Jahrgang 1988, an, doch nach unserer Schwelgerei entschieden wir uns stattdessen für eine Massage.

Chengdu ist *die* unbesungene Stadt Chinas. Abgesehen von den unvergleichlichen kulinarischen Preziosen hat es auch großartige Sehenswürdigkeiten zu bieten: ein Pandazucht-Zentrum, wo man sich die Tiere aus nächster Nähe anschauen kann, auch die reizenden tollpatschigen Jungen; das Kloster Wenshu mit seinen singenden Mönchen und Prozessionen; und, etwa zwei Fahrstunden entfernt, den einundsiebzig Meter hohen Großen Buddha von Leshan, der im achten Jahrhundert aus der Felswand des Lingyun Hill herausgemeißelt wurde, um die heftige Strömung am Zusammenfluss des Min Jiang, des Dadu und des Qingyi zu bändigen. Es ist der größte Buddha der Welt – allein sein großer Zeh ist acht Meter lang.

An diesem Abend widmeten wir uns einer einheimischen Spezialität: dem Sichuan-Fondue. Fondue-Restaurants gibt es in Chengdu zuhauf, und ein Freund aus dem Ort führte uns zum Huang Cheng Laoma, wo in jeden Tisch zwei Brenner eingelassen waren, so dass wir einen Topf mit einer scharfen und einen mit einer milden Brühe aus Huhn und Seepferdchen bestellen konnten. Wir wählten an die zwanzig Schälchen mit allem möglichen Essbaren, das man darin garen konnte, zum Beispiel Filetscheiben, Hähnchenfleisch, Alligatorleber, Bambusmark, Stinkmorchel, Wasserspinat, Wurst, Süß- und Salzwasseraal, fünf Pilzsorten, Sichuan-Filzfarn, frische Lotuswurzel und Scheibchen vom Rinderhals. Alles, was in der scharfen Brühe gegart wurde, tunkten wir anschließend in Sesamöl mit Zwiebeln, das in der milden Brühe Gegarte in eine salzige Kräutersauce. Nach dem Essen besuchten wir ein weiteres Teehaus, um uns eine Sichuanoper anzusehen – ein Varieté aus Demaskierungen, Puppentheater, Tanz, Märchenaufführungen geschickter Clowns, akrobatischen Kunststücken, Zaubertricks und den Darbietungen von Feuerschluckern.

Da es in China verboten ist, darüber zu diskutieren, wer der beste Parteiführer wäre, haben sich die Bewohner Pekings einer drängenderen Frage zugewandt: Wer macht die beste Pekingente? Dabei gilt es viele Aspekte zu berücksichtigen. Ist die Zubereitung zu kompliziert oder zu aufwändig? Ist die Haut zu fett oder zu trocken? Wird die Ente über Apfelbaum- oder Aprikosenbaumholz gegart? Besteht die Saucenbasis aus Bohnen oder aus Früchten? Wird die Haut in Zucker gewälzt? Wie wird die Ente zerteilt? Wir gingen sieben Mal auf Entenjagd. Von den Restaurants, die zu einem guten Teil auf den westlichen Geschmack ausgerichtet sind, gefielen uns Commune by the Great Wall und Made in China am besten, von denen, die eher auf Einheimische setzten, das Xiangmanlou. Commune by the Great Wall ist ein Hotel mit Villen, die von führenden zeitgenössischen Architekten entworfen wurden. Von jeder der Unterkünfte kann man zur Mauer hinaufsteigen und an einem wohltuend heruntergekommenen Mauerabschnitt entlanggehen, ohne dass man jemandem begegnet. Wir bestellten das traditionelle Peking-Menü, zu dem gebratene Garnelenklöße, Entensuppe, geschmorter Kabeljau, Teigtaschen und natürlich die Ente gehören.

Das Made in China befindet sich im Grand Hyatt, so dass man nicht das Gefühl hat, etwas Neues entdeckt zu haben; ein Restaurant dieser Art könnte man sich auch in Los Angeles oder New York vorstellen. Dennoch hört man überall in Peking, es sei das beste Restaurant der Stadt, und tatsächlich war alles, was wir dort bestellten, köstlich. Wir aßen in grünem Tee gegarte Garnelen und pochiertes Huhn mit scharfer Erdnusssauce. Bei der Ente hatte sich die Haut völlig vom Fleisch gelöst und war knusprig und knackig, aber nicht trocken, und sie schmeckte überhaupt nicht fettig. Die Pfannkuchen waren dünn wie Papier, und die Sauce dazu bestand aus süßem Bohnenpüree, gemischt mit Honig und Sesamöl.

Das Xiangmanlou ist ein schnörkelloses, sauberes und angenehmes

Lokal, und mit dem Geld, das wir für sechs Personen berappen mussten, hätten wir uns in New York vielleicht gerade einmal Sandwiches leisten können. Die anderen Tische waren allesamt von Familien aus Peking besetzt. Die Entenhaut wird hier in zwei Teilen serviert – das Beste davon auf einem, die »harte Haut« auf einem anderen Teller. Die Ente ist fetthaltiger als im Made in China, aber auf so sündhafte Weise wie Foie gras. Anschließend wird eine Suppe aus Entenknochen gereicht. Wir aßen dort auch Fisch, den man uns in einem Korb zappelnd präsentierte, bevor er getötet wurde.

Das beste Gericht, das die chinesischen Garküchen zu bieten haben, ist *Jianbing*, und am besten schmeckt es an den Ständen vor dem Tempelkomplex Baoguo, wo sich heute ein Flohmarkt befindet. Der Koch verteilt zunächst den Teig mit Frühlingszwiebeln auf einer großen runden Eisenplatte, schlägt dann ein Ei darüber auf und streicht es aus, so dass es sich in den Teig einbäckt; dann dreht er den Pfannkuchen um und bestreicht ihn mit Bohnenpaste und Chilisauce. Am Ende wickelt er das Ganze um ein Stück süßes, in Fett gebackenes Brot – heiß, rösch, mit dem Geschmack von Ei, stärkehaltig und einfach köstlich.

Um ein wenig Abwechslung in unsere Massagen zu bringen, nach denen wir inzwischen süchtig waren, probierten wir es mit einer Ohrenknetkur am späten Abend. Das Studio in Peking glich einem komfortablen Krankenhaus – ausgesprochen sauber, und die Masseurinnen trugen Schwesternhauben. Vor einer Statue der Guanyin, des weiblichen Bodhisattva des Mitgefühls, brachten wir verschiedene Opfer dar, unter anderem einen kalorienreichen Gesundheitstrunk – für den Fall, dass man zu unbarmherzig mit uns umgehen würde.

Wir feierten unseren letzten Abend und trauerten in einem völlig durchdesignten Lokal, dem Green T. House. Die Stühle waren mit Federn gepolstert, über uns drehten sich Lampen in wechselnden Farben, man konnte zeitgenössische Kunst bewundern, in einer Ecke stand ein Schaukelpferd und so weiter. Das Ganze ist total hip, von geradezu schriller Originalität. Die Speisekarte ist ein Dokument der Abgeschmacktheit, schon auf Chinesisch äußerst bemüht, im Englischen aber auf fast liebenswerte Weise lächerlich: »Ein wenig Kaviar-Sashimi mit unvorstellbarer Sauce« oder »Geheimnisvolle Rindsröllchen, verdichtet mit Enokipilzen und Mozzarella« oder »Reine Glückseligkeit auf Tintenfisch« oder – mein Favorit – »Erotischer Tanz der sechs Pilze um eine einsame Kastanie«. Die Gerichte selbst sind weniger beeindruckend als ihre Bezeichnungen, die überlange Zigaretten rauchenden Models und die jungen Hipster mit erstaunlichen Haarschnitten aber unvergleichlich.

Wir hatten drei Wochen lang nur chinesisch gegessen, bis auf einen Abend, als uns liebe amerikanische Freunde, die in Peking lebten, zum Abendessen zu sich einluden. Sie hatten den Koch der französischen Botschaft engagiert, und er machte seine Sache hervorragend. Doch nach all den verführerischen, feinen Aromen des Orients schmeckte das westliche Menü seltsam und befremdlich. Etwas durchschneiden zu müssen erschien mir geschmacklos und außerdem lästig; dem frischen Gemüse in Butter hätte ein bisschen mehr Phantasie gutgetan; und das Rindfleisch, obwohl perfekt gebraten, kam mir klobig und fade vor. Es war schwer, sich wieder umzugewöhnen. Wir litten sozusagen unter einem kulinarischen Jetlag. Wie Sporttaucher mussten wir ganz langsam wieder auftauchen, um nicht wegen des sich verändernden atmosphärischen Drucks krank zu werden.

»Dem Volk ist das Essen der Himmel«, lautet ein altes chinesisches Sprichwort, und seit Hedonismus nicht mehr gebrandmarkt wird, kommt auch in China die Feinschmeckerkultur zur Blüte. 2015 gab ein Chinese im Durchschnitt mehr für Essen aus als je zuvor, und die Einschaltquoten bei Kochsendungen im Fernsehen schießen in die Höhe.[186] Fast zwei Drittel der chinesischen Smartphonebesitzer fotografieren ihre Gerichte, bevor sie sie verspeisen, und teilen die Aufnahmen dann über die einschlägigen Apps und sozialen Medien;[187] Geläufigkeit in der Esskultur gilt als Kennzeichen für Feinsinn und Bildung. Die China Cuisine Association hat die UNESCO aufgefordert, die Küche des Landes in die Liste des immateriellen Kulturerbes der Menschheit aufzunehmen.[188] Die Nachfrage nach hochwertigen und biologischen Lebensmitteln steigt anhaltend.[189]

Laut einer jüngeren Studie leben Menschen, die ständig Scharfes essen, wesentlich länger; der Zusammenhang wurde bislang zwar nicht geklärt, aber die Chinesen haben die Untersuchung begeistert aufgenommen.[190] Eine Fülle fabelhafter neuer Restaurants für reiche Chinesen und Leute aus dem Westen entstand; allein in Schanghai schafften es fünf auf die Liste der besten Restaurants Asiens.[191]

Unterdessen lässt aufgrund zunehmender Boden- und Wasserverschmutzung die Qualität mancher Nahrungsmittel zu wünschen übrig.[192] Nahezu ein Fünftel des Ackerlands ist verseucht. Auch andere Lebensmittel sind verunreinigt; dreihunderttausend Kleinkinder erkrankten wegen eines Milchpulvers, das Melamin enthielt; man hat Bohnensprossen entdeckt, die mit giftigen Chemikalien behandelt worden waren, damit sie stärker glänzten; in Teigtaschen fand man Mehl mit einem gefährlich hohen Gehalt an Aluminium und anderen Metallen, in Reis Unmengen von Kadmium und andere Schwermetalle. Konsumenten merkten, dass ihr Schweinefleisch mit phosphoreszierenden Bakterien infiziert war, weil es in ihren Küchen in der Dunkelheit leuchtete. 2011 starben bei einem Ramadan-Essen Muslime an einem Essig, der mit einem Frostschutzmittel versetzt war, auf Märkten in der Provinz tauchten falsche Eier aus Gips, Wachs und glibberigen Zusatzstoffen auf. 2013 wurden bei einer Razzia in einem Lebensmittellager Hühnerfüße zutage gefördert, die 1967 eingefroren worden waren; man hatte sie gebleicht, um sie als Frischware verkaufen zu können. 2015 gaben bestochene Kontrolleure Fleisch von kranken Schweinen frei. Eins von zehn Gerichten enthält wiederaufbereitetes altes Öl, das nicht selten aus den Abflüssen der Restaurants stammt.[193]

Die Regierung erlässt zunehmend striktere Gesetze, um diese Probleme anzugehen, aber sie werden nur unzureichend umgesetzt, und viele Chinesen sind skeptisch und glauben beispielsweise, dass ein Großteil der als biologisch gekennzeichneten Lebensmittel den entsprechenden Anforderungen nicht entspricht.[194] Die überwiegende Mehrheit der reichen Chinesen zieht importierte Frischware vor, weil sie davon ausgeht, dass sie weniger gesundheitsschädlich ist – allein der Markt für importiertes Obst hat eine Größenordnung von fast zehn Milliarden Dollar.[195] Manche Bioproduzenten in

China beliefern ausschließlich Kunden mit Beziehungen zur Politik und nicht das gemeine Volk.

Gleichzeitig führt das Vordringen westlicher Fastfood-Restaurants auf den chinesischen Markt dazu, dass sich viele Menschen in gesundheitsgefährdender Weise überessen. Der Konsum von Salz ist seit jeher extrem hoch, aber mittlerweile greifen Chinesen auch immer mehr zu Lebensmitteln mit einem hohen Anteil an Fetten. Während die Nachfrage nach Reis sinkt, schießt die nach Cerealien in die Höhe.[196] Heute gehen in China mehr verpackte, industriell verarbeitete Nahrungsmittel über die Ladentheke als in den Vereinigten Staaten, sie bringen fast 250 Milliarden Dollar pro Jahr ein. Fettleibigkeit nimmt enorm zu, und an die zwölf Prozent der Chinesen leiden unter Diabetes – die höchste Rate weltweit.[197]

CHINA

Äußere Pracht für inneren Frieden: Qianlongs Ruhesitz

World Monuments: Fifty Irreplaceable Sites to Discover, Explore, and Champion, 2015

Ich besuchte den Qianlong-Garten mit dem Juanqinzhai-Palast in Peking während meiner Schlemmerreise durch China im Jahr 2005. Die Verbotene Stadt hatte ich bereits mehrmals besichtigt, aber nie diesen kunstvollen und intimen Bereich. Auf dem College hatte ich mich intensiv mit der chinesischen Kunstgeschichte beschäftigt und interessierte mich jetzt für die Zeit, in der dieser Garten entworfen und angelegt worden war. Da ich auch Denkmalschutz studiert hatte und Treuhänder des World Monuments Fund war, wollte ich mehr über die Probleme bei der Erhaltung der Gebäude in dem Garten erfahren. Als ich anlässlich des bevorstehenden fünfzigjährigen Jubiläums des WMF gebeten wurde, einen Artikel über eines seiner Projekte zu schreiben, entschied ich mich daher für Qianlongs Garten.

Die Erhaltung von Gebäuden ist weltweit von Bedeutung, aber in China wurde die Auslöschung der Vergangenheit mit dem Ziel, den Weg für eine angeblich bessere Gegenwart und Zukunft freizumachen, mit besonders erschreckender Intensität betrieben. Ich bin ganz und gar für eine bessere Gegenwart und Zukunft, aber ich glaube nicht, dass die Zerstörung der Vergangenheit ein gutes Mittel dafür ist.

Die zentrale Achse der Verbotenen Stadt sollte beeindrucken und einschüchtern; das Juanqinzhai oder Studio der Ermattung von Amtsgeschäften hingegen, das Kaiser Qianlong in den siebzehnhundertsiebziger Jahren für seinen Ruhestand erbauen ließ, ist zum Verwöhnen und Umschmeicheln gedacht. So verborgen sie für die Massen gewesen sein mag, so leicht war die Verbotene Stadt, die architektonische Darstellung des unveränderlichen Wesens des Kaisers, für seine privilegierten Besucher zugänglich; das Studio verspricht eine fast einsame Privatheit. Die meisten großen Gebäude dienen der Staatsverwaltung, aber Kaiser Qianlong gab das Juanqinzhai und den es umgebenden Garten ausschließlich für sich selbst in Auftrag, wobei er sich ein Gebäude vorstellte, in dem er zwar seinen Gewohnheiten nachgehen konnte, aber frei von Verpflichtungen war. Doch hier ist nichts schlicht und zurückhaltend, vielmehr akzentuiert eine subtile Diskretion nur die ungeheure Opulenz. Wenn die Verbotene Stadt eine großartige Skulptur ist, ist dies ein mit Edelsteinen besetztes Juwel. Als Stütze der Einheit von Himmel, Mensch und Erde verkörperte der Kaiser ein förmliches, unveränderliches Selbst, doch das Juanqinzhai steht für den Ablauf der Zeit, und trotz seiner Pracht führt es jeden, der es betritt, auf sein Menschsein zurück.

Als ich 1982 zum ersten Mal nach China fuhr, bestanden die Straßen in Peking im Wesentlichen noch aus *Hutongs*, langen Gassen, die von traditionellen Häusern mit Innenhöfen gesäumt waren. Auf den schmalen Wegen fuhren verängstigte Menschen in Mao-Anzügen langsam und träge auf Fahrrädern dahin und hielten bewusst Distanz zu jedem Ausländer. Die Stadt war schmutzig und im Verfall begriffen. Luxus, diese verderbliche antikommunistische Idee, gab es praktisch nicht. In der Qing-Periode bestand der Teil der Stadt, in dem sich heute der Tiananmen-Platz befindet, aus einem in Nord-Süd-Richtung ausgerichteten, mit Mauern und Regierungsgebäuden gegliederten langgestreckten Bereich. In den fünfziger Jahren rissen die neuen Machthaber, angeregt durch den Roten Platz in Moskau, diese Gebäude ab und schufen die leere Fläche des Tiananmen, wie wir ihn heute kennen. Der Tiananmen ist ein steriler, auf brutale Weise spartanischer Platz, der von unerträglicher Großspurigkeit zeugt und sich in idealer Weise für die pompösen Paraden des kommunistischen Staates vor den Augen einer widerstandslosen, notleidenden Bevölkerung eignete. Am Rande dieser Ödnis ragt wie zum Hohn die Verbotene Stadt auf, die lange als Hort höchster Macht verehrt wurde und in dem die reichsten Herrscher der Welt einst im Verborgenen Hof gehalten hatten. Sicher, auch der Buckingham-Palast ist prächtiger als die Häuser auf der gegenüberliegenden Straßenseite, und der Louvre stellt die Rue de Rivoli weit in den Schatten. Doch nie bin ich – weder davor noch danach – einem so unmittelbaren und krassen Gegensatz begegnet wie dem zwischen der Verbotenen Stadt und dem Peking Deng Xiaopings.

Die Verbotene Stadt wurde in nur vierzehn Jahren unter Einsatz von Millionen Arbeitern errichtet und ist weltweit der größte geschlossene Gebäudekomplex aus Holz. Holz war ein seltenes und kostbares Material und jeder gelbe Dachziegel (Gelb ist die Farbe des Kaisers) dient dem Lobpreis des chinesischen Herrschers. Die Verbotene Stadt war sechshundert Jahre lang Sitz der Regierung, hier lebten vierundzwanzig Kaiser der Ming- und der Qing-Dynastie. Als uns unser scharfsinniger politischer Aufpasser 1982 durch die Anlage führte, gab er sich alle Mühe, die Werte, die sie verkörperte, mit Herablassung zu kommentieren, dennoch schwang eine gewisse Bewunderung in seiner Stimme mit, wenn er das Leben beschrieb, das sich dort abgespielt hatte. Im äußeren Hof spürten wir die Entrücktheit der kaiserlichen Herrscher Chinas, die Gebäude strahlten keinerlei Behaglichkeit aus. Im inneren Hof erschien mir selbst der Wohntrakt des Kaisers wie eine abweisende Manifestation der kaiserlichen Stellung. Alles spiegelte den ererbten Reichtum und die auf Ausbeutung beruhenden aristokratischen Privilegien wider, die das Land offiziell abgeschafft hatte. Unser Aufpasser fand mehr Gefallen an den militärischen Qualitäten der Großen Mauer als an diesen prunkvollen Räumen, räumte aber ein, dass die architektonische Anmut und die vortrefflichen Proportionen der Gebäude den Gipfelpunkt chinesischer Genialität darstellten – und Teil seines kulturellen Erbes waren.

Damals wussten wir nichts vom Altersruhesitz Kaiser Qianlongs, jenem Garten, an dessen einer Seite sich das Juanqinzhai befindet. Der Ort war zu intim für die wachsenden Touristenmassen, und in China gab es zu dieser Zeit niemanden, der die erforderlichen Kenntnisse für dessen Erhaltung besaß. Aber die vielen Jahre der Vernachlässigung lassen auch ein Element absichtlicher Missachtung vermuten. Obwohl die Kommunisten die Qing-Kaiser der Ausbeutung bezichtigten, hatten sie allumfassende Autorität verkörpert, ein Erbe, das Mao und seine Nachfolger entschlossen fortsetzten. Die Pavillons im Qianlong-Garten zeugen von Prunksucht und Feingeist und waren daher den Maoisten ein absolutes Gräuel. Der größere Teil der Verbotenen Stadt ging in die Hände der chinesischen Zentralmacht über, und das große Mao-Porträt, das immer noch über dem Eingang hängt, war ein wirkmächtiges Zeichen seiner anhaltenden Autorität. Der Qianlong-Garten hingegen war der luxuriöse Ruhesitz eines Kaisers, der sich hegen und pflegen ließ, nachdem er die Macht seinem Sohn übergeben hatte – doch die modernen Herrscher Chinas interessierten sich nicht für ein Leben nach der Macht. Ebenso wenig hatten die Ideologen kollektiven Handelns für die meditative Abgeschiedenheit eines Einzelnen übrig.

Ich kehrte mehrmals in die Verbotene Stadt zurück, doch von der Existenz des Qianlong-Gartens erfuhr ich erst 1999. Die Gebäude dort, darunter auch der Juanqinzhai mit seinen neun Buchten, waren so heruntergekommen, als hätte man sie geplündert und zerstört. Kaiser Qianlong hatte eine Art frühes Denkmalschutzdekret erlassen, wonach der Garten als Rückzugsort für Kaiser im Ruhestand stets erhalten werden müsse, aber da es nach ihm keine Kaiser im Ruhestand mehr gab, wurde die Anlage in den verbleibenden Jahrzehnten der Qing-Dynastie huldvoll ignoriert. Im Verlauf von sechshundert Jahren baute man die Wohnräume der Prinzen und Konkubinen mehrmals um, nicht jedoch das Juanqinzhai. Es ist der einzige Ort in der Verbotenen Stadt, das uns die Vorstellungen eines einzigen Kaisers unverfälscht vermittelt. Eine Zeitlang wohnte dort eine Kaiserinmutter, und manche Mitglieder des Hofes feierten in den Räumen ihren Geburtstag. Der letzte Kaiser Puyi ließ in dem Komplex noch ein weiteres Gemälde anbringen. Ansonsten stand er leer, wurde 1924 geschlossen und als Depot des Palastmuseums genutzt, das sich um die öffentlichen Bereiche der Verbotenen Stadt kümmerte. Als der Juanqinzhai 1999 anlässlich der Vorbereitungen des Palastmuseums auf die Olympia-Bewerbung wiedereröffnet wurde, erschien er wie eine Zeitkapsel – eines der wenigen Zeugnisse, die den Angriff auf die Geschichte im China des zwanzigsten Jahrhunderts überlebt hatten. Das Gebäude war verwittert, verblasst und ein wenig verfallen, doch das Gesamtbild war erhalten geblieben, und die Restaurierung würde nicht das viele Rätselraten mit sich bringen, das die Restaurierung und Rekonstruktion anderer historischer Gebäude des Landes so erschwerte.

Kaiser Qianlong, der sechste Herrscher der mandschurischen Qing-Dynastie, regierte offiziell von 1735 bis 1796, praktisch jedoch bis 1799. Schon als Kind hatte er mit seinem Scharfsinn geglänzt, und wegen seines besonnenen Verhaltens, seiner Gelehrsamkeit in Literatur und Philosophie und seiner Ungezwungenheit im Umgang mit Menschen ernannte ihn sein Vater testamentarisch zum Kronprinzen, womit er seinen Brüdern vorgezogen wurde. Er war ungeheuer ehrgeizig, vergleichbar mit Ludwig XIV., Katharina der Großen und Kaiser Franz Joseph, erweiterte die Grenzen des Landes und wurde der reichste Mann der Welt; auf dem Höhepunkt seiner Regierungszeit hatte China einen Handelsüberschuss gegenüber dem Westen. Als Autor von über viertausend Gedichten war er ein unfehlbarer Kenner der Literatur und besaß Esprit, Vornehmheit und künstlerisches Talent. Aber er überwachte auch die Verbrennung von Büchern, die Folterung und Hinrichtung von Dichtern, deren Werke sein Missfallen erregten. In seinem späteren Leben stilisierte er sich zum »Alten der zehn vollkommenen Siege«. Tatsächlich gelang es ihm, die Qing-Herrschaft zu festigen und das chinesische Territorium um ein Drittel zu vergrößern; bei seinem Tod war die Bevölkerung des Landes um über zwanzig Prozent gewachsen.

Qianlong war ein Enkel Kangxis, des am längsten herrschenden Kaisers in der chinesischen Geschichte. Aus Ehrerbietung gegenüber seinem Großvater war Qianlong entschlossen, ihn in diesem Punkt nicht zu übertreffen und daher rechtzeitig abzutreten – als erster Kaiser, der einen solchen Schritt in Erwägung zog. Um seinem Abschied aus dem Staatsapparat symbolische Bedeutung zu verleihen, wünschte er sich einen Garten in Gestalt einer wunderbaren Landschaft mit skulptierten Steinen und Pavillons. Zu dieser Zeit war er

Anfang sechzig, doch er wollte erst mit fünfundachtzig abtreten, also nach einer um ein Jahr kürzeren Amtszeit als der seines Großvaters. Die Gestaltung und die Entwürfe für seinen Ruhesitz in diesem Garten, dem Juanqinzhai, beschäftigten den Kaiser von 1771 bis 1774, die Ausgestaltung der Räume noch weitere zwei Jahre. In dieser Zeit überließ er den Großteil der Staatsgeschäfte anderen, womit die Korruption an seinem Hof Einzug hielt. Nach Qianlongs Tod wurde sein Schwiegersohn Hashen zum Selbstmord gezwungen, weil er auf unlautere Weise enormen Reichtum angehäuft hatte. Qianlongs sechzig Jahre währende Herrschaft war die stabilste der Welt und brachte dem Land großen Wohlstand, führte aber auch zu kultureller Stagnation. Die Moderne ging an China vorbei, und die ersten Funken der Industrialisierung griffen nicht auf das Land über. In der Zeit nach Qianlongs Herrschaft drangen fremde Mächte in China ein, und die Kosten für Kriege und die Niederschlagung von Aufständen führten zur Verarmung des Hofes.

Das Juanqinzhai-Projekt ist ein Abbild des Zusammenspiels von Feingeistigkeit, höchstem Können und dekadenter Freizügigkeit; der Kaiser ließ das kostbare Bauwerk zur künstlerischen Erbauung errichten, verbrachte aber nicht eine einzige Nacht darin. Obwohl er 1796 seinen sogenannten Ruhestand antrat, regierte er praktisch bis zu seinem Tod drei Jahre später und weigerte sich, aus den Kaisergemächern auszuziehen und die Macht abzugeben.

Der Garten bildet die grundlegende Struktur der kaiserlichen Abläufe nach. Die Hauptgebäude erinnern an die Gesamtanlage der Verbotenen Stadt mit ihren äußeren Höfen, die den privaten Bezirken vorgelagert sind. Auf einer Fläche von annähernd einem Hektar steht eine verkleinerte Version der mehr als siebzig Hektar großen Verbotenen Stadt. Zugleich war der Garten als übergroßes Abbild eines Gelehrtengartens und nach den Gestaltungsprinzipien der wohldurchdachten Gärten von Suzhou, Yangzhou und Hangzhou für große Anlässe angelegt. Es sollte kein klassischer Steingarten für Gelehrte sein noch ein Ort kaiserlicher Herrlichkeit; vielmehr war es eine Verschmelzung der kontemplativen Poesie des einen mit der Imposanz des anderen. In Europa gelten Berge als das furchterregend Erhabene, für die Chinesen hingegen als das Paradies, als Landschaft der Erleuchtung. Dies wohnt dem Garten inne.

Es ist ein Wintergarten, gedacht für die Monate, in denen der Kaiser die Verbotene Stadt nicht verließ. Er ist in vier Abschnitte entlang einer Nord-Süd-Achse aufgeteilt. Der Besucher sollte die schmale, lange Anlage als eine Reihe aneinandergereihter Räume wahrnehmen. Ein schmaler Zugang – man betritt die Anlage über einen gewundenen Pfad, der durch eine Felsenkluft führt – erinnert den Besucher an sein menschliches Maß. Der Kaiser gab den siebenundzwanzig Gebäuden Namen, die seine Hoffnungen für den Ort zum Ausdruck brachten: Man betritt den Komplex durch das »Tor des sich ausbreitenden Glücks« und geht dann unter anderem durch die »Halle der Erfüllung echter Wünsche« (eines der größten Gebäude in der Verbotenen Stadt), den »Raum höchster Wonne«, das Belvedere des Blicks auf die Errungenschaften und den Raum höchster Harmonie. Der Kaiser gab den Gebäuden nicht nur ihre Namen, sondern war auch federführend bei der Gestaltung des Gartens. Das »Haus der Bambusdüfte« erinnert an ein Buch – an den Wänden hängen ausschließlich Kalligraphien. Ein Großteil der ursprünglichen Inneneinrichtung wurde in einem aufwendigen Verfahren aus dem deshalb von den Kaisern so hoch geschätzten Wurzelholz gefertigt, weil es zum Ausdruck bringen sollte, dass das buddhistische Ideal der reinen, unverfälschten Natur über den besten künstlerischen Leistungen des Menschen steht.

Über die Diskrepanz zwischen dem Hof mit seinen Intrigen und dem Leben der Gelehrten, die bei jeder Studie über die Kultur des Landes im Mittelpunkt steht, wird seit der Zeit der Streitenden Reiche (475 bis 221 v. Chr.) berichtet, und sie wurde während der Nördlichen Song-Dynastie (960 bis 1127) Gegenstand einer oft bewusst abstoßenden Ästhetik für jene außerhalb des Hofes. Obwohl die Literatenmaler, die häufig wegen ihrer Kritik an der Regierung verbannt wurden, in ihrem leidvollen Exil Bilder und Gedichte schufen, wurde weitgehend anerkannt, dass ihr Werk folgenreicher war als die oberflächliche, dekorative Kunst, die am Hof entstand. Bilder und Kalligraphien vieler dieser aus der Hauptstadt gejagten Gelehrten gelangten später in die Kaiserliche Sammlung. Die Ästhetik der

Gelehrten bestimmt auch Qianlongs Gartenprojekt, das von seinen Inspektionsreisen in die südlichen Gebiete seines Reichs beeinflusst war. Die Steingärten, Pflanzen und Bäche auf dem flachen Terrain des Gartens erinnern an die Gebirgslandschaften Südchinas, wie man sie in den Darstellungen aus der Song- und der Ming-Zeit findet. Die mäandernde Natur im klassischen Gelehrtengarten war in der Ming-Periode der im Norden bevorzugten Symmetrie gewichen. Im Qianlong-Garten sind die überraschenden Perspektiven und sich schlängelnden Gassen der Stadt Suzhou der mandschurischen Disziplin unterworfen, wobei jedoch ein wenig von jener ungezwungenen Ästhetik des Umherstreifens in einer lieblichen Landschaft auch hier zu finden ist, allerdings in einer konzisen, synthetischen Form.

Das Leben im Juanqinzhai sollte abgeschieden sein, wie es dem Gelehrtenideal der Kontemplation entsprach, und so ist das elegante Gebäude der Inbegriff erlesener Abgeschiedenheit. »Ermattet von den Amtsgeschäften«, schrieb Qianlong, »will ich mich selbst kultivieren und dem Lärm der Welt entsagen.« Das reich ausgeschmückte Theater, das einen Großteil des Gebäudes einnimmt, hat nur einen einzigen Zuschauerplatz. Doch trotz dieser Gelehrtenästhetik spiegelt der Juanqinzhai auch Qianlongs Freude am überschwänglich Verschwenderischen wider; selbst das Fachwerk des Gebäudes besteht aus poliertem Hartholz. In den östlichen fünf der neun Buchten befinden sich die über zwei Stockwerke verteilten Wohnräume des Kaisers, einschließlich sechzehn separater Schlaf- und Sitzpodeste. Eine Wand ist ganz mit *Zitan*, dem von Herrschern so geschätzten indischen Sandelholz, verkleidet, eine Baumart, schon damals außerordentlich selten, die heute fast ausgestorben ist. Große Jadekartuschen zieren die Zwischenwände. Stickarbeiten im kostbaren Suzhou-Stil schmücken beidseitig die hundertdreiundsiebzig lichtdurchlässigen Innenfenster. Auf der unteren Wandfläche sind Waldszenen mit Rotwild zu bewundern. Den Hintergrund bilden Einlegearbeiten aus *Zitan*, der Vordergrund besteht aus der Innenhaut von Bambusrohren (*Tiehuang*). Im oberen Teil der Wand ist eine Szene mit Pfauen, Elstern und Phönixen zu sehen, ebenso gestaltet wie unten und aus demselben Material. Andere Teile der Zwischenwand zieren Intarsien aus Bambusfasern, eine arbeitsintensive Technik zur Herstellung eines lebhaft gemusterten Untergrunds für Ornamentik. Mit solchen Techniken fertigte man in der Regel kleine Ziergegenstände, hier jedoch wurden auf diese Weise riesige Flächen bearbeitet – eine vergleichbare Anwendung in der Architektur ist nicht bekannt. Die Lackarbeiten in dem Gebäude sind von ähnlicher Komplexität und ähnlichen Dimensionen. In die Wand eingelassene Porzellanarbeiten erinnern an die feinen Malereien, wie wir sie von alten chinesischen Vasen kennen. Die Intarsien der Wandpaneele bestehen aus Azurit, Jade, Jaspis und anderen Halbedelsteinen. Das Schimmern der handgefertigten, mit Malachit bedruckten Tapete rührt vom darin enthaltenen Glimmer her. In diesem Interieur befindet sich auch eines der größten Cloisonné-Objekte, die jemals hergestellt wurden: zwei hängende Couplets aus der Hand des Kaisers persönlich. Qianlong begleitete persönlich jeden Arbeitsschritt an seinem Ruhesitz. Wie aus den Archiven hervorgeht, verlangte er einmal, dass ein bestimmter Türknauf durch eine Cloisonné-Kugel ersetzt werde, was dann auch geschah.

Der Juanqinzhai ist berühmt für seine vielen ausländischen Gestaltungselemente. Qianlong ließ riesige Spiegel importieren, im China des 18. Jahrhunderts Ausdruck eines ungeheuren Dünkels. Die Schränke sind zwar im chinesischen Stil verziert, die Asymmetrie aber zeugt von japanischem Einfluss. Die äußeren Fensterscheiben bestehen aus europäischem Glas, und die im Thron verbauten Glassteine zeugen von der Nachahmung abendländischer Kunst auf ähnlich verquere Art, wie im Westen die Chinoiserie die chinesische Kunst nachahmt. Die vier westlichen Buchten des Juanqinzhai, in denen sich das Theater mit Bühne und Thron befindet, quellen schier über von Gitterwerk aus Hartholz, das in der Faux-Painting-Technik bemalt ist, um die Illusion des weniger stabilen und beständigen Bambusholzes zu erzeugen. Wände und Decke sind mit Trompe-l'œils bemalt, Gemälden mit perspektivischer Darstellung, wie sie im Italien der Renaissance entwickelt wurde. Vorbild war das Werk Giuseppe Castigliones, eines jesuitischen Malers, Missionars und Ratgebers des Kaisers, der von 1715 bis zu seinem Tod 1766 in China lebte und dort unter dem Namen Lang Shining bekannt war. Möglicherweise stammen sogar Teile der Wandbilder von ihm selbst, wenngleich der Juanqinzhai erst nach seinem Tod gebaut wurde. Das Deckenbild ist besonders bestechend und zeigt ein Bambusspalier, das unter dem Gewicht einer atemberaubenden Glyzinie in voller Blüte zusammenzubrechen droht – ein heiteres Symbol für viele Generationen kaiserlichen Nachwuchses. Auf den Wandbildern ist ein Garten dargestellt, der die Ästhetik des Außenbereichs aufnimmt. Hier hätten in den langen, kalten Pekinger Wintern die Pfingstrosen für den Kaiser weitergeblüht und der Himmel hätte sein sommerliches Blau behalten. Die Wandgemälde wurden auf Seide und mit Pigmenten nach westlicher Manier aufgetragen, jedoch unter Beibehaltung der chinesischen Ästhetik. Über den chinesischen Einfluss auf die westliche Kunst in dieser Zeit gibt es viele Studien, doch die gegenläufige Einflussnahme, wenngleich weniger häufig und vielleicht weniger tiefgreifend, verdient ebenfalls Beachtung.

Qianlong gefiel die Vorstellung, ein Eremit in den Bergen zu sein, und der Juanqinzhai spiegelt den ambivalenten Charakter solcher Phantasien deutlich wider. Der Kaiser sah keinen Widerspruch darin, als reichster Mann der Welt ein asketisches Leben zu führen. Er erklärte, als »der Mann, der nichts zu tun hat« in die Geschichte eingehen zu wollen – aber in Wirklichkeit pflegte er nie solchen Müßiggang. Es ist (in jeder Hinsicht) ein Zeichen kaiserlicher Dekadenz, enorme Mittel aufzuwenden, nur um eine Wahlmöglichkeit aufrechtzuerhalten, statt diese Möglichkeit tatsächlich zu ergreifen. Offenbar hatte der Kaiser mehr Freude an der Planung seines Gartens der Kontemplation als daran, auch dort zu wohnen; er ließ ihn anlegen, um sich selbst zu beeindrucken. Dennoch lässt die Ausgestaltung auf eine intensive Beschäftigung mit buddhistischen Prinzipien schließen. Demnach musste ein Kaiser, um zu regieren, ein erleuchtetes Wesen sein, und die Anlage mit dem Garten bringt das Streben nach Erleuchtung unverkennbar zum Ausdruck. Es ist ein Ort, an dem Qianlong ohne Rücksicht auf seinen Status als Kaiser zu seiner demütigen Haltung als Mensch finden konnte. Offenbar betrachtete er seine buddhistischen Ziele als seine höchsten.

Die mandschurische Qing-Dynastie hing dem tibetischen Buddhismus an und nicht dem Chan-Buddhismus, der in China populärer war. Die mandschurischen Herrscher waren im 17. Jahrhundert mit den Mongolen verbündet, und Mitte des 17. Jahrhunderts verlieh der Dalai Lama den Mandschu-Herrschern den Status lebender Buddhas. Der tibetische Buddhismus ist orthodoxer und so weit vom Chan-Buddhismus entfernt wie der Katholizismus vom Protestantismus. Er legt den Schwerpunkt mehr auf das Mitgefühl mit anderen als auf die innere Reise zur Erleuchtung. Qianlong war zusammen mit einem lebenden Buddha aufgewachsen, einem Mongolen namens Rolpai Dorje, der am Hofe lebte und gemeinsam mit Qianlong unterrichtet wurde. Später wurde er der buddhistische Mentor, Lehrer und Ratgeber des Kaisers. Da dieser als Nachkomme des Bodhisattva Manjusri galt, unternahm er sein Leben lang ausgedehnte Reisen zu den heiligen Stätten am Berg Wutai, wo sich angeblich eine Locke aus Manjusris Haar befand. Qianlong mag in seinen späteren Jahren in Dekadenz verfallen sein, aber er strebte auch nach geistiger Erbauung, daher finden sich in der Anlage überall Plätze, die zur Meditation und Kontemplation einladen. Die dahinterstehende Vision ist höchst spirituell. Qianlong meditierte täglich, ließ zahlreiche Tempel errichten und Buddhabildnisse anfertigen. Der Gedanke eines opulenten Buddhismus erscheint aus westlicher Perspektive vielleicht wie ein Widerspruch in sich, aber hier ist er das leitende Prinzip. Die tibetische Ästhetik der Anlage ist nicht zu übersehen.

Besucher aus dem Westen nehmen die Ausschmückung der Gebäude und die Gestaltung des Gartens häufig als zwei getrennte Dinge dar – hier das Menschengemachte, dort die Natur, hier das äußere Handeln, dort das innere, gedankliche Selbst. Doch mit einem solch cartesianischen Dualismus lässt sich Qianlongs Empfinden nicht erfassen; vom Inneren des Juanqinzhai kann man überall nach draußen blicken, und so etwas wie ein »Haus« oder einen »Garten« gibt es eigentlich gar nicht, sondern nur eine einzige Anlage. Der Mensch, von der Natur geschaffen, stellt lediglich die Natur noch einmal dar.

Es ist nie leicht, einen chinesischen Kaiser als Menschen zu porträtieren. In den Staatsarchiven finden sich Hinweise auf den Aspekt der Gottgleichheit dieser Herrscher, aber das Persönliche ist in der Regel so sehr dem Blick verborgen, dass es schwierig sein kann zu entscheiden, ob es überhaupt existiert hat. Im Falle Qianlongs aber verfügen wir mit diesem Komplex über ein aussagekräftiges Dokument. Hier spürt man, dass dieser Kaiser eine Person war und nicht nur das alles überragende Instrument eines Systems absoluter Macht. Er hatte eigene Interessen, persönliche Seiten und Wünsche – spirituelle wie andere. Qianlong war in vielerlei Hinsicht ein Romantiker. Seine erste Frau starb bereits mit vierzig Jahren, doch er schrieb ihr bis zu seinem Lebensende Briefe in Form von Gedichten.

Im Westen wurde oft argumentiert, die chinesische Kunst habe ihren Höhepunkt zwischen dem Ende der Song- und dem Beginn der Ming-Dynastie erreicht, sei Anfang der Qing-Periode dem Niedergang anheimgefallen und habe nach Qianlong ihren Tiefpunkt gefunden. Die Qualität der Handwerkskunst im Juanqinzhai übersteigt zuweilen die Qualität des Geschmacks, denn Pracht geht oft auf Kosten des Feinsinns. Viele Kenner aus dem Westen ziehen chinesische Monochrome und den chinesischen Minimalismus vor, und manche meinen, selbst die Werke aus der Regierungszeit Kaiser Yongzhengs, Qianlongs Vater, seien kunstvoller als dies hier. Aber die Anlage zeigt den Qing-Geschmack in voller Blüte, und viele chinesische Zeitgenossen schwelgen in schreienden Mustern und Goldlack, die sie einer strengen Disziplin vorziehen. »Wenn Qianlong heute leben würde«, sagte ein Gelehrter zu mir, »würde er Versace tragen.« In einer Zeit, in der man im Westen die viktorianische Architektur und den Modernismus der Jahrhundertmitte »wiederentdeckt«, sollten die Bauwerke aus der Qing-Zeit gewürdigt werden, bevor sie nicht mehr zu retten sind.

Im Jahr 1998 besuchte ich den Palast des Allumfassenden Glücks in der Verbotenen Stadt, der damals, zum Teil unter der Federführung einer Dame mit dem reizenden Namen Happy Harun, wiederaufgebaut wurde. Der Palast, etwa zur selben Zeit entstanden wie der Juanqinzhai, war 1923 niedergebrannt und wurde nun nach Bildern und erhaltenen Gebäudesockeln rekonstruiert. Einer der Arbeiter erzählte mir, einmal habe der chinesische Kulturminister die Baustelle besucht und gesagt: »Die Holzkonstruktionen sind sehr schön, aber die Steine befinden sich in einem schrecklichen Zustand und sollten ersetzt werden.« Der Arbeiter erklärte ihm, die Steinelemente stammten von den Originalgebäuden und man werde sie entsprechend erhalten. Darauf erwiderte der Minister: »Wer würde denn zu einem neuen Anzug alte Schuhe tragen?«

Das bedeutete, dass sich die Restaurationsteams bei ihren Arbeiten am Juanqinzhai weniger auf die Rekonstruktion des Zerstörten, sondern vielmehr auf die Konservierung des noch Vorhandenen konzentrieren sollten. Erschwerend kam hinzu, dass kein Handwerker unserer Zeit die komplizierten Techniken beherrschte, die bei Bau und Gestaltung des Komplexes angewendet worden waren. So benötigte man für das Gebäude beispielsweise einen steifen, lackierten Flor, dessen Herstellungsweise nicht mehr bekannt ist (obwohl Schuhe der Han- und Hüte der Song-Zeit nach derselben Methode gefertigt wurden); man kann heute zwar dasselbe Erscheinungsbild erzeugen, das Objekt an sich aber nicht reproduzieren. Der World Monuments Fund stellte Dokumente zur Verfügung, aus denen hervorging, wie mit Hilfe mikroskopischer Verfahren und anderer wissenschaftlicher Methoden viele der ursprünglichen Techniken rekonstruiert werden konnten, mit denen bestimmte Effekte erzielt wurden. Auf diese Weise war es möglich, jene Techniken, bei denen oft in mehreren Schichten übereinander gemalt wurde, mit hoher Präzision nachzuahmen. Bei der Konservierung des Juanqinzhai mussten östliche und westliche Konzepte, Stile, Techniken und Materialien kombiniert werden, wie es schon beim ursprünglichen Gebäude und Garten der Fall gewesen war. Längst in Vergessenheit geratene Handwerkskünste mussten neu erfunden und wieder erlernt und schließlich auch den modernen Technologien angepasst werden. Ohne wissenschaftliche Analysen hätte man die alten Techniken nicht nachvollziehen und neu konzipieren können, und die Ausführung bedurfte außerordentlicher Präzision.

Bei der Übertragung von Techniken der Miniaturkunst auf große Flächen hatten Qianlongs Handwerker neue Schichten zum Unterlegen entwickelt, um ihren Arbeiten Stabilität zu verleihen. Nun mussten die Konservatoren ebenfalls herausfinden, wie sie Restaurierungspraktiken, deren sie sich bei Schnupftabakdosen und anderen Kleinobjekten bedienten, in vergleichsweise riesige Dimensionen übertragen konnten. Auf der Suche nach bewanderten Kunsthandwerkern nahm man Kontakt zu den Gouverneuren der Südprovinzen auf; es reisten Spezialisten aus Anhui westlich von Nanjing und aus Zhejiang südlich von Schanghai an. Die Konservatoren waren der Ansicht, das Papier, das sie für ihre Arbeit benötigten, müsse nach chinesischer Methode hergestellt sein. Daher ließen sich die chinesischen Projektmitarbeiter von einem englischen Papiermacher eine Technik beibringen, die ursprünglich aus China stammte. Alle Arbeiten mussten innerhalb der Mauern der Verbotenen Stadt durchgeführt werden, um nicht Gefahr zu laufen, dass ein Original hinausgelangte und man nur eine meisterhafte Kopie zurückbekam. Nicht zuletzt aufgrund der Erfahrungen, die das Kulturerbezentrum der Universität Tsinghua bei dieser internationalen Zusammenarbeit sammeln konnte, bietet die Fakultät inzwischen den Aufbaustudiengang Denkmalschutz für Holzgebäude sowie für historische Innenräume und Möbel an. Es ist das erste Aufbaustudium, in dem die Konservierung historischer chinesischer Innenräume und Möbel erlernt werden kann.

Qianlongs Garten und seine Gebäude, ersonnen für einen Kaiser, der einen einsiedlerischen Philosophen spielen wollte, zeigen uns nicht, wie er lebte, da er nie an diesem Ort wohnte. Aber der Komplex zeigt uns, wie er dachte: Er wünschte sich, dass so das Paradies aussehe. Es ist ein Gedankenspiel über die letzten Lebensjahre, ein Sinnieren darüber, was es bedeutet, alt zu werden. Mit seiner maßlosen Poesie, seiner luxuriösen Ausstattung und seiner stellenweise asketischen Strenge bringt er die Ambiguität von Macht und Entrücktheit zum Ausdruck. Etwa zur selben Zeit, in der Qianlong diesen kaiserlichen Ruhesitz errichten ließ, gab Marie Antoinette in ihrem Hameau de la Reine in Versailles mit ihrem Hirtenstab die Unschuld, doch was bei ihr wie Manieriertheit erschien, war bei Qianlong echter Idealismus. Auf der Cloisonné-Tafel im Juanqinzahi liest man die kaiserlichen Worte: »Angesichts von Zehntausenden Problemen müssen in einem Herzen geistige Reinheit und Klarheit walten.« Das Leben eines Kaisers bringt Chaos und Unruhe mit sich; der Ruhesitz sollte hingegen der Ort sein, wo Klarheit und Licht herrschten.

ANTARKTIS

Abenteuer in der Antarktis

Travel + Leisure, November 2008

Der Katastrophentourismus ist eine fragwürdige Branche – man bringt Leute an Orte, die es so bald nicht mehr geben wird, während man hofft, dass die Menschen, denen man sie zeigt, motiviert werden, sie zu retten. Die Antarktis ist gegenwärtig besonders bedroht. Große Teile von ihr schmelzen, und die Wassertemperatur des Meeres ändert sich, was eine Gefahr für die Ökosysteme der Welt darstellt. Wir finden es in der Regel schockierender, einen großen Mann stürzen zu sehen als einen unbedeutenderen; deshalb lassen wir uns von den Tragödien der Vergangenheit fesseln, deshalb sind die Helden Shakespeares so oft Könige. Die Antarktis ist ein mächtiger Herrscher kurz vor dem Untergang.

Als mein Mann und ich die *Nimrod*-Expeditionsfahrt zum hundertjährigen Jubiläum von Sir Ernest Shackletons *Nimrod*-Expedition in die Antarktis buchten, hätte uns eigentlich bewusst sein müssen, dass sein Marsch zum Südpol ein Fehlschlag gewesen war und dass es hieß, das Schicksal herauszufordern, wenn man eine Reise unter diesem Namen antrat. Aber wir versuchten ja lediglich zu kopieren, was ihm gelungen war – eigentlich auch nur einen Teil davon –, und nicht das, woran er scheiterte. Nach hundert Jahren technologischen Fortschritts gingen wir davon aus, die von ihm gebaute Hütte am Ufer des Rossmeers problemlos erreichen zu können, die damals zwar nur für einen Winter errichtet worden war, aber immer noch steht, Zeugnis ihrer hohen Qualität und einem Klima geschuldet, das selbst für zersetzende Mikroorganismen lebensfeindlich ist.

Bevor wir am Neujahrstag des Jahres 2008 um vier Uhr nachmittags in Lyttelton, Neuseeland, vom selben Liegeplatz aus in See stachen, von dem auch Shackleton am 1. Januar 1908 aufgebrochen war, wurden wir in der anglikanischen Kirche gesegnet, in der Shackletons Crew gebetet und die Navy-Hymne mit dem Kassandra-gleichen Refrain gesungen hat: »Wir bitten Dich, mit Gnade steh'/bei Menschen in Gefahr zur See.« Es hatte sich eine beachtliche Menge eingefunden, darunter auch Nachkommen von Shackletons Mannschaft. Eine Blaskapelle spielte, und Samojeden, deren Vorfahren Shackletons Schlitten gezogen hatten, bellten uns zum Abschied zu, während die Menge winkte und wir von demselben Schlepper aufs offene Meer geleitet wurden wie einst die *Nimrod*.

An der Reling auf dem oberen Deck unseres Schiffs hatte man ein kleines Spruchband befestigt – von der Art, wie ein Waschsalon seine Eröffnung ankündigen würde –, auf dem übereinstimmend mit dem uns zugegangenen Werbematerial SPIRIT OF ENDERBY stand. Hingegen behaupteten riesige kyrillische Buchstaben auf dem Rumpf des Schiffes, es handle sich um die PROFESSOR KHROMOV, was durch die Aufschriften auf den Rettungsbooten, den Karten und der Ausrüstung an Bord bestätigt wurde. Wir klarierten auch unter diesem Namen in den Häfen ein und aus, denn *Professor Khromov* war der eigentliche Name des Schiffs und *Spirit of Enderby* lediglich der überschwänglichen Phantasie unseres Reiseleiters Rodney Russ, des Besitzers von Heritage Expeditions, geschuldet. In derselben Broschüre zu unserer Einstimmung war es als »renoviertes russisches Eisklassen-Schiff« bezeichnet worden. Darunter hätte man mehr Eingriffe vermutet, als ein sowjetisches Forschungsschiff von 1983 lediglich mit einem strapazierfähigen blauen Teppichboden auszustatten – aber wir waren ja nicht wegen opulent eingerichteter Kabinen an Bord gekommen. Die spartanische Unterbringung schien letztlich auch ganz gut zu unserer draufgängerischen Unternehmung zu passen.

Die erste Attraktion auf unserer einen Monat langen Reise waren zwei Tage später die Snaresinseln, eine der wenigen subarktischen Inselgruppen zwischen Neuseeland und der Antarktis. Es gibt dort eine solche Menge von Seevögeln, dass jeder Pfad direkt an Nestern oder

Brutplätzen vorbeiführt; also tuckerten wir in Zodiacs näher heran und erfreuten uns am Anblick der dort heimischen Dickschnabelpinguine. Wieder an Bord mischten mein Partner John und ich uns unter die übrigen sechsundvierzig Passagiere, darunter zwei weitere Amerikaner, ein Kanadier, ein Typ aus Costa Rica und einige wenige Neuseeländer, zudem Australier, Weiße aus Simbabwe und Namibia, und Briten. Bei der Weiterfahrt pflügten wir durch bis zu zwölf Meter hohe Dünung, bei der ich mich fühlte wie ein Waschlappen, der unentwegt im Trockner herumgeschleudert wird; man erklärte uns, dass die *Professor Khromov* aufgrund ihrer Eisverstärkung bei rauer See leider etwas unruhig im Wasser liege. Wir fanden heraus, wie wir unsere Habseligkeiten so verstauen konnten, dass Laptops und Kameras von Pullovern und Thermo-Unterwäsche abgepolstert und nicht mehr laut hörbar durcheinandergeworfen wurden. Selbst in der relativen Abgeschirmtheit unserer Kabine knallte man in der Koje immer wieder an das Kopf- und Fußende, so dass einem abwechselnd Hals und Knie gestaucht wurden. Dabei hatte ich gehofft, bei einem sportlichen Abenteuer in fordernden Breitengraden etwas leichter, aber nicht unbedingt auch kürzer zu werden.

Enderby Island, wo wir als Erstes anlegten, blieb dankenswerterweise fest an seinem Platz, wie es Inseln zu tun pflegen. Die gesamte Landmasse ist von Gestrüpp überwuchert: Es gibt Felder voller blühender Büsche, anderes stacheliges Gewächs, das sich in die kalte, harte Erde krallt, und verschiedene hohe büschelige Gräser, die schön anzuschauen sind, aber einem das Vorankommen schwermachen. Wir sahen eine atemberaubende Ansammlung von Vögeln, darunter Raubmöwen, verschiedene Albatross-Arten und hin und wieder auch Gelbaugenpinguine. Überall stießen wir auf Neuseeländische Seelöwen und verstanden nun, warum man sie »Löwen« nennt: Sie waren groß wie amerikanische Kühlschränke, hatten dicke Halskrausen und hoben laut brüllend die Köpfe, wenn man ihnen zu nahe kam – was bei dem unwegsamen Untergrund hin und wieder passierte. Ihre Entscheidung, den Strand hinter sich zu lassen und sich ins Dickicht zu verziehen, wirkte irgendwie surreal – als wollten sie einem vormachen, sie seien ganz normale Landtiere. Immer wieder erhoben sie sich auf alle vier Flossen und stapften mühselig durch das Gras, stur und behäbig wie alte Esel.

Auf dem Weg zur Macquarieinsel zwei Tage später hatten wir erneut raue See. Die ganze Insel ist Naturschutzgebiet mit einer kleinen Forschungsstation, zu der nur wenige hundert Besucher pro Jahr Zutritt haben. Ihre Küsten sind dicht mit Hauben-, Königs-, Esels- und Felsenpinguinen bevölkert, dazwischen lagen See-Elefanten. Neugierig scharten sich die Pinguine um die Besucher, und wenn man einem Haubenpinguin den Finger hinhielt, knabberte er daran. Da sie ihre als Flossen tauglichen Flügel vornehmlich zum Gestikulieren gebrauchten und einander zunickten, während sie herumflitzten, ähnelten sie Pendlern an der Grand Central Station, die darauf warteten, dass das Abfahrtsgleis für ihren Zug bekanntgegeben wurde; einige, die in der Mauser waren, erinnerten an ältere Damen in mottenzerfressenen Pelzmänteln. An einem Ende der Insel brüteten mehr als zweihunderttausend Königspinguin-Paare in solcher Enge, dass Tokio dagegen luftig wirkt. Robben ließen sich aufeinander fallen, so dass sie sich zu Pyramiden auftürmten, wie sie die Cheerleader in den Highschools der fünfziger Jahre perfektioniert hatten. Die jüngeren hatten unfassbar niedliche Gesichter mit riesigen feuchten Augen; die älteren Männchen hingegen schwabbelnde, von Kämpfen zerschrammte große Knubbelrüssel.

Nachdem wir breitengradmäßig die wilden Vierziger, die kreischenden Fünfziger und eine zirkumpolare Sturmzone durchquert hatten, waren wir nun bereit für den langen Schlag durch den Südpazifik, wo uns keine nennenswerten Landmassen mehr von den um den Erdball peitschenden Winden abschirmen würden. Rodney ließ eine Wette laufen, wir sollten schätzen, wann wir den ersten Eisberg sichten würden; die Vogelexperten an Bord zählten die verschiedenen Spezies; und wir wurden uns dieses siebten Kontinents sehr bewusst. Shackleton erfuhr eine Verehrung, als sei er Gurdjieff, und es wimmelte an Bord vor Polarforschungsexperten. Der helle und stürmische Seegang der Subarktis wurde allmählich dunkler und träger, fast wie die Muskelbewegungen eines schwerfälligen Kolosses unter straffer Haut. Am 12. Januar befanden wir uns dann plötzlich in einem

Puzzle aus schwimmendem Packeis; die dunklen Wasserlinien zeichneten ein großes schwarzes Spinnennetz zwischen die schneebedeckten Schollen. Die Treibeisstücke hatten Durchmesser von bis zu sechs Metern und zeigten sich mal als Adler oder als VW Käfer, mal als Emoticon oder als die Reliefkarte von Spanien. In den meisten Klimazonen gibt es Sonnenlicht und Schatten oder ein neutrales Grau, hier aber hatten wir es quasi mit einem schattenlosen verstärkten eisig-weißen Stroboskoplicht zu tun. Bei dem älteren Eis hing hin und wieder eine türkisfarbene Schürze direkt unter der Wasseroberfläche; und auf ein paar Eisbergen reflektierten einzelne Flächen strahlendes Himmelblau. Woanders erfasst man vieles, was schön ist, auf einen Blick; in diesen Breiten wird der Besucher schier erschlagen von der feindlichen, exquisiten, primitiven endlosen Weite, die man nur deuten kann, wenn man sich hineinbegibt. Im Eis endet die Welt. Russische Crewmitglieder standen am Bug und hielten Ausschau nach ernsthaften Hindernissen; uns wies der Erste Offizier an, dasselbe backbord und steuerbord zu tun. Auf der Brücke überprüfte der Kapitän die Seekarten. Das Schiff schob sich jeweils ein Stück auf eine flachere Eisscholle, bevor das Gewicht des Rumpfs sie herunterdrückte und aufbrach. Spät am Nachmittag wurden wir alle aufs Vordeck gerufen, wo Glühwein ausgeschenkt wurde, während wir den südlichen Polarkreis überquerten.

Wir fuhren ungefähr den hundertachtzigsten Längengrad entlang nach Süden in ein Gebiet, wo saisonale Strömungen normalerweise die Passage durch das Rossmeer ermöglichen. Hier herrschte das nie nachlassende Tageslicht des antarktischen Hochsommers, und viele von uns blieben diese und die nächste Nacht bis halb drei Uhr morgens auf, um es zu genießen. Am folgenden Vormittag, dem 14. Januar, gab es schlechte Nachrichten. Bei einem »Briefing« in dem stickigen Vortragsraum im Schiffsinneren teilte uns Rodney mit, dass das Packeis dicker war als erwartet und wir gegen drei Uhr morgens um hundertachtzig Grad gewendet hatten und zurückliefen, weil wir versuchen wollten, das Eis weiter östlich zu durchfahren. »Das Schiff wäre auch auf dem anderen Kurs durchgekommen«, erklärte er uns.

»Aber wir haben hundertdreißig Seemeilen mit Packeis vor uns und laufen nur drei Knoten.« Meine rudimentären Rechenkünste sagten mir, dass wir somit zwei Tage länger gebraucht hätten, und ich fragte mich, ob es dann klug war, einen ganzen Tag zurückzufahren, aber meine mangelnde Erfahrung ließ mich schweigen. Als Nächstes sprach Dmitri, der Kapitän. »Das Schiff ist kein Eisbrecher«, radebrechte er auf Englisch. »Dieses Eis ist zu viel.«

Jemand gab unserer kollektiven Besorgnis Ausdruck. »Kann es sein, dass wir gar nicht durchkommen?«

Rodneys Gesicht war aschfahl. »Ich habe sechsunddreißig Fahrten zur Antarktis gemacht und bin immer durchgekommen.« Er klang, als hätte ihn ein alter Freund mit dem Dinner sitzenlassen, das er ihm zu Ehren ausgerichtet hatte. Als wir an Deck gingen, wirkten die großen Meereisflächen, die uns bei ihrem ersten Anblick mit solcher Vorfreude auf die von uns zu erforschende Polarwelt erfüllt hatten, wie bedrohliche Hindernisse für unser Weiterkommen. Hatte uns das leise *ka-dong*, wenn die Schollen gegen den Rumpf schlugen, einst entzückt, waren wir nun in beständiger Sorge, dass wir in eine Eis-Sackgasse geraten waren und unsere Expedition kurz vor dem verlockend nahen Rossmeer abbrechen mussten. Unsere heiteren Plaudereien klangen jetzt gezwungen, wie Kommentare über das schöne Wetter in einem Kriegsgefangenenlager. Den ganzen nächsten Tag herrschte eine merkwürdige Atmosphäre, wie in einem schwimmenden Bunker. Wir gingen regelmäßig zu Briefings hinunter in den Vortragsraum, wo Rodney uns erklärte, was auf den Eiskarten gut aussah, und Dmitri uns zeigte, was schlecht war. Manche Passagiere machten sich stark dafür, es unbedingt zu probieren, andere wiederum plädierten fürs Aufgeben.

Das Schiff lief einen Kurs von hundertachtundsiebzig Grad Richtung arktisches Festland. Als es am dritten Abend Schlafenszeit war, hob und senkte es sich auf dem Eis, doch als wir aufwachten, rührte es sich nicht mehr, und wieder einmal marschierten wir gehorsam hinunter in den Vortragsraum. Rodney war jede Nacht bis drei Uhr morgens aufgeblieben, um Dmitri zu überreden oder massiv zu drängen, auf Kurs zu bleiben; Dmitri wollte um drei Uhr morgens schlafen gehen, und da um diese Zeit keine Passagiere intervenieren konnten, war es ein klassischer Zeitpunkt, Expeditionen scheitern zu lassen. Für einen unbedarften Beobachter schien das Eis, das wir durchquert hatten, nicht anders als das jetzige, und das Schiff schien mal schneller, dann wieder langsamer, aber doch immer stetig voranzukommen. Aber wieder einmal hatte der Kapitän um drei Uhr morgens das Eis für nicht passierbar erklärt. Rodney gab zu, dass es für die Jahreszeit ungewöhnlich dick war, betonte aber, dass das Schiff es schaffen könne. Der Kapitän, der eine entschieden russische Art hatte, gleichzeitig unkommunikativ und melodramatisch zu sein, widersprach, das Eis sei »immer noch zu viel«, und zuckte die Achseln und sagte: »Ich hab's schwerlich versucht«. Wir fürchteten, dass dies eher zutraf als: »Ich hab's schwer versucht«, was er wohl hatte sagen wollen. Es sah ganz danach aus, als würden wir nicht durchkommen.

Rodneys Augen füllten sich mit Tränen, als er uns erklärte, wie hart dieser Fehlschlag für ihn sei – ganz so, als hätte er in seiner Lage das größte Mitgefühl verdient. Zuerst gab sich jeder schrecklich britisch, bewahrte Haltung und verzog keine Miene, doch viele Passagiere räumten später ein, dass sie an diesem Tag in ihrer Kabine geheult hatten, als könnte ihr salziger Tränenstrom das gefrorene Salzwasser vor uns zum Schmelzen bringen. Ein paar verstiegen sich zu frömmelnden Reden, wie erquickend es doch war, daran erinnert zu werden, dass die Natur einem nicht immer das gewährte, was man von ihr forderte. Dann stellte einer die Frage, die auf der Hand lag: Wenn wir nicht zur Antarktis vorstoßen konnten, wie würden wir dann die nächsten fünfzehn Tage verbringen? Rodney hatte noch nicht darüber nachgedacht. »Was würden Sie denn gern machen?«, erkundigte er sich. Es war leichtsinnig, eine Reisegruppe darüber entscheiden zu lassen, die sich weder einig war noch profunde Kenntnisse hatte. Binnen kurzem flogen die absurdesten Vorschläge durch den Raum.

Auf der *Professor Khronow* machte sich ansteckende Traurigkeit breit. Es handelte sich weder um eine absolut großartige noch eine irrwitzig luxuriöse Reise, aber sie war außerordentlich kostspielig gewesen, und viele hatten dafür einiges auf sich genommen. So hatte Conrads Familie acht Jahre lang gespart, um ihm diese Fahrt zum fünfzigsten Geburtstag schenken zu können. Lynne, die schon einmal mit Heritage unterwegs gewesen war, hatte ihren Mann und fünf Freunde überredet, sich ihr bei diesem großen Abenteuer anzuschließen. Nicks Mutter hatte ihn auf dem Totenbett darum gebeten, das kleine Erbe, das sie ihm hinterließ, für seinen Kindheitstraum einer Antarktisreise auszugeben. Und Greg hatte sämtliche Urlaubstage, bezahlte und unbezahlte, genommen, so dass er erst 2009 wieder freihaben würde. Lauren wiederum hatte ein ganzes Jahr über ihre Pensionsgrenze hinaus gearbeitet, um sich diese Fahrt mit Stephen leisten zu können. Und die coolen Kids – Dean, José, Glenn, John und Carol –, die als Crewmitglieder auf Yachten der Spitzenklasse arbeiteten, hatten sich schon vor drei Jahren für diese Expedition angemeldet und dafür sämtliche Ersparnisse hingeblättert. Es war etwas Shakespearehaftes an dieser Enttäuschung, gegen die man nichts ausrichten konnte. Die britische Neigung, das Beste aus einer schlimmen Lage zu machen, kollidierte mit der amerikanischen Angewohnheit, unmögliche Träume wahr machen zu wollen. Und so hielten sich die Briten und Neuseeländer an ihr Sprichwort: »Wenn man dir Zitronen gibt, mach daraus Limonade.« Die Australier, Amerikaner und Afrikaner wiederum waren eher geneigt, den Verantwortlichen für ihre Enttäuschung mit den Zitronen zu bewerfen.

In der ersten Nacht nach der Kapitulation standen nur wenige von uns Wache, um die riesige Flächen Meereis zu beobachten. In gewisser Weise war es unverständlich, wie tief unsere Enttäuschung saß, obwohl wir uns in dieser fremdartigen Welt befanden. Denn neben der Trauer über den Ort, den wir nicht erreicht hatten, staunte ich oben an Deck über das, was sich mir bot. Um zehn Uhr abends gab die sogenannte Mitternachtssonne ein spektakuläres Debüt und vergoldete einen Schäfchenwolkenhimmel über hügeligem Presseis, das mit seinen Furchen aussah wie Baisers. Wir sahen Säugetiere und Vögel und wetteiferten darin, sie mit unseren vielen Digitalkameras im Bild festzuhalten – ob die seltene Rossrobbe oder die weitverbreiteten Adelie-Pinguine, die mal allein, mal zu viert selbstgefällig auf ihren Eisinselchen saßen, bis unser Schiff sie beinahe erreicht hatte, und dann mit einem Bauchplatscher ins Wasser hüpften. Der

Schneesturmvogel umkreiste uns und ähnelte mit seinem weißen, ins Sonnenlicht getauchten Federkleid Darstellungen des Heiligen Geistes in der niederländischen Renaissancemalerei. Wenn man auf der Metalltreppe stand, konnte man sich über den Bug nach vorne beugen und sah sich auf den glattesten Eisstücken in Spektralfarben gespiegelt, bevor das Schiff sie zerbarst. Die Luft war das reinste Stärkungsmittel.

Doch irgendetwas Unleidliches in uns ließ sich nicht besänftigen durch das beständige Licht dieser weißen Nichtwelt, durch die wir hoffnungslos dahintrieben, fernab des letzten Kontinents und außerhalb jeder Zeit. Grundsätzlich und auf Reisen ganz besonders gilt, dass sich Menschen von jedem Extra entzücken lassen, doch völlig verzweifeln, wenn sie etwas nicht bekommen, womit sie gerechnet haben. Auch wenn Sie zuvor noch nie von dem Chamäleon mit Hammerzeh im Kreuzgang des Klosters St. Yvette gehört haben, empfinden Sie große Genugtuung, wenn Ihnen der Reiseführer erzählt, was für ein Glück Sie hatten, dieses seltene Exemplar zu sehen, und wenn Sie erfahren, dass es von der Laune der Schwestern abhängig gewesen war, dass sich die Klosterpforte für Sie geöffnet hatte, durchströmt Sie ein Hochgefühl. Passiert aber das Gegenteil, sind Sie nicht nur enttäuscht, sondern fühlen sich betrogen. Sie verfluchen sich, weil Sie so viel Geld für ein Erlebnis ausgegeben haben, das Ihnen nun entgangen ist. Schon jetzt ärgern Sie sich über den Refrain Ihrer späteren Reiseschilderungen: »Tja, wir haben es nicht geschafft.«

Mit stark beschnittenen Hoffnungen stellten wir uns am nächsten Tag in eine Schlange, um eine Zodiac-Tour rund um Scott Island zu machen, eine selten besuchte Felszunge nördlich des dicksten Packeises. Elektrisiert sahen wir einen Seeleoparden – bekannt dafür, auch Menschen anzugreifen – in der Sonne liegen wie eine Kreuzung aus Meeresschnecke und Dinosaurier. Beim Nachmittags-Briefing sagte Rodney, er glaube, dass das Eis im Süden durchlässiger werde, und schlug vor, noch ein bis zwei Tage in der Nähe von Scott Island zu verbringen, denn womöglich bestand eine Chance, doch noch durchzukommen. Sogar die Atheisten gingen an diesem Abend mit einem Gebet auf den Lippen zu Bett. Durch die Verzweiflung, die wir vor uns herschoben, entstand eine fragile Kameradschaft zwischen uns, als würde uns diese Erfahrung zusammenschweißen wie Soldaten im Kampf, wenn auch mit dem beklemmenden Gefühl, dass wir einander wie in dem Drama *Geschlossene Gesellschaft* nicht entkommen konnten.

In Anbetracht der bedrängten Umwelt und der spektakulären Verkleinerung der Eisschelfe hatte die geringe Wirkung der Erwärmung auf die polare Landschaft vor uns etwas Beruhigendes. Wir alle hatten gefürchtet, in eine grüne Antarktis zu kommen, und begegneten nun einer unbarmherzig gefrorenen Gelassenheit. Obwohl wir darauf hofften, doch noch auf Kurs bleiben und bis zum Kontinent durchbrechen zu können, ließ uns die majestätische Umgebung ehrfürchtig staunen. Zwar beteten wir, dass das dicke Eis vor dem Bug unseres Schiffes verschwinden würde, doch wir hofften zugleich, es würde unserer Erde erhalten bleiben.

Am nächsten Tag blieben wir in der Nähe von Scott Island und warteten weiter. Die schrecklichen Briefings ähnelten immer mehr den bewusstseinsbildenden Sessions in den siebziger Jahren, bei denen jeder Teilnehmer etwas von sich preisgeben musste, während die anderen die Zähne zusammenbissen. Rodney konzentrierte sich jetzt auf die Frage, wie lange es dauern würde, wieder aus dem Rossmeer herauszukommen, falls wir hineinkämen. Uns erschien es inzwischen weniger schlimm, bei der Rückfahrt erneut Probleme zu bekommen, als es erst gar nicht hineinzuschaffen. Allmählich begann ich, die ehemaligen Polarforscher zu verstehen, die so unbedingt an die Pole vorstoßen wollten, dass sie sich in unkartiertes Gebiet wagten, ohne zu wissen, ob sie je zurückkehren würden; denen die Gliedmaßen erfroren oder die schneeblind im Sturm und in Gletscherspalten verschwanden. Dmitri verkündete, dass es mehrere Tage dauern würde, durch das Eis zu kommen, dass wir durch dasselbe Eis zurückmüssten und dass wir dafür nicht mehr genügend Zeit hätten. Der Kapitän habe recht, sagte Rodney nicht sehr überzeugend.

Die Leute waren am Boden zerstört und zugleich auch empört. Jetzt war das Problem die fehlende Zeit, und das nach all diesen Tagen, die mit dem vielen Hin und Zurück verschwendet worden waren. Rodney hatte geglaubt, wir könnten die Durchfahrt schaffen. Dmitri hatte sich geweigert, es zu wagen. Wir waren Schachfiguren im Wettkampf zweier Charaktere gewesen. Was die Natur einem antut, akzeptiert man mehr oder weniger mit Fassung. Doch sind die Gründe menschengemacht, schürt das die Wut. Hätte man uns mitgeteilt, Ursache für die Probleme sei wirklich das Eis, hätten wir es hingenommen; doch dieses Zusammenspiel von inkompetenter Stümperei und persönlichem Konflikt machte einem schwer zu schaffen. In dieser Nacht bemerkte Ian oben auf der Brücke, das Schiff liefe nur neun Knoten, da es »eher auf Bequemlichkeit als auf Geschwindigkeit hin gebaut war«. »Ich finde, es wird weder dem einen noch dem anderen gerecht«, meinte Mary. Damit war in etwa alles gesagt. Eine Reihe von Passagieren hatte *Die schlimmste Reise der Welt* gelesen, eine brillante Schilderung der verhängnisvollen Expedition von Robert Falcon Scott 1910 – 1913, und wir begannen, die *Nimrod*-Jubiläumsfahrt als »zweitschlimmste Reise der Welt« zu bezeichnen.

Uns blieben immer noch zwei Wochen. Wir würden im Westen auf Eisberg-Safari gehen, ehe wir die Subantarktis querten und nach Neuseeland zurückfuhren. Bis jetzt waren wir nur viermal an Land gewesen, und die unerschrockenen Abenteurer an Bord bekamen allmählich eine Art Lagerkoller. Ich hatte Kälte immer gehasst, aber eingesperrt wie in diesen Tagen empfand ich das Frösteln an Deck als seltsam erregend und genoss das Taubheitsgefühl meiner Finger und der Nasenspitze. Auch wenn wir die Antarktis nicht erreicht hatten, herrschte antarktische Kälte, durch die wir uns den Pinguinen, Robben und Walen kurzzeitig ganz nahe fühlten. Wie um uns zu beweisen, dass wir dennoch weit gekommen waren, warfen wir mit neuem Vokabular um uns: Eisbrei und Scheibeneis, Nadeleis und Presseishügel, Tafeleisberg und Treibeisstücke, einjähriges Eis und mehrjähriges Eis, Packeis und Windgangeln. Nicht nur die Inuit hatten hundert Wörter für Schnee, wir auch.

Schließlich tauchten die Eisberge vor uns auf. Viele glichen fast schon Avantgarde-Architektur: Wir sahen den Frank-Gehry- und den Santiago-Calatrava-Eisberg, den liebenswert altmodischen Frank-Lloyd-Wright-Eisberg und auch verschiedene Walmart- und IKEA-Eisberge, über die wir lieber schweigen wollen. Sie straften das Allerweltswissen Lügen, dass Schnee weiß ist. Schnee ist blau, mit weißen Reflexionen in bestimmtem Licht, nur dass sie manchmal auch grün oder gelb aufblitzen, und sehr selten rosa geriffelt. Im glazialen Herzen des Eisbergs ist der dichte Schnee gefangen, der alles bis auf das blaueste Licht absorbiert, das leuchtet, als wären die Neonfragmente eines tropischen Himmels von einem Orkan eingefangen und hierher in den Süden geblasen worden. Der letzte Tafeleisberg, dem wir uns näherten, entbot uns einen grandiosen Gruß zum Abschied von der antarktischen Phantasie, die uns zusammengeführt hatte. Es war der schönste und der größte von allen, die wir gesehen hatten – und gerade als wir in unserem Zodiac ganz dicht an ihn herangekommen waren, kalbte er, und eine dicke Scheibe von der Größe eines Mehrfamilienhauses tauchte brüllend in die eisige See.

Von den Inseln, an denen wir bei unserer langsamen, trübsinnigen Rückfahrt vorbeikamen, war Campbell Island besonders erfreulich. Dort nisten Königsalbatrosse, und eine Gruppe von uns hatte das seltene Vergnügen, eine ihrer Wachablösungen zu sehen – wenn ein Männchen sich anstelle des Weibchens auf die Eier setzt, damit sie aufs Meer hinausfliegen und sich Nahrung beschaffen kann. Nach seiner Rückkehr und einer halben Stunde liebevollen gemeinsamen Brütens stakste das Weibchen vorsichtig aus dem Nest, und das Männchen begann seine lange Schicht. Sogar unser mitreisender Ornithologe hatte dieses Ritual noch nie gesehen.

Ansonsten bestand unsere Strategie vorwiegend darin, Inseln anzusteuern, um ihre Anhöhen zu betrachten und diese dann zu besteigen, um von dort aus das Schiff zu betrachten, bevor wir wieder aufs Schiff zurückkehrten und einen letzten Blick auf die Anhöhen warfen. Rodney stürmte voran und überließ es seinen älteren Kunden, sich ohne Hilfe durch steile und glitschige Schluchten zu kämpfen. Die Leute hakten die Tage im Kalender ab. Nicht dass die Inseln uninteressant gewesen wären, aber Heritage bot Touren durch die Subantarktis an, die nur eine Woche dauerten und pro Person etwa 5000 Dollar kosteten. Diese Reise hingegen hatte die Zeitschrift, die uns beauftragt hatte, inklusive der verschiedenen Extras mehr als

40 000 Dollar für die Doppelkabine gekostet, und da waren der Flug nach Neuseeland und die Entschädigung für den Arbeitsausfall noch nicht eingerechnet.

Wir warteten, dass uns Rodney zumindest eine teilweise Rückerstattung anbot oder einen Abend lang freihielt, aber nichts dergleichen. Als ich ihn darauf ansprach, sagte er: »Diese Reise hat mich genauso viel gekostet, als wenn wir ans Ziel gekommen wären.« An unserem letzten Abend war das Wetter unfassbar schön, wir standen in einer hellen Wärme, die in diametralem Gegensatz zu unserem Reiseziel stand, und waren angesichts des klaren, blauen Himmels, des flirrenden Wassers und der sanften Schönheit der sommerlichen Küste Neuseelands unendlich niedergeschlagen.

Man konnte uns mit Touristen vergleichen, die ihr ganzes Leben lang davon geträumt hatten, einmal New York City zu sehen, und sich schließlich zu diesem Ziel aufgemacht hatten, nur um dann in Newark zu stranden und einen Monat dort festzusitzen. Die Enttäuschung brandete in Wellen an. Als Erstes der Schock. Dann das diffuse Gefühl, dass man nicht auf ewig niedergeschlagen sein konnte, ehe die sehr echte Freude darüber einsetzte, mehr als hundert verschiedene Spezies von Vögeln, Dutzende Säugetiere gesehen und den Wert eines Meeres aus Eis ermessen zu haben. Und schließlich das Gefühl, dass man das Schiff verlassen musste, ohne getan zu haben, wozu man aufgebrochen war – ein Gefühl der Wut und des Versagens, voller Selbstvorwürfe wegen der eigenen Leichtgläubigkeit und voller Zweifel. Als wir an Bord gingen, war in uns eine neue jugendliche Hoffnung aufgeflammt, und nun kehrten wir altersverdrossen zurück.

Anfangs hatten wir in der Ungezwungenheit bei Heritage Expeditions Bescheidenheit gesehen und die von Rodney heraufbeschworene Aura genossen, als Entdecker unterwegs zu sein. Doch die *Nimrod*-Jubiläumsexpedition war zu einer Katastrophe geworden, weil die Natur mit einem echten Problem aufgewartet hatte, das auf ebenso echtes Dilettantentum gestoßen war. Später erfuhren wir, dass ein anderes Schiff, die *Marina Svetaeva*, das gleichzeitig mit denselben Eismassen konfrontiert gewesen war, den Kurs geändert hatte, um die antarktischen Küste in der Commonwealth Bay zu erreichen.

Es lag etwas liebenswert Unverbildetes in dem Schwadronieren von Heritage, etwas beinahe Herzzerbrechendes in der Vorstellung, dass wir all dies gemeinsam durchstanden. Nie hatten wir das Gefühl, als Touristen einen gekauften Service in Anspruch zu nehmen; eher waren wir Fremde, die sich auf freundschaftlicher Ebene begegneten und bereit waren, Hand in Hand mutig hinaus in die größte noch verbliebene Wildnis der Welt zu stapfen. Auf diese Art zu reisen birgt großes romantisches Potential, aber auch Risiken, und bei uns haben die Risiken leider überwogen. Hätten wir das große weiße Ende der Welt erreicht, ich hätte genau jene Eigenheiten unserer Fahrt geschätzt, die ich an unserer gescheiterten beklagte. Dennoch hatten wir Schönheit von einer Art gesehen, wie es nur wenigen Menschen vergönnt war. Dieses Schild aus warmem Glück schützte uns vor dem eisigen Bedauern.

Das Meereis, das sich so negativ auf unsere Reise ausgewirkt hat, hat sich sogar noch vermehrt, weil weiterhin Gletscher auseinanderbrechen. Daher wird es auch für die Wissenschaftler immer schwerer, ihre Forschungsstationen zu erreichen.[198] Zusätzlich verschlimmert werden die Eisblockaden durch die heftigen Stürme, die infolge des polaren Ozonlochs, der Zunahme von Treibhausgasen und der Temperaturdifferenz durch die raschere Erwärmung der Tropen im Gegensatz zur Antarktis auftreten. Diese Winde treiben relativ warmes Wasser unter die Gletscher und bringen sie zum Schmelzen. Bestimmte Struktureigenschaften verschiedener Gletscher in der Westantarktis machen sie besonders anfällig; durch die Rückbildung des westantarktischen Eisschilds wird der Meeresspiegel in naher Zukunft um mindestens einen Meter zwanzig steigen, ein Prozess, den die NASA für »unaufhaltsam« erklärt.[199] Unterdessen wird der Totten-Gletscher in der Ostantarktis gleich durch zwei Täler unter dem Eisschild von warmem Wasser unterspült. Er bildet eine Barriere vor dem Landeis, das in etwa einer Fläche von drei Vierteln des US-Bundesstaates Texas entspricht. Wenn er schmilzt, steigt der Meeresspiegel um mindestens weitere drei Meter.[200]

Am 24. März 2015 wurde an der Esperanza-Station an der Nordspitze der antarktischen Halbinsel die Rekordtemperatur von 17,5 Grad Celsius gemessen.[201] Die wärmeren Temperaturen lassen in der Antarktis neue Pilzsorten sprießen, Ende des 21. Jahrhunderts könnte es ein Viertel mehr Pilzsorten geben, was einen Ansturm invasiver Spezies begünstigen würde. Das wärmere Wetter hat die Antarktis auch zu einer attraktiven Destination für Königskrabben gemacht, die ein substantielles Risiko für andere Meerestiere darstellen, denen es an Abwehrmechanismen für sie fehlt. Auch spülen schmelzende Gletscher Eisen ins Wasser, was gut für das Phytoplankton ist und dadurch die Ernährungssituation der Pinguine verbessert, aber ebenso signifikant das Ökosystem zerstört.[202]

Das Verbot des Abbaus mineralischer Rohstoffe, geregelt im Umweltschutzprotokoll des Antarktisvertrags, endet 2048. Die Chinesen haben bereits vier Forschungsstationen auf dem gefrorenen Kontinent errichtet und bauen gerade die fünfte. Außerdem fischt China riesige Mengen Krill aus den arktischen Gewässern. Liu Shenli, Vorsitzender der China National Agricultural Development Group, sagte: »Die Antarktis ist eine Schatzkammer für alle Menschen, und China sollte hingehen und daran teilhaben.« Erst kürzlich hat China ein Fünf-Jahres-Abkommen mit Australien geschlossen, das es Schiffen erlaubt aufzutanken, bevor sie weiter in den Süden fahren; das ermöglicht es den Chinesen, Fische und andere Meereslebewesen zu fangen, die reichen Öl- und Mineralstoffvorkommen auszubeuten und frisches Wasser von den Eisbergen zu gewinnen. »China spielt in der Antarktis auf lange Sicht«, sagte Anne-Marie Brady, Professorin für Politikwissenschaft an der University of Canterbury in Neuseeland, und fügte hinzu, dass der Wunsch, dort Bergbau zu betreiben, »dem heimischen Publikum laut und deutlich« bekannt gemacht worden sei.[203]

INDONESIEN

Wenn alle die Gebärdensprache beherrschen
*Weit vom Stamm. Wenn Kinder ganz anders
als ihre Eltern sind,* 2013

Der australische Sprachwissenschaftler Nicholas Evans, den ich 2006 bei einem Fellowship-Programm kennengelernt hatte, erzählte mir von einem Dorf auf Bali, in dem eine verbreitete genetische Disposition für Gehörlosigkeit zur Entwicklung kultureller, um diese Behinderung kreisender Normen geführt hat, und seither wollte ich unbedingt einmal dort hinfahren.[204] Nach der frustrierenden Reise in die Antarktis freuten John und ich uns auf einen Zwischenstopp auf der Insel, bevor wir nach Hause flogen. So konnte ich endlich das Dorf besuchen.

Als ich Bengkala in *Weit vom Stamm* als Idylle bezeichnet hatte, meinten manche Leser, ich glorifiziere das primitive Leben edler Wilder. Aber es war nicht im Geringsten meine Absicht, den tagtäglichen Kampf der Bewohner eines Dorfes wie dieses zu beschönigen. Utopisch ist dieses Leben nur unter dem Gesichtspunkt von Behindertenrechten. Überall auf der Welt sind gehörlose Menschen Opfer sozialer Ausgrenzung; eine Gesellschaft, in der sich alle mit Gebärden verständigen können, ist der verwirklichte Traum von einer gemeinsamen Sprache, auch wenn dieses Idyll durch die Mühen der Feldarbeit getrübt wird.

In dem kleinen Dorf Bengkala im Norden Balis leiden seit zweihundertfünfzig Jahren zu jeder Zeit zwei Prozent der Bewohner unter einer angeborenen Gehörlosigkeit. Alle im Dorf sind mit gehörlosen Menschen aufgewachsen und beherrschen eine einzigartige, nur in diesem Dorf zu findende Gebärdensprache. Die Kluft zwischen den

Erlebniswelten hörender und gehörloser Menschen ist deshalb geringer als irgendwo sonst auf der Welt. Und ich stellte fest, dass die Taubheit, wenn sie so verbreitet ist wie hier, kaum Nachteile mit sich bringt. Gehörlose und Hörende heiraten einander ohne Bedenken, und die Menschen sind mit einem gehörlosen Kind genauso glücklich wie mit einem hörenden.

Bengkala hat auch den Namen Desa Kolok, Dorf der Gehörlosen. Als ich mich 2008 dort aufhielt, waren sechsundvierzig der zweitausend Dorfbewohner taub. Ich lernte hörende Eltern mit gehörlosen Kindern kennen, taube Eltern mit hörenden Kindern, taube Familien mit tauben Eltern und Kindern und taube oder hörende Eltern mit sowohl tauben als auch hörenden Kindern. In diesem armen Dorf ist das allgemeine Bildungsniveau niedrig, war aber früher unter den Gehörlosen noch geringer. Die Regierung bot Betroffenen lediglich Unterricht in einer Gebärdenversion der indonesischen Sprache an, und auf Bali befand sich die einzige Schule für Gehörlose in der Hauptstadt Denpasar. Die indonesische Gebärdensprache basiert auf derselben Grammatik wie die gesprochene Sprache und schreibt eine bestimmte Reihenfolge der Zeichen vor; Menschen, die vorwiegend in Bildern denken, tun sich schwer, sie zu erlernen. Kanta, ein nicht gehörloser Lehrer im Dorf, führte 2007 ein Programm ein, in dem er die Gehörlosen von Bengkala in ihrer eigenen Zeichensprache unterrichtete, die sich Kata Kolok nennt; die erste Gehörlosenklasse bestand aus Schülern im Alter zwischen sieben und vierzehn Jahren, weil auch die älteren keine formelle Bildung genossen hatten. Sie lernten das Fingeralphabet für balinesische Wörter und erwarben Rechenkenntnisse.

Die Bewohner der Dörfer in Nordbali leben in einem Clansystem.[205] Die Gehörlosen von Bengkala aber bewegen sich nicht nur in den Grenzen des eigenen Clans und laden zum Beispiel zum Geburtstag auch Angehörige anderer Clans ein, die zur Gehörlosengemeinschaft im Dorf gehören, während Hörende niemals jemanden aus einem anderen Clan einladen würden. Die Gehörlosen üben auch bestimmte traditionelle Berufe aus, etwa als Totengräber oder Polizist – obwohl es so gut wie keine Kriminalität gibt; sie reparieren

Rohre in dem häufig defekten Bewässerungssystem, und die meisten arbeiten daneben auch auf den Feldern und bauen Maniok, Taro und, für die Kühe, Elefantengras an. In Bengkala gibt es einen Häuptling, der die religiösen Zeremonien leitet, einen Häuptling, der von der balinesischen Regierung für die Überwachung der öffentlichen Aufgaben ernannt wird, und einen gehörlosen Häuptling, traditionell der Älteste unter den Gehörlosen.

Ich war in Begleitung des balinesischen Sprachwissenschaftlers I Gede Marsaja nach Bengkala gekommen, der in einem Dorf in der Nähe aufgewachsen war und sich eingehend mit Kata Kolok befasst hatte. Mit ihm stieg ich zu einem Fluss hinab, der am Fuße einer sechzig Meter hohen Felswand dahinrauschte. Einige Gehörlose aus dem Dorf warteten schon am Ufer, wo sie Rambutans anbauen. Im Lauf der nächsten halben Stunde gesellten sich auch die übrigen zu uns. Ich setzte mich auf eine rote Decke an der einen Seite einer großen Plane, und die Gehörlosen gruppierten sich um deren Rand. Manche sprachen mich mit Gebärden an, darauf vertrauend, dass ich sie schon verstehen würde. Gede übersetzte, und Kanta half ihm dabei. Ich lernte rasch ein paar Gebärden, und als ich sie anwandte, zeigten alle ein breites Lächeln. Anscheinend gab es in ihrer Sprache mehrere Ebenen und Zeichenformen, denn wenn sie sich mit mir unterhielten, konnte ich ohne weiteres diesen Pantomimekünstlern folgen, wenn sie aber miteinander sprachen, bekam ich noch nicht einmal heraus, worum es ging. Und gegenüber Gede verhielten sie sich wieder anders. Die Hörenden im Dorf sind nicht alle in gleicher Weise der Gebärdensprache mächtig, und obwohl Kata Kolok klare grammatische Regeln hat, können Menschen, die es nicht fließend beherrschen, auch einfache bildhafte Gebärden aneinanderreihen.

Die Kata-Kolok-Gebärde für *traurig* besteht darin, dass Zeige- und Mittelfinger auf die Augeninnenwinkel gelegt und dann nach unten gezogen werden, um Tränen anzudeuten. Das Zeichen für *Vater* ist ein über die Oberlippe gelegter Zeigefinger für einen Schnurrbart, das Zeichen für *Mutter* eine nach oben weisende Handfläche auf Brusthöhe, die einen imaginären Busen stützt. Gehörlosigkeit wird ausgedrückt, indem man den Zeigefinger ins Ohr steckt und kreisen lässt, *hörend sein*, indem man die Faust ans Ohr hält, dann schnell wegzieht und dabei öffnet, was an eine aus dem Schädel kommende Explosion denken lässt. Meint man ein Wort positiv, deutet man nach oben, will man etwas als negativ verstanden wissen, nach unten; ein Dorfbewohner, der eine Reise unternommen hatte, erzählte seinen Nachbarn, im Westen bedeute ein nach oben gereckter Mittelfinger etwas Böses, und so haben sie dieses Zeichen aus ihrer Sprache getilgt und richten den Mittelfinger nun nach unten, wenn sie *abscheulich* sagen wollen. Das Vokabular entwickelt sich ständig weiter, während die Grammatik ziemlich statisch ist. Wahrscheinlich haben sich die Regeln dieser Sprache wie bei den meisten Gebärdensprachen über Jahrzehnte herauskristallisiert. In der zweiten Generation ist eine Sprache stets komplexer und geordneter als in der ersten.

Die Bauern in dieser Gegend verfügen nicht gerade über einen riesigen Wortschatz, und dasselbe gilt auch für das Kata Kolok. Forscher haben etwa tausend Zeichen ausgemacht, aber die Gehörlosen selbst kennen mehr Gebärden und kombinieren sie zudem, um ihre Bedeutung weiter aufzufächern. In den Bildungsschichten der westlichen Welt ist Intimität ohne Wissen übereinander nicht denkbar, und dieses Wissen erweitert sich in dem Maße, in dem beide mit Hilfe der Sprache ihre Geheimnisse preisgeben. Aber manche Menschen haben nur eine geringe Neigung, sich verbal zu artikulieren, und ziehen es stattdessen vor, ihr Selbst durch die Zubereitung von Essen und in erotischer Leidenschaft oder bei der gemeinsamen Arbeit zu offenbaren. Für sie ist die in Wörtern enthaltene Bedeutung sekundär und eher ein Beiwerk der Liebe als deren Medium. Wir hatten hier eine Gemeinschaft vor uns, in der die Sprache weder für die Hörenden noch für die Gehörlosen die notwendige Voraussetzung für Vertrautheit und auch nicht das wichtigste Mittel war, um die Welt zu verstehen und sich in ihr bewegen zu können.

Nach dem Mittagessen legten vierzehn Männer einen Sarong und zwei Frauen phantasievolle Blusen aus Spitzenstoff an. Wie die meisten Gehörlosen spürten sie die Vibrationen der Trommel, und beim Tanzen schienen sie einige Bewegungen aus ihrer mimetischen Sprache aufzunehmen – man konnte erkennen, wann ihr Tanz suggerieren sollte, sie befänden sich auf einem Boot, rauchten oder flohen. Jede Frau forderte einen der Männer zum Tanz auf, und als eine auf mich zutrat, schlug ich ein; beim Tanzen legte sie mir ein Blumenband um den Hals. Irgendwann bemerkten die Frauen, ihnen sei heiß und sie seien müde, da die Luft unglaublich feucht war, und sie hörten auf. Die Männer boten daraufhin an, uns die Kampfkunst vorzuführen, die sie als Sicherheitsleute des Dorfes anwandten. Ich war gespannt, wie sie ihre Gebärdensprache und den Einsatz von Händen und Füßen als Waffen miteinander verbinden würden. Ein junger Mann namens Suarayasa weigerte sich zunächst, in den Ring zu steigen, bis seine Mutter ihn drängte mitzumachen. Bei seiner Vorführung machte er dann immer wieder das Zeichen für »Schaut mich an!«. Es war eine wilde und zugleich spielerische Darbietung.

Die Frauen reichten jedem eine Flasche Sprite, dann schlugen die Männer vor, kurz einmal in den Fluss zu springen, und so gingen wir durch das Elefantengras und zwischen Peperonipflanzen hindurch und badeten nackt. Die Felswand ragte steil über uns auf, und die gehörlosen Männer schaukelten in den herabhängenden Lianen hin und her. Ich schlug Rad im Wasser, andere machten Kopfstände, und wir setzten Köder aus, um Aale zu fangen. Hin und wieder tauchte jemand ab und schoss dann plötzlich neben mir hoch. Wir unterhielten uns weiter mit Gebärden, und unser Austausch war ausgelassen und heiter. Trotz der Armut und der Behinderung der Menschen konnte ich beim Licht des Sonnenuntergangs in alledem ein Idyll der barrierefreien Kommunikation sehen.

Am nächsten Tag übersetzte Kanta von Kata Kolok ins Balinesische, wobei er mich gelegentlich in seinem begrenzten Englisch ansprach; Gede übersetzte Kantas Balinesisch ins Englische und streute dann und wann eine der wenigen Kata-Kolok-Zeichen ein, die er kannte; und die gehörlosen Dorfbewohner kommunizierten direkt mit mir. In diesem Sprachgewirr wurde der Austausch durch reine kollektive Willenskraft ermöglicht. Es war schwierig, die Zahl der Gehörlosen und Hörenden in den einzelnen Familien festzustellen, weil alle unterschiedliche Vorstellungen davon hatte, was eine Familie war: Alle männlichen Verwandten? Alle Erwachsenen? Alle, die sich eine Küche teilten? Ich konnte nur begrenzt Fragen stellen, weil viele grammatische Strukturen nicht in Kata Kolok übertragen werden können. So gibt es in dieser Sprache keine Konditionalform und auch kein *warum*, keine Gebärden für kategoriale Begriffe wie *Tiere* oder *Namen*, sondern nur konkrete wie *Kuh* oder bestimmte Namen.

Als Erstes sprachen wir mit der Familie von Pinda, der zurzeit mit zwei Frauen verheiratet und zweimal geschieden war, eine Tochter von Ni Md Resmini und einen Sohn von einer anderen Frau hatte; drei Kinder aus seinen früheren Ehen waren gestorben. Seine Frauen und seine Kinder waren allesamt taub. »Ich mag die Hörenden hier nicht«, sagte Pinda zu mir. »Wenn ich sie um Geld bitte, weigern sie sich, mir etwas zu geben.« Pinda war eitel und wollte ständig fotografiert werden, aber er war auch ein warmherziger Mensch und lachte oft. Er liebe Resmini, gestand er, weil sie den ganzen Tag Gras für die Kühe schneide und nicht spreche. »Hörende Leute reden zu viel«, erklärte er mir. Und Resmini meinte: »Ich wollte immer einen tauben Mann heiraten, aber es war mir immer egal, ob meine Kinder hören können oder nicht. Mit einem hörenden Ehemann wird meine taube Tochter wahrscheinlich reicher sein, und mit einem Gehörlosen wird es ihr gehen wie mir, und sie muss sich abstrampeln. Zu viel mit dem Ehemann sprechen zu können ist kein Vorteil. Es macht einen zu emotional.« Pinda schien heimlich stolz auf diese Analyse seiner Frau zu sein. »Wenn eine taube Ehefrau etwas falsch macht, wirft der Mann sie sofort raus«, sagte er. »Wenn sie zu freundlich zu einem anderen Mann ist, wird sie, ohne Fragen zu stellen, rausgeschmissen. Ich würde nie eine hörende Frau heiraten. Und ich möchte, dass mein Sohn auch einmal eine Gehörlose heiratet.« Es war nicht zu verkennen, dass er mit einer hörenden Frau seine Familie nicht so leicht hätte dominieren können.

Als Nächstes besuchte ich Santia, den tauben Sohn hörender Eltern, und seine Frau Cening Sukesti, die taube Tochter tauber Eltern. Die beiden waren schon als Kinder miteinander befreundet. Santia war etwas langsam, während die intelligente Cening Sukesti vor Leben sprühte. Sie hatte ihn geheiratet, weil seine hörenden Eltern genügend

Land besaßen, das sie bewirtschaften konnten. »Wenn man taub ist«, sagte sie, »ist man eben taub. Wenn man hören kann, kann man eben hören. So ist es einfach. Ich habe die Hörenden nie beneidet. Für sie ist das Leben auch nicht leichter. Wenn wir hart arbeiten, verdienen wir genauso Geld wie sie. Ich versorge die Kühe, säe und koche Maniok. Würde ich in einem anderen Dorf wohnen, würde ich mir vielleicht wünschen, hören zu können, aber hier fühle ich mich wohl, hier ist es egal, ob man hören kann oder nicht.«

Drei ihrer vier Kinder waren taub. Als ihr Sohn Suara Putra neun Monate alt war, merkten Freunde von ihnen, die hören konnten, dass er nicht taub war. Mit elf Monaten fing er an zu gebärden, aber später hatte er das Gefühl, dass er sich verbal besser verständigen konnte. Als junger Erwachsener übersetzt Suara Putra häufig für seine Eltern. Er würde weder auf die eine noch auf die andere Sprache verzichten wollen. »Ich habe zwei, während die meisten nur eine haben«, sagte er. Aber er behauptete, als Gehörloser wäre er genauso glücklich. Die Hälfte seiner Freunde sei taub und die andere Hälfte hörend. »Aber ich teile sie nicht danach ein«, erklärte er, »weil es für mich dasselbe ist.« Andererseits meinte er: »Ich glaube, meinen Eltern gefällt es, ein hörendes Kind zu haben. Aber zwischen uns gäbe es weniger Spannungen, wenn ich taub wäre wie sie.« Cening Sukesti fand, Suara Putra beherrsche die Gebärdensprache besser als seine gehörlosen Geschwister, weil die verbale Sprache es ihm leichter mache, komplexe Gedanken auszudrücken.

Ihr gehörloser Sohn Suarayasa, der am Tag zuvor bei der Kampfsportvorführung Gebärden eingebaut hatte, erzählte uns, er habe gehörlose wie hörende Freunde, aber trinken gehe er lieber mit seinen tauben Freunden. »Gehörlose in meinem Alter gehen nicht zur Schule«, sagte er, »sie haben Zeit zu arbeiten, deshalb haben sie Geld und können die Getränke bezahlen.« In der Gehörlosengemeinschaft von Bengkala kommt es häufig zu Alkoholmissbrauch, und eine ganze Reihe tauber junger Männer zeigte mir voller Stolz die Narben von ihren Raufereien im betrunkenen Zustand. Suarayasas taube Großmutter meinte, er müsse seinen Alkoholkonsum unter Kontrolle bringen, und schüttelte den Kopf, als er sagte, er werde ein hörendes

Mädchen heiraten. Als ich ihn fragte, warum, antwortete er: »Die gehörlosen Mädchen haben mir schon alle einen Korb gegeben. Es gefällt ihnen nicht, dass ich trinke, obwohl ich mich nie übergebe.«

Ein älteres Paar, Sandi und Kebyar, lebten bei ihren beiden gehörlosen Söhnen Ngarda und Sudarma. Ngardas hörende Frau Molsami stammte aus einem anderen Dorf, und als sie feststellte, dass sie von Ngarda schwanger war, dachte sie sich, es sei wohl angebracht, die Gebärdensprache zu erlernen. »Für mich zählt mehr, ob mein Mann ein guter Arbeiter oder faul ist«, sagte sie. »Ob er hören kann oder taub ist, ist nicht so wichtig.« Ngarda war froh, vier hörende Kinder zu haben. »Hier gibt es schon so viele Gehörlose«, erklärte er nachdrücklich. »Es ist einfach nicht gut, wenn alle taub sind.«

Sudarma war genau entgegengesetzter Meinung. Er ist mit der gehörlosen Nym Pindu verheiratet und sagte, er hätte nie eine hörende Frau geheiratet. Mehr als jeder andere, den ich auf Bali kennenlernte, vertrat er ähnliche Positionen wie die Gehörlosen im Westen.[206] »Gehörlose sollten zusammenhalten«, sagte er. »Hörende zu Hörenden, Gehörlose zu Gehörlosen, das ist das Beste. Ich wollte gehörlose Kinder und möchte auch unter Gehörlosen leben.« Seine drei Kinder sind alle taub. Sudarma ist starker Trinker und kann etliche Narben von seinen Schlägereien vorweisen.

Es war geplant, den nächsten Tag mit einem Besuch bei Getar, dem Gehörlosenhäuptling des Dorfes, und seiner Schwester Kesyar zu beginnen, aber Getar musste am Morgen ein paar Wasserrohre reparieren, deshalb sprachen wir erst am nächsten Tag mit den beiden. Mit seinen fünfundsiebzig Jahren repariert er nicht nur immer noch Rohre, sondern geht auch, wenn er genügend Geld zusammen hat, regelmäßig in der nächsten Stadt ins Bordell, von dem er uns erstaunlich eingehend erzählte; bei seinem letzten Besuch dort habe er drei »Mädchen« für dreißigtausend indonesische Rupien (etwas über drei Dollar) gehabt. Die Zahl der Gehörlosen in Bengkala schwankt; Getar sagte, bei seiner Geburt habe es nur sechs Gehörlose im Dorf gegeben – aber dann erklärte er, dass er nur die erwachsenen Männer gezählt habe, mit den Frauen zusammen seien es elf Gehörlose gewesen. Er unterhielt sich häufig mit hörenden Leuten, und seine Gebärdensprache war sehr eindrücklich, aber ihr fehlte die Vornehmheit der Gebärden von Cening Sukesti und das Schwungvolle der Gesten Sudarmas.

Getar hatte nur einmal geheiratet. Seine Frau gebar ihm fünf Kinder, starb dann aber, weil sie zu viele Jackfrüchte gegessen hatte. Seine Kinder waren alle gehörlos; vier der fünf überlebten das Säuglingsalter. Seine wichtigste Aufgabe als Häuptling bestand darin, Arbeitsaufträge unter den Mitgliedern der Gehörlosengemeinschaft zu verteilen. »Es müssen Rohre repariert werden. Einer muss für Sicherheit sorgen«, erklärte er. »Der große Boss kommt zu mir, und ich entscheide dann, wer den Auftrag erhält. Wenn jemand stirbt, kommt die Familie zu mir, und ich bestimme, wer das Grab ausheben soll. Die Leute, die die Arbeit übernehmen, bekommen den größten Anteil des Lohns, aber ein wenig wird einbehalten und fließt in die Kasse der Gehörlosenvereinigung. Und alle sechs Monate schlachten wir ein Schwein – oder mehrere, wenn wir uns das leisten können – und teilen das Fleisch gleichmäßig unter den Gehörlosen auf.« Getar erklärte mir, die Entscheidung, wer welche Arbeit zugesprochen bekomme, sei eine politische, da alle scharf auf die gutbezahlten Jobs seien. »Ich führe Buch darüber, wer welchen Auftrag übernommen hat, damit ich jedem zeigen kann, dass ich Gerechtigkeit walten lasse«, sagte er. »Wenn jemand Hunger leidet und den Auftrag braucht, gebe ich ihn ihm. Wer lange arbeitslos war, bekommt bei mir eine Chance.« Gegenüber Getar bedienen sich die Gehörlosen einer höflichen, formellen Gebärdensprache, und er selbst benutzt diese Form der Anrede bei Hörenden. Getar war noch nie Vorurteilen ausgesetzt, dagegen sprach er voller Sehnsucht über die Freiheiten jüngerer Gehörloser. Er meinte, sie verfügten über viel mehr Möglichkeiten und hätten es im Leben leichter. Inzwischen gingen sie sogar zur Schule.

Nach unseren vielen Gesprächen lud uns Cening Sukesti auf ihren Hof ein. Obwohl es regnete, kletterte Santia mühelos eine Palme hinauf und brachte uns frische Kokosnüsse, dann gab es ein Maisgericht, das ein bisschen mehlig schmeckte, und Maniok, der schwer im Magen lag. Es wurde viel gescherzt, oft mit nicht allzu versteckten Andeutungen; Cening Sukesti erzählte kichernd, sie habe Santi so lange Liebesdienste verweigert, bis er mit dem Bau ihrer neuen Hütte fertig war. Die Gemeinschaft der Gehörlosen in diesem Dorf hatte etwas Leichtes, Ungezwungenes, eine Vertrautheit, die den Besucher nicht ausschloss. Als ich fragte, ob es nicht Vorurteile gegen Gehörlose gebe, waren sich alle einig, dass sie so etwas in ihrem Dorf nicht kennen würden. Sie hatten alle hörende wie taube Freunde, und beide Gruppen hätten nach gusto Umgang miteinander.

In Bengkala sprachen die Menschen so häufig über Taubheit und Hörfähigkeit wie andere Gemeinschaften über Größe oder Ethnie eines Menschen – beide waren einfach persönliche Eigenschaften mit Vor- und Nachteilen. Sie ignorierten nicht die Bedeutung der Gehörlosigkeit und spielten deren Rolle in ihrem Leben nicht herunter; beide Gruppen waren sich stets ihrer Hörfähigkeit beziehungsweise ihrer Gehörlosigkeit bewusst und erwarteten dasselbe auch von anderen. Aber für alle war die Gehörlosigkeit nicht mehr als eine der vielen Varianten des Lebens, keine Abweichung von etwas Normalem und auch keine Behinderung. Die Gemeinschaft der Gehörlosen in Bengkala ist in jeder Hinsicht sehr frei, lässt man einmal ihre eingeschränkte Mobilität außer Acht. Die Grundlage dieser Freiheit ist ein ungehinderter Austausch untereinander und mit den Hörenden, wie es ihn wohl nur in diesem balinesischen Dorf gibt. Ich war hingefahren, um die sozialkonstruktivistische Deutung von Körperbehinderungen zu überprüfen, und musste feststellen, dass Gehörlosigkeit dort, wo sie die Kommunikation nicht beeinträchtigt, gar keine Behinderung ist.

Die Gebärdensprache Kata Kolok ist insofern einzigartig, als sie von mehr hörenden als tauben Menschen beherrscht wird. Doch sie ist bedroht, da die gehörlosen jungen Leute von Bengkala zunehmend in Internate geschickt werden, wo sie die Indonesische Zeichensprache (ISL, Indonesian Sign Language) erlernen. Viele heiraten Gehörlose aus anderen Teilen Balis und verwenden dann diese Zeichensprache anstatt des Kata Kolok; in den letzten Jahren sind acht Gehörlose aus Bengkala in andere Regionen Balis oder nach

Australien gezogen. Aus Ehen mit Gehörlosen, die nicht aus Bengkala stammen, gehen nur selten Kinder mit angeborener Taubheit hervor, weil diese Gehörlosen nicht das rezessive Gen-Allel haben, das in dem Dorf die Taubheit verursacht. Seit 2005 sind keine tauben Kinder mehr geboren worden, deren Eltern beide Kata Kolok sprechen, mit der Folge, dass die Sprache nicht mehr von gehörlosen Eltern weitergegeben wird. Mit der abnehmenden Zahl von Gehörlosen in Bengkala schwindet auch das für die Verständigung so überaus nützliche Kata Kolok.[207]

BRASILIEN

Rio, Stadt der Hoffnung

Travel + Leisure, Oktober 2011

2010 reiste ich für *Travel + Leisure* nach Rio de Janeiro, um über die dortigen Veränderungen im Vorfeld der Fußballweltmeisterschaft und der Olympischen Spiele zu berichten. Im Mittelpunkt meines Artikels stand die Frage, ob diese Entwicklungen auch das Verhältnis zwischen den Privilegierten und der armen Bevölkerung beeinflussten. Dazu führte ich später noch intensivere Recherchen durch, die in dieser erweiterten Version des Artikels ihren Niederschlag finden.

Zu einer Zeit, in der sich ein Großteil der Welt auf die eine oder andere Weise im Niedergang befindet, richtet Rio de Janeiro den Blick unbeirrt nach vorn in dem Gefühl, die Hauptstadt der Hoffnung zu sein. Die Woge der Veränderungen ist teils der boomenden Wirtschaft des Landes zu verdanken, teils den Ölfeldern vor der Küste und teils der Energie, die die Stadt erfasste, als sie für die Fußballweltmeisterschaft 2014[208] und die Olympischen Spiele 2016[209] auserwählt wurde, aber in erster Linie dem dramatischen Rückgang der Kriminalität. All diese Veränderungen sind auf vielfältige Weise miteinander verknüpft. Rio strahlt nicht die Gelassenheit von Städten wie Zürich oder Reykjavík aus, aber so wie sich nach einer Depression jede kleine Freude wie helles Entzücken anfühlt, haben die Verbesserungen in Rio für eine Festtagsstimmung gesorgt, die jene verschlafenen Städte niemals erleben werden.

Ziemlich viele Städte liegen am Meer, aber keine hat sich den Ozean so einverleibt wie Rio. Man kann sich San Francisco als Stadt im Binnenland vorstellen und Boston ohne seinen Hafen, aber Rio ohne seine Strände wäre wie New York ohne Wolkenkratzer, Paris ohne Cafés und Los Angeles ohne Stars. Die Landschaft ist von einer fast venezianischen Eindringlichkeit. »Wenn du nicht an den Strand gehst, verpasst du das Wesentliche«, erklärte mir der Künstler Vik Muniz. »Egal, ob du bei Twitter bist oder ein Handy hast, du musst jeden Tag von vier Uhr nachmittags bis Sonnenuntergang an den Strand.«[210] Strände sind von Natur aus demokratisch; einander in der Öffentlichkeit lediglich in Badekleidung zu begegnen nimmt dem Geld seinen Glanz. Obwohl sich Rios Strände nach wie vor klassenmäßig sehr unterscheiden, weil Hautfarbe sowie die Marke der Badekleidung und der Sonnenbrille den sozialen Status ihres Trägers signalisieren, zeigt man am Strand vor allem den eigenen Körper, sein Talent beim Volleyballspiel und seine coole Ausstrahlung. Die sozialen Implikationen sind bedeutsam. Man muss sich anstrengen, um in Rio ein Snob zu sein.

Die Topographie hat eine weitere soziale Anomalie erzwungen. Die Privilegierten wohnen in den flachen Küstenstreifen, die vor Erdrutschen sicher sind, in der Zona Sul (dem Südbezirk), zu der die berühmten Strände von Copacabana, Ipanema und Leblon gehören. Dahinter ragen steile Hügel auf, die seit etwa hundert Jahren von der armen Bevölkerung besiedelt werden. Obwohl in diesen Bezirken an den Hängen, bekannt als Favelas, fast ein Viertel der Bevölkerung Rios lebt, sind sie auf den meisten Stadtplänen nicht genauer verzeichnet, und es gibt dort von jeher keine öffentlichen Einrichtungen, keine Müllabfuhr, keine Kanalisation und keinen polizeilichen Schutz. Selbst in der exklusiven Zona Sul ist man nie mehr als fünf Minuten von einer Favela entfernt. »Man sitzt in Saint-Tropez und ist von Mogadischu umgeben«, meinte Muniz.

Die Bebauung in den Favelas verläuft völlig unreguliert, und bei starkem Regen stürzen immer wieder Häuser ein. Diese von der Kernstadt abgeschirmten und von Banden beherrschten Enklaven waren Schauplatz endloser Gewalt. In den meisten Großstädten gibt es Slums, aber in vielen – auch vielen brasilianischen – liegen sie am Stadtrand oder in einer abgegrenzten Enklave. Rios Favelas hingegen verteilen sich über das ganze Stadtgebiet wie Schokostreusel auf einem Kuchen. Aufgrund der besonderen Geographie der Stadt kann man selbst in den reichsten Vierteln hören, wenn in den Favelas geschossen wird. Der soziale Abstand in Rio übertrifft den geographischen.

Ein Großteil der brasilianischen Kultur hat seinen Ursprung in den Favelas von Rio. Von dort stammen der Samba und auch die neue Funk-Musik. Viele Fußballstars kommen aus Favelas und ebenso manche der berühmten brasilianischen Models. Der Karneval in Rio – das weltgrößte Fest vor Beginn der Fastenzeit, bei dem zwei Millionen Menschen auf den Straßen feiern – geht hauptsächlich auf die »Sambaschulen« in den Favelas zurück, die im Wettstreit um die prächtigsten Kostüme gegeneinander antreten.[211] Französische Aristokraten würden niemals behaupten, Frankreich sei nichts ohne die Slums von Paris, den meisten Italienern der Oberschicht ist die Existenz der Mafia peinlich, und abgesehen von den Anhängern der Hiphop-Kultur lebt der Großteil der Amerikaner am liebsten in Suburbs. In Rio de Janeiro hingegen bewundern die Privilegierten jene, die keine Privilegien haben. José Maria Zacchi, einer der Architekten des Wandels in Rio, erzählte mir, dass im Brasilien des 19. Jahrhunderts das Herrenhaus vom Quartier der Sklaven nur einen Steinwurf weit entfernt lag, und in dieser Hinsicht hat sich wenig verändert. »Die gebildete obere Mittelschicht mischt sich liebend gern unters Volk«, sagte der Dichter und Kritiker Italo Moriconi. »Das gehört zur Carioca-Kultur.« (Das Wort *Carioca* bedeutet, dass jemand oder etwas aus Rio stammt.) Dennoch gehört Brasilien zu den Gesellschaften mit der größten sozialen Ungleichheit weltweit – es ist eine Gesellschaft »der kulturellen Inklusion und der sozialen Exklusion«, wie es die Anthropologin Lilia Moritz Schwarcz formulierte.[212]

Der Carioca-Stolz erhielt einen ersten Dämpfer im Jahr 1960, als die Hauptstadt ins weit entfernte Brasília verlegt wurde und der Regierungsapparat dorthin umzog.[213] Bis dahin war Rio ein Bundesdistrikt gewesen, ähnlich wie Washington, D. C. oder Mexiko-Stadt, und nun wurde es aus Verwaltungsgründen in den umliegenden, unterentwickelten Bundesstaat eingegliedert. Das Wirtschaftsleben verlagerte sich zunehmend nach São Paulo, so dass Rio seine Industrie verlor. Die Gewalt aus den Favelas bedrohte Reich und Arm. Wer es sich leisten konnte, engagierte private Sicherheitskräfte, fuhr in kugelsicheren Autos und hörte auf, Schmuck zu tragen. Drogenbanden bekämpften einander und die unglaublich korrupte Polizei. Manchmal steckten die Gangs ihre Feinde in aufeinandergestapelte Autoreifen und setzten sie in Brand – eine Hinrichtungsmethode, die als Mikrowelle bezeichnet wurde, ähnlich der in Südafrika praktizierten Lynchmethode des Necklacing.[214]

Manche Polizeibeamte arbeiteten nebenberuflich für private Milizen beziehungsweise Schutzorganisationen innerhalb der Favelas und Slums, die man kaum von den Banden unterscheiden konnte, gegen die sie angeblich kämpften; Moriconi bezeichnete das als »die promiskuitive Beziehung zwischen Polizei und Verbrechen«. 2008 erklärte Philip Alston, Sonderberichterstatter der Vereinten Nationen über außergerichtliche, summarische und willkürliche Hinrichtungen: »Eine beträchtliche Anzahl von Polizeibeamten führt ein Doppelleben. Im Dienst bekämpfen sie Drogenbanden, aber in ihrer Freizeit arbeiten sie als Fußsoldaten des organisierten Verbrechens.«[215]

2008 wurden fast fünf Prozent der in Rio verhafteten Personen von Polizei- oder anderen Beamten im Gewahrsam getötet, bevor es zu einem Prozess kam – eine bemerkenswerte Statistik, wenn man bedenkt, dass in den USA nur einer von siebenunddreißigtausend Verhafteten im Gewahrsam zu Tode kommt.[216]

Unter Präsident Luiz Ignácio Lula da Silva, kurz Lula genannt, der von 2003 bis 2010 regierte, diente Luiz Eduardo Soares kurz als Staatssekretär für öffentliche Sicherheit. Auf ihn geht ein Programm zurück, dazu gedacht, die Armenviertel mit Respekt zu behandeln. »Wir wollten dort eine öffentliche Dienstleistung anbieten, nicht als Invasoren auftreten«, sagte er zu mir. Polizeiarbeit ist jedoch eine lokale Angelegenheit, und es war schwer, mit einer auf nationaler Ebene angesiedelten Politik problematische Vorgehensweisen und Einstellungen zu ändern. »Lässt man einem Polizisten so viel Ermessensspielraum, dass er auch töten darf, gibt man ihm damit auch die Möglichkeit, Leben zu verkaufen«, sagte Soares. »Er kann dann zu dem Verdächtigen sagen: ›Ich kann dich töten. Das kostet mich nichts.

Aber ich kann dich auch nicht töten. Wie viel willst du mir dafür zahlen?‹«[217] Es dauert nicht lange, bis so etwas gang und gäbe wird. Die Favelabewohner begannen sich umfassend zu bewaffnen. Viele Unschuldige wurden verletzt und getötet, und die Lebenserwartung sank. In der Zona Sul war die Straßenkriminalität allgegenwärtig. Mehr als tausend Menschen wurden allein in Rio und in São Paulo jedes Jahr von der Polizei getötet, bedeutend mehr als insgesamt in den Vereinigten Staaten.[218] Der Chef der polizeilichen Sondereinheiten in Rio erhielt eine Anklage wegen Korruption.[219] »War man arm, hatte man Angst vor der Polizei; war man reich, war man ihr gegenüber skeptisch«, sagte Roberto Feith, Rios führender Verleger.

Angesichts der immensen Bedeutung des Sports für die brasilianische Psyche überrascht es nicht, dass die Fußballweltmeisterschaft und die Olympischen Spiele die Stadtregierung bewogen haben, einen Wandel zu wagen. Nach Jahrzehnten interner Querelen in ihren Verwaltungen begannen der Bürgermeister von Rio, der Gouverneur des Bundesstaats Rio de Janeiro und die brasilianische Bundesregierung zusammenzuarbeiten. 2008 stellte Rios Staatssekretär für Sicherheit, José Mariano Beltrame, die UPP (Unidade de Polícia Pacificadora oder Befriedende Polizeieinheit) vor, eine neue Einheit jüngerer, angeblich nicht korrupter Beamter unter der Leitung der Militärpolizei und nicht der örtlichen Bosse. »Wir brauchen frische, starke Kräfte, aber keine Rambos«, verkündete der UPP-Kommandant Oberst José Carvalho bei der Präsentation der Einheit.[220]

Seit Inkrafttreten dieses Programms werden die Favelas nacheinander wie bei einer Militäraktion durchkämmt. Beltrame kündigt die Säuberung stets im Vorfeld an und gibt so den Drogenhändlern die Möglichkeit zu fliehen; ihm geht es vor allem um die Beseitigung von Schusswaffen und weniger um die Zerstörung von Drogennetzen. Die Säuberungsaktionen erfolgen mit großem Nachdruck, mit Unterstützung aus der Luft, dem Einsatz der Armee und Spezialeinheiten der Marine. Ist eine Favela »befriedet«, startet die Polizei dort eine UPP Social, eine Art Marshallplan mit dem Ziel, schulische Einrichtungen zu gründen oder zu verbessern, sanitäre Anlagen, eine legale Stromversorgung und Kabelfernsehen bereitzustellen sowie berufliche Ausbildungsmöglichkeiten zu schaffen. Die Polizei bleibt in den Favelas zum Schutz der dortigen Bewohner präsent; es geht nicht darum, die in der Zona Sul Wohnenden vor den Favelas zu schützen. Vor Einführung von Beltrames Programm kam es vor, dass die Polizei als Reaktion auf besondere Gewaltakte ein Viertel vorübergehend besetzte; das Ziel der UPP heute ist es, den Frieden durch Vorbeugung zu sichern. Frühere Programme waren darauf ausgerichtet, die Favelas niederzuwalzen; die gegenwärtigen Programme versuchen die Bedingungen dort zu verbessern.

Während der Diktatur in den sechziger und siebziger Jahren erhielten Polizeibeamte eine Gehaltserhöhung für jeden »Feind«, den sie in den Favelas getötet hatten.[221] Die neue Regierung hat diese Praxis beendet und erklärt, dass auch Kriminelle Menschenrechte besitzen. Die UPPs sind nur in achtundsechzig der tausendeinhundert Favelas von Rio aktiv,[222] aber Beltrame hat mit einigen der schlimmsten Favelas begonnen, und schon jetzt leben an die dreihunderttausend Menschen in befriedeten Gebieten. Letztlich sollen aus sämtlichen Favelas, bisher abgeschottete Viertel, reguläre Stadtviertel werden. Als ich Beltrame fragte, wie lange es dauern würde, auch die übrigen Favelas zu befrieden, antwortete er, das Problem sei, genügend ehrliche Polizeibeamte zu finden.

Konservative Kreise hatten lange behauptet, das Verbrechen ließe sich durch stärkeren Einsatz von bewaffneten Kräften beseitigen; frühere Befriedungsversuche in den Favelas waren im Grunde Eroberungsfeldzüge, bei denen die gesamte Einwohnerschaft als feindlicher Kampftrupp angesehen wurde und die Opfer außergerichtlicher Tötungen deshalb als Kriegstote galten. Nach eher liberaler Auffassung hingegen war die Gewalt das Produkt einer mangelhaften Sozialstruktur, die sich erst beenden ließe, wenn die Ungerechtigkeit beseitigt wäre. Diese Sichtweise führte zu halbherzigen Sozialprogrammen und einer Vielzahl an NGOs. Die Rechte war beängstigend gewaltbereit, die Linke beängstigend selbstgefällig. Genial an Beltrames Programm ist, dass es beide Seiten zufriedenstellt. Die Rechte ist angetan, weil das Verbrechen zurückgeht; die Linke ist angetan, weil die soziale Gerechtigkeit gefördert wird. Die Reichen sind sicherer und die Armen reicher. Beltrame erzählte mir, er habe eine große Zahl von Polizeibeamten entlassen, weil sie korrupt waren, betonte aber auch, die Polizei sei »nur ein Element in dem größeren Projekt der öffentlichen Sicherheit«. »Die Hälfte der regulären Polizisten sind korrupt«, sagte Soares, »weitere fünfunddreißig Prozent sind gleichgültig; und fünfzehn Prozent ist die Beseitigung der Ungerechtigkeit wirklich ein Anliegen. Jetzt haben diese fünfzehn Prozent die Oberhand.«

Zunächst reagierten die Favelabewohner höchst argwöhnisch auf die neue Polizeieinheit, deren Aufgabe nach eigenem Bekunden darin bestand, zu dienen und nicht zu unterdrücken. Doch allmählich begannen sich die Menschen in ihrem Wohnumfeld sicher zu fühlen. Und da die Spannungen zwischen Bewohnern und Polizei schwanden, fühlten sich auch die Beamten sicherer, so dass manche beschlossen, keine schweren Waffen mehr zu tragen. Die Polizei lässt auch das Straßenbild befrieden, indem sie Bunker zerstört sowie Einschusslöcher und Banden-Graffitis entfernt. Wenn eine Befriedungsaktion beginnt, besucht der Gouverneur des Bundesstaats Rio de Janeiro bereits am nächsten Tag die betreffende Favela, um den Einwohnern zu versichern, dass er die weitere Entwicklung im Auge behalten wird. In den Favelas gibt es nach wie vor Drogenhändler, aber die meisten Leute tragen keine Waffen mehr, und die willkürliche Gewalt, die so viele Menschen das Leben gekostet hat, ist radikal zurückgegangen. Gangster, die aus der einen Favela vertrieben wurden, haben kaum eine Chance, auf dem Territorium anderer Gangster ihre Geschäfte weiterzuführen. Vielen bleibt nur mehr der Weg ins Gefängnis. Bandenkriege um Waffen- und Drogenhandel – Red Command und Terceiro Command sind die größten Banden – finden auf den Straßen befriedeter Favelas nicht mehr statt; der *patrão* (Kommandant) des Red Command beschwerte sich: »Das versaut uns alles und macht uns das Geschäft kaputt.«[223]

Beltrame erzählte mir, primäres Ziel sei der Übergang. »Der Staat hat es nicht geschafft, die Favelas mit Schulen, Strom, Wasser, Kanalisation oder Kinderbetreuungseinrichtungen zu versorgen oder einfach nur Unterhaltszahlungen durchzusetzen. Das lag schlicht und einfach daran, dass man in die Favelas nicht hineinkam«, sagte er. »Nachdem man jetzt die Favelas betreten und wieder verlassen kann, hat der Staat die Pflicht, diese Dienstleistungen bereitzustellen.« Beltrame betrachtet die UPP Social als den nächsten logischen Schritt, der allerdings anders einzuschätzen ist als die erzwungene Befriedung. »Die Truppen, die in der Normandie gelandet sind, haben Europa nicht wiederaufgebaut«, sagte er. »Die UPP hat das finstere Imperium der Drogenbarone zerschlagen, eine Art Diktatur, und jetzt können sich die Menschen an den Wiederaufbau machen.« Nach Ansicht von Ricardo Henriques, Chef der UPP Social, benötigen die Leute eine neue Art von Beziehung als Ersatz für jene, die sie mit dem Verbrechen unterhalten hatten. »Man muss eine Zivilgesellschaft erschaffen«, erklärte er. Beltrame fügte hinzu, den Favelabewohnern, die früher nichts anders anstrebten, als innerhalb ihrer Gemeinschaften große Tiere zu sein, stünden nun unendlich viele andere Möglichkeiten offen. »Die UPP öffnet Vorhänge zu einer Welt außerhalb, von deren Existenz sie nichts wussten und an der sie schon gar nicht teilhaben konnten«, erklärte er. »Die Polizeipräsenz ermöglicht ihnen, ihr Leben zu ändern, was ihnen bisher verwehrt war.«

Manche Favelabewohner behaupten, der Befriedungsprozess sei nur eine andere Form der schrecklichen Gewalt – nicht unähnlich derjenigen der Banden und Drogenbarone. Als ich mich mit Oberst Robson Rodrigues da Silva traf, der das ursprüngliche UPP-Programm einführte und die neue Polizeieinheit schuf, sagte er: »Natürlich ist die erste Phase der Befriedung repressiv; da führen wir viele Verhaftungen durch. Aber die zweite Phase ist das Gegenteil. Wir haben untersucht, was die Polizei und die Favelabewohner an Gemeinsamkeiten haben, und da wir ein christliches Land sind, haben wir herausgefunden, dass das die Familie ist. Deshalb wird den Beamten beigebracht, stets ein gutes Verhältnis zu den Kindern herzustellen.«[224] In einem Viertel verteilte die Polizei Ostereier aus Schokolade. In einem anderen brachten die Beamten den Kleinen bei, wie man Drachen steigen lässt – eine besonders eindrucksvolle Geste, denn manche Kinder, die als Schmieresteher eingesetzt wurden, warnten die Banden vor dem Eintreffen der Polizei, indem sie ihre Drachen einholten. Die Polizei veranstaltete auch Sportwettkämpfe, bei denen Kinder aus verschiedenen Favelas gegeneinander antraten; alle trugen T-Shirts mit dem aufgedruckten Namen ihres Viertels. Vor der Befriedung wäre dies unmöglich gewesen; die rivalisierenden Banden hätten einander umgebracht.

Rodrigues zeigte mir stolz Zeichnungen von Schulkindern; auf einigen waren Polizisten zu sehen, die Fußball spielten oder tanzten. »Auf allen Bildern scheint die Sonne«, erklärte er. »Als wir uns Zeichnungen von früher ansahen, war jede dunkel, auf der ein Polizist zu sehen war.« Die Polizei fragt die Bewohner nach ihren speziellen Nöten; das ist, wie Oberst Rodrigues es bezeichnet, eine »sanfte Sozialkontrolle«. »Wir werden keine Stadt ohne Gewalt sein«, fügte er hinzu. »Wir werden eine Stadt mit normalem Gewaltlevel sein. Wir wissen, dass der Plan funktioniert, weil die Menschen in den Favelas begonnen haben, unserer Polizei geringfügige Vergehen zu melden. Das ist das Vertrauen, das wir herzustellen versuchen.« Manche Beamte nehmen Schauspielunterricht, um zu lernen, wie man mittels Stimme und Auftreten aggressionsfrei kommuniziert. Andere reagierten zynisch auf solche Taktiken; einer beschwerte sich: »Und was kommt als Nächstes? Ballettunterricht?« Rodrigues ist jedoch der Überzeugung, dass dies der Polizei geholfen hat, ihre Sorgfalt, ihre Wahrnehmung und ihr Auftreten zu verbessern. Freundlichkeit ist eine Kunst. Rodrigues selbst besucht Baile-Funk-Partys in den Favelas.[225] Hippe Touristen steigen in Favelapensionen ab, von denen einige äußerst schick herausgeputzt wurden.[226] Reiseveranstalter bieten Favelatouren an, »wie eine Safari«, meinte Moriconi dazu, »in offenen Bussen«; und das neue Museu de Favela gehört zu den Orten mit sprunghaft ansteigenden Besucherzahlen.[227] Doch der Tourismus in den Favelas wirkt oft eher wie eine voyeuristische Veranstaltung und weniger wie ein Ausdruck echten Interesses, und viele Favelabewohner empfinden ihn als stigmatisierend und herabwürdigend. Sie wollen nicht von Touristen fotografiert werden, die nach der pittoresken Seite von Elend und Verbrechen Ausschau halten.

Allein in den vergangenen zwei Jahren sank die Zahl der Schussverletzungen um die Hälfte; die Mordrate ist inzwischen niedriger als die von Washington, D.C.[228] Der Wandel verläuft nicht immer reibungslos, aber er findet zweifellos statt. Die Boulevardpresse weltweit weidet sich an Geschichten von Verbrechen und Katastrophen, aber die brasilianische Regierung hat der Gelassenheit zu Schlagzeilen verholfen. Beltrame erzählte mir, es hätten so viele Leute von der UPP profitiert, dass sie es einfach nicht zulassen würden, dass das alte System der Bandenherrschaft wiederauflebt. »Jeder Politiker, der die Befriedung beendet, würde zu viele Stimmen verlieren. Es wäre unmöglich«, sagte er. »Das Leben der Menschen hat sich zu sehr verbessert.« Der eigentliche Erfolg der UPP liegt darin, dass in der sozialen Ökonomie weniger Angst herrscht. Graham Denyer Willis, ein britischer Experte für Entwicklungshilfe, der an der Cambridge University lehrt, merkt dazu an, der Zweck hierbei bestehe darin, »die räumliche, soziale und psychologische Entfernung zwischen Bürgern und Staat zu verringern«.

Dennoch könnte der Plan für eine dauerhafte Besetzung der Favelas durch die UPP so wirken, als behandle er die Bewohner wie kleine Kinder, indem er unterstellt, dass sie ohne eine sichtbare Sicherheitstruppe wieder in die Kriminalität abgleiten. Der in Rio lebende Amerikaner Christopher Gaffney, Professor für urbane Planung, meinte hierzu: »Die Befürworter der UPPs sagen: ›Nun, die UPPs sind da, und wir sind die bewaffneten Drogenhändler losgeworden‹, aber sie sagen nicht: ›Wir haben eine bewaffnete Einheit durch eine andere ersetzt.‹ Und das ist genau das, was sie getan haben, ohne Mechanismen zu schaffen, die eine Zivilgesellschaft florieren lassen.«[229]

Der Psychoanalytiker Marcus André, der wohlhabende Cariocas gegen hohe Honorare behandelt, Favelabewohner hingegen kostenlos, sagte zu mir: »Ich war es leid, vor den Favelas Angst zu haben; und es stellt sich heraus, dass auch sie es leid waren, vor uns Angst zu haben. Wir malten uns ein Phantasiebild davon, wer sie sind, und sie hatten ebenfalls eines von uns. Wenn man endlich die Mauer überwindet, beseitigt man die Paranoia auf beiden Seiten.« Als er in den Favelas seine Arbeit aufnahm, fragte ihn ein halbwüchsiges Mädchen, warum er hierhergekommen sei. »Ich will von euch lernen«, antwortete er. Da lachte sie und erwiderte: »Sie müssen sehr dumm sein, wenn Sie von uns etwas lernen müssen.« André hofft, bei solchen schon so lange entrechteten Menschen das Selbstwertgefühl zu stärken. Er geht mit seinen Kindern selbst in die unbefriedeten Favelas. »Es ist dort schon gefährlich«, sagte er, »aber die Gefahr, mit dieser Phantasiebild-Paranoia aufzuwachsen, ist noch größer.«

André Urani, führender brasilianischer Wirtschaftsexperte und Autor des Buchs *Rio: The Turning Point*, erzählte mir, dass Ende der achtziger Jahre unter den hundertachtundachtzig vom Internationalen Währungsfonds anerkannten Ländern nur ein einziges eine noch stärker geschlossene Volkswirtschaft hatte als Brasilien – Myanmar. Man darf nicht vergessen, dass die Demokratie in Brasilien erst sechsundzwanzig Jahre alt ist; und die Konsumgesellschaft ist noch viel jünger. »Das Fehlen einer sinnvollen wirtschaftlichen Aktivität untergrub das Selbstwertgefühl der Menschen und führte in ökonomischer, politischer und sozialer Hinsicht zu einem starken Niedergang«, merkte Urani an.[230] Fernando Gabeira, ein populärer brasilianischer Politiker und Autor, sagte: »Seit der Diktatur wurde Brasilien stetig präsenter in der Welt, und die Welt stetig präsenter in Brasilien.« Diese wechselseitige Präsenz hat neue Kompetenzen und Fertigkeiten hervorgebracht. »Evolutionär gesehen sind menschliche Wesen in vielem nicht sehr gut«, meinte der Künstler Vik Muniz. »Wir haben kein starkes Sehvermögen, laufen nicht sehr schnell, besitzen keine großen Fangzähne und sind nicht besonders stark. Wir können die anderen Lebewesen nur aufgrund unserer Organisationsfähigkeit beherrschen. Irgendwie haben wir das in Rio vergessen.«

Es besteht großer Bedarf an Organisiertheit und ebenso an Mitteln zur Organisation. Rodrigo Baggio arbeitet daran, die digitale Kluft in Brasilien zu überbrücken, indem er gespendete alte Computer einsammelt und in den Favelas Gemeinschaftszentren gründet, wo man sich im Umgang mit dem Computer schulen lassen kann. Weniger als ein Drittel der brasilianischen Bevölkerung hat Zugang zum Internet, verglichen mit fast drei Vierteln in den Vereinigten Staaten. Baggios Arbeit begann lange vor der Befriedung, aber er hat sie seitdem verstärkt. »Man nimmt ihnen die Jobs weg, für die sie sich ausbilden, als Drogenhändler«, sagte er. »Man muss ihnen andere Möglichkeiten eröffnen.« Das ist nicht nur humanitär gesehen sinnvoll, sondern auch wirtschaftlich.

Maria Silvia Bastos Marques, die erfolgreichste Geschäftsfrau Brasiliens, übernahm 1999 das Nationale Stahlunternehmen – keine leichte Aufgabe für eine Frau in Lateinamerika.[231] Man bot ihr auch das Nationale Ölunternehmen an, was sie aber ablehnte, und mit fünfundfünfzig Jahren ist sie nun zuständig für die kommerzielle Seite der Olympischen Spiele. Sie betonte, das Verdienst für die Kehrtwende in Brasilien gebühre zwar Lula, die Entwicklung dahin habe aber bereits bei seinem Vorgänger, Fernando Henrique Cardoso, begonnen. In den achtziger und frühen neunziger Jahren herrschte eine erschreckende Inflation. »Reiche leiden nicht so sehr unter der Inflation; der Preis für ihre Häuser und Autos steigt entsprechend«, sagte Bastos. »Aber für die Armen, die zum Überleben auf das Geld angewiesen sind, das sie jede Woche bekommen, ist es eine Tragödie; der Job, mit dem sie noch letzte Woche so viel Geld verdient haben, dass sie ihre Familie ernähren konnten, bringt ihnen diese Woche nicht mehr genug ein.«

Selbst für jemanden ihres Standes bedeutete die hohe Inflationsrate Chaos. Als sie für ihr Unternehmen das Jahresbudget aufstellte, war es zwei Monate später bereits obsolet geworden. »Niemand konnte mehr planen«, seufzte sie. Als Henrique jedoch die Inflation unter Kontrolle brachte, wurden Planungen wieder möglich. »Es veränderte die ganze Mentalität Brasiliens«, sagte sie. Die Befriedung in Rio war ihrer Ansicht nach Teil eines größeren Veränderungsprozesses. Sie erzählte, sie habe immer ein kugelsicheres Auto gefahren, aber kürzlich einen Wagen gekauft, bei dem man die Scheiben absenken kann. Ihre Kinder hatten noch nie in einem solchen Fahrzeug gesessen und waren begeistert.

Die Planungen für die Olympischen Spiele waren umstritten. Bastos arbeitete in den frühen neunziger Jahren daran, Brasiliens internationale Schulden mit dem IWF neu zu verhandeln, was zu einer Erholung der Binnenwirtschaft führte, und sie glaubt, dass die Olympischen Spiele eine ähnliche »Chance eröffnen, unser Haus in Ordnung zu bringen«. Eduardo Paes, Bürgermeister von Rio, sagte zu mir: »Das Wort *Olympische Spiele* bezieht sich auf etwas, das schwer zu erreichen ist. Schauen Sie, Barcelona wurde durch die Olympischen Spiele wiedergeboren; Athen hingegen stand danach kurz vor dem Bankrott. Es ist nicht leicht zu sagen, was wir tun müssen. So wie ich es sehe, können wir zulassen, dass die Olympischen Spiele die Stadt benutzen, oder die Stadt kann die Olympischen Spiele benutzen, um dauerhafte Ziele zu erreichen.« Manche der armen Einwohner stellten die Entscheidung in Frage, ein System von Zubringerzügen nach Barra da Tijuca einzurichten, einem wohlhabenden Bezirk, in dem Paes das erste Mal ins Amt gewählt wurde. Der Plan scheint darauf ausgerichtet, die soziale Schichtung eher zu verstärken, als durchlässiger zu machen. Viele Menschen wurden aus ihren Häusern vertrieben – 19 000 Familien in einem einzigen Jahr –, um für die neuen Bahnlinien Platz zu schaffen.[232]

»Wir sollten gemäß den Erfordernissen der Stadt planen, nicht nach den Erfordernissen der Spiele«, sagte Gabeira. »Die Pläne für die Spiele zu nennen bedeutet, dass alles durchgewunken werden kann, ohne demokratische Prüfung.« Der Schauspieler und Aktivist Marcus Vinícius Faustini meinte dazu: »Falls die Befriedung der Favelas in Wirklichkeit nur eine Maske ist, um für die Olympischen Spiele mehr Touristen-Dollar anzulocken, dann wird das fürchterlich scheitern. Die Umsiedlung der Bürger ist eine Katastrophe. Es gibt jetzt schon Beweise, dass die Baupläne für die Spiele Mechanismen der sozialen Kontrolle sind.«[233]

Favelabewohner zahlen keine Grundsteuer, was manchen Wählern aus der Mittelschicht missfällt. Mit der Zunahme der Dienstleistungen scheinen solche Steuern unvermeidlich zu werden. Sauberes Trinkwasser und verlässliche Stromversorgung werden mit Wasser- und Stromrechnungen Hand in Hand gehen. »Sobald die Viertel aufhören, gefährlich zu sein«, sagte Faustini, »werden die Bewohner zum Objekt sämtlicher kommerzieller Ausbeutung, die in wohlhabenden Städten üblich ist. Aber hier sind sie zu unerfahren, um dagegen Widerstand zu leisten.«

Manche Favelabewohner leben schon in dritter Generation in dem von ihnen besetzten Haus, und es wäre unrealistisch, darauf zu pochen, dass es ihnen nicht gehört. Andere kamen vielleicht erst vergangenes Jahr hinzu, und es ist keineswegs ausgemacht, dass sie die Rechte von Hausbesetzern haben sollen. Wenn man den Bewohnern die Eigentumsrechte an Favelahäusern einräumt, werden sie dann ihre Grundstücke an reiche Leute verkaufen, die den grandiosen Ausblick nutzen wollen? Von vielen Favelas aus bietet sich ein spektakuläres Panorama, nicht selten mit einem Blick über Rio bis zur Statue von Christus dem Erlöser und aufs Meer. In jeder anderen Stadt würden sich die Leute für ein solches Panorama Hals über Kopf verschulden. Manche Favelabewohner zahlen Miete, was dort, wo die UPPs tätig sind, immer häufiger der Fall ist. Die meisten Cariocas aus der Mittelschicht sind der Ansicht, dass die Favelas erhalten werden müssen; vielen missfällt die Vorstellung, dass sämtliche Arme von dort vertrieben werden. Ich fragte jeden, den ich in einer Favela traf, ob er in ein »besseres« Viertel umziehen möchte, und die Einzigen, die das bejahten, waren relativ neue Emigranten aus anderen Teilen Brasiliens. Wer in einer Favela geboren war, wollte die Welt verbessern, in der er lebte und die er liebte. Obwohl die Favela Batan am nordwestlichen Rand der Stadt liegt – im wirklich hässlichen, ärmsten Teil, weit vom Strand entfernt –, sagte eines der Kinder, die ich dort traf, zu mir: »Wenn man den Spaß, den man hier hat, in Flaschen abfüllen könnte, könnte man sie in der Zona Sul verkaufen.«

Manche behaupten, das ganze UPP-Programm sei nur eine kosmetische Maßnahme für die Fußballweltmeisterschaft und die Olympischen Spiele. Sobald diese Events vorüber seien und 2017 große Haushaltskürzungen stattfänden, würde das Programm aus Mangel an Finanzmitteln eingestellt. Und falls oder sobald dann die Banden zurückkehrten, müsse jeder, der mit der UPP kooperiert habe, mit Vergeltung rechnen. 2010, zwei Jahre nach Gründung der UPP, erklärte das Büro des Hochkommissars für Menschenrechte der Vereinten Nationen, keines der von dem Programm deklarierten Ziele sei erreicht worden. Besonders kritisiert wurde die damit verbundene militärische Vorgehensweise sowie die Vorstellung, dass »gelegentliche gewaltsame Invasionen Sicherheit bringen können«.[234] Die Genfer Konvention bezieht sich auf den Kriegsfall, nicht aber auf polizeiliche Maßnahmen eines Staates gegen seine eigenen Bürger. Während das Militär darauf trainiert ist zu töten, ist die Polizei in den meisten Ländern dafür ausgebildet, Festnahmen durchzuführen; ein Polizist ist kein Soldat. Jede Vermischung dieser beiden Aufgaben führt zu Missbrauch. Die Angst vor Korruption hält an. »Korruption ist niemals einseitig«, sagte Bastos. »Jemand muss bereit sein zu zahlen, und jemand anderer muss bereit sein, die Hand aufzuhalten; wir müssen beide dingfest machen.« Bleibt die Frage, in welchem Maße die UPP die Oberschicht beschützt und in welchem sie das Leben in den Favelas wirklich verbessert. Schutz vor äußerer Bedrohung des Staates ist eine militärische Angelegenheit, die öffentliche Sicherheit eine soziale. Schutz vor äußerer Bedrohung kann durch Gewalt erreicht werden, doch öffentliche Sicherheit erfordert Frieden. Trägt die UPP dazu bei, öffentliche Sicherheit herzustellen, oder ist sie im Grunde auf Bedrohungsabwehr ausgerichtet? Selbst eine gutgemeinte Polizeiaktion kann zu einer militärischen Besetzung ausarten, gerade in einem Land, das noch vor nicht allzu langer Zeit eine Diktatur war.

Ich besuchte ein Treffen von Vertretern der kürzlich befriedeten Favela Morro dos Prazeres und benachbarter Bezirke mit einem beeindruckenden Aufgebot von Regierungsvertretern. Während der Regenzeit hatte die Stadtverwaltung die Müllabfuhr eingestellt, weil die steilen Straßen für die Müllwagen zu unsicher geworden waren. Doch die Favelabewohner wollten ihren Müll nicht monatelang auf den Straßen vor sich hin gammeln lassen. Teilweise war auch die Wasserversorgung zusammengebrochen, so dass sich viele Menschen ihr Wasser mit Eimern besorgen mussten. »Muss irgendwer in Santa Teresa sein Wasser in Eimern holen?«, fragte jemand ironisch und bezog sich dabei auf ein wohlhabendes Viertel, das an die Favela grenzt. Rio hat kein kohärentes Programm für eine sanitäre Versorgung, das vor 2025 voll umgesetzt werden könnte.

Die Elektrizitätsgesellschaft installierte in manchen Straßen Stromzähler, programmierte sie aber falsch, so dass manche Leute für den

Stromverbrauch anderer zur Kasse gebeten wurden. Wo die Polizei Büros eingerichtet hatte, funktionierten die Versorgungseinrichtungen zwar, anderswo aber nicht. Die Regierung hatte einen Kindergarten geschlossen, der nicht den gesetzlichen Vorgaben entsprach, was zur Folge hatte, dass manche Kinder keinen Betreuungsplatz mehr hatten, wenn ihre Mütter zur Arbeit gingen. Es wurden Pläne angekündigt, baufällige Häuser an steilen Hügeln abzureißen, die erdrutschgefährdet waren, aber niemand hatte darüber nachgedacht, wo die evakuierten Bewohner unterkommen sollten. Menschen, die ihr Viertel verließen oder betraten, wurden nach Waffen durchsucht, nur weil sie jung, männlich und dunkelhäutig waren. Das soziale UPP-Programm hatte einen holprigen Start.

Dennoch – als jemand aufstand und sagte: »Trotz alledem, früher fürchteten wir die Polizei und heute respektieren wir sie«, applaudierten die dreihundert Anwesenden. Erik Vittrup Christensen, der für UN-HABITAT, das Programm der Vereinten Nationen für menschliche Siedlungen, in Rio arbeitet, sagte: »Anerkennung ist hier der Sauerstoff.« Ein Teenager, den ich in Batan kennenlernte, meinte: »Ich dachte, ich würde mich mein ganzes Leben lang im Stich gelassen fühlen, und wenn ich eine Ausbildung, Gesundheit, Geld und Kultur haben möchte, müsste ich von hier fortgehen. Aber jetzt denke ich, ich kann bleiben und all diese Dinge haben.« Ein anderer sagte: »Mein Cousin ist von der damaligen Polizei getötet worden, und heute sind die Polizisten in Batan meine Freunde; einer unterrichtet mich in Capoeira [eine brasilianische Kampfsportart], ein anderer in Musik. Für ihn ist Musik einfach eine Sache zum Anhören, für mich ist es eine Chance, mein Leben zu retten.« Aber er hatte dennoch Angst davor, was ihm die Zukunft bringen mochte, nach den Olympischen Spielen, »wenn die Polizei hier nichts Neues mehr ist«. Denn dieselben alten Probleme, sagte er, gebe es nur dreihundert Meter weiter, in einer anderen, unbefriedeten Favela, »und sie könnten leicht wieder hierher zurückkommen«.

Cariocas mit hellerer Hautfarbe haben es in Rio zweifellos leichter. Offiziell definieren sich die Brasilianer als Angehörige einer von fünf

Ethnien – *branco* (weiß), *preto* (schwarz), *amarelo* (gelb), indigen und *pardo* (braun), was ein örtlicher Demograph grob als »usw.« übersetzte.[235] Bei einer Repräsentativbefragung zur Selbstdefinition ihrer Ethnie nannten die Cariocas jedoch nicht weniger als hundertsechsunddreißig verschiedene Kategorien.[236] Hier gibt die Ethnie eindeutig den sozialen Status vor. Bei einer Versammlung, die ich besuchte, deutete ein Journalist auf einen Mann und fragte: »Wer ist dieser Schwarze dort drüben?« Die dunkelhäutigen Anwesenden, die sich angesprochen fühlten, erwiderten: »Er ist nicht schwarz, sondern unser Wortführer.« Der Mann, von dem die Rede war, sagte daraufhin: »Wäre ich schwarz, wäre mein Leben härter.« In einer kürzlich durchgeführten Umfrage gaben brasilianische Großstadtbewohner an, in Kleinstädten herrsche mehr Rassismus als in urbanen Räumen; umgekehrt äußerten Kleinstadtbewohner, in ihrem Umfeld gebe es keinen Rassismus, hingegen sei er in Großstädten sehr ausgeprägt.[237] Jeder weiß um das Problem, doch niemand will schuld daran sein. In einer Umfrage unter Einwohnern von São Paulo erklärten siebenundneunzig Prozent, nicht rassistisch zu sein, doch achtundneunzig Prozent sagten, sie seien mit einem rassistisch gesinnten Menschen eng verwandt.[238] Selbsterkenntnis ist nirgendwo Allgemeingut.

Der Schauspieler Marcus Vinícius Faustini stammt aus einer Favela. Mit Lautsprechern auf dem Dach seines Autos fuhr er nach seiner Ausbildung durch die ärmsten Viertel und bot allen Interessierten Schauspielunterricht an. Inzwischen hat er zweitausend junge Menschen dazu gebracht, an Berufsbildungsprogrammen teilzunehmen. Seiner Ansicht nach lockt die Anziehungskraft, die die Favelas auf die Mittelschicht ausüben, die Favelabewohner in eine Falle. »Es ist nicht fair zu sagen, wenn man in einer Favela geboren wird, kann man sich nur durch Funk oder Samba ausdrücken«, meinte er. »Die Favelabewohner sollten die Möglichkeit haben, sich auch durch Beethoven auszudrücken, wenn sie das wollen.« Er verweist darauf, dass die Regierung zwar Capoeira-Unterricht in den Favelas fördert, aber keine Kurse in Marketing oder Betriebswirtschaft. Dabei erkennt er durchaus an, dass der Befriedungsprozess darauf ausgerichtet war, das Leben in den Favelas weniger chaotisch zu machen. »Aber wer definiert, was Chaos ist?«, fragte er. Das Leben in den Favelas funktioniere, weil es organische, bunt zusammengewürfelte Systeme gebe, die den Bedürfnissen der Menschen entsprechen. »Wenn man Chaos beseitigt, indem man das zerstört, was funktioniert, können die Folgen sehr gefährlich sein«, sagte er. Sein Traum ist es, den Favela-Kids alles von der Außenwelt beizubringen, das sie nicht kennen, damit die Außenwelt dann zu ihnen kommt, um von der Favela zu lernen. »Was die UPP ihnen gibt, hat keine Bedeutung«, sagte er, »solange sie nicht etwas zurückgeben dürfen.«

Cíntia Luna, Gemeinschaftssprecherin in Fogueteiro, führte mich bei Sonnenuntergang durch ihre Favela. Sie deutete auf ein halbfertiges Gebäude, das vor zehn Jahren als Schule geplant gewesen war. »Ich habe alle Akten gelesen«, sagte sie. »Die Schule erhielt Jahr für Jahr die Finanzmittel für die Lehrkräfte, die Schülermensa und die ganze Ausstattung. Aber sie war niemals in Betrieb. Was denken Sie, wohin all das Geld geflossen ist?« Ich überlegte, ob solche Betrügereien aus ihr eine Zynikerin gemacht haben könnten, was die Befriedung betrifft. Als ich sie danach fragte, legte sie eine Hand auf meinen Arm und sagte: »Bitte seien Sie einen Moment lang still.« Schweigend standen wir eine Weile da, dann erklärte sie mir: »Früher konnte man niemals den Wind so hören wie jetzt. Von überall her hörte man Schüsse und Schreie.«[239]

Trotz aller Gefahren und Schwierigkeiten, die es in der Favela gab, hielt sie daran fest, dass ihr Viertel auf seine Weise friedlich gewesen sei, selbst bevor die Polizei die Banden vertrieben hatte. »Jeder kennt jeden, und wir haben einen beschaulichen Lebensrhythmus«, sagte sie. »Wir hatten nie Angst vor den Banden, die im Grunde viel effizienter waren, wenn es darum ging, die Stromversorgung zu reparieren oder andere Dienste zu organisieren, als die Stadtbüros, die wir jetzt anrufen müssen. Aber wir hatten Angst vor den Auseinandersetzungen zwischen den Banden und der Polizei. Heute sind die Leute in der Zona Sul froh, nicht unsere Banden zu haben, und wir sind froh, nicht ihre korrupte Polizei zu haben. Es ist nur ein Kompromiss, aber er verschafft uns allen eine bessere Lebensqualität.«

Brasilien war ursprünglich eine Kolonie, dann eine Diktatur, und trotz gelegentlicher kurzer Phasen mit einer gewählten Regierung fasste die Vorstellung, dass das Land dem eigenen Volk gehört, erst 1988 in weitem Maße Fuß. »Jede Institution musste sich der Demokratie erst anpassen«, sagte Soares. »Zuerst die politischen Institutionen, dann die Wirtschaft, dann die Kultur. Die Polizei aber haben wir aus zwei Jahrhunderten der Brutalität geerbt, der Zeit der Sklaverei und der Diktatur. Das ist der letzte Wandel.« Er schilderte, wie er mit Lula während des ersten Präsidentschaftswahlkampfs in die Favelas ging. Lula sagte zu Soares: »Ich möchte über Gesundheitsversorgung, Bildung und Beschäftigung sprechen, aber alles, worüber sie sprechen wollen, ist die Polizei!« Soares erwiderte: »Weil das mit der Frage zu tun hat, ob ihre Söhne wieder lebendig nach Hause kommen. Man muss am Leben sein, wenn man um eine Ausbildung oder um einen Job kämpfen will; man muss sogar am Leben sein, um krank werden und eine Behandlung verlangen zu können.«

Programme zur Verbesserung der Favelas sind nichts Neues; ein brasilianischer Entwicklungshelfer meinte scherzhaft zu mir, es gebe in Brasilien mehr NGOs als Menschen. Aber zum ersten Mal stellen Menschen aus den Favelas ihre eigenen Organisationen für öffentliche Dienstleistungen auf die Beine. Luiz Carlos Dumontt und Dudu de Morro Agudo gründeten Enraizados, das sich der »kulturellen Militanz« widmet; ihre Website wird monatlich mehr als sechshunderttausend Mal aufgerufen.[240] Dudu ist Rapper und bringt Kindern bei, wie man Musik und Videos produziert, um sie auf diese Weise von den Banden fernzuhalten. Enraizados-Künstler verschönern auch mit Grafitti-Wandgemälden düstere Viertel. Und es wurde eine Straßenbibliothek gegründet: Man findet auf der Straße ein Buch, logged sich auf der Website ein, deren Adresse gegenüber vom Titelblatt eingestempelt wurde, und teilt mit, wo man das Buch gefunden hat, ob es einem gefällt und wo man es zurücklassen wird, damit jemand anderer es finden kann. Auf diese Weise zirkuliert das Buch in den Favelas.

Fernando Gabeira wurde dadurch berühmt, dass er 1969 aus Protest gegen die Diktatur den amerikanischen Botschafter in Brasilien entführte; aus dieser Aktion entstand ein Bestseller und 1997 der Spielfilm *Vier Tage im September*.[241] 2008 verlor Gabeira die Bürgermeisterwahlen in Rio, es fehlte ihm nicht einmal ein Prozent der Stimmen. Als ich mich mit ihm in einem Straßencafé traf, blieben immer wieder Wagen stehen, um anerkennend zu hupen. »Diese UPPs sind erfolgreich im Erobern, und die Politiker feiern das«, sagte er, »aber feiern sie auch die Menschen, die sie erobert haben?« Gabeira behauptete, das schon lange bestehende Szenario, das die Polizei als Kampf zwischen Justiz und Verbrechen beschreibt, sei in Wahrheit ein Kampf zwischen zwei Arten von Verbrechen gewesen, da nämlich die Polizei versucht habe, sich die Profite und Machtstellung der Drogenhändler anzueignen. »Sicherheit ist aber ebenso ein Eindruck, wie sie eine Realität ist«, erklärte er. »Wenn die Leute meinen, dass etwas besser geworden ist, ist es besser geworden. Die Reichen sind jetzt glücklicher, und die Armen ebenfalls. Das ist doch schon mal ein Erfolg.«

Die Cariocas sind ganz und gar starrsinnig, was die Renovierung historischer Stätten im Zuge der stürmischen Bautätigkeiten angeht, die im Vorfeld der Fußballweltmeisterschaft und der Olympischen Spiele stattfinden. Den einen gilt das Fußballstadion Maracaná als zerstört, den anderen als gerettet.[242] Das Teatro Municipal wurde eben erst zu seiner Hundertjahrfeier komplett renoviert;[243] erbaut nach dem Vorbild der Opéra Garnier in Paris, gab dort Arturo Toscanini sein Debüt als Dirigent, und Sarah Bernhardt trat dort ebenso auf wie Igor Strawinsky. Das Theater verfügt über fast 2500 Sitzplätze und ist bei den Opern- und Ballettaufführungen und den Konzerten klassischer Musik meist ausverkauft. An Sonntagen beträgt der Eintrittspreis nur einen Real (etwa 30 Eurocent), dann drängeln sich dort Menschen aus den Favelas. Am Jahrestag der Eröffnung, dem 14. Juli, gibt es freien Eintritt, und das Theater bleibt den ganzen Tag über geöffnet. Luciana Medeiros, Rios führende Musikkritikerin, sagte: »Man möchte nicht glauben, dass der Rückgang der Kriminalität das Kulturleben beeinflusst hat, aber diese vielen Veränderungen in Rio sind für jeden ein Gewinn. Als ich Kind war, war eines der typischsten

Dinge, dass die Straßen so schmutzig waren. Und jetzt achten mit einem Mal alle auf Sauberkeit.«

Bei meinem Treffen mit dem Bürgermeister in seinem barocken Rathaus fiel mir auf, dass die Hälfte der Leute dort Flipflops trugen. In Rio ist Lässigkeit angesagt. Aber Lässigkeit bedeutet nicht Schlampigkeit. In den meisten Ländern wurde zuerst Mode entworfen und danach nach den Models gesucht, die sie vorführen konnten. In Brasilien hingegen traten erst die Models auf den Plan, danach wurde die passende Mode für sie kreiert. »Unsere Models kommen aus den Favelas und haben diese umwerfend natürliche Eleganz«, sagte Sergio Mattos, Betreiber einer der größten Model-Agenturen in Rio. »Sie müssen gut aussehen, wenn sie eingekleidet sind. Aber für die Strandkultur in Rio müssen sie auch gut aussehen, wenn sie ausgezogen sind. Wir haben die weltweit einzige Modeindustrie ohne Essstörungen.«[244] Brasilianer haben einen ausgeprägten Sinn für schöne Körper und fast kein Verständnis für hässliche. Die toll aussehenden Leute tragen knapp geschnittene Badekleidung (einschließlich der als *fio dental* – Zahnseide – bezeichneten Tangaslips), aber auch alte und beleibte Menschen scheuen vor knapper Badekleidung nicht zurück. Brasilien gibt sich auf einzigartige Weise der Ästhetik der Sinnlichkeit hin. Eine junge Frau, die ich in einer Favela kennenlernte, gestand mir, dass sie ein Drittel ihres Einkommens für Haarpflegeprodukte ausgibt. »Mein Haar ist das einzig Schöne, das ich besitze«, sagte sie, »und ich werde den Rest meines Lebens Kapital daraus schlagen.«

Italo Moriconi erzählte mir, als er in Rio aufwuchs, hätten sich sämtliche Intellektuelle als Brasilianer verstanden, aber heute verstünden sich immer mehr Menschen als Weltbürger mit einer starken örtlichen Identität, die sich aus dem Stolz auf Rio de Janeiro und den Wandel dieser Stadt speise. Seit die Straßen relativ sicher geworden sind, ist das Straßenleben neu erwacht, und ganze Viertel feiern die ganze Nacht hindurch. Zentrum des Nachtlebens ist der glamourös verwahrloste, historische Innenstadtbezirk Lapa. Wie am Strand wimmelt es auf den dortigen Straßen von Reich und Arm gleichermaßen, obwohl manche der Nachtclubs teuer sind. Noch in den frühen Morgenstunden schallt aus jeder zweiten Tür Musik; das Niveau der jeweiligen Inneneinrichtung und die Qualität der Musik sind so unterschiedlich, dass man stehen bleiben und lauschen muss, bevor man sich für ein Lokal entscheidet. Viele der Clubs scheinen zugleich alt als auch provisorisch zu sein, als seien sie nur als Übergangslösung geplant gewesen, aber zu einer Dauereinrichtung geworden. Eines Abends beschloss ich, ein Lokal auszuprobieren, das – die Wände übervoll mit Andachtsbildern – wie eine kleine Kapelle wirkte, um festzustellen, dass es sich um eine von einer Transgender-Frau mittleren Alters geführte Bar handelte, die aus dem benachbarten Bundesstaat Minas Gerais nach Rio gezogen war. Sie bot uns einen Likör aus ihrem Heimatstaat an, der angenehm nach Zimt duftete, und erzählte uns umwerfend komische Geschichten darüber, wie sie auf einer Farm im Dschungel ihre geschlechtliche Identität herausfand. Es ist nicht nur die Sonne, die einen auf diesem Breitengrad wärmt; in Rio schließt man schnell Freundschaft, und ständig findet man sich in intimen Gesprächen mit Menschen wieder, die man eben erst kennengelernt hat. Sie wiederum stellen dich eifrig ihren Freunden vor – von denen manche sich ebenfalls gerade erst kennengelernt haben –, und nach ein paar Nächten kann man die Vielzahl der Einladungen zu Partys, Essen und in die Regenwälder kaum mehr überblicken.

Einer dieser neuen Freunde lud uns zu einer Sambaparty am frühen Abend ein. Oft finden sich Leute zusammen, um ungezwungen miteinander Musik zu machen; jeder kann ein Instrument mitbringen und sich beteiligen. Unsere Party fand in einem Innenstadtviertel statt, wo wir die Aufmerksamkeit sowohl von Geschäftsleuten auf ihrem Nachhauseweg aus dem Büro als auch die von Favelabewohnern auf ihrem Weg zur Reinigung dieser Büros auf uns zogen. Musikalisch und in sozialer Hinsicht war Improvisation das Motto. Die Musiker pausierten nur ein einziges Mal, um zu verkünden, dass der Marihuanageruch die Polizei anlocken könnte. Zwei dralle Frauen aus Bahia brieten *acarajé*, köstlich frittierte Meeresfrüchte und Augenbohnen, die Bar nebenan servierte *caipirinhas* in Plastikbechern. Ohne Soundtrack wäre Rio nicht Rio; die Musik würzt alle Sinne.

Vik Muniz hat mit der Erforschung dieser Ironien Karriere gemacht. Der Film *Waste Land* zeigt, wie er sich mit Müllsammlern anfreundet, die davon leben, was sie auf einer riesigen Müllkippe außerhalb von Rio finden, und schließlich zusammen mit ihnen Kunst gestaltet.[245] »Wenn du in New York jemanden kennenlernst, fragt er als Erstes: ›Wie heißt du?‹«, sagte Muniz. »Und als Zweites: ›Was machst du?‹ In Rio hingegen: ›Wie heißt du? Was *würdest* du gern machen?‹« Mehrere Leute, mit denen ich zusammentraf, zitierten Antônio Carlos (Tom) Jobim, den Musiker, der »The Girl from Ipanema« schrieb; er hatte einst erklärt: »In New York zu leben ist toll, aber scheiße; in Rio zu leben, ist scheiße, aber toll.«[246]

Die beliebte Talkshow-Moderatorin Regina Casé empfing mich in ihrer extravaganten Villa. Sie trug einen wallenden Kaftan, mindestens fünf Pfund Schmuck und Make-up im Wert eines ganzen Kosmetikladens. »Ich bin in Nordamerika gewesen und in Europa«, sagte sie. »Ihr habt Kiefernwälder und Eichenhaine. Waren Sie schon mal in unserem atlantischen Regenwald? Wir haben dort Hunderte Baumarten, alles wächst durcheinander, alles konkurriert um Sonne und Wasser, und alles überlebt irgendwie, üppiger als sonstwo auf der Welt. Genau das ist auch die Sozialstruktur von Rio. So wie unser Amazonas den Sauerstoff für die Welt produziert, kreieren wir hier den sozialen Sauerstoff. Wenn ihr nicht lernt, eure Gesellschaften so zu integrieren, wie wir unsere integriert haben, werdet ihr scheitern. In Amerika gibt es eine Menge Probleme, viel Ungerechtigkeit und viele Konflikte. Ihr solltet versuchen, die Probleme zu lösen.« Sie hob die Hände in gespieltem Entsetzen. »In Rio laden wir die Probleme zu einer großen Party ein und lassen sie zusammen tanzen. Und wir laden die ganze Welt ein, hierherzukommen und ebenfalls zu tanzen.«

Im August 2014, vier Jahre nach Veröffentlichung dieses Berichts, verbrachte ich wieder einige Tage in Rio. Zu diesem Zeitpunkt kümmerten sich die UPPs um etwa 1,5 Millionen Menschen in ungefähr vierzig Favelas oder deren Umgebung, was immense Gelder verschlang. Neuntausend Polizeibeamte waren dazu ausgebildet worden, die Favelas zu entkriminalisieren und wiederzubeleben; 2016 sollen es bereits mehr als zwölftausend sein.[247] Zwischen

2009 und 2014 ging die Zahl der durch Banden oder die Polizei in Favelas Getöteten um die Hälfte zurück, und die Quote anderer Gewaltverbrechen sank sogar noch deutlicher. Die *New York Times* berichtete, die Leistungen der Schüler in befriedeten Favelas seien doppelt so gut wie die eines Durchschnittsschülers in Rio.[248]

Trotz dieser Fortschritte stellte das Institute of Social and Political Studies fest, dass fast die Hälfte der Favelas von Rio nach wie vor unter der Kontrolle von Bürgerwehren steht; mehr als ein Drittel befinden sich in der Hand von Drogenbanden, und in weniger als einem Fünftel ist eine UPP tätig.[249] Zwischen 2011 und 2013 wurden dem Büro des polizeilichen Ombudsmanns fast achttausend Klagen über polizeiliche Gewaltverbrechen vorgelegt, darunter Körperverletzung, Vergewaltigung, Folter und Mord – doch nur achtzehn Beamte wurden dafür zur Rechenschaft gezogen.[250] Einer aktuellen Untersuchung von Amnesty International zufolge brachten Polizeibeamte im Dienst innerhalb von fünf Jahren tausendfünfhundertneunzehn Menschen ums Leben, was etwa sechzehn Prozent aller Tötungsdelikte in der Stadt entspricht.[251] Und die UPP Social, betraut mit der Aufgabe, medizinische Versorgung, Sport- und Bildungseinrichtungen zur Verfügung zu stellen, trat meist gar nicht in Erscheinung.

In dem Bericht *Exclusion Games*, veröffentlicht Ende 2015 und hauptsächlich von NGOs zusammengestellt, wurde die Verletzung von Kinderrechten und grundlegenden Bürgerrechten im Vorfeld der Olympischen Sommerspiele 2016 dokumentiert. Verzeichnet wurde auch eine leichte Zunahme polizeilicher Gewalt bei gleichzeitiger Reduzierung des Befriedungsprogramms. Mehr als viertausend Familien hatten inzwischen ihr Zuhause verloren, und weiteren zweitausendfünfhundert drohte ebenfalls die Umsiedlung. Außerdem wurde vom Verschwinden mehrerer Straßenkinder im Zusammenhang mit sogenannten sozialen Säuberungen berichtet. Die Stadtregierung von Rio hat einige dieser Vorwürfe zurückgewiesen.[252]

Und dann gibt es den Fall Amarildo. Am 14. Juli 2013 wurde ein unter Epilepsie leidender Bauarbeiter namens Amarildo de Souza, der in der Favela Rocinha lebte, dabei beobachtet, wie er ein örtliches Polizeirevier betrat. Niemand hat ihn dort wieder herauskommen sehen. Er wurde zwei Monate lang als »vermisst« gemeldet, bis riesige Demonstrationen überall in Rio, bei denen die Protestierer »Wo ist Amarildo?« riefen, schließlich zu einer Untersuchung führten. Zehn Beamte, darunter der Chef der UPP von Rocinha, wurden angeklagt, den Mann mit Elektroschocks gefoltert, mit einer Plastiktüte über dem Kopf erstickt und anschließend seine Leiche beseitigt zu haben.[253]

Im April 2014 wurde der Tänzer Douglas Rafael da Silva Pereira von der Polizei zu Tode geprügelt.[254] Ein Bewohner seiner Favela sagte später: »Das Vorhaben, die Favelas zu befrieden, ist gescheitert; die Polizeigewalt ersetzt nur das, was zuvor die Drogenbanden praktiziert haben.« In der »befriedeten« Favela Santa Marta klagten die Menschen über zunehmende Spannungen. Die *Washington Post* berichtete, dass in befriedeten Favelas mindestens zehn Feuergefechte in Polizeistationen stattgefunden hätten.[255] Nach einer Periode relativen Friedens hat diese zunehmende Feindschaft zwischen Polizei und Gangstern zu einem Anstieg von Morden, Brandstiftungen und Blutrachen geführt. Wie es der in Rocinha lebende Cleber Araujo lapidar formulierte: »Man meint, im Krieg zu sein.«[256] Eine Untersuchung des Pew Research Trust kam zu dem Ergebnis, dass die Brasilianer 2014 ihrer Polizei weniger vertrauten als vier Jahre zuvor.[257] Als Polizeieinheiten gegen die Banden vorgingen, die die Favela Maré kontrollierten, wurden selbst Häuser gesetzestreuer Bewohner gestürmt und deren Eigentum zerstört; aus Polizeihubschraubern wurde unterschiedslos auf alles gefeuert.[258] 2015 erklärte Atila Roque, Vorsitzender von Amnesty International Brasil, der ganze Plan sei »erbärmlich fehlgeschlagen und hinterlasse eine Spur des Leids und der Zerstörung«.[259] Viele nehmen an, dass das Befriedungsprogramm eingestellt wird, sobald die Olympischen Spiele vorüber sind. Auf die Frage, wie lange es dauern würde, bis die Banden ihre frühere Stellung wieder einnehmen, meinte ein Favelabewohner: »Sie werden einander überrennen, sobald der Rückzug eingeleitet ist.«[260]

Zusammen mit dem Bühnenautor, Schauspieler und Tänzer Márcio Januário besuchte ich Vidigal, das kurz zuvor befriedet worden war. Januário ist dunkelhäutig, über und über tätowiert, offen schwul und sehr beliebt; wenn man mit ihm durch Vidigal spaziert, wird man alle zehn Schritte von jemandem begrüßt. In Vidigal inszeniert er mit Kindern und Erwachsenen Theaterstücke. Als ich ihn traf, kam er gerade aus einer Vorstellung von *Romeo und Julia*, das er und seine Theatercompany Free Minds in der Favela und in – wie er es nennt – Favalese spielen ließ, der psychologischen Sprache der Slums. Vidigal, auf einem Hügel über dem Ipanema-Strand gelegen und an Barra da Tijuca angrenzend, hat die beste Aussicht von ganz Rio. Januário klagte, dass mit der Befriedung sämtliche Preise durch die Decke gegangen seien. Viele Leute hätten für – wie sie meinten – eine Menge Geld ihre Häuser verkauft, in denen ihre Familie seit Generationen lebte. Aber sie würden niemals vergleichbare Häuser finden, weil die Preise immer weiter stiegen, seit sich Leute aus der Mittelschicht in das Favela-Abenteuer einkauften. In Vidigal gibt es nunmehr arme und reiche Viertel, deren Einwohner selten miteinander Kontakt hätten. Als ich Januário fragte, ob er je daran gedacht hätte umzuziehen, grinste er spöttisch. »Ich muss hier sein«, sagte er, als wir in seinem kargen, aber attraktiven Studio-Apartment saßen. »Wenn es für mich zu teuer wird, ziehe ich ganz aus Rio fort.«

Vidigal hat schreckliche Schulen und nur wenige öffentliche Einrichtungen. Januário, der ehrenamtlich in Schulen arbeitet, sagte, die Kinder seien nicht am Unterricht interessiert, weil die Lehrer nicht daran interessiert seien zu unterrichten. Er arbeitet jedes Jahr mit dreißig bis vierzig Schülern, von denen viele später auf die Universität gehen. »Als ich vor sieben Jahren dieses Projekt begann, sagte ein Lehrer zu mir: ›Du bist verrückt! Diese Schule ist für Dummköpfe. Arme Schwarze brauchen kein Theater.‹« Januário beharrte darauf, dass Leute, die zu so vielen Vergnügungen fähig seien, auch lernen könnten. »Wenn sie aufwachen«, sagte er, »schlagen sie die Augen auf und fragen: ›Wo sind die Löwen? Los, bekämpfen wir sie.‹ Man muss nur herausfinden, welche Löwen sie meinen.« Ich fragte ihn, ob die Menschen in den Favelas jetzt weniger Angst hätten. »Es ist für uns normal, Angst zu haben«, antwortete er. »Es ist nicht so schlimm, wie es für dich wäre. Gewalt ist eine Kultur, und es gibt viele Leute, die Gewalt mögen. Glaub bloß nicht, dass wir alle ein friedliches Leben wollen.« Wie viele Favelabewohner war er nicht nur von der ganzen Idee der Befriedung gänzlich unbeeindruckt, sondern bezweifelte auch das Problem, das die Befriedung lösen sollte.

GHANA

Im Bett mit dem Präsidenten von Ghana?

New York Times, 9. Februar 2013

Die Hochzeit meiner Freundin Meri Nana-Ama Danquah führte mich nach Ghana. Sie heiratete nach einer tradionellen Zeremonie, die damit begann, dass ein Vertreter der Familie des Bräutigams zu einem Vertreter der Familie der Braut sagte: »Wir haben eine wunderschöne Blume gesehen, die in eurem Garten wächst, und haben den Wunsch, sie zu pflücken.« Anschließend werfen sich die beiden Familien gegenseitig Beleidigungen an den Kopf, ein Ritual, in dem sich offenbar die komplexen ambivalenten Gefühle ausdrücken, die Eltern bei der Hochzeit ihrer Kinder oft bewegen. Aber zwischendrin stimmten sie auch immer wieder Lieder an. Es kam mir vor, als würden sie zugleich feiern und streiten. Die Übergabe des Brautpreises empfand ich entgegen meinen Erwartungen keineswegs so, als sei meine Freundin zur Ware geworden. Vielmehr erschien es mir respektvoll, als würdigte man ihren Wert und zolle ihr Tribut.

Als mein zukünftiger Mann und ich bei der Hochzeitsfeier einer Freundin vor acht Jahren in der Nähe von Accra den ghanaischen Politiker John Dramani Mahama kennenlernten, gefiel er mir auf Anhieb. Durch gemeinsame Freunde verfolgte ich seinen Werdegang und freute mich, als er 2009 zum Vizepräsidenten seines Landes gewählt wurde. 2010 las ich eine vorläufige Fassung seiner packenden Erinnerungen *My First Coup D'État – Memoirs from the Lost Decades of Africa* und erbot mich, ihn mit New Yorker Agenten und Verlegern bekannt zu machen. Politische Führungspersönlichkeiten aus Afrika gelten bei uns häufig als entweder engstirnig und machtgeil oder aufgeblasen und ideologisch. John Mahamas Buch aber überrascht durch

Mitmenschlichkeit und konnte meiner Meinung nach viel zum Abbau von Vorurteilen in den Vereinigten Staaten beitragen. Ich schrieb den Klappentext, bevor das Buch im vergangenen Jahr erschien, bin in seinen Danksagungen erwähnt, war Gastgeber eines Empfangs anlässlich der Veröffentlichung und führte am 10. Juli 2012 in der New York Public Library mit John Mahama ein öffentliches Interview.

Als der ghanaische Präsident John Atta Mills am 24. Juli 2012 starb, übernahm John Mahama diese Position und wurde bei Wahlen im Dezember in dem Amt bestätigt. Ende Januar 2013 brach in der Presse Ghanas urplötzlich ein Sturm los, der sich an der Bekanntschaft Mr Mahamas mit mir entzündete. »Präsident John Dramami Mahama wird nachgesagt, mit einem gewissen Mr Andrew Solomon im Bett gewesen zu sein«, lautete die unglückliche Formulierung in einem Artikel. Ein anderer verkündete: »Andrew Solomon versammelte wiederholt gutbetuchte Angehörige der Gay Community, um für das Wahlkampfbudget von Präsident Mahama Spenden zu sammeln – natürlich vor dem Hintergrund, dass Präsident Mahama nach Gewinn der Präsidentschaftswahlen die Umsetzung der Schwulenrechte vorantreiben würde.« Man berichtete, ich hätte die Veröffentlichung des Buches mit 20 000 Dollar unterstützt.

Anlass dieser Enthüllungen war der Umstand, dass der Präsident Nana Oye Lithur als Leiterin des neugeschaffenen Ministeriums für Gender, Kinder und soziale Sicherheit berufen hatte. Lithur wurde von einer Zeitung als »glühende Anwältin für Menschen- und Schwulenrechte« bezeichnet. Ihr im Bestätigungsverfahren vor einem Parlamentsausschuss geäußerter Satz: »Die Rechte jedes Einzelnen und damit auch jedes homosexuellen Bürgers müssen geschützt werden«, löste einen Sturm der Entrüstung aus. Man stellte die Vermutung an, ich hätte ihre Ernennung bewirkt, obwohl sie mir bis dahin völlig unbekannt war. Doch die Vorstellung, dass Mahama ihr das Amt nicht wegen ihrer hervorragenden Fähigkeiten übertragen hatte, sondern auf Anraten eines ausländischen Teufels, bestätigte die unter einer Reihe von Afrikanern verbreitete Meinung, Homosexualität sei aus dem dekadenten Westen importiert worden.

Ich habe weder die Möglichkeit noch die Absicht, mich in die Wahlen anderer Länder einzumischen, und keinen Heller für die Würdigung in John Mahamas Buch gezahlt. Wahrscheinlich wurde er einzig dadurch in seiner Haltung zu den Schwulenrechten beeinflusst, dass ich ihn in einer fröhlichen Familie mit zwei Vätern willkommen geheißen hatte. Es wühlte mich furchtbar auf, in einen politischen Skandal hineingezogen zu sein und zu erfahren, dass mein Bemühen, einfach freundlich und behilflich zu sein, inzwischen zu einer Bürde für den anderen geworden war.

Am Freitag, dem 1. Februar 2013, erklärte der Sprecher des Präsidenten, John Mahama kenne mich nicht. Am Samstag bekam ich einen Anruf, in dem sich der Präsident entschuldigte. Am Sonntag veröffentlichte die Regierung eine Erklärung, in der es hieß, John Mahama und ich seien miteinander bekannt, doch ich hätte nie einen Beitrag zu seiner Wahlkampagne geleistet und auch niemanden sonst zu diesem Schritt bewogen. Es hieß, Präsident Mahama würde »Homosexualität nicht unterstützen und keine Schritte unternehmen, um Homosexualität in Ghana zu fördern«. Ich habe keine Ahnung, was man unter Förderung von Homosexualität versteht, nahm aber erleichtert zur Kenntnis, dass unsere herzliche Freundschaft nicht einen solchen Akt darstellte.

Die Lage der Homosexuellen ist in den meisten afrikanischen Ländern katastrophal, und die Doppelzüngigkeit der ghanaischen Regierung trug nicht dazu bei, den Betroffenen ihre begründeten Sorgen zu nehmen. Nach diesem Aufruhr bekam ich über meine Homepage und meinen Facebook-Account Hunderte Zuschriften von Ghanaern. Zur Hälfte stammten sie von Homosexuellen, die über ihre schwierige Situation berichteten. Einer schrieb: »Ich habe diese Demütigungen und Beschämungen so satt. Ich weiß nicht, ob ich als Schwuler vielleicht gar nicht als lebendiges Wesen gelte. Ich habe versucht, ihnen das vorzuspielen, was sie von mir erwarten. Ich brauche Ihren Rat und Ihre Hilfe. Tut mir leid, das sagen zu müssen, aber am liebsten würde ich mich umbringen. Meine Tränen fließen so heftig, dass ich meine E-Mail hier beenden muss.«

In anderen Mails schilderten mir wütende Menschen in drastischen Worten, was mir alles zustoßen werde, sollte ich jemals wieder ihr

Land betreten. Viele waren brutal und eine Handvoll sogar beängstigend. Ich kenne es nicht, derart gehasst zu werden. Die Mehrheit aber kam von heterosexuellen Verbündeten, von denen es eine große Zahl zu geben scheint. Eine Frau klagte: »Die Männer hintergehen mich immer wieder, deshalb möchte ich mich bitte Ihrem LGTB anschließen.« Eine andere erklärte: »Ich wünschte, ich wäre so wie Sie von Gott gesegnet. Ich bin nicht schwul, aber ich respektiere und liebe es so so sehr. Mögen Sie für immer leben, um der Menschheit zu helfen.« Eine überraschend große Zahl stammte von Geistlichen und anderen Klerikern, die erklärten, ihrem Glauben nach seien alle Menschen vor Gott gleich. Sie dankten mir für mein Engagement und versprachen, sich in ihren Gemeinden dafür einzusetzen, dass Toleranz und Liebe walten können anstelle von Verurteilungen und Züchtigungen.

Während der Entwicklung dieser Ereignisse befand ich mich zufälligerweise gerade in Indien auf einer Lesereise. Ich stellte mein Buch vor, das sich zu großen Teilen mit der Frage beschäftigt, wie ein Zustand, der zunächst als krankhaft wahrgenommen wird, letztlich zur Bildung einer gelebten Identität beitragen kann. Dabei stützte ich mich auf meine Erfahrungen mit einem solchen Umschwung für die Homosexuellen in den Vereinigten Staaten. Bei meinem ersten Besuch Indiens etwa zwanzig Jahre zuvor lebten diejenigen, die ihre Homosexualität offen gezeigt hatten, ausgegrenzt und in Armut. Bei meiner zweiten Reise Mitte der neunziger Jahre stieß ich auf eine Subkultur eher kultivierter Homosexueller, die jedoch unweigerlich erröteten, wenn ich das ansprach, was wir gemeinsam hatten. Bei dem Jaipur Literature Festival von 2013 wurde das Homosexuellenforum, an dem ich teilnahm, von mehr als tausend Menschen besucht, die zwar häufig über die schrecklichen Vorurteile in Indien klagten – aber trotzdem den Mut hatten, diesem Problem öffentlich in einer Weise entgegenzutreten, die bereits seine endgültige Lösung verhieß. Auch dort zeigten sich sehr, sehr viele heterosexuelle Verbündete.

Nachdem Präsident Mahama in Artikeln wegen seiner Bekanntschaft mit mir angegriffen worden war, entwickelte sich »eine stürmische landesweite Debatte über die Rechte von Schwulen und Lesben«. Dass es diese Debatte gibt – selbst wenn es darin um die Frage geht, ob wir gelyncht werden sollten –, ist an sich schon ein bedeutsamer Fortschritt. Denn wenn einheimische Leitartikler auf einer gewissen Grundlage andeuten können, der Präsident eines Staats befinde sich in den Fängen von Schwulenrechtlern, zeigt das, dass die Welt sich verändert. Ich hoffe, dass Präsident Mahama die Gelegenheit nutzt und in der Region eine Führungsrolle bei der Durchsetzung von LGTB-Rechten einnimmt. Die große Anzahl von Zuschriften nach Ausbruch des Skandals zeigt, dass dieses Thema viele bewegt. Ich wünsche mir, dass in nicht allzu ferner Zukunft die Bekanntschaft mit mir weniger eine Belastung als ein Pluspunkt sein wird.

Die in diesem Artikel geschilderten bizarren Ereignisse hatten eine Fortsetzung. Mein Name erschien in fast jedem Text über Schwulenrechte, der in Ghana veröffentlicht wurde, und gilt bei Homophoben von Accra bis Zabzugu als Inbegriff des Bösen, das ihr Land bedroht. Zugleich treffen in meinen Internet-Accounts weiterhin zahllose herzerweichende Zuschriften ein. Im Sommer 2015 verbreiteten ghanaische Medien das Gerücht, ich hätte beim Tod des ehemaligen Präsidenten John Mills die Finger im Spiel gehabt, um in einer ruchlosen Verschwörung meinen Protegé John Mahama an die Macht zu bringen und »den Weg zur Verbreitung des Lesbentums und der Homosexualität in unserem Land freizumachen« – ungeachtet der Tatsache, dass Präsident Mahama auch weiterhin wenig Neigung zeigt, sich für Schwulenrechte einzusetzen. Mahama hatte kaum noch Kontakt zu mir, seit die ersten Beschuldigungen geäußert worden waren.[261]

In ghanaischen Medien erschien kürzlich ein Beitrag, in dem ein ghanaischer Jurist mit seiner ekstatischen Vision zitiert wird, dass mich in nächster Zeit eine tiefe Bekehrung erwarte. Darin hieß es: »Ein Dozent der Juristischen Fakultät der University of Ghana, Moses Foh-Amoaning, hat prophezeiht, dass der bekannte Schwulenaktivist Andrew Solomon, vorgeblich ein Freund von Präsident John Dramani Mahama, bald Geistlicher werden wird. ›Andrew Solomon wird eines Tages Pastor Andrew Solomon heißen‹, sagte er. Der juristische Lehrbeauftrage erklärte dem Sender Atinka AM Drive: ›Der schwule Kreuzritter wird sich bald Gott nähern.‹« Ein anderer Artikel zu diesem Thema berichtete über Foh-Amoaning: »Seiner Aussage nach verbergen sich hinter der kürzlich durchgesetzten Legalisierung gleichgeschlechtlicher Ehen in den Vereinigten Staaten von Amerika [USA] finstere Mächte – er führt hier unter anderem als wichtigsten Lobbyisten den bekannten Schwulenrechtler Andrew Solomon an –, aber ›Gott wird ihn treffen und ihn zur Wandlung bewegen‹.«[262] Bis jetzt hat mich der Strahl Gottes noch nicht getroffen, aber ich freue mich bereits auf die Begegnung, sofern es denn dazu kommt.

Im Januar hieß es in einem ghanaischen Artikel: »Unter Berufung auf die Verbindungen des Präsidenten mit dem gefeierten Schwulenrechtler Andrew Solomon erklärte der Kandidat für die Region Ningo-Pampram, Präsident Mahama würde für Geld alles tun. ›Wenn sich Präsident Mahama in seinem Wahlkampf auf die Finanzierung durch Homosexuelle stützt, wird er als Nächstes Ghana dem Antichrist verpfänden, um die Wahlen von 2016 zu gewinnen‹, schimpfte er.«[263]

Ich frage mich, ob ich für eine eventuelle Verpfändung vielleicht Zinsen kassieren kann …

RUMÄNIEN

Schwul, jüdisch, psychisch krank und Förderer der Roma in Rumänien

New Yorker, 7. Juli 2014

Als dieser Artikel auf der Homepage des *New Yorker* erschien, trafen sofort Kommentare ein – Hunderte, die meisten von erbosten Rumänen. Ich war zum Erscheinen von *Saturns Schatten* in ihr Land gefahren. Der Verleger war wohlwollend, die Presse schmeichelhaft, und meine rumänischen Freunde bewiesen eine untadelige Gastfreundschaft, aber ich stieß auf Vorurteile, die mich zutiefst verstörten. Seither habe ich etliche weitere Briefe zu dem Artikel erhalten, und im Lauf dieses langen Nachspiels stimmten mir viele Rumänen schließlich in manchen Punkten zu. Während mein Essay immer noch Aufmerksamkeit erregt, sind die meisten der Zuschriften aus Rumänien eine Reaktion auf meine Bücher und stammen vorwiegend von Menschen, die Rat suchen, weil sie unter Depressionen leiden oder ein behindertes Kind haben.

Als Teenager fragte ich meine Großtante Rose einmal, aus welcher Gegend in Rumänien unsere Familie eigentlich stamme. Sie behauptete, sich nicht mehr daran erinnern zu können, worauf ich sagte: »Tante Rose, du hast dort gelebt, bis du neunzehn warst. Was soll das heißen, du kannst dich nicht erinnern?« Sie antwortete: »Es war schrecklich, und wir waren froh, als wir da wegkamen. Es gibt keinen Grund, warum man noch einmal hinfahren sollte.« Ich bat sie, mir wenigstens den Namen des Ortes zu nennen. Sie sah mich mit eiskaltem Blick an, was ich überhaupt nicht von ihr kannte, und sagte dann: »Ich weiß es nicht mehr.« Damit war die Sache erledigt.

Mein Großvater väterlicherseits – Tante Roses älterer Bruder, ein Landarbeiter – war bereits früher als sie vor Pogromen und Generationen überdauernder Armut in die Vereinigten Staaten geflohen, als er sechzehn war. Nachdem er die Prozeduren auf Ellis Island hinter sich gebracht hatte, ließ er sich in New York nieder, konnte dort aber nur mit Mühe seine Kinder durchbringen. Dennoch sorgte er dafür, dass mein Vater eine gute Ausbildung erhielt, und seither ist meine Familie relativ wohlhabend. Ich habe mich oft gefragt, wie das Leben ausgesehen hatte, das mein Großvater hinter sich ließ. Meine Vorfahren waren wahrscheinlich genauso wissbegierig und aufgeschlossen gewesen, wie ich, mein Bruder und mein Vater es waren, und ich sann darüber nach, was wohl wäre, wenn wir in einer Gesellschaft mit geringer sozialer Mobilität lebten.

Meine Freundin Leslie Hawke ist vor fünfzehn Jahren nach Rumänien gezogen und hat dort OvidiuRo gegründet, eine Nichtregierungsorganisation, die Roma-Kinder unterrichtet. Ich trat in den Vorstand des gemeinnützigen Vereins ein, nicht zuletzt deshalb, weil ich eine Parallele zwischen der Unterdrückung meiner jüdischen Vorfahren und der der Roma sah. Wir konnten ein besseres Leben führen, weil wir in einem anderen Land Zugang zu Bildung bekommen hatten, vielleicht konnten die Roma-Kinder einmal ein besseres Leben führen, wenn sie in Rumänien Unterricht erhielten.

Als im letzten Jahr ein rumänischer Verleger die Rechte an *Saturns Schatten: Die dunklen Welten der Depression* erwarb, wurde meine Neugier auf die Heimat meiner Vorfahren erneut geweckt, und ich erklärte mich zu einer Lesereise bereit. Für mich schloss sich damit auf schöne Weise der Kreis von der Emigration meines mittellosen Großvaters bis hin zu meiner Rückkehr als publizierter Autor. Eine Cousine zweiten Grades, die ich über Facebook ausgegraben hatte, meinte, wir stammten wahrscheinlich aus Dorohoi, einer kleinen Stadt etwa vierhundert Kilometer nördlich von Bukarest an der ukrainischen Grenze. Eine andere Freundin, die in ihrer Freizeit Ahnenforschung betrieb, bot mir an, weitere Recherchen anzustellen, und stieß auf Dokumente, die das bestätigten. Mein Großvater und zwei seiner Brüder waren im Jahr 1900 von Hamburg aus auf dem

Zwischendeck eines Dampfers losgefahren und hatten vier Jahre später ihre Eltern und Geschwister nachkommen lassen.

Mein Verleger hatte befürchtet, dass es womöglich noch zu früh war, um in Rumänien offen über Depressionen zu sprechen, aber der Zeitgeist hatte sich stärker gewandelt, als er vermutet hatte. Der größte lebende Schriftsteller Rumäniens, Mircea Cărtărescu, erklärte sich bereit, ein Vorwort zu schreiben und bei der Buchpräsentation anwesend zu sein. Noch vor meiner Ankunft in Bukarest war *Saturns Schatten* ein Bestseller, und in den ersten beiden Tagen meines Aufenthalts wurde ich von allen drei großen Fernsehsendern, vom öffentlichen Rundfunk und von vielen führenden Zeitungen interviewt. Bei der Eröffnungsveranstaltung in einer großen Buchhandlung drängte sich eine riesige Menge im Raum, und schon am Tag darauf musste *Saturns Schatten* nachgedruckt werden. Alle waren freundlich zu mir, und ich war beeindruckt von dem hohen Niveau der intellektuellen und politischen Debatte über mein Buch.

Doch es sollte nicht alles so glatt laufen. Vor meiner Anreise hatte Leslie Kontakt mit Florin Buhuceanu aufgenommen, dem Leiter einer Homosexuellenorganisation namens ACCEPT. Leslies Freundin Geneviève Fierau hatte Verbindungen zur Zentralbibliothek der Universität, die sich in einem aufsehenerregenden Gebäude in der Innenstadt von Bukarest befand und die ein 1914 von König Carol I. eingeweihtes Auditorium besaß. Man war sich einig, dass der Saal der ideale Ort für einen Vortrag vor der LGBT-Community von Bukarest war. Geneviève arrangierte ein Treffen Leslies und Florins mit der Bibliotheksdirektorin, die nach einem mehrere Stunden dauernden und, wie es später hieß, freundlichen Gespräch, erklärte, der Saal stehe uns zur Verfügung und sie würde sich freuen, wenn ich dort meinen Vortrag halten würde. Florin bedankte sich bei ihr für den Mut, die LGBT-Organisation zu unterstützen, unterschrieb den Vertrag, schickte ihn an die Bibliotheksleitung zurück und verbreitete über Facebook Einzelheiten zu der Veranstaltung.

Rumänien unterzog sein Homosexuellen-Gesetz gerade einer Revision, als die Vereinigten Staaten einen offen schwulen Botschafter, Michael Guest, für das Land bestellten, der von 2001 bis 2004 unter der Regierung Bush dort seinen Dienst tat. Doch in der rumänischen Kultur sitzen die Vorurteile immer noch tief, und Putins Homophobie, die ihren Schatten weit in die osteuropäischen Länder hineinwirft, trägt nicht gerade dazu bei, dass sich daran etwas ändert. Anfang 2014 lehnte die Abgeordnetenkammer einen Gesetzesentwurf, der die rechtliche Anerkennung homosexueller Partnerschaften vorsah, mit zweihundertachtundneunzig zu nur vier Stimmen ab. In derselben Woche rief die Bibliotheksdirektorin Geneviève an, beschuldigte sie, sie nicht richtig über meinen Vortrag informiert zu haben, und sagte, die Bibliothek hätte niemals einer Veranstaltung zugestimmt, bei der über homosexuelle Identität gesprochen werden sollte. Danach reagierte sie nicht mehr auf die zahlreichen E-Mails von Florin oder Leslie.

ACCEPT bemühte sich sofort um andere Räumlichkeiten und fand schließlich an der Nationalen Universität für Theater- und Filmkunst einen kleineren, weniger zentral gelegenen Hörsaal. Die Diskussion mit dem Publikum nach meinem Vortrag dauerte fast eine Stunde. Viele Fragen bezogen sich auf mein Familienleben: Wie es sei, als Schwuler einen Mann und Kinder zu haben; was für ein Gefühl es sei, vom eigenen Vater und auch in größeren sozialen Zusmmenhängen akzeptiert zu werden, was für sie ebenso unvorstellbar war, wie wohl mein Leben in relativem Wohlstand für meine Urgroßeltern gewesen wäre. Manche sagten, ihr Traum sei, irgendwohin auszuwandern, wo sie auf dieselbe Akzeptanz stoßen würden, wie ich sie erfahre. Erschreckend viele aber erzählten von schweren Depressionen als Folge sozialer Ausgrenzung, und manche meinten, ein Beispiel für die Diskriminierung sei die Verlegung meines Vortrags in diesen Raum. Ihre Situation war zwar kaum mit einem Pogrom zu vergleichen, aber durch diesen Vorfall konnte ich mir gut vorstellen, wie es wäre, wenn meine Familie zu einer Bevölkerungsgruppe gehörte, die von ihren Landsleuten verabscheut wird.

Am nächsten Tag unternahmen Leslie und ich eine siebenstündige Fahrt zu einem Pferdegestüt im Hochland Nordmoldawiens. Wir übernachteten dort, aßen russische Gerichte und tranken hausgemachten Brombeerschnaps. Am nächsten Morgen holten wir einen der wenigen noch in der Region lebenden Juden ab, der nebenberuflich Stammbaumforschung betrieb, und fuhren dann weiter nach Dorohoi. Mich bewegte der Gedanke, dass schon mein Großvater und dessen Großvater diese sanft hügelige Landschaft, die sich vor uns ausbreitete, gesehen hatten. Im Lauf des letzten Jahrhunderts schien sich hier nicht viel verändert zu haben. Bauern verrichteten ihre Arbeit mit-Hilfe von Ochsenkarren, und Frauen mit Kopftüchern lockerten den Boden mit Handhacken. Die schier unerträglich heißen Sommer und die unmittelbar daraufolgenden gleichermaßen kalten Winter hatten ihre Haut zerfurcht. Wir gingen auf einer langen unbefestigten Straße zum jüdischen Friedhof, der mit einem hohen Drahtzaun gesichert war. Ein in der Nähe wohnender Mann hütete den Schlüssel und ließ uns zu einem Preis von etwa fünf Dollar hinein, wobei er betonte, dass er kein Jude sei, Juden aber möge.

Der Friedhof war völlig vernachlässigt – wie praktisch die ganze Gegend um Dorohoi. Zwischen den von Brennnesseln überwachsenen Grabsteinen trottete unter Muhen eine Kuh dahin. Leslie entdeckte das erste Grab mit dem Namen Solomon. Aber schon bald fanden wir weitere – viele der hier Bestatteten waren nach der Emigration meines Großvaters geboren. Man konnte unmöglich sagen, ob sie zu meiner Verwandtschaft gehörten, aber naheliegend war es schon, denn die jüdische Gemeinde war hier nie sehr groß (im ganzen Bezirk gibt es etwa viertausendfünfhundert jüdische Gräber). Einer alten jüdischen Sitte folgend legte ich Kiesel auf die Grabsteine. Ich fragte mich, warum diese Menschen nicht auch fortgegangen waren. Wir betraten die Friedhofskapelle, die nur eine kleine Scheune mit einem Davidstern daran war. In der Nähe stand ein Leichenwagen mit Pferdegeschirr.

Auf einem der Grabsteine erinnerte eine Inschrift an die Mitglieder der Familie, die durch »Hitlers Hand« umgekommen waren; viele der Toten hatten Vornamen, die ich aus meiner eigenen ausgedehnten Verwandtschaft kannte. Ein Denkmal in der Mitte des Friedhofs war den fünftausend Juden gewidmet, die aus dem Gebiet deportiert worden und nicht mehr zurückgekehrt waren. Mir klangen noch Tante Roses Worte in den Ohren: »Wir waren froh, da wegzukommen.« Ich hatte gehofft, dass sie übertrieben hatte, dass ich diesen Ursprungsort unserer Familie zumindest »malerisch« finden würde, dass ich mich auf überraschende Weise damit würde identifizieren können. Und die Vorstellung, in einem solchen, wie ich mir ausmalte, immer noch reduzierten Leben gefangen zu sein, in dem nichts von der intellektuellen Lebendigkeit Bukarests zu spüren war, deprimierte mich. Ich hatte jahrzehntelang über Kriegsgebiete und Entwicklungsländer berichtet, die mir stets zutiefst fremd geblieben waren, während das hier auf eine Weise nah war, die mich bis ins Mark traf. Ich hätte hier geboren sein, hier leben und hier sterben können.

Als wir den Friedhof verließen, stießen wir an dessen Zaun auf fünf hohe Sauerkirschbäume, und wir liefen hin, um die reifen Früchte zu pflücken. Der rote Saft tropfte mir über die Hände. Wer in meiner Familie hatte unter diesen Bäumen gestanden und denselben Geschmack genossen, so intensiv, so bittersüß. Ich sah vor mir, wie meine Kinder von den Kirschen naschen würden, wenn sie mitgekommen wären. Mit einem Schlag wurde mir bewusst, dass meine Vorfahren ja auch einmal Kinder gewesen waren und dieser Ort nicht nur von den alten Männern mit Bärten aufgesucht worden war, die ich mir als meine Ahnen vorstellte, sondern auch von Jungen und Mädchen, die in den Baum geklettert waren, um die vielen Kirschen in den oberen Zweigen abzuernten.

Auf dem Weg aus der Stadt dachte ich beim Anblick der Bauern, wenn nicht ihre Vorfahren die Häuser von Menschen wie meinen Vorfahren niedergebrannt hätten, hätten meine Verwandten nicht überlebt. Ich sann darüber nach, was innerhalb von zwei Generationen mit meiner Familie passiert war, doch anstatt über die gegen sie gerichteten Aggressionen Wut und Zorn zu empfinden, fühlte ich mich dadurch privilegiert. Unterdrückung wirkt sich manchmal mehr zum Vorteil der Opfer aus, als dass sie den Tätern nützt. Während die rasenden anderen ihre Kraft in der Zerstörung erschöpfen, richten die, deren Leben in Schutt und Asche liegt, ihre ganze Kraft auf eine Lösung, die oft einen Wandel herbeiführt. Der Hass hatte meine Familie in die Vereinigten Staaten getrieben und damit in eine zuvor unvorstellbare Freiheit.

Die Lebensbedingungen in den Roma-Siedlungen, zu denen Leslie mich nun führte, ließen Dorohoi wie ein East Hampton erscheinen. Sicher kannten die Subsistenzbauern im Norden Rumäniens nur einfache Gerichte, aber die Roma von Colonia mussten hungern; sicherlich starben die Bauern relativ jung, bei den Roma aber sah man deutliche Anzeichen chronischer Erkrankungen. Die Bauern mochten keine modernen Toiletten haben, die Roma hatten gar keine; sie verrichteten ihre Bedürfnisse einfach auf den umliegenden Wiesen, und es stank zum Himmel. Während ich das hier schreibe, erhalten fünfzehnhundert Roma-Kinder dank der Arbeit von OvidiuRo eine Früherziehung, die ihnen vielleicht ermöglicht, aus dem Teufelskreis der Armut auszubrechen. Ich habe einige dieser Kinder kennengelernt, sie hatten wache Augen und waren fröhlich, und ich hoffte, sie würden sich nicht zu solchen mürrischen Teenagern und Erwachsenen mit leerem Blick entwickeln, wie sie überall in der Siedlung im Schmutz herumhockten.

Auf dem Rückweg nach Bukarest rief mich Duane Butcher an, der stellvertretende Missionschef der US-Botschaft (de facto Botschafter angesichts der Tatsache, dass ein solcher damals nicht bestellt war), und erkundigte sich, was es mit dem Wirbel in der Bibliothek auf sich hätte. Ich hatte auf Facebook über den Vorfall berichtet, und mein Post war von einer Nachrichtenagentur aufgegriffen und landesweit in den Medien verbreitet worden. Butcher meinte, er werde einen offiziellen Brief zu der Angelegenheit an die rumänische Regierung schicken.

Kurz darauf gab ACCEPT eine Presseerklärung heraus, in der Florin Buhuceanu mit den Worten zitiert wurde: »Eine Menschenrechtsorganisation, die sich für LGBT-Rechte in Rumänien einsetzt, darf in einem Vortragssaal der wichtigsten Bibliothek von Bukarest keine Veranstaltung durchführen? Ein bekannter amerikanischer Schriftsteller und Journalist soll in einer Kulturinstitution nicht über Sexualität und Identität sprechen? Bücher von Homosexuellen, seien sie aus dem Ausland oder Rumänien, werden in einem akademischen, literarischen Umfeld wegen der sexuellen Orientierung ihrer Autoren übergangen?« Remus Cernea, Mitglied des Parlaments, erklärte gegenüber der Presse, er habe das Bildungsministerium aufgefordert, die Verantwortlichen in der Zentralen Universitätsbibliothek zu maßregeln. (Nachdem sie im Parlament und in den Medien angegriffen worden war, verteidigte sich die Bibliotheksleitung mit der lächerlichen Behauptung, ACCEPT habe die Sache »schlecht präsentiert«.)

An jenem Abend sollte ich im New Europe College in Bukarest, einem Treffpunkt der Intellektuellen, ein öffentliches, fünfundvierzigminütiges Gespräch mit Cărtărescu führen. Man erwartete fünfzig bis sechzig Besucher, doch es kamen an die dreihundert, sie besetzten die Gänge und standen bis in den Vorraum. Wie nicht anders zu erwarten, war das Gespräch anfangs launig und jovial, doch nach etwa zwanzig Minuten meinte Cărtărescu: »Und jetzt möchte ich mich persönlich für das entschuldigen, was Ihnen in der Bibliothek widerfahren ist. Ich hoffe, Sie wissen, dass eine derart rückständige Haltung nicht repräsentativ ist für das Denken aller Rumänen.« Das Publikum brach in tosenden Applaus aus. »Wir können nur darauf vertrauen, dass Ihre Erlebnisse anderswo in Rumänien Ihnen den wahren Charakter unseres Volks gezeigt haben«, fuhr Cărtărescu fort. Weiterer Beifall. Letztlich dauerte die Veranstaltung drei Stunden. Anschließend signierte ich an die zweihundert Bücher, deren Besitzer mir versicherten, wie sehr sie die Sache mit der Bibliothek bedauerten. Der Letzte in der Schlange war Cernea. »Das Gesetz zur Einführung eingetragener Partnerschaften ist durchgefallen, wie Sie wissen. Aber es wurde drei Tage lang über ein Thema diskutiert, über das zu sprechen sich noch vor einem Jahr niemand hätte vorstellen können. Bitte geben Sie uns ein bisschen Zeit. Unsere Politiker sind konservativer als unsere Gesellschaft.«

Welche Haltung hatte Rumänien zu Juden, zu psychisch Kranken, zu Homosexuellen, zu den Roma? Viele dieser Minderheiten, zu denen auch ich mich in der einen oder anderen Weise zähle, sind dort immer wieder Vorurteilen ausgesetzt (wie zu anderen Zeiten und auf andere Weise auch in meinem eigenen Land). Ich hatte weder beabsichtigt, einen Skandal heraufzubeschwören, noch hatte ich geahnt, wie lange mich dieser Aspekt meiner sechstägigen Reise bedrücken würde. Aber ebenso wenig hatte ich das rauschhafte Glücksgefühl unter den Kirschbäumen erwartet oder meine Freude über den Verlauf der Veranstaltung im New Europe College. Die Verfechter gesellschaftlicher Liberalisierungen sind in einem konservativen, tiefreligiösen Land nie in der Mehrheit, aber ihre Gegner ebenso wenig. Rumänisch ist eine romanische Sprache, und in den Bewohnern dieses Landes verbindet sich die Wärme der Italiener mit der Streitlust der Slawen. Mehrere Rumänen wiesen mich darauf hin, dass ich, da mein Großvater hier geboren sei, einen rumänischen Pass bekommen könnte, und manche forderten mich direkt auf, einen Antrag zu stellen. Ich denke darüber nach. Ich verstehe, warum Tante Rose Rumänien schrecklich fand und glücklich war, als sie ihm entrinnen konnte, aber es ist zugleich auch ein wunderbares Land, und ich bin froh, dass ich hingefahren bin.

2015 erfuhr ich, dass Andrei Rus, der Professor, der ermöglicht hatte, dass ich meinen Vortrag an der Nationalen Hochschule für Theater- und Filmkunst halten konnte, von der Ethikkommission des Hauses angegriffen worden war. Sein Vertrag wurde gekündigt mit der Begründung, er habe mit seiner »Propaganda für Schwule und seinen homosexuellen Vorhaben den Ruf der Universität geschädigt« – was vor allem deshalb erstaunt, weil er selbst gar nicht schwul ist. Seine Kollegen baten mich, ihn mit einem Schreiben an die Hochschulleitung zu unterstützen, eine Aufforderung, der ich nachkam. Am Ende erhielt er eine Abmahnung, wurde aber nicht entlassen.[264]

MYANMAR

Myanmars Augenblick
Travel + Leisure, November 2014

Mein Auftrag lautete, für *Travel + Leisure* die faszinierendsten Sehenswürdigkeiten und luxuriösesten Unterkünfte Myanmars zu beschreiben. Kurz zuvor war ich zum Präsidenten des amerikanischen PEN gewählt worden, einer Organisation, die sich für die Freiheit des Wortes einsetzt; dadurch hatte ich Zugang zu einer Gruppe von Schriftstellern, die in Myanmar ein PEN-Zentrum gründen wollten. Und so war mein Monat in dem Land, das Birma hieß, ein ständiges Hin und Her zwischen luxuriösen Flusskreuzfahrten und Interviews mit ehemaligen politischen Gefangenen.[265] Der Kontrast war nicht so scharf, wie es klingt – der Luxus war weniger opulent, und die Häftlinge zeigten sich weit fröhlicher als vermutet. In diesem Essay spüre ich dem sozialen, politischen und wirtschaftlichen Leben in Myanmar detaillierter nach, als es für *Travel + Leisure* passend war.

Ich hatte mit einer hoffnungsvollen Aufbruchstimmung in Myanmar gerechnet. In den achtzehn Monaten vor meinem Aufenthalt im Januar 2014 waren im Land elfhundert politische Gefangene freigelassen worden, darunter die berühmtesten;[266] die Pressezensur war gelockert worden; es hatte, wenn auch nur für eine sehr begrenzte Zahl von Sitzen, Parlamentswahlen gegeben; und die meisten internationalen Sanktionen waren aufgehoben worden.[267] Allmählich belebten Investitionen aus dem Ausland die Wirtschaft. Der Hausarrest der Oppositionsführerin Aung San Suu Kyi, 1991 mit dem Friedensnobelpreis ausgezeichnet und eine Ikone des Mutes im Kampf für Gerechtigkeit, war 2010 nach zwei Jahrzehnten beendet worden, und sie hatte bei den Nachwahlen kandidiert; ihre Partei, die Nationale

Liga für Demokratie (NLD), hatte viele der vakanten Parlamentssitze gewonnen.[268] Wirtschaftlich und sozial schien es im Land voranzugehen. Dennoch traf ich auf äußerste Zurückhaltung. Niemand bestritt, dass sich die Lage verbessert hatte, aber es glaubte auch niemand, dass es so bleiben würde. Die Euphorie angesichts des Wandels wurde von der vorherrschenden buddhistischen Philosophie eines Volkes gedämpft, das schon zu oft erlebt hatte, dass seine aufkeimende Hoffnung erstickt worden war. Sicher kann man davon ausgehen, dass die Bevölkerung in Erwartung der Unabhängigkeit 1948 optimistisch gewesen war, und gewiss auch, als 1988 ein Studentenaufstand gerechtere Verhältnisse versprach. Und ja, selbst 2007, bei der Safran-Revolution, bei der Tausende Mönche gegen die Regierung aufbegehrten, die aber mit brutaler Gewalt niedergeschlagen wurde, hatte sie noch einen Hauch von Hoffnung aufgebracht. Doch 2014 war der Schwung und Elan der Menschen verbraucht, und sie warteten einfach nur ab, was als Nächstes passieren würde.

Sie waren aber auch nicht verbittert angesichts ihrer schmerzlichen Geschichte. Ich hatte erwartet, dass sich ehemalige politische Gefangene über ihre schändliche Behandlung während der Inhaftierung beklagen würden, doch das taten nur wenige. Viele sagten, sie seien dankbar für diese Erfahrung. Im Gefängnis hätten sie Zeit gehabt, Herz und Geist zu schulen, oft mit Hilfe von Meditation. Die meisten hatten im vollen Bewusstsein dessen gehandelt, dass ihre Taten sie ins Gefängnis bringen würden, und waren erhobenen Hauptes in die Zellen marschiert. Bei ihrer Freilassung trugen sie den Kopf immer noch hoch. Am besten trotze man dem Regime, wenn man im Gefängnis fröhlich sei, erzählte mir die Schriftstellerin und Aktivistin Ma Thanegi, die viele Jahre im Gefängnis saß, weil sie Mitarbeiterin und Vertraute Aung San Suu Kyis gewesen war. »Es ist, als würde man dem Militär ins Gesicht spucken«, sagte sie. »Sie wollten, dass wir uns elend und jämmerlich fühlten, aber den Gefallen wollten wir ihnen nicht tun.« Wenn es ihnen gelang, trotz alledem nicht den Eindruck zu erwecken, sie seien unglücklich, dann hatte ihre Bestrafung ihren Zweck verfehlt, und sie würden damit deutlich machen, dass das Regime keine Macht über sie hatte. Die trotzige Heiterkeit, erklärte sie mir, beruhe sowohl auf Selbstdisziplin als auch auf einer bewussten Entscheidung.

Die Schriftstellerin, Aktivistin und Ärztin Dr. Ma Thida wurde 1993 wegen »Unruhestiftung«, Kontakt zu verbotenen Organisationen und wegen Druck und Verbreitung zersetzender Schriften zu zwanzig Jahren Haft verurteilt. Im Gefängnis erkrankte sie schwer, sie zog sich eine Lungentuberkulose und eine Endometriose zu. Am Tiefpunkt wog sie keine siebenunddreißig Kilo mehr, hatte ständig Fieber und erbrach sich unentwegt, sie konnte kaum noch einen Schluck Wasser trinken oder mehr als ein paar Schritte gehen. Dann versagte ihre Leber. Man hatte Ma Thida erlaubt, Medikamente zur Versorgung der anderen Gefangenen vorrätig zu halten, doch als sie sich selbst damit behandeln wollte, beschlagnahmte sie der Gefängnisarzt unter dem Vorwand, sie wolle sich damit womöglich umbringen. Erst als sie in Hungerstreik trat, gab er nach. Da sie in Einzelhaft saß, bat sie um eine Zellengenossin, es könne auch eine Mörderin oder Diebin sein, doch ihr Ersuchen wurde abgelehnt. Selbst Papier und Stifte wurden ihr verweigert; so gelang es ihr in sechs Jahren lediglich, mit hereingeschmuggelten Materialien drei Kurzgeschichten zu schreiben. »Aber ich hatte immer noch meinen Körper und meinen Verstand«, sagte sie. »Also habe ich die Zeit genutzt zu lernen, wie man dem Rad des Lebens entkommt. Auf diese Weise habe ich absolute Freiheit erlangt.« Als ihre Kerkermeister sie fragten, was sie eigentlich wolle, antwortete sie: »Ich möchte eine gute Bürgerin sein, mehr nicht. Nicht mehr und nicht weniger.« Aber offenbar konnten sie damit nichts anfangen. Doch irgendwann sagte ihr Gefängniswärter: »Ma Thida, Sie sind frei, wir jedoch nicht.« Bei ihrer Entlassung 1999 sagte sie zu ihm: »Danke für diese Zeit.« Hingegen war sie nicht bereit, sich bei ihm für ihre Freilassung zu bedanken. Und sie klammerte sich an die Hoffnung, über ihre Erfahrungen in Haft zu schreiben, obwohl ihre Bücher wahrscheinlich nur von Zensoren gelesen werden würden; aber vielleicht würden sie sie auf diese Weise ein bisschen besser verstehen und damit hätte sie auch schon einiges erreicht. Heute ist ihr Buch über diese Zeit im Gefängnis in Myanmar ein Bestseller, ein Erfolg, der sie glaubwürdig macht, wenn sie die

Jugend dazu ermuntert, Widerstand zu leisten.« Somit war meine Inhaftierung letztlich etwas ganz und gar Positives«, sagte sie zu mir.²⁶⁹

Ma Thida bemühte sich sehr, uns klarzumachen, dass es die Militärregierung war, die die Reformen eingeleitet hatte, und sie deshalb skeptisch war. »Selbst wenn man uns unter Druck setzt, wahren wir Birmanen unsere Würde. Doch unter dem ganzen Glanz hegen wir auch Groll, und die Tatsache, dass diese Reformen Wirkung zu zeigen beginnen, ändert nichts an den schwerwiegenden Problemen dieser Gesellschaft, die wir, die im Gefängnis waren, besonders klar erkannt haben. Was sich hier wirklich geändert hat, sind nicht die Gesetze und auch nicht ihre Umsetzung; es ist das Bewusstsein. Die Menschen sind sich ihrer Rechte bewusst und nutzen sie, um Forderungen zu stellen und zu streiten. Darin zeigt sich das ganze Ausmaß des Fortschritts.« Ihrer Meinung nach war das keine Kleinigkeit; für sie war es nicht so wichtig, wer der nächste Präsident oder die nächste Präsidentin sein würde, viel entscheidender war für sie, wie sich die Bevölkerung entwickelte.

Unter der Militärjunta wurden die Menschen häufig wegen ihrer Überzeugungen inhaftiert, aber nur, wenn sie diese öffentlich kundtaten. Die Überwachung war in Myanmar nie so streng wie in Nordkorea oder Saudi-Arabien. »Es war immer angenehm, hier zu arbeiten, verglichen beispielsweise mit Kambodscha, wo die Intellektuellen stark eingeschränkt werden«, sagte Vicky Bowman, ehemals britische Botschafterin. »Hier waren die Intellektuellen immer sichtbar. Manchmal saßen sie im Gefängnis; manchmal mussten sie lange warten, bis ihre Sachen veröffentlicht wurden. Aber sie waren immer da.«

Als die neue Militärjunta, die 1988 die Macht ergriff, die Grenzen mehr oder weniger geschlossen hielt, blieb die Aufmerksamkeit der Weltöffentlichkeit für die Oppositionellen lebenswichtig. »Bitte nutzen Sie Ihre Freiheit, um für unsere einzutreten«, bat Aung San Suu Kyi in einer berühmten Rede 1997.²⁷⁰ Ab 2014 war die Opposition nicht mehr so dringend auf Rückenstärkung von außen angewiesen. Unter den Menschen, die ich traf, wurde diese Veränderung eingehendst analysiert, und es gab viele Versuche, sie zu quantifizieren.

Der Dichter und Aktivist Maung Tin Thit meinte einmal sarkastisch, Menschen, die früher wegen ihrer radikalen Ansichten heimlich inhaftiert worden seien, würden nun öffentlich verhaftet. Der Künstler Aye Ko, der den Aufstand 1988 mit angeführt hatte und später aus politischen Gründen inhaftiert wurde, sagte: »Ich glaube dieser Regierung erst, wenn sie nicht mehr an der Macht ist.«[271] Der Komiker Lu Maw griff in den Fundus seiner bildhaften Formulierungen, um die angeblichen Reformen zu charakterisieren: »Schlangen streifen sich die Haut ab, aber sie bleiben doch Schlangen. Seit 1952 bis heute immer dasselbe Militär. Nur immer mal wieder eine neue Uniform. Und heute dieselben Burschen, nur ohne Uniform.«[272]

»Wenn die Menschen weniger Angst haben, werden sie wütender, weil es jetzt ungefährlich ist, wütend zu sein«, sagte Ko Min Latt, der junge, dynamische Bürgermeister einer Gemeinde im Minderheitenstaat Mon, der sich für die Parlamentswahlen aufstellen lassen will. »Zehn Prozent beschäftigen sich mit Religion, zehn Prozent damit, reich zu werden, und die übrigen achtzig Prozent sind empört. Aber die Probleme, die sich in den letzten sechzig Jahren angesammelt haben, können nicht in drei Jahren gelöst werden. Wir haben eine ›verzerrte Demokratie‹ – nicht nur, weil die Veränderungen von der Militärregierung verordnet sind, die immer noch an der Macht ist, sondern auch, weil die Menschen noch nicht wissen, wie man in einer Demokratie agiert.«[273] Dennoch, glaubt er, sei die Führung zu angetan von ihrem neuen Status auf der Weltbühne, als dass sie ihn wieder aufgeben würde; jetzt leisteten die Reformen für ihr Ego, was einst die brutale Machtausübung bewirkt habe.

Moe Satt, ein unabhängiger Kunstkurator, erzählte mir, dass die birmanischen Künstler begonnen hätten, über die Postmoderne zu sprechen. »Aber wie können wir eine vormoderne Gesellschaft postmodern kommentieren?«, fragte er. »Zuerst haben wir eine Menge aufzuholen.« Seiner Meinung nach erkannten viele birmanische Künstler und Intellektuelle noch nicht, welche Macht sie haben könnten. »Wir wehren uns gegen das Ende des Drucks«, erklärte er, als wir darauf zu sprechen kamen, dass Künstler oft ihre besten Arbeiten unter Druck – ob politische Unterdrückung oder Marktzwänge –

schaffen.[274] Nay Phone Latt, der zu zwanzig Jahren Haft verurteilt wurde, weil er über die Safran-Revolution gebloggt hatte, und davon vier Jahre abgesessen hatte, meinte: »Die Menschen sind es nicht gewohnt, Verantwortung zu übernehmen; sie glauben, dafür wären andere zuständig. Wenn es also noch keine Demokratie hier gibt, ist das nicht nur die Schuld der Generäle.«[275]

Aber selbst die halbherzigen und mangelhaften Reformen haben für spürbaren Wandel gesorgt. »Für die normalen Leute, insbesondere für die unteren fünfzig Prozent, hat sich das tägliche Leben nicht verbessert«, sagte der Schriftsteller Thant Myint-U, ein Berater des Präsidenten. »Aber das Land war auf Angst aufgebaut, und jetzt spielt Angst keine Rolle mehr.«[276] Sammy Samuels, birmanischer Jude und Eigentümer des Reisebüros Myanmar Shalom, erzählte: »Wenn ich vor zwei, drei Jahren aus den Vereinigten Staaten zurückkam, war ich am Flughafen jedes Mal total verängstigt, obwohl ich gegen keine Vorschriften verstieß. Der Einreisebeamte fragte: ›Was haben Sie dort gemacht?‹ Heute sagt er: ›Willkommen daheim.‹«[277] Selbst Pessimisten glauben nicht, dass das Land auf das frühere Niveau der Unterdrückung zurückfallen könnte. Sie sorgen sich, dass die Reformen zum Stillstand kommen, aber nicht, dass sie zurückgeschraubt werden.

Als die Regierung die Zügel zu lockern begann, führte das bei den Menschen zu absurd hohen Erwartungen: Nun würden ausländische Investitionen ins Land strömen, neue Flughäfen gebaut und jeder reich werden. Ein Freund machte im Taxi einmal eine Bemerkung über den schlechten Zustand der Straßen. »Wenn Aung San Suu Kyi erst gewählt ist, wird das alles asphaltiert«, erwiderte daraufhin der Fahrer. Tatsächlich aber verhindert die immer noch fehlende Grundversorgung einen echten Fortschritt. Viele mussten enttäuscht feststellen, wie langsam es überall vorangeht. Die Birmanen nennen das Internet *Internay* – *nay* ist das birmanische Wort für »langsam« –, und es steht sowieso nur einem Prozent der sechzig Millionen zählenden Bevölkerung zur Verfügung. »Hier funktioniert nichts«, sagte Lucas Stewart, Literaturexperte, der das British Council in Yangon (die frühere Hauptstadt Rangun) berät. »Alles bricht zusammen. Die

Sachen sind alle illegal gekauft, es ist also Secondhandware, der letzte Dreck aus China und Thailand. Skype funktioniert hier nicht. Und es dauert einen Tag, um einen drei- oder vierminütigen Videoclip herunterzuladen.« Eine aktuelle Untersuchung zeigt, dass Handys in Myanmar noch seltener genutzt werden als in Nordkorea oder Somalia, obwohl der Preis einer SIM-Card vor kurzem von über 1500 Dollar auf weniger als 1,50 Dollar gefallen ist.[278] Die meisten Autos sind Gebrauchtwagen aus Japan, die für den Rechtsverkehr ausgestattet sind, obwohl in Myanmar Linksverkehr herrscht.[279] Und auch wenn sich die meisten Menschen kein Auto leisten können, ist ihr Besitz nicht mehr völlig unerreichbar; auf den lange verwaisten Straßen gibt es jetzt oft Staus.

Viele große Kriege und Revolutionen wurden durch einen Funken ausgelöst: Die Ermordung von Franz Ferdinand führte zum Ersten Weltkrieg; die Festsetzung von Michail Gorbatschow läutete den Untergang der Sowjetunion ein; die Selbstverbrennung von Mohamed Bouazizi in Tunesien war Auftakt des Arabischen Frühlings. Doch die Reformen in Myanmar schienen aus heiterem Himmel gekommen zu sein. Es gibt keinen Konsens darüber, was den Wandel bewirkt hat, und keine übereinstimmende Meinung, warum dies zu genau diesem Zeitpunkt geschah. Sie waren nicht das Ergebnis zunehmender Spannungen, sondern ein von oben verordneter Prozess, mit dem sich die staatliche Politik neu aufstellte. »Myanmar hatte ja vielleicht 1988 oder 2007 einen Moment, in dem sich Volkes Stimme Bahn brach wie auf dem Tiananmen«, sagte US-Botschafter Derek Mitchell. »Doch das hier ist ein bürokratischer Schritt von oben.« Dann fügte er noch hinzu, dass sich das Regime wahrscheinlich noch eine Weile hätte weiterschleppen können, wie vielleicht auch die Sowjetunion, hätte Gorbatschow nicht mit ihrer Demontage begonnen. Manchmal ist Offenheit sogar für Diktatoren die beste Option.

Die Junta hat behauptet, dass die Liberalisierung ein siebenstufiger Prozess sei, der 2003 in Gang gesetzt wurde. Es ist also möglich, dass die Lockerung – wie Gorbatschows Glasnost – von Leuten ausging, denen nicht klar war, wie weit dies führen würde. Der letzte

Schritt des Strategieplans von 2003 sah vor, einer neuen Regierung die Macht zu übergeben – allerdings sollte es eine Regierung nach dem Geschmack der militärischen Führung sein. Doch Präsident Thein Sein, der 2011 die Macht übernommen hat, ist der erste Führer Myanmars, der nicht als korrupt gilt. »Sie haben versehentlich einen Guten anstatt eines Bestechlichen ausgewählt«, sagte Ma Thanegi. »Und jetzt müssen sie mit den Konsequenzen leben.«

Manche Birmanen meinen, die internationalen Sanktionen seien der Auslöser gewesen, denn sie hatten zum Niedergang der Wirtschaft geführt und die Herrscher des Landes isoliert. Da Myanmar deutlich ärmer als seine Nachbarstaaten Kambodscha oder Laos geworden war und sich riesige Unterschiede zu Thailand und Singapur auftaten, verlor die Führung ihr Gesicht, und selbst für sie war es nicht mehr sonderlich angenehm, das Land im Würgegriff zu halten. Viele Menschen waren chronisch unterernährt; laut UNICEF leidet ein Viertel der birmanischen Kinder an Untergewicht und etwa ein Drittel an verkümmertem Wachstum.[280] Viele haben nur sporadisch Zugang zu sauberem Wasser. Auch berichtete die ausländische Presse umfassend über die Niederschlagung der Safran-Revolution 2007, was dem bereits schwer angeschlagenen Image der Junta weiteren Schaden zufügte.

Vielleicht am bedeutsamsten war, dass das Land durch die globale Isolierung in gefährliche Abhängigkeit von China geraten war, für das Myanmars Interessen während einer langen und spannungsreichen gemeinsamen Geschichte nie eine große Rolle spielten. Ein Regierungsbeamter beklagte sich mir gegenüber, man hätte von den Birmanen erwartet, ihre chinesischen Oberherren mit Drogen und Prostituierten zu versorgen und ihnen ihr Land fürs Glücksspiel zur Verfügung zu stellen. Auch der Arabische Frühling war wohl lehrreich gewesen, und die Junta hielt es vielleicht für besser, Zugeständnisse zu machen, als abzuwarten, bis eine rebellierende Bevölkerung unregierbar wurde. Mitglieder der Junta und ihre Kumpane – korrupte Geschäftsleute und viele ehemalige Militärs, die vom Regime profitiert hatten – waren Zeugen gewesen, welch jämmerliches Ende Muammar Gaddafi und Saddam Hussein genommen hatten. Offenbar zogen sie es daher vor, den Weg von Suhartos Clique in Indonesien einzuschlagen, die sich Reichtum und Einfluss auch über seine Machtübergabe 1998 hinaus gesichert hatte. Kein Militärregime bleibt auf Dauer unangefochten, und durch einen schrittweisen Rückzug kann es einem Ende mit Schrecken vorbauen. Wie der Schriftsteller Pe Myint trocken bemerkte: »Die Führung weiß, dass das Volk dutzendfach verlieren kann, der Herrscher aber nur ein einziges Mal.«

Zwar forderte Myanmars Isolation einen hohen Preis, allerdings überdauerte so auch die mystische Innerlichkeit der mehrheitlich buddhistischen Bevölkerung. Die Shwedagon-Pagode gehört zu den heiligsten Stätten des Landes, und die Menschen kommen von nah und fern, um dort zu beten. Man sagt, die Generäle hätten die zentrale Stupa mit Tonnen von Gold schmücken lassen – nicht mit Blattgold, sondern soliden Platten – und ihre Spitze sei mit Tausenden von Juwelen gekrönt. Viele Birmanen behaupten, die Pagode sei mit mehr Gold verziert, als die Bank von England besitze. Monumental und doch transzendent bildet sie inmitten von Yangon einen starken Kontrast zur immer moderner werdenden Stadt – der Petersdom des Theravada-Buddhismus. Und wo immer man in Myanmar auch ist, glitzern goldene Stupas in der Sonne, in deren Schatten Bauern unter primitiven Bedingungen arbeiten. Eine Einheimische bemerkte mir gegenüber sarkastisch, das Land sei reich, aber die Menschen arm.

Für viele scheint sich das Leben im Großen und Ganzen seit Jahrhunderten nicht geändert zu haben: Bauern arbeiten noch mit Ochsenkarren, die meisten tragen schlichte Kleidung, und auch ihre Hauptnahrung ist die gleiche wie eh und je; und es glitzern dieselben Pagoden, in den reicheren Städten vergoldet, in ärmeren Landstrichen nur bemalt. Nichts passiert jemals, wann es soll; es ist erstaunlich, dass die Sonne sich an ihren Tagesablauf hält. Das Land balanciert unsicher zwischen diesem Lebensstil der Vergangenheit, der bis in die Gegenwart hineinreicht; einem Alltag mit ersten zaghaften Kontakten zur Außenwelt und Anzeichen von Reformen; und einer demokratischen Zukunft voller Wohlstand, die sich viele detailliert ausgemalt haben und von der sie sprechen, als wäre sie einerseits unbegreiflich, andererseits aber auch unvermeidlich. Touristen, die für einen großen Teil der staatlichen Einnahmen sorgen,[281] wollen hier vor allem historische Relikte bewundern, die von den Einwohnern oft wenig geschätzt werden; so war es laut Thant Myint-U für niemanden in Myanmar jemals angenehm, in einem Gebäude zu leben, das älter als dreißig Jahre alt war. Allein in den letzten fünfzehn Jahren sind im historischen Zentrum von Yangon mehr als siebenhundert bedeutsame Bauten zerstört worden. Viele der großartigen Kolonialgebäude, die noch erhalten sind, werden von Ministerien genutzt, doch seit die Regierung 2005 nach Naypyidaw getürmt ist, ist das Schicksal dieser Häuser ungewiss. Diejenigen wiederum, die sich in Privatbesitz befinden, halten für jeden künftigen Denkmalschützer sich unendlich hinziehende Rechtsstreitigkeiten bereit, denn oft sind sie bereits Gegenstand eines Verfahrens, die Wohnungen unterliegen einer Mietpreisbindung, oder die rechtmäßigen Inhaber (einschließlich nicht mehr existierender Behörden) sind nicht greifbar.

Bis 1944 war Myanmar, das bis 1989 Birma oder auch Burma hieß, eine britische Kolonie. Die Briten hatten 1834 einen Teil des Landes besetzt und schusterten dann den Vielvölkerstaat als Puffer für ihren Raj zusammen, wobei sie ihn bis 1885 zu den gegenwärtigen Grenzen ausdehnten. Die Kolonialverwaltung regierte die verschiedenen ethnischen Gruppen direkt und verlangte lediglich Loyalität der Krone gegenüber. Im Zweiten Weltkrieg wurde Birma ein großes Schlachtfeld zwischen den Alliierten und den Japanern, Hunderttausende Zivilisten kamen ums Leben. Um Unabhängigkeit von Großbritannien zu erlangen, schmiedete der Kriegsheld General Aung San – der Vater von Aung San Suu Kyi – einen Pakt der ethnischen Einheit; er versprach den Ethnien regionale Autonomie, wenn sie ihn unterstützten, und versicherte ihnen, dass sie sich nach einem Jahrzehnt aus der Föderation zurückziehen könnten, sollten sie mit der Zentralregierung nicht zufrieden sein. Doch noch bevor das Land 1948 in die Unabhängigkeit entlassen wurde, fiel Aung San einem Attentat zum

Opfer, eine nicht funktionsfähige Demokratie war die Folge. Nun erklärten die Volksgruppen der Karen, der Shan und der Kachin ihre Unabhängigkeit. Alle wollten weg von diesem künstlichen Staatsgebilde, das ihrem Empfinden nach seine Versprechen nicht gehalten hatte. 1962 beendete der unblutige Putsch von Ne Win, dem ehemaligen Oberbefehlshaber der Armee, die erfolglose demokratische Phase. Er herrschte eine Generation lang über das Land und führte es unter dem Banner des Sozialismus in Isolation und wirtschaftliches Chaos. Mitte der achtziger Jahre griff Ne Win, schon viel zu lange an der Macht, zunehmend zu brutalen Mitteln, die Zensur wurde enorm verschärft, Bestechung war gang und gäbe und die Überwachung beklemmend: Einwohner mussten sich registrieren lassen, wohin sie auch gingen.[282]

Ziel des Studentenaufstands 1988 war es, Ne Wins autokratische Version eines Sozialismus durch Demokratie zu ersetzen. Angeheizt wurden die Proteste, bei denen Aung San Suu Kyi erstmals als wichtige Figur in Erscheinung trat, durch die Ermordung eines Studenten in einer Teestube bei einer Auseinandersetzung mit der Polizei. Doch die Studenten waren jung und unerfahren. Nach mehreren Monaten, in denen die Proteste sprunghaft zunahmen und Ne Win zurücktrat, wurden die Demonstrationen vom Militär gewaltsam niedergeschlagen (dahinter stand, so nahm man allgemein an, Ne Win). Studenten, Mönche und sogar Schulkinder wurden wahllos umgebracht.[283] Da der Aufstand von Studenten ausgegangen war, fuhr die Militärregierung die schulische und universitäre Bildung zurück, weil sich Ungebildete ihrer Überzeugung nach leichter beherrschen ließen. Damit zerstörten sie eins der besten Bildungssysteme Asiens, die Analphabetenrate im Land hatte bei nur noch knapp zwanzig Prozent gelegen. Zuerst wurden die Universitäten geschlossen, dann auch Privat- und Missionsschulen.

Als 1990 die ersten freien Wahlen im Land abgehalten wurden, fuhr Aung San Suu Kyis NLD einen erdrutschartigen Sieg ein, doch das Militär weigerte sich, die Macht aus der Hand zu geben. Die Briten hatten ein Land mit ziemlich gut funktionierenden Institutionen hinterlassen, inzwischen fehlte es jedoch überall an gutausgebildetem

Personal und einem funktionierenden Rechtssystem, auch die physische Infrastruktur war völlig heruntergekommen. Es gab kein Bildungs- und kein Gesundheitswesen, keine Zugverbindungen. Einst gute Straßen, Brücken und Schienennetze waren binnen kurzem unpassierbar geworden. Der Polizeistaat stützte sich auf ein Netzwerk von Informanten. Teestuben, in denen sich früher die Studenten getroffen hatten, wurden vom militärischen Geheimdienst observiert. Zum Glück waren die Informanten aber recht leicht zu erkennen: Sie waren die Einzigen, die immer Socken trugen, damit ihre Stiefel nicht an den Füßen scheuerten. Mit Kennerblick ließen sich sogar Schnüffler in Sandalen an den Ringen in Knöchelhöhe identifizieren.

Die sogenannte 88er-Generation blieb ununterbrochen aktiv; manche gründeten Radiosender in Nachbarländern, um die Sichtweise der Opposition weiterhin zu verbreiten. Nie schwand der Geist des Protests, und nach weiteren zwei Jahrzehnten der Unterdrückung kochte die Unzufriedenheit über, und es kam zur Safran-Revolution von 2007, nach der 2008 eine quasidemokratische Verfassung in Kraft trat. Sie ist in vielfacher Hinsicht ein bemerkenswertes Dokument, enthält aber zutiefst beunruhigende Klauseln. So werden dem Militär mindestens fünfundzwanzig Prozent der Sitze im Parlament garantiert, eine andere Klausel verlangt für eine Verfassungsänderung eine Zustimmung von mehr als fünfundsiebzig Prozent. Damit hat das Militär in Verfassungsfragen ein Vetorecht. Zwar gibt es eine breite Debatte darüber, wie genau die Verfassung geändert werden muss, doch es herrscht breite Übereinstimmung, dass die Rolle des Militärs beschnitten werden und die politischen Prozesse demokratischer gestaltet werden sollen. Können die Rechte der ethnischen Minderheiten in der Verfassung verankert werden? Kann man das Vetorecht des Militärs beschränken? Müssen nicht drängende Fragen des Umweltschutzes angegangen werden? Und wie soll die Verfassung umgesetzt werden? Zudem sind mindestens vierhundert Gesetze rechtskräftig, die im Widerspruch zu den festgeschriebenen Grundrechten stehen.[284]

Auch das Bildungssystem hat sich noch nicht von den systematischen Angriffen erholt, obwohl die Analphabetenquote in den letzten

Jahren zurückgegangen ist. Nun können junge Leute wieder kostenlos studieren, viele aber entscheiden sich dennoch dagegen. Häufig beschränkt sich der Unterricht aufs Auswendiglernen, und die meisten Lehrer mit ihrem mageren offiziellen Gehalt von 60 Dollar im Monat sind bestechlich. Fortschrittliche Lehrkräfte klagen, es sei nahezu unmöglich, Schülern und Studenten kritisches Denken beizubringen, die noch nie etwas von Widerspruch gehört hätten. Die Universitäten in den Städten wurden erst 2014 wieder geöffnet. »In einer Demokratie spielt das Volk die Schlüsselrolle«, stellte Nay Phone Latt fest. »Wie kann es diese Funktion erfüllen, wenn es nicht gebildet ist?« Ko Minn Latt, der ehrgeizige Bürgermeister im Mon-Staat, wurde politisiert, als die Polizei vor seinen Augen eine Siebtklässlerin niederschoss. »Zuerst war ich einer der Aktivisten, ich wollte dies und ich wollte das. Keine Kompromisse, keine Diskussion«, erzählte er. »Jetzt versuche ich den Leuten zu helfen, Demokraten zu werden.«

Das Land, das heute Myanmar heißt, hat seine Streitkräfte fast nie nach außen gerichtet; es hätte sich nie gegen die beiden Giganten China oder Indien behaupten können, zwischen denen das Land eingezwängt ist. Hauptsächlich konzentriert sich das Militär darauf, die Grenzen zu Bangladesch und Thailand zu sichern und gegen die verschiedenen ethnischen Milizen vorzugehen, die seit Generationen beharrlich für Autonomie kämpfen. Birmanen im Exil, die man vor einigen Jahren in thailändischen Lagern befragt hat, sagten, sie wollten einfach nur aus dem Exil nach Hause zurück, egal was die Regierung sage oder tue.[285] Heute meinen viele, die Junta-Führung sollte sich entschuldigen, aber ein Prozess oder eine Bestrafung wird nicht gefordert.[286] Doch die Generäle sehen, dass die Stimmung in Richtung Rechenschaftslegung umschlägt, und reagieren mit einer Paranoia, die durchaus begründet ist.

Als Alan Clements, ein amerikanischer buddhistischer Mönch, Suu Kyi 1995 für das Buch *Der Weg zur Freiheit* interviewte, fragte er sie, wie sie den buddhistischen Gedanken der Vergebung mit der Notwendigkeit, Unterdrücker zu bestrafen, in Einklang bringen wolle. Wenn die Generäle ihre Verbrechen bekennen würden, wäre es einfacher, ihnen zu vergeben, antwortete sie.[287] Die Folge war eine sofortige scharfe Maßregelung Suu Kyis durch die Militärs. So bald wird es in Myanmar keine Wahrheitskommissionen nach dem Vorbild Südafrikas geben. Jeder hier weiß, dass die Generäle nur gehen werden, wenn sie ihre Bankkonten in Sicherheit wissen. »Sie sind alt und wollen sich eigentlich gar nicht mehr um das Land kümmern, weil ihnen das alles viel zu mühsam ist«, sagte Ma Thanegi. »Daran sind sie nicht interessiert. Eigentlich waren sie das nie. Zum jetzigen Zeitpunkt ist es mir egal, ob sie bestraft werden. Es wäre ein Luxus, sie zu bestrafen, nun, den können wir uns nicht leisten.«

Die lange in Yangon ansässige Regierung von Myanmar zog 2005 von einem Tag auf den anderen nach Naypyidaw um – eine eigens hochgezogene neue Stadt zirka dreihundertfünfzig Kilometer weiter nördlich, wo kurz zuvor noch Wildnis gewesen war. Nach den Angriffen vom 11. September hatten die Vereinigten Staaten eine schwerbefestigte Botschaft in Yangon gebaut und lehnten es deshalb ab, mit in die neue Hauptstadt zu ziehen. Ich nahm einmal an einer Demonstration in Yangon teil, deren Organisatoren – im Besitz der erforderlichen Genehmigungen – dagegen protestierten, dass man nur mit Billigung der Regierung demonstrieren durfte. Die Menge war wütend und ihre Aussage klar, doch die Regierungsbeamten und Gesetzgeber, an die sie sich richtete, würden sie nie zu hören oder zu sehen bekommen. Naypyidaw ist quasi eine reine Beamtenstadt, weit weg von den Radikalen in Yangon und Mandalay. Die räumliche Entfernung schützt die Regierung vor ihrem Volk.[288]

Mehr als ein Viertel des Bruttoinlandsprodukts von Myanmar stammt aus Bodenschätzen. Inzwischen investieren hier große Unternehmen: die Konsumgüterbranche in Gestalt von Firmen wie Coca-Cola, Pepsi und General Electric; Finanzdienstleister wie Visa und MasterCard; Öl- und Gasförderkonzerne wie ExxonMobil und Chevron.[289] Weniger einflussreiche Firmen sind wegen der im Land immer noch herrschenden Gewalt, der unberechenbaren Politik und der unzuverlässigen Wasser- und Energieversorgung zögerlicher. Auch haben viele Fachkräfte nach 1988 das Land verlassen, so dass ein Kompetenzvakuum entstanden ist. Allein in Singapur leben Hunderttausende Birmanen, die dort als Bauingenieure, Steuerexperten,

Zahnärzte oder Chirurgen arbeiten.²⁹⁰ Ihr Fehlen im Land macht es ausländischen Firmen schwer, sich in Myanmar niederzulassen, andererseits gibt es für viele Emigranten erst einen Anreiz zurückzukehren, wenn sich dort ausländische Unternehmen angesiedelt haben. Auch ausländische Regierungen sind noch zurückhaltend. »Für die internationale Gemeinschaft war Myanmar ein Fall«, sagte Derek Mitchell zu mir, »jetzt muss sie es als Land behandeln.«

Politische Aktivisten in Myanmar behaupteten, dass ein Drittel der Regierungsmitglieder, einschließlich Thein Sein, Reformer seien, ein Drittel die militärische Gewaltherrschaft fortsetzen wolle und ein Drittel unentschieden sei. »Wenn man in einem solchen Umfeld eine falsche Entscheidung trifft, verliert man hoch«, meinte Mitchell. Thein Sein war nie eine Heldengestalt, aber er hat die Hardliner zurückgedrängt; einer seiner Leute erzählte mir, dass er den Wandel unumkehrbar machen wolle. Seit 2011 hat er sich unzählige Male mit Suu Kyi getroffen, doch Beobachter glauben, dass sie ihm nicht traut. »Sie ist außerordentlich entscheidungsfreudig und hält seine Vorsicht oft für Zögerlichkeit«, sagte mir ein Diplomat. »Sie hoffte nicht auf den Kompromiss, den man ihr angeboten hat; sie hoffte auf eine revolutionäre Wende.« Die gängige Wahrnehmung in Myanmar von Suu Kyi und dem korrupten Militär ist die von »der Lady und den Häschern«. Ma Thanegi charakterisierte dieses Klischee als »die Story von dem schönen Opfer in Gangsterhand, die Suu Kyi gute Dienste geleistet hat«. Kaum hatte Thein Sein die Verfolgung der Opposition eingestellt, musste sich die Lady selbst die Hände in der Politik schmutzig machen, noch bevor sie offiziell an der Macht war. Das wurde nicht gerade mit Begeisterung aufgenommen.

Die Teilnahme an den Nachwahlen 2012 war riesig. Und jeder, den ich traf, bestätigte, dass die für 2015 versprochene Wahl mehr Selbstbestimmung verspreche und daher zu einer wahren Stimmlawine führen würde. Diese Begeisterung spiegelte eindringlich wider, was ich im Vorfeld der ersten freien Wahlen in Südafrika 1994 gehört hatte, bei denen Millionen von Menschen zum Teil drei Tage lang anstanden, um ihre Stimme abzugeben. Doch ich hörte in Yangon auch nahezu einmütig die Befürchtung, dass die Wahlen manipuliert werden könnten. Suu Kyis NLD schien der Sieg vorherbestimmt zu sein, aber Mitglieder von Thein Seins Partei Union der Solidarität und Entwicklung (USDP) schienen sich auf die sehr reale Möglichkeit einzustellen, dass sich die NLD als nicht regierungsfähig erweisen könnte und die gestürzten Unterdrücker – wie in Korea, Taiwan und der Mongolei – nach einer Reorganisation erneut bei Wahlen den Sieg davontragen könnten. Als einer der überraschendsten Reformer in der Regierungspartei erwies sich der Sprecher des Unterhauses Shwe Mann. Als er 2011 dieses Amt übernahm, hatte man angenommen, dass er wie seine Vorgänger die Agenda der Militärs billigen würde. Stattdessen versuchte er, das Parlament zu einem Forum für aktuelle Debatten umzugestalten, und weigerte sich, Anweisungen von oben zu befolgen. Er sagte zu Derek Mitchell: »Wir haben es mit Sozialismus versucht, wir haben es mit einer Militärregierung versucht – beides ist fehlgeschlagen. Wir glauben, dass uns die Demokratie stark machen wird. Wenn die Menschen nicht bei ihren ureigensten Angelegenheiten mitreden können, ist ein instabiles Land die Folge, so dass keiner hier investieren will.« Suu Kyi, inzwischen Parlamentsmitglied, verbündete sich mit ihm, womit er im Grunde anerkannte, dass man sich auf ihre Seite schlagen musste, um langfristig eine Rolle zu spielen.[291]

Man kann die Rolle von Daw Aung San Suu Kyi kaum überschätzen (*daw* ist ein Ausdruck der Hochachtung, Aung San der Name ihres Vaters, Suu Kyi ihr eigener, und normalerweise wird sie einfach »die Lady« genannt). »Sie wird nicht wie ein Rockstar gefeiert«, behauptet Derek Mitchell, »sondern wie die Wiederkunft des Herrn.« Ihr Vater stellte sich einst an die Spitze der Revolution und ersann den meisterhaften multiethnischen Pakt, mit dem Birma die Unabhängigkeit von den Briten erlangte – nach seiner Ermordung ist er zum Mythos geworden. Suu Kyi wurde von ihrer Mutter Khin Kyi aufgezogen, zuerst in Rangun (dem heutigen Yangon), dann in Indien und Nepal (wohin Khin Kyi später als Botschafterin entsandt wurde).

Ihren Universitätsabschluss machte Suu Kyi 1969 an der Oxford University. Nach einem kurzen Aufenthalt in New York kehrte sie nach Großbritannien zurück, wo sie Michael Aris heiratete, einen britischen Kommilitonen aus Oxford, mit dem sie zwei Kinder hat. Zufällig war sie 1988 in Myanmar, um ihre Mutter im Krankenhaus zu besuchen, als der Aufstand losbrach, und ein paar Wochen später hielt sie ihre erste Rede und verlangte »Einheit«.[292] Nach der Niederschlagung der Revolution schloss sie sich mit ein paar früheren Gefolgsleuten ihres Vaters in der Bewegung für Demokratie zusammen und traf die aufopfernde Entscheidung, die fast wie eine Offenbarung anmutete, nicht nach England zu ihrem Mann und ihren Söhnen zurückzukehren, sondern in Myanmar zu bleiben. Da sie mehr und mehr Aufmerksamkeit auf sich zog, wurde sie ein Jahr später unter Hausarrest gestellt, 1991 wurde ihr der Friedensnobelpreis zugesprochen.[293] Obwohl sie zwischen 1995 und 2000 auf freiem Fuß war (dann bekam sie erneut Hausarrest), genoss sie nie Reisefreiheit. All diese Umstände verliehen ihr eine Art Heiligenschein, zudem erwies sie sich als einfühlsam und charismatisch. Ich habe niemanden getroffen, der sich nach einer Begegnung mit ihr nicht beeindruckt gezeigt hätte. Ehrfürchtig sagte ihr Mitarbeiter Thant Thaw Kaung zu mir: »Sie werden in der ganzen Welt sonst niemanden finden wie sie.«

Zwar würden sich die meisten Birmanen, die sich nicht der Junta verbunden fühlen, Suu Kyi als Präsidentin wünschen, doch auch in diesem Punkt werden sie von Myanmars Verfassung enttäuscht. Die Klausel 59F verbietet es jedem, der mit einem Ausländer verheiratet ist oder dessen Kinder eine andere Staatsbürgerschaft haben, sich um dieses Amt zu bewerben – ein Verbot, das eigens auf Suu Kyi zugeschnitten scheint.[294] Als ich in Yangon war, spielte die Frage, ob 59F aufgehoben wird, in fast jedem Gespräch eine Rolle. Eine Wahl, bei der sie nicht kandidieren darf, wird sowohl in Myanmar als auch international garantiert als nicht aussagekräftig gewertet. Umgekehrt würde ihre Wahl geradezu wie ein Magnet internationale Hilfe anziehen und für einen wirtschaftlichen Aufschwung sorgen, doch sie hat sich in der Verfassungsbürokratie verheddert. Viele äußerten sich besorgt darüber, dass sie kein Expertenteam um sich geschart und auch noch keinen Stellvertreter ernannt hat. NLD-Insider befürchteten, dass die Sturheit, die es ihr erlaubte, so lange unter Hausarrest und getrennt von ihrer Familie zu überleben, ihr jetzt einen Bärendienst erweist.

Bei anderen Menschen schaut sie vor allem darauf, ob sie ihre Sache unterstützen, echte Nähe sucht sie nicht. Ich habe niemanden kennengelernt, der oder die das Gefühl hatte, eine persönliche Beziehung zu ihr zu haben. Der birmanische Unternehmer Misuu Borit beschrieb sie als jemand, der eine Art »Stil der Einsamkeit« pflegt; andere sagten, sie scheine nicht fähig oder willens, vertrauensvolle menschliche Beziehungen aufzubauen, die für eine Staatsführerin aber unabdingbar sind. »Sie macht alles mit sich selbst aus. Sie will die Fäden allein ziehen«, sagte Mitchell. »In dieser Hinsicht verkörpert sie eine autoritäre Struktur.« Eine britische Diplomatin wies darauf hin, dass im nächsten Parlament vielleicht mehr Demokraten sitzen würden, dafür aber weniger Mitglieder, die Erfahrung im Staatsdienst hätten. »Sie saßen im Gefängnis, und danach haben sie Teestuben geführt«, sagte sie. »Die Leute sind klug, haben Mut und die besten Absichten, aber können sie eine Regierung führen?« Offiziell wurde die NLD erst 2012 als politische Partei registriert, auch wenn der Mitgliederkern schon lange vor der Registrierung eine feste Gruppierung bildete. »Wie schnell kann man all die cleveren Leute rekrutieren?«, fragte Borit. »Es kommt einfach nach einem Monat noch kein Baby dabei raus, auch wenn man mit neun Frauen geschlafen hat. Diese Dinge brauchen Zeit – und wenn man kein Geld hat, beschleunigt das den Rekrutierungsprozess nicht gerade.« Andere äußern ähnliche Überlegungen.

Das konstitutionelle Hindernis für Suu Kyis Wählbarkeit verweist auf größere Probleme im myanmarischen Rechtssystem. Robert San Pe, einer ihrer juristischen Berater, erörterte die Frage, ob man sich am angelsächsischen Common Law oder am kontinentaleuropäischen bürgerlichen Recht orientieren soll,[295] wobei manche wohl Einwände gegen das Common Law erheben, weil es dafür nicht genügend Fallbeispiele aus der Rechtssprechung gibt. Seiner Beobachtung nach sind jedoch viele schlecht geschriebene Gesetze zu eilig durch die Legislative durchgewunken worden. 2013 baute Shwe Mann eine riesige wissenschaftliche Bibliothek auf und stellte fünfzehnhundert neue parlamentarische Mitarbeiter ein, doch alle Recherchebemühungen wurden dadurch vereitelt, dass es schier unmöglich ist, Informationen in einer nicht katalogisierten Sammlung aufzufinden, die nicht nach Autoren, Titeln oder Themen, sondern nach Spendern geordnet ist.[296] Auch existieren für die in Birmanisch geschriebenen Gesetze keine offiziellen Übersetzungen; ausländische Investoren sind von Regulierungen betroffen, die sie nicht verstehen können. Bisweilen stößt man auf Straßenverkäufer, die verzweifelten Ausländern an den Ampeln von Yangon englische Übersetzungen des Investitionsrechts verkaufen.

»Unser Volk vertraut den Gerichten nicht; wir glauben nicht an Gerechtigkeit, die von Gerichten ausgeht«, sagte Suu Kyi einmal. Als die Verfassung im September 2008 ratifiziert wurde, hatte sich Myanmar noch nicht von den schweren Folgen des Zyklons Nargis erholt, bei dem kein halbes Jahr zuvor hundertvierzigtausend Menschen ihr Leben verloren hatten.[297] Kürzlich wurde ein Vermittlungsausschuss gebildet, um die Verfassung gegebenenfalls einer Revision zu unterziehen. Denn Juristen meinten, es gäbe mit der gegenwärtigen Verfassung zu viele Hindernisse für Novellierungen, und die Bestimmung, ein Viertel der Parlamentssitze für das Militär zu reservieren, müsse gestrichen werden. Sie erhoben auch Einwände gegen die mangelhafte Kontrolle der Macht des Präsidenten im Falle eines Ausnahmezustands. Zudem ernennt der Präsident sowohl den Obersten Richter als auch den Rest des Obersten Gerichtshofs, wobei dessen Mitglieder keinerlei juristischen Hintergrund haben müssen. Der hundertneun Mitglieder zählende Ausschuss für die Revision der Verfassung bat um Vorschläge aus der Bevölkerung, und es gingen mehr als vierzigtausend ein.

Ma Thida erklärte, ohne eine Verfassungsreform könne Suu Kyi zwar nicht kandidieren; aber eine solche Reform erfordere die Kooperation der Junta, und dann würde Suu Kyi, sollte die Junta diese Reform gesetzlich verfügen, als Teil von deren Plan die Bühne betreten und nicht als erbitterte Opponentin. »Sie rettet die Generäle«, sagte Thida und schien sich an dem Gedanken zu erfreuen, dass Shwe Mann gegen Suu Kyi kandidieren könnte.

Myanmar leidet an zwei paranoiden Ängsten: dass China über es herfallen und dass sich die hundertsechzig Millionen bangladeschischen mit den birmanischen Muslimen verbünden und das Land erobern könnten. Viele birmanische Buddhisten behaupten – wie die Immigrationsgegner in Europa und in den Vereinigten Staaten –, Muslime ließen sich nicht integrieren. In Myanmar gibt es Klagen, dass sie ihre Reichtümer für sich behalten (obwohl die meisten mittellos sind), sie sich als Geldverleiher betätigen und, am schlimmsten, mehrere Frauen hätten, um zur Mehrheit zu werden und die Buddhisten hinwegzufegen. Die Birmanen mögen keine dunkelhäutigen Menschen, es spielt also auch Rassismus eine Rolle. Dieser Rassismus ist auf beinahe jeder gesellschaftlichen Ebene in Myanmar akzeptiert. So schrieb beispielsweise der Generalkonsul Myanmars in Hongkong an alle seine Mitarbeiter, die dunkle Haut mache die Rohingya »hässlich wie Scheusale«, etwas ganz anderes sei dagegen doch die »helle und weiche« Haut der Birmanen.[298]

Muslimische Nachfahren bengalischer Siedler – viele dieser Familien sind schon seit über hundert Jahren in Birma ansässig – leben vor allem im Minderheitenstaat Rakhine. Obwohl sie sich selbst als Rohingya bezeichnen, werden sie von Nationalisten als Bengalen und damit als Ausländer abgestempelt.[299] »Die Birmanen verstehen nicht, dass diese Haltung sie nicht rettet, sondern im Gegenteil ihre Gesellschaft, ihren Ruf und ihre Entwicklungsfähigkeit zerstört«, so Mitchell. »Sie sagen, dass die Frage der Rohingya und der Muslime eine Frage der nationalen Identität sei. Und ich sage: ›Ihr habt recht. Aber was für ein Land wollt ihr sein? Soll es auf Gesetzlosigkeit und Gewalt gegen eine ganze Volksgruppe fußen, der ihr misstraut? Oder wollt ihr rechtsstaatliche Prinzipien und humanistische Werte respektieren, also all die Dinge, von denen wir geglaubt haben, dass ihr für sie kämpft?‹«

Myanmar ist extrem religiös, und die meisten jungen Männer sind eine Zeitlang Mönche. Der Reichtum häuft sich deutlich sichtbar in den Pagoden. Die Angst, der Buddhismus sei bedroht, durchdringt die Kultur. Viele betrachten Myanmar und Sri Lanka in einer Welt, die von Christentum, Islam und Hinduismus dominiert wird, als die letzten beiden Bastionen des Theravada-Buddhismus. Zu diesem Weltbild gehört, dass muslimische Eindringlinge dessen klassisches Fundament zerstört und den Glauben aus seiner Heimaterde gerissen hätten – obwohl der Buddhismus aus Indien stammt. (Tatsächlich flohen viele Buddhisten aus dem indischen Mogulreich nach Tibet.) »Die birmanische Identität wurzelt in der Vorstellung, dass dieses hier eine Bastion der wahren Religion ist, wie es sie sonst nirgends auf der Welt gibt«, erklärte Thant Myint-U.

Noch bis 1989 hieß der Minderheitenstaat Rakhine Arakan. In dem einst mächtigen Königreich an der Küste lebten spätestens seit dem 17. Jahrhundert auch Muslime. 1784 wurde das Reich von den Bamar erobert, der dominanten buddhistischen Ethnie, nach der Birma benannt wurde. Als die Briten es vierzig Jahre später eroberten, war es nur dünn besiedelt und bestand hauptsächlich aus Wäldern und Sümpfen. Sie übereigneten Siedlern Areale zum Roden und holten Bengalen ins Land, um dort zu arbeiten. Nach dieser ersten modernen muslimischen Migration in die Region wurde der Norden von Arakan vorwiegend muslimisch.[300] Anfang des 20. Jahrhunderts bekamen buddhistische Birmanen zunehmend das Gefühl, die britischen Kolonisatoren und die chinesischen und bengalischen Immigranten würden es überall im Kolonialstaat zu Wohlstand bringen, wohingegen sie ausgebeutet würden. In den zwanziger Jahren veränderte eine weitere Einwanderungswelle die Bevölkerungsstruktur erneut. Zwei Millionen Inder immigrierten jährlich nach Rangun, die bisher größte bekannte Bevölkerungsverschiebung auf dem Planeten; Ende des Jahrzehnts waren achtzig Prozent der Hauptstadteinwohner Inder. Da viele der bereits in Myanmar lebenden Inder aufseiten der Briten gegen birmanische Unabhängigkeitsgruppen gekämpft hatten, erklärten die Nationalisten, dass jeder außer den Bamar, also den Birmanen, ein Ausländer sei, auch wenn er in Myanmar geboren war.

Nach der Teilung Indiens 1947 vertrieb eine Separatistengruppe muslimischer Guerillakämpfer, die eine Union mit Pakistan anstrebten, viele Buddhisten aus dem Norden Birmas, es kam zu Gräueltaten. Doch die Erhebung wurde ziemlich rasch niedergeschlagen, und seit Mitte der fünfziger Jahre kam es zu keinen weiteren muslimischen Aufständen mehr. Viele Birmanen behaupten, dass die Rohingya Verbindungen zu Al-Qaida und anderen Terrorgruppen unterhalten; und tatsächlich haben einige Rohingya in den achtziger Jahren in Afghanistan an der Seite der Mudschahedin gegen die Sowjetunion gekämpft, und später auch, obwohl nur in geringfügiger Zahl, für die Taliban.[301] Obwohl sie von den Bengalen abstammen, haben die meisten Rohingya keinen Anspruch auf die bangladeschische Staatsbürgerschaft; und solange sie in Myanmar als Fremde gelten, bleiben sie staatenlos, obwohl sie in Myanmar geboren sind. Ohne Personalausweise haben sie keinen Zugang zu Bildung und leben in bitterer Armut. Und seit vor kurzem die Liberalisierung einsetzte, haben einige der in Rakhine lebenden zwei Millionen Buddhisten Pogrome gegen die fast ebenso vielen Rohingya verübt und bei hellem Tageslicht ihre Stadtviertel, Dörfer und Moscheen in Brand gesteckt.[302]

Die jüngsten Ausschreitungen gegen die Rohingya im Juni 2012 wurden durch die angebliche Vergewaltigung und Ermordung einer Buddhistin durch muslimische Rohingya ausgelöst. Im selben Jahr wurde die nächste Runde durch den radikalen und auf politischen Eigennutz bedachten buddhistischen Mönch Ashin Wirathu angeheizt, der seine Anhänger aufstachelte, »sich zu erheben« und »mit kochendem Blut« eine angebliche internationale muslimische Verschwörung niederzuschlagen, die die »goldene birmanische« Lebensweise zu zerstören trachte. In Predigten, Interviews und einem Schwall wortreicher Online-Postings bezeichnete er die Muslime als *kalar* (das birmanische Äquivalent zu »Nigger«), »Unruhestifter« und »tollwütige Hunde«. Pamphlete, die er bei einer seiner Predigten verteilte, warnten: »Gegenwärtig ist Myanmar einem hochgefährlichen und furchtbaren Gift ausgesetzt, das stark genug ist, alle Zivilisation auszuradieren.« In der westlichen Presse wurde er mit Hitler verglichen.[303] Wirathu hat die 969-Bewegung initiiert, um Geschäfte, Häuser und sogar Taxis zu kennzeichnen, in denen Muslime nicht willkommen sind. Der Name der Bewegung spielt mit der von Muslimen verwendeten Zahl 768, mittels deren Geschäfte kundtun, dass das bei ihnen angebotene Fleisch halal ist – was Wirathu als Separatismus geißelte (obwohl auch stets nichtmuslimische Kunden bedient wurden). Praktisch jedes Taxi in Myanmar ist mit einem solchen 969-Aufkleber versehen; ein Fahrer zeterte mir gegenüber, die Tatsache, dass Muslime mehrere Frauen haben dürften, beweise, dass buddhistische Frauen entführt und gezwungen würden, muslimische Kinder zu gebären.

Zwar ist diese Paranoia absurd, die zugrundeliegende Sorge geht jedoch auf historische Ereignisse zurück. Muslime haben Buddhisten vor tausend Jahren aus Afghanistan vertrieben; in jüngerer Zeit zerstörten die Taliban uralte buddhistische heilige Stätten in Pakistan;[304] und radikale Islamisten prangerten Myanmars »brutale Buddhisten« an, um Indonesien zur Aufnahme von Rohingya-Flüchtlingen zu bewegen.[305] Weniger Zensur heißt eben auch, dass Außenseiterpositionen offener zirkulieren, ob sie nun Vorurteile schüren oder Pluralismus propagieren. »Manche glauben, dass die Aufhebung der Zensur sie berechtigt, andere zu beleidigen«, sagte Nay Phone Latt.

Wirathu und sein Lager haben eine aggressive Kampagne auf Facebook geführt. In Myanmar erhalten diejenigen, die keinen Internetzugang haben, ihre Informationen von Mitbürgern, die über einen solchen verfügen. Behauptungen verbreiten sich rasend schnell auch bei jenen, die noch nie einen Computer zu Gesicht bekommen haben. Zwar wurde Wirathu wegen seiner Hasstiraden verurteilt, doch bei der Generalamnestie 2012 kam er frei und machte daraufhin sofort mit seinen Hetzreden weiter. Er behauptete, dass die neue Meinungsfreiheit seinen Kreuzzug legalisiere. Mönche in Rakhine verteilen seither Pamphlete, in denen Buddhisten aufgefordert werden, nicht mit Muslimen zu verkehren. Weder die Regierung noch, weit bedeutsamer, Aung San Suu Kyi haben die ethnischen Säuberungen in Rakhine verurteilt. Es scheint klar, dass man damit Wählerstimmen verlieren würde.

Rohingya-Viertel in den Städten von Rakhine wurden niedergebrannt und geplündert und die Rohingya in Flüchtlingslager getrieben, wo sie unter bestürzenden Umständen leben. Eine sechzigjährige Rohingya-Lehrerin erzählte, sie habe mitansehen müssen, wie eine ihrer Schülerinnen, die sie mochte, ihr Haus anzündete. Es wurden auch die Häuser von Buddhisten in Rakhine in Schutt und Asche gelegt, die man verdächtigte, Geschäfte mit den Rohingya zu machen. Im Krankenhaus in Sittwe, der Hauptstadt von Rakhine, gibt es nur zehn Betten für Muslime. In den überfüllten Flüchtlingslagern der Stadt besteht die medizinische Versorgung aus einem Arzt, der einmal in der Woche für eine Stunde kommt. Botschafter Mitchell schilderte, wie er Kinder an leicht heilbaren Krankheiten sterben sah.

Auch unter den Rohingya ist Gewalt in den Lagern inzwischen an der Tagesordnung. Ein UN-Helfer erzählte, dass er Vergewaltigungen, Inzest und Alkoholismus unter den verzweifelten Menschen beobachtet habe, allerdings sei die rohe Gewalt der Wachen weit schlimmer. Viele hungern; manche mussten zusehen, wie man ihre Kinder tötete. Meist liegen die Lager in Senken, die vom Sommermonsun überflutet werden, wenn die Niederschlagsmenge drei Monate lang bei fast tausend mm im Monat liegt; selbst als ich sie im Januar besuchte, waren sie schlammig und verwahrlost. Da diese Lager an die Rohingya-Viertel angrenzen, können viele Flüchtlinge von dort aus ihre ehemaligen Häuser und Moscheen sehen; das alte muslimische Ghetto ist jetzt mit Stacheldraht abgeriegelt. Viele Rohingya sind aus Myanmar geflohen, doch kein Nachbarland will ihnen Asyl gewähren, und so stirbt eine große Zahl von ihnen auf der Suche nach einem sicheren Hafen in überladenen Booten.[306] Ihre verzweifelte Wanderschaft hat weltweit Besorgnis ausgelöst. Unterdessen hat sich der Preis für Fisch in der Provinz verdoppelt, da die Hälfte der Fischer in Internierungslagern sitzt. Ebenso fehlt es an Billiglohnarbeitern für die Reisernte.

Der Konflikt betrifft drei Parteien: die Birmanen, die Rakhine und die Rohingya. Die Birmanen halten sich für die naturgegebenen Herrscher eines Reichs, zu dem auch die Rakhine zählen. Die Rakhine, meist Theravada-Buddhisten, sind überzeugt, dass sie über die Rohingya herrschen sollen. Und da Arakan, das Reich ihrer Ahnen, auch einen großen Teil Birmas umfasste, hassen sie die Birmanen fast ebenso sehr wie die Rohingya. Der Theravada-Buddhismus predigt, wie viele doktrinäre Ideologien, religiöse und rassische Überlegenheit, war aber auch Ausgangspunkt der Safran-Revolution, die der Militärregierung vorwarf, gegen die Prinzipien der *Sasana*, Buddhas Tugendlehre, verstoßen zu haben. Suu Kyi bedient sich in ihren Reden buddhistischer Rhetorik und bezieht sich bei ihrer Mission für Demokratie auf buddhistische Ideale. Politik und Religion sind bei ihr nicht zu trennen. Sie hat sich, offenbar aus wahltaktischem Kalkül, geweigert, die schändliche Behandlung der Rohingya eindeutig und entschieden zu verurteilen. Welchen Platz hat sie den Muslimen bei ihrer Vision zugedacht?[307]

Westliche Hilfsorganisationen haben versucht, den Rohingya zu helfen, wurden von den Rakhine aber oft daran gehindert. Die Rakhine sind arm, und wenn Ressourcen knapp sind, gibt es keine einvernehmlichen Beziehungen. Die Provinz Rakhine ist die am zweitschwächsten entwickelte von Myanmar, viele Menschen dort haben keinen Zugang zu Latrinen oder sauberem Wasser. Um überhaupt etwas bewirken zu können, müssen weltweit arbeitende Wohlfahrtsorganisationen eine Art Gleichbehandlung sicherstellen, auch wenn die Rakhine frei sind und die Rohingya in Lagern schmachten.[308]

Zwar sind die Rohingya am schlimmsten betroffen, aber die Übergriffe sind allen Muslimen gegenüber eskaliert. Die meisten Baufirmen in Yangon gehören Muslimen, doch mittlerweile erteilen viele Buddhisten ihnen keine Aufträge mehr. In Mandalay, der zweitgrößten Stadt Myanmars, kam es zu antimuslimischen Ausschreitungen.[309] Als ich in Myanmar war, hatte man in den Vierteln von Yangon mit hohem muslimischen Bevölkerungsanteil Ausgangssperren verhängt. »Bei mir um die Ecke sind Gangs im Auto die Straßen entlanggefahren und haben die Muslime gewarnt, dass man sie umbringen wird. Menschen haben hinter verschlossenen Türen gekauert«, erzählte Lucas Stewart, der für das British Council in Yangon arbeitet und die 969-Bewegung eine »fast terroristische Organisation« nennt.

Man kann die Muslime in Myanmar in vier Gruppen einteilen. Die Bamar-Muslime haben sich vor etwa zwölfhundert Jahren in dem Gebiet niedergelassen; auf alten Monumenten haben Historiker Inschriften für Muslime entdeckt, die den frühen Königen dienten. Pferdehändler, Artilleriesoldaten und Söldner, die im 16. und 17. Jahrhundert ins Land kamen, gingen in dieser Gruppe auf. Die zweite Gruppe sind die chinesischen Muslime im Nordosten, deren Ursprünge vorwiegend in die Provinz Yunnan zurückreichen; sie sind Nachfahren von turksprachigen Siedlern aus der Zeit des Mongolischen Reiches. Bei der dritten Gruppe änderte sich die Nationalität, als Arakan von den Briten Birma zugeschlagen wurde. Die vierte Gruppe bilden die indischen und bangladeschischen Immigranten der letzten zweihundert Jahre.³¹⁰ »Es gibt rassistische Vorurteile, und es gibt religiöse Vorurteile seitens der Mönche«, sagte Thant Myint-U. »Sie betreffen dieselben Menschen, aber aus etwas unterschiedlichen Gründen.«

Der Lehrer Aye Lwin, der als Volleyballspieler im Nationalteam von Myanmar im Ausland Gold gewonnen hat, ist Führer der Bamar-Muslime – ein eleganter Mann, der in der Stadtmitte von Yangon in einer schönen Wohnung lebt. Er glaubt, dass die Gewalt in der Provinz Rakhine von Leuten angestachelt wurde, die aus ureigenstem Interesse gegen die Lockerung staatlicher Kontrolle sind. »Es gibt welche, die hinter den Kulissen versuchen, die Demokratisierung zu unterminieren«, sagte er, »denn wenn es eine voll funktionsfähige Demokratie gibt, herrschen Recht und Gesetz. Und das wird Auswirkungen auf die gegenwärtig herrschende Klasse haben. Tagtäglich geschehen Verbrechen, es gibt tagtäglich Vergewaltigungen, doch diese Leute stilisieren es zu einem religiösen Konflikt. Sie hätten die Abfackelung von Häusern im Keim ersticken können; sie hätten die Hasstiraden eindämmen können. Aber man kann Nationalismus dazu benutzen, die Menschen zu zermürben; das verlangsamt den Reformprozess.«

Misuu Borit wies darauf hin, dass sich Menschen, die in Armut leben, allüberall auf der Welt am schnellsten vermehren. Und während die Minderheit wachse und damit die Vorurteile der Mehrheitsbevölkerung schüre, führten die Vorurteile der Mehrheitsbevölkerung wiederum zu einem stärkeren Anwachsen der Minderheit. Dann kann das Gerücht, dass eine buddhistische Frau von Muslimen vergewaltigt und ermordet wurde, einen Genozid entfachen. Vergewaltigung wurde in der Geschichte schon immer als unpersönlicher aggressiver Akt in ethnischen, religiösen und nationalistischen Kriegen eingesetzt, und Borit findet es verhängnisvoll, dass den Vergewaltigungen der anderen Ethnie so viel Aufmerksamkeit geschenkt wurde, insbesondere angesichts des »schändlichen« Desinteresses der Polizei an den Vergewaltigungen unter den Bamar oder den Rohingya. »Jemand kocht den Konflikt zwischen den Muslimen und den Buddhisten hoch«, sagte sie. »Und sobald die Dinge aus dem Ruder laufen, rufen die Herrschenden die Armee und sagen, dass sie ›das Land retten‹ und wir Schwächlinge sind. Und dazu machen sie uns tatsächlich.«

Für Ma Thida findet in den Gräueltaten gegen die Muslime ein tiefsitzender, allgemeiner Groll seinen Ausdruck. »Die Generäle haben bei aller Grausamkeit nicht diskriminiert«, sagte sie. »Es war eine demokratische Grausamkeit.« Ihrer Meinung nach rächen sich nun Menschen, die nie geglaubt haben, das Recht sei zu ihrem Schutz gedacht, an den Autoritäten. »Daher ist die Lage der Muslime nicht einfach der Gewalt zwischen ethnischen Gruppen oder religiöser oder rassistischer Gewalt geschuldet«, sagte sie. »Es ist die Manifestation von etwas Tieferem: einer undemokratischen Gewalt.«

Von Sittwe, wo ich die niedergebrannten Viertel und die Lager besichtigt hatte, dauert es mit dem Schiff fünf Stunden nach Mrauk U, von 1430 bis 1785 Hauptstadt des Reiches Arakan. In diesem nördlichen Teil von Rakhine erscheint einem der verheerende religiöse Hass völlig schleierhaft. An meinem ersten Morgen in Mrauk U stand ich um Viertel vor fünf auf und fuhr durch die gespenstisch dunklen Nebenstraßen der verarmten Stadt zum Fuß eines kleinen Berges, in den Stufen gehauen waren. Morgens hängt in Myanmar oft ein zauberhafter Nebel in den Tälern und um die Kuppen, so dass herausgehoben wird, was klein und nah ist, und das Große, Ferne vage bleibt. Die wahren Maße der Tempel und der anderen Bauwerke, die auf den ersten Blick gleich groß wirken, kann man an ihren Konturen erkennen, denn je verschwommener sie sind, desto weiter sind sie entfernt. Besucher sollten all die großartigen Stätten unbedingt bei Sonnenaufgang besichtigen, wenn sie im Nebel noch ästhetischer wirken.

Nach einem Rakhine-Frühstück, das aus Fischsuppe mit Reisnudeln und einer Menge verschiedener Gewürze und Soßen besteht, besuchte ich Dörfer in dem nahen Chin-Staat. Die birmanischen Könige pflegten sich schöne Frauen in ihren Harem zu holen. Um sich zu schützen, so die Legende, begannen die Chin-Frauen ihre Gesichter mit Spinnennetzmustern zu tätowieren und sich so in den Augen der Birmanen hässlich zu machen. Diese Sitte überdauerte bis vor kurzem, obwohl die Bedrohung schon lange nicht mehr existiert.[311] Vielleicht deshalb sind die am leichtesten erreichbaren Chin-Dörfer von Touristen überflutet, und die noch tätowierten alten Frauen posieren für Tausende von Fotos. Hier, nur wenige Kilometer von der Grenze zu Bangladesch entfernt, scheinen die Angehörigen verschiedener ethnischer Gruppen von der Not der Rohingya nicht einmal etwas zu ahnen. In einem Land mit so armseliger Kommunikationsinfrastruktur breitet sich Gewalt sporadisch aus und lässt dabei ganze Gebiete außen vor. Wir haben hier keinen einzigen 969-Aufkleber gesehen.

Im heutigen Myanmar leben mehr als hundert ethnische Gruppen, hinter denen in den unzähligen aufeinanderfolgenden Reichen in dieser Region eine lange Geschichte der Gewalt steht. Auch die Studenten von 1988 erwiesen sich als fast ebenso skrupellos wie die Junta, die sie niederzwang; sie beharrten starrköpfig auf ihren Forderungen, errichteten eigene Gefangenenlager und schreckten auch vor Folter nicht zurück. Die unzähligen Partisanen der Nation legen eine oft ungeheuerliche Unbarmherzigkeit an den Tag. Doch der Theravada-Buddhismus weist eher auf eine nicht zu erschütternde, heitere Gelassenheit hin, und auch diese war bei den meisten Aktivisten und Künstlern, die ich traf, unübersehbar vorhanden. Auf ihre Empfehlung hin reiste ich quer durchs Land zum Goldenen Felsen, der zu den heiligsten Stätten Myanmars zählt. Das ausgedehnte Heiligtum oben auf einem steilen Berg war von Pilgern, Mönchen und Nonnen umlagert. Überall wurden Bestandteile der traditionellen Medizin und Essen feilgeboten: Stachelschweinborsten; in Sesamöl marinierte Ziegenkeule; getrocknete Kräutersträuße. Viele Menschen schliefen auf Bambusmatten oder in behelfsmäßigen Zelten. Abertausende Kerzen flackerten, das Summen der Betgesänge war allgegenwärtig, die Luft schwer von Weihrauch und Essensgerüchen. Junge Paare kommen nicht nur aus Frömmigkeit hierher, sondern auch, weil sie in der anonymen Menschenmasse ungezwungener miteinander Umgang haben können. Um die Gebäude sind blinkende LED-Girlanden geschlungen, sogar um die Schreine der animistischen Geister. Wenn ich behaupten würde, die Grand Central Station zur Rushhour sei dagegen ein Hort der Meditation, würde ich noch untertreiben. Trotz alledem hatte das Ganze eine friedliche Aura.

Der Goldene Felsen bietet einen außergewöhnlichen Anblick: ein fast runder Gesteinsbrocken von gut sechs Meter Durchmesser hängt bedrohlich an der Kante eines Felsens, als drohe er jeden Moment hinabzustürzen. Der Legende nach verdankt er seinen Halt in dieser prekären Lage drei Haaren Buddhas. Der ganze Fels ist mit Blattgold bedeckt, auf das die Pilger ständig weitere Schichten auflegen, so dass das Gold stellenweise zentimeterdick ist und in Klumpen hervorsteht. Ganz oben auf dem Felsen steht, außer Reichweite, die Kyaiktiyo-Pagode. Der goldene Klumpen leuchtet bei Sonnenaufgang, im Nachmittagslicht, bei Sonnenuntergang und wird nachts angestrahlt. Wann immer sich das Licht ändert, ist auch die Wirkung des Steinbrockens eine andere, sie bleibt jedoch stets ehrfurchtgebietend. Ich bin unter ihn geklettert, ich habe mich neben ihn gestellt, und von jedem Winkel aus spürt man, wie fragil seine eigenartige Balance ist und wie dramatisch sein massives Gewicht – und welche Gelassenheit heilige Orte verströmen können. Es war rätselhaft aufregend und merkwürdig beruhigend in einem. Wie bei einer aufsehenerregenden Landschaft wurde man als Besucher in Bann gezogen, ob man nun betete oder nicht.

In Myanmar gibt es knapp eine halbe Million Mönche und eine beträchtliche Anzahl von Nonnen.[312] Mindestens ein Prozent der Landesbevölkerung trägt das Buddhistengewand, und viele Menschen waren mindestens eine Zeitlang im Kloster; die meisten Jungen leben eine Weile als Mönche und kehren dann in ihre Familien zurück. Und selbst ein flüchtiger Besucher nimmt ja ein bisschen buddhistisches Arkanum mit. Etwa das Wissen von den sechs verschiedenen religiösen Bauten: Es gibt die Pagode oder Stupa (selten auch *zedi*), ein solides Gebäude, das oft eine Reliquie beherbergt; den Tempel, eine offene rechteckige Betstätte; die Höhle, die den Mönchen als Meditationszentrum dient; die Ordinationshalle; das Kloster, in dem die Mönche leben; und die Bibliothek, wo die Schriften Buddhas verwahrt werden. Die meisten Buddhastatuen bestehen aus einem Unterbau aus Ziegel- oder manchmal auch Kalksteinen, die mit Gips und Lack überzogen wurden. In der Regel werden Gips und Lack ausgebessert, sobald etwas abbröckelt oder ausbleicht, was dazu führt, dass die Figuren immer frisch renoviert aussehen und ihnen jede Patina fehlt. Der kürzlich restaurierte ruhende Buddha von Thaton aus dem elften Jahrhundert scheint letzten Dienstag vom Zuckerbäcker geliefert worden zu sein.

Wo immer man sich in Myanmar auch aufhält, befindet man sich in einer ehemaligen Hauptstadt – also an einem Ort, an dem eine der ethnischen Gruppen eine Weile herrschte. Vom 9. bis zum 13. Jahrhundert war das Bagan. In dieser Ära wurde es Mode, Pagoden und Tempel zu bauen, und die Adeligen wetteiferten miteinander, wer die größten und prächtigsten baute, während ärmere Menschen bescheidenere Gebäude errichteten. Das steinerne Ergebnis dieses spirituellen Wettlaufs ist ein etwa vierzig Quadratkilometer großes Feld mit einst viertausendvierhundertsechsundvierzig religiösen Bauten. Man kann sich keine Vorstellung von dieser Fundgrube machen, wenn man nur Fotografien sieht, denn sie überwältigt durch ihre schiere Ausdehnung. Wir wanderten zwischen den Stupas umher; wir fuhren mit einem Wagen durch die riesige Anlage; wir kletterten auf einen der Tempel, um den Sonnenuntergang zu beobachten; und wir überquerten die ganze, so prächtig von Pagoden übersäte Ebene mit einem Heißluftballon. Selbst wenn man es mit eigenen Augen sieht, ist die Größe des Pagodenfelds von Bagan – größer als Manhattan und achtmal größer als Versailles – schwer zu erfassen. Einige der Gebäude sind von der Junta behelfsmäßig restauriert worden, andere sind halb verfallen, und zahllose andere liegen in Ruinen. Egal, welche man ins Visier nimmt, man sieht dahinter tausend andere. Und so überschwänglich man am Goldenen Felsen war, so demütig wird man in Bagan – dem geschuldet, was der Ort ist und was er einmal war.

Glaubensfragen sind ein ständiges Gesprächsthema, und viele weltliche Erfahrungen werden durch die buddhistische Brille gesehen.

San San Oo, Psychiaterin in Yangon, die ich durch Freunde kennenlernte, wurde mehrfach gesagt, dass Birmanen sich selbst mit Hilfe des Buddhismus heilten und ihre Fürsorge nicht brauchten. Sie versuchte zu erklären, dass eine Therapie Menschen helfen könne, die von einem Regime brutal behandelt worden waren und unter posttraumatischen Belastungsstörungen litten. Doch man beharrte darauf, so etwas könne auch allein durch religiöse Übungen überwunden werden. San San Oo arbeitet mit Hypnose, und es ist ihr schließlich gelungen, eine Praxis aufzubauen, indem sie Hypnose als ein Mittel schilderte, mit dem jemand in einen meditativen Zustand gelangen könne. Sie sei davon überzeugt, erzählte sie mir, dass beides dieselben Prozesse im Gehirn auslöse. Ihr Mann, der Künstler Aung Min, war vor den Reformen ein Provokateur. Er sagte: »Im Buddhismus ist Wut schlecht; man sagt, sie errege und beeinträchtige das Denken, befördere eine negative Einstellung und führe zu Zerstörung. Aber ich war so wütend. Also unterzog ich mich einer viermonatigen Hypnosebehandlung, und meine Wut schwand. Es ist nichts anderes als tiefe Meditation.«

Zwar dominiert der Buddhismus, und der Islam ist in Myanmar ebenfalls verbreitet, doch es sind auch andere Glaubensrichtungen vertreten. Neben einem bedeutenden christlichen Bevölkerungsanteil gibt es sogar einige birmanische Juden. Sammy Samuels stammt von irakischen jüdischen Händlern ab, die im 19. Jahrhundert nach Yangon kamen und von dort aus birmanischen Tee und Reis nach Indien exportierten.[313] Sie gründeten die Synagoge der Stadt und eine jüdische Schule, legten einen Friedhof an und heirateten buddhistische Frauen, die zum Judentum konvertierten. 1919 lebten etwa dreitausend Juden in Myanmar. Nach 1969 sind die meisten nach Israel oder in die Vereinigten Staaten emigriert, die Samuels aber blieben. Tagtäglich geht Sammys Vater in die Synagoge und begrüßt dort Besucher aus dem Ausland;[314] der Minister für religiöse Angelegenheiten hat einem interreligiösen Gottesdienst beigewohnt.[315] Birma ist im selben Jahr unabhängig geworden, in dem der Staat Israel gegründet wurde, was eine nicht auf den ersten Blick einleuchtende Verbindung zwischen beiden Ländern schuf. So war der Premierminister von Myanmar das erste Staatsoberhaupt, das in das unabhängig gewordene Jerusalem kam. Mosche Dajan und David Ben-Gurion besuchten die Synagoge von Yangon. Selbst zu Zeiten der Junta schickte Myanmar Studenten nach Israel, um dort Agrarwissenschaft zu studieren. Heute treten die Juden in Myanmar für die Sache der Muslime ein, denn beide sind bedrängte Minderheiten, die sich gezwungenermaßen vereint gegen den buddhistischen Fundamentalismus stellen. »Wir Muslime und Juden hier, wir waren immer Brüder«, sagte Aye Lwin.

Auch wenn die Situation der Rohingya natürlich damit zusammenhängt, muss man sie gesondert von den bewaffneten Konflikten durch die ständig wiederkehrenden Aufstände von Ethnien betrachten, die ein föderales System mit größerer Autonomie für sich anstreben. Das Problem mit den Muslimen hat seine Ursache in sektiererischen, demographischen und religiösen Entwicklungen; die bewaffneten Konflikte gehen auf den Nationalismus von Minderheiten zurück. »Oft gibt es ein oder zwei Bürgerkriege in einem Land«, sagte Mitchell. »Aber hier sind es siebzehn.« Alle mit der Regierung im Streit liegenden ethnischen Gruppen wollen das Recht, ihr eigenes Parlament zu wählen und in ihrer eigenen Sprache zu unterrichten. 2014 hat die Regierung auf einen landesweiten Waffenstillstand als Voraussetzung für vorbereitende parteiübergreifende Friedensgespräche gedrängt. Man einigte sich darauf, dass nicht nur das Militär, sondern auch Politiker der Minderheiten und Führer sozialer Bewegungen die künftigen Verhandlungen führen sollten; und dass diese die Punkte Nichtdiskriminierung, Verfassungsänderungen im Sinne einer Stärkung der ethnischen/regionalen Selbstverwaltung; einen verlässlicheren Sicherheitssektor und die Räumung von Landminen beinhalten sollten.[316] »Sie waren bereit, der Zentralregierung die Verteidigung, die Währung und den internationalen Handel zu überlassen«, erklärte Win Min, einer der Präsidentenberater. »Über Bildung, den sozialen Sektor, das Fischerei- und das Transportwesen hingegen wollten sie selbst bestimmen. Und sie wollten Steuern auf die natürlichen Ressourcen erheben, die man auf ihrem Gebiet fördert.«

Myanmars ethnische Konflikte haben auch eine ideologische Seite.

Auf dem Höhepunkt des Vietnamkriegs, der Kulturrevolution und der Herrschaft der Roten Khmer flößte die Bedrohung durch einen eskalierenden Guerilakrieg vielen Birmanen Angst ein. Da das Militär eine Invasion befürchtete, wollte es unbedingt die Reste von Chiang Kai-sheks Kuomintang-Armee aus den Bergen nahe der chinesischen Grenze vertreiben.[317] Gleichzeitig kämpfte das birmanische Militär gegen die Kommunisten, die das Regime ablehnten. Bei mehreren Gelegenheiten verbündeten sich die Führer verschiedener ethnischer Minderheiten mit den Kommunisten einfach nur deshalb, weil sie damit ihre Kampfstärke vergrößerten. Thant Myint-U, der ebenfalls in Friedensverhandlungen involviert ist, wies darauf hin, dass Myanmars Militärregierung ihr eigenes Vorgehen durch Hinweis auf »ein halbes Jahrhundert der Aufstandsbekämpfung« gerechtfertigt habe, »dabei hatten sie die ganze Zeit auf Autopilot geschaltet«. Ma Thanegi meinte: »Seit der Unabhängigkeit hat es so viele Aufstände gegeben, und die verschiedenen Gruppen haben nicht nur gegen die Zentralregierung, sondern auch gegeneinander gekämpft. Es ist ein Wunder, dass sie die Lager auseinanderhalten können und nicht ihre eigenen Leute erschießen.«

In den letzten Jahren sind die gewaltsamen Auseinandersetzungen stark zurückgegangen, aber es kommt immer wieder zu einzelnen Gefechten, wenn die Regierung umstrittenes Gebiet betritt, um dort die Kontrolle über eine Straße zurückzugewinnen, einen Damm zu bauen oder sich bei einer lukrativen Bergbaumaßnahme das Vorrecht zu sichern. Das britische Kolonialrecht hat sich in diesen entlegenen, zerklüfteten Gebieten nie voll durchgesetzt, so dass politische Stabilität dort ebenso rar ist wie eine funktionierende Infrastruktur. Manche Milizen wollen die Einheimischen gegen Profiteure verteidigen, andere verlangen Abgaben von den Dorfbewohnern. Wieder andere selbsternannte Truppen verfolgen ihre eigene Agenda. So wird beispielsweise die dreitausend Mann starke National Democratic Alliance von einem ehemaligen chinesischen Rotgardisten angeführt, der beschuldigt wird, im Glücksspielgeschäft tätig zu sein und seine Finger in Drogenringen und im Handel mit vom Aussterben bedrohten Tieren zu haben.[318] In Kachin sitzen hundertzwanzigtausend Menschen wegen ethnischem Aktivismus oder auch nur ihrer entsprechenden Gesinnung wegen in staatlichen Gefängnissen; auf jüngeren Videoaufnahmen kann man sehen, wie Myanmars Armee Schützengräben in Kachin bombardiert. Die Jademinen von Kachin werfen jährlich mehrere Milliarden Dollar ab, doch bei den Menschen dort kommt nur wenig davon an.[319] Im Karen-Staat verdient ein Dorfbewohner im Durchschnitt weniger als 1000 Dollar pro Jahr, während er zugleich weiß, dass ein Karen keine zwei Kilometer entfernt, drüben in Thailand, 10 000 Dollar verdient. Kyi Zaw Lwin, ein im Mon-Staat lebender Politiker und Lehrer, erzählte mir, dass er nicht weiterkommen könne, weil ihm als Halb-Mon weder die Mon noch die Birmanen trauten. Dass er ein Mischling war, zählte weit mehr als seine Politik, seine Erfahrung oder seine Bildung. Einst hatten die Mon ein Königreich, das von der Größe her Thailand vergleichbar war, doch es wurde 1057 von den Birmanen erobert – sie wollen auch heute noch ihr damaliges Königreich zurück. Einzelne Minderheitenstaaten haben bereits ein Parlament, Elemente des Föderalismus sind also schon vorhanden. Doch wie viel Macht sollen diese Parlamente haben? Und sollen sie alle vertreten, die in dem Staat leben, oder nur die dominante ethnische Minderheit? Konsens ist, dass sich die Zentralregierung die Macht mit den regionalen Abgeordneten teilen soll, doch in welchem Maß ist strittig.

Thant Myint-U glaubt, dass ein Friedensabkommen derzeit näher ist als jemals seit 1948. Auch der Präsidentenberater Win Min meint, der Grad des Vertrauens zwischen den militanten ethnischen Gruppen und Myanmars Militär sei außerordentlich hoch. Aber Ko Minn Latt gibt seiner tiefen Besorgnis Ausdruck, dass diese autonomen Staaten derzeit nicht mit so großen Ökonomien wie jenen Thailands oder Kambodschas konkurrieren könnten, schließlich sei das Land als Ganzes dem globalen Wettbewerb noch nicht gewachsen. Die entscheidende Frage ist, ob sich Myanmar demokratisieren kann, ohne in handlungsunfähige Kleinstaaten zu zerfallen. Wie kann die Zentralregierung ethnische Minderheiten unterstützen, ohne die nationale Einheit aufzugeben? Ja, wie kann eine nationale Identität geschmiedet werden, die nicht wie ein Überbleibsel der von den Generälen geschaffenen künstlich wirkt? Viele Beobachter Myanmars fürchten, dass eine Dezentralisierung ähnlich wie nach der Zersplitterung des ehemaligen Jugoslawien zu einander bekriegenden Republiken führt. Dass im Buddhismus die Vergebung betont wird, bleibt hier nicht ohne Auswirkung. Wieder einmal ist von ausgleichender Gerechtigkeit wenig die Rede; nach vorne schauen ist wichtiger, als Schuldige zur Rechenschaft zu ziehen. Nach dem Aufstand 1988 hat Win Min Jahre im Dschungel verbracht, dann ging er zum Studium in die Vereinigten Staaten, bevor er nach Thailand zog, wo er Professor wurde. Als man ihn einlud, die neue Regierung von Myanmar zu beraten, warnte ihn seine Familie, dass er dem Regime vielleicht nur als Feigenblatt für ihre Reformen dienen sollte, doch er wollte unbedingt Teil des Wandels sein, auf den er gehofft hatte. »Wir sind noch nicht durchgestartet«, sagte er. »Es dauert seine Zeit.«

Überall in Yangon und Mandalay sind literarische Teestuben aus dem Boden geschossen, in denen sich Schriftsteller zu Lesungen und Aufführungen treffen. »Gleich da drüben gibt es eine Teestube für Kurzgeschichtenschreiber«, erzählte mir ein Einheimischer, als wir durch Yangon streiften. »Autoren von Kriminal- und Detektivgeschichten sitzen in der gleich an der Haltestelle vor dem Macon-Haus. Die Lyriker gehen in die 37. Straße und die Romanautoren in die 33.« So etwas wäre vor fünf Jahren noch unmöglich gewesen. Während der Juntaherrschaft war die Zensur bei politischen und religiösen Themen und bei der Darstellung von Nacktheit am schärfsten. Laut Tin Win Win (der unter dem Künstlernamen Ju veröffentlicht) war auch die Schilderung von Armut verboten, da dies das Land angeblich in ein schlechtes Licht stellte. Um ein Buch zu veröffentlichen, musste man sich eine Lizenz besorgen, wobei es zuerst einer Überprüfung standhalten musste. 2012 gab der Leiter der Zensurbehörde im staatlichen Fernsehen bekannt: »Wenn es eine echte Demokratie werden soll, müssen wir die Zensur abschaffen.« Heutzutage »steht jede Ungerechtigkeit irgendwo als Nachricht in der Zeitung«, bemerkte Ma Thanegi. »So eine Situation haben wir noch nie gehabt. Selbst wenn nichts unternommen wird, wissen wir zumindest Bescheid.« Lange durften die Journalisten die Regierung nicht kritisieren, jetzt machen sie kaum anderes. Thant Thaw Kaung, ein führender Verleger, der auch ausländische Literatur vertreibt, verkaufte im Jahr 2007 englischsprachige Enzyklopädien. Ein Freund machte ihn auf einen Eintrag unter dem Stichwort »Menschenrechte« darin aufmerksam. Thant zog den Titel aus dem Verkehr, er rief sämtliche bereits in den Buchhandel ausgelieferten Exemplare zurück, damit es nicht jemand Höhergestelltes bemerkte und er ins Gefängnis wanderte. Jetzt vertreibt er seine englischsprachigen Bücher in viel größerem Umfang und unterhält Wanderbüchereien, die Bücher in Bussen in birmanische Dörfer bringen.[320] Die für Buchveröffentlichungen zuständige Regierungsbehörde, einst »Abteilung für Presseüberprüfung und Registrierung«, wurde in »Abteilung für Urheberrechte und Registrierung« umbenannt. Doch obwohl Bücher vor ihrer Veröffentlichung nicht mehr Zeile für Zeile zensiert werden, überprüft sie die Behörde nach ihrer Publikation. Und wenn sie zu umfassende Kritik an der Regierung oder dem Militär enthalten, werden sie aus dem Verkehr gezogen. Ein Bestsellerautor in Myanmar kann bis zu hunderttausend Exemplare eines Titels verkaufen, es werden aber nur wenige Bücher aus dem Ausland ins Birmanische übersetzt. Die meisten Schriftsteller konzentrieren sich auf Kurzprosa und Lyrik für Zeitschriften. Auch als Blogger hat man inzwischen eine gewisse Reichweite. Ma Thida glaubt allerdings, dass Schriftsteller die Zensur verinnerlicht haben und es eine Generation dauern wird, bis die Autoren frei und authentisch schreiben. Sie gibt neuerdings eine Zeitschrift und eine Zeitung heraus und mahnt jüngere Autoren, sich mehr zu trauen, da die Freiheit verkümmert, wenn sie nicht genutzt wird. Ihre Publikationen berühren seit langem heißumstrittene Themen wie ethnische Konflikte, aber auch neuere wie Frauen-, Schwulen- und Behindertenrechte.

2007 entschloss sich Nay Phone Latt, im Ausland lebende Bürger von Myanmar mit einem Blog darüber zu informieren, was im Land vor sich geht – eine Plattform, die damals kein Zensor oder Verleger im Blick hatte. Da es in Myanmar kein funktionierendes Internet gab, bloggte er von Singapur aus. Dabei kritisierte er die Regierung nie direkt; stattdessen schrieb er metaphorische Kurzgeschichten und Gedichte. In einer seiner Geschichten erzählt er von einem Tiger, der in ein Dorf kam, in eine Pagode schritt und beschloss zu bleiben. Die Dorfbewohner waren der Überzeugung, ein wildes Tier gehöre in den Dschungel, und einige wollten den Tiger töten. Die Tochter des Dorfvorstehers sagte, das Problem sei nicht der Tiger, sondern der Ort, den er sich zum Bleiben ausgesucht habe. Doch niemandem gelang es, ihn aus der Pagode zu vertreiben, und so lebte das Dorf in ständiger Angst.»Zeitschriften veröffentlichen solche Geschichten, weil die Zensoren ihre Bedeutung nicht verstanden«, erklärte Nay Phone Latt.

Als er kurz vor der Safran-Revolution aus Singapur zurückkehrte, gründete er die Myanmar Blogging Society, damit Journalisten lernen konnten, wie man Berichte aus Yangon so versandte, dass sie die Außenwelt erreichten. Er glaubt, dass die Schilderungen aus dem Inneren des Landes eine Schlüsselrolle für die Reformen der darauffolgenden Jahre spielten. Als dann despektierliche Karikaturen des Regimes in seinen Eingangsmails entdeckt wurden, wurde er verhaftet. Er versuchte zu erklären, dass jeder ihm ohne seine Zustimmung per Mail irgendwelche Dinge schicken konnte, doch die Beamten, die ihn verhörten, glaubten ihm nicht. Man befragte ihn zehn Tage lang, er durfte in der ganzen Zeit nicht schlafen, wurde oft geschlagen und manchmal gefesselt; und man brachte ihn mit verbundenen Augen von einem Ort zum anderen, so dass er nie wusste, wo er war oder wer ihn verhörte.»Unter einem Militärregime ist der Unterschied zwischen dem Gefängnis und draußen nicht so groß, denn das ganze Land ist ein Gefängnis«, sagte er.

Nay Phone Latt wurde zu zwanzig Jahren Kerkerhaft verurteilt und zuerst in das berüchtigte Insein-Hochsicherheitsgefängnis gebracht, wo auch Ma Thida einsaß. Als er dann in ein normales Gefängnis nach Rakhine verlegt wurde, durfte er Briefe an seine Angehörigen schreiben. Wieder flüchtete er sich in Metaphern, um zu schildern, was er sah.»Es war ein sehr, sehr guter Ort, um sich zu konzentrieren«, erzählte er.»Wir durften lesen. Und meine Eltern kamen jeden Monat und brachten mir Bücher. Ich war nie traurig. Meine enge Zelle war wie eine kleine Bibliothek.« Er lud andere Insassen in seine Zelle ein und unterrichtete sie in Englisch oder las ihnen vor. Auch vermittelte er ihnen viele Computerkenntnisse, obwohl es dort keinen Computer gab. Seinen Eltern diktierte er neue Geschichten, die sie dann unter einem Pseudonym veröffentlichten. Nach der Generalamnestie 2012 brachte er seine *Prison Letters* (Gefängnisbriefe) heraus.

Keiner der politischen Gefangenen, die er kannte, habe während der Haft Angst gehabt, erzählte Nay Phone Latt. »Gefängnisstrafen machen uns stärker und gebildeter; das Gefängnis ist unsere Universität. Dort habe ich gelernt, mich nicht auf eine ferne Zukunft zu konzentrieren, sondern auf die Gegenwart.« Sogar jetzt schränke die Regierung die Rede- und Meinungsfreiheit ein, behauptet er. »Nicht durch Druck, sondern mit Hilfe des Gesetzes. Wir dürfen schreiben, aber manchmal versuchen sie, die Zeitschrift, den Herausgeber und den Autor vor Gericht zu bringen.« Er wies darauf hin, dass der Electronic Transition Act (Gesetz über die elektronische Übertragung von Inhalten), der Grund für seine Verurteilung, noch immer geltendes Recht war, auch wenn jetzt kürzere Haftstrafen vorgesehen waren. Die Entscheidung, welche Regelungen durchgesetzt werden, liegt beim Militär. »Es ist immer noch gefährlich«, sagte er. Bei den Journalisten ist die abschreckende Wirkung enorm.

Die Zensur stärkt die Künstler, weil sie impliziert, dass das freie Wort sowohl ungeheuer wirksam als auch extrem gefährlich ist. Zensur ist aus Angst geboren und verleiht den betroffenen Personen Macht. Htein Lin gehörte zu den Anführern der 88er-Bewegung.[321] Er studierte damals Jura und floh bei der Niederschlagung des Aufstands nach Indien. 1992 normalisierte Indien seine Beziehungen zur Militärregierung von Myanmar, behauptete aber weiterhin, die Demokratie in Myanmar zu unterstützen. Trotzdem flohen die Mitglieder der All-Burma Students' Democratic Front recht bald in Lager im Dschungel von Myanmar nahe der chinesischen Grenze. Zwischen den Neuankömmlingen und jenen, die sich bereits in den Lagern eingerichtet hatten, gab es heftige Zusammenstöße, fast wie bei *Herr der Fliegen*. Die ehemaligen Kameraden beschuldigten Htein Lin und etwa achtzig andere, Informanten zu sein, und folterten sie, ehe sie eingesperrt wurden. Zehn von ihnen starben an einer Infektion, nachdem man ihnen die Finger abgehackt hatte. Fünfzehn wurden von ihren einstigen Kommilitonen exekutiert. »Man kommt aus dem Dschungel nicht raus«, sagte Htein Lin. »Man wird klitschnass und nie wieder trocken. Bei jedem Schritt sinkt man in den Boden ein. Wo gibt es Essen? Man kriegt die Malaria nicht aus seinem Körper. Dann die Blutegel. Wenn du schläfst, erwischen sie dich an den empfindlichsten Körperstellen, und du wachst auf, weil sie dir das Blut aus dem Auge saugen.«

Schließlich konnte er doch aus dem Dschungel fliehen und beendete das Jurastudium. Doch dann stand sein Name 1998 auf einer geheimen Liste von Leuten, die eine Demonstration planten, sie alle kamen ins Gefängnis. Htein wurde zu sieben Jahren Haft verurteilt. Verglichen mit dem Dschungel war das Gefängnis jedoch ein komfortabler Ort. Er hatte in Indien zeichnen gelernt und freundete sich mit einer seiner Wachen an; der Mann wusste nicht einmal, dass es Gemälde gab. Htein Lin bot an, eins für ihn zu machen, und so brachte der Wachmann etwas Wandfarbe mit. Aus dem Docht eines Zigarettenanzünders bastelte Htein Lin einen Pinsel. Statt Toilettenpapier, das es im Gefängnis nicht gab, benutzten die Insassen Stofffetzen von ausrangierten Gefängnisuniformen. Htein Lin sparte die Hälfte seiner Zuteilung auf und malte auf diese abgewetzten weißen Baumwollstreifen Bilder vom Krieg, wie sie eindringlicher kaum sein könnten. Mit Hilfe eines Flaschenverschlusses, einer Glasscherbe, eines geschnitzten Seifenstücks und eines alten Fischernetzes fertigte er Monotypien. Eine Spritze aus dem Gefängniskrankenhaus diente dazu, feine Linien zu zeichnen.

Ein Wachmann hielt Htein Lins abstrakte Bilder für einen Grundriss des Gefängnisses, mit dem er einen Ausbruch vorbereitete, und so wurden alle seine Kunstwerke zerstört. Aber Htein Lin fing von vorne an. In den sieben Jahren seiner Gefangenschaft schuf er etwa dreihundert Bilder. Im Lauf der Zeit zog Htein Lins Wächter etliche andere Wachen ins Vertrauen und erklärte ihnen, dass dieser Häftling ein großer Künstler war. Hatten die Eingeweihten alle gleichzeitig Dienst, verschwanden die Gemälde wie durch Zauberhand und wurden zu seiner Familie geschmuggelt. Ein Freund wandte sich an die britische Botschafterin Vicky Bowman und bat sie, sich um die Sammlung zu kümmern. Sie willigte ein und verliebte sich über seine Kunst in Htein Lin; kurz nach seiner Freilassung heirateten die beiden. 2005 stellte er seine Gemälde in Yangon aus. Dazu lud er den Wachmann ein, der ihm das Malzubehör besorgt hatte, und sie stießen auf ihre gute Zusammenarbeit an. Htein sprach mit mir über die Rolle der Kunst beim Formulieren einer neuen Ideologie. »Im Gefängnis habe ich eine Menge Politiker und Rechtsanwälte kennengelernt«, sagte er. »Sie sind dort alle Dichter und Songschreiber geworden.«

Als ich Htein Lin kennenlernte, montierte er gerade eine Installation, *A Show of Hand*.[322] Er hatte versucht, möglichst viele der ehemals dreitausend politischen Gefangenen in Myanmar zu kontaktieren und einen Gipsabdruck von ihren Händen zu machen. Nun hatte er ungefähr zweihundert davon beisammen. Gips wird benutzt, um Zerbrochenes zu kitten und Dinge zu formen; diese Dualität war für ihn von großer metaphorischer Ausdruckskraft. Ma Thanegi erlaubte ihm, einen Abdruck ihrer Hand zu nehmen, falls sie die Handhaltung bestimmen dürfe – sie streckte der Macht, die sie hinter Gitter gebracht hatte, den Mittelfinger entgegen. »Kein Wunder, dass du nicht tot bist«, sagte Htein Lin bewundernd.

Andere Künstler gehen politische Themen eher indirekt an. Wah Nu erzählte mir, ihre Familie habe Kunsthandwerk für Touristen hergestellt. Eins der beliebtesten Souvenirs seien geschnitzte Büsten von Aung San gewesen. Nach 1988 hörten sie mit dieser Produktion auf und versteckten die bereits fertiggestellten Objekte. Als Wah Nu und ihr Mann Tun Win Aung ab 2012 anfingen auszustellen, spielten sie in der Galerie in Endlosschleife Aung Sans letzte Rede ab, die von der sozialistischen Regierung schier ununterbrochen als Propaganda gesendet worden war, und stellten im selben Raum Dutzende der nicht mehr verbotenen Aung-San-Büsten auf. Die Installation war sowohl nostalgisch als auch ironisch, einerseits eine Reverenz an Aung San und andererseits spöttisch gegenüber dem Kult, der um ihn gemacht wird und in dem sein Name für alles Gute steht, was es in Myanmar gibt – ganz ähnlich haben chinesische Künstler mit dem Bild von Mao gespielt.[323] Natürlich ist jede Reverenz, die man Aung San erweist, auch eine Geste der Hochachtung vor seiner Tochter. »Aung San Suu Kyi kann uns nicht verändern«, sagte Tun Win Aung. »Ich hoffe, sie wird gewählt, das würde mich sehr glücklich machen. Aber ich erwarte nicht, dass sie mich verändert. Wir wurden durch das Leben unter dieser Regierung korrumpiert, und jetzt müssen wir lernen, wie man ehrlich und unschuldig wird.«

Maung Tin Thit, den ich in Mandalay kennenlernte, schien erschöpft zu sein. Auch er war einer der Aktivisten von 1988, und es war ihm gelungen, bis 1998 nicht verhaftet zu werden. Doch dann durchsuchte die Polizei seine Wohnung und fand ein privates Notizbuch mit Gedichten. Insbesondere dieses brachte sie gegen ihn auf:

Die Straße vor dem Haus braucht das Licht des Mondes.
Die Straße gehört mir nicht.
Aber wenn ich nicht diese Straße nehme, komme ich nicht
  nach Hause.
Um meinen Geist zu reinigen, werde ich wohl die Straße
  säubern müssen.

Für diese paar Zeilen wurde er zu über sieben Jahre Haft verurteilt. Seit einiger Zeit arbeitet er an einem Buch über die Öl- und Gasleitung von Rakhine nach China, betreibt also genau die Art von rechtschaffener Recherche, die vom Regime noch immer bestraft wird. »Bevor ich ins Gefängnis kam, wurde ich schnell wütend und reizbar, meine Gedichte schöpften aus diesen Gefühlen«, sagte er. »Aber als ich im Gefängnis meditierte, wurde mir klar, dass Wut zu nichts führt. Diese neue Arbeit wurzelt nicht in Wut. Und ich habe auch keine Angst mehr, wieder ins Gefängnis zu müssen, denn ich weiß jetzt, wie man dort zurechtkommen kann.«[324]

Ma Thanegi hat ebenfalls ein Buch über ihre Zeit in Haft geschrieben, *Nor Iron Bars a Cage*.[325] »Damals habe ich mich überhaupt nicht für Politik interessiert«, sagte sie. »Aber als '88 junge Studenten, die auf die Straße gingen, erschossen wurden, hatte ich so ein schlechtes Gewissen, dass ich mich ihnen anschloss. Dann hieß es, Aung San Suu Kyi werde eine Rede halten, und eine große Gruppe von uns ging auf ein schlammiges Feld, wo es Grillen gab und überall kleine Frösche herumhüpften, um sie zu hören. Wir setzten uns auf Plastiktüten und warteten zwei Stunden auf sie. Das Lautsprechersystem war so miserabel, dass wir kein Wort verstanden. Aung San Suu Kyi war eine Zeitlang auf dieselbe Schule gegangen wie ich, sie in die zweite und ich in die fünfte Klasse. Das erwähnte ich ihr gegenüber, und wir unterhielten uns auf Englisch. Spontan erbot ich mich, wie andere auch: ›Wenn wir dir irgendwie helfen können, sag es uns bitte.‹ Am nächsten Tag ließ sie mich holen. Ich wusste sofort, dass ich Gewehren in die Mündung schauen und ins Gefängnis wandern würde. Ich musste mir sicher sein, dass ich nicht psychisch zusammenbrechen würde; die Würde zu bewahren ist ein asiatisches Merkmal guter Erziehung. Ich fragte mich, ob mir das gelingen würde, aber dann sagte ich: ›Ich bin bereit.‹«

Ein paar Jahre später bezog Ma Thanegi öffentlich Stellung gegen die Sanktionen, die Suu Kyi befürwortete.[326] Sie sagte exakt voraus, dass sie es den Generälen ermöglichen würden, Monopole zu bilden und sich die eigenen Taschen zu füllen. Auch dass die Generäle die Hartholzwälder und die Jademinen ausplündern würden, so dass für künftige Generationen kaum etwas übrig blieb, sah sie voraus. »Es steht kein einziger Baum mehr«, bedauerte sie. Suu Kyi schmähte Ma Thanegi als Verräterin, aber Ma Thanegi kam wegen ihrer Verbindung zu ihr trotzdem ins Gefängnis. Ihr Verhältnis zu ihren Zellengenossinnen gehe tiefer als zu ihren Blutsverwandten, erzählte sie. »Heute Nachmittag saß ich mit einer Freundin aus Gefängnistagen in einem unserer Häuser«, erzählte sie mir. »All die jungen Knastschwestern und wir alten, wir essen und reden miteinander, sonst nichts. Manche habe ich seit damals nicht mehr gesehen. Aber wenn wir uns nach 25 Jahren wiedertreffen, ist es, als wäre es erst gestern gewesen.«

Misuu Borit, auch bekannt als Yin Myo Su, ist eine der erfolgreichsten Geschäftsfrauen von Myanmar, geistige Mutter der charmantesten Hotels im Land und führend in der gehobenen Gastronomie. Ihr sei Meditieren völlig unmöglich, erzählte sie mir. »Ich kann mich nicht irgendwohin zurückziehen und mir sagen lassen, ich solle nichts anderes tun, als mich zu konzentrieren. Ich habe das versucht, als ich noch klein war, aber da werden einem die Beine taub, man fühlt nichts mehr, und es ist langweilig. Meine Großmutter meditiert, indem sie kocht, und das ist auch meine Art zu meditieren.«

Borits Eltern hatten ein kleines Gästehaus am Inle-See. In den siebziger Jahren hieß ihr Vater die Gäste willkommen, ihre Mutter bekochte sie, und Borit, damals ein Kind, unterhielt sie als tanzender Clown. Als sie dann 1988 die höhere Schule besuchte, ging sie zu politischen Versammlungen, hatte aber Angst, ihren Eltern davon zu erzählen. Eines Tages kam sie spät nach Hause, und ihr Vater wollte wissen, wo sie gewesen war. Auf eine so direkte Frage musste sie wahrheitsgemäß antworten. »›Geh unter die Dusche und iss etwas‹, sagte er. ›Und dann gehen wir zusammen zurück in dieses Zentrum, wo sich die Studenten treffen.‹ Er hat mich nicht bestraft, sondern sich mir angeschlossen. So wurde mein Vater ein Politiker. Und ich machte schließlich Wahlkampf für ihn und gab ihm bei meiner ersten Wahl meine Stimme.« Nachdem er 1990 gewählt worden war, erhielt Borit ihren ersten Pass und ging in die Schweiz, um Hotelmanagement zu studieren.

In der Ära nach 1988 kamen etwa fünfundachtzig Prozent der gewählten Parlamentsmitglieder ins Gefängnis, viele für eine lange Zeit. Borits Vater musste nur zwei Jahre absitzen. Er bat seine Familie, Borit nichts davon zu sagen; er wollte, dass sie im Ausland blieb und ihr Studium beendete. Aber im Brief eines Freundes an sie stand die Bemerkung: »Es tut mir leid wegen deines Vaters.« Borit hatte eine Tante in Yangon, die ein Telefon besaß, und sie rief sie an, um sich nach ihrem Vater zu erkundigen. Doch die Tante legte sofort auf. Und so wusste Borit, dass es ernst war, und fuhr nach Hause. Sie stand noch in der Tür, als ihre Mutter sie schon anschrie, sie solle zurückfahren, um ihrem Vater nicht noch mehr Schwierigkeiten zu machen. »In gewisser Weise war das grausam, aber es war eben ihre Art, mich zu beschützen«, meinte Borit. »Und sie hatte recht, denn damals waren die Generäle vollkommen paranoid. Schon allein, dass jemand im Ausland gewesen war, erregte Verdacht. Ich verbrachte drei Nächte bei meiner Mutter, dann kamen sie und suchten mich.« Ihre Mutter hielt sie versteckt, und am nächsten Tag, ihrem 19. Geburtstag, floh sie nach Thailand, wo sie fast verhungerte, bevor sie es zurück nach Europa schaffte. Dort ging sie auf eine französische Hotelfachschule, in der sie für Unterkunft und Verpflegung arbeitete. Fünf Jahre später kehrte sie schließlich nach Hause zurück. Ihr Vater wollte von Politik nichts mehr wissen und hatte ein Hotel mit fünfundzwanzig Zimmern eröffnet, in dem sie fortan arbeitete. Nach und nach vergrößerte Borit den Besitz der Familie. Heute unterhält sie ein kleines Hotel in Mrauk U; ein Gästehaus nördlich vom Inle-See; eine achtzehn Hektar große Farm; und eine Fachschule für Hotellerie, biologische Landwirtschaft und traditionelle Kunst. Sie hat mehr als zweihundert Vollzeitangestellte. Außerdem gründete sie das Inthar Heritage House, in dem einheimische Kunsthandwerker in alten Techniken ausgebildet werden, damit sie zum Aufbau eines Museums für traditionelles Kunstgewerbe beitragen können. Bisher stehen darin die Möbel ihrer Großeltern und Antiquitäten ihrer Nachbarn, die sie zusammengetragen hat, als diese sich für neue fabrikgefertigte Sachen aus China entschieden. Es gibt im Inthar Heritage House auch eine Zuchtstation für Birma-Katzen – die zuvor in Myanmar als ausgestorben galten – und das beste Restaurant des Landes mit köstlichen Interpretationen der Rezepte ihrer Großmutter.[327] Unter anderem steht das Nationalgericht *lahpet* auf der Speisekarte, ein Salat aus fermentierten Teeblättern mit Chili, Sesamöl, frittiertem Knoblauch, getrockneten Garnelen, Erdnüssen und Ingwer. Wegen des hohen Teingehalts ist er ziemlich anregend und sollte am besten nicht mehr kurz vor dem Schlafengehen gegessen werden. Manchmal staunen ihre Gäste, dass alles aus eigenem Anbau stammt und selbstgemacht ist. Dazu meint sie nur: »Bei uns stammte schon immer alles, was auf den Tisch kam, aus dem eigenen Garten, denn es gab ja sonst nirgendwo etwas, was man hätte auftischen können.«

Der Inle-See ist ein hinreißendes, sehr seichtes Gewässer, und die Anwohner leben seit vielen Jahren vom Fischfang. Sie stehen aufrecht in ihren Booten und paddeln mit einem Bein, damit sie beide Hände frei haben, um mit den Netzen zu hantieren. Es ist ein wahres Schauspiel, wenn sie mit erstaunlicher Anmut ihren ganzen Körper stetig und mit einer faszinierenden Gleichmäßigkeit vor und zurück beugen. Um die vielen Schreine, unzähligen Pagoden, pittoresken Dörfer und eine verlassene und inzwischen überwucherte Tempelanlage am See zu besuchen, nimmt man am besten ein Boot. An den Ufern des Sees findet man einen berühmten schwimmenden Markt, aber auch weniger touristische Märkte, wo Frauen aus den Fasern von Lotusstängeln kostbare Lotusseide weben.

Im Jahr 2011 besuchten etwa zweihunderttausend Touristen Myanmar, 2012 waren es eine Million, 2013 fast zwei Millionen und 2014 schon über drei Millionen.[328] Am Ostufer des Inle-Sees markiert eine klaffende Wunde in der Landschaft den Beginn eines Bauprojekts, das die Zahl der Hotelzimmer am See verdreifachen wird, wobei man sich fragt, wie eine solche Touristenflut angesichts einer völlig unzureichenden Infrastruktur bewältigt werden soll. Der See verlandet bereits aufgrund umweltschädigender landwirtschaftlicher Methoden; die schmalen Wasserwege um ihn herum sind geradezu verstopft. Wie die Schönheit von ganz Myanmar ist auch die Schönheit des Sees nicht zuletzt eine Folge langjähriger Isolation. Doch nun wird alles in einem Tempo zugänglich gemacht, dass es vielleicht bald nichts mehr zu entdecken gibt.

Anfang 2014 wurden viele Schriftsteller und Journalisten verhaftet. Nachdem im *Unity Journal* vom Bau einer mutmaßlichen Chemiewaffenfabrik berichtet worden war, wurden der CEO und vier Journalisten zu zehn Jahren Zwangsarbeit verurteilt, was später in sieben Jahre umgewandelt wurde.[329] Mehr als fünfzig andere wurden wegen ihres Protests gegen diese Urteile inhaftiert.[330] Aung Kyaw Nain, ein ehemaliger Leibwächter von Aung San Suu Kyi, der über den Konflikt zwischen den Karen-Rebellen und der birmanischen Armee im Mon-Staat berichtete, wurde verhaftet und in der Untersuchungshaft ermordet.[331] Wegen »Hausfriedensbruch« und »Beamtenbelästigung« wurde ein weiterer Journalist für ein Jahr ins Gefängnis gesteckt; er hatte versucht, einen Mitarbeiter im Ministerium für Bildung und Erziehung zu einem Stipendienprogramm in einer neuen staatlichen Schule im Chin-Staat zu interviewen.[332] Laut Gesetz müssen Zeitungen offiziell registriert sein, doch die Behörden lassen sich bei den Anträgen oft viel Zeit; also erscheinen die Zeitungen ohne diese Registrierung, bis sie den Zorn von Beamten auf sich ziehen und verboten werden, was allein im Herbst 2014 vier Zeitungen im Chin-Staat widerfuhr. Als *Bi Mon Te Nay* die falsche Behauptung einer Aktivistengruppe druckte, Aung San Suu Kyi habe eine Interimsregierung gebildet, wurden drei Journalisten und die beiden Verleger des Blattes zu je zwei Jahren Gefängnis verurteilt.[333] Htin Kyaw wurde mit dreizehn Jahren Haft für öffentliche Ruhestörung bestraft; er hatte einen Protestmarsch in Yangon organisiert.[334]

Alles in allem aber sind in Sachen Pressefreiheit stetige Fortschritte zu verzeichnen. Noch 2011 auf dem 169. Platz von hundertachtzig Ländern, ist Myanmar 2012 auf den 151. Platz aufgerückt und nahm 2013 den 145. Platz ein.[335] Doch laut Dave Mathieson, wissenschaftlicher Mitarbeiter bei Human Rights Watch, sind 2014 zweihundert Menschen inhaftiert worden, darunter friedliche Demonstranten, Journalisten und Aktivisten. Yanghee Lee, UN-Sonderberichterstatterin für Menschenrechte in Myanmar, schilderte der Generalversammlung, dass die Regierung weiterhin »die Aktivitäten der Zivilgesellschaft und der Medien kriminalisiert und behindert« und »unverhältnismäßig hohe« Strafen verhänge.[336] Alle Schriftsteller, Künstler und sonstigen Intellektuellen, die ich in Myanmar interviewt habe, sind nach Artikel 401 des Strafgesetzbuchs aus dem Gefängnis entlassen worden, also nur auf Bewährung. Sie riskierten, den Rest ihrer Freiheitsstrafe absitzen zu müssen, sollten sie den Zorn der Regierung auf sich ziehen.

»Allmählich begreifen wir, wie die Überwachung nicht nur das Denken der Schriftsteller, sondern auch das Denken der ganzen Gesellschaft verändert hat«, sagte Ma Thida. »Man kann einander nicht mehr trauen. Und wenn Menschen einander nicht mehr trauen können, ist es sehr einfach, sie zu manipulieren. Also ist die Gesellschaft als Ganzes noch nicht reif für die Demokratie.« Sie hatte nicht damit gerechnet, dass die »Reformregierung« rasch Freiheit bringen würde, und so überraschten sie, wie Nay Phone Latt, die Rückschritte nicht sonderlich. Aber hinsichtlich der Gesundung der Gesellschaft in Myanmar musste sie ihre Erwartungen revidieren: »Jetzt sehe ich, was uns allen gefehlt hat: ein gemeinsamer Traum. Unsere Geschichte ist eine des Kampfes gegen die Unterdrückung: durch Kolonialismus, eine sozialistische und eine Militärregierung. Darüber haben wir völlig vergessen, in was für einer Gesellschaft wir wirklich leben wollen. Wir können nur hoffen, dass eine neue Generation nicht solche Scheuklappen hat.«

Wenn die Birmanen aus den Nachrichten erfahren, dass ein Journalist verhaftet wurde, schütteln sie nur den Kopf, sie haben ihren Frieden schon mit Schlimmerem gemacht. Der Mangel an überschäumendem Optimismus trotz signifikanter positiver Veränderungen ist weniger auffällig als der Gleichmut und die hartnäckige Ruhe selbst derer, die auf keine bessere persönliche Zukunft hoffen können. Die Birmanen sind nicht besonders optimistisch, aber auch nicht besonders pessimistisch – vielleicht ein kultureller Ausdruck der Ideale des Theravada-Buddhismus. Trotz des Fehlens eines kollektiven Traums ist ihr kollektiver Charakter überraschend robust: eine Apotheose geduldiger Ausdauer, die zwar keine Reformen garantiert, aber ihr ganzes Wesen ausmacht.

Im Vorfeld der Wahlen von 2015 eskalierte die Rohingya-Krise.[337] Mit der offiziellen Gründung von Ma Ba Tha, der Patriotischen Vereinigung von Myanmar (oder auch Vereinigung für den Schutz von Rasse und Religion), die für sich beansprucht, den Theravada-Buddhismus zu verteidigen, expandierte die 969-Bewegung.[338] Wirathu gehört zu den prominenten Mitgliedern dieser Organisation. Die Verfolgung durch die radikalen Buddhisten hat viele Rohingya in die Flucht getrieben, und jene, die bleiben, sehen sich zu Hause und in den Flüchtlingslagern im eigenen Land schlimmsten Bedingungen ausgesetzt. Diese Menschen haben keinen sicheren Ort, wohin sie gehen könnten. Eine amerikanische Gruppe hat Anklage gegen Präsident Thein Sein erhoben, sie wirft ihm Genozid vor.[339] Zwar haben die radikalen Buddhisten ihr Ziel verfehlt, die Wahlen zugunsten von Thein Seins Partei zu beeinflussen, aber sie werden wohl nicht wieder von der politischen Bühne verschwinden. Die NLD zeigt kein Interesse daran, den Muslimen zu helfen. Nach den Wahlen äußerte U Win Htein, ein hochrangiger Parteifunktionär: »Wir haben andere Prioritäten.« Trotz der Tatsache, dass die meisten der Muslime seit Generationen in Myanmar leben, erklärte er: »Wir müssen mit der Regierung von Bangladesch verhandeln, denn dort kommen fast alle von ihnen her.« Und er ergänzte, sie müssten »zurückgeführt« werden. Die NLD hatte keinen einzigen muslimischen Kandidaten auf ihren Listen, und zum ersten Mal seit der Unabhängigkeit 1948 sitzt kein Muslim im neuen Parlament. Allerdings haben die Muslime die Hoffnung geäußert, dass die NLD für Rechtsstaatlichkeit sorgen wird und ihre Rechte dann stärker respektiert werden als früher.[340]

Seit sich die herrschende Militärjunta in Myanmar 2011 offiziell aufgelöst hat und die Restriktionen für private Publikationen im darauffolgenden Jahr gelockert wurden, kamen zweiunddreißig Tageszeitungen, etwa vierhundert Wochenzeitschriften und zirka dreihundertfünfzig Monatsmagazine auf den Markt, doch viele von ihnen haben ihr Erscheinen inzwischen schon wieder eingestellt.[341] Die zunehmende Beschneidung der Pressefreiheit unter der quasi-zivilen Verwaltung von Thein Sein strafte sein Gerede von Reformen Lügen. Auch wenn viele Journalisten aus der Haft entlassen wurden, gelten die Gesetze, nach denen sie verurteilt wurden, weiterhin. Immer wieder werden Reportern und Herausgebern unbestimmte Vergehen wie »Unruhestiftung« vorgeworfen. Die offizielle Zensur hat einer weitverbreiteten Selbstzensur Platz gemacht. Journalisten, die ihre Freiheit schätzen, lassen die Finger von kontroversen Themen. Jeder Versuch, die Korruption in der Regierung, die Situation der Rohingya, anhaltende Konflikte ethnischer Gruppen, von Soldaten begangene Vergewaltigungen, Vertreibung aufgrund einträglicher Bauprojekte oder die tödlichen Aspekte des florierenden buddhistischen Nationalismus zu untersuchen, sind eine Einladung zur Überwachung, zu Schikanen und Strafverfolgung –

wenn nicht von der Regierung, dann von besorgten Wehrbürgern. Die neue NLD-Regierung wird sehr beschäftigt sein, will sie den Schaden rückgängig machen, der sowohl den zu Unrecht verfolgten Einzelnen als auch der noch in den Kinderschuhen steckenden unabhängigen Presse des Landes zugefügt wurde. Doch manches liegt vielleicht gar nicht mehr in ihrer Hand, denn durch Smartphones ist der Internetzugang im Land viel leichter möglich geworden, so dass viele Menschen Nachrichten über Facebook erreichen.

Verfassungsreformen, die es Myanmars Anführerin der Demokratiebewegung Aung San Suu Kyi erlaubt hätten, als Präsidentin zu kandidieren, wurden abgeblockt, was den Wahlsieg der NLD im November 2015 aber nicht verhinderte. Die breite Unterstützung für Aung San Suu Kyi hat seit dem Triumph ihrer Partei bei den Abstimmungen 1990 nicht nachgelassen. Ihr verlängerter Hausarrest und die Manöver bei der Verfassungsreform mit dem Ziel, ihre Präsidentschaft zu verhindern, verstärkten nur den Eindruck, dass ihr Aufstieg unaufhaltsam ist. Der Wahlausgang war so eindeutig, dass die Generäle ihn akzeptiert haben. Dennoch wird dem Militär weiterhin ein Viertel der Parlamentssitze garantiert, womit es das Vetorecht hat.[342] Und die Ministerien für Innenpolitik, Verteidigung und Grenzsicherung bleiben unter der Ägide des Militärs.

Ob die Lady so kompetent regieren kann, wie sie Opposition betrieben hat, wird man sehen. Es lässt sich nicht voraussagen, ob eine Führerin, die ihre Meinung in so starkem Maß für sich behält, erfolgreich Verantwortung an andere delegieren kann. Diese Ikone der Demokratie hat bereits kundgetan, dass sie sich, solange sie nicht Präsidentin ist, »über den Präsidenten stellen wird«, der »keine Autorität hat« – eine Aushöhlung des Amtes, das man ihr verweigerte. Zudem hat sie sich abfällig über die Verfassung geäußert und sie ein »sehr törichtes« Dokument genannt.[343] Auch wenn die Verfassung hochproblematisch ist – nicht zuletzt wegen der Klausel 59F, die ihr die offizielle Führung des Landes versagt –, hat eine solche Missachtung für das Prozedere, mit dem auch schlechte Gesetze beschlossen werden, einen unangenehm autoritären Beigeschmack.

Die Zeit wird zeigen, ob eine Partei, die größtenteils aus Mitgliedern ohne Regierungserfahrung besteht, erfolgreich ein Land führen kann; wie das Militär und seine betuchten Verbündeten auf einen politischen Wandel reagieren werden, der sie ihrer ökonomische Vorteile beraubt; und wie eine neue Regierung die anhaltende Gewalt zwischen den verschiedenen Ethnien und die inhumane Ausgrenzung ganzer Volksgruppen durch die Verweigerung der Bürgerrechte angehen wird.

AUSTRALIEN

Mutterseelenallein in der Weite des Meeres
The Moth, 2015

Dieses Buch beginnt mit meinen Reisen als Kind und endet mit einer Reise mit einem Kind. Es beginnt mit einer aufkeimenden Abenteuerlust und endet mit Vorbehalten gegen solches Draufgängertum. Unsterblichkeitsphantasien sind der Todesgewissheit gewichen. Ich bin erwachsen geworden.

Ich war ängstlich, als ich klein war. Ich mochte keine rasanten Fahrten in Achterbahnen, keine Gruselfilme oder sonst irgendetwas, das mir fremd und unbekannt war. Man konnte mich leicht in Schrecken versetzen. Als ich sechs Jahre alt war und Mindy Silversteins Mutter Mindy und mich zu einem Bingo-Abend mitnahm, war ich so nervös, dass ich mich erbrach und sie mich wieder nach Hause bringen musste. Bei Onkel Milton schickte man mich einmal nach draußen, um mit meinem kampferprobten Cousin Johnny zu spielen, aber ich bekam eine solche Panik, dass ich auf der Stelle wieder zu meinen Eltern ins Haus rannte. Wie bei vielen ängstlichen Kindern fand auch bei mir das Leben nicht in der Realität, sondern in Büchern statt. Ich sah mir im Fernsehen Naturfilme an und war besonders fasziniert von Jacques Cousteaus Unterwasseraufnahmen. Ich fand Gefallen an den Abenteuern anderer, hatte aber selbst keine Ambitionen in dieser Richtung.

Als ich zwölf war, befand ich mich mit meiner Mutter zum Mittagessen in einem Restaurant, als sie, wie mir plötzlich nach langer Zeit wieder einfällt, andeutete, dass mir durch meine fehlende Abenteuerlust eine Menge entgehe. »Aber Mom!«, entgegnete ich. »Ich habe doch gerade Aal bestellt!« Darauf antwortete sie sanft: »Beim Essen

Mut zu beweisen bedeutet keineswegs, dass man Mut zum Abenteuer hat.«[344]

Irgendwann beschloss ich, mich zu Abenteuern zu zwingen. Während die Mehrheit der Menschen mit zunehmendem Alter immer zurückhaltender und vorsichtiger wird, entwickelte es sich bei mir umgekehrt – ich fühlte mich mit der Zeit immer freier. Inzwischen bin ich beim Fallschirmspringen und Paragliding gewesen; ich fuhr in Kriegs- und Katastrophengebiete, um darüber zu berichten; ich setzte mich den manchmal verletzenden Reaktionen aus, die mir entgegenschlugen, wenn ich offen über mein Seelenleben sprach.

Als ich den Auftrag erhielt, über die Salomon-Inseln zu schreiben, dachte ich mir, das wäre eine gute Gelegenheit, das Tauchen zu lernen. Ein Freund aus Deutschland besuchte uns vor der Reise in New York, und wir beschlossen, uns mit ihm zusammen für einen Kurs in einem öffentlichen Schwimmbad in der East Ninetieth Street einzuschreiben. Aber dann stellte sich heraus, dass wir nicht alle Termine wahrnehmen konnten. Trotzdem wollten wir an einem Tauchgang im Freien teilnehmen und fuhren zu einem alten gefluteten Steinbruch, in dem man Schulbusse versenkt hatte, damit die Kandidaten für den Tauchschein durch »Wracks« schwimmen konnten.[345] Es war ein bisschen gruselig und gab uns etwas zum Nachdenken: ertrinkende Schulkinder. Da ich unseren barschen Tauchlehrer irgendwann falsch verstand, sprang ich ins Wasser, obwohl er uns noch nicht dazu aufgefordert hatte. Daraufhin ließ er uns wieder herauskommen, warf das Ganze hin und ging davon. Wir fuhren nach Hause, nachdem wir gerade mal einen einzigen versunkenen Bus gesehen hatten.

Zu unseren Flitterwochen flogen John und ich nach Sansibar. John war nach unserer wunderbaren Hochzeitsfeier in bester Stimmung, während ich mich furchtbar niedergeschlagen fühlte, weil sie vorüber war. An unserem ersten Abend in Sansibar sagte er: »Ich muss immer wieder an unsere Hochzeitsfeier denken.« Worauf ich erwiderte: »Ich auch.« »Es war ein so schöner, vollkommener, heiterer Abend mit so vielen unglaublichen Freunden, die uns hochleben ließen, dass ich es immer noch ganz deutlich vor Augen habe«, fuhr er fort. »Und ich muss immerzu daran denken, dass wir Nicky besser an Tisch fünf statt an Tisch sechs gesetzt hätten«, antwortete ich. John meinte, ich bräuchte Ablenkung, um aus meinem Tief rauszukommen, und schlug vor, den einwöchigen Tauchkurs zu belegen, der in unserem Hotel angeboten wurde. Ich willigte ein, weil es in unserer Ferienanlage anscheinend ohnehin nicht viel zu unternehmen gab, obwohl mich die unzähligen komplizierten Teile der Tauchausrüstung abschreckten. Für meinen Führerschein hatte ich drei Anläufe gebraucht, und meine Mutter meinte damals, der Prüfer habe mich am Ende nur deshalb nicht durchfallen lassen, um nicht noch einmal mit mir in ein Auto steigen zu müssen. Ich bin Legastheniker und kann rechts und links erst unterscheiden, seit ich einen Trauring trage. Bei Jacques Cousteau sah alles so mühelos und elegant aus. Mir dagegen fiel es schwer, die Bezeichnungen all der verschiedenen Teile des Atemgeräts und der Sicherheitsvorrichtung zu lernen und mir zu merken, wie man sie zusammensetzte.

Dann kam der Tag, an dem wir üben mussten, was beim Versagen der Atemgeräte zu tun war.

Ich kann eigentlich ganz gut mit schwierigen Situationen umgehen, vorausgesetzt, ich habe mindestens eine halbe Stunde Zeit, um mir eine Strategie zu überlegen. Im damaligen Ostberlin ist es mir gelungen, mich aus dem Polizeigewahrsam zu befreien, ich habe es geschafft, mich durch ein verschlungenes Labyrinth verwirrender Therapien gegen meine niederschmetternden Depressionen zu arbeiten und die groteske Logistik zu bewältigen, in die man gerät, wenn man als Schwuler eine Familie gründen will. Aber ich verfüge über keine gute visuomotorische Koordinationsfähigkeit, und ich kann auch nicht instinktiv und im Bruchteil einer Sekunde auf etwas reagieren. Bei dem Gedanken, in hundert Meter Tiefe meinen Tauchpartner finden und mich an seinen Luftschlauch andocken zu müssen, wurde mir so übel wie damals bei Mindy Silversteins Bingo-Abend.

Trotzdem lernte ich es, und in den folgenden Jahren ließ ich keine Gelegenheit aus und ging, wo immer eine schöne Unterwasserwelt lockte, zum Tauchen. Ich habe lange davon geträumt, einmal das berühmte Great Barrier Reef im Korallenmeer vor der Nordostküste Australiens zu sehen. Als ich dann gebeten wurde, beim Writers' Festival in Sydney den Eröffnungsvortrag zu halten, nahm ich John und unseren Sohn George mit auf die Reise, und wir buchten einen Tauchgang am Riff.[346] Eigentlich hatte mich meine heißgeliebte australische Freundin Sue Macartney-Snape – eine hervorragende Karikaturistin, die mit wenigen Strichen Menschen so zeichnen kann, dass ihr verborgenes Inneres zum Vorschein kommt – gedrängt, an dem Literaturfestival teilzunehmen. Sue hat eine verblüffende Gabe, Menschen zusammenzubringen; sie stellte mich in Sydney neuen Freunden vor und veranstaltete während meines Aufenthalts etliche Feste. Ich überredete sie, zum Riff mitzukommen, obwohl sie kein Interesse am Tauchen hatte, und sie bot uns großzügig an, sich während unserer Expedition in die Tiefe um George zu kümmern. Die meisten besseren Hotels am Riff nehmen keine Kinder auf – was fast schon unverschämt ist, wenn man bedenkt, dass sie zumeist an einem Badestrand stehen. Da das Orpheus Island eine der wenigen Ausnahmen war, entschieden wir uns für dieses Hotel.[347]

An unserem ersten Tag in der angenehm entspannten Atmosphäre des Hauses wählten wir unsere Ausrüstung aus – die aufblasbare Tarierweste, mit der man den Auftrieb regulieren kann, die Sauerstoffflasche, das Atemgerät, die Gewichte, die in einen Nylongürtel gesteckt werden, und so fort – und sprangen auf das komfortable Hotelboot. Sue und George, die bereits Sandburgen bauten, winkten uns zum Abschied. Mit uns fuhr eine Tauchlehrerin und ein sanft sprechender Herr aus Maryland, der mit seiner lebhaften Tochter im Collegealter reiste. Sie verkündete, Tauchen sei ihre Lieblingsfreizeitaktivität. Wenn kein Meer in der Nähe sei, gestand sie, verbringe sie ihre halbe Zeit in Aquarienhäusern. Sie und ihr Vater hatten bereits Hunderte Tauchgänge hinter sich, und sie erzählte unablässig davon.

Wir fuhren durch eine Gruppe kleiner Inselchen hinaus aufs offene Meer – so weit, dass kein Land mehr in Sicht war –, dann wurde der Anker gesetzt, so dass wir uns einer nach dem anderen an der Kette hinunterlassen konnten. Die Tauchlehrerin warnte, dass es in diesem Gebiet starke Strömungen gebe, und änderte ihren Plan. Wir würden abtauchen, uns ein wenig von der Strömung tragen lassen und dann dort abgeholt werden, wo wir wieder auftauchten. Sie meinte, das habe den Vorteil, dass wir ohne großen Kraftaufwand eine ordentliche Strecke schaffen und viel sehen würden. Aber das Ganze fing schon nicht gut an. Das Atemgerät des Herrn aus Maryland funktionierte nicht richtig. Glücklicherweise bemerkte er sofort, dass etwas nicht stimmte, hievte sich wieder an Bord und wartete dort. Ich war zu abgelenkt, um mich darüber zu ärgern, dass das Hotelpersonal einen Gast mit einer defekten Ausrüstung aufs offene Meer geschickt hatte. Mutig tauchte ich tiefer und tiefer. Die Korallen waren ganz hübsch, aber nichts Besonderes, die Fische bunt, aber längst nicht so zahlreich und vielgestaltig wie die, die ich zwölf Jahre zuvor beim Schnorcheln auf den Salomon-Inseln am Eingang zur Marovo-Lagune gesehen hatte. Die kräftige Strömung hatte Sand und Sediment aufgewirbelt, so dass die Sicht ziemlich schlecht war. Das Aquarium-Mädchen entdeckte einen Tintenfisch und deutete uns mit den Handsignalen für »Kommt und schaut« und »Tintenfisch«, aber wir waren nicht schnell genug. Plötzlich wurde das Licht gedämpfter, ein Hinweis, dass die Sonne gerade hinter einer Wolke verschwunden war. Da ich unter Wasser immer etwas nervös bin, atme ich heftiger, als es erfahrene Taucher tun, und so zeigte mein Messgerät eher an, dass ich mich im roten Bereich befand, als bei den anderen. Als ich der Tauchlehrerin mein Gerät zeigte, fragte sie mich mit Handzeichen, ob ich allein aufsteigen und aufs Boot zurückkehren könne, und ich bejahte das mit einem entschiedenen Okay-Zeichen. Und hinauf ging es, wobei ich auf der Strecke einen Dekompressionsstopp einlegte.

Die üblichen Tauchregeln sehen vor, dass man beim Wiederauftauchen mit einem Arm winkt und dann das Boot kommt, um einen aufzunehmen. Als ich den Kopf aus dem Wasser steckte, stellte ich fest, dass die Strömung uns gar nicht so weit getragen hatte, wie es mir unten in etwa zehn Meter Tiefe erschienen war. Fröhlich streckte ich den Arm nach oben und winkte. Der jugendliche Bootskapitän blickte vage in meine Richtung, worauf ich wartete, dass er den Motor anwarf. Aber das Boot rührte sich nicht. Also winkte ich erneut, jetzt ein wenig kräftiger. Doch wieder starrte der Kapitän nur mit gläsernem Blick in meine Richtung. Daraufhin winkte ich mit beiden

Armen, nahm meine Atemmaske ab, zog den Atemregler aus dem Mund und schrie. Erst jetzt fiel mir auf, dass mir der Wind ins Gesicht wehte, und da wusste ich, dass er mich nicht hören konnte, zumal das Meer unruhig war. Ich dachte an die Trillerpfeifen an den Rettungswesten im Flieger, die bei der Erklärung der Notfallregeln immer erwähnt werden.

Man darf nicht vergessen, dass man nach einem Tauchgang normalerweise erschöpft ist, außerdem ist die australische Sonne glühend heiß, der Seegang war auch nicht unerheblich und die Strömung ziemlich heftig. Ich beschwor die Spielfilme aus dem Nachtprogramm des Fernsehens herauf und stieß einen Tarzan-Schrei aus.[348] In diesem Augenblick schlenderte der Kapitän auf die andere Bootsseite, und ich starrte ins Leere.

Wenn ich zum Boot blickte, brachen sich die Wellen über mir. Bis dahin hatte ich mir nie vorstellen können, wie jemand, der eine Rettungsweste trägt, ertrinken kann, aber als ich jetzt meine Tarierweste aufpumpte, merkte ich, dass ich, solange ich zum Boot blickte, eine Menge Wasser schluckte, das in mein Lungen- und Verdauungssystem eindrang – eine Version des Waterboarding aus der Folterkammer der Natur. Also wandte ich mich vom Boot ab, drehte mich aber alle Naselang um, um zu sehen, ob der Kapitän an meine Seite zurückgekehrt war und die Chance bestand, dass er mich entdeckte. Ich wartete und wartete. Nach ungefähr zehn Minuten kam er endlich wieder in Sicht, und auch jetzt schien er direkt zu mir herüberzublicken. Inzwischen hätte ich mit meinen Fuchtelkünsten im Cirque du Soleil auftreten können – ich schwang beide Arme schnell vor und zurück und von einer Seite zur anderen. Ich versuchte sogar, mit Hilfe meiner Flossen hochzuspringen wie ein fliegender Fisch. Der Kapitän starrte ein paar Minuten lang ruhig in meine Richtung, dann machte er wieder seinen kleinen Rundgang auf dem Deck.

Ein Tauchkurs – ob in Pennsylvania oder in Sansibar – besteht zu einem nicht geringen Teil aus Anweisungen, was man zu tun hat, wenn die Gaszufuhr versagt, man lernt die Zeichen, mit denen man den Tauchlehrer auf eine Störung aufmerksam macht, und erlernt Techniken zur Bewältigung aller möglichen Fehler, Geräteausfälle und Gefahren. Aber darüber, was man an der Wasseroberfläche tun kann, wenn man plötzlich unsichtbar geworden ist, erfährt man nichts. Da mich die Strömung vom Boot forttrieb, versuchte ich, dagegen anzuschwimmen. Doch selbst mit den kräftigsten Freistilzügen, die ich in dieser Situation noch zustande brachte, kam ich nicht voran, und bald wurde mir klar, dass ich nicht gleichzeitig atmen und gegen die Strömung schwimmen konnte, vor allem nicht mit den Gasflaschen und den Tauchgewichten. Es sei denn, ich ließ die Atemmaske auf und nutzte das letzte noch vorhandene Gas. Ich war ja vor allem deshalb aufgetaucht, weil mir das Zeug ausging, und ich brauchte es nicht nur fürs Atmen, sondern auch um oben zu bleiben, weil meine Tarierweste ein kleines Leck hatte und ich sie immer wieder aufpumpen musste. Und die Tauchgewichte? Sie hatten den Vorteil, dass sie das Tempo verminderten, in dem ich vom Boot wegtrieb. Der Nachteil war, dass sie auch mein Vorankommen im Wasser verlangsamten und den Zug an meiner immer flacher werdenden Tarierweste erhöhten. Ich versuchte, meinen logischen Verstand zu animieren und eine Entscheidung zu treffen, aber trotz mehr als einer halben Stunde Zeit zum Nachdenken fiel mir nichts ein. Die Tauchlehrerin wusste auch ohne Orientierungspunkte, an welcher Stelle ich an die Oberfläche gestiegen war. Und ich war nur in eine Richtung abgetrieben, die der Strömung. Es konnte nicht so schwer sein, mich zu finden. Ich ließ die Gewichte am Gürtel, weil ich dachte, je näher ich beim Boot blieb, desto leichter würde man mich finden.

Schließlich blieb mir nichts anderes mehr übrig, als mich, das Gesicht vom Wind und damit auch vom Boot abgewandt, in dem unendlichen Meer, das mich umgab, treiben zu lassen und Kraft zu sparen.

Dann endlich hörte ich ein tröstliches Geräusch. Der Motor des Boots wurde gezündet. Ich stieß einen Seufzer der Erleichterung aus, wirbelte herum und winkte wieder in meinem olympiareifen Stil – nur um zuzusehen, wie das Boot Fahrt aufnahm und in die entgegengesetzte Richtung rauschte. Weg von mir, auf den Horizont zu.

Jetzt war ich mutterseelenallein im Meer, ringsum nichts als Wasser und Himmel. Es gab niemanden mehr, dem ich zuwinken, niemanden, zu dem ich hinschwimmen konnte. Zum ersten Mal an diesem Morgen dachte ich: »So ist das also, das Sterben.« Ich nahm an, dass mich die Strömung weiter aufs Meer hinauszog. Der Pazifik war ein ziemlich großes Gewässer, in dem Haie schwammen – die meisten harmlos, aber manche aggressiv. Mein auf den Wellen tanzender kleiner Kopf war viel zu unauffällig für jeden, der sich vielleicht irgendwann auf die Suche nach mir machen würde.

Manchmal war ich starr vor Angst, dann wieder dachte ich, dass alles gut war, solange meine Tarierweste funktionierte, dass ich einfach ein oder zwei Tage lang so dahintreiben könnte. Ich hatte mir noch nie richtig vor Augen geführt, wie es war, zu ertrinken, und jetzt fragte ich mich, wie lange es dauern und wie schmerzhaft es sein würde. Es musste unerträglich sein, wenn man keine Luft mehr bekam, obwohl ich mich dunkel an die Berichte von Leuten erinnerte, die aus dem Wasser gerettet und wiederbelebt worden waren und hinterher erzählten, dass sie einen gewissen Frieden empfunden hätten. Ich versuchte zu schätzen, wie lange das in der Flasche verbliebene Gas mich noch über Wasser halten würde. Und ich war so unendlich erschöpft, dass ich mich fragte, ob ich am Ende einfach im Wasser einschlafen würde.

Dann hörte ich die Stimmen meiner Eltern und stellte mir meinen Vater vor, der zu mir sagte: »Du hast dich in solche Gefahr begeben, nur um exotische Fische zu sehen?« Stattdessen riet er mir, lieber viel zu viel Zeit in Aquarienhäusern zu verbringen. Inzwischen zeigte sich kein Wölkchen mehr am Himmel, und ich sah meine Mutter vor mir, die schon vor fünfundzwanzig Jahren gestorben war. »Habe ich dir nicht gesagt, du solltest immer, wirklich immer, ein Sonnenschutzmittel auftragen?«, schalt sie mich.

Die Wellen schienen zu wachsen. Wenn ich über das Riff hinausgetrieben wurde, würde mich der mächtige Seegang herumwirbeln, und ich würde den Kopf nicht lange über Wasser halten können.

Hin und wieder versuchte ich, noch einmal ein paar Schwimmzüge zu machen, gab es dann aber bald wieder auf.

Und niemand kam. Weitere zwanzig Minuten verstrichen. Vierzig Minuten. Eine Stunde.

Mir tat John leid, der sich an Bord sicher schreckliche Sorgen machte. Ich malte mir aus, wie Sue und er George erklärten, was passiert war. Dann dachte ich an meine Tochter Blaine, die bei ihrer Mutter in Texas war, und es machte mich traurig, nicht miterleben zu können, wie sie größer wurde. Ich war immer neugierig darauf gewesen, was aus meinen Kindern einmal werden würde. Ich dachte an Oliver und Lucy, unsere größeren Kinder, die bei ihren beiden Müttern in Minneapolis lebten. Vieles, was ich mir vom Leben erhofft hatte, hatte ich erreicht: Liebe, Kinder, Abenteuer, einen Beruf, der mich ausfüllte. Ich empfand Dankbarkeit für das Leben, das ich hatte führen können, auch wenn es nicht mehr lange dauern würde. Mein Verschwinden könnte für meinen Vater den Tod bedeuten, und ich bedauerte, dass er so würde leiden müssen. Am meisten aber fürchtete ich, meine Kinder könnten meinen, ich hätte sie verlassen; und mich überfielen Schuldgefühle – Schuldgefühle und eine schreckliche Traurigkeit. Ich fragte mich, ob sie mich in Erinnerung behalten würden.

»Das sind jetzt vielleicht meine letzten Gedanken«, ermahnte ich mich. »Ich sollte mir etwas Bedeutenderes überlegen.« Doch es wollte mir nicht gelingen Mein Geist schweifte ab zu Shakespeare und zu den großen Philosophen, kam aber zu keinen neuen Erkenntnissen. Ich versuchte, mein Leben wie in einem Zeitraffer vor mir ablaufen zu lassen, doch alles, was auf meinem inneren Schirm auftauchte, waren schillernde Spektralfarben, ein Effekt der langen Zeit, die ich nun schon in der prallen Sonne verbracht hatte. Ich sann darüber nach, welches meine letzten Worte sein sollten, auch wenn sie weit und breit niemand hören würde. Aber mir fiel nichts Tiefschürfendes oder Witziges ein, was ich den Wellen hätte sagen können. Ich verweilte bei meinem Lieblingskapitel aus *Pu der Bär*, »In dem Ferkel völlig von Wasser umgeben ist«, verängstigt ist, Pu vermisst und denkt: »Zu zweit ist es viel angenehmer.«[349]

Ich war froh, dass John in Sicherheit war und für George und Blaine würde sorgen können, zugleich aber bedauerte ich es unendlich, dass er nicht bei mir war. Inzwischen kämpfte ich schon etwa eineinhalb Stunden, um an der Oberfläche zu bleiben. Die Sonne hatte mich förmlich knusprig gebraten, und ich fühlte mich ein wenig fiebrig. Mir kam es vor, als hätte ich Fässer voll Salzwasser geschluckt.

Nie zuvor hatte ich mich so einsam und allein gefühlt.

Mir fiel die Redewendung ein, dass jeder beim Sterben allein ist, egal, wie er stirbt.

Ich versuchte mir aufzuzählen, was ich mit meinen Kindern hatte unternehmen und für sie hatte tun wollen. Mein Leben lief nicht vor mir ab, wohl aber ihres. Ich war nie gut darin gewesen, im Augenblick zu leben, also nahm ich wieder einmal Zuflucht zu Plänen für eine Zukunft, die sich nicht planen ließ.

Ich erkannte, wie unbedeutend ich, wie klein der Mensch an sich war. Wie wenig es in Wirklichkeit bedeutete, ob ein Mensch lebte oder starb.

Dann drang über dem Wind eine Stimme in meine Grübeleien – eine Stimme, die der Johns unheimlich ähnlich war: »Hilfe! Hilfe!«, schrie jemand. Ich wollte antworten, aber der Wind setzte mich matt. Kurz darauf hörte ich eine weitere Stimme. Mir dämmerte, dass die anderen drei in derselben Lage sein mussten wie ich. Da ich mich windabwärts befand, konnte ich sie zwar hören, sie aber nicht mich. Nach der Lautstärke ihrer Stimmen zu urteilen, waren wir weit voneinander und vom Boot entfernt. Aber vielleicht kannte die Tauchlehrerin die Antworten, die mir verschlossen blieben.

Plötzlich entdeckte ich am Horizont ein Boot, war mir aber nicht sicher, ob es unseres war.

Etwas, das aussah wie eine riesige rosafarbene Brust, vielleicht eineinhalb Meter groß, tauchte auf und schwebte auf das jetzt klar erkennbare Boot zu. Vielleicht waren Stimmen, Boot und Brust bloß Halluzinationen. Nun bewegte sich das Boot, das jetzt deutlich dem unseren glich, auf die rosafarbene Brust zu, und beide schienen miteinander zu verschmelzen. Dann fuhr das Boot in Richtung der anderen Stimmen und blieb ein paar Minuten an einer Stelle.

Und schließlich kam es auf mich zu.

Nie in meinem Leben habe ich einem Geliebten mit einer solchen Freude entgegengesehen wie ich in diesem Augenblick dem Bootsleiter. Ich stieg schwankend hoch und fiel John in die Arme.

Auch John hatte in Schwierigkeiten gesteckt, jedoch in anderer Weise als ich. Er war in Gesellschaft von zwei weiteren Personen – eine war die Tauchlehrerin – gewesen, als sie etwa eine Dreiviertelstunde nach mir aufgetaucht waren. Auch ihnen war es nicht gelungen, die Aufmerksamkeit des Bootskapitäns auf sich zu ziehen. Sie hatten abwechselnd versucht, zum Boot zu schwimmen, aber es fuhr stets woanders hin, bevor sie es erreichten. Einmal schaffte es John, sich ihm bis auf etwa fünfzehn Meter zu nähern. Die rosafarbene Brust war in Wirklichkeit ein Ballon, den die Tauchlehrerin als Signal hatte aufsteigen lassen. Später fragte ich mich, wie jemand, der wusste, dass man so ein Ding eventuell benötigen würde, einen Neuling wie mich allein auftauchen lassen konnte. Die Tauchlehrerin hatte den Ballon aufgepumpt, als sie das Boot erspähte, war damit geschwommen, bis der Kapitän ihn schließlich sah und sie abholte. An Bord dirigierte sie ihn dann zu John und dem Aquarium-Mädchen. John hatte die ganze Zeit angenommen, dass ich bereits wieder im Boot saß, und war außer sich, als er erfuhr, dass ich vermisst wurde. Aber die Tauchlehrerin hatte mich rufen hören und dem Bootskapitän gezeigt, welche Richtung er nehmen sollte. Ich war fast zwei Stunden auf dem Wasser getrieben und mehrere Kilometer fortgespült worden.

Erst an Bord packte mich die Wut: auf den Kapitän, auf die Tauchlehrerin und auf die Hotelleitung. Aber zugleich war ich ungeheuer dankbar, noch zu leben, und es ist schwer, zugleich zornig und zutiefst dankbar zu sein. Ich umarmte John, ich umarmte das Aquarium-Mädchen, ich umarmte die Tauchlehrerin, ich umarmte den Mann aus Maryland, der ein wenig bestürzt darüber zu sein schien. Der Kapitän versuchte, ein lockeres Gespräch mit uns zu führen, worauf ich, wie John später meinte, mit meiner »Linda-Blair-Stimme« reagierte, einem gutturalen Brummen wie dem des kleinen Mädchens im Film *Der Exorzist*, das von einem Dämonen besessen ist.

Man kann eben doch dankbar und wütend zugleich sein.

Als ich auf den Wellen dahintrieb, hatten mich Gedanken an meine Kinder beschäftigt. Nicht, dass ich eine hohe Meinung von mir als Vater hätte, aber ich bin mir meiner Verantwortung bewusst. Als wir wieder an Land waren, beschlossen wir, George nichts von den Vorfällen zu erzählen. Ich meinte, es würde ihm einen ähnlichen Schrecken einjagen, wie er mir noch immer in den Knochen steckte. Und während ich mehr oder weniger schwieg, erzählte er begeistert von seinen Abenteuern an diesem Vormittag – was er zum Frühstück gegessen hatte, wo er und Sue im Sand gespielt, was für angespülte Muscheln und Äste er gefunden hatte und wie weit er ganz allein geschwommen war. In seinem dringenden Mitteilungsbedürfnis sah ich das Gegenstück zu den unseligen Ereignissen, die ich hinter mir hatte. Ich begriff, dass die Tollkühnheit, Aal zum Mittagessen zu bestellen, mit dem Fallschirm aus einem Flugzeug zu springen und in kriegsgeschundene Länder zu reisen, verblasste, wenn man sie mit den Abenteuern des Familienlebens und des Vaterseins verglich. Denn das bedeutet, sich der unendlichen Weite der Welt bewusst und zugleich willens zu sein, zumindest für eine Weile, diese Weite für die eigenen Kinder zu sein.

DANKSAGUNG

Als ich mich daranmachte, die Texte für dieses Buch zusammenzustellen, erlag ich dem großen Irrtum, für eine Anthologie bräuchte ich nur einige Dinge zu sichten, die ich vor langer Zeit geschrieben hatte, und sie an meinen Verlag zu schicken. Tatsächlich aber war es nicht damit getan, die Texte auszuwählen und ihnen eine Einleitung voranzustellen, sondern jeder Artikel verlangte nach einem Prolog und einem Epilog. Aus diesem Grunde feilte ich endlos an bereits veröffentlichten Essays, und einige musste ich gründlich überarbeiten. F. Scott Fitzgerald sagte einmal, er wollte zwar nicht seine Unschuld wiederhaben, sie aber gern noch einmal verlieren. In diesem Sinne gab mir die Zusammenstellung meiner Anthologie ein zweites Mal die Möglichkeit, meine Naivität abzulegen.

Die Reise auf der Straße der Erinnerung war nicht nur eine Rückkehr zu meinen längst vergangenen Abenteuern, sondern auch zu meinen Lektoren, mit denen ich an den ursprünglichen Artikeln gearbeitet hatte. Mir wurde das Glück zuteil, nicht nur an phantastische Orte reisen zu dürfen, sondern auch Lektoren an meiner Seite zu haben, die meine Berichte mit äußerster Sorgfalt redigierten. Danken möchte ich daher Nicholas Coleridge und Meredith Etherington-Smith von *Harpers & Queen*, die mich auf meine ersten großen Reportagereisen geschickt und an mich geglaubt haben, obwohl es dafür keinerlei Grund gab. Für ihre freundliche Unterstützung beim *New York Times Magazine* danke ich Jack Rosenthal, Adam Moss und Annette Grant, die mich förderten und mir halfen, ein Publikum zu finden. Beim *New Republic* hatte ich das Glück, mit David Shipley kooperieren zu dürfen. Im Zusammenhang mit meiner Tätigkeit für den *New Yorker* danke ich David Remnick, Henry Finder, Amy Davidson und

Sasha Weiss für ihre unübertreffliche Sorgfalt. Kaum hatte Nancy Novogrod *Travel + Leisure* übernommen, schickte sie mich überall dorthin, wohin ich schon immer hatte reisen wollen. Ihr verdanke ich ein interessanteres und besseres Leben, als ich es je ohne sie gehabt hätte. Unsere jahrzehntelange Zusammenarbeit gehört zu den Höhepunkten meines Berufs- und Privatlebens. Ebenfalls bedanken möchte ich mich bei den Mitarbeitern von *T + L*, vor allem bei der Redakteurin Sheila Glaser und dem wunderbaren Redakteur Luke Barr. Für ihre Unterstützung bei *Food & Wine* danke ich Dana Cowin; niemand hatte je eine bessere Freundin, und gern hätte ich die ganze Welt eingetauscht für die Freude, die sie mir mit ihrer großzügigen Zuneigung und unbeirrbaren Weisheit geschenkt hat. Mein Dank geht auch an Catherine Burns und all ihre Kollegen von Moth für ihre unerschütterlich gute Laune, mit der sie mir beim Verfassen meiner Storys halfen.

Wie immer bin ich Nah Graham, meinem wunderbaren Lektor bei Scribner, zu Dank verpflichtet, der mit seiner Mischung aus Loyalität, Integrität, Genialität und Freundlichkeit zu einer organisierenden Kraft für mein Werk und darüber hinaus geworden ist. Ebenso unschätzbare Mitglieder im Scribner-Team sind Brian Belfiglio und die göttliche Kate Lloyd, meine heißgeliebten Presseagenten, sowie Daniel Loedel, der mich mit sanfter Geduld immer wieder vor stressiger Bürokratie bewahrte, und nicht zuletzt die liebenswerte Roz Lippel, die ihre verlegerische Tätigkeit mit solch großherziger Leidenschaft meistert. Nicht zu vergessen die unermüdliche Katie Rizzo, die endlose Korrekturen mit unerschöpflicher Geduld meisterte. Danken möchte ich Steven Henry Boldt für sein exzellentes Lektorat und Eric Rayman für seine gründliche juristische Prüfung. Ich danke auch meiner großartigen Lektorin bei Chatto & Windus, Clara Farmer, und ihrer höchst angenehmen Stellvertreterin Juliet Brooke. David Solomon gebührt mein Dank für das Titelfoto auf dem Cover, Gh. Farouq Samim für das Bild auf dem Buchrücken, Luca Travato für das Frontispiz-Foto und Claire Jones für die Digitalisierung dieser Bilder. Außerdem danke ich Julia Mandeville für ihre Hilfe bei dem Cover-Entwurf und Jaya Miceli für das wunderschöne Design des Buchumschlags.

Mein Agent Andrew Wylie leuchtete mir stets den Weg in meiner

Karriere, und mit jedem Buch merke ich aufs Neue, wie glücklich ich mich schätzen kann, ihn als Vertreter und Freund an meiner Seite zu haben. Ich danke auch den anderen Mitarbeitern der Agentur Wylie, die sich unermüdlich für mich eingesetzt haben: Jeffrey Posternak, Sarah Chalfant, Charles Buchan, Percy Stubbs und Alba Ziegler-Bailey.

Großen Dank schulde ich Alice Truax, die meinen Texten jene Behandlung zukommen lässt, die ein Auto in der Werkstatt erfährt, die also jeden verbeulten Satz geraderückt und auf Hochglanz poliert und all das verschrammte und vernebelte Glas meiner Argumente durch atemberaubende Transparenz ersetzt. Kathleen Seidel wiederum spürte all die Fehler in meinen Recherchen auf und fand auf jede Frage oder Unsicherheit die richtige Antwort. Sie durchkämmte meine Artikel mit akribischer Sorgfalt und machte sie klarer und kümmerte sich um die Fußnoten, die Bibliographie, die Website und um alles, worum man sich kümmern musste. Schreiben ist ein verrückter Trapezakt, und Kathleen ist mein Netz. Dank auch an Jane McElhone für ihre Hilfe beim Faktencheck.

Teile dieses Buchs habe ich in Yaddo verfasst, wo ich schneller und klarer schreiben kann als sonstwo, und ich bin für die Zeit dort zutiefst dankbar. Besonderen Dank schulde ich der bezaubernden Präsidentin von Yaddo, Elaina Richardson, die jeden meiner produktiven Besuche mit ihrer Freude verschönerte.

Ich danke meinen Kollegen von PEN, die mir halfen, tiefer über Freiheit und Gerechtigkeit nachzudenken, vor allem der bemerkenswerten geschäftsführenden Direktorin des PEN, Suzanne Nossel.

Ich danke Bonnie Burnham, Henry Ng und George McNeely vom World Monuments Fund, die mir immer wieder unschätzbare Ratgeber waren, was weitabgelegene Winkel der Erde betraf.

Christian Caryl war so etwas wie meine Muse. Er hat mich bei sich in Deutschland beherbergt, als ich in den achtziger Jahren das erste Mal über Russland schrieb und die Künstler anfingen, in Berlin auszustellen. Gemeinsam machten wir uns auf den Weg nach Kasachstan und erklommen zusammen Berge, körperlich und ethnographisch. Ich traf ihn und seine Familie in Tokio, als er in Japan lebte. Er überredete mich, nach Afghanistan zu reisen, als ich davor Angst hatte, und er sorgte dafür, dass ich eine Unterkunft und einen Führer hatte, als ich dort eintraf. Außerdem las er das Manuskript zu diesem Buch und gab mir unschätzbares Feedback. *Far and Away* und mein Leben hätten ohne ihn ganz anders ausgesehen.

Ich danke den Menschen, die in diesen verschiedenen Geschichten auftauchen, aber es sind zu viele, um sie alle hier zu nennen – alle, die mir erlaubten, sie zu beobachten oder zu interviewen. Einigen der Leute, die mir in ihrem Land halfen oder dazu beitrugen, an bestimmte Orte zu kommen, gebührt besonderer Dank: Beezy Bailey, Sara Barbieri, Janet Benshoof, Eliot Bikales, Bonnie Burnham, Mario Canivello, Hans van Dijk, Ashur Etwebi, Susannah Fiennes, Fred Frumberg, Maria Gheorghiu, Philip Gourevitch, Guo Feng, David Hecht, Harold Holzer, Roger James, Cheryl Johnson, Susan Kane, Aung Kyawmyint, Francesca Dal Lago, Lee Yulin, Elvira Lupsa, I Gede Marsaja, Joan B. Mirviss, Freda Murck, Henry Ng, Brent Olson, I Gede Primantara, Michaela Raab, Emily K. Rafferty, Jack Richard, Ira Sachs, Hélène Saivet, João Salles, Gh. Farouq Samim, Gabriel Sayad, Andreas Schmid, Lisa Schmitz, Jill Schuker, Luiz Schwarcz, Julie Krasnow Streiker, Andrea Sunder-Plassmann, Corina Şuteu, Dina Temple-Raston, Farley Tobin, Ko Winters und Mauricio Zacharias.

Dank schulde ich auch meinen vielen Reisebegleitern, darunter Anne Applebaum, Jessica Beels, Chuck Burg, S. Talcott Camp, Meri Nana-Ama Danquah, Kathleen Gerard, Kathryn Greig, Han Feng, John Hart, Leslie Hawke, Cheryl Henson, Michael Lee, Sue Macartney-Snape, David Solomon, Claudia Swan und stets am meisten meiner heißgeliebten Alexandra K. Munroe, die von Kontinent zu Kontinent bei mir war.

Mein Dank geht auch an Richard A. Friedman und Richard C. Friedman, die mich vor dem Wahnsinn bewahrten, wenn ich während einiger Erfahrungen darin zu versinken drohte, und an John Walton für seinen seelischen Beistand, wenn das Leben alles andere als himmlisch schien. Judy Gutow kümmerte sich um alles, was für meine Reisen nötig war, fand ermäßigte Ticketpreise und Not-Hotelbuchungen an den abgelegensten Reisezielen. Außerdem danke ich Danusia Trevino, die anmutig bei so vielen undankbaren Aufgaben hilft und dabei nie ungeduldig wird, sowie Tatiana Martushev, die auf ähnliche Weise in den Anfangsjahren zu diesem Projekt beitrug. Herzlichen Dank auch an Celso, Miguela und Olga Mancol, die meinen Haushalt am Laufen hielten, wenn ich mich total ins Schreiben versenkte, und mich verwöhnten, wenn ich zu beschäftigt war, um mich selbst zu verwöhnen. Dank auch an Sergio Avila, der mich überall dorthin bringt, wohin ich muss, an Kylee Sallak und Ildikó Fülöp, die in das Leben meines Sohns und somit auch in meines Liebe und Ordnung gebracht haben.

Ich danke meiner Mutter, die mich zu Abenteuerlust ermutigte. Sie ist zwar schon seit 25 Jahren tot, aber sie hat die frühen Artikel dieser Sammlung gelesen und begutachtet. Mein Schreiben soll stets klar sein, hat sie gesagt, und freundlich. Die Wiederbeschäftigung mit den frühen Arbeiten hat mich daran erinnert, wie sehr sie alles beeinflusst hat, was seither kam. Mein Vater konnte sich nur langsam mit der Vorstellung anfreunden, dass ich an Orte reise, die er niemals besuchen und von denen er mich ebenfalls am liebsten fernhalten würde. Er ist nach wie vor mein erster und loyalster Leser und stand immer mit weitausgestreckten Armen bereit, wenn ich der Sonne zu nahe kam. Mein Dank geht auch an meine Stiefmutter Sarah Billinghurst Solomon, die dieses Projekt unermüdlich unterstützte.

Ich danke Tamara Ward und Laura Scher, dass sie stets in meiner Nähe waren und mir Liebe und Freude schenkten.

Ich danke Blaine Smith, dessen sonnige und umsichtige Präsenz mich stützte, wenn Sturm aufzuziehen drohte, und dessen ruhig vorgebrachten Einsichten mir halfen, mich weiterzuentwickeln.

Ich danke Oliver Scher, Lucy Scher, Blaine Solomon und George Solomon. Niemand sonst hätte mir den Platz für meine Wurzeln geben können so wie sie.

Schließlich danke ich meinem Mann John Habich Solomon, der mich auf meinen inneren wie äußeren Reisen begleitet hat. Es gibt niemanden, mit dem ich lieber die Welt erkunden oder in der Welt leben wollte. Er ist mein Nordpol und mein Südpol, mein Äquator, mein Wendekreis des Krebses und mein Wendekreis des Steinbocks, meine sieben Kontinente und meine sieben Weltmeere.

ANMERKUNGEN

1 Die Vorgaben der US-Armee zur medizinischen Fitness (Army Regulation 40–501) definieren als Ausschlusskriterien bei der ärztlichen Musterung: »Pes planus in stärkerer als milder Ausprägung mit Pronation bei Gewichtsbelastung, die das Tragen militärischen Schuhwerks verhindern, oder bei Neigung zu Gefäßveränderungen.« Milde oder gemäßigte Formen von Plattfüßen rechtfertigen keine Befreiung vom Militärdienst.
2 Erika Urbachs Nachruf findet sich auf der Homepage der Norwegian Bachelor Farmers: http://norwegianbachelorfarmers.com/lakewood rock/stories/Erika.html.
3 Die hübsche Anthologie ist nach wie vor erhältlich: Frances Carpenter, *Tales of a Korean Grandmother* (1989).
4 Zur Restauration der Ruinen von Ingapirca siehe: »En Ingapirca continúa proceso de restauración en piedras«, *El Tiempo*, 8. April 2015.
5 Zum Reaktorunfall in Tschernobyl berichtet die BBC, »Chernobyl: 20 years on«, BBC News, 12. Juni 2007. Eine beeindruckende Zusammenstellung von Fotos der Reaktoranlage zur Zeit des Brandes und in den darauffolgenden fünfundzwanzig Jahren findet sich in Alan Taylor, »The Chernobyl disaster: 25 years ago«, *Atlantic*, 23. März 2011.
6 In Tschechows Schauspiel aus dem Jahr 1900 sehnt sich Irina, die jüngste der drei Schwestern, nach der Rückkehr der Familie in ihre Geburtsstadt. Der zweite Akt schließt mit ihrer Klage: »Nach Moskau! Nach Moskau! Nach Moskau!« Siehe Anton Tschechow, *Drei Schwestern* (1902), Ü. August Scholz, http://gutenberg.spiegel.de/buch/drei-schwestern-3978/1.
7 Ein Bericht über diese Auktion vom 7. Juli 1988 findet sich in meinem ersten Buch: *The Irony Tower: Soviet Artists in a Time of Glasnost* (1991).
8 Solomon (1991), ebd. S. 283.
9 Die russische Ausgabe hat den Titel: *The Irony Tower. Советские художники во времена гласности* (2013).
10 Weitere Texte von Augustinus von Hippo sind zu finden in: *Augustinus – Confessiones – Bekenntnisse*, Ü. Joseph Bernhart (1980).
11 Christian Caryl ist Autor von: *Strange Rebels: 1979 and the Birth of the 21st Century* (2013); sowie von zahlreichen Artikeln mit scharfsichtigen

Anmerkungen 601

politischen Analysen, z. B.: »The young and the restless«, *Foreign Policy*, 17. Februar 2014; und »Putin: During and after Sochi«, *New York Review of Books*, 3. April 2014.
12 Eingehendere Erörterungen über den Umschwung in Kubas offizieller Haltung gegenüber dem christlichen Glauben finden sich in Rone Tempest, »Pope meets with Castro, agrees to a Cuba visit«, *Los Angeles Times*, 20. November 1996; und Marc Frank, »Cuba's atheist Castro brothers open doors to Church and popes«, Reuters, 7. September 2015.
13 Eine ausführlichere Schilderung der Silversterfeier in Kuba findet sich in meinem Artikel: »Hot night in Havana«, *Food & Wine*, Januar 2002.
14 Siehe Robert S. McNamara und Brian Van De Mark, *Vietnam. Das Trauma einer Weltmacht* (1996), Ü. P. Hrabak, B. Jendricke, G. Gockel, S. Schuhmacher.
15 Das Staatliche Jüdische Museum Vilnius empfängt weiterhin Besucher. http://jmuseum.lt.
16 Zitiert nach Wolfgang Kemp, John Ruskin, 1819 – 1900. Leben und Werk, Frankfurt am Main, Fischer 1983.
17 Das Forster-Zitat ist einem Interview von P. N. Furbank und F. J. H. Haskell entnommen: »E. M. Forster: The art of fiction no. 1«, *Paris Review*, Frühjahr 1953.
18 Samuel Johnson wird zitiert in *Boswell's Life of Johnson* (1887).
19 Mit den »Papierarchitekten« befasst sich mein Artikel: »Paper tsars«, *Harpers & Queen*, Februar 1990.
20 Walter Paters Definition findet sich in *Selected Writings of Walter Pater* (1974), S. 60.
21 Zhou Enlais Bemerkung ist umstritten, er hielt aber die Französische Revolution für »ein Missverständnis, so köstlich, dass es zur Revision einlud«; siehe Richard McGregor, »Zhou's cryptic caution lost in translation«, *Financial Times*, 10. Juni 2011.
22 Andrew Solomon, *Saturns Schatten: Die dunklen Welten der Depression*, Frankfurt am Main, Fischer (2006) und *Weit vom Stamm: Wenn Kinder ganz anders als ihre Eltern sind*, Frankfurt am Main, Fischer (2013).
23 Eine aktuelle Aufstellung der Länder, die gleichgeschlechtliche Ehen ermöglichen, findet sich in Freedom to Marry, »The freedom to marry internationally«, Freedom to Marry, 2015.
24 Über den jüngsten Stand der internationalen Gesetzgebung zu Homosexualität informiert die International Lesbian, Gay, Bisexual, Trans and Intersex Association, »The lesbian, gay and bisexual map of world laws«, ILGBTIA, Mai 2015.
25 Medien schreiben über meine Hochzeit: Eric Pfanner, »Vows: Andrew Solomon and John Habich«, *New York Times*, 8. Juli 2007; Laurie Arendt, »A toast to her brother«, *Ozaukee Press*, 30. September 2007; und Geordie Greig, »My big fab gay wedding«, *Tatler*, Oktober 2007.

26 Einen Bericht über die UNO-Sitzung verfasste Lucy Westcott, »Gay refugees addresses [sic] U.N. Security Council in historic meeting on LGBT rights«, *Newsweek*, 25. August 2015.
27 James Rush, »Images of ›gay‹ man ›thrown from building by Isis militants before he is stoned to death after surviving fall‹«, *Independent*, 3. Februar 2015; und Jamie Dettmer, »The ISIS hug of death for gays«, *Daily Beast*, 24. April 2015.
28 British Broadcasting Corporation, »Iranian hanged after verdict stay«, BBC News, 6. Dezember 2007.
29 John McManus, »Egypt court clears men accused of bathhouse ›debauchery‹«, BBC News, 12. Januar 2015.
30 British Broadcasting Corporation, »Egypt cuts ›gay wedding video‹ jail terms«, BBC News, 27. Dezember 2014.
31 Doug Ireland, »7000 lashes for sodomy«, *Gay City News*, 11. Oktober 2007.
32 Tanya Cooper, »License to harm: Violence and harassment against LGBT people and activists in Russia«, Human Rights Watch, 15. Dezember 2014.
33 Die Erpressung schwuler Männer in Kirgistan dokumentiert Anna Kirey, »›They said we deserved this‹: Police violence against gay and bisexual men in Kyrgyzstan«, Human Rights Watch, 28. Januar 2014. Über neue Gesetzesvorhaben gegen Homosexualität in Kirgistan informiert Hugh Ryan, »Kyrgyzstan's anti-gay law will likely pass next month, but has already led to violence«, *Daily Beast*, 18. September 2015.
34 Die Auswirkungen der Entscheidung des Obersten Gerichtshofs schildert Andrew Buncombe, »India's gay community scrambling after court decision recriminalises homosexuality«, *Independent*, 26. Februar 2014.
35 Eine Aufstellung homophober Gesetze in Afrika findet sich in Global Legal Research Directorate, »Laws on homosexuality in African nations«, Library of Congress, 9. Juni 2015.
36 Eine ausführliche Zusammenstellung über die Verfolgung von Schwulen und Lesben in Nigeria und in anderen afrikanischen Staaten findet sich in Thomas Probert u. a., »Unlawful killings in Africa«, Center for Governance and Human Rights, University of Cambridge, 2015. Die Auswirkungen der LGBTI-feindlichen Gesetzgebung in Nigeria schildern Katy Glenn Bass und Joey Lee, »Silenced voices, threatened lives: The impact of Nigeria's anti-LGBTI law on freedom of expression«, PEN American Center, 29. Juni 2015.
37 British Broadcasting Corporation, »Cameroon ›gay sex‹ men acquitted«, BBC News, 7. Januar 2013; siehe auch David Artavia, »Cameroon's ›gay problem‹«, *The Advocate*, 7. Juli 2013.
38 Für weitere Einzelheiten zu Robert Mugabes Drohung siehe South African Press Association, »Mugabe condemns Europe's gay ›filth‹«, IOL News, 14. April 2011; Obey Manayiti, »Mugabe chides homosexuals

Anmerkungen 603

again«, NewsDay (Bulawayo/Simbabwe), 25. Juli 2013; und Dan Littauer, »Mugabe promises ›hell for gays‹ in Zimbabwe if he wins«, Gay Star News, 17. Juni 2013.
39 Saskia Houttuin, »Gay Ugandans face new threat from anti-homosexuality law«, The Guardian, 6. Januar 2015.
40 Proteste gegen wiederholte Zensur fremdsprachiger Werke in der Übersetzung durch chinesische Herausgeber schildern Alexandra Alter, »China's publishers court America as its authors scorn censorship«, New York Times, 28. Mai 2015; und PEN America, »Publishers' pledge on Chinese censorship of translated works«, PEN Center America, 15. Oktober 2015.
41 Bettina Zilkha, »Andrew Solomon named President of PEN«, Forbes, 5. März 2015.
42 William Shakespeare, König Heinrich der Achte, Dritter Aufzug, Zweite Szene, http://gutenberg.spiegel.de/buch/-2177/1.
43 Emma Lazarus' oft angeführtes Zitat erschien zuerst in »Epistle to the Hebrews«, einer Kolumne in der Zeitschrift American Hebrew, im November 1882.
44 Aung San Suu Kyis Bitte erschien als Überschrift ihrer Gastkolumne, »Please use your liberty to promote ours«, New York Times, 4. Februar 1997.
45 Dabei hatte ich vor allem Luis Buñuels fabelhaften Film Der diskrete Charme der Bourgeoisie von 1972 vor Augen.
46 Siehe »Reporter Daniel Pearl is dead, killed by his captors in Pakistan«, Wall Street Journal, 24. Februar 2002.
47 Die Vorschläge des damaligen Präsidentschaftskandidaten Donald Trump und anderer Konservativer diskutieren Jenna Johnson, »Conservative suspicions of refugees grow in wake of Paris attacks«, Washington Post, 15. November 2015; Jose DelReal, »Donald Trump won't rule out warrantless searches, ID cards for American Muslims«, Washington Post, 19. November 2015; und Patrick Healy und Michael Barbaro, »Donald Trump calls for barring Muslims from entering U.S.«, New York Times, 7. Dezember 2015.
48 Carl Gustav Jung, Mysterium Coniunctionis (1977).
49 Siehe Brigitte Vittrup Simpsons Dissertation: »Exploring the influences of educational television and parent-child discussions on improving children's racial attitudes«, University of Texas/Austin, Mai 2007. Ich wurde auf ihre Studie aufmerksam durch Po Bronson und Ashley Merryman, »Even babies discriminate: A NurtureShock excerpt«, Newsweek, 4. September 2009.
50 Rainer Maria Rilke, Requiem – Für eine Freundin, Insel-Verlag, Leipzig (1931), S. 16.
51 Einen guten Überblick über die russische Kunstszene vermitteln Anna Kaminski, »In Russia, contemporary art explodes from Soviet shackles«, BBC News, 23. Februar 2014; Kelly Crow, »Moscow's contempor-

ary art movement«, *Wall Street Journal*, 4. Juni 2015; und Ekow Shun, »Moscow's new art centres«, *Financial Times*, 15. März 2013.

52 Weitere Informationen über die russischen Kunstmessen findet man bei Alexander Forbes, »Manifesta 10 succeeds despite controversy«, *Artnet News*, 27. Juni 2014; Masha Goncharova, »Cosmoscow: A fair for the Russian art collector«, *New York Times*, 17. September 2015; Rachel Donadio, »Museum director at Hermitage hopes for thaw in relations with West«, *New York Times*, 14. Mai 2015; und Zoë Lescaze, »An abbreviated Moscow Biennale unites scrappy performances, bourgeois spiders, and one former Greek finance minister«, *ARTnews*, 16. Oktober 2015.

53 Die Zitate der Mitglieder der »Kunst-Anarcho-Punk-Gang« Woina stammen aus Marion Dolcy, »Russian art anarchists explain themselves«, *Don't Panic*, 20. Dezember 2010; siehe auch Taryn Jones, »The art of ›War‹: Voina and protest art in Russia«, *Art in Russia*, 29. September 2012.

54 Das Zitat von Andrei Klimow stammt aus Sasha Shestakova, »Outcry: Ten recent art exhibitions that caused a storm in Russia«, *Calvert Journal*, 29. Juli 2015.

55 Über diese vielfältigen Kunstkontroversen, darunter auch jene, die sich um die Ausstellungen mit LGBT-Inhalt drehen, berichtet Shestakova, a. a. O.; siehe auch »Moscow venue refuses to host pro-LGBT teen photo display, cites police pressure«, *Queer Russia*, 13. Juni 2015.

56 Eine umfassende Analyse des russischen Kunstmarkts leistet Renata Sulteeva in ihrer Dissertation »The market for Russian contemporary art: An historical overview and up-to-date analysis of auction sales from 1988 to 2013« (Sotheby's Institute of Art, 2014).

57 Wladimir Owtscharenkos Äußerung über die Künstler in der Küche erschien ursprünglich in Emma Crichton-Millers Artikel »Young Russian curators tap into country's recent art history«, *Financial Times*, 27. Juni 2014.

58 »Eine Stewardess namens Zhanna« war 1996 ein Hit des Popsängers Wladimir Presnjakow. Heute können ihn seine Fans auf Facebook, SoundCloud und Instagram finden.

59 Nachrufe auf die in diesem Beitrag genannten russischen Künstler findet man in folgenden Quellen: Kathrin Becker, »In memoriam Timur Novikov«, *Art Margins*, 23. Mai 2002; »Poslednyi Geroi: Georgy Guryanov (1961–2013)«, *Baibakov Art Projects*, 20. Juli 2013; »In memory of Vlad Mamyshev-Monroe, 1969–2013«, *Baibakov Art Projects*, 22. März 2013. Herwig Höller würdigt Petljura in »Aleksandr Ilich Lyashenko known as Petlyura: A controversial protagonist of Russian contemporary art«, *Report: Magazine for Arts and Civil Society in Eastern and Central Europe*, Juni 2006. Petljura nahm an dem Ein-Mann-Streikposten auf der Moskauer Biennale für zeitgenössische Kunst 2015 teil, siehe dort: »One-man picket«. Die Verfolgung von Ga-

rik Winogradow durch den Moskauer Bürgermeister schildert Konstantin Akinsha in »Art in Russia: Art under attack«, *ARTnews*, 1. Oktober 2009. Walera Katsuba beschreibt sein aktuelles Projekt »Vater und Kind« *(Отцы и дети)* auf www.katsuba.net.

60 Mit Boris Grebenschtschikows musikalischer Karriere beschäftigt sich Aleksandr Gorbachev in »Meet Boris Grebenshchikov, the Soviet Bob Dylan«, *Newsweek*, 25. Mai 2015, und Alexandra Guryanova in »Boris Grebenshchikov: The founding father of Russian rock«, *Russia and India Report*, 19. Oktober 2014.

61 MC Pawlows Anmerkungen zu den musikalischen Trends in Russland sind nachzulesen bei Lisa Dickey in »Moscow: Rap star MC Pavlov«, Russian Chronicles, *Washington Post*, 2. November 2005.

62 Über Artjom Troitskis Protestaktion – in seiner Verkleidung als Kondom – gegen den Wahlbetrug berichtete die British Broadcasting Corporation in »Moscow protest: Thousands rally against Vladimir Putin«, BBC News, 25. Dezember 2011.

63 Juri Begalows Geschäftsbeziehungen beschreibt Nadezhda Ivanitskaya in »As a State Duma deputy and businessman Yuzhilin Kobzar built a billion-dollar business«, *Forbes Russia*, 22. Oktober 2011; von seiner Ehescheidung handelt der Artikel »Татьяна Веденеева расстается с мужем (Tatiana Wedeneewa wurde geschieden)«, *DNI*, 2. Juni 2008.

64 Alexander Kiselews profitablen Rücktritt behandelt der Artikel »Киселев после увольнения из ›Почты России‹ получит почти 3 млн руб (Kiselew erhält nach Kündigung bei ›russischer Post‹ fast 3 Millionen Rubel)«, *RIA Novosti*, 19. April 2013.

65 Mit Sergei Stankewitschs politischer Karriere und den Vorwürfen der Bestechlichkeit, die ihn zur Flucht nach Polen veranlassten, beschäftigen sich die Artikel von Andrew Higgins, »Putin and Orthodox church cement power in Russia«, *Wall Street Journal*, 18. Dezember 2007, sowie Sergey Strokan und Vladimir Mikheev, »EU-Russia sanctions war to continue«, *Russia Beyond the Headlines*, 26. Juni 2015.

66 Die *Prawda* wirbt für die russische Clubszene in dem Beitrag von Marcelo de Vivo, »Experience the best of Russian nightlife«, *Prawda*, 10. Oktober 2013.

67 Awdotja Alexandrowas Äußerung über das ästhetische Konzept, das ihrer innovativen Modelagentur zugrunde liegt, stammt aus Maeve Shearlaws Artikel »30 under 30: Moscow's young power list«, *Guardian*, 8. Juni 2015.

68 Das Zitat des unabhängigen Verlegers Sergei Kostromin stammt aus Sasha Pershakovas Beitrag »Zine scene: How Russia's long tradition of self-publishing is still thriving today«, *Calvert Journal*, 28. Oktober 2014.

69 Über Andrei Urodows Magazin *Russia Without Us* schreibt Michael Idov in »No sleep till Brooklyn: How hipster Moscow fell in love with

Williamsburg«, *Calvert Journal*, 31. Dezember 2013; diesem Artikel ist auch das Zitat über die Moskauer Themenrestaurants entnommen.

70 Über die Zensurmaßnahmen gegen die Musiker Andrei Makarewitsch und Noize MC aufgrund ihres Eintretens für die Ukraine berichtet Karoun Demirjian in »Russian youths find politics as their pop icons face pressure«, *Washington Post*, 2. Dezember 2014.

71 Human Rights Watch hat die Verfolgung und Unterdrückung von Lesben, Schwulen, Bisexuellen und Transgender-Menschen und ihrer Unterstützer in Russland ausführlich dokumentiert, siehe Cooper, a. a. O.

72 Die Reaktionen von offiziellen Stellen und des Publikums auf Jelena Klimowas Arbeit schildert Alec Luhn in »LGBT website founder fined under Russia's gay propaganda laws«, *Guardian*, 29. Juli 2015.

73 Die Zitate von Dmitri Kusmin stammen aus seinem Essay »On the Moscow metro and being gay«, übers. von Alexei Bayer, *Words without Borders*, 2013.

74 Zur Rolle konservativer religiöser Autoritäten innerhalb der gegenwärtigen russischen Machtstruktur und zu den Anschuldigungen gegen Patriarch Kirill siehe Peter Pomerantsev, »Putin's God squad: The Orthodox Church and Russian politics«, *Newsweek*, 10. September 2012. Die Angaben zu den Kirchenbesuchern im postsowjetischen Russland stammen aus dem Beitrag von Alan Cooperman, Phillip Connor und Erin O'Connell, »Russians return to religion but not to church«, Pew Research Center, 10. Februar 2014. Die Zitate von Patriarch Kirill, Iwan Ostrakowski, Georgi Mitrofanow und den orthodoxen Skinhead-Gangstern sind dem oben genannten *Newsweek*-Artikel entnommen.

75 Die mutmaßlichen Verbindungen zwischen Wladimir Putin und der organisierten Kriminalität in Russland schildert Tom Porter in »Vladmir [sic] Putin allies named as ›key associates of Russian gangsters‹ by Spanish prosecutors«, *International Business Times*, 30. Juni 2015; noch ausführlicher beschäftigt sich Porter mit der russischen Mafia in »Gangs of Russia: Ruthless mafia networks extending their influence«, *International Business Times*, 9. April 2015.

76 Die Einschätzung von Freedom House zur Korruption in Russland ist nachzulesen in Freedom House, »Nations in transit 2015: Russia«, Freedom House, 2015.

77 Über Putins Angebot, Kriminelle mit Vermögenswerten im Ausland zu amnestieren, berichtet Rob Garver in »Putin lets criminals bring money back to Russia«, *Fiscal Times*, 11. Juni 2015; auch das Zitat von Andrei Makarow stammt aus diesem Artikel. Über die Kapitalflucht aus Russland in Höhe von 150 Milliarden Dollar berichten Stephanie Saul und Louise Story in »At the Time Warner Center, an enclave of powerful Russians«, *New York Times*, 11. Februar 2015.

78 Wie russische Behörden gegen den Import von Lebensmitteln aus dem Ausland vorgingen, schildert Shaun Walker in »Russia swoops on gang

importing £19 m of banned cheese from abroad«, *Guardian*, 18. August 2015.

79 Über die wirtschaftliche Ungleichheit im heutigen Russland berichtet Maria Hagan in ihrem Beitrag »The 10 richest Russians in 2014«, *Richest*, 10. Oktober 2014. Dort listet sie auch die reichsten Oligarchen namentlich auf.

80 Über die russischen Schulen für angehende Magnaten berichtet Alexandra Tyan in »Classes aimed at raising a new generation of Russian businessmen«, *Moscow Times*, 27. Juli 2015.

81 Meine Darstellung der russischen Wirtschaft stützt sich weitgehend auf Ian Bremmers exzellenten Artikel »These 5 facts explain Russia's economic decline«, *Time*, 14. August 2015.

82 Mit Max Katz, Isabelle Magkoewa, Roman Dobrochotow und anderen jungen Machern beschäftigt sich Shearlaw in ihrem Artikel, a.a.O.

83 Die heutige russische Protestbewegung und die offiziellen Vergeltungsmaßnahmen gegen ihre Anführer sind das Thema von Alexander Korolkov in »Is the protest movement dead?«, *Russia Beyond the Headlines*, 15. Januar 2015; aus diesem Artikel stammen auch die Zitate von Georgi Tschischow, Nikita Denisow und Yelena Bobrowa.

84 Über die phänomenalen Preise, die für Arbeiten zeitgenössischer chinesischer Künstler erzielt werden, berichten Nazanin Lankarani in »The many faces of Yue Minjun«, *New York Times*, 5. Dezember 2012; Ian Johnson, »Some Chinese artists are testing their limits«, *Wall Street Journal*, 2. Oktober 2009; und Eileen Kinsella in »Who are the top 30 Chinese artists at auction?«, *Artnet News*, 8. September 2014.

85 Die Zitate von Lao Li (Li Xianting) sind entnommen aus Jackie Wullschager, »No more Chinese whispers«, *Financial Times*, 2. Oktober 2004.

86 Die Zitate von Cao Fei und Huang Rui sind entnommen aus Christopher Beam, »Beyond Ai Weiwei: How China's artists handle politics (or avoid them)«, *New Yorker*, 27. März 2015.

87 Die Geschichte der chinesischen Künstlerdörfer wird dargestellt in Angela Lin Huang, »Leaving the city: Artist villages in Beijing«, *Media Culture Journal* 14, Nr. 4 (August 2011). Das Zitat von Li Wenzi stammt aus Zhu Linyong, »Art on the move«, *China Daily*, 25. Januar 2010.

88 Fang Lijuns Lobesworte für Lao Li finden sich in Andrew Cohen, »Off the page: Li Xianting«, *Art Asia Pacific* 71, November/Dezember 2010.

89 Über die Schließung des Festivals des unabhängigen Films in Peking berichtet Jonathan Kaiman, »Beijing independent film festival shut down by Chinese authorities«, *Guardian*, 24. August 2014.

90 Das anhaltende Martyrium des »Bürgermeisters« von Yuanmingyuan, Yan Zhengxue, wird geschildert in William Wan, »Chinese artist recounts his life, including the one time he painted ›X‹ on Mao's face«, *Washington Post*, 2. Juni 2014.

91 Ma Liumings Festnahme und Inhaftierung im Jahr 1994 wird erwähnt in seiner Künstlerbiographie: »Ma Liuming«, *Chinese Contemporary*, 2002, abrufbar unter http://chinesecontemporary.com.
92 Der Aufruhr um Zhu Yus Video in der Ausstellung *Fuck Off* wird geschildert in Wullschager, a. a. O.
93 Das Zitat von Wang Peng ist entnommen aus William Wan, »China tried to erase memories of Tiananmen. But it lives on in the work of dissident artists«, *Washington Post*, 31. Mai 2014.
94 Chen Guangs Werk und die offizielle Reaktion darauf werden beschrieben in Mallika Rao, »Five Chinese dissident artists who aren't Ai Weiwei«, *Huffington Post*, 10. Juni 2014.
95 Über Dai Jianyongs Festnahme berichtet Jamie Fullerton, »Chinese artist who posted funny image of President Xi Jinping facing five years in prison as authorities crackdown [sic] on dissent in the arts«, *Independent*, 28. Mai 2015.
96 Die Geschichte Zhao Zhaos und die zitierte Antwort ist entnommen aus Ulrike Knöfel, »Unsichtbare Bilder«, *Der Spiegel*, 20. August 2012.
97 Über Wu Yuren schreibt Arvind Dilawar in »Teatime with Big Brother: Chinese artist Wu Yuren on life under surveillance«, *Vice*, 15. Juni 2015. Wus Auseinandersetzung mit den Polizisten beruht auf dem persönlichen Austausch über Ysabelle Cheung, Klein Sun Gallery, New York, am 4. November 2015.
98 Die Schilderung der Verhaftung und der Folterung Wang Zangs und die Äußerung seiner Frau sind entnommen aus Wan, a. a. O. Tan Jianyings Bemerkung zu den Grenzen der freien Meinungsäußerung im modernen China stammt aus Jack Chang, »Chinese art colony's free-speech illusion shatters«, *Asahi Shumbun*, 17. Oktober 2014.
99 Zitate von Xi Jinping und anderen offiziellen Vertretern der Volksrepublik China über die Rolle von Kunst und Künstlern in der Gesellschaft stammen von Fullerton, a. a. O.
100 Meine Darstellung der Werke Ai Weiweis und die offizielle Reaktion darauf in China beruht auf Emily Rauhala, »Complete freedom, always just eluding the grasp of Chinese artist Ai Weiwei«, *Washington Post*, 30. Juli 2015. Das Zitat »Die chinesische Kunst ist nichts weiter als ein Produkt ...« stammt aus Ai Weiwei, »Ai Weiwei: China's art world does not exist«, *Guardian*, 10. September 2012. Das Zitat »Sie stehen immer auf der Seite der Macht« ist entnommen aus Beam, a. a. O. Der Kommentar des Pekinger Kurators, der Ai Weiwei kritisiert, stammt aus Wan, a. a. O.
101 Die Worte des anonymen Kurators und Ouyang Jianghes sind entnommen aus Lankarani, a. a. O.
102 Siehe Edward Kaufman, »South Africa's art scene is poised for a breakthrough – at home and abroad«, *Huffington Post*, 19. Februar 2013.
103 Der vollständige Text des Verbotsantrags des ANC zum Gemälde »The Spear« findet sich in Jackson Mthembu, »ANC outraged by Brett Mur-

ray's depiction of President Jacob Zuma«, African National Congress, 17. Mai 2012. Den Vandalismus der Protestaktion beschreibt Alex Perry, »South Africa: Over-exposing the President«, *Time*, 23. Mai 2012. Der Aufruf des Leiters der Shembe Church und die Zitate von Steven Friedman, Aubrey Masango und Jonathan Jansen stammen aus Karen MacGregor, »A spear to the heart of South Africa«, *New York Times*, 5. Juni 2012. Die Rücknahme der Einstufung des Gemäldes als jugendgefährdend schildert South African Press Association, »Appeal tribunal declassifies ›The Spear‹«, *City Press*, 10. October 2012.

104 Den Disput um die Präsentation von Ayanda Mabulus Gemälde schildert »Zuma, Marikana painting pulled from Jo'burg Art Fair«, *Mail & Guardian*, 27. September 2013. Das Zitat von Avanda Mabulu stammt aus Matthew Krouse, »Art Fair forced to reinstate Mabulu painting after Goldblatt threat«, *Mail & Guardian*, 28. September 2013.

105 Die Kontroverse um den Pavillon der Biennale 2015 beschreiben die Artikel von Stefanie Jason, »Venice Biennale: SA Pavilion finally announces artists«, *Mail & Guardian*, 16. April 2015; und »SA trips as Joburg lands on the steps of the Venice Biennale«, *Mail & Guardian*, 30. April 2015 (Quelle des Zitats: »Fremde abzuschlachten …«); siehe auch Jeremy Kuper, »Venice Biennale: View from the ground«, *Mail & Guardian*, 20. Mai 2015.

106 Siehe die British Broadcasting Corporation, »Profiles of Russia's 2012 presidential election candidates«, BBC News, 1. März 2012; und Howard Amos, »Russian publisher prints books about Putin under names of western authors«, *Guardian*, 11. August 2015.

107 Über die Renovierung und Wiedereröffnung des Nationalen Palastmuseums in Taiwan berichtete Keith Bradsher in »Rare glimpses of China's long-hidden treasures«, *New York Times*, 28. Dezember 2006. Die Angaben zu den Besucherzahlen stammen aus »Blackout hits Taipei's Palace Museum Thursday afternoon«, *Want China Times*, 10. Juli 2015. Die Eröffnung der Zweigstelle in Chiayi ist Thema des Artikels »NPM southern branch to open with jadeite cabbage display«, *Want China Times*, 18. September 2015.

108 Die Weigerung des Nationalen Palastmuseums, Skulpturen auszustellen, die angeblich aus dem Sommerpalast geraubt wurden, war Thema einer Sendung der British Broadcasting Corporation, »Taiwan rejects ›looted‹ China art«, BBC News, 7. Oktober 2009. Die Ausleihe von Werken der Qing-Dynastie durch die VR China und die restriktive Ausleihpolitik Taiwans behandelt Tania Branigan in »Chinese treasures to be reunited in Taiwan«, *Guardian*, 19. Februar 2009. Weitere Informationen über die Zusammenarbeit der beiden Museen findet man bei Yin Pumin, »Probing ancient mysteries«, *Beijing Review*, 7. Dezember 2009.

109 Die Zitate des Gründers der White Shirt Army Liulin Wei stammen aus William Wans Artikel »Taiwan's ›white shirt army‹, spurred by Facebook, takes on political parties«, *Washington Post*, 11. November 2013.

110 Die Sonnenblumen-Bewegung wird beschrieben in »›Sunflower‹ protesters break on to political scene«, *Economist Intelligence Unit*, 2. April 2014.
111 In meinem Artikel »As Asia regroups, art has a new urgency«, erschienen in der *New York Times* am 23. August 1998, berichtete ich über Cai Guo-Qiangs »Golden Missile«-Projekt.
112 Jüngste, die sambische Tourismusindustrie begünstigende Entwicklungen beschreibt Matthew Hill in: »Yellow fever relaxation by South Africa helps Zambia tourism«, Bloomberg, 5. Februar 2015.
113 Die Schrecken der Roten Khmer sind umfassend dokumentiert. Eine anschauliche, wenn auch leicht fiktionalisierte Darstellung der Gräueltaten bietet der Film *The Killing Fields* von 1984.
114 Der Tod Phaly Nuons wurde bekannt durch Rob Hail, »Madame Nuon Phaly is gone«, *Out of the Blog*, 27. November 2012; die Bestattungsfeierlichkeiten werden beschrieben in Sophanna Ma, »Funeral of our beloved Mum Phaly Nuon«, Ezra Vogel Special Skills School, Dezember 2012.
115 Eine eingehende Analyse der Auswirkungen von Menschenhandel und Zwangsumsiedlung auf die Psyche der Kambodschaner findet sich in Ligia Kiss u. a., »Health of men, women, and children in post-trafficking services in Cambodia, Thailand, and Vietnam«, *Lancet Global Health* 3 (März 2015); und Jayson Richardson u. a., »Mental health impacts of forced land evictions on women in Cambodia«, *Journal of International Development*, 27. September 2014.
116 Die Angaben zur Selbstmordrate in Kambodscha stammen aus dem »Mental health atlas 2011: Cambodia«, Department of Mental Health and Substance Abuse, World Health Organization, 2011.
117 Die Zahlen zum Prozentsatz psychisch kranker Kambodschaner, die auf Dauer weggesperrt sind, und zu den Ausgaben des Landes für psychische Gesundheit beruhen auf Daniel McLaughlin und Elisabeth Wickeri, »Mental health and human rights in Cambodia«, Leitner Center for International Law and Justice, 31. Juli 2012.
118 Siehe Tanja Schunert u. a., »Cambodian mental health survey«, Royal University of Phnom Penh, Psychologische Fakultät 2012.
119 Siehe Radio Free Asia Khmer Service, »Cambodian province plans campaign for monks to care for mentally ill«, Radio Free Asia, 20. April 2015.
120 Der Niedergang des Nomadentums in der Mongolei wird beschrieben in »WHO country cooperation strategy for Mongolia 2010–2015«, World Health Organization, 2010.
121 Siehe die Pressemitteilung der Weltbank, »Poverty continued to decline, falling from 27.4 percent in 2012 to 21.6 percent in 2014«, Weltbank, 1. Juli 2015.
122 Zum angeblichen Wahlbetrug siehe Tania Branigan, »Mongolia declares state of emergency as riots kill five«, *Guardian*, 2. Juli 2008; zur

Anmerkungen 611

Verurteilung des ehemaligen Präsidenten Nambar Enchbaja siehe Xinhua News Agency, »Former Mongolian president jailed for four years«, *CRI English*, 3. August 2012.
123 Zum Niedergang vieler überjagter Arten siehe Jeffrey Reeves, »Mongolia's environmental security«, *Asian Survey* 51, Nr. 3 (2011).
124 Weitere Informationen über die Auswirkungen moderner Technologie auf das Alltagsleben in der Mongolei finden sich in Jim Yong Kim, »How Mongolia brought nomads TV and mobile phones«, *Bloomberg View*, 14. Oktober 2013; und in Mark Hay, »Nomads on the grid«, *Slate*, 5. Dezember 2014.
125 Siehe »Naadam, Mongolian traditional festival«, United Nations Educational, Scientific and Cultural Organization, 2010.
126 Siehe Tania Branigan, »It's goodbye Lenin, hello dinosaur as fossils head to Mongolia museum«, *Guardian*, 27. Januar 2013.
127 Die Suizidrate in Grönland zum Zeitpunkt meiner ersten Recherchen dort war kurz zuvor veröffentlicht worden, siehe Tine Curtis und Peter Bjeeregaard, *Health Research in Greenland* (1995), S. 31.
128 Die Beschreibung dieser Depressionsformen stammt aus Inge Lynge, »Mental Disorders in Greenland«, *Man & Society* 21 (1997). Ich danke John Hart für die Parallele zu »Amok laufen«.
129 Jean Malaurie, *Les derniers Rois de Thulé*, Librairie Plon, Paris 1955 (dt: *Die letzten Könige von Thule*, VEB F. A. Brockhaus Verlag, Leipzig 1957).
130 Siehe Jason George, »The suicide capital of the world«, *Slate*, 9. Oktober 2009; und Lene Bech Sillesen, »Another word for suicide«, *Al Jazeera*, 21. November 2015. Dem Artikel von Sillesen sind die gegenwärtigen Suizidraten Grönlands sowie das Zitat von Astrid Olsen entnommen. Eine wissenschaftliche Auseinandersetzung mit dem Thema findet sich in Peter Bjerregaard und Christina Viskum Lytken Larsen, »Time trend by region of suicides and suicidal thoughts among Greenland Inuit«, *International Journal of Circumpolar Health* 74 (2015).
131 Über das Votum für die Autonomie wurde am 21. Juni in BBC News unter dem Titel »Self-rule introduced in Greenland« berichtet, BBC News, 21. Juni 2009.
132 Zur Ausweitung der Wasserkraftnutzung siehe »Greenland powers up fifth hydroelectric plant«, *Arctic Journal*, 6. September 2013.
133 Siehe British Broadcasting Corporation, »Greenland's Jakobshavn Glacier sheds big ice chunk«, BBC News, 24. August 2015.
134 Betrachtungen zur senegalesischen Tradition der Kommunikation mit Geistern finden sich in William Simmons, *Eyes of the Night: Witchcraft among a Senegalese People* (1971).
135 Diese Angaben stützen sich auf die Weltgesundheitsorganisation: Department of Mental Health and Substance Abuse, »WHO mental health atlas 2011: Senegal«, World Health Organization, 2011.
136 William Louis Conwill, »*N'deup* and mental health: Implications for

treating Senegalese immigrants in the U. S.«, *International Journal for the Advancement of Counselling* 32, Nr. 3, September 2010.

137 Die Zahl der US-Toten in Afghanistan stützt sich auf die Statistik des amerikanischen Verteidigungsministeriums »Casualty report«, US Department of Defense, 10. November 2015; die Zahl der verbliebenen Truppen findet sich in dem Artikel von Matthew Rosenberg und Michael D. Shear, »In reversal, Obama says U. S. soldiers will stay in Afghanistan to 2017«, *New York Times*, 15. Oktober 2015.

138 Dominic Tierneys Kommentar »The popular narrative ...« stammt aus seinem Artikel »Forgetting Afghanistan«, *Atlantic*, 24. Juni 2015.

139 Die Morde an den Journalistinnen in Afghanistan schildert Declan Walsh in »Second female Afghan journalist killed in five days«, *Guardian*, 6. Juni 2007; und Associated Press, »Women journalists targeted in Afghanistan«, NBC News, 26. Juni 2007.

140 Kubra Khademis künstlerische Performance und ihre Folgen werden von Emma Graham-Harrison in »Afghan artist dons armour to counter men's street harassment« geschildert, *Guardian*, 12. März 2015.

141 Mehr zum Zentrum für afghanische Gegenwartskunst findet man hier: »Introducing the Center for Contemporary Art Afghanistan (CCAA)«, ARCH International, undatiert, http://archinternational.org (Suchbegriff: Center for Contemporary Art Afghanistan).

142 Peter Holley zitiert Munera Yousefzada in seinem Artikel »In Afghanistan, the art of fighting extremism«, *Washington Post*, 12. September 2015.

143 Ausführlich wird das Turquoise-Mountain-Programm auf seiner Website http://turquoisemountain.org beschrieben; außerdem von Daud Rasool in »Rebuilding Afghanistan's creative industries«, British Council, 14. Oktober 2013.

144 Ein Mitgründer von Berang Arts diskutiert die Situation von Künstlerinnen und Künstlern in Afghanistan in Francesca Recchias »Art in Afghanistan: A time of transition«, *Muftah*, 6. August 2014.

145 Professor Alam Farhads Schilderung der explosionsartigen Zunahme des Interesses am Kunststudium an der Universität von Kabul erwähnt Mujib Mashal in »Women and modern art in Afghanistan«, *New York Times*, 6. August 2010.

146 Ali Akhlaqis Klage stammt aus »9 artists challenging our perceptions of Afghanistan« von Chelsea Hawkins in *Mic*, 9. Oktober 2014.

147 Das Zitat von Shamsia Hassani stammt aus dem Interview mit Lisa Pollman in »Art is stronger than war: Afghanistan's first female street artist speaks out«, *Art Radar*, 19. Juli 2013.

148 Auch Azim Fakhris Philosophie stammt aus Hawkins, a. a. O.

149 Fazul Rahim und Sarah Burke beschreiben Kabir Mokamels »ArtLords« in ihrem Beitrag »Afghan artist Kabir Mokamel takes aim at corruption with blast wall art«, NBC News, 19. September 2015.

150 Marla Ruzicka wurde von vielen geliebt und weithin betrauert, siehe

z. B. Ellen Knickmeyer, »Victims' champion is killed in Iraq«, *Washington Post*, 18. April 2005; Robert F. Worth, »An American aid worker is killed in her line of duty«, *New York Times*, 18. April 2005; Simon Robinson, »Appreciation: Marla Ruzicka, 1977–2005«, *Time*, 18. April 2005; Jonathan Steele, »Marla Ruzicka«, *Guardian*, 19. April 2005; Janet Reitman, »The girl who tried to save the world«, *Rolling Stone*, 16. Juni 2005; und Sarah Holewinski, »Marla Ruzicka's Heroism«, *Nation*, 18. September 2013.

151 Aktuelle Informationen über die Benesse Art Site sind zu finden unter http://benesse-artsite.jp. Eine Besprechung aus jüngerer Zeit liefert Susan Adams, »Treasure islands: Inside a Japanese billionaire's art archipelago«, *Forbes*, 29. Juli 2015. Das Zitat von Soichiro Fukutake ist entnommen aus Lee Yulins Dissertation, »Strategies of spatialization in the contemporary art museum: A study of six Japanese institutions«, New York University, 2012.

152 Zur Aufnahme der Marovo-Lagune in die Liste des UNESCO-Welterbes siehe »Tentative lists: Marovo-Tetepare complex«, United Nations Educational, Scientific and Cultural Organization, 23. Dezember 2008.

153 Berichte über größere seismische Ereignisse im Gebiet der Salomonen finden sich unter anderem bei Richard A. Lovett, »Deadly tsunami sweeps Solomon Islands«, *National Geographic News*, 2. April 2007; bei James Grubel, »Tsunami kills at least five in Solomons after big Pacific quake«, Reuters, 6. Februar 2013; bei Lincoln Feast, »Strong quake hits near Solomon Islands; tsunami warning cancelled«, Reuters, 12. April 2014; und bei Sandra Maler und Peter Cooney, »Magnitude 6.6 quake hits Solomon Islands in the Pacific: USGS«, Reuters, 12. August 2015.

154 Die Verlegung auf Choiseul beschreibt Megan Rowling in »Solomons town first in Pacific to relocate due to climate change«, Reuters, 15. August 2014; und Adam Morton, »The vanishing island«, *Age*, 19. September 2015.

155 Die von der Weltbank finanzierten Anstrengungen zur Aufrüstung der Infrastruktur, damit diese Katastrophen besser standhält, werden in der Pressemitteilung der Weltbank vom 1. April 2014 bekanntgegeben: »World Bank, Govt. of Solomon Islands launch two new projects towards improved power supply, disaster & climate resilience«.

156 Mit dem Phänomen der tektonischen Kontinentalplattenverschiebung und den Gefahren für die Salomonen beschäftigt sich der Artikel von Gerald Traufetter, »Rätsel der sinkenden Inseln«, *Der Spiegel*, 11. Juni 2012.

157 Zitate ohne Quellenangabe stammen aus meinen 2004 in Ruanda durchgeführten Interviews. Außerdem zog ich folgende Bücher zurate: Alison Liebhafsky Des Forges, »*Leave None To Tell Our Story*«: *Genozide in Rwanda* (1999), deutsch: *Kein Zeuge darf überleben. Der Ge-*

nozid in Ruanda (2002); Jean Hatzfeld, *Machete Season, The Killers in Rwanda Speak* (2005); Elizabeth Neuffer, *The Key to My Neighbour's House: Seeking Justice in Bosnia and Rwanda* (2002); Binaifer Nowrojee, *Shattered Lives: Sexual Violence during the Rwandan Genocide and Its Aftermath* (1996); Philip Gourevitch, *We Wish to Inform You That Tomorrow We Will Be Killed with Our Families: Stories from Rwanda* (1999), deutsch: *Wir möchten Ihnen mitteilen, dass wir morgen mit unseren Familien umgebracht werden: Berichte aus Ruanda* (2008); und Jonathan Torgovnik, *Intended Consequences: Rwandan Children Born of Rape* (2009), deutsch: *Kinder des Krieges: Ruanda und die unbekannten Folgen des Völkermords* (2009). Darüber hinaus stützte ich mich auf journalistische Berichterstattung: Donatella Lorch, »Rape used as a weapon in Rwanda: Future grim for genocide orphans«, *Houston Chronicle*, 15. Mai 1995; Elizabeth Royte, »The outcasts«, *New York Times Magazine*, 19. Januar 1997; Lindsey Hilsum, »Rwanda's time of rape returns to haunt thousands«, *Guardian*, 26. Februar 1995; Lindsey Hilsum, »Don't abandon Rwandan women again«, *New York Times*, 11. April 2004; und Emily Wax, »Rwandans are struggling to love children of hate«, *Washington Post*, 28. März 2004.

158 Zur Rolle der ruandischen Medien bei der Schürung des Konflikts: Dina Temple-Raston, *Justice on the Grass* (2005). Siehe auch Russell Smith, »The impact of hate media in Rwanda«, BBC News, 3. Dezember 2003. Wirtschaftswissenschaftler David Yanagizawa beschrieb in seiner Dissertation »Propaganda and conflict: Theory and evidence from the Rwandan genocide« (Universität Stockholm 2009) einen direkten Zusammenhang zwischen aufwiegelnden Sendeanstalten und Gewalttaten, indem er die Standorte von Sendeantennen und topographischen Empfangshindernissen mit Orten und Zahlen späterer Gerichtsprozesse zu Genozidvergehen verglich.

159 Siehe Nowrojee, a. a. O., S. 20.

160 Zur Vergewaltigung als Waffe: Susan Brownmiller, *Against Our Will: Men, Women and Rape* (1975), deutsch: *Gegen unseren Willen. Vergewaltigung und Männerherrschaft* (1980); Maria de Bruyn, *Violence, Pregnancy and Abortion: Issues of Women's Rights and Public Health* (2003); und ein Bericht des Global Justice Center: *The Right to an Abortion for Girls and Women Raped in Armed Conflict* (2011).

161 Diese Wendung und Schilderung der weiteren Gräueltaten an einer Überlebenden, siehe Nowrojee, a. a. O.

162 Die Zahlen zu Vergewaltigungen während des Konflikts stammen aus dem Bericht des UNO-Büros zur Koordinierung der humanitären Hilfe »Our bodies, their battle ground: Gender-based violence in conflict zones«, IRIN News, 1. September 2004. Schätzungen zu Vergewaltigungen und daraus resultierenden Geburten finden sich in Marie Consolée Mukagendos Einleitung, »The struggles of Rwandan women raising children born of rape«, in Torgovnik, a. a. O.

163 Diese Bezeichnung stammt zwar von Nowrojee, a. a. O., wird aber weithin verwendet.
164 Siehe Wax, a. a. O.
165 Siehe a. a. O.
166 Siehe Nowrojee, a. a. O.
167 Catherine Bonnets Zitat findet sich in Nowrojee, a. a. O., S. 79. Sie zitiert darin Bonnets Artikel »Le viol des femmes survivantes du génocide du Rwanda«, aus *Rwanda: Un génocide du XXe siècle* (1995), S. 18.
168 Siehe Nowrojee, a. a. O.
169 AVEGAs Arbeit beschreibt Alexandra Topping, »Widows of the genocide: How Rwanda's women are rebuilding their lives«, *Guardian*, 7. April 2014.
170 Jean Damascène Ndayambaje untersucht die psychologischen Hintergründe des Völkermords in Ruanda in seiner Dissertation »Le genocide au Rwanda: Une analyse psychologique« (Université Nationale du Rwanda, 2001).
171 Siehe Wax, a. a. O.
172 Zahlen und Einschätzungen der Weltbank »Rwanda overview«, Weltbank, 6. Oktober 2015; und »Ease of doing business in Rwanda«, Weltbank, 2015.
173 Über Hinrichtungen, Gräueltaten und räuberische Grenzverletzungen durch Paul Kagames Regime berichten Howard W. French, »Kagame's hidden war in the Congo«, *New York Review of Books*, 24. September 2009; Judi Rever und Geoffrey York, »Assassination in Africa: Inside the plots to kill Rwanda's dissidents«, *Globe & Mail*, 2. Mai 2014; Siobhan O'Grady, »Former Rwandan official worries that Kagame's administration is backsliding into mass murder«, *Foreign Policy*, 29. September 2014; und Global Campaign for Rwandan Human Rights, »Crimes and repression vs. development in Rwanda: President Paul Kagame's many shadows«, Africa Faith & Justice Network, 13. Juli 2015.
174 Informationen und Charakterisierung stammen von Marc Sommers, »The darling dictator of the day«, *New York Times*, 27. Mai 2012.
175 Zu Paul Kagames Behauptung siehe Agence France-Presse, »US opposes third term for Rwanda's Kagame: Diplomat«, *Guardian* (Nigeria), 5. Juni 2015. Vom Erfolg der Bestrebungen Kagames berichtet Clement Uwiringiyimana, »Rwandan parliament agrees to extend Kagame's rule«, Reuters, 29. Oktober 2015; und Schilderungen des Referendums finden sich in British Broadcasting Corporation, »Paul Kagame's third term: Rwanda referendum on 18 December«, BBC News, 9. Dezember 2015.
176 Vom Scheitern der Versuche der ruandischen Partei der Grünen (Le Parti vert) berichtet Agence France-Presse, »Rwanda opposition says can't find lawyer for Kagame 3rd term case – one said ›God was against it‹«, *Mail & Guardian*, 8. Juli 2015.
177 Für zeitgenössische Berichte über den Angriff auf die US-Botschaft

in Bengasi siehe »Assault on U.S. consulate in Benghazi leaves 4 dead, including U.S. Ambassador J. Christopher Stevens«, Associated Press/CBS News, 12. September 2012; Luke Harding und Chris Stephen, »Chris Stevens, US ambassador to Libya, killed in Benghazi attack«, *Guardian*, 12. September 2012; sowie David Kirkpatrick und Steven Lee Myers, »Libya attack brings challenges for U.S.«, *New York Times*, 12. September 2012. 2015 verteidigte die damalige Außenministerin Hillary Clinton ihr Handeln vor und während des Angriffs vor dem US-Kongress, siehe hierzu Byron Tau und Peter Nicholas, »Hillary Clinton defends actions in Benghazi«, *Wall Street Journal*, 22. Oktober 2015; und Stephen Collinson, »Marathon Benghazi hearing leaves Hillary Clinton largely unscathed«, *CNN Politics*, 23. Oktober 2015.

178 Einen Bericht über die Eroberung von Sirte durch den IS brachte *Al Jazeera* am 17. August 2015: »ISIL ›brutally‹ quells rebellion in Libya's Sirte.«

179 Welches Verhältnis zwischen den ethnischen Konflikten und dem Menschenhandel besteht, untersucht Callum Paton in »Libya: Scores killed in ethnic clashes for control of south's people-trafficking routes«, *International Business Times*, 23. Juli 2015.

180 Amnesty International dokumentierte die Ermordung von Hunderten libyscher Bürger durch Islamisten in »The state of the world's human rights«, Amnesty International, 11. März 2015.

181 Das Zitat des französischen Außenministers findet sich in dem Artikel »Libya's Tripoli and Tobruk dilemma no nearer to resolution« von Nathalie Guibert, Yves-Michel Riols und Hélène Sallon im *Guardian* vom 27. Januar 2015. Die Reaktionen auf die Vorschläge für eine »Regierung der Nationalen Einheit« werden von Suliman Ali Zway und Carlotta Gall in »Libyan factions reject unity government plan« diskutiert, *New York Times*, 20. Oktober 2015. Von Chalifa Haftars Drohungen, eine weitere Regierung zu bilden, berichtet Mary Fitzgerald in »Libyan renegade general Khalifa Haftar claims he is winning his war«, *Guardian*, 24. Juni 2014.

182 Saif Gaddafis beunruhigende Worte zitiert Lindsey Hilsum in »Saif al-Islam Gaddafi: The prophet of his own doom«, *Guardian*, 5. August 2015.

183 Saif Gaddafi schildert die Amputation seiner Finger durch seine Entführer in dem Artikel »In his first interview, Saif al-Islam says he has not been given access to a lawyer« von Fred Abrahams, *Daily Beast*, 20. Dezember 2012.

184 Über die Verurteilung und die Strafe von Saif Gaddafi berichtet Chris Stephen in »Gaddafi's son Saif al-Islam sentenced to death by court in Libya«, *Guardian*, 28. Juli 2015; und Hilsum, a. a. O.

185 Den Schlachtruf der Pro-Gaddafi-Demonstranten im August 2015 zitiert Hilsum, a. a. O.

186 Fernsehprogramme zum Thema Kochen und Ernährung werden beschrieben in Li Xiaoyu, »A bite of food culture«, *BJ Review*, 2. Juli 2015.
187 Siehe Angela Xu, »China's digital powered foodie revolution«, *Lab Brand*, 6. Januar 2015.
188 Siehe Li, a. a. O.
189 Siehe Cai Muyuan, »Eat green, think greener«, *China Daily Europe*, 5. Juni 2015.
190 Jun Lv u. a., »Consumption of spicy foods and total and cause specific mortality: Population based cohort study«, *British Medical Journal* 351, (4. August 2015).
191 Jessica Rapp, »Locavores, health food, and celebrity chefs: The hottest trends in Shanghai's dining scene«, *Jing Daily*, 24. August 2015.
192 Laut »Report: One fifth of China's soil contaminated«, BBC News, 18. April 2014.
193 Siehe Yanzhong Huang, »The 2008 milk scandal revisited«, *Forbes*, 16. Juli 2014; Peter Foster, »Top 10 Chinese food scandals«, *Telegraph*, 27. April 2011; Associated Press, »Vinegar contaminated with antifreeze kills Chinese Muslims at Ramadan meal«, *Guardian*, 22. August 2011; Patrick Boehler, »Bad eggs: Another fake-food scandal rocks China«, *Time*, 6. November 2012; Patrick Boehler, »Police seize chicken feet in storage since 1967, smuggled from Vietnam«, *South China Morning Post*, 8. Juli 2013; »Chinese police arrest 110 for selling ›contaminated pork‹«, BBC News, 12. Januar 2015; und Elizabeth Barber, »›Gutter oil‹ scandal raises food-safety fears once again in greater China«, *Time*, 8. September 2014.
194 Dominique Patton, »Cashing in on health scares, China online food sales boom«, Reuters, 11. August 2013.
195 Siehe Rebecca Kanthor, »In China, imported fruit is the must-have luxury item for the New Year«, *The World*, Public Radio International, 20. February 2015; und Nan Zhong, »China has a healthy appetite for food imports«, *China Daily*, 2. März 2015.
196 Mehr zu diesem Thema findet sich in Te-Ping Chen, »In latest mash-up, China puts spotlight on spuds«, *Wall Street Journal*, 17. August 2015.
197 Laurie Burkitt, »Selling health food to China«, *Wall Street Journal*, 13. Dezember 2010; und Lily Kuo, »By 2015, China will be the world's largest consumer of processed food«, *Quartz*, 23. September 2013.
198 Dies ist Thema des Artikels von Michael Safi, »Antarctica's increasing sea ice restricting access to research stations«, *Guardian*, 11. Mai 2015.
199 Das Abschmelzen des westantarktischen Eisschilds erörtert Chris Mooney, »Scientists declare an ›urgent‹ mission-study West Antarctica, and fast«, *Washington Post*, 29. September 2015.
200 Das potentielle Schicksal des Totten-Gletschers schildert James Hamblin in »How the most important glacier in east Antarctica is melting«, *Atlantic*, 20. März 2015; dieser Artikel ist auch die Quelle des NASA-Zitats.

201 Über die Rekordtemperaturen in der Antarktis berichtet Katia Hetter, »Antarctic hits 63 degrees, believed to be a record«, CNN News, 1. April 2015.
202 Die Auswirkungen wärmerer Temperaturen auf Pilze, Krustentiere und Pinguine werden erörtert von Australian Associated Press, »Temperature affects fungi in Antarctica«, Special Broadcasting Service, 28. September 2015; von Chelsea Harvey, »Next up from climate change: Shell-crushing crabs invading Antarctica«, Washington Post, 28. September 2015; und von Chris Mooney, »The melting of Antarctica is bad news for humans. But it might make penguins pretty happy«, Washington Post, 13. August 2015.
203 Chinas Absichten schildert Jane Perlez ausführlich in dem Artikel »China, pursuing strategic interests, builds presence in Antarctica«, New York Times, 3. Mai 2015.
204 Bengkala steht im Zentrum der Arbeit von I. Gede Marsaja, *Desa Kolok: A Deaf Village and Its Sign Language in Bali, Indonesia* (2008). Den ersten Bericht über die in dem Dorf häufig auftretende angeborene Taubheit lieferten S. Winata u. a. in: »Congenital non-syndromal autosomal recessive deafness in Bengkala, an isolated Balinese village«, *Journal of Medical Genetics* 32 (1995). Eine allgemeine, leicht zugängliche Abhandlung über die syndromische Taubheit in endogamen Gemeinschaften bietet John Travis, »Genes of silence: Scientists track down a slew of mutated genes that cause deafness«, *Science News*, 17. Januar 1998. Einen eigenwilligen Überblick über die wissenschaftliche Forschung zu dem Thema findet sich in Annelies Kusters, »Deaf utopias? Reviewing the sociocultural literature on the world's ›Martha's Vineyard situations‹«, *Journal of Deaf Studies & Deaf Education* 15, Nr. 1 (Januar 2010).
205 Die komplexen Beziehungsnetze zwischen den Balinesen sind Thema des oft zitierten Werks *Kinship in Bali* von Hildred und Clifford Geertz (1975).
206 Zur Erläuterung der Gehörlosenpolitik in den Vereinigten Staaten der 1990er Jahre siehe meinen Artikel »Defiantly Deaf«, *New York Times Magazine*, 28. August 1994.
207 Der Nachtrag zum Kata Kolok beruht auf der Arbeit von Connie de Vos vom Max-Planck-Institut für Psycholinguistik, einer der produktivsten Forscherinnen auf dem Gebiet der Gebärdensprache; siehe z. B. den Artikel von Connie de Vos und N. Palfreyman, »Deaf around the world: The impact of language«, *Journal of Linguistics* 48, Nr. 3 (November 2012), in dem die relativen Zahlen der gehörlosen und hörenden Kata-Kolok-Sprecher genannt werden; siehe auch Connie de Vos, »Absolute spatial deixis and proto-toponyms in Kata Kolok«, *NUSA: Linguistic Studies of Languages In and Around Indonesia* 56 (2014) über die Umsiedlung von Kata-Kolok-Sprechern aus Bengkala; und Connie de Vos, »A signers' village in Bali, Indonesia«, *Minpaku Anthro-*

Anmerkungen 619

pology News (2011), in der der Verlust dieser Sprache dokumentiert wird.

208 Im Zusammenhang mit der Fußballweltmeisterschaft 2014 wurden sowohl in Brasilien als auch auf internationaler Ebene Ermittlungen wegen des Verdachts der Korruption aufgenommen; siehe Lisa Flueckiger, »Brazil's federal police to investigate after FIFA scandal«, *Rio Times*, 29. Mai 2015; und Vincent Bevins, »Coming ›tsunami‹? In Brazil, calls for reform in wake of FIFA scandals«, *Los Angeles Times*, 12. Juni 2015.

209 Die Umstände, die zur Wahl Brasiliens als Austragungsort der Olympischen Spiele 2016 geführt haben, sind ebenfalls fragwürdig; siehe Caroline Stauffer, »Brazil's Petrobras corruption investigators to probe Olympic contracts«, Reuters, 25. November 2015; sowie Tariq Panja und David Biller, »Soccer icon Romario, Rio mayor Paes cited in corruption tape«, Bloomberg, 25. November 2015.

210 Zum Werk von Vik Muniz siehe Carol Kino, »Where art meets trash and transforms life«, *New York Times*, 21. Oktober 2010; und Mara Sartore, »Lampedusa: Migration and desire, an interview with Vik Muniz«, *My Art Guides*, Juni 2015.

211 Eine detaillierte Geschichte des Samba und des Karnevals in Rio bietet Marlene Lima Hufferd, »Carnaval in Brazil, samba schools and African culture: A study of samba schools through their African heritage«, Retrospective Theses and Dissertations, Paper 15406, University of Iowa 2007. Leider ist nicht einmal die weltgrößte Party frei von Korruptionsvorwürfen; siehe Anderson Antunes, »When samba meets African dictators: The ugly side of Rio de Janeiro's Carnival«, *Forbes*, 19. Februar 2015.

212 Einblicke in die Kultur ihres Landes gibt Lilia Moritz Schwarcz in einem Interview mit Robert Darnton, »Talking about Brazil with Lilia Schwarcz«, *New York Review of Books*, 17. August 2010. Eine Zusammenfassung ihrer wissenschaftlichen Arbeit findet man in Lilia Moritz Schwarcz, »Not black, not white: Just the opposite: Culture, race and national identity in Brazil«, Working Paper CBS-47-03, Centre for Brazilian Studies, University of Oxford 2003.

213 Eine ausführliche Diskussion über Brasilia bietet Benjamin Schwarz, »A vision in concrete«, *Atlantic*, Juli/August 2008.

214 Eine forensische Beschreibung der entsetzlichen Hinrichtungsmethode mit brennenden Autoreifen findet man bei Carlos Durao, Marcos Machado und Eduardo Daruge jun., »Death in the ›microwave oven‹: A form of execution by arbonization«, *Forensic Science International* 253 (August 2015).

215 Das Zitat von Philip Alston stammt aus Todd Bensons Artikel »U.N. watchdog denounces police killings in Brazil«, Reuters, 15. September 2008.

216 Die Angaben zu den Verhafteten, die von der Polizei in Rio bzw. in den USA getötet wurden, finden sich bei Fernando Ribeiro Delgado, »Le-

thal force: Police violence and public security in Rio de Janeiro and São Paulo«, Human Rights Watch, 8. Dezember 2009.

217 Luiz Eduardo Soares hat wiederholt eine komplette Neustrukturierung der brasilianischen Polizei gefordert; siehe Nashla Dahas, »Luis Eduardo Soares«, *Revista de Historia*, 11. Januar 2014; und Leandro Resende, »›A nação está pertubada‹, define antropólogo Luiz Eduardo Soares«, *O Dia Brasil*, 10. Oktober 2015.

218 Die Angaben zu den von der Polizei in Rio bzw. São Paulo Getöteten stammen aus dem Bericht von Human Rights Watch, Delgado, a.a.O.

219 Über die Verhaftung von Oberst Alexandre Fontenell Ribeiro, Chef der Spezialeinheiten der Militärpolizei von Rio de Janeiro, berichtete die British Broadcasting Corporation, »Brazil corruption: Rio police arrested over ›extortion racket‹«, BBC News, 16. September 2014.

220 Das Zitat von Oberst Colonel José Carvalho stammt aus einer diplomatischen Depesche von 2009, die von WikiLeaks veröffentlicht wurde; siehe American Consul Rio de Janeiro, »Counter-insurgency doctrine comes to Rio's favelas«, 30. September 2009.

221 Die Praxis, die »Tapferkeit« von Polizeibeamten gegenüber Favelabewohnern mit einer Gehaltserhöhung zu belohnen, schildert Steven Dudley in »Deadly force: Security and insecurity in Rio«, North American Congress on Latin America, November 1998.

222 Die Angaben über die Anzahl der Favelas, in denen die UPPs tätig sind, stammen aus dem Artikel von Andrew Downie, »Rio finally makes headway against its drug gangs«, *Time*, 26. November 2010; und vom US-Außenministerium, »Country reports on human rights practices for 2011: Brazil«, US Department of State, 2012.

223 Das Zitat des *patrão* stammt aus dem Artikel von Jonathan Watts, »Rio police tackle favelas as World Cup looms«, *Guardian*, 10. Juni 2013.

224 Der Oberst schildert seine Vorstellung von der Befriedung umfassender in dem Artikel von Robson Rodrigues, »The dilemmas of pacification: News of war and peace in the ›marvelous city‹«, *Stability Journal*, 22. Mai 2014.

225 Aufgrund offizieller Bedenken wegen des möglichen Einflusses von Banden sind die inoffiziellen Baile-Funk-Partys zu einer gefährdeten Spezies geworden; siehe Beth McLoughlin, »Rio's funk parties silenced by crackdown on gangs«, BBC News, 5. Mai 2012; und Jillian Kestler-D'Amours, »Silencing Brazil's baile funk«, *Al Jazeera*, 5. Juli 2014.

226 Ein Beispiel für Unterkünfte der gehobeneren Art, die neuerdings in den Favelas entstehen, schildern Joanna Hansford und Mary Bolling Blackiston in »Luxury boutique hostel opens in Vidigal«, *Rio Times*, 4. März 2014.

227 Das Museu de Favela war Thema einer Sendung der British Broadcasting Corporation, »Rio de Janeiro's favelas reflected through art«, BBC News, 29. Mai 2011.

228 Zum Rückgang der Schussverletzungen siehe Melissa Rossi, »Gun

wounds down in Complexo do Alemão«, *Rio Times*, 3. Juli 2012. Zum Vergleich der Mordraten von Rio und Washington siehe Richard Florida, »Gun violence in U.S. cities compared to the deadliest nations in the world«, *Citylab*, 22. Januar 2013.
229 Siehe auch Christopher Gaffney, »Global parties, galactic hangovers: Brazil's mega event dystopia«, *Los Angeles Review of Books*, 1. Oktober 2014.
230 André Urani starb kurz nach der Veröffentlichung seines Buchs *Rio: A Hora da Virada* (2011); siehe den Nachruf »Die economist André Urani«, *O Globo*, 14. Dezember 2011.
231 Als ich Maria Silvia Bastos Marques interviewte, war sie Chefin der Empresa Olímpica Municipal. Inzwischen hat sie diese Position aufgegeben; siehe Nick Zaccardi, »President of company preparing Rio for Olympics resigns«, NBC Sports, 1. April 2014.
232 Zur Kontroverse um die Zwangsumsiedlung von Favelabewohnern zugunsten von Olympia-Zubringerzügen siehe Donna Bowater, »Olympics bus route to displace 900 families from Rio favela«, *Al Jazeera*, 1. September 2014; Matthew Niederhauser, »Rio's Olympic inequality problem, in pictures«, *Citylab*, 9. September 2015; und Bruce Douglas, »Brazil officials evict families from homes ahead of 2016 Olympic Games«, *Guardian*, 28. Oktober 2015.
233 Ein längeres Interview mit Faustini findet man bei Luiz Felipe Reis, »As muitas redes do agitador da ›perifa‹ Marcus Vinicius Faustini«, *O Globo*, 21. Juli 2012.
234 Philip Alstons Kritik an der Vorstellung, dass »gelegentliche gewaltsame Invasionen Sicherheit bringen können«, stammt aus der Pressemitteilung »UN Special Rapporteur finds that killings by Brazilian police continue at alarming rates, government has failed to take all necessary action«, United Nations Office of the High Commissioner for Human Rights, 1. Juni 2010. Eine detaillierte Analyse der Lage in Brasilien liefert Alston in »Report of the Special Rapporteur on extrajudicial, summary or arbitrary executions: Follow-up to country recommendations – Brazil«, United Nations Human Rights Council, 28. Mai 2010.
235 Einen historischen Überblick über die ethnischen Identitäten in Brasilien bieten Antonio Sérgio und Alfredo Guimarães in »The Brazilian system of racial classification«, *Ethnic and Racial Studies* 35, Nr. 7 (2012).
236 Mit der verwirrenden Palette an ethnischen Identitäten, die die Brasilianer für sich in Anspruch nehmen, befasst sich Melissa Block in »Skin color still plays big role in ethnically diverse Brazil«, *All Things Considered*, National Public Radio, 19. September 2013; zu den 136 verschiedenen Kategorien siehe Cristina Grillo, »Brasil quer ser chamado de moreno e só 39 % se autodreinem como brancos«, *Folha*, 25. Juni 1995.
237 Über die Studie zu den rassistischen Einstellungen von Stadt- und Land-

bewohnern in Brasilien berichteten Étore Medeiros und Ana Pompeu in »Brasileiros acham que há racismo, mas somente 1.3 % se consideram racistas«, *Correio Braziliense*, 25. März 2014.
238 Zur Wahrnehmung der Einwohner von São Paulo siehe Lilia Moritz Schwarcz, »Especificidade do racismo Brasileiro«, in *História da vida Privada no Brasil* (1998).
239 Cíntia Luna beschreibt ihre Arbeit in Rachael Hilderbrand, »Conheça Cíntia Luna, Presidente da AMUST do Morro do Fogueteiro«, *Rio On Watch*, 4. Juli 2014.
240 Siehe www.enraizados.com.br.
241 Fernando Gabeira hat seine Erinnerungen in dem Buch *O Que É Isso, Companheiro?* (1979) [dt. *Die Guerilleros sind müde*, Frankfurt am Main 1982] festgehalten; der Film *Vier Tage im September* (1997) basiert darauf.
242 Zur Renovierung des Estádio do Maracanã siehe Tom Winterbottom, »The tragedy of the Maracanã Stadium«, *Rio On Watch*, 13. Juni 2014; und Mark Byrnes, »A brief history of Brazil's most treasured World Cup stadium«, *Citylab*, 16. Juni 2014.
243 Die Renovierung des Teatro Municipal beschreibt Sean Collins in »City's theater re-opens in style«, *Rio Times*, 8. Juni 2010.
244 Sergio Mattos diskutiert die Trends in der Model-Industrie in Jenny Barchfields Beitrag »Transgenders break into Brazil's modeling sector«, *CNS News*, 6. Dezember 2012.
245 Siehe Vik Muniz' Film *Waste Land* (2011); siehe auch Kino, a. a. O.
246 Tom Jobims angeblicher Ausspruch »Morar em Nova Iorque é bom mas é uma merda, morar no Rio é uma merda mas é bom« hat in Brasilien den Status einer Großstadtlegende erlangt und wird online zuhauf zitiert. Sorgfältige Journalisten fügen dem Zitat den Zusatz »wird Jobim zugeschrieben« bei; siehe z. B. Antonio Carlos Miguel, »Ser ou não ser carioca da gema não é a questão (Carioca sein oder nicht sein, das ist die Frage)«, *O Globo*, 28. Februar 2015 (»O conceito atribuído a Tom Jobim ... é daqueles infalíveis«); und Fernando Canzian, »É bom, mas é ruim (Es ist gut, aber es ist schlecht)«, *Folha*, 13. Juli 2009 (»A frase é atribuída a Tom Jobim ...«).
247 Die statistischen Angaben zu den UPPs stammen von Clarissa Lins, »Providing electricity to Rio de Janeiro's favelas«, *Guardian*, 18. März 2014; und von Janet Tappin Coelho, »Brazil's ›peace police‹ turn five. Are Rio's favelas safer?«, *Christian Science Monitor*, 19. Dezember 2013.
248 Der Rückgang der Kriminalitätsrate nach der Einführung des UPP-Programms ist Thema von Simon Jenkins in seinem Artikel »Vision of the future or criminal eyesore: What should Rio do with its favelas?«, *Guardian*, 30. April 2014; Robert Muggah und Ilona Szabo de Carvalho befassen sich in »Fear and backsliding in Rio«, *New York Times*, 15. April 2014, mit den Verbesserungen im Schulsektor.

249 Die Forschungsergebnisse des Institute of Social and Political Studies hinsichtlich der Kriminalität in Rios Favelas sind nachzulesen bei Coelho, a. a. O.
250 Die Angaben stammen von Human Rights Watch, »Letter: Brazil: Protect detainees in police custody«, 25. Juli 2014.
251 Siehe »You killed my son: Homicides by military police in the city of Rio de Janeiro«, Amnesty International, 3. August 2015.
252 Siehe Karin Elisabeth von Schmalz Peixoto u. a., »Rio 2016 Olympics: The exclusion games«, World Cup and Olympics Popular Committee of Rio de Janeiro, 7. Dezember 2015; siehe auch Jonathan Watts, »Rio Olympics linked to widespread human rights violations, report reveals«, Guardian, 8. Dezember 2015.
253 Über den Tod von Amarildo de Souza in Polizeihaft wurde ausführlich berichtet, u. a. von Jonathan Watts in »Brazil: Rio police charged over torture and death of missing favela man«, Guardian, 2. Oktober 2013; siehe auch Human Rights Watch, »Brazil: Reforms fail to end torture«, Human Rights Watch, 28. Juli 2014.
254 Der Tod von Douglas Rafael da Silva Pereira löste breite Proteste aus; siehe Wyre Davies, »Brazil: Protesters in Rio clash with police over dancer's death«, BBC News, 23. April 2014.
255 Von Schusswechseln in »befriedeten« Favelas berichtet Donna Bowater in »Rio's police-occupied slums see an increase in drug-related violence«, Washington Post, 19. Februar 2014.
256 Das Zitat von Cleber Araujo stammt aus dem Artikel von Loretta Chao, »Rio faces surge of post-World Cup violence in slums«, Wall Street Journal, 22. Juli 2014.
257 Siehe Judith Horowitz u. a., »Brazilian discontent ahead of World Cup«, Pew Research Global Attitudes Project, 3. Juni 2014.
258 So schildert es Jonathan Watts in seinem Artikel »Rio police tackle favelas as World Cup looms«, Guardian, 10. Juni 2013. Auch die Befriedung der Favela Rocinha hatte für gesetzestreue Bewohner verheerende Folgen, siehe Paula Ramon, »Poor, middle class unite in Brazil protests«, CNN News, 24. Juli 2013.
259 Das Zitat von Atila Roque stammt aus »You killed my son: Homicides by military police in the city of Rio de Janeiro«, a. a. O.
260 Das Zitat des anonymen Favelabewohners stammt aus Rodrigo Serrano-Berthet u. a., »Bringing the state back into the favelas of Rio de Janeiro: Understanding changes in community life after the UPP pacification process«, World Bank, Oktober 2012.
261 Diese Spekulationen erschienen unter: Daniel Danquah Damptey, »Investigate Mills' death«, GhanaWeb, 29. Juli 2015.
262 Moses Foh-Amoanings Prophezeiung wird zitiert in dem Rundfunkbericht: Kweku Antwi-Otoo, »Gay activist Andrew Solomon will be a pastor one day: Moses Foh-Amoaning«, Atinka 104.7 FM, 13. Juli 2015. Das Zitat »Gott wird ihn treffen und ihn zur Wandlung bewe-

gen« stammt aus einem anderen Artikel, der sich ausführlich mit meiner sexuellen Identität befasst: »›Prayer‹ is the key against ›devilish‹ homosexuality worldwide: Moses Foh-Amoaning«, *Daily Guide Ghana*, 14. Juli 2015.

263 Ein ähnliches, wenn auch nicht ganz so hoffnungsvolles Pamphlet findet sich unter: Gyasiwaa Agyeman, »›Mahama will soon mortgage Ghana to anti-Christ‹«, Adom Online, 8. Januar 2016.

264 Siehe dazu Dorina Calin, »Decizie UNATC: Criticul de film Andrei Rus nu va fi dat afară din instituție, dar va fi sancționat«, *Mediafax*, 2. Juli 2015.

265 Wenn nicht anders gekennzeichnet, stammen alle Zitate in meinem Essay aus eigenen Interviews.

266 Die Freilassung von elfhundert politischen Gefangenen wird 2014 in einem Bericht von Tomás Ojea Quintana, UN-Menschenrechtsbeauftragter für Myanmar, erwähnt; siehe Samantha Michaels, »Quintana releases final report on Burma human rights«, *Irrawaddy*, 14. März 2014.

267 Über die erste Lockerung der US-Sanktionen gegenüber Myanmar schreibt Karen De Young in ihrem Artikel »Ban on U.S. investment in Burma is lifted«, *Washington Post*, 11. Juli 2012.

268 Über die Aufhebung des Hausarrests für Suu Kyi berichtet Tracy McVeigh in »Aung San Suu Kyi, released from house arrest«, *Guardian*, 13. November 2010; über den Sieg der NLD bei den Wahlen 2012 berichtet Esmer Golluoglu in »Aung San Suu Kyi hails ›new era‹ for Burma after landslide victory«, *Guardian*, 2. April 2012.

269 Zumindest ein birmanischer Kommentator sah in Ma Thidas vorzeitiger Entlassung aus dem Gefängnis paradoxerweise einen zynischen PR-Trick seitens der Junta; siehe Aung Zaw, »The SPDC's diplomatic gambit«, *Irrawaddy*, Februar 1999.

270 Aung San Suu Kyi, a. a. O.

271 Über sein Werk spricht der Künstler Aye Ko in Whitney Light, »Pressing questions with Aye Ko«, *Myanmar Times*, 18. Mai 2014.

272 Lu Maw und sein Bruder, der verstorbene Par Par Lay, wurden 1996 nach einer Performance ihrer Comedy-Truppe inhaftiert, siehe Philip Heijmans, »Skirting comedy limits in Myanmar«, *New York Times*, 29. Juli 2015.

273 Ko Min Latt ist nicht nur Bürgermeister, er gibt auch *Than Lwin Times* heraus, eine Zeitung in der Sprache der Mon; siehe Banyar Kong Janoi, »Pushing for ethnic language media in a changing Burma«, *Asia Calling*, 10. November 2012.

274 Auch Moe Satt hat mit seiner Kunst das Misstrauen der Behörden erregt, siehe Hillary Luong, »Artists detained by Myanmar police«, *Art Asia Pacific*, 8. Juni 2012.

275 Nay Phone Latts journalistischer Mut sicherte ihm in *TIME 100* von 2010 einen Platz in der Liste der 100 einflussreichsten Persönlichkei-

ten; siehe Salman Rushdie, »Heroes: Nay Phone Latt«, *Time*, 29. April 2010. Ein neueres Interview findet sich in »Nay Phone Latt speaks«, *Myanmar Times*, 3. März 2014.

276 Thant Myint-U, Enkel des früheren UN-Generalsekretärs U Thant, ist Autor vieler Bücher und Artikel über politische Themen und Vorsitzender des Yangon Heritage Trust, der sich bemüht, die Geschichte der historischen Architektur zu dokumentieren, Baugesetze einzuführen und die städtische Architektur in Yangon zu bewahren; siehe die Website der Organisation http://yangonheritagetrust.org.

277 Einen aktuellen Artikel über Sammy Samuels schrieb Joe Freeman, »Myanmar's Jewish vote«, *Tablet*, 9. November 2015. Sein Reisebüro Myanmar Shalom findet man online unter http://myanmarshalom.com.

278 Auf die dramatische Zunahme der Mobilfunkindustrie in Myanmar geht Jason Motlagh in dem Artikel »When a SIM card goes from $2,000 to $1.50« ein, siehe *Bloomberg Business*, 29. September 2014; ebenso Michael Tan in »One million SIM cards sold in Myanmar«, *CNET*, 2. Oktober 2014; und Jared Ferrie, »SIM sales soar as Myanmar races to catch up in telecoms«, Reuters, 6. Mai 2015.

279 Aufgrund von Sicherheitsbedenken hat Myanmar vor kurzem ein Gesetz verabschiedet, laut dem künftig importierte Autos für den Linksverkehr ausgestattet sein müssen; siehe Kyaw Hsu Mon, »Govt to push left-hand steering wheels on future car imports«, *Irrawaddy*, 25. November 2014; und Aye Nyein Win, »Right-hand drives to remain on the roads«, *Myanmar Times*, 23. Oktober 2015.

280 Die Statistik zur Unterernährung von Kindern in Myanmar stammt von UNICEF, »Country statistics: Myanmar«, UNICEF, 2015.

281 Eine detaillierte Analyse über den Beitrag des Tourismus zur Wirtschaft Myanmars findet sich bei Rochelle Turner u. a., »Travel and tourism: Economic impact 2015: Myanmar«, World Travel and Tourism Council, 2015.

282 Mehr Hintergrund zur Geschichte Myanmars liefern Michael Aung-Thwin und Maitrii Aung-Thwin, *A History of Myanmar since Ancient Times* (2012).

283 Für genauere Informationen zu dem Studentenaufstand 1988 siehe »Burma's 1988 protests«, BBC News, 25. September 2007; und Rodion Ebbighausen, »Myanmar: The uprising of 1988«, Deutsche Welle, 8. August 2013.

284 Der komplette Text der (englischsprachigen) Verfassung von 2008 findet sich auf der Website der Weltorganisation für geistiges Eigentum (WIPO) http://wipo.int/edocs/lexdocs/laws/en/mm/mm009en.pdf. Über die Diskussion der problematischen Aspekte dieser Verfassung und der Bemühungen, sie zu reformieren, schreibt Thomas Fuller in seinen Artikeln »Myanmar's leader backs change to constitution«, *New York Times*, 2. Januar 2014, und »Myanmar's military uses political force to block constitutional changes«, *New York Times*, 15. Juni 2015; sowie

Jared Ferrie, »Myanmar president enacts law allowing referendum on disputed constitution«, Reuters, 12. Februar 2015.

285 Das Heimweh der birmanischen Flüchtlinge schildert Julia Lyon in dem Artikel »Invited to escape to America, some refugees just say no«, *St. Louis Tribune*, 14. September 2009; und auch Ron Corben, »Burmese refugees in Thailand long to return home«, Deutsche Welle, 13. Dezember 2011.

286 Unter den Dissidenten, die eine Entschuldigung von ihren Häschern verlangen, ist Win Tin; siehe Kyaw Phyo Tha, »Ex-political prisoner Win Tin demands apology from junta leaders«, *Irrawaddy*, 30. Oktober 2013.

287 Siehe Aung San Suu Kyi, *Der Weg zur Freiheit: Gespräche mit Alan Clements* (aus dem Engl. von Udo Rennert), Bergisch Gladbach 1997.

288 Myanmars schwach bevölkerte Hauptstadt beschreiben Matt Kennard und Claire Provost, »The lights are on but no one's home in Myanmar's capital Naypyidaw«, *Guardian*, 19. März 2015; sowie Katie Amey, »Government-issued housing, super-highways that span 20 lanes but not a soul in sight: Inside Myanmar's haunting capital city«, *Daily Mail*, 18. April 2015.

289 Siehe US-Außenministerium, »U.S. economic engagement with Burma«, US-Botschaft in Yangon, Juni 2014.

290 Zwar sind viele birmanische Fachleute nach Singapur gezogen, doch allmählich fängt das Blatt an, sich zu wenden; siehe Kyaw Zwa Moe, »Burmese professionals earn good money in Singapore but still miss home«, *Irrawaddy*, März 2007; und Joanna Seow, »More Myanmar professionals in Singapore heading home to tap booming economy«, *Straits Times*, 24. März 2014.

291 Shwe Manns pragmatisches Bündnis mit Aung San Suu Kyi weckte Bedenken bei den anderen Mitgliedern der USDP, auch bei Präsident Thein Sein, der Manns dramatische Absetzung als Parteivorsitzender inszenierte; siehe Thomas Fuller, »Conservatives in Myanmar force out leader of ruling party«, *New York Times*, 13. August 2015; British Broadcasting Corporation, »Aung San Suu Kyi hails Shwe Mann as an ›ally‹«, BBC News, 18. August 2015; sowie Hnin Yadana Zaw und Antoni Slodkowski, »Myanmar's ousted ruling party head to work with Suu Kyi«, Reuters, 5. November 2015.

292 Siehe die renommierte Biographie von Peter Popham, *The Lady and the Peacock: The Life of Aung San Suu Kyi* (2012).

293 Die Nobelpreisrede von Aung San Suu Kyi findet man online unter http://nobelprize.org/nobel_prizes/peace/laureates/1991/kyi-lecture_en.html.

294 Siehe die zuvor zitierten Quellen zur Verfassung von Myanmar bei Fuller (2014 und 2015), a.a.O., und Ferrie, a.a.O.

295 Robert San Pe erörtert die Verfassungsreform in dem 24-minütigen Video »Legal adviser to Aung San Suu Kyi, Robert Pe«, Reliefweb Labs, 5. Mai 2015.

296 Spender für Myanmars brandneue parlamentarische Bibliothek waren unter anderem Kanada, die Vereinigten Staaten und die Asia Foundation; siehe »Baird bears gifts«, *Mizzima*, 9. März 2012; Malaysian Myanmar Business Council, »U.S. contributes publications to parliamentary library«, 24. Oktober 2012; und Asia Foundation, »The Asia Foundation donates books to parliamentary library in Burma«, 24. Oktober 2012.

297 Zur Wirkung und Dynamik von Nargis siehe Michael Casey, »Why the cyclone in Myanmar was so deadly«, *National Geographic News*, 8. Mai 2008.

298 Die empörende Stellungnahme von Generalkonsul Ye Myint Aung steht in einem Brief vom 9. Februar 2009 (online unter http://asiapacific.anu.edu.au/newmandala/wp-content/uploads/2009/02/the-consul-generalsletter.pdf); als Erster berichtete Greg Torode darüber, »Myanmese envoy says Rohingya ugly as ogres«, *South China Morning Post*, 11. Februar 2009.

299 Zur Interpretation der Geschichte ihrer muslimischen Bevölkerung seitens der Regierung von Myanmar siehe Republic of the Union of Myanmar, »Final report of inquiry commission on sectarian violence in Rakhine State«, 8. Juli 2013.

300 Mehrere NGOs geben einen Überblick über die Geschichte der Rohingya; siehe z. B. Euro-Burma Office, »The Rohingyas: Bengali Muslims or Arakan Rohingyas?«, EBO Briefing Paper No. 2, Euro-Burma Office, 2009; und Eliane Coates, »Sectarian violence involving Rohingya in Myanmar: Historical roots and modern triggers«, Middle East Institute, 4. August 2014.

301 Spekulationen über die Verbindungen der Rohingya zu Terrorgruppen werden von Sicherheitsexperten und Parlamentarieren in Myanmar heftig diskutiert; siehe Paul Vrieze, »Experts reject claims of ›Rohingya mujahideen‹ insurgency«, *Irrawaddy*, 15. Juli 2013.

302 Human Rights Watch hat die Verfolgung der Rohingya dokumentiert, siehe Matthew Smith u. a., »›All you can do is pray‹: Crimes against humanity and ethnic cleansing of Rohingya Muslims in Burma's Arakan State«, Human Rights Watch, April 2013.

303 Ashin Wirathus Predigt, die vermutlich das Massaker an den Rohingya in Meiktila ausgelöst hat, ist in einem Online-Video zu sehen, »Anti Muslim monk Wirathu talk about Meiktila before riot«, YouTube, 24. März 2013; eine Kurzfassung davon findet sich übersetzt bei Maung Zarni, »Racist leader monk Rev. Wirathu's speech«, *M-Media*, 24. März 2013. Wirathus Mahnung, »sich zu erheben« und »mit kochendem Blut« zu kämpfen, wird zitiert in Hannah Beech, »The face of Buddhist terror«, *Time*, 1. Juli 2013. Das Zitat aus dem bei einer seiner Predigten verteilten Pamphlet findet sich in dem Artikel von Thomas Fuller, »Extremism rises among Myanmar Buddhists«, *New York Times*, 20. Juni 2013. Mit Hitler verglichen wird Wirathu in Sarah Ka-

plan, »The serene-looking Buddhist monk accused of inciting Burma's sectarian violence«, *Washington Post*, 27. Mai 2015.
304 Siehe Yassin Musharbash, »Pakistan – Islamisten sprengen Buddha-Statuen«, *Der Spiegel*, 6. November 2007, http://www.spiegel.de/politik/ausland/pakistan-islamisten-sprengen-buddha-statuen-a-515708.html.
305 Den Begriff »brutale Buddhisten« zitiert Jonathan Pearlman in »Jihadist group calls on Muslims to save Burmese migrants from ›savage Buddhists‹«, *Telegraph*, 20. Mai 2015.
306 Die Flucht der Rohingya aus Myanmar dokumentiert David Mathieson, »Perilous plight: Burma's Rohingya take to the seas«, Human Rights Watch, 2009.
307 Suu Kyis Schweigen wurde weithin zur Kenntnis genommen, siehe z. B. Moshahida Sultana Ritu, »Ethnic cleansing in Myanmar«, *New York Times*, 12. Juli 2012; und Charlie Campbell, »Arakan strife poses Suu Kyi political problem«, *Irrawaddy*, 13. Juli 2012.
308 Die Spannungen zwischen Arakan-Buddhisten und ausländischen Helfern schildert Lawi Weng, »Arakan monks boycott UN, INGOs«, *Irrawaddy*, 6. Juli 2012.
309 Über die Ausschreitungen 2014 in Mandalay wird berichtet in »Five injured in Mandalay unrest, damage limited«, *Irrawaddy*, 2. Juli 2014.
310 Eine wissenschaftliche Erörterung der verschiedenen Muslime, die in Myanmar leben, bietet Khin Maung Yin, »Salience of ethnicity among Burman Muslims: A study in identity formation«, *Intellectual Discourse* 13, Nr. 2 (2005).
311 Mehr Informationen über die tätowierten Frauen in den Chin-Dörfern findet man bei Sarah Boesveld, »Stealing beauty: A look at the tattooed faces of Burma's Chin province«, *National Post*, 15. Juli 2011.
312 Die Zahl der Mönche in Myanmar beträgt etwa vier- bis fünfhunderttausend, siehe Sarah Buckley, »Who are Burma's monks?«, BBC News, 26. September 2007.
313 Die Geschichte der jüdischen Migration nach und aus Südasien untersuchen Nathan Katz und Ellen S. Goldberg in »The last Jews in India and Burma«, *Jerusalem Letter*, 15. April 1988.
314 Moses Samuels starb am 29. Mai 2015; siehe Jonathan Zaiman, »Remembering Moses Samuels, the man who preserved Jewry in Myanmar«, *Tablet*, 2. Juni 2015.
315 Moses Samuels selbst sagte: »Wir haben hier keine religiösen Probleme«; siehe Seth Mydans, »Yangon Journal; Burmese Jew shoulders burden of his heritage«, *New York Times*, 23. Juli 2002. Eine berührende Erinnerung an Moses Samuels und eine Beschreibung der jüdischen Gemeinde in Myanmar findet sich in Sammy Samuels, »Hanukkah with spirit in Yangon«, BBC News, 4. Dezember 2015.
316 Das Resultat dieser Verhandlungen findet sich in Shibani Mahtani und Myo Myo, »Myanmar signs draft peace deal with armed ethnic groups«, *Wall Street Journal*, 31. März 2015.

317 Mehr Hintergründe zu den Kuomintang in Myanmar gibt Denis D. Gray, »The remaining veterans of China's ›lost army‹ cling to old life styles in Thailand«, *Los Angeles Times*, 7. Juni 1987.
318 Die National Democratic Alliance mit ihrem Stützpunkt in Mong La und ihr Führer Sai Leun werden auch erwähnt in Michael Black und Roland Fields, »Virtual gambling in Myanmar's drug country«, *Asia Times*, 26. August 2006; siehe auch Sebastian Strangio, »Myanmar's wildlife trafficking hotspot«, *Al Jazeera*, 17. Juni 2014.
319 Über die lukrative Jadeindustrie im Kachin-Staat schreibt Andrew Marshall in »Myanmar old guard clings to $8 billion jade empire«, Reuters, 1. Oktober 2013. Über die steigende Zahl von Toten nach einem Erdrutsch in einer Jademine berichten Kyaw Myo Min, Kyaw Kyaw Aung und Khin Khin Ei, »Hopes fade for Myanmar landslide survivors as lawmakers urge greater safety for miners«, Radio Free Asia, 24. November 2015.
320 Mary O'Shea erzählt Thant Thaw Kaungs Geschichte in »Journey of shelf discovery«, *Post Magazine*, 14. Oktober 2012.
321 Htein Lins Leben und Werk sind Thema bei Thomas Fuller, »Back to a Burmese prison by choice«, *New York Times*, 6. Dezember 2014.
322 Dieses Projekt wird auf seiner Website beschrieben http://hteinlin.com/a-show-of-hand/; und auch von Kyaw Phyo Tha, »Hands of hardship; Artist Htein Lin spotlights political prisoners' travails«, *Irrawaddy*, 27. Juli 2015.
323 Die Arbeiten von Wah Nu und Tun Win Aung bespricht Mike Ives, »Culling Myanmar's past for memories«, *New York Times*, 16. Oktober 2013; und Susan Kendzulak, »Burma's flying circus«, *Art Radar*, 18. Oktober 2013.
324 Maung Tin Thit (auch bekannt als U Ye Mon) errang bei den allgemeinen Wahlen 2015 einen Sitz in der Hluttaw (der gesetzgebenden Versammlung); siehe Pyae Thet Phyo, »Ex-minister's agent denies seeking recount«, *Myanmar Times*, 12. November 2015.
325 Ma Thanegi, *Nor Iron Bars a Cage*, San Francisco 2013.
326 Ma Thanegi artikulierte ihre ablehnende Haltung zu Sanktionen in »The Burmese fairy tale«, *Far Eastern Economic Review*, 19. Februar 1998.
327 Misuu Borits Bemühungen, die Birma-Katze wieder in ihrer Heimat anzusiedeln, schildert Kelly McNamara in dem Artikel »Burmese cats return to a new Burma«, *Bangkok Post*, 14. September 2012; siehe auch Kyaw Phyo Tha, »A purr-fect pedigree in Burma«, *Irrawaddy*, 24. Februar 2014.
328 Siehe Turner u. a., a. a. O.
329 Die verurteilten Redaktionsmitglieder des *Unity Journal* bleiben in Haft, siehe San Yamin Aung, »Supreme Court rejects appeal of Unity journalists«, *Irrawaddy*, 27. November 2014.
330 Die Anklagen gegen die Protestierenden wurden schließlich fallengelas-

sen, siehe »Charges dropped against 23 journalists«, *Nation* (Bangkok), 25. August 2014.
331 Über den Tod von Aung Kyaw Naing (Par Gyi) in Polizeigewahrsam berichten Lawi Weng, Nyein Nyein und Kyaw Hsu Mon, »Missing reporter killed in custody of Burma army«, *Irrawaddy*, 24. Oktober 2014. Zu den Folgen dieses Geschehens siehe British Broadcasting Corporation, »Myanmar court ›must investigate Aung Kyaw Naing death‹«, BBC News, 3. Dezember 2014.
332 Siehe Zarni Mann, »DVB reporter jailed for one year«, *Irrawaddy*, 7. April 2014.
333 Nobel Zaw, »Court sentences 3 journalists, 2 media owners to 2 years in prison«, *Irrawaddy*, 16. Oktober 2014.
334 Siehe Nobel Zaw, »Activist hit with additional sentence, totaling over 13 years«, *Irrawaddy*, 31. Oktober 2014.
335 Die Jahres-Ranglisten der Pressefreiheit stammen von Reporter ohne Grenzen, siehe https://www.reporter-ohne-grenzen.de/.
336 Die Zitate von Yanghee Lee sind entnommen aus »Report of the Special Rapporteur on situation of human rights in Myanmar«, United Nations Office of the High Commissioner for Human Rights, 23. September 2014.
337 Die zunehmend verzweifelte Lage der Rohingya schildern Rishi Iyengaar, »Burma's million-strong Rohingya population faces ›final stages of genocide‹, says report«, *Time*, 28. Oktober 2015; sowie Penny Green, Thomas MacManus und Alicia de la Cour Venning, »Countdown to annihilation: Genocide in Myanmar«, International State Crime Initiative, 2015.
338 Die 969-Bewegung ist das Thema von Andrew Marshall in seinen Artikeln »The 969 catechism«, Reuters, 26. Juni 2013; und »Myanmar gives official blessing to anti-Muslim monks«, Reuters, 27. Juni 2013. Zur Rolle der Ma Ba Tha siehe Annie Gowen, »Hard-line Buddhist monks threaten Burma's hopes for democracy«, *Washington Post*, 5. November 2015.
339 Die anhängige Klage gegen den Präsidenten von Myanmar, Thein Sein, wird von Agence France-Presse diskutiert, »Muslim groups sue Myanmar president for Rohingya ›genocide‹«, *Guardian*, 5. Oktober 2015.
340 Über den Wahlsieg der Nationalen Liga für Demokratie berichtet Oliver Holmes, »Aung San Suu Kyi wins outright majority in Myanmar election«, *Guardian*, 13. November 2015. U Win Hteins Bemerkung über die Situation der Muslime nach der Wahl in Myanmar stammt aus Austin Ramzy, »After Myanmar election, few signs of a better life for Muslims«, *New York Times*, 18. November 2015.
341 Die sprunghafte Zunahme der Presse in Myanmar und ihre gleichzeitige Unterdrückung durch die Regierung thematisieren Julie Makinen, »Myanmar press freedom: Unprecedented but still subject to pressures«, *Los Angeles Times*, 27. März 2015; Paul Mooney, »Jail, lawsuits

cast shadow over Myanmar media freedom«, Reuters, 15. Mai 2014; und Amnesty International, »Caught between state censorship and self-censorship: Prosecution and intimidation of media workers in Myanmar«, Amnesty International, 16. Juni 2015.

342 Die in der Verfassung festgeschriebene Vormachtstellung des Militärs wird erwähnt in »A milestone for Myanmar's democracy«, *New York Times*, 12. November 2015.

343 Suu Kyis Bemerkungen über die Verfassung von Myanmar werden von Claire Phipps und Matthew Weaver zitiert, »Aung San Suu Kyi vows to make all the decisions in Myanmar's new government«, *Guardian*, 10. November 2015; siehe auch Fergal Keane, »Myanmar election: Full BBC interview with Aung San Suu Kyi«, BBC News, 10. November 2015.

344 Bestimmt wäre ich nicht so ein mutiger Aalesser geworden, wäre ich vierzig Jahre später geboren worden. Aal ist inzwischen so beliebt, dass auf der Liste der gefährdeten Arten auch japanische und amerikanische Varianten stehen; siehe Frances Cha, »Japanese eel becomes latest ›endangered food‹«, *CNN Travel*, 5. Februar 2013; und Annie Sneed, »American eel is in danger of extinction«, *Scientifc American*, 1. Dezember 2014.

345 Dutch Springs Quarry in Lehigh, Pennsylvania, ist das Wassergrab nicht nur eines Schulbusses, sondern auch eines Feuerlöschfahrzeugs, einer Straßenbahn, dreier Flugzeuge und eines Hubschraubers vom Typ Sikorsky H-37; siehe Julie Morgan, »Keeping 'em diving in the Keystone State«, *Sport Diver*, 21. April 2006.

346 Meinen Eröffnungsvortrag kann man sich auf der Festival-Website ansehen: http://swf.org.au.

347 Das Orpheus Island Resort, ein angenehmes Hotel, sofern man nicht von seinem inkompetenten Personal auf dem Meer ausgesetzt und dann von einem knallharten Manager, der keinerlei Bedauern zeigt, aufgefordert wird, den Horrortrip auch noch zu bezahlen, hat eine Website: http://orpheus.com.au.

348 Ein Tarzanschrei ist zwar unverkennbar, aber seine Herkunft ist umstritten; siehe Bill De Main, »Te disputed history of the Tarzan yell«, *Mental Floss*, 22. August 2012.

349 Es ist Kapitel 9 von Milnes' *Pu der Bär*.

BIBLIOGRAPHIE

Abrahams, Fred, »In his first interview, Saif al-Islam says he has not been given access to a lawyer«, in: *Daily Beast*, 30. Dezember 2012.
Adams, Susan, »Treasure islands: Inside a Japanese billionaire's art archipelago«, *Forbes*, 29. Juli 2015.
Agence France-Presse, »Muslim groups sue Myanmar president for Rohingya ›genocide‹«, *Guardian*, 5. Oktober 2015.
– Dies., »Rwanda opposition says can't find lawyer for Kagame 3rd term case – one said ›God was against it‹«, *Mail & Guardian*, 8. Juli 2015.
– Dies., »US opposes third term for Rwanda's Kagame: Diplomat«, *Guardian* (Nigeria), 5. Juni 2015.
Agyman, Gyasiwaa, »›Mahama will soon mortgage Ghana to anti-Christ.‹« *Adom Online*, 8. Januar 2016.
Ai Weiwei, »Ai Weiwei: China's art world does not exist«, *Guardian*, 10. September 2012.
Akinsha, Konstantin, »Art in Russia: Art under attack«, *ARTnews*, 1. Oktober 2009.
Alston, Philip, »Report of the Special Rapporteur on extrajudicial, summary or arbitrary executions: Follow-up to country recommendations – Brazil«, United Nations Human Rights Council, 28. Mai 2010.
Alter, Alexandra, »China's publishers court America as its authors scorn censorship«, *New York Times*, 28. Mai 2015.
American Consul Rio de Janeiro, »Counter-insurgency doctrine comes to Rio's favelas«, 30. September 2009.
Amey, Katie, »Government-issued housing, super-highways that span 20 lanes but not a soul in sight: Inside Myanmar's haunting capital city«, *Daily Mail*, 18. April 2015.
Amnesty International, »Caught between state censorship and self-censorship: Prosecution and intimidation of media workers in Myanmar«, Amnesty International, 16. Juni 2015.
– Ders., »State of Libya«, in »The state of the world's human rights«, Amnesty International, 11. März 2015.
Amos, Howard, »Russian publisher prints books about Putin under names of western authors«, *Guardian*, 11. August 2015.
Anistia Internacional Brasil, »You killed my son: Homicides by military police in the city of Rio de Janeiro«, Amnesty International, 3. August 2015.

Bibliographie 633

»Anti Muslim monk Wirathu talk about Meiktila before riot«, YouTube, 24. März 2013, http://youtube.com/watch?v=N7irUgGsFYw.

Antunes, Anderson, »When samba meets African dictators: The ugly side of Rio de Janeiro's Carnival«, *Forbes*, 19. Februar 2015.

Antwi-Otoo, Kweku, »Gay activist Andrew Solomon will be a pastor one day: Moses Foh-Amoaning«, *Atinka 104.7 FM Online*, 13. Juli 2015.

Arendt, Laurie, »A toast to her brother«, *Ozaukee Press*, 13. September 2007.

Artavia, David, »Cameroon's ›gay problem‹«, *Advocate*, 7. Juli 2013.

Asia Foundation, »The Asia Foundation donates books to parliamentary library in Burma«, Asia Foundation, 24. Oktober 2012.

Associated Press, »Assault on U. S. consulate in Benghazi leaves 4 dead, including U. S. Ambassador J. Christopher Stevens«, CBS News, 12. September 2012.

– Dies., »Vinegar contaminated with antifreeze kills Chinese Muslims at Ramadan meal«, *Guardian*, 22. August 2011.

– Dies., »Women journalists targeted in Afghanistan«, NBC News, 26. Juni 2007.

Aung San Suu Kyi, »Please use your liberty to promote ours«, *New York Times*, 4. Februar 1997.

– Dies., *Der Weg zur Freiheit: Gespräche mit Alan Clements* (aus dem Engl. von Udo Rennert), Bergisch Gladbach: Lübbe 1997.

Aung-Thwin, Michael und Maitrii Aung-Thwin, *A History of Myanmar since Ancient Times*, Chicago: University of Chicago, 2012.

Aung Zaw, »The SPDC's diplomatic gambit«, *Irrawaddy*, Februar 1999.

Australian Associated Press, »Temperature affects fungi in Antarctica«, Special Broadcasting Service, 28. September 2015.

Aye Nyein Win, »Right-hand drives to remain on the roads«, *Myanmar Times*, 23. Oktober 2015.

»Baird bears gifts«, *Mizzima*, 9. März 2012.

Barber, Elizabeth, »›Gutter oil‹ scandal raises food-safety fears once again in greater China«, *Time*, 8. September 2014.

Barchfield, Jenny, »Transgenders break into Brazil's modeling sector«, *CNS News*, 6. Dezember 2012.

Bass, Katy Glenn, und Joey Lee, »Silenced voices, threatened lives: The impact of Nigeria's LGBTI law on Freedom of Expression«, PEN American Center, 29. Juni 2015.

Beam, Christopher, »Beyond Ai Weiwei: How China's artists handle politics (or avoid them)«, *New Yorker*, 27. März 2015.

Becker, Kathrin, »In memoriam Timur Novikov«, *Art Margins*, 23. Mai 2002.

Beech, Hannah, »The face of Buddhist terror«, *Time*, 1. Juli 2013.

Benson, Todd, »U. N. watchdog denounces police killings in Brazil«, Reuters, 15. September 2008.

Bevins, Vincent, »Coming ›tsunami‹? In Brazil, calls for reform in wake of FIFA scandals«, *Los Angeles Times*, 12. Juni 2015.

Bjerregaard, Peter, und Christina Viskum Lytken Larsen, »Time trend by region of suicides and suicidal thoughts among Greenland Inuit«, *International Journal of Circumpolar Health* 74 (19. Februar 2015): s. 26053.
Black, Michael, und Roland Fields, »Virtual gambling in Myanmar's drug country«, *Asia Times*, 26. August 2006.
»Blackout hits Taipei's Palace Museum Thursday afternoon«, *Want China Times*, 10. Juli 2015.
Block, Melissa, »Skin color still plays big role in ethnically diverse Brazil«, *All Things Considered*, National Public Radio, 19. September 2013.
Boehler, Patrick, »Bad eggs: Another fake-food scandal rocks China«, *Time*, 6. November 2012.
– Ders., »Police seize chicken feet in storage since 1967, smuggled from Vietnam«, *South China Morning Post*, 8. Juli 2013.
Boesveld, Sarah, »Stealing beauty: A look at the tattooed faces of Burma's Chin province«, *National Post*, 15. Juli 2011.
Boswell, James, *Boswell's Life of Johnson*, George Birkbeck Hill (Hg.), Oxford: Clarendon Press 1887.
Bowater, Donna, »Olympics bus route to displace 900 families from Rio favela«, *Al Jazeera*, 1. September 2014.
– Dies., »Rio's police-occupied slums see an increase in drug-related violence«, *Washington Post*, 19. Februar 2014.
Bradsher, Keith, »Rare glimpses of China's long-hidden treasures«, *New York Times*, 28. Dezember 2006.
Branigan, Tania, »Chinese treasures to be reunited in Taiwan«, *Guardian*, 19. Februar 2009.
– Dies., »It's goodbye Lenin, hello dinosaur as fossils head to Mongolia museum«, *Guardian*, 27. Januar 2013.
– Dies., »Mongolia declares state of emergency as riots kill five«, *Guardian*, 2. Juli 2008.
Bremmer, Ian, »These 5 facts explain Russia's economic decline«, *Time*, 14. August 2015.
British Broadcasting Corporation, »Aung San Suu Kyi hails Shwe Mann as an ›ally‹«, BBC News, 18. August 2015.
– Dies., »Brazil corruption: Rio police arrested over ›extortion racket‹«, BBC News, 16. September 2014.
– Dies., »Burma's 1988 protests«, BBC News, 25. September 2007.
– Dies., »Cameroon ›gay sex‹ men acquitted«, BBC News, 7. Januar 2013.
– Dies., »Chernobyl: 20 years on«, BBC News, 12. Juni 2007.
– Dies., »Chinese police arrest 110 for selling ›contaminated pork‹«, BBC News, 12. Januar 2015.
– Dies., »Egypt cuts ›gay wedding video‹ jail terms«, BBC News, 27. Dezember 2014.
– Dies., »Greenland's Jakobshavn Glacier sheds big ice chunk«, BBC News, 24. August 2015.
– Dies., »Iranian hanged after verdict stay«, BBC News, 6. Dezember 2007.

– Dies., »Moscow protest: Thousands rally against Vladimir Putin«, BBC News, 25. Dezember 2011.
– Dies., »Myanmar court ›must investigate Aung Kyaw Naing death‹«, BBC News, 3. Dezember 2014.
– Dies., »Paul Kagame's third term: Rwanda referendum on 18 December«, BBC News, 9. Dezember 2015.
– Dies., »Profiles of Russia's 2012 presidential election candidates«, BBC News, 1. März 2012.
– Dies., »Report: One fifth of China's soil contaminated«, BBC News, 18. April 2014.
– Dies., »Rio de Janeiro's favelas reflected through art«, BBC News, 29. Mai 2011.
– Dies., »Self-rule introduced in Greenland«, BBC News, June 21, 2009.
– Dies., »Taiwan rejects ›looted‹ China art«, BBC News, 7. Oktober 2009.
Bronson, Po, und Ashley Merryman, »Even babies discriminate: A Nurture-Shock excerpt«, *Newsweek*, 4. September 2009.
Brownmiller, Susan, *Against Our Will: Men, Women and Rape*, New York: Simon & Schuster 1975.
Buckley, Sarah, »Who are Burma's monks?«, BBC News, 26. September 2007.
Buncombe, Andrew, »India's gay community scrambling after court decision recriminalises homosexuality«, *Independent*, 26. Februar 2014.
Burkitt, Laurie, »Selling health food to China«, *Wall Street Journal*, 13. Dezember 2010.
Byrnes, Mark, »A brief history of Brazil's most treasured World Cup stadium«, *Citylab*, 16. Juni 2014.
Cai Muyuan, »Eat green, think greener«, *China Daily Europe*, 5. Juni 2015.
Calin, Dorina, »Decizie UNATC: Criticul de film Andrei Rus nu va fi dat afară din instituție, dar va fi sancționat«, *Mediafax*, 2. Juli 2015.
Campbell, Charlie, »Arakan strife poses Suu Kyi political problem«, *Irrawaddy*, 13. Juli 2012.
Canzian, Fernando, »É bom, mas é ruim (It's good, but it's bad)«, *Folha*, 13. Juli 2009.
Carpenter, Frances, *Tales of a Korean Grandmother*, St. Louis, MO: Turtleback Books, 1989.
Caryl, Christian, »Putin: During and after Sochi«, *New York Review of Books*, 3. April 2014.
– Ders., »The young and the restless«, *Foreign Policy*, 17. Februar 2014.
Casey, Michael, »Why the cyclone in Myanmar was so deadly«, *National Geographic News*, 8. Mai 2008.
Cha, Frances, »Japanese eel becomes latest ›endangered food‹«, *CNN Travel*, 5. Februar 2013.
Chang, Jack, »Chinese art colony's free-speech illusion shatters«, *Asahi Shumbun*, 17. Oktober 2014.
Chao, Loretta, »Rio faces surge of post-World Cup violence in slums«, *Wall Street Journal*, 22. Juli 2014.

»Charges dropped against 23 journalists«, *Nation* (Bangkok), 25. August 2014.

Chen Te-Ping, »In latest mash-up, China puts spotlight on spuds«, *Wall Street Journal*, 17. August 2015.

Coates, Eliane, »Sectarian violence involving Rohingya in Myanmar: Historical roots and modern triggers«, Middle East Institute, 4. August 2014.

Coelho, Janet Tappin, »Brazil's ›peace police‹ turn five. Are Rio's favelas safer?«, *Christian Science Monitor*, 19. Dezember 2013.

Cohen, Andrew, »Off the page: Li Xianting«, *Art Asia Pacific* 71, November/Dezember 2010.

Collins, Sean, »City's theater re-opens in style«, *Rio Times*, 8. Juni 2010.

Collinson, Stephen, »Marathon Benghazi hearing leaves Hillary Clinton largely unscathed«, *CNN Politics*, 23. Oktober 2015.

Conwill, William Louis, »N'deup and mental health: Implications for treating Senegalese immigrants in the U.S«, *International Journal for the Advancement of Counselling* 32, Nr. 3 (September 2010), S. 202–13.

Cooper, Tanya, »License to harm: Violence and harassment against LGBT people and activists in Russia«, Human Rights Watch, 15. Dezember 2014.

Cooperman, Alan, Phillip Connor und Erin O'Connell, »Russians return to religion but not to church«, Pew Research Center, 10. Februar 2014.

Corben, Ron, »Burmese refugees in Thailand long to return home«, Deutsche Welle, 13. Dezember 2011.

Crichton-Miller, Emma, »Young Russian curators tap into country's recent art history«, *Financial Times*, 27. Juni 2014.

Crow, Kelly, »Moscow's contemporary art movement«, *Wall Street Journal*, 4. Juni 2015.

Curtis, Tine und Peter Bjerregaard, *Health Research in Greenland*, Kopenhagen: Danish Institute for Clinical Epidemiology 1995.

Dahas, Nashla, »Luis Eduardo Soares«, *Revista de Historia*, 11. Januar 2014.

Damptey, Daniel Danquah, »Investigate Mills' death«, *GhanaWeb*, 29. Juli 2015.

Darnton, Robert, »Talking about Brazil with Lilia Schwarcz«, *New York Review of Books*, 17. August 2010.

Davies, Wyre, »Brazil: Protesters in Rio clash with police over dancer's death«, BBC News, 23. April 2014.

de Bruyn, Maria, *Violence, Pregnancy and Abortion: Issues of Women's Rights and Public Health*. 2. Auflage, Chapel Hill, NC: Ipas 2003.

Delgado, Fernando Ribeiro, »Lethal force: Police violence and public security in Rio de Janeiro and São Paulo«, Human Rights Watch, 8. Dezember 2009.

DelReal, Jose, »Donald Trump won't rule out warrantless searches, ID cards for American Muslims«, *Washington Post*, 19. November 2015.

de Main, Bill, »The disputed history of the Tarzan yell«, *Mental Floss*, 22. August 2012.

Demick, Barbara, »In China, what you eat tells who you are«, *Los Angeles Times*, 16. September 2011.

Demirjian, Karoun, »Russian youths find politics as their pop icons face pressure«, *Washington Post*, 2. Dezember 2014.

Des Forges, Alison Liebhafsky, »*Leave None to Tell the Story*«: *Genocide in Rwanda*, New York: Human Rights Watch, 1999.

Dettmer, Jamie, »The ISIS hug of death for gays«, *Daily Beast*, 24. April 2015.

de Vivo, Marcelo, »Experience the best of Russian nightlife«, *Prawda*, 10. Oktober 2013.

de Vos, Connie, »Absolute spatial deixis and proto-toponyms in Kata Kolok«, *NUSA: Linguistic Studies of Languages in and around Indonesia* 56 (2014), S. 3–26.

– Dies., »A signers' village in Bali, Indonesia«, *Minpaku Anthropology News*, 2011.

de Vos, Connie, und N. Palfreyman, »Deaf around the world: The impact of language«, *Journal of Linguistics* 48, Nr. 3 (November 2012), S. 731–735.

de Young, Karen, »Ban on U.S. investment in Burma is lifted«, *Washington Post*, 11. Juli 2012.

Dickey, Lisa, »Moscow: Rap star MC Pavlov«, Russian Chronicles, *Washington Post*, 2. November 2005.

»Die economist André Urani«, *O Globo*, 14. Dezember 2011.

Dilawar, Arvind, »Teatime with Big Brother: Chinese artist Wu Yuren on life under surveillance«, *Vice*, 15. Juni 2015.

Dolcy, Marion, »Russian art anarchists explain themselves«, *Don't Panic*, 20. Dezember 2010.

Donadio, Rachel, »Museum director at Hermitage hopes for thaw in relations with West«, *New York Times*, 14. Mai 2015.

Douglas, Bruce, »Brazil officials evict families from homes ahead of 2016 Olympic Games«, *Guardian*, 28. Oktober 2015.

Downie, Andrew, »Rio finally makes headway against its drug gangs«, *Time*, 26. November 2010.

Dudley, Steven, »Deadly force: Security and insecurity in Rio«, North American Congress on Latin America, November 1998.

Durao, Carlos, Marcos Machado und Eduardo Daruge Jr., »Death in the ›microwave oven‹: A form of execution by carbonization«, *Forensic Science International* 253 (August 2015), S. e1–e3.

Ebbighausen, Rodion, »Myanmar: The uprising of 1988«, Deutsche Welle, 8. August 2013.

Euro-Burma Office, »The Rohingyas: Bengali Muslims or Arakan Rohingyas?«, EBO Briefing Paper No. 2, Euro-Burma Office 2009.

Feast, Lincoln, »Strong quake hits near Solomon Islands; tsunami warning cancelled«, Reuters, 12. April 2014.

Feltham, John, *The English Enchiridion*, Bath: R. Crutwell 1799.

Ferrie, Jared. »Myanmar president enacts law allowing referendum on disputed constitution«, Reuters, 12. Februar 2015.

– Ders., »SIM sales soar as Myanmar races to catch up in telecoms«, Reuters, 6. Mai 2015.

Fitzgerald, Mary, »Libyan renegade general Khalifa Haftar claims he is winning his war«, *Guardian*, 24. Juni 2014.
»Five injured in Mandalay unrest, damage limited«, Irrawaddy, 2. Juli 2014.
Florida, Richard, »Gun violence in U. S. cities compared to the deadliest nations in the world«, *Citylab*, 22. Januar 2013.
Flueckiger, Lisa, »Brazil's federal police to investigate after FIFA scandal«, *Rio Times*, 29. Mai 2015.
Forbes, Alexander, »Manifesta 10 succeeds despite controversy«, *Artnet News*, 27. Juni 2014.
Foster, Peter, »Top 10 Chinese food scandals«, *Telegraph*, 27. April 2011.
Frank, Marc, »Cuba's atheist Castro brothers open doors to Church and popes«, Reuters, 7. September 2015.
Freedom House, »Nations in transit 2015: Russia«, Freedom House 2015.
Freedom to Marry, »The freedom to marry internationally«, Freedom to Marry 2015.
Freeman, Joe, »Myanmar's Jewish vote«, *Tablet*, 9. November 2015.
French, Howard, »Kagame's hidden war in the Congo«, *New York Review of Books*, 24. September 2009.
Fuller, Thomas, »Back to a Burmese prison by choice«, *New York Times*, 6. Dezember 6 2014.
– Ders., »Conservatives in Myanmar force out leader of ruling party«, *New York Times*, 13. August 2015.
– Ders., »Extremism rises among Myanmar Buddhists«, *New York Times*, 20. Juni 2013.
– Ders., »Myanmar's leader backs change to constitution«, *New York Times*, 2. Januar 2014.
– Ders., »Myanmar's military uses political force to block constitutional changes«, *New York Times*, 15. Juni 2015.
Fullerton, Jamie, »Chinese artist who posted funny image of President Xi Jinping facing five years in prison as authorities crackdown [sic] on dissent in the arts«, *Independent*, 29. Mai 2015.
Furbank, P. N., und F. J. H. Haskell, »E. M. Forster: The art of fiction no. 1«, *Paris Review*, Frühjahr 1953.
Gabeira, Fernando, *O Que É Isso, Companheiro?*, Rio de Janeiro: Editora Codecri 1979.
Gaffney, Christopher, »Global parties, galactic hangovers: Brazil's mega event dystopia«, *Los Angeles Review of Books*, 1. Oktober 2014.
Garver, Rob, »Putin lets criminals bring money back to Russia«, *Fiscal Times*, 11. Juni 2015.
Geertz, Hildred, und Clifford Geertz, *Kinship in Bali*, Chicago: University of Chicago Press 1975.
George, Jason, »The suicide capital of the world«, *Slate*, 9. Oktober 2009.
Global Campaign for Rwandan Human Rights, »Crimes and repression vs. development in Rwanda: President Paul Kagame's many shadows«, Africa Faith & Justice Network, 13. Jul 2015.

Global Justice Center, *The Right to an Abortion for Girls and Women Raped in Armed Conflict*, New York: Global Justice Center 2011.
Global Legal Research Directorate, »Laws on homosexuality in African nations«, US Library of Congress, 9. Juni 2015.
Golluoglu, Esmer, »Aung San Suu Kyi hails ›new era‹ for Burma after landslide victory«, *Guardian*, 2. April 2012.
Goncharova, Masha, »Cosmoscow: A fair for the Russian art collector«, *New York Times*, 17. September 2015.
Gorbachev, Aleksandr, »Meet Boris Grebenshchikov, the Soviet Bob Dylan«, *Newsweek*, 25. Mai 2015.
Gourevitch, Philip, *We Wish to Inform You That Tomorrow We Will Be Killed with Our Families: Stories from Rwanda*, New York: Picador 1999.
Gowen, Annie, »Hard-line Buddhist monks threaten Burma's hopes for democracy«, *Washington Post*, 5. November 2015.
Graham-Harrison, Emma, »Afghan artist dons armour to counter men's street harassment«, *Guardian*, 12. März 2015.
Gray, Denis, »The remaining veterans of China's ›lost army‹ cling to old life styles in Thailand«, *Los Angeles Times*, 7. Juni 1987.
Green, Penny, Thomas MacManus und Alicia de la Cour Venning, »Countdown to annihilation: Genocide in Myanmar«, International State Crime Initiative 2015.
»Greenland powers up fifth hydroelectric plant«, *Arctic Journal*, 6. September 2013.
Greig, Geordie, »My big fab gay wedding«, *Tatler*, Oktober 2007.
Grillo, Cristina, »Brasil quer ser chamado de moreno e só 39 % se autodreinem como brancos«, *Folha*, 25. Juni 1995.
Grubel, James, »Tsunami kills at least five in Solomons after big Pacifc quake«, Reuters, 6. Februar 2013.
Guibert, Nathalie, u. a., »Libya's Tripoli and Tobruk dilemma no nearer to resolution«, *Guardian*, 27. Januar 2015.
Hagan, Maria, »The 10 richest Russians in 2014«, *Richest*, 10. Oktober 2014.
Hail, Rob, »Madame Nuon Phaly is gone«, *Out of the Blog*, 27. November 2012.
Hamblin, James, »How the most important glacier in east Antarctica is melting«, *Atlantic*, 20. März 2015.
Hansford, Joanna, und Mary Bolling Blackiston, »Luxury boutique hostel opens in Vidigal«, *Rio Times*, 4. März 2014.
Harding, Luke, und Chris Stephen, »Chris Stevens, US ambassador to Libya, killed in Benghazi attack«, *Guardian*, 12. September 2012.
Harvey, Chelsea, »Next up from climate change: Shell-crushing crabs invading Antarctica«, *Washington Post*, 28. September 2015.
Hatzfeld, Jean, *Machete Season: The Killers in Rwanda Speak*, New York: Farrar, Straus & Giroux 2005.
Hawkins, Chelsea, »9 artists challenging our perceptions of Afghanistan«, *Mic*, 9. Oktober 2014.

Hay, Mark, »Nomads on the grid«, *Slate*, 5. Dezember 2014.
Healy, Patrick, und Michael Barbaro, »Donald Trump calls for barring Muslims from entering U.S.«, *New York Times*, 7. Dezember 2015.
Heijmans, Philip, »Skirting comedy limits in Myanmar«, *New York Times*, 29. Juli 2015.
Hetter, Katia, »Antarctic hits 63 degrees, believed to be a record«, CNN News, 1. April 2015.
Higgins, Andrew, »Putin and Orthodox church cement power in Russia«, *Wall Street Journal*, 18. Dezember 2007.
Hilderbrand, Rachael, »Conheça Cíntia Luna, presidente da AMUST do Morro do Fogueteiro«, *Rio On Watch*, 4. Juli 2014.
Hill, Matthew, »Yellow fever relaxation by South Africa helps Zambia tourism«, Bloomberg, 5. Februar 2015.
Hilsum, Lindsey, »Don't abandon Rwandan women again«, *New York Times*, 11. April 2004.
– Dies., »Rwanda's time of rape returns to haunt thousands«, *Guardian*, 26. Februar 1995.
– Dies., »Saif al-Islam Gaddafi: The prophet of his own doom«, *Guardian*, 5. August 2015.
Hnin Yadana Zaw und Antoni Slodkowski, »Myanmar's ousted ruling party head to work with Suu Kyi«, Reuters, 5. November 2015.
Holewinski, Sarah, »Marla Ruzicka's heroism«, *Nation*, 18. September 2013.
Höller, Herwig, »Aleksandr Ilich Lyashenko known as Petlyura: A controversial protagonist of Russian contemporary art«, *Report: Magazine for Arts and Civil Society in Eastern and Central Europe*, Juni 2006.
Holley, Peter, »In Afghanistan, the art of fighting extremism«, *Washington Post*, 12. September 2015.
Holmes, Oliver, »Aung San Suu Kyi wins outright majority in Myanmar election«, *Guardian*, 13. November 2015.
– Ders., »Much still at stake in Myanmar after Aung San Suu Kyi's election victory«, *Guardian*, 13. November 2015.
Horowitz, Judith, u. a., »Brazilian discontent ahead of World Cup«, Pew Research Global Attitudes Project, 3. Juni 2014.
Houttuin, Saskia, »Gay Ugandans face new threat from anti-homosexuality law«, *Guardian*, 6. Januar 2015.
Huang, Angela Lin, »Leaving the city: Artist villages in Beijing«, *Media Culture Journal* 14, Nr. 4 (August 2011), S. 1–7.
Huang Yanzhong, »The 2008 milk scandal revisited«, *Forbes*, 16. Juli 2014.
Hufferd, Marlene Lima, »Carnaval in Brazil, samba schools and African culture: A study of samba schools through their African heritage«, Retrospective Theses and Dissertations, Paper 15406, University of Iowa, 2007.
Human Rights Watch, »Brazil: Reforms fail to end torture«, Human Rights Watch, 28. Juli 2014.
– Dies., »Letter: Brazil: Protect detainees in police custody«, Human Rights Watch, 25. Juli 2014.

Idov, Michael, »No sleep till Brooklyn: How hipster Moscow fell in love with Williamsburg«, *Calvert Journal*, 31. Dezember 2013.
»In memory of Vlad Mamyshev-Monroe, 1969–2013«, Baibakov Art Projects, 22. März 2013.
International Lesbian, Gay, Bisexual, Trans and Intersex Association, »The lesbian, gay and bisexual map of world laws«, International Lesbian, Gay, Bisexual, Trans and Intersex Association, Mai 2015.
»Introducing the Center for Contemporary Art Afghanistan (CCAA)«, ARCH International, o. J.
Ireland, Doug, »7000 lashes for sodomy«, *Gay City News*, 11. Oktober 2007.
»ISIL ›brutally‹ quells rebellion in Libya's Sirte«, Al Jazeera, 17. August 2015.
Ivanitskaya, Nadezhda, »As a State Duma deputy and businessman Yuzhilin Kobzar built a billion-dollar business«, *Forbes Russia*, 22. Oktober 2011.
Ives, Mike, »Culling Myanmar's past for memories«, *New York Times*, 16. Oktober 2013.
Iyengar, Rishi, »Burma's million-strong Rohingya population faces ›final stages of genocide‹, says report«, *Time*, 28. Oktober.
Janoi, Banyar Kong, »Pushing for ethnic language media in a changing Burma«, *Asia Calling*, 10. November 2012.
Jason, Stefanie, »SA trips as Joburg lands on the steps of the Venice Biennale«, *Mail & Guardian*, 30. April 2015.
– Dies., »Venice Biennale: SA Pavilion finally announces artists«, *Mail & Guardian*, 16. April 2015.
Jenkins, Simon, »Vision of the future or criminal eyesore: What should Rio do with its favelas?«, *Guardian*, 30. April 2014.
Johnson, Ian, »Some Chinese artists are testing their limits«, *Wall Street Journal*, 2. Oktober 2009.
Johnson, Jenna, »Conservative suspicions of refugees grow in wake of Paris attacks«, *Washington Post*, 15. November 2015.
Jones, Taryn, »The art of ›War‹: Voina and protest art in Russia«, *Art in Russia*, 29. September 2012.
Jung, C. G. Mysterium Coniunctionis: Untersuchung über die Trennung und Zusammensetzung der seelischen Gegensätze in der Alchemie, Olten – Freiburg im Breisgau: Walter Verlag 1973.
Kaiman, Jonathan, »Beijing independent film festival shut down by Chinese authorities«, *Guardian*, 24. August 2014.
Kaminski, Anna, »In Russia, contemporary art explodes from Soviet shackles«, BBC News, 23. Februar 2014.
Kanthor, Rebecca, »In China, imported fruit is the must-have luxury item for the new year«, *The World*, Public Radio International, 20. Februar 2015.
Kaplan, Sarah, »The serene-looking Buddhist monk accused of inciting Burma's sectarian violence«, *Washington Post*, 27. Mai 2015.
Katsuba, Valera, »The roosters are coming«, *Independent*, 12. Februar 1997.

Katz, Nathan, und Ellen S. Goldberg, »The last Jews in India and Burma«, *Jerusalem Letter*, 15. April 1988.

Kaufman, Jason Edward, »South Africa's art scene is poised for a breakthrough – at home and abroad«, *Huffington Post*, 19. Februar 2013.

Keane, Fergal, »Myanmar election: Full BBC interview with Aung San Suu Kyi«, BBC News, 10. November 2015.

Kendzulak, Susan, »Burma's flying circus«, *Art Radar*, 18. Oktober 2013.

Kennard, Matt, und Claire Provost, »The lights are on but no one's home in Myanmar's capital Naypyidaw«, *Guardian*, 19. März 2015.

Kestler-D'Amours, Jillian, »Silencing Brazil's baile funk«, *Al Jazeera*, 5. Juli 2014.

Khin Maung Yin, »Salience of ethnicity among Burman Muslims: A study in identity formation«, *Intellectual Discourse* 13, Nr. 2 (2005), S. 161–179.

Kim, Jim Yong, »How Mongolia brought nomads TV and mobile phones«, *Bloomberg View*, 14. Oktober 2013.

Kino, Carol, »Where art meets trash and transforms life«, *New York Times*, 21. Oktober 2010.

Kinsella, Eileen, »Who are the top 30 Chinese artists at auction?«, *Artnet News*, 8. September 2014.

Kirey, Anna, »›They said we deserved this‹: Police violence against gay and bisexual men in Kyrgyzstan«, Human Rights Watch, 28. Januar 2014.

Kirkpatrick, David und Steven Lee Myers, »Libya attack rings challenges for U.S«, *New York Times*, 12. September 2012.

»Киселев после увольнения из ›Почты России‹ получит почти 3 млн руб (Kiselew erhält nach Kündigung bei ›Russischer Post‹ fast 3 Millionen Rubel)«, RIA Novosti, 19. April 2013.

Kiss, Ligia, u.a., »Health of men, women, and children in post-trafficking services in Cambodia, Tailand, and Vietnam: An observational cross-sectional study«, *Lancet Global Health* 3, Nr. 3 (März 2015), S. e154–e161.

Knickmeyer, Ellen, »Victims' champion is killed in Iraq«, *Washington Post*, 18. April 2005.

Knöfel, Ulrike, »Risky business: China cracks down on Ai Wei Wei protégé Zhao Zhao«, *Spiegel*, 28. August 2012; zu finden unter http://www.spiegel.de/international/world/in-china-artists-like-zhao-zhao-face-political-oppression-a-851403.html.

Korolkov, Alexander, »Is the protest movement dead?«, *Russia Beyond the Headlines*, 15. Januar 2015.

Krouse, Matthew, »Art fair forced to reinstate Mabulu painting after Goldblatt threat«, *Mail & Guardian*, 28. September 2013.

Kuo, Lily, »By 2015, China will be the world's largest consumer of processed food«, *Quartz*, 23. September 2013.

Kuper, Jeremy, »Venice Biennale: View from the ground«, *Mail & Guardian*, 20. Mai 2015.

Kusters, Annelies, »Deaf utopias? Reviewing the sociocultural literature on the world's ›Martha's Vineyard situations‹«, *Journal of Deaf Studies & Deaf Education* 15, Nr. 1 (Januar 2010), S. 3–16.

Kuzmin, Dmitry, »On the Moscow metro and being gay«, ins Engl. übers. von Alexei Bayer, *Words without Borders*, 2013.

Kyaw Hsu Mon, »Govt to push left-hand steering wheels on future car imports«, *Irrawaddy*, 25. November 2014.

Kyaw Myo Min u. a., »Hopes fade for Myanmar landslide survivors as lawmakers urge greater safety for miners«, Radio Free Asia, 24. November 2015.

Kyaw Phyo Ta, »Ex-political prisoner Win Tin demands apology from junta leaders«, *Irrawaddy*, 30. Oktober 2013.

– Ders., »Hands of hardship; Artist Htein Lin spotlights political prisoners' travails«, *Irrawaddy*, 27. Juli 2015.

– Ders., »A purr-fect pedigree in Burma«, *Irrawaddy*, 24. Februar 2014.

Kyaw Zwa Moe, »Burmese professionals earn good money in Singapore but still miss home«, *Irrawaddy*, März 2007.

Lankarani, Nazanin, »The many faces of Yue Minjun«, *New York Times*, 5. Dezember 2012.

Lawi Weng, »Arakan monks boycott UN, INGOs«, *Irrawaddy*, 6. Juli 2012.

Lawi Weng u. a., »Missing reporter killed in custody of Burma army«, *Irrawaddy*, 24. Oktober 2014.

Lazarus, Emma, *An Epistle to the Hebrews*, New York: Jewish Historical Society 1987.

Lee, Yanghee, »Report of the Special Rapporteur on situation of human rights in Myanmar«, United Nations Office of the High Commissioner for Human Rights, 23. September 2014.

Lee, Yulin, »Strategies of spatialization in the contemporary art museum: A study of six Japanese institutions«, Dissertation, New York University, 2012.

Lescaze, Zoë, »An abbreviated Moscow Biennale unites scrappy performances, bourgeois spiders, and one former Greek finance minister«, *ARTnews*, 16. Oktober 2015.

Li Xiaoyu, »A bite of food culture«, *BJ Review*, 2. Juli 2015.

Light, Whitney, »Pressing questions with Aye Ko«, *Myanmar Times*, 18. Mai 2014.

Lins, Clarissa, »Providing electricity to Rio de Janeiro's favelas«, *Guardian*, 18. März 2014.

Littauer, Dan, »Mugabe promises ›hell for gays‹ in Zimbabwe if he wins«, *Gay Star News*, 17. Juni 2013.

Lorch, Donatella, »Rape used as a weapon in Rwanda: Future grim for genocide orphans«, *Houston Chronicle*, 15. Mai 1995.

Lovett, Richard A., »Deadly tsunami sweeps Solomon Islands«, *National Geographic News*, 2. April 2007.

Luhn, Alec, »LGBT website founder fined under Russia's gay propaganda laws«, *Guardian*, 29. Juli 2015.

Luong, Hillary, »Artists detained by Myanmar police«, *Art Asia Pacific*, 8. Juni 2012.

Lv, Jun, u. a., »Consumption of spicy foods and total and cause specific mortality: Population based cohort study«, *British Medical Journal* 351, 4. August 2015, S. h3942.

Lynge, Inge, »Mental disorders in Greenland«, *Man & Society* 21 (1997), S. 1–73.

Lyon, Julia, »Invited to escape to America, some refugees just say no«, *St. Louis Tribune*, 14. September 2009.

Ma, Sophanna, »Funeral of our beloved Mum Phaly Nuon«, Veröffentlichung der Ezra Vogel Special Skills School, Dezember 2012.

MacGregor, Karen, »A spear to the heart of South Africa«, *New York Times*, 5. June 2012.

Mahtani, Shibani, und Myo Myo, »Myanmar signs draft peace deal with armed ethnic groups«, *Wall Street Journal*, 31. März 2015.

Makinen, Julie, »Myanmar press freedom: Unprecedented but still subject to pressures«, *Los Angeles Times*, 27. März 2015.

Malaurie, Jean, *Les derniers Rois de Thulé*, Paris: Librairie Plon 1955 (Deutsche Ausgabe: *Die letzten Könige von Thule*, Leipzig: VEB F. A. Brockhaus Verlag 1957).

Malaysian Myanmar Business Council, »U.S. contributes publications to parliamentary library«, Malaysian Myanmar Business Council, 24. Oktober 2012.

Maler, Sandra, und Peter Cooney, »Magnitude 6.6 quake hits Solomon Islands in the Pacific: USGS«, Reuters, 12. August 2015.

Manayiti, Obey, »Mugabe chides homosexuals again«, *NewsDay* (Bulawayo), 25. Juli 2013.

Mann, Zarni, »DVB reporter jailed for one year«, *Irrawaddy*, 7. April 2014.

Marsaja, I Gede, *Desa Kolok: A Deaf Village and Its Sign Language in Bali, Indonesia*, Nijmegen: Ishara Press 2008.

Marshall, Andrew, »Myanmar gives official blessing to anti-Muslim monks«, Reuters, 27. Juni 2013.

– Ders., »Myanmar old guard clings to $8 billion jade empire«, Reuters, 1. Oktober 2013.

– Ders., »The 969 catechism«, Reuters, 26. Juni 2013.

Mashal, Mujib, »Women and modern art in Afghanistan«, *New York Times*, 6. August 2010.

Ma Thanegi, »The Burmese fairy tale«, *Far Eastern Economic Review*, 19. Februar 1998.

– Dies., *Nor Iron Bars a Cage*, San Francisco: Things Asian Press 2013.

Mathieson, David, »Perilous plight: Burma's Rohingya take to the seas«, Human Rights Watch, 2009.

Maung Zarni, »Racist leader monk Rev. Wirathu's speech«, *M-Media*, 24. März 2013.

McGregor, Richard, »Zhou's cryptic caution lost in translation«, *Financial Times*, 10. Juni 2011.
McLaughlin, Daniel, und Elisabeth Wickeri, »Mental health and human rights in Cambodia«, Leitner Center for International Law and Justice, 31. Juli 2012.
McLoughlin, Beth, »Rio's funk parties silenced by crackdown on gangs«, BBC News, 5. Mai 2012.
McManus, John, »Egypt court clears men accused of bathhouse ›debauchery‹«, BBC News, 12. Januar 2015.
McNamara, Kelly, »Burmese cats return to a new Burma«, *Bangkok Post*, 14. September 2012.
McNamara, Robert S., und Brian Van De Mark, *In Retrospect: The Tragedy and Lessons of Vietnam*, New York: Times Books 1995. Deutsche Ausgabe: *Vietnam. Das Trauma einer Weltmacht*, Ü. Gabriele Gockel, Petra Hrabak, Bernhard Jendricke, Sonja Schuhmacher, Hamburg: Hoffmann und Campe 1996.
McVeigh, Tracy, »Aung San Suu Kyi ›released from house arrest‹«, *Guardian*, 13. November 2010.
Medeiros, Étore, und Ana Pompeu, »Brasileiros acham que há racismo, mas somente 1.3 % se consideram racistas«, *Correio Braziliense*, 25. März 2014.
Michaels, Samantha, »Quintana releases final report on Burma human rights«, *Irrawaddy*, 14. März 2014.
Miguel, Antonio Carlos, »Ser ou não ser carioca da gema não é a questão (To be or not to be carioca is the question)«, O *Globo*, 28. Februar 2015.
»A milestone for Myanmar's democracy«, *New York Times*, 12. November 2015.
Milne, A. A., *Winnie-the-Pooh*, New York: Dutton 1926. Deutsche Ausgabe: *Pu der Bär*, Ü. E. L. Schiffer, Berlin: Dressler 1956.
Mooney, Chris, »The melting of Antarctica is bad news for humans. But it might make penguins pretty happy«, *Washington Post*, 13. August 2015.
– Ders., »Scientists declare an ›urgent‹ mission-study West Antarctica, and fast«, *Washington Post*, 29. September 2015.
Mooney, Paul, »Jail, lawsuits cast shadow over Myanmar media freedom«, Reuters, 15. Mai 2014.
Morgan, Julie, »Keeping 'em diving in the Keystone State«, *Sport Diver*, 21. April 2006.
Morton, Adam, »The vanishing island«, *Age*, 19. September 2015.
»Moscow venue refuses to host pro-LGBT teen photo display, cites police pressure«, *Queer Russia*, 13. Juni 2015.
Die Moskau Biennale der Zeitgenössischen Kunst, »One-man picket«, Die Moskau Biennale der Zeitgenössischen Kunst 2015.
Motlagh, Jason, »When a SIM card goes from $2,000 to $1.50«, Bloomberg Business, 29. September 2014.
Mthembu, Jackson, »ANC outraged by Brett Murray's depiction of President Jacob Zuma«, African National Congress, 17. Mai 2012.

Muggah, Robert, und Ilona Szabo de Carvalho, »Fear and backsliding in Rio«, *New York Times*, 15. April 2014.

Musharbash, Yassin, »The ›Talibanization‹ of Pakistan: Islamists destroy Buddhist statue«, Spiegel ONLINE, 8. November 2007.

Mydans, Seth, »Yangon Journal; Burmese Jew shoulders burden of his heritage«, *New York Times*, 23. Juli 2002.

Nay Phone Latt, »Nay Phone Latt speaks«, *Myanmar Times*, 3. März 2014.

Ndayambaje, Jean Damascène, »Le genocide au Rwanda: Une analyse psychologique«, Dissertation, Université Nationale du Rwanda, Butare 2001.

Neuffer, Elizabeth, *The Key to My Neighbour's House: Seeking Justice in Bosnia and Rwanda*, London: Bloomsbury 2002.

Niederhauser, Matthew, »Rio's Olympic inequality problem, in pictures«, *Citylab*, 9. September 2015.

Nobel Zaw, »Activist hit with additional sentence, totaling over 13 years«, *Irrawaddy*, 31. Oktober 2014.

– Ders., »Court sentences 3 journalists, 2 media owners to 2 years in prison«, *Irrawaddy*, 16. Oktober 2014.

Nowrojee, Binaifer, *Shattered Lives: Sexual Violence during the Rwandan Genocide and Its Aftermath*, New York: Human Rights Watch, 1996.

»NPM southern branch to open with jadeite cabbage display«, *Want China Times*, 18. September 2015.

O'Grady, Siobhan, »Former Rwandan official worries that Kagame's administration is backsliding into mass murder«, *Foreign Policy*, 29. September 2014.

O'Shea, Mary, »Journey of shelf discovery«, *Post Magazine*, 14. Oktober 2012.

Panja, Tariq, und David Biller, »Soccer icon Romario, Rio mayor Paes cited in corruption tape«, Bloomberg, 25. November 2015.

Pater, Walter, *Selected Writings of Walter Pater*, Harold Bloom (Hg.), New York: Columbia University Press 1974.

Paton, Callum, »Libya: Scores killed in ethnic clashes for control of south's people-trafficking routes«, *International Business Times*, 23. Juli 2015.

Patton, Dominique, »Cashing in on health scares, China online food sales boom«, Reuters, 11. August 2013.

Pearlman, Jonathan, »Jihadist group calls on Muslims to save Burmese migrants from ›savage Buddhists‹«, *Telegraph*, 20. Mai 2015.

Peixoto, Karin Elisabeth von Schmalz, u. a., »Rio 2016 Olympics: The exclusion games«, World Cup and Olympics Popular Committee of Rio de Janeiro, 7. Dezember 2015.

PEN America, »Publishers' pledge on Chinese censorship of translated works«, PEN America, 15. Oktober 2015.

Perlez, Jane, »China, pursuing strategic interests, builds presence in Antarctica«, *New York Times*, 3. Mai 2015.

Perry, Alex, »South Africa: Over-exposing the President«, *Time*, 23. Mai 2012.

Pershakova, Sasha, »Zine scene: How Russia's long tradition of self-publishing is still thriving today«, *Calvert Journal*, 28. Oktober 2014.

Pfanner, Eric, »Vows: Andrew Solomon and John Habich«, *New York Times*, 8. Juli 2007.

Phipps, Claire, und Matthew Weaver, »Aung San Suu Kyi vows to make all the decisions in Myanmar's new government«, *Guardian*, 10. November 2015.

Pollman, Lisa, »Art is stronger than war: Afghanistan's first female street artist speaks out«, *Art Radar*, 19. Juli 2013.

Pomerantsev, Peter, »Putin's God squad: The Orthodox Church and Russian politics«, *Newsweek*, 10. September 2012.

Popham, Peter, *The Lady and the Peacock: The Life of Aung San Suu Kyi*, New York: Experiment 2012.

Porter, Tom, »Gangs of Russia: Ruthless mafia networks extending their influence«, *International Business Times*, 9. April 2015.

– Ders., »Vladmir [sic] Putin allies named as ›key associates of Russian gangsters‹ by Spanish prosecutors«, *International Business Times*, 30. Juni 2015.

»Poslednyi Geroi: Georgy Guryanov (1961–2013)«, *Baibakov Art Projects*, 20. Juli 2013.

»›Prayer‹ is the key against ›devilish‹ homosexuality worldwide: Moses Foh-Amoaning«, *Daily Guide Ghana*, 14. Juli 2015.

Probert, Thomas, u. a., »Unlawful killings in Africa«, Center for Governance and Human Rights, University of Cambridge, 2015.

Pyae Thet Phyo, »Ex-minister's agent denies seeking recount«, *Myanmar Times*, 2. November 2015.

Radio Free Asia Khmer Service, »Cambodian province plans campaign for monks to care for mentally ill«, Radio Free Asia, 20. April 2015.

Rahim, Fazul, und Sarah Burke, »Afghan artist Kabir Mokamel takes aim at corruption with blast wall art«, NBC News, 19. September 2015.

Ramon, Paula, »Poor, middle class unite in Brazil protests«, CNN News, 24. Juli 2013.

Ramzy, Austin, »After Myanmar election, few signs of a better life for Muslims«, *New York Times*, 18. November 2015.

Rao, Mallika, »Five Chinese dissident artists who aren't Ai Weiwei«, *Huffington Post*, 10. Juni 2014.

Rapp, Jessica, »Locavores, health food, and celebrity chefs: The hottest trends in Shanghai's dining scene«, *Jing Daily*, 24. August 2015.

Rasool, Daud, »Rebuilding Afghanistan's creative industries«, British Council, 14. Oktober 2013.

Rauhala, Emily, »Complete freedom, always just eluding the grasp of Chinese artist Ai Weiwei«, *Washington Post*, 30. Juli 2015.

Recchia, Francesca, »Art in Afghanistan: A time of transition«, *Muftah*, 6. August 2014.

Reeves, Jeffrey, »Mongolia's environmental security«, *Asian Survey* 51, Nr. 3 (2011), S. 453–71.

Reis, Luiz Felipe, »As muitas redes do agitador da ›perifa‹ Marcus Vinicius Faustini«, *O Globo*, 21. Juli 2012.
Reitman, Janet, »The girl who tried to save the world«, *Rolling Stone*, 16. Juni 2005.
»Reporter Daniel Pearl is dead, killed by his captors in Pakistan«, *Wall Street Journal*, 24. Februar 2002.
Reporters Without Borders, *World Press Freedom Index*, 2015. Paris: Reporters Without Borders 2015. Deutsche Ausgabe: *Rangliste der Pressefreiheit*, Reporter ohne Grenzen, Berlin 2015.
Republic of the Union of Myanmar, »Final report of inquiry commission on sectarian violence in Rakhine State«, Republic of the Union of Myanmar, 8. Juli 2013.
Resende, Leandro, »›A nação está pertubada‹, define antropólogo Luiz Eduardo Soares«, *O Dia Brasil*, 10. Oktober 2015.
Rever, Judi, und Geoffrey York, »Assassination in Africa: Inside the plots to kill Rwanda's dissidents«, *Globe & Mail*, 2. Mai 2014.
Richardson, Jayson, u. a., »Mental health impacts of forced land evictions on women in Cambodia«, *Journal of International Development*, 27. September 2014.
Rilke, Rainer Maria, *Selected Poetry of Rainer Maria Rilke*, Ü. Stephen Mitchell, New York: Vintage, 1984. Deutsche Ausgabe: *Requiem – Für eine Freundin*, Leipzig: Insel 1931.
Ritu, Moshahida Sultana, »Ethnic cleansing in Myanmar«, *New York Times*, 12. Juli 2012.
Robinson, Simon, »Appreciation: Marla Ruzicka, 1977–2005«, *Time*, 18. April 2005.
Rodrigues, Robson, »The dilemmas of pacification: News of war and peace in the ›marvelous city‹«, *Stability*, 22. Mai 2014, Artikel 22.
Rosenberg, Matthew, und Michael D. Shear, »In reversal, Obama says U.S. soldiers will stay in Afghanistan to 2017«, *New York Times*, 15. Oktober 2015.
Rossi, Melissa, »Gun wounds down in Complexo do Alemão«, *Rio Times*, 3. Juli 2012.
Rowling, Megan, »Solomons town first in Pacific to relocate due to climate change«, Reuters, 15. August 2014.
Royte, Elizabeth, »The outcasts«, *New York Times Magazine*, 19. Januar 1997.
Rush, James, »Images emerge of ›gay‹ man ›thrown from building by Isis militants before he is stoned to death after surviving fall‹«, *Independent*, 3. Februar 2015.
Rushdie, Salma, »Heroes: Nay Phone Latt«, *Time*, 29. April 2010.
Ruskin, John, *The Works of John Ruskin, Vol. 5: Modern Painters*, Band 3, E. T. Cook und Alexander Wedderburn (Hg.), London: G. Allen 1904.
Ryan, Hugh, »Kyrgyzstan's anti-gay law will likely pass next month, but has already led to violence«, *Daily Beast*, 18. September 2015.

Safi, Michael, »Antarctica's increasing sea ice restricting access to research stations«, *Guardian*, 11. Mai 2015.

Samuels, Sammy, »Hanukkah with spirit in Yangon«, BBC News, 4. Dezember 2015.

San Yamin Aung, »Supreme Court rejects appeal of Unity journalists«, *Irrawaddy*, 27. November 2014.

Sartore, Mara, »Lampedusa: Migration and desire, an interview with Vik Muniz«, *My Art Guides*, Juni 2015.

Saul, Stephanie, und Louise Story, »At the Time Warner Center, an enclave of powerful Russians«, *New York Times*, 11. Februar 2015.

Schunert, Tanja, u.a., »Cambodian mental health survey«, Königliche Universität von Phnom Penh, Fakultät für Psychologie, 2012.

Schwarcz, Lilia Moritz, »Especificidade do racismo Brasileiro«, *História da Vida Privada no Brasil*, Fernando Novais (Hg.), São Paulo: Companhia de Letras 1998.

– Dies., »Not black, not white: Just the opposite: Culture, race and national identity in Brazil«, Thesenpapier CBS-47-03, Zentrum für brasilianische Studien, University of Oxford, 2003.

Schwarz, Benjamin, »A vision in concrete«, *Atlantic*, Juli/August 2008.

Seow, Joanna, »More Myanmar professionals in Singapore heading home to tap booming economy«, *Straits Times*, 24. März, 2014.

Sérgio, Antonio, und Alfredo Guimarães, »The Brazilian system of racial classification«, *Ethnic and Racial Studies* 35, Nr. 7 (2012), S. 1157–1162.

Serrano-Berthet, Rodrigo, u.a., »Bringing the state back into the favelas of Rio de Janeiro: Understanding changes in community life after the UPP pacification process«, Weltbank, Oktober 2012.

Shakespeare, William, *Henry VIII, The Complete Works*, G.B. Harrison (Hg.), New York: Harcourt, Brace & World 1968.

Shearlaw, Maeve, »30 under 30: Moscow's young power list«, *Guardian*, 8. Juni 2015.

Shestakova, Sasha, »Outcry: Ten recent art exhibitions that caused a storm in Russia«, *Calvert Journal*, 29. Juli 2015.

Shun, Ekow, »Moscow's new art centres«, *Financial Times*, 15. März 2013.

Simmons, William, *Eyes of the Night: Witchcraft among a Senegalese People*, Boston: Little, Brown 1971.

Simpson, Brigitte Vittrup, »Exploring the influences of educational television and parent-child discussions on improving children's racial attitudes«, Dissertation an der University of Texas at Austin, Mai 2007.

Smith, Matthew, »›All you can do is pray‹: Crimes against humanity and ethnic cleansing of Rohingya Muslims in Burma's Arakan State«, Human Rights Watch, April 2013.

Smith, Russell, »The impact of hate media in Rwanda«, BBC News, 3. Dezember 2003.

Sneed, Annie, »American eel is in danger of extinction«, *Scientific American*, 1. Dezember 2014.

Solomon, Andrew, »As Asia regroups, art has a new urgency«, *New York Times*, 23. August 1998.
- Ders., »Defiantly deaf«, *New York Times Magazine*, 28. August 1994.
- Ders., *Far from the Tree: Parents, Children, and the Search for Identity*, New York: Simon & Schuster 2012. Deutsche Ausgabe: *Weit vom Stamm. Wenn Kinder ganz anders als ihre Eltern sind*, Frankfurt am Main: S. Fischer 2013.
- Ders., »Hot night in Havana«, *Food & Wine*, Januar 2002.
- Ders., *The Irony Tower: Советские художники во времена гласности*, Moskau: Garage 2013.
- Ders., *The Irony Tower: Soviet Artists in a Time of Glasnost*, New York: Knopf 1991.
- Ders., *The Noonday Demon: An Atlas of Depression*, New York: Simon & Schuster 2001. Deutsche Ausgabe: *Saturns Schatten. Die dunklen Welten der Depression*, Frankfurt am Main: S. Fischer 2001.
- Ders., »Paper tsars«, *Harpers & Queen*, Februar 1990.

Sommers, Marc, »The darling dictator of the day«, *New York Times*, 27. Mai 2012.

South African Press Association, »Appeal tribunal declassifies ›The Spear‹«, *City Press*, 10. Oktober 2012.
- Dies., »Mugabe condemns Europe's gay ›filth‹«, *IOL News*, 14. April 2011.

Stauffer, Caroline, »Brazil's Petrobras corruption investigators to probe Olympic contracts«, Reuters, 25. November 2015.

Steele, Jonathan, »Marla Ruzicka«, *Guardian*, 19. April 2005.

Stephen, Chris, »Gaddafi's son Saif al-Islam sentenced to death by court in Libya«, *Guardian*, 28. Juli 2015.

Sternberg, Troy, u. a., »Tracking desertification on the Mongolian steppe through NDVI and field-survey data«, *International Journal of Digital Earth* 4, Nr. 1 (2011), S. 50–64.

Strangio, Sebastian, »Myanmar's wildlife trafficking hotspot«, *Al Jazeera*, 17. Juni 2014.

Strokan, Sergey, und Vladimir Mikheev, »EU-Russia sanctions war to continue«, *Russia Beyond the Headlines*, 26. Juni 2015.

Sulteeva, Renata, »The market for Russian contemporary art: An historical overview and up-to-date analysis of auction sales from 1988 to 2013«, Dissertation, Sotheby's Institute of Art, New York 2014.

»›Sunflower‹ protesters break on to political scene«, *Economist Intelligence Unit*, 2. April 2014.

Tan, Michael, »One million SIM cards sold in Myanmar«, *CNET*, 2. Oktober 2014.

»Татьяна Веденеева расстается с мужем (Tatiana Vedeneeva has divorced)«, *DNI*, 2. Juni 2008.

Tau, Byron, und Peter Nicholas, »Hillary Clinton defends actions in Benghazi«, *Wall Street Journal*, 22. Oktober 2015.

Taylor, Alan, »The Chernobyl disaster: 25 years ago«, *Atlantic*, 23. März 2011.
Tempest, Rone, »Pope meets with Castro, agrees to a Cuba visit«, *Los Angeles Times*, 20. November 1996.
Temple-Raston, Dina, *Justice on the Grass*, New York: Free Press 2005.
Tennyson, Alfred, *Poems by Alfred Tennyson in Two Volumes*, Boston: William D. Ticknor 1842.
Tierney, Dominic, »Forgetting Afghanistan«, *Atlantic*, 24. Juni 2015.
Topping, Alexandra, »Widows of the genocide: How Rwanda's women are rebuilding their lives«, *Guardian*, 7. April 2014.
Torgovnik, Jonathan, *Intended Consequences: Rwandan Children Born of Rape*, New York: Aperture 2009. Deutsche Ausgabe: *Kinder des Krieges. Ruanda und die unbekannten Folgen des Völkermords*, Frankfurt am Main: Zweitausendeins 2009.
Torode, Greg, »Myanmese envoy says Rohingya ugly as ogres«, *South China Morning Post*, 11. Februar 2009.
Traufetter, Gerald, »Rätsel der sinkenden Inseln«, *Der Spiegel*, 11. Juni 2012.
Travis, John, »Genes of silence: Scientists track down a slew of mutated genes that cause deafness«, *Science News*, 17. Januar 1998.
Tschechow, Anton, Drei Schwestern, 1902, Ü. August Scholz, http://gutenberg.spiegel.de/buch/drei-schwestern-3978/1.
Turner, Rochelle, u. a., »Travel and tourism: Economic impact 2015: Myanmar«, World Travel and Tourism Council 2015.
Tyan, Alexandra, »Classes aimed at raising a new generation of Russian businessmen«, *Moscow Times*, 27. Juli 2015.
UNICEF, »Country statistics: Myanmar«, UNICEF, 2015.
United Nations Educational, Scientific and Cultural Organization, »Naadam, Mongolian traditional festival«, United Nations Educational, Scientific and Cultural Organization 2010.
– Dies., »Tentative lists: Marovo-Tetepare complex«, United Nations Educational, Scientific and Cultural Organization, 23. Dezember 2008.
United Nations Office for the Coordination of Humanitarian Affairs, »Our bodies, their battle ground: Gender-based violence in conflict zones«, *IRIN News*, 1. September 2004.
United Nations Office of the High Commissioner for Human Rights, »UN Special Rapporteur finds that killings by Brazilian police continue at alarming rates, government has failed to take all necessary action«, United Nations Office of the High Commissioner for Human Rights, 1. Juni 2010.
Urani, André, und Fabio Giambiagi, *Rio: A Hora da Virada*, Rio de Janeiro: Elsevier 2012.
US-Verteidigungsministerium, »Casualty report«, US-Verteidigungsministerium, 10. November 2015.
US-Außenministerium, »Country reports on human rights practices for 2011: Brazil«, US-Außenministerium 2012.

- Dass., »U.S. economic engagement with Burma«, US-Botschaft in Rangoon, Juni 2014.
US-Armeeministerium, »Standards of medical fitness«, Army Regulation 40-501, 4. August 2011.
Uwiringiyimana, Clement, »Rwandan parliament agrees to extend Kagame's rule«, Reuters, 29. Oktober 2015.
Vrieze, Paul, »Experts reject claims of ›Rohingya mujahideen‹ insurgency«, *Irrawaddy*, 15. Juli 2013.
Wachter, Sarah J., »Pastoralism unraveling in Mongolia«, *New York Times*, 8. Dezember 2009.
Walker, Shaun, »Russia swoops on gang importing £19 m of banned cheese from abroad«, *Guardian*, 18. August 2015.
Walsh, Declan, »Second female Afghan journalist killed in five days«, *Guardian*, 6. Juni 2007.
Wan, William, »China tried to erase memories of Tiananmen. But it lives on in the work of dissident artists«, *Washington Post*, 31. Mai 2014.
- Ders., »Chinese artist recounts his life, including the one time he painted ›X‹ on Mao's face«, *Washington Post*, 2. Juni 2014.
- Ders., »Taiwan's ›white shirt army‹, spurred by Facebook, takes on political parties«, *Washington Post*, 11. November 2013.
Watts, Jonathan, »Brazil: Rio police charged over torture and death of missing favela man«, *Guardian*, 2. Oktober 2013.
- Ders., »Rio Olympics linked to widespread human rights violations, report reveals«, *Guardian*, 8. Dezember 2015.
- Ders., »Rio police tackle favelas as World Cup looms«, *Guardian*, 10. Juni 2013.
Wax, Emily, »Rwandans are struggling to love children of hate«, *Washington Post*, 28. März 2004.
Weltbank, »Ease of doing business in Rwanda«, Weltbank, 2015.
- Dies., »Poverty continued to decline, falling from 27.4 percent in 2012 to 21.6 percent in 2014«, Weltbank, 1. Juli 2015.
- Dies., »Rwanda overview«, Weltbank, 6. Oktober 2015.
- Dies., »World Bank, Govt. of Solomon Islands launch two new projects towards improved power supply, disaster & climate resilience«, Weltbank, 1. April 2014.
Weltgesundheitsorganisation, »Mental health atlas 2011: Cambodia«, Department of Mental Health and Substance Abuse, Weltgesundheitsorganisation 2011.
- Dies., »WHO country cooperation strategy for Mongolia 2010-2015«, Weltgesundheitsorganisation 2010.
- Dies., »WHO mental health atlas 2011: Senegal«, Department of Mental Health and Substance Abuse, Weltgesundheitsorganisation, 2011.
Westcott, Lucy, »Gay refugees addresses [sic] U.N. Security Council in historic meeting on LGBT rights«, *Newsweek*, 25. August 2015.
Winata, S., u.a., »Congenital non-syndromal autosomal recessive deafness

in Bengkala, an isolated Balinese village«, *Journal of Medical Genetics* 32 (1995), S. 336–343.
Winterbottom, Tom, »The tragedy of the Maracanã Stadium«, *Rio On Watch*, 13. Juni 2014.
Worth, Robert F., »An American aid worker is killed in her line of duty«, *New York Times*, 18. April 2005.
Wullschager, Jackie, »No more Chinese whispers«, *Financial Times*, 2. Oktober 2004.
Xinhua-Nachrichtenagentur, »Former Mongolian president jailed for four years«, *CRI English*, 3. August 2012.
Xu, Angela, »China's digital powered foodie revolution«, *Lab Brand*, 6. Januar 2015.
Yanagizawa, David, »Propaganda and conflict: Theory and evidence from the Rwandan genocide«, Dissertation, Universität Stockholm 2009.
Yin Pumin, »Probing ancient mysteries«, *Beijing Review*, 7. Dezember 2009.
Zaccardi, Nick, »President of company preparing Rio for Olympics resigns«, *NBC Sports*, 1. April 2014.
Zaiman, Jonathan, »Remembering Moses Samuels, the man who preserved Jewry in Myanmar«, *Tablet*, 2. Juni 2015.
Zhong Nan, »China has a healthy appetite for food imports«, *China Daily*, 2. März 2015.
Zhu Linyong, »Art on the move«, *China Daily*, 25. Januar 2010.
Zilkha, Bettina, »Andrew Solomon named President of PEN«, *Forbes*, 5. März 2015.
»Zuma, Marikana painting pulled from Jo'burg Art Fair«, *Mail & Guardian*, 27. September 2013.
Zway, Suliman Ali, und Carlotta Gall, »Libyan factions reject unity government plan«, *New York Times*, 20. Oktober 2015.

Andrew Solomon
Saturns Schatten
Die dunklen Welten der Depression
Aus dem Amerikanischen von Hans Günter Holl
Band 15418

Andrew Solomon erkrankte mit dreißig Jahren völlig unerwartet an einer schweren Depression. Mit ungewöhnlicher Offenheit schildert der bekannte Autor den Verlauf seiner Krankheit. Damit gelingt es ihm, die Welt der Depression auch für Außenstehende erfahrbar zu machen. ›Saturns Schatten‹ bietet konkrete Hilfe und Information für Betroffene, darüber hinaus gewährt Solomons Buch Einblicke in eine fremde Welt, die leider für immer mehr Menschen zur Realität wird.

»Dieses Werk ist ebenso umfassend wie scharfsichtig. Es bezeigt sowohl das stumme Leiden von Millionen als auch den großen Mut des Autors, sich der Depression zu stellen.«
W. G. Sebald

»Dieses außergewöhnliche Buch ist eine Art Exorzismus gegen die Verzweiflung.«
Richard Avedon

Das gesamte Programm gibt es unter
www.fischerverlage.de

Andrew Solomon
Weit vom Stamm
Wenn Kinder ganz anders als ihre Eltern sind
Aus dem Amerikanischen von
Henning Dedekind, Antoinette Gittinger,
Enrico Heinemann und Ursula Held
1104 Seiten. Gebunden

Ein eindrucksvolles Buch über das Elternsein, über die Kraft der Liebe, aber auch darüber, was unsere Identität ausmacht. Der Bestsellerautor Andrew Solomon hat mit über 300 Familien gesprochen, deren Kinder außergewöhnlich oder hochbegabt sind, die am Down-Syndrom oder an Schizophrenie leiden, Autisten, taub oder kleinwüchsig sind. Ihre Geschichten sind einzigartig, doch ihre Erfahrungen des „Andersseins" sind universell. Ihr Mut, ihre Lebensfreude und ihr Glück konfrontieren uns mit uns selbst und lassen niemanden unberührt.

»Das vielleicht größte Geschenk dieses monumentalen, so faktenreichen wie anrührenden Werks besteht darin, dass es zum permanenten Nachdenken anregt.«
Philip Gourevitch

»Erkenntnisse voller Einsicht, Empathie und Klugheit.«
Eric Kandel

Das gesamte Programm gibt es unter
www.fischerverlage.de